CB064583

Hugh Trevor-Roper

A Crise do Século XVII

Hugh Trevor-Roper

A Crise do Século XVII

Religião, a Reforma

&

Mudança Social

Tradução
Júlio Castañon Guimarães

LIBERTY FUND

TOPBOOKS

The Crisis of the Seventeenth Century
©1967 by Liberty Fund, Inc.
© 2007 Topbooks para a edição em língua portuguesa
1ª edição brasileira: outubro de 2007

Editor
José Mario Pereira

Editora-assistente
Christine Ajuz

Projeto gráfico e capa
Victor Burton

Revisão
Clara Diament
Fernanda Pedrosa

Índice remissivo
Joubert Brízida

Editoração e fotolitos
Arte das Letras

*Gerente do programa editorial em
português do Liberty Fund, Inc.*
Leônidas Zelmanovitz

Agradecimento
A Evaldo Cabral de Mello pela consultoria
no preparo desta edição

Todos os direitos reservados pela
TOPBOOKS EDITORA E DISTRIBUIDORA DE LIVROS LTDA.
Rua Visconde de Inhaúma, 58 / gr. 203 — Rio de Janeiro — RJ
CEP: 20091-000 Telefax: (21) 2233-8718 e 2283-1039
www.topbooks.com.br / topbooks@topbooks.com.br

Impresso no Brasil

Sumário

Lista de ilustrações..9
Prefácio...11
Religião, a Reforma e mudança social..23
A crise geral do século XVII..85
A mania européia de bruxas nos séculos XVI e XVII.....................145
As origens religiosas do Iluminismo..285
Três estrangeiros: os filósofos da Revolução Puritana....................343
Os sermões de jejum do Parlamento Longo....................................421
Oliver Cromwell e seus Parlamentos..485
A Escócia e a Revolução Puritana...545
A união da Grã-Bretanha no século XVII.......................................617
Índice remissivo..647

Ilustrações

Louis de Geer aos 62 anos. Do retrato de autoria de David Beck na coleção da família De Geer, Estocolmo, Suécia, página 67 (*Svenska Porträttarkivet, Estocolmo*).

O Apocalipse do século XVII. Frontispício de *Theopolis, or the City of God* (1672), de Henry Danvers, páginas 68-69 (*Regent's Park College, Oxford*).

"Um sabá de Bruxas". Gravura de Jan Ziarnko, extraída de *Tableau de l'inconstance des mauvais anges et démons*, de Pierre de l'Ancre (Paris, 1613), página 179 (*Acervo do British Museum*).

Jean Bodin. Xilogravura contemporânea, de artista desconhecido, reproduzida na edição de 1568 de *La Response de Maistre Jean Bodin... au paradoxe de Monsieur de Malestroit*. Do acervo da Bibliothèque Nationale, página 223 (*Photographie Giraudon*).

Philippe Duplessis-Mornay, fundador da Academia Protestante de Saumur. Desenho atribuído a Dubreuil. Na coleção da Société de l'Histoire du Protestantisme Français, página 290 (*Photographie Agraci*).

J. A. Comenius. Gravura de George Glover, 1642, página 344 (*Acervo da National Portrait Gallery, Londres*).

O Iluminismo Pansófico. Emblema de Crispin de Pass para a *Opera Didactica Omnia* de Comenius (Amsterdã, 1657), página 345 (*Acervo do British Museum*).

Roger Boyle, Lord Broghill, 1º conde de Orrery. Artista desconhecido, página 546 (*De um quadro pertencente a Lord Cork e Orrery*).

A União da Bretanha, 1641. Página de rosto de *The Great Happinesse of England and Scotland, by being re-united into one great Brittain*, página 604 (*Acervo do British Museum*).

Prefácio

Estes ensaios foram escritos e inicialmente publicados em diferentes ocasiões entre 1956 e 1967. Na maioria, surgiram como conferências ou foram escritos para volumes coletivos. Foram publicados em conjunto pela primeira vez como livro com o título do primeiro ensaio, *Religião, a Reforma e Mudança Social*. O livro foi publicado pela Macmillan em Londres, em 1967. Uma edição americana foi publicada em 1968, pela Harper and Row, com o presente título, *A Crise do Século XVII*. O livro alcançou modesto sucesso. Uma segunda edição, publicada em Londres, em 1972, foi reimpressa em 1973 e 1977, tendo sido traduzida, no todo ou em parte, para o alemão, francês, italiano, espanhol, português e japonês. Ensaios isolados do livro apareceram em polonês, sueco, norueguês, dinamarquês e islandês: o tema da bruxaria evidentemente desperta particular interesse entre os tolerantes povos nórdicos. Uma terceira edição, revista, do texto inglês foi publicada em Londres por Secker and Warburg, em 1984. Fico naturalmente muito satisfeito com a decisão do Liberty Fund de publicar nos Estados Unidos da América uma nova edição deste texto revisto.

Habitualmente quem publica ensaios coligidos afirma que, por mais variados que sejam quanto ao tema ou à forma, eles são expressões coerentes de uma única filosofia ou de um tema recorrente. Esse tema — caso eu possa fazer a mesma afirmação — é o problema de uma crise geral no período "moderno inicial" da história; crise que foi não apenas política ou econômica, mas também social e intelectual, e que não se limitou a um país, mas foi sentida por toda a Europa.

Muitos historiadores competentes dedicaram-se ao estudo da Revolução Puritana na Inglaterra, e alguns lhe atribuíram importância única na história moderna, como se tivesse sido o início tanto da Revolução Científica quanto da Revolução Industrial. Atrevo-me a pensar que esta é uma visão muito insular, uma visão que não pode sobreviver a um estudo de acontecimentos comparáveis na Europa. Portanto, ao estudar os problemas levantados pela Revolução Puritana, examinei-os, quando possível, em um contexto europeu; e por esta razão reuni, neste livro, ensaios sobre temas tanto europeus quanto ingleses (ou melhor, britânicos).

O primeiro ensaio, que deu título à edição inglesa do livro, surgiu a partir de um exame do que foi chamado de "tese de Tawney-Weber": a tese de que o calvinismo, de algum modo, criou a força moral e intelectual do "novo" capitalismo dos séculos XVI e XVII. Essa tese tornou-se um dogma sociológico em alguns lugares e em outros (segundo me parece) é refutada em bases não-pertinentes. Tem-se recorrido a ela como apoio para a teoria de que o puritanismo inglês foi uma ideologia "capitalista" progressista, bem como para a teoria de que o capitalismo teve de esperar pela inspiração calvinista, ou pelo menos puritana, até que pudesse "conquistar o mundo". Se a experiência inglesa for examinada em seu contexto histórico mais amplo, penso que se verá que essa visão é muito simples. Se os historiadores "sociológicos" examinassem o calvinismo em geral — na Suíça, em Heidelberg, na Escócia, em Navarra, na Transilvânia, bem como na Inglaterra e na Holanda — e se examinassem o "capitalismo" em geral — na Itália e na Flandres medievais, em Augsburgo e Liège renascentistas, bem como na Inglaterra e na Holanda do século XVII —, penso que seriam obrigados a modificar a fórmula empolgante mas simples que Weber baseou em exemplos históricos limitados e sempre limitadores. Minha própria modificação foi originalmente apresentada em uma conferência pronunciada em 1961, em Galway, onde uma platéia fortemente reforçada por monges e freiras locais lhe deu uma recepção indiferente, mas, penso eu, não muito crítica: no entanto, fiquei satisfeito por descobrir, pouco depois, que o estudioso suíço Herbert Lüthy tinha chegado a conclusões muito semelhantes às minhas, tendo ele a seguir publicado essas conclusões em seu livro *Le Passé présent*.[1] Lüthy e eu não tínhamos conhecimento um do trabalho do outro, até depois da publicação. Em virtude de sua origem local, meu ensaio foi publicado pela primeira vez nas atas do Congresso Irlandês de Historiadores em que fora apresentado.[2]

O segundo ensaio, sobre a Crise Geral do Século XVII, apareceu pela primeira vez no periódico histórico *Past and Present*, em novembro de 1959. Também despertou alguma controvérsia, e o ensaio, junto com algumas das reações que havia despertado, foi reeditado em uma antologia de ensaios sobre os séculos XVI e XVII

---

[1] H. Lüthy, *Le Passé présent* (Mônaco, 1965).
[2] *Historical Studies IV. Papers read before the Fifth Irish Conference of Historians*, org. G. A. Hayes-McCoy (1963).

inicialmente publicados no mesmo periódico.³ Ao reproduzi-lo aqui — pois se relaciona diretamente com o tema central deste volume —, aproveitei a oportunidade para incorporar ao ensaio alguns aspectos que eu tinha abordado anteriormente em separado, numa ampliação dele, dentro da discussão que provocara.

Um dos que participaram dessa discussão foi o eminente historiador francês Roland Mousnier. No curso de sua contribuição, ele observou que a crise geral do século XVII foi ainda mais ampla que a crise na relação entre o Estado e a sociedade em que eu me detive. Tratava-se, sugeriu ele, de "uma mutação intelectual", bem como de uma crise social; e se referiu ao fim do aristotelismo e ao desenvolvimento da crença na bruxaria como "aspectos que necessitariam ser estudados se realmente quiséssemos falar da crise do século XVII". Esta é a justificação que eu apresentaria para o longo ensaio sobre a mania de bruxas escrito especialmente para esta coletânea. A perseguição às bruxas é, para alguns, um tema desagradável, abaixo da dignidade da história. Todavia, é também um fato histórico, de significação européia, e sua ascensão e organização sistemática, justamente no período do Renascimento e da Reforma, são um problema que deve ser enfrentado por quem quer que seja tentado a superenfatizar a "modernidade" desse período. Não podemos mais deixá-lo de lado em nossos esforços para compreender o período "moderno inicial", assim como não podemos deixar de lado o fenômeno do anti-semitismo na história "contemporânea". A crença na bruxaria, como a aversão aos judeus

---

[3] *Crisis in Europe, 1560-1660. Essays from "Past and Present"*, org. Trevor Aston (1965).

(e outras minorias), tem uma longa história, mas a "mania de bruxas" — a racionalização dessas crenças e dessas aversões em uma ideologia persecutória — é própria de certas épocas, e precisamos relacioná-la com as circunstâncias dessas épocas.

Na Inglaterra, a fase mais ativa de caça às bruxas coincidiu com épocas de pressão puritana — o reinado da rainha Elizabeth e o período das guerras civis —, tendo sido elaboradas algumas teorias muito fantasiosas sobre essa coincidência. Aqui mais uma vez devemos abordar todo o problema antes de propor conclusões gerais — especialmente na medida em que a perseguição às bruxas na Inglaterra era corriqueira se comparada com a experiência do continente e da Escócia. Assim, em meu ensaio, examinei a mania como um todo, em toda a Europa, e procurei relacionar sua ascensão, sua freqüência e seu declínio com os movimentos gerais intelectuais e sociais da época, de que a considero inseparável. Mousnier, por sua justaposição de expressões, parecia querer dizer — não sei se esta era sua intenção — que o crescimento da bruxaria coincidiu com o declínio do aristotelismo. Como se verá, sustento uma concepção muito diferente. Para mim, o crescimento da mania de bruxas é um subproduto, em circunstâncias sociais específicas, desse endurecimento do aristotelismo (ou melhor, do pseudo-aristotelismo dos escolásticos) que teve início no fim da Idade Média e que foi intensificado tanto por católicos quanto por protestantes depois da Reforma. Vejo-a como o lado inferior de uma cosmologia, uma racionalização social, que veio a dar na revolução geral social e intelectual de meados do século XVII.

A mania de bruxas é um problema persistente, e ninguém pode afirmar tê-lo resolvido. Meu ensaio sobre o tema, como o ensaio sobre a crise geral, provocou intensa discussão e foi seguido por outros esforços para enfrentar o mesmo tema. Uma obra em particular parece-me do maior interesse. Christina Larner fez um estudo específico e detalhado do tema dos julgamentos de bruxas na Escócia, até então muito superficialmente estudado. Seu livro *Enemies of God: the Witch-hunt in Scotland* (1982) é um estudo sociológico fascinante e estimulante. Sua morte prematura, em 1983, foi um grande golpe para os estudos, em particular na Escócia.

Se a Revolução Inglesa do século XVII não pode ser isolada de uma crise geral na Europa, do mesmo modo, penso eu, ela foi afetada por certos pensadores europeus. Então como agora, e tal como na Idade Média, a Europa era indivisível. Quem quer que queira ver os puritanos ingleses como "os modernos" deveria explorar a Internacional ideológica de que eles próprios se sentiam parte: essa fraternidade cosmopolita dos protestantes perseguidos da Europa – da Alemanha e Boêmia, de La Rochelle e Savóia – que os Stuarts traíram, que Gustavo Adolfo procurara salvar e que Cromwell procurou reunir sob sua proteção. Em meu ensaio "Três estrangeiros", que foi consideravelmente ampliado desde sua primeira publicação em *Encounter*, em 1961, tratei de três homens que pertenceram, por experiência e idéias, a essa Internacional européia e que, unindo noções metafísicas antiquadas a idéias baconianas vulgarizadas, tornaram-se os filósofos da Revolução Puritana inglesa em sua combinação de reação intelectual e novidade social utópica.

Os que vêem os calvinistas, ou os puritanos, como "os modernos" insensivelmente sustentam que foi o calvinismo, ou o puritanismo, que gerou a ciência moderna e levou ao Iluminismo do século XVIII. As idéias do Iluminismo, como eles às vezes parecem dizer, eram a secularização das idéias do calvinismo ou "protestantismo radical". Essa concepção é comumente expressa por historiadores marxistas, mas é também apoiada por alguns escritores escoceses que a vêem realizada em seu próprio país. Todavia, a relação de movimentos intelectuais com sistemas religiosos é, acredito eu, mais complexa e mais variável que isso. Tais movimentos não são lineares, ou propriedade de qualquer partido ou seita; e os próprios partidos e seitas, sob suas formas aparentemente contínuas, são competitivos e sensíveis à mudança. Em meu ensaio sobre "As origens religiosas do Iluminismo", expresso uma concepção diferente. Acreditando, como acredito, que o calvinismo era uma forma da reação intelectual geral que acompanhou as lutas religiosas, procurei examinar mais detidamente as sociedades calvinistas, que sem dúvida contribuíram para o Iluminismo, e sugeri que, também aqui, o avanço foi alcançado à custa, não por meio, do calvinismo. Esse ensaio foi originalmente escrito em honra desse grande estudioso e patrono dos estudos, a quem os apreciadores do século XVIII devem tanto, Dr. Theodore Besterman. No entanto, sua relação natural com outros ensaios deste volume fez com que eu me decidisse, no fim, a publicá-lo aqui, pondo em seu lugar, no volume que os amigos estavam oferecendo ao Dr. Besterman, um outro ensaio mais puramente sobre o século XVIII.

Os ensaios restantes deste volume levam-nos de volta à Grã-Bretanha. Todos foram publicados inicialmente em volumes coletivos em honra de historiadores com quem aprendi a apreciar o estudo da história. O ensaio sobre "Os sermões de jejum do Parlamento Longo", originalmente publicado em honra de meu orientador em

Oxford, Sir Keith Feiling,[4] descreve um método pelo qual os líderes do Parlamento Longo mantinham sua coesão interna e definiam, de tempos em tempos, sua linha partidária. O ensaio sobre "Oliver Cromwell e Seus Parlamentos", originalmente apresentado a esse grande anatomista, ou melhor, vivisseccionista, dos parlamentos ingleses do século XVIII, Sir Lewis Namier,[5] sugere uma razão pela qual Cromwell foi tão menos bem-sucedido. O ensaio sobre "A Escócia e a Revolução Puritana" foi escrito para um historiador escocês da Inglaterra e da Europa, David Ogg,[6] e trata de um dos muitos episódios menosprezados da história escocesa: episódio cujo impacto na Inglaterra foi, acredito eu, de extrema importância. Todos os historiadores reconhecem que a divisão entre "presbiterianos" e "independentes" foi decisiva na Revolução Puritana, e muitas definições dessa divisão — políticas, sociológicas, religiosas — foram apresentadas. No entanto, quando a abordamos mais detidamente e vemos como era imperfeita, temporária e variável a fronteira entre "presbiterianos" e "independentes", penso que deveríamos reconhecer os limites das interpretações sociológicas ou doutrinárias e admitir que há épocas em que os partidos políticos e as atitudes políticas não são expressões diretas de teorias ou interesses sociais ou ideológicos, mas são polarizados em torno de acontecimentos políticos, neste caso em torno da intervenção escocesa decisiva na guerra civil inglesa.

---

[4] *Essays in British History, presented to Sir Keith Feiling*, org. H. R. Trevor-Roper (1964).
[5] *Essays presented to Sir Lewis Namier*, org. Richard Pares e A. J. P. Taylor (1956).
[6] *Historical Essays, 1600-1750, presented to David Ogg*, org. H. E. Bell e R. L. Ollard (1963).

Decisiva, em suas conseqüências, para ambos os países: para a Inglaterra, porque salvou o Parlamento rebelde da derrota apenas para afundá-lo em revolução; para a Escócia, porque levou, em poucos anos, à conquista cromwelliana do país e à breve, porque forçada, união parlamentar, que todavia apontou o caminho — cinqüenta anos depois, num contexto muito diferente — para a união de 1707, mutuamente benéfica e mais duradoura.

Essa segunda união é o tema do último ensaio deste livro. O século XVII viu várias tentativas, pela "modernização" de novas dinastias, de consolidar suas heranças acidentais. O conde-duque de Olivares procurou fazer de Filipe IV rei não apenas de Castela, Aragão e Portugal, mas de toda a península ibérica. A nova dinastia dos Bourbon procurou unir seus reinos da França e de Navarra. James I da Inglaterra aspirava a "uma mais perfeita união" com seu reino ancestral da Escócia. Em todos os três países, as tentativas exigiam força e levaram à guerra civil. Navarra foi submetida; Portugal resistiu e ficou livre; a Catalunha foi reconquistada; a Escócia, tendo resistido a Charles I e sobrevivido a Cromwell, concordou no fim com uma união mais limitada que salvou sua economia e deu à Inglaterra sua principal necessidade: segurança. Meu ensaio sobre esse tema foi escrito em homenagem a Jaime Vicens Vives, historiador espanhol da Catalunha, e depois de sua morte prematura foi publicado em um volume de homenagem póstuma.[7]

A história é uma interação complexa e contínua de interesses, experiências e idéias, bem como — na melancólica expressão de Gibbon — o registro dos crimes, loucuras e infortúnios da huma-

---

[7] *Homenaje a Jaime Vicens Vives* (Barcelona, 1965).

nidade. Um volume de ensaios não pode pretender solucionar os problemas de um século repleto deles. Ficarei satisfeito se tiver aberto umas poucas brechas na parede divisória entre passado e presente, pelas quais alguns desses problemas possam ser vistos de novo e provocar o pensamento, indagações e discordância, que são a vida do estudo histórico.

Hugh Trevor-Roper

A crise do século XVII

Capítulo I

Religião, a Reforma e mudança social

Se olhamos para os trezentos anos da história européia, entre 1500 e 1800, podemos nos referir a eles, em geral, como um período de progresso. Este começa com o Renascimento e termina com o Iluminismo; e esses dois processos são, de muitas maneiras, contínuos: o último se segue logicamente ao primeiro. Por outro lado, esse progresso está longe de ser tranqüilo. É desigual tanto no tempo quanto no espaço. Há períodos de acentuada regressão, e, se o progresso geral é retomado depois dessa regressão, não é necessariamente retomado nas mesmas áreas. No século XVI, de fato, o avanço parece, à primeira vista, geral. Esse é um século de expansão quase universal na Europa. No entanto, no início do século XVII, há uma profunda crise que afeta, de um modo ou de outro, a maior parte da Europa; e a seguir, quando o avanço geral é retomado, depois de 1660, há uma diferença digna de nota: uma diferença que, nos anos seguintes, só se ampliou. Parece que os anos de 1620-1660 marcam o grande e desfigurador hiato no avanço, que em outras circunstâncias era ordenado. Se fôssemos resumir todo o período, poderíamos dizer que o primeiro longo período, os 120 anos de 1500 a 1620, foi a época do Renascimento europeu, época em que a liderança econômica e intelectual da Europa está, ou parece estar, no sul, na Itália e na Espanha; o período de 1620 a 1660 pode ser referido como período da revolução; e o segundo período longo, o período entre 1660 e 1800, seria a época do Iluminismo, época em que as grandes realizações do Renascimento são retomadas e têm continuidade até novos ápices, mas a partir de uma nova base. A Espanha e a Itália tornaram-se atrasadas, tanto econômica quanto intelectualmente: em ambos os campos a liderança passou para as nações do norte, em especial para a Inglaterra, a Holanda e a França. Assim como as nações do norte, no primeiro período, buscavam idéias no Mediterrâneo, as nações mediterrâneas, no segundo período, olhavam para o norte.

Mas qual a causa desse grande deslocamento? Por que o primeiro Iluminismo, o iluminismo do Renascimento, que se difundiu a partir da Itália, foi interrompido em seu local original e transferido, em seu prosseguimento, para outros países? Por que o avanço econômico, que no século XVI parecia tão geral e em que toda a Europa tinha participação, foi levado a termo apenas em certas áreas — áreas que, de início, não pareciam mais bem aparelhadas para esse propósito? Esta é uma questão ampla, e obviamente nenhuma resposta geral ou fácil pode ser satisfatória. Neste artigo, quero examinar um aspecto dela: aspecto que, naturalmente, não é facilmente separável e que é reconhecidamente controverso, mas cuja importância ninguém pode negar: o aspecto religioso.

A religião está profundamente envolvida nesse deslocamento. Podemos expor o caso sumariamente ao dizer que o Renascimento foi um fenômeno católico, e o Iluminismo, um fenômeno protestante. Tanto econômica quanto intelectualmente, no século XVII, os países protestantes (ou alguns deles) tomaram a liderança dos países católicos europeus. Veja-se a Europa em 1620, data que escolhi para o fim do período renascentista. Com a vantagem do conhecimento posterior, estamos aptos a dizer que o deslocamento já tinha ocorrido: que Holanda e Inglaterra já tinham usurpado o lugar de Itália e Espanha. Mas naturalmente isso não se deu assim. Nessa época, a configuração do poder — pelo menos para um observador superficial — deve ter parecido a mesma de 1520. A Espanha e o império, a Itália e o papado, estes são ainda os centros do poder, riqueza, indústria, vida intelectual. A Espanha é ainda a grande potência mundial; o sul da Alemanha é ainda o coração industrial da Europa; a Itália continua tão rica e intelectualmente estimulante como sempre; o papado está retomando suas províncias perdidas, uma por uma. Veja-se agora 1700, e como é diferente. Política, econômica, intelectualmente, a Europa está de cabeça para baixo. Seu centro dinâmico deslocou-se da Espanha, Itália, Flandres e o sul da Alemanha, católicos, para Inglaterra, Holanda, Suíça e cidades do Báltico, protestantes. Não há como fugir dessa grande mudança. Trata-se de um fato geral; e, embora possamos encontrar razões especiais aplicáveis a essa ou aquela parte disso, sua generalidade é muito grande e visível para ser exorcizada por qualquer mera soma de explicações particulares. A Inquisição pode ter arruinado a Espanha; o bloqueio do rio Escalda, Flandres; a perda do Levante, o mercado de Veneza; a mudança do vestuário, a Lombardia; as dificuldades de transporte, o sul da Alemanha; a abertura das minas de minério suecas, Liège. Todos esses acontecimentos podem ser separadamente verdadeiros, mas em conjunto não são convincentes. Uma coincidência em grande escala de causas especiais nunca é plausível como explicação de uma regra geral.

Como podemos explicar essa extraordinária ascensão de certas sociedades protestantes e o declínio de sociedades católicas no século XVII? Não é suficiente dizer que novas descobertas ou circunstâncias alteradas favoreceram a Europa do norte em relação à do sul (pois Flandres e Liège, bem como Colônia, católicas, estão no norte e, no entanto, compartilham o declínio católico), ou os países atlânticos em relação aos mediterrâneos (pois Lisboa está mais bem situada no Atlântico do que Hamburgo). E, mesmo que as oportunidades tenham mudado, permanece esta questão: por que sempre foram as sociedades protestantes, e não as católicas, que aproveitaram essas oportunidades? Certamente, devemos concluir que, de algum modo, as sociedades protestantes eram, ou se tornaram, mais progressistas do que as católicas, tanto econômica quanto intelectualmente. Que isso era assim constituía lugar-comum no século XVIII; e no século XIX foi elevado a dogma pelos divulgadores burgueses — o germanófilo amigo de Madame de Staël, Charles de Villers, em 1802; o político protestante François Guizot, em 1818; o economista belga, que seguiu seu próprio pensamento e se tornou protestante, Émile de Laveleye, em 1875 — que buscavam devolver a seus próprios países católicos a liderança que haviam perdido.[1] O sucesso com que empresários

---

[1] Ver Charles de Villers, *Essai sur l'esprit et l'influence de la réformation de Luther* (Paris, 1804); F. P.-G. Guizot, *Histoire de la civilisation en Europe* (Paris, 1828); Émile de Laveleye, "Le protestantisme et le catholicisme dans leurs rapports avec la liberté et la prospérité des peuples", in *Revue de Belgique*, 1875, e "L'Avenir des peuples civilisés", in *Revue de Belgique*, 1876. Sobre de Villers, ver Louis Wittmer, *Charles de Villers, 1765-1815* (Genebra e Paris, 1908). Os ensaios de Guizot e de Laveleye foram muito traduzidos e publicados e tiveram grande influência: o primeiro chegou a provocar uma réplica espanhola de J. L. Balmes, *El protestantismo*

protestantes industrializaram a França e, através desta, a Europa, durante os períodos de Luís Filipe, Napoleão III e a Terceira República, constitui demonstração de que, pelo menos em sua própria época, havia alguma verdade em suas teorias. No século XIX, se pudermos confiar nas aparências, foi ao se tornar "protestante" — ou seja, ao aceitar o domínio de uma elite "protestante" e de uma ideologia "protestante" que convulsionou a Igreja francesa, alarmou os católicos franceses e trouxe ameaças papais de Roma — que a França emparelhou, industrialmente, com os vizinhos protestantes que, dois séculos antes, a tinham ultrapassado.[2] Esse testemunho empírico do século XIX não pode ser menosprezado por nós, mesmo quando examinamos o século XVII.

Mas mesmo se admitimos o fato óbvio de que, de algum modo, o protestantismo no século XVII (e evidentemente no século XIX também) era a religião do progresso, permanece a indagação: de que modo? Os propagadores franceses do século XIX não argumentavam com a razão: como homens de ação, não tinham muito tempo para razões; simplesmente afirmavam o fato e insistiam na

---

comparado con el catolicismo en sus relaciones con la civilisación europea (Barcelona, 1844) — réplica considerada pelo extremamente parcial Menéndez y Pelayo como "obra de inmenso aliento... es para mí el primer libro de este siglo"; o segundo foi apresentado ao público inglês com um panegírico de Gladstone.

[2] Pode-se encontrar propaganda em favor do protestantismo — não como sendo verdade, mas como necessário para a vitalidade econômica — nas obras de Edgar Quinet, Ernest Renan, C. de Laboulaye, L.-A. Prévost-Paradol. Ver. E. G. Léonard, *Le Protestant français* (Paris, 1953), p. 220 s., e Stuart R. Schram, *Protestantism and Politics in France* (Alençon, 1954), p. 59-61. O alarma que causou é mostrado por *Le Péril protestant* (Paris, 1899) e *La Conquête protestante* (Paris, 1900), de Ernest Renauld. O movimento modernista na Igreja francesa foi em parte um novo movimento protestante e foi especificamente condenado como tal por Pio X na bula *Pascendi Gregis*.

conseqüência. Deixava-se para os sociólogos alemães mais acadêmicos a explicação do fenômeno. Explicavam-no de vários modos. Karl Marx via o protestantismo como a ideologia do capitalismo, o epifenômeno religioso de um fenômeno econômico. Max Weber e Werner Sombart inverteram a fórmula. Julgando que o espírito precedia a letra, postulavam um espírito criativo, "o espírito do capitalismo". Weber e Sombart, como Marx, situavam a ascensão do capitalismo moderno no século XVI, e portanto ambos buscavam a origem do novo "espírito do capitalismo" nos acontecimentos desse século. Weber, seguido por Ernst Troeltsch, encontrou-a na Reforma: o espírito do capitalismo, dizia ele, surgiu como conseqüência direta da nova "ética protestante", tal como ensinada não por Lutero, mas por Calvino. Sombart rejeitou a tese de Weber e de fato lhe aplicou alguns pesados e eficazes golpes. Mas, quando fez uma sugestão positiva, produziu uma tese muito mais vulnerável. Sugeriu que os criadores do moderno capitalismo eram os judeus sefarditas que, no século XVI, fugiram de Lisboa e Sevilha para Hamburgo e Amsterdã; e remontou o "espírito do capitalismo" à ética judaica do Talmude.[3]

---

[3] As concepções de Sombart foram inicialmente apresentadas em *Der moderne Kapitalismus* I (1902), i. 440, e desenvolvidas em textos posteriores: ver em especial *Die Juden und das Wirtschafsleben* (Leipzig, 1911); as de Weber em *Die protestantische Ethik und der Geist des Kapitalismus* (1904-5), *Die protestantischen Sekten und der Geist des Kapitalismus* (1906) e *Wirtschaftsgeschichte* (Munique, 1923); também em numerosos e controversos artigos publicados em *Archiv für Sozialwissenschaft u. Sozialpolitik*. Troeltsch, *Die Soziallehren der christlichen Kirchen und Gruppen* (1911); *Die Bedeutung des Protestantismus für die Entstehung der modernen Welt* (Munique, 1911), faz eco a Weber, de quem não tem independência de fato (ver Walther Köhler, *Ernst Troeltsch*, Tübingen, 1941, p. 268, 358).

Ninguém, penso eu, defenderia agora a tese positiva de Sombart, mas grande parte da tese de Weber ainda está firme. Resta a ortodoxia de uma influente escola de sociólogos dos Estados Unidos da América. Tem seus defensores mesmo na Europa. Assim, vale a pena resumi-la muito brevemente, em especial na medida em que, com freqüência, tem sido mal interpretada. Weber não afirmou que Calvino ou qualquer outro pregador protestante defendia diretamente o capitalismo ou os métodos capitalistas. Não afirmou que o ensinamento de Calvino sobre o tema da usura teve qualquer efeito na criação do capitalismo. De fato, repudiou explicitamente tal idéia. Weber também não negou que tenha havido capitalistas na Idade Média. O que afirmou foi que no século XVI surgiu uma forma completamente nova de capitalismo. Na Idade Média, como na Antigüidade, os homens tinham constituído grandes fortunas no comércio e nas finanças, mas isso, dizia Weber, não criara nem mesmo os primórdios de um sistema capitalista. Tais homens eram "aventureiros capitalistas judeus", "capitalistas especuladores párias", que fizeram dinheiro porque gostavam de dinheiro e se comapraziam em fazer dinheiro. Mas os criadores do moderno capitalismo, disse ele, eram homens dedicados, não animados pelo amor ao dinheiro: de fato, se faziam dinheiro, isso era acidental, quase um subproduto indesejado de sua atividade. Eram inspirados por uma disciplina moral, uma *innerweltliche Askese* ou "ascetismo mundano", que os levava a pôr sua religião na busca metódica de seu "chamado" e eventualmente acumular riqueza. Já que evitavam todas as formas de luxo, extravagância e ambição social, só podiam reinvestir nesse "chamado". Assim, indiretamente, sua disciplina moral criou esse novo fenômeno, esse "capitalismo burocrático racional", essa "organização racional do trabalho civil", que era muito diferente do "capitalismo aventureiro judeu" e que tornou a Europa única na história do mundo; e essa disciplina moral, segundo Weber, era a ética protestante, ou melhor, calvinista. A ética protestante, assim, criou o espírito que, quando aplicado aos assuntos econômicos, criou o capitalismo industrial moderno. Não estaremos muito errados ao comparar o "capitalismo aventureiro judeu" de Weber ao capitalismo comercial, e seu "capitalismo burocrático racional" ao capitalismo industrial.

A despeito de tudo que se pode dizer contra ela, julgo que há um núcleo sólido de verdade, ainda que esquivo, na tese de Weber. A ética calvinista não levou, em certos casos, à formação de capitalismo industrial. Não é suficiente dizer que o capitalismo tinha um campo mais livre nos países protestantes, porque temos de explicar por que mesmo nos países católicos, como a França ou a Áustria, eram protestantes que prosperavam e construíam a indústria. E é indiscutível que formas extremas de protestantismo eram difundidas entre trabalhadores industriais, sejam os mineiros da Boêmia e da Saxônia, sejam os operários de tecidos de Yorkshire e Lancashire. Por outro lado, há certas dificuldades sérias no tocante à tese de Weber. Qualquer teoria geral tem de levar em conta exceções. Como o próprio Weber limitava a ética protestante ao calvinismo, ele não tinha necessidade de explicar a estagnação econômica da Alemanha luterana, mas, e quanto à Escócia? Segundo a teoria de Weber, a Escócia, com seus depósitos de carvão e seu rígido sistema calvinista, deveria ter progredido mais rapidamente do que a Inglaterra, cujo sistema anglicano era encarado por Laveleye como, economicamente, um pouco melhor do que o papismo. E por que foi a Amsterdã arminiana que criou a surpreendente prosperidade das Províncias Unidas, enquanto a Guéldria calvinista permaneceu como reserva de simplórios proprietários rurais – essa classe que, segundo o primeiro expoente explícito da teoria, Slingsby Bethel, sempre foi inimiga do progresso mercantil?[4] Essas exceções dignas de nota sugerem que, mesmo que o calvinismo tenha criado ou fortalecido o espírito capitalista, fê-lo de uma maneira muito incerta.

Por essas razões, quero abordar a tese de novo – ou melhor, não a tese, mas os fatos históricos a que Weber supunha que ela se aplicava. Acho que vale a pena fazê-lo, porque o próprio Weber apenas descreveu um contexto teórico: nunca deu um único exemplo histórico do contexto assim descrito; e o mais eminente sucessor de Weber, R. H. Tawney, limitou-se a exemplos ingleses, assim negando a si mesmo a luz que pode provir de um método comparativo. Ao examinar os fatos, começarei por uma breve visão da Europa nos anos da revolução, entre o que chamei de período do Renascimento e período do Iluminismo, isto é, os anos da Guerra dos Trinta Anos.

Comecemos com as potências protestantes. No final da década de 1620 e início da década de 1630, os defensores políticos da causa protestante não eram calvinistas, mas luteranos. Eram os dois reis da Escandinávia: o extravagante e catolicizante esteta Cristiano IV da Dinamarca e, depois de sua derrota, Gustavo Adolfo da Suécia, o herói severo, místico e atuante. A fim de intervir na Europa, esses dois reis se viram obrigados a mobilizar novos recursos industriais e

---

[4] [Slingsby Bethel] *The Present Interest of England Stated, by a Lover of his King and Country* (1671); cf. também seu (também anônimo) *The Interest of Princes and States* (1680).

financeiros, e isto significava se valer de grandes capitalistas. Quem eram os capitalistas que eles encontraram?

Cristiano IV voltou-se inicialmente para uma firma calvinista em Amsterdã, dos irmãos De Willem. Jan de Willem, em Copenhague, era um dos fundadores da Companhia Dinamarquesa das Índias Orientais. Seus irmãos Paul e David estabeleceram-se em Amsterdã e, através do mercado financeiro internacional, forneciam crédito para a compra de armas. Quando os irmãos De Willem deixaram de trabalhar para ele, Cristiano IV procurou outra família calvinista, de origem flamenga, a família Marcelis, que já tinha construído um império comercial no norte. De início, tratava-se de um império cosmopolita. Procuraram monopolizar o cobre sueco, negociavam o cobre norueguês do rei da Dinamarca e trigo e armas do czar da Rússia. Mas no final apoiavam a Dinamarca. Na década de 1640, os irmãos Gabriel e Celio Marcelis eram conselheiros econômicos, fornecedores, financistas, negociantes de munição e exportadores de madeira do rei da Dinamarca. Antecipavam dinheiro sobre as taxas do cobre. Criaram frotas. Em torno deles, a aristocracia luterana nativa decaiu para simples proprietários de terra e os negociantes luteranos nativos tornaram-se meros agentes das casas comerciais calvinistas holandesas. Os calvinistas holandeses tornaram-se, de fato, uma nova aristocracia capitalista na Dinamarca luterana.[5]

---

[5] Quanto aos calvinistas na Dinamarca, ver Violet Barbour, *Capitalism in Amsterdam* (Baltimore, 1949), p. 112-14; H. Kellenbroek, *Unternehmerkräfte im Hamburger Portugal-u. Spanienhandel* (Hamburgo, 1954) e "Spanien, die nördlichen Niederlande u. der skandinavisch-baltische Raum", in *Vierteljahrschrift für Sozial-u. Wirtschftsgeschichte*, 1954, p. 305-6, 311, etc.; Axel Nielsen, *Dänische Wirtschaftsgeschichte* (Jena, 1927), p. 193-96.

O rei da Suécia fez a mesma coisa. O que a família Marcelis era para a Dinamarca, a firma De Geer & Trip era para a Suécia. Louis de Geer, um calvinista de Liège, estabelecido em Amsterdã, viria de fato a se tornar o Fugger seiscentista do norte. Expulsando todos os seus rivais (também calvinistas holandeses), tornou-se "o senhor inquestionável da vida econômica sueca", "o Krupp do século XVII". Todas as indústrias de cobre e ferro da Suécia estavam em suas mãos, e com elas supria os exércitos e frotas não apenas da Suécia, mas também da Holanda, França, Veneza, Portugal, Inglaterra, Escócia, Rússia e os príncipes alemães. Ele também produzia latão, aço, estanho, arame, papel, tecido. Era um grande embarcador e armador: em 1645 reuniu, fretou e equipou uma esquadra naval para servir à Suécia contra a frota que seu parente Gabriel Marcelis tinha, do mesmo modo, criado para a Dinamarca. Organizou e financiou a Companhia Africana Sueca. Em paga por seus empréstimos à Coroa sueca, recebeu ainda outras concessões, consignações de cobre, arrendamentos de terras da Coroa, taxas alfandegárias, privilégios, isenções, títulos de honra. Foi o financista do império sueco no exterior, o fundador da indústria extrativa no país. Para operá-la, levou para a Suécia trabalhadores calvinistas de sua Liège natal: 300 famílias valônias que nunca aprenderam sueco, mas cuja influência foi sentida na Suécia por mais de 300 anos.

De Geer não foi o único grande financista e industrial calvinista nessa época, na Suécia. Willem Usselincx criou a Companhia Sueca das Índias Ocidentais. Os irmãos Abraham e Jacob Momma abriram minas de ferro e cobre na Lapônia e se tornaram financistas pessoais da rainha Cristina. Os irmãos Spiering controlavam o mercado de trigo e arrendavam os impostos do Báltico. Foi um calvinista holandês da Livônia que criou o Banco da Suécia, em 1658. Outros calvinistas holandeses controlavam a exportação de armas, a fábrica real de latão em Nacka, etc.[6]

Se a Dinamarca e a Suécia luteranas foram modernizadas e financiadas por empreendedores calvinistas, o que dizer do outro defensor do protestantismo europeu, o monarca católico da França? O cardeal Richelieu, conforme se sabe, tal como Henrique IV antes dele, confiava muito nos homens de negócio huguenotes. Seus banqueiros eram calvinistas franceses, os Rambouillets e os Tallemants. Para pagar os exércitos franceses e suecos, empregou Jan Hoeufft, um calvinista de Brabante que se naturalizara francês em 1601 e fora empregado por Henrique IV para drenar os lagos e pântanos da França. Por intermédio de seu irmão Mateus, em Amsterdã, Hoeufft entrou em contato com a internacional calvinista, com De Geer e com o Báltico.[7] Mas, em 1639, Richelieu encontrou outro financista protestante, que iria dominar as finanças francesas pelos 25 anos seguintes. Tratava-se de Barthélemy d'Herwarth, que, nesse ano, converteu ao serviço da França o exército alemão sem líder de seu falecido empregador, Bernard de Saxe-Weimar.

Barthélemy d'Herwarth é uma famosa figura da história econômica francesa.[8] Com sua habilidade financeira, manteve o exército

---

[6] Quanto aos calvinistas na Suécia, ver Eli F. Heckscher, *Economic History of Sweden* (Cambridge, Mass., 1954), p. 101-19, e "L'Histoire de fer: le monopole suédois", in *Annales d'histoire économique et sociale*, 1932. Há biografias de De Geer em holandês por F. Breedvelt van Ven (Amsterdã, 1935), e em sueco por E. W. Dahlgren (Uppsala, 1923); cf. também G. Edmundson, "Louis de Geer", *English Historical Review*, 1891.
[7] Para Hoeufft, ver Barbour, *Capitalism in Amsterdam*, p. 30 n., 105-6.
[8] Para Herwarth, ver G. Depping, "Un Banquier protestant en France au 17e. siècle, Barthélemy d'Herwarth", in *Revue historique*, vols. X e XI (1870).

da Alsácia leal à França. Financiou a política alemã de Mazarino. "Monsieur d'Herwarth", declarou certa vez o cardeal na presença do jovem Luís XIV, "salvou a França e preservou a coroa para o rei. Seus serviços nunca deveriam ser esquecidos; o rei os tornará imortais pelos sinais de honra e reconhecimento que concederá a ele e a sua família". O rei adequadamente fez dele *Intendant des Finances*, e contou com ele mais de uma vez em momentos de crise. Os *dévots* se sentiram ultrajados ao verem esse huguenote com tanto poder na corte, mas nada podiam fazer: Herwarth "tinha prestado tamanho serviço ao Estado por meio de seu crédito com o exército alemão", explicou-se, "que todas as outras considerações devem ser superadas". Como *Intendant des Finances*, Herwarth encheu seu escritório de correligionários. Sob sua direção, escreveu Élie Bénoist, historiador contemporâneo da Revogação do Edito de Nantes, "as finanças públicas se tornaram o refúgio dos reformados, a quem outro emprego era recusado". Diante do que um moderno historiador francês comentou: "Herwarth, depois de Sully — na medida em que a França está envolvida —, aí está a verdadeira origem da famosa finança protestante; não na conexão estreita e nas razões teológicas invocadas por Max Weber e sua escola".[9]

"Na medida em que a França está envolvida" — possivelmente, mas possivelmente não. Mesmo que os huguenotes franceses buscassem introduzir-se no serviço financeiro, isso explica sua competência para essas atividades? E, de qualquer modo, o fenômeno não aparece apenas na França. Vimo-lo na Dinamarca luterana e na Suécia luterana. Mais uma vez, não podemos invocar adequadamente uma

---

[9] E. G. Léonard, *Le Protestant français*, p. 52.

razão especial para explicar o que parece ser uma regra geral. A fim de ver como ela é geral, prossigamos em nossa apreciação da Europa. Passemos ao outro lado na Guerra dos Trinta Anos: o lado da Áustria católica e da Espanha católica.

Pois as potências habsburgas também necessitavam de industriais e financistas para mobilizar seus recursos e pagar seus exércitos — exércitos esses que tiveram de combater em um teatro tão vasto, do Báltico aos Alpes, dos Cárpatos aos Pirineus. Foram bem-sucedidos por algum tempo graças, como se sabe, ao gênio de um homem, Albert von Wallenstein. Wallenstein, o maior dos *condottieri*, descobriu o segredo para manter um exército, pagando-o com contribuições extraídas das províncias e cidades conquistadas, alimentando-o, vestindo-o e armando-o a partir de suas oficinas, fábricas e minas. Mas, por trás de Wallenstein, agora sabemos, estava outro homem cuja presença, por muito tempo oculta, só recentemente foi revelada: Hans de Witte, um calvinista de Antuérpia.

Há algo incrível na carreira de Hans de Witte, o solitário calvinista que se estabeleceu em Praga, financiando o exército das potências católicas. Ele fora para lá a fim de servir o tolerante e excêntrico imperador Rodolfo II, e de algum modo ficara para financiar seus intolerantes sucessores, que, porém, o toleravam por seus serviços industriais e financeiros. No começo da guerra, já controlava a prata e o estanho do império. Seu poder nunca deixou de crescer. Foi ele quem adiantou todo o dinheiro para pagar os exércitos de Wallenstein, ressarcindo-se com os impostos das províncias leais e as contribuições e resgates das províncias conquistadas. Foi ele quem organizou o suprimento desses exército com armas, uniformes, pólvora, salitre, chumbo, tudo levado do ducado de Friedland de Wallenstein. Ele providenciava tudo — produção, manufatura, transporte pelo Elba. Todas as minas de prata, de cobre e de chumbo nas propriedades de Wallenstein estavam em suas mãos. As forjas de ferro de Raspenau na Boêmia, a rival das minas de ferro de Arboga na Suécia, estavam sob seu controle. Ele era o De Geer das potências católicas. Como De Geer, levou seus correligionários com ele para trabalhar nas minas e forneceu garantias de que não seriam molestados por sua religião. Tratava-se de uma garantia que somente ele podia dar, pois, quando os jesuítas assumiram o controle na Boêmia, os calvinistas foram impiedosamente expulsos. No final, só restou um: Hans de Witte, o maior industrial, o maior financista, o súdito mais rico da Boêmia, o banqueiro do imperador e da imperatriz, do generalíssimo, da nobreza, do clero, dos próprios jesuítas. Quando a quebra ocorreu — quando Wallenstein caiu e o crédito difícil do banqueiro ficou finalmente arruinado — foi ainda em Praga, ainda como calvinista, que ele encontrou o fim, afogando-se, falido, no poço de seu jardim.[10]

Isso é suficiente quanto aos Habsburgos de Viena. E quanto aos Habsburgos de Madri? Dificilmente se esperaria encontrar um empresário calvinista junto a Filipe IV, mas logo descobrimos que, para mobilizar seus recursos, mesmo o rei mais católico foi obrigado a procurar fora da fé. De fato, para dirigir o comércio externo e a provisão de suas frotas, procurou os comerciantes luteranos de Hamburgo, que, se eram heréticos, pelo menos eram neutros e súditos nominais de seu primo, o imperador. Por toda

---
[10] O caráter e a história de Hans de Witte foram revelados por Anton Ernstberger, *Hans de Witte Finanzmann Wallensteins* (*Vierteljahrschrift für Sozial-u. Wirtschaftsgeschichte, Beiheft*, 1954).

uma geração a Hamburgo luterana tornou-se a capital mercantil do império espanhol. Aí eram centralizados o comércio de açúcar do Brasil e o de especiarias do Oriente. Por ela o rei da Espanha se aproximava da indústria da Alemanha, do comércio do Báltico. Por ela suas colônias ultramarinas recebiam manufaturas em troca dos preciosos metais que financiavam a guerra. Por ela eram equipadas as sucessivas frotas com que ele esperava manter suas colônias e reconquistar a Europa do norte.

Mas, quando examinamos mais detidamente Hamburgo, o que encontramos? Numericamente, os alemães luteranos estão sem dúvida em maioria, mas em qualificação são eclipsados pelos calvinistas holandeses. Foi em vão que a Espanha procurou evitar, com o uso dos comerciantes hanseáticos, a dependência em relação aos rebeldes odiados: os comerciantes hanseáticos, num exame mais detido, revelavam-se como holandeses, ou agentes holandeses. Foram holandeses, e não hamburgueses nativos, que fundaram o Banco de Hamburgo, em 1619, e constituíam três quartos de seus maiores depositantes. Em 1623, quando o governo espanhol se apoderou dos navios estrangeiros em seus portos, não menos que 160 navios "hanseáticos" revelaram-se na verdade como holandeses. Ao usar as cidades hanseáticas luteranas, a Espanha estava apenas ocultando sua real dependência em relação a seus inimigos declarados, os holandeses calvinistas.[11]

Nesse meio-tempo, na frente renana, os exércitos espanhóis tinham de ser mantidos. O rei da Espanha necessitava de um capi-

---

[11] Ver Kellenbenz, "Spanien, die nördlichen Niederlande", p. 308, 315; E. Baasch, "Hamburg u. Holland im 17ten u. 18ten Jahrhundert", in *Hansische Geschichsblätter*, 1910, xvi, p. 55-56.

talista que pudesse mobilizar as minas de sal do Franche-Comté tal como De Geer mobilizara as minas de cobre da Suécia e De Witte as minas de ferro da Boêmia. Encontrou o homem de que precisava. François Grenus, calvinista suíço de Berna, banqueiro-comerciante em Genebra, arrendou as minas de sal reais e, com seus empréstimos, sustentou as forças espanholas. Os outros clientes desse De Witte suíço eram os outros inimigos do protestantismo europeu: o imperador e a duquesa de Savóia, a irmã da rainha Henrietta Maria, que é lembrada na história sobretudo por massacrar os santos de Deus, os protestantes dos vales do Piemonte.[12]

Assim, tanto nos países católicos quanto nos protestantes, em meados do século XVII, vemos que os calvinistas são de fato os grandes empreendedores. São uma força internacional, a elite econômica da Europa. Eles sozinhos, assim parece, podem mobilizar comércio e indústria e, desse modo, controlar grandes somas de dinheiro, seja para financiar exércitos, seja para reinvestir em outros grandes empreendimentos econômicos. Diante desses fatos, é fácil supor uma conexão direta entre sua religião e sua atividade econômica; antes, porém, de chegar a tal conclusão, deveríamos examinar mais detidamente o quadro que esboçamos. Devemos aplicar os testes históricos de que Weber, o sociólogo, prescindiu. Em particular, devemos perguntar qual era o denominador comum dos empresários calvinistas efetivos que conhecemos. Era o calvinismo do tipo definido por Weber? Se não, o que era?

Certamente, os homens que mencionamos não eram todos calvinistas ortodoxos em termos de religião. Louis de Geer era:

---

[12] Para Grenus, ver Baron de Grenus, *Notices biographiques sur les Grenus* (Genebra, 1849).

ele de fato mostrava uma piedade calvinista firme, iluminista, desde a época em que, em La Rochelle, fez a promessa de servir a Deus com o que pudesse ganhar na vida de comércio virtuoso. Patrocinou estudiosos calvinistas, fez doações generosas a pastores calvinistas sem posses e, em toda a sua carreira como industrial, parece nunca ter fornecido produtos a qualquer inimigo da causa calvinista. Mas nessa piedade calvinista intransigente Louis de Geer é uma exceção. Seu oposto, Hans de Witte, embora professasse o calvinismo até o fim, era tão mau calvinista quanto possível. Não apenas servia aos jesuítas e às potências católicas contra o protestantismo europeu: batizou seu filho na igreja, com Wallenstein, o terror dos protestantes europeus, como padrinho. O calvinista suíço François Grenus não era muito melhor. Quanto a Herwarth, sequer é certo que fosse calvinista. Como súdito francês naturalizado, era considerado "huguenote", mas já estava na meia-idade quando se tornou francês. Era alemão de nascimento, de família luterana, e Mazarino o encontrou a serviço de um príncipe luterano. Provavelmente era luterano.[13]

Naturalmente, o próprio Weber não admitira a mera ortodoxia doutrinária como critério. Seu calvinista não era um crente estrito ou mesmo um praticante da religião, mas um tipo social cujo caráter, embora originalmente formado pelo ensinamento calvinista, podia facilmente afastar-se deste. O que deveríamos buscar, para confirmar sua teoria, não é simplesmente a fé religiosa, mas o depósito moral da fé que pode permanecer mesmo

---

[13] Georg Herwarth, bisavô de Barthélemy, liderara o partido luterano em Augsburgo na época da guerra de Esmalcalda (1546-47).

quando a fé já foi embora. Para Weber, esse depósito moral do calvinismo era o "ascetismo mundano": frugalidade de vida, recusa a comprar terra ou títulos, menosprezo pelo modo de vida "feudal". Infelizmente, quando buscamos esse depósito moral em nossos empresários calvinistas do século XVII, mais uma vez ficamos desapontados. Na vida real, todos os grandes empresários viveram magnificamente. Os comerciantes calvinistas holandeses podiam não comprar grandes propriedades na Holanda, onde havia tão pouca terra para comprar, mas no estrangeiro não se continham. Mesmo Louis de Geer comprou terras na Suécia "que ultrapassam em extensão os domínios de muitos pequenos príncipes alemães". Adquiriu um título de nobreza e fundou uma das maiores casas nobres da Suécia. O mesmo fizeram outros capitalistas holandeses na Suécia – os irmãos Momma, Peter Spiering, Martin Wewitzers, Conrad van Klaenck. Hans de Witte adquiriu nobreza hereditária e vastas propriedades na Boêmia: no auge de seu sucesso, possuía três baronatos, doze mansões (*Höfe*), quinze propriedades rurais e 59 aldeias. Barthélemy d'Herwarth demonstrou menos ainda desse ascetismo puritano que caracterizava o tipo ideal de Weber. Como residência na cidade, comprou por 180 mil libras o Hôtel d'Épernon, e depois, considerando esse palácio de um duque e par de França inadequado para seus esplêndidos gostos, escandalizou a sociedade parisiense ao demoli-lo e reconstruí-lo numa escala ainda mais excessiva. Como residência nos arredores, comprou a casa de Gondi em St. Cloud, onde Catarina de Médicis realizava suas festas e Henrique III fora assassinado, e a vendeu de novo para a Coroa por 250 mil libras. Como casa de campo, comprou o *château* de

Bois-le-Vicomte, que fora residência do cardeal Richelieu, de Gaston d'Orléans e de La Grande Mademoiselle. Nesses locais, o financista protestante recebia a realeza e se entregava, com seus amigos, a essa paixão pelo jogo que era famigerada e censurada até mesmo na indulgente corte de Luís XIV. Esses eram os verdadeiros homens cujo tipo abstrato foi caracterizado por Weber como "ascetismo mundanamente racional".

Se os grandes empresários calvinistas de meados do século XVII não eram unidos pela piedade calvinista, ou sequer por sua suposta expressão social, o que os unia? Se olhamos atentamente para eles, logo encontramos certos fatos óbvios. Em primeiro lugar, bons ou maus calvinistas, a maioria deles não era nativa do país em que trabalhavam. Nem a Holanda, nem a Escócia, nem Genebra, nem o Palatinado — as quatro sociedades calvinistas óbvias — produziram seus próprios empresários. O ensinamento calvinista compulsório com que os nativos dessas comunidades eram doutrinados não tinha tal efeito. Quase todos os grandes empresários eram imigrantes. Em segundo lugar, a maioria desses imigrantes era dos Países Baixos; alguns deles talvez fossem calvinistas apenas porque eram dos Países Baixos.

De Geer, os irmãos Momma, Spiering na Suécia, a família Marcelis na Dinamarca, Hoeufft na França, De Witte na Boêmia, todos eram neerlandeses. Os pseudo-hanseáticos ao longo da costa báltica, os comerciantes de prosperidade recente nas cidades da Renânia eram em grande parte neerlandeses. "Pode-se dizer seguramente", escreve a maior autoridade sobre o assunto, "que o antigo sistema da Liga Hanseática se entrelaçara com um novo sistema, que levou todas essas cidades a uma peculiar dependência em relação aos empresários holandeses."[14] Além do mais, a um exame mais minucioso, descobrimos que esses neerlandeses provinham em geral de uma determinada classe dentro da república holandesa. Mesmo aí eram, ou seus pais tinham sido, imigrantes. Ou eram "flamengos" — isto é, imigrantes das províncias do sul, então sob domínio espanhol — ou eram de Liège, um principado-bispado católico.

É bem conhecida a extensão a que foi levada pelos emigrados da Antuérpia, depois de 1600, a nova prosperidade de Amsterdã. Esta, no século XVI, era um porto pesqueiro e mercante: no mundo do comércio internacional e da alta finança, tinha pouca significação até a reconquista da Antuérpia por Alexandre Farnese, em 1585. A mais antiga forma de seguro marítimo aí data de 1592, e provavelmente fora introduzida pelos sulistas mais refinados — os famosos Isaac Le Maire, de Tournai, e Jacob de Velaer, da Antuérpia — que estavam entre seus signatários. Não havia banqueiros em Amsterdã antes de 1600. O Banco de Amsterdã, criado em 1609, e a Bolsa de Amsterdã, criada em 1611, deviam sua existência à imigração "flamenga" e se baseavam em modelos católicos, sulistas. A Companhia Holandesa das Índias Ocidentais era uma empresa quase inteiramente flamenga. Peter Lintgens, um dos fundadores da Companhia Holandesa das Índias Ocidentais, trouxera sua firma de navegação e seguro, com suas ligações internacionais, da Antuérpia. Os mais famosos dos grandes empresários da Holanda nessa época — Isaac Le Maire, Dirck van Os, Balthasar Moucheron, Baptist

---

[14] Kellenbenz, "Spanien, die nördlichen Niederlande", etc., p. 308.

Oyens, Peter Lintgens, Willem Usselincx, Isaac Coymans, Johan van der Veken — eram todos flamengos. Foram eles, muito mais do que holandeses nativos, que iniciaram o súbito portento da prosperidade holandesa.[15]

Foram flamengos que fizeram a nova prosperidade da Holanda, e do mesmo modo foram flamengos que, da Holanda, formaram a elite dos empresários calvinistas holandeses no resto da Europa. A vida de negócios de Hamburgo, como vimos, era dominada por holandeses, mas esses holandeses, logo descobrimos, eram em grande parte flamengos. Se 32 dos 42 maiores depositantes do Banco de Hamburgo eram holandeses, pelo menos 19 dos 32 eram flamengos. Das 36 famílias que controlavam o comércio peninsular, que era a base da espetacular fortuna de Hamburgo no início do século XVII, cerca de dois terços provinham da Antuérpia, e o resto de Liège ou da região valônia industrial. De Geer, na Suécia, e De Witte, na Boêmia, podiam ser considerados holandeses, mas por nascimento o primeiro era de Liège e o último, flamengo da Antuérpia. Os mais prósperos dos neerlandeses que foram para Frankfurt eram flamengos. Em torno de 1600, tinham maioria de dois terços em sua oligarquia dominante: eram eles que, nas palavras de seus historiadores, fizeram do período de 1585-1603 "o segundo

---

[15] Para essa dependência de Amsterdã (e a Diáspora holandesa em geral) em relação à *expertise* prévia de Antuérpia, ver H. Pirenne, *Histoire de Belgique*, IV, 340; Barbour, *Capitalism in Amsterdam*, p. 15-16, 24; Kellenbenz, "Spanien, die nördlichen Niederlande", p. 309-10, e *Unternehmekräfte*, p. 149, 342-43; A. E. Sayous, "Die grossen Händler u. Kapitalisten in Amsterdam", in *Weltwirtschaftliches Archiv*, XLVI e XLVII (1937-38); W. J. van Hoboken, "The Dutch West India Company: the Political Background of its Rise and Decline", in *Britain and the Netherlands*, org. J. S. Bromley e E. H. Kossmann (1960).

período de ouro de Frankfurt como colônia belga", "a cidade filha da Antuérpia".[16] Em Emden, o comércio estava em grande parte nas mãos de pessoas provenientes da Antuérpia.[17] Wesel era conhecida como "Pequena Antuérpia". Ao longo do Reno, foram empresários da Antuérpia e de Liège que, trazendo consigo seus trabalhadores refugiados, estabeleceram primeiro a indústria têxtil, depois as indústrias extrativas, e assim criaram, para os nativos católicos, uma nova prosperidade.[18] Mesmo na Suíça de Calvino não foram suíços calvinistas que criaram as novas indústrias: durante um século após Calvino, não há um único grande empresário suíço. François Grenus, que prosperou na década de 1640, foi o primeiro — se de fato era suíço nativo e não imigrante valão.[19] A indústria da Suíça foi criada quase inteiramente por imigrantes, dos quais talvez o mais espetacular tenha sido o judeu convertido Marcus Perez, que se ofereceu para fazer da Basiléia o novo centro econômico, em detrimento de sua abandonada cidade natal de Antuérpia.[20] No Palatinado calvinista

---

[16] A. Dietz, *Frankfurter Handelgeschichte*, I (1910), 63-69, 305-6; II (1921), 1-45; G. Witzel, "Gewerbegeschichtliche Studien zur niederländischen Einwanderung in Deutschland im 16ten Jahrhundert, in *Westdeutsche Zeitschrift*, 1910.

[17] Bernhard Hagedorn, *Ostfrieslands Handel u. Schiffahrt im 16ten Jahrhundert* (Berlim, 1910), I, 124-30.

[18] W. Sarmenhaus, *Die Festsetzung der niederländischen Religions-Flüchtlingen im 16ten Jahrhundert in Wesel* (Wesel, 1913). Paul Koch, *Der Einfluss des Calvinismus und des Mennonitentums auf der neiderrheinischen Textilindustrie* (Krefeld, 1928).

[19] O Barão de Grenus (*Notices biographiques*) descreve François Grenus como nativo de Morges, no Pays de Vaud, mas H. Luthy, *La Banque protestante en France*, I (Paris, 1959), 38, 42, refere-se a ele como imigrante de Armentières.

[20] Sobre os imigrantes para a Suíça, ver J. C. Möriköfer, *Geschichte der evangelischen Flüchlinge in der Schweiz* (Leipzig, 1876), p. 30-42; A. E. Sayous, "Calvinisme et capitalisme à Genève", in *Annales d'histoire économique et sociale*, 1953; Walter Bodmer, *Der Einfluss der Refugianteneinwanderung von 1500-1700 auf die schweizerische*

dava-se a mesma coisa.²¹ Mesmo na Escócia, onde o clero calvinista se opunha fortemente a qualquer empreendimento econômico, foram os imigrantes flamengos que, em 1588, buscaram criar essa base do capitalismo industrial moderno, a indústria têxtil.²²

Seria fácil multiplicar exemplos. O padrão geral é claro. Quando Weber observou, como testemunho para sua tese, que em Hamburgo a mais antiga família de empresários era calvinista, não uma família luterana, ou quando Slingsby Bethel registrou que eram "os Reformados", não os luteranos, que constituíam os homens de negócios ativos nas cidades do norte da Alemanha de que ele tinha conhecimento, estavam simplesmente registrando o fato da dispersão holandesa, ou melhor, flamenga. E, embora os homens assim dispersos fossem em ampla medida calvinistas, não eram necessariamente calvinistas. Suas origens eram mais constantes que sua religião. Assim, os mais ricos de todos os refugiados que foram para Frankfurt eram os chamados martinistas, os luteranos da Antuérpia. Uma dúzia deles, contam-nos, podia comprar tudo o que os calvinistas tinham junto. Em qualquer momento a partir de 1580, o homem mais rico em Frankfurt era provavelmente um

---

Wirtschaft (Zurique, 1946); e as histórias da Basiléia de T. Geering (1886), R. Wackernagel (1907-16) e Paul Burckhardt (1942).

²¹ Ver Eberhard Gothein, *Wirtschaftsgeschichte des Schwarzwaldes* (Estrasburgo, 1892), I, 674 s.; Richard Frei, *Die Bedeutung der niederländischen Einwanderer für die wirtscharftliche Entwicklung der Stadt Hanau* (Hanau, 1927); Paul Koch, *Der Einfluss des Calvinismus*.

²² Para a oposição da Igreja da Escócia ao progresso econômico, ver W. L. Mathieson, *Politics and Religion: A Study in Scottish History* (Glasgow, 1902), II, 202-3; H. G. Graham, *The Social Life of Scotland in the Eighteenth Century* (1906), p. 159-62. Para a introdução dos "Flemyng wobsters" pela cidade de Edimburgo, ver *Burgh Records of Edinburgh 1573-89* (Edimburgo, 1882), p. 530.

luterano — mas um luterano da Antuérpia. Em Hamburgo, também, alguns dos comerciantes holandeses imigrantes eram luteranos, como os De Meyer e os Matthiesen. Em Colônia, os dois maiores empresários imigrantes, Nicolas de Groote e Georg Kesseler, não eram calvinistas, mas católicos; provinham, porém, da Antuérpia. Mesmo na Holanda calvinista um dos mais importantes imigrantes flamengos, Johan van der Veken, o empresário de Roterdã, era católico — mas católico da Antuérpia. De modo semelhante, os criadores das novas indústrias extrativas não eram necessariamente calvinistas, mas em ampla medida de Liège. O pai de De Geer era católico quando emigrou de Liège. A indústria do ferro de Biscaia foi organizada pelo príncipe dos industriais de Liège, Jean Curtius. O maior pioneiro da indústria extrativista da Renânia, Jean Mariotte, era católico — mas católico de Liège. Claramente todos esses homens estão mais unidos por suas origens flamengas ou de Liège do que por suas concepções religiosas.[23]

Uma vez identificado esse fato, novas linhas de investigação logo se apresentam. Em vez de examinar basicamente a religião dos empresários, devemos examinar suas origens locais. E uma vez que tenhamos feito isto — uma vez que cessemos de olhar apenas

---

[23] Para Frankfurt, ver Dietz, *Frankfurter Handelgeschichte*; para Colônia, H. Thimme, "Der Handel Kölns am Ende des 16ten Jahrhundert und die internationale Zusammensetzung der Kölner Kaufmannschaft", in *Westdeutsche Zeitschrift für Geschichte und Kunst*, XXXI (1912); para Van der Veken, E. Wiersum, "Johan van der Veken, koopman en banker te Rotterdam, 1583-1616", in *Verslagen der Maatschappij der Nederl. Letterkunde*, 1912. Para Curtius, ver J. Lejeune, *La Formation du capitalisme moderne dans la Principauté de Liège au 16e siècle* (Paris, 1939); para a família Mariotte, J. Yernaux, *La Métallurgie liégeoise et son expansion au 17e siècle* (Liège, 1939).

para os calvinistas em meio a eles —, logo descobriremos que não estão confinados a Flandres. Ao analisar a classe empresarial das novas cidades "capitalistas" do século XVII, vemos que toda a classe é predominantemente formada por imigrantes, e que esses imigrantes, qualquer que seja sua religião, provêm predominantemente de quatro áreas. Em primeiro lugar, estão os flamengos, por cujo calvinismo Weber, em última instância, defendeu sua tese.[24] Em segundo lugar, há os judeus de Lisboa e Sevilha, que Sombart apresenta como rivais dos calvinistas de Weber.[25] Em terceiro lugar, há os alemães do sul, sobretudo de Augsburgo. Em quarto lugar, estão os italianos, sobretudo de Como, Locarno, Milão e Lucca. As proporções variam de lugar para lugar. Em Hamburgo e no Báltico, onde foram sistematicamente estudados por Kellenbenz, os flamengos preponderam, seguidos pelos judeus. A geografia e a antiga conexão espanhola explicam isso facilmente. Na França, encontramos um maior número de alemães do sul, que vieram por meio das sucursais das grandes firmas familiares de Augsburgo do século XVI. Assim se deu com Barthélemy d'Herwarth, que veio

---

[24] Weber a seguir afirmou que quando dissera "que o calvinismo mostra a justaposição de piedade intensa e capitalismo, onde quer que seja encontrado", ele quis dizer "apenas o calvinismo da diáspora" (*Archiv für Sozialwissenschaft u. Sozialpolitik*, XXVm 245 b, 5). Mas, de fato, excetuando-se uma frase intercalada, citada de Gothein, Weber, em seu trabalho original, nunca se referiu ao calvinismo da Diáspora, e seus argumentos são extraídos quase exclusivamente dos autores puritanos ingleses.

[25] Ou melhor, deveríamos dizer os *émigrés* peninsulares, a maioria dos quais era judia; pois, assim como os flamengos que emigraram não eram todos calvinistas, os *émigrés* de Lisboa e Sevilha não eram todos judeus. A família Ximenes, sobre a qual Kellenbenz escreveu (*Unternhmekräfte*, p. 146, 185, 253), não era de marranos, mas de católicos fiéis, que não tinham necessidade religiosa de emigrar.

através de Lyon, e com o católico Eberhard Jabach, famoso por sua magnífica galeria de quadros, que veio através de Colônia.[26] Na Suíça, predominavam os italianos: Turrettini, Duni, Balbani, Arnolfini, Burlamacchi, Calandrini, Minutoli, Diodati, Appiani, Pellizari — estes, não os discípulos locais de Calvino, foram os primeiros criadores da moderna prosperidade suíça; e continuaram a produzi-la, sem muita ajuda dos intolerantes nativos, até que foram substituídos ou reforçados por uma nova imigração: a imigração dos huguenotes franceses.

Antuérpia, Liège, Lisboa, Augsburgo, Milão, Lucca... temos apenas de enumerar esses nomes para ver o que ocorreu. Estes são grandes nomes na história econômica européia. Às vésperas da Reforma, eram os herdeiros do capitalismo medieval, os promissores iniciadores do capitalismo moderno. Pois o capitalismo em larga escala, antes da revolução industrial, dependia do comércio a longa distância e de duas grandes indústrias: tecidos e minérios. Na Idade Média, graças ao comércio de longa distância da Itália, a indústria têxtil fora criada na Itália e em seu depósito no norte, Flandres. A partir do acúmulo financeiro assim criado, os capitalistas da Itália e de Flandres puderam mobilizar a indústria extrativista da Europa, ainda mais dispendiosa, mas em última análise ainda mais lucrativa. Em torno de 1500, todas as técnicas do capitalismo industrial estavam concentradas em umas poucas cidades ao longo

---

[26] Para os alemães do sul em Lyon, ver K. Ver Hees, "Die oberdeutsche Kaufleute in Lyon im letzten Viertel des 16ten Jahrhundert", in *Vierteljahrschrift für Sozialund Wirtschaftsgeschichte*, 1934. Havia também uma colônia em Marselha: ver a. E. Sayous, "Le Commerce de Meschior Manlich et Cie d'Augsbourg à Marseilles", in *Revue historique*, CLXXVI (1935), 389-411.

da antiga rota renana de Flandres para a Itália. Em um extremo, encontrava-se Antuérpia, herdeira de Bruges e Gante, que dominava a antiga indústria têxtil flamenga e financiava a indústria extrativista de Liège; no outro extremo, estavam as cidades italianas, as cidades comerciais e financeiras de Veneza e Gênova e as cidades industriais de Milão e Florença. A estas se tinham acrescentado há pouco dois novos centros: Augsburgo, cuja indústria têxtil ergueu a imensa superestrutura financeira da família Fugger e de outras, e lhes permitiu rivalizar até mesmo com Antuérpia, concentrando em suas mãos a indústria extrativista da Europa central; e Lisboa, capital de um novo império comercial mundial, com possibilidades de comércio a longa distância anteriormente sequer sonhadas. Estes eram os centros do capitalismo europeu em 1500. De um modo ou de outro, entre 1550 e 1620, a maioria desses centros foi abalada, e as técnicas secretas do capitalismo foram levadas para outras cidades, para serem aplicadas em novas terras.

Esta não é, naturalmente, a concepção alemã. Marx, Weber, Sombart, todos julgavam que uma nova forma de capitalismo fora criada no século XVI. A produção medieval, pensavam eles, era apenas "pequena produção". Somente depois da Reforma, julgavam eles, a produção industrial em larga escala tornou-se possível. Assim, havia uma sincronia entre Reforma, capitalismo industrial e ascensão econômica das potências protestantes. Desse modo, era fácil ver ligações causais. Mas, hoje, poucos estudiosos acreditam nessa súbita irrupção do capitalismo industrial no século XVI. Sabemos bastante sobre o capitalismo medieval italiano e flamengo.[27] As empresas de

---

[27] É interessante observar a origem estreitamente alemã da teoria de Weber. Seus antecedentes também eram alemães. Foi W. Endemann, em sua grande

Benedetto Zaccaria em Gênova, de Roger de Boinebroke em Gante, dos grandes comerciantes de tecidos e banqueiros de Florença eram tão "racionais" em seu métodos quanto "burocráticas" em sua estrutura, como qualquer capitalismo moderno;[28] e se os criadores dessas empresas medievais eram às vezes personagens chocantes — "capitalistas aventureiros judeus" mais do que "ascetas mundanos" — assim (como agora achamos) eram os calvinistas De Geer e De Witte do século XVII. A idéia de que o capitalismo industrial em larga escala era ideologicamente impossível antes da Reforma é desfeita pelo simples fato de que existiu. Até a invenção do motor a vapor, seu escopo pode ter sido limitado, mas dentro desse escopo provavelmente alcançou seu ponto mais alto na época dos Fugger.

---

obra *Studien in der romanisch-kanonistischen Wirtschafts-u. Rechtslehre* (Berlim, 1874-83), I, 371 s., que escreveu que foi preciso a revolta protestante para libertar o capitalismo europeu do domínio repressor da Igreja católica, e foi L. Goldschmidt, em *Universalgeschichte des Handelsrechts* (Stuttgart, 1891), p. 139, que deu curso à afirmação equivocada de que, na Idade Média, *homo mercator vix aut numquam potest placere Deo.* A afirmação de Endemann foi criticada à época por Sir W. Ashley, *Introduction to Economic History*, II (1893), 377 s.; mas ainda prospera, como é mostrado pela afirmação extremada do ponto em Benjamin N. Nelson, *The Idea of Usury* (Princeton, 1949). A disseminação fatal da afirmação de Goldschmidt, uma vez assumida por Pirenne, é mostrada em J. Lestocquoy, *Les Villes de Flandre et d'Italie* (Paris, 1952), p. 195-96. O ponto de partida imediato de Weber — a única evidência factual apresentada em seu trabalho — foi um estudo estatístico da educação católica e protestante em Baden por Martin Offenbacher. Essa estatística foi questionada por Kurt Samuelsson, *Ekonomi och Religion* (Estocolmo, 1957), p. 146-57. A aplicação exclusivamente alemã da teoria de Weber é agradavelmente observada por A. Sapori, *Le Marchand italien du moyen âge* (Paris, 1944), p. XXIX-XXX.

[28] Para Zaccaria, ver R. S. Lopez, *Genova marinara nel dugento: Benedetto Zaccaria, ammiraglio e mercante* (Messina, 1933); para Boinebroke, G. Espinas, "Jehan Boine Broke, bourgeois et drapier douaisien", in *Vierteljahrschrift für Sozial-u. Wirtschaftsgeschichte*, 1904.

Depois disso, houve convulsões que levaram os grandes capitalistas a migrar, com suas habilidades e seus trabalhadores, para novos centros. Mas não há razão para supor que essas convulsões, quaisquer que fossem, criaram um novo tipo de homem ou permitiram que surgisse um novo tipo de capitalismo, impossível antes. De fato, as técnicas do capitalismo aplicadas nos países protestantes não eram novas. O século de 1520 a 1620 é singularmente desprovido dos novos processos. As técnicas trazidas pelos flamengos para a Holanda, a Suécia e a Dinamarca, e pelos italianos para a Suíça e Lyon, eram as antigas técnicas do capitalismo medieval, tal como aperfeiçoadas às vésperas da Reforma, e aplicadas a novas áreas. Isto é tudo.

Mas é de fato tudo? Ao dizer isso, podemos ter clareado as coisas, mas não resolvemos o problema. Apenas o modificamos. Para Marx, Weber, Sombart, que encaravam a Europa medieval como não-capitalista, o problema era descobrir por que o capitalismo foi criado no século XVI. Para nós, que acreditamos que a Europa católica, pelo menos até a Reforma, era perfeitamente capaz de criar uma economia capitalista, a questão é por que, no século XVI, tantos agentes essenciais para essa economia — não apenas empresários, mas também trabalhadores — deixaram os antigos centros, predominantemente em terras católicas, e migraram para novos centros, predominantemente em terras protestantes. E isto é ainda, em grande parte, um problema de religião. Podemos indicar muitas razões não-religiosas: a pressão das restrições das guildas nos antigos centros; a facilidade com que os empresários e trabalhadores (ao contrário dos senhores de terras e camponeses) podem migrar; as novas oportunidades que já se apresentavam no norte. Mas essas razões, que podem explicar casos isolados, não podem explicar o movimento geral. Pois, afinal, a maioria desses homens, embora pudesse partir facilmente, não partia de boa vontade. Era expulsa. E era expulsa por causa da religião. Os italianos que fugiam de Milão ou Como para além dos Alpes eram em grande parte comerciantes de tecidos ou tecelões que temiam a perseguição por suas concepções religiosas. Os italianos de Lucca que criaram a indústria da seda na Suíça eram comerciantes de seda que sentiam a pressão da Inquisição romana não sobre seus teares, mas sobre suas concepções "heréticas".[29] Os flamengos que deixavam os Países Baixos do sul em direção ao norte eram ou trabalhadores da indústria de tecido rural, que fugiam do Tribunal do Sangue criado pelo duque de Alba, ou antuerpenses a que Alexandre Farnese deu a alternativa do catolicismo ou do exílio.[30] Todos esses homens, que tinham trabalhado, ou cujos ancestrais tinham trabalhado, tranqüilamente na Flandres católica e na Itália do passado, agora se viam incapazes de se reconciliar com o catolicismo: razões econômicas podiam indicar a direção, mas a religião lhes deu o impulso. A indagação que temos de fazer é o que aconteceu para criar esse novo hiato entre o catolicismo do século XVI e os empresários e trabalhadores do século XVI, um hiato inteiramente desconhecido pela Igreja medieval e pelos empresários e trabalhadores medievais?

---

[29] Para a emigração de Lucca, ver A. Pascal, "Da Lucca a Ginevra", in *Rivista Storica Italiana*, 1932-35.

[30] O exame dos lugares de origem dos *émigrés* de Flandres para Frankfurt, Hamburgo, etc. mostra que os imigrantes pobres eram em grande medida trabalhadores das cidades mineradoras e têxteis valãs, enquantos os imigrantes ricos provinham predominantemente da Antuérpia. A migração maciça dos trabalhadores têxteis de Hondschoote para Leiden é tema do estudo de E. Coornaert *Un Centre industriel d'autrefois: la draperie-sayetterie d'Hondschoote* (Paris, 1930).

Diante dessa questão, é conveniente indagar qual foi a atitude religiosa daqueles ativamente envolvidos na vida econômica em 1500. Basicamente podemos defini-la, na falta de melhor palavra, como "erasmianismo". Eu gostaria de encontrar uma palavra melhor — uma palavra mais obviamente aplicável tanto à Itália quanto à Europa do norte (pois as características eram gerais) —, mas não posso. Portanto, quero deixar claro que por erasmianismo pretendo dizer não especificamente as doutrinas de Erasmo, mas as concepções gerais a que os primeiros reformadores, e Erasmo em particular, deram uma forma clara. Esses erasmianos eram cristãos e católicos, mas rejeitavam ou ignoravam grande parte do novo aparelho externo do catolicismo oficial: um aparelho que, na medida em que absorvia energia, consumia tempo e imobilizava a propriedade, sem ter nenhuma conexão necessária com a religião, era igualmente mal visto por homens instruídos, piedosos e ativos. Assim, em vez da "religião mecânica", e do monasticismo que viera a representá-la, os erasmianos exaltavam o "cristianismo primitivo", a devoção particular, o estudo da Bíblia; e acreditavam intensamente na santificação da vida leiga. Contra as pretensões exageradas do clero, ao afirmar que a condição clerical ou monástica era, por si só, mais santa que a condição leiga, o laicato exaltava o estado de matrimônio como sendo não uma mera concessão à natureza humana básica, mas um estado religioso não menos santo que o celibato clerical; e exaltava o chamado leigo, se santificado pela fé interior em seu exercício diário, como sendo não menos santo do que a função sacerdotal. Essa crença no valor religioso positivo de um chamado leigo foi tomada por Weber como a essência da "ética protestante", a condição necessária do capitalismo industrial. De acordo com sua concepção de uma nova e revolucionária idéia no século XVI, Weber atribuiu-a, em sua forma verbal, a Lutero, e, em sua real significação, a Calvino. Mas, de fato, embora Weber sem dúvida estivesse certo ao ver na idéia do "chamado" um ingrediente essencial na criação do capitalismo, ele sem dúvida estava errado ao supor que essa idéia era puramente protestante. Seu raciocínio filológico é sabidamente errado. E, de fato, a idéia era um lugar-comum antes do protestantismo. Ocorre constantemente nas obras de Erasmo, que regularmente exalta a piedade real e interior do leigo ativo em seu chamado, acima da complacência dos monges indolentes, que supõem uma maior santidade devido ao traje que usam ou às "devoções mecânicas" que praticam.

Em tudo isso, nada há, naturalmente, explicitamente herético. Levado a extremos, o erasmianismo podia ser subversivo para o *establishment* sacerdotal. Posto em prática, teria diminuído o número de sacerdotes, reduzido sua influência entre os leigos, eliminado seus meios de propaganda, bloqueado as fontes de sua riqueza. Mas, como foi provocado apenas pelo número indecente do clero, seu poder e sua riqueza indecentes, em épocas normais não seria provável que fosse levado a extremos. Também não era exclusivamente uma doutrina, ou antes uma atitude mental, das classes mercantis. Era uma atitude que apelava para os leigos instruídos em geral. Erasmo tinha amigos e patronos entre príncipes e seus funcionários, mesmo entre o clero, bem como nas classes mercantis. No entanto, havia um entendimento de que se tratava peculiarmente de atitude da burguesia. Em um tempo de crise, os príncipes erasmianos (como Carlos V) lembrariam sua "razão de estado": podiam (como ele) levar seu erasmianismo particular para o túmulo, mas hesitariam antes de atacar os interesses adquiridos da Igreja, que estavam tão entrelaçados com os do trono — e mesmo com os da ordem social. Os funcionários e legisladores erasmianos, como uma classe, ficariam com a Igreja. Entre as classes instruídas, as classes urbanas, mercantis — não os grandes cobradores fiscais ou contratadores, economicamente ligados à Coroa ou à Igreja, mas os empresários realmente independentes e autoconfiantes — eram mais livres para seguir sua filosofia até sua conclusão lógica, se fossem forçados a fazê-lo.

Nas décadas da Reforma, foram forçados a fazê-lo. Nesse período, os abusos da Igreja levaram seus críticos ao extremo, e os erasmianos, onde quer que estivessem, viam-se obrigados ou a se render incondicionalmente ou a se admitirem como heréticos. Se escolhiam a última possibilidade, tornavam-se calvinistas. Pois Calvino, muito mais do que em geral se reconhece, era o herdeiro de Erasmo, o herdeiro numa época mais intolerante, é verdade, o herdeiro que tem de lutar por seu legado e cujo caráter é modificado pela luta, mas ainda, na essência, herdeiro. Se seguimos sua carreira, ou lemos suas obras, lembramo-nos com freqüência de Erasmo. Calvino nutriu-se do ensinamento erasmiano. Publicou sua grande obra na última cidade de Erasmo. Alguns de seus textos são quase plágios de Erasmo. Como Erasmo, ao contrário de Lutero, Calvino acreditava em uma Igreja reformada visível: a hierarquia não devia ser destruída, mas purificada, tornada mais eficiente, mais dinâmica. E por toda parte a burguesia erasmiana, se não renunciava por completo às suas concepções erasmianas, voltava-se para o calvinismo como a única forma de defendê-las. A aristocracia mercantil de Veneza, preservando inviolada sua constituição republicana, foi capaz de manter sua antiga característica, nem papista nem protestante. Mas seus colegas em Milão, Como e Lucca não foram capazes disso. Assim, os mais independentes deles resvalaram aos poucos para o calvinismo, ou pelo menos, na medida em que cruzavam os Alpes para a Suíça, aceitavam (com quaisquer reservas particulares) a liderança pública dos calvinistas, a única Internacional que podia dar proteção e coerência a um grupo de minorias urbanas cuja própria força reside não em números mas em sua condição moral e intelectual.

Assim, ocorreu a mudança. Não que o calvinismo tenha criado um novo tipo de homem, que por sua vez criou o capitalismo; antes, a antiga elite econômica da Europa foi levada à heresia porque a atitude de espírito que fora sua por gerações, e que fora tolerada por gerações, foi subitamente, e em alguns lugares, declarada herética e intolerável. Se a Igreja romana e o Estado espanhol não tivessem subitamente resolvido perseguir as concepções de Erasmo e Vives, Ochino e Vermigli, Castellio e Sozzini, as aristocracias mercantis de Antuérpia, Milão, Lucca e mesmo Sevilha[31] sem dúvida teriam continuado, como a de Veneza, a preservar sua ortodoxia, usando-a, como antigamente, com uma pequena diferença. De fato, assim não ocorreu. Os abusos de Roma levaram as aristocracias mercantis a uma posição que o aterrorizado Tribunal de Roma via como efetivamente herética. A justificação pela fé, essa ortodoxia paulina que consagrou a "religião interior", a religião do leigo

---

[31] Sevilha, a única grande cidade mercantil da Espanha, também era o último centro do "erasmianismo" espanhol. Este foi esmagado em 1558-59, com o grande expurgo do mosteiro jeronimita de S. Isidoro e a fuga de 18 de seus monges para o estrangeiro, a maioria para Genebra.

sem sacerdotes — não era esta a mesma doutrina que Lutero estava usando para proclamar uma revolta em toda a Europa, uma revolta contra Roma?

Podemos ver por que Roma se assustou. Mas deixar a indagação assim, como se a reação a uma crise temporária tivesse criado uma importante mudança na economia européia por três séculos, seria imperdoavelmente superficial. Por que, devemos perguntar, os príncipes leigos apressaram esse pânico clerical? E por que os empresários calvinistas fugitivos deixaram tão facilmente, e de modo tão permanente, os centros econômicos da Europa? Pois, afinal, a era de pânico foi relativamente breve. Os príncipes católicos (como o caso de De Witte mostra) estavam preparados para fazer concessões a heréticos economicamente valiosos, e depois de uma geração a maioria dos empresários calvinistas tinha perdido sua pureza doutrinária. Se De Witte estava preparado para servir a Wallenstein e batizou seu filho como católico, se os comerciantes de Hamburgo estavam preparados para trabalhar para o rei da Espanha, não há razão para supor que teriam recusado de modo absoluto voltar à sua antiga ligação em uma época mais tolerante. Além disso, nem sempre se sentiam bem nos países calvinistas. O calvinismo pode ter começado como erasmianismo armado para a batalha; em sua primeira geração, pode ter atraído a elite da Europa; mas logo, à medida que ampliava sua base, mudou sua característica e diminuiu seus padrões. Por volta de 1600, o calvinismo era a religião não apenas dos leigos instruídos, mas também de nobres ambiciosos e proprietários rurais; era controlado, com freqüência, pelo clero fanático, de modo um pouco melhor do que os inquisidores monásticos contra os quais fora no passado um protesto. Para se livrar dessa companhia, os calvinistas intelectuais originais se desviaram para o arminianismo na Holanda, para o puritanismo leigo não-confessional na Inglaterra. Além disso, do lado católico, surgira uma nova ordem que buscara reconquistar a elite do laicato: os jesuítas, que, em sua primeira geração, eram corretamente vistos pelas antigas ordens clericais, os dominicanos e os franciscanos desesperados contra a reforma, como perigosos continuadores dessa odiada mensagem, atenuadores do aparelho clerical, aduladores da piedade leiga — de fato, erasmianos.

Fazer essa indagação consiste em sair do campo da mera doutrina. Consiste em fazer grandes indagações sociológicas, até então sem resposta. Consiste em indagar não por que as idéias de um Erasmo ou de um Ochino eram alarmantes para Roma na época da revolta de Lutero, mas qual era a estrutura do Estado da Contra-Reforma, que esmagou essa revolta. Pois sempre voltamos a isto: os empresários calvinistas, e neste caso os judeus, do norte da Europa não eram um produto nativo novo: eram um antigo produto transplantado. Weber, ao ver o "espírito do capitalismo" como algo novo, cujas origens devem ser buscadas no século XVI, inverteu o problema. A novidade está não nos próprios empresários, mas nas circunstâncias que os levavam a emigrar. E eram expulsos não apenas pelos sacerdotes, com base em questões doutrinárias, embora estas fornecessem o pretexto e o instrumento de expulsão, mas — já que a religião do Estado é uma formulação de ideologia social — por sociedades que tinham endurecido contra eles. No século XVI, a Itália e Flandres, por séculos espaço do capitalismo industrial e comercial, mudaram tanto seu caráter social que não tolerariam mais aqueles que, no passado, tinham feito delas o cerne econômico da Europa. A expulsão dos calvinistas da área de domínio ou proteção espanhola — como tanto Flandres quanto a Itália tinham sido, em torno de 1550, durante o controle espanhol — é um fato social comparável à expulsão da Espanha, no mesmo período, daqueles outros elementos socialmente inassimiláveis, os mouros e os judeus.

Em outras palavras, devemos procurar a explicação de nosso problema não tanto no protestantismo e nos empresários expulsos quanto no catolicismo e nas sociedades expulsoras. Devemos indagar qual foi a mudança social que acometeu as sociedades católicas no século XVI. Foi uma mudança que ocorreu predominantemente nos países que constituem a clientela da Espanha. Por exemplo, não ocorreu na França — pelo menos até Luís XIV expulsar os huguenotes, com conseqüências, tanto para a sociedade expulsora quanto para o resto da Europa, muito semelhantes às das expulsões do século XVI. Por outro lado, não estava confinada ao império espanhol, pois encontramos retirada similar, se não clara expulsão de alguns outros países católicos. Por exemplo, havia um êxodo gradual do principado-bispado independente de Liège.[32] Ela também não era exclusivamente dependente da religião. Isto se vê na Itália, onde os empresários católicos, que tinham sido obrigados a se manter dentro dos limites da ortodoxia, todavia acreditavam que as condições de sua prosperidade eram incompatíveis não com as doutrinas, mas com as formas sociais da Contra-Reforma. O grande exemplo, naturalmente, é Veneza. A sociedade mercantil católica de Veneza lutou com surpreendente solidariedade contra sucessivas

---

[32] Ver J. Yernaux, *La Métallurgie liégeoise*, p. 99-105.

tentativas de introduzir as formas sociais da Contra-Reforma. A resistência da República no início do século XVII contra a pressão conjunta do papa e da Espanha é uma luta não entre duas religiões, mas entre duas formas sociais. Quando a República finalmente se enfraqueceu, em torno de 1630, a Contra-Reforma aí se instalou e a vida comercial se reduziu. A mesma antítese pode ser vista, em menor escala, na República de Lucca. Cosimo I da Toscana refreou-se na conquista de Lucca porque, tendo visto a fuga de muitos dos grandes comerciantes de seda sob pressão papal, não tinha vontade de afugentar o restante. Não que fossem heréticos ou que ele intencionalmente os expulsasse para a heresia. Os duques de Medici da Toscana eram famosos por seu incentivo aos comerciantes, quer fossem nativos, estrangeiros ou mesmo heréticos. O que Cosimo temia era que, se a República de Lucca fosse incorporada ao principado da Toscana, os comerciantes fugiriam "*come fecero i Pisani*". Portanto, embora pudesse ter facilmente capturado a cidade, refreou-se, porque, disse ele, nunca poderia capturar os homens que fizeram a riqueza da cidade.[33]

"A república"... "o principado"... Já ao definir o problema, sugerimos a resposta. No restante deste ensaio, ainda posso apenas sugeri-la, porque o tema obviamente requer tratamento mais longo do que o espaço que tenho. Mas tentarei esboçar o processo como julgo que se deu. Se, ao fazê-lo, apenas revelo as lacunas em nosso conhecimento, talvez isso venha a incentivar alguém a suprir essas lacunas.

O capitalismo da Idade Média era a realização, essencialmente, das cidades-repúblicas autônomas: as cidades flamengas e hanseá-

---

[33] Ver E. Callegari, *Storia politica d'Italia, preponderanze stranieri* (Milão, 1895), p. 253.

ticas no norte, as cidades italianas no Mediterrâneo, as cidades da Renânia e do sul da Alemanha. Nessas repúblicas, os comerciantes que as governavam eram ortodoxos, até mesmo católicos devotos: o papa, afinal, era o protetor das cidades italianas contra o imperador, e os capitalistas florentinos, como depois os Fugger de Augsburgo, eram os agentes econômicos do papa. Mas eram católicos a seu modo. Sua piedade, sua caridade eram positivas, construtivas, às vezes mesmo pródigas; mas não criavam, direta ou indiretamente, obstáculos à sua própria empresa mercantil. Podiam alimentar monges com seus lucros supérfluos, mas não imobilizavam riqueza mercantil na vida monástica. Podiam pôr uma parte de seus filhos na Igreja, mas de forma contida: de modo que o principal empreendimento da república não fosse atrapalhado por uma debandada para a Igreja.[34] Podiam subscrever a construção de igrejas, e também de belas igrejas, mas não em escala excessiva: há uma diferença entre o *duomo* de Florença e as estupendas catedrais do norte. E esse cuidado da Igreja se combinava com um cuidado paralelo para com o Estado. O Estado, afinal, era seu instrumento: não queriam que ele desenvolvesse muitos órgãos próprios, ou que se tornasse seu senhor. Também não queriam que a Igreja ou o Estado se tornassem muito dispendiosos, para impor, através de impostos, diretos ou indiretos, uma carga insuportável ao comércio e à manufatura, alimento da cidade. Pois as cidades-repúblicas, ou pelo menos aquelas que eram centros de comércio internacional,

---

[34] Em geral, as cidades mercantis parecem ter evitado a criação de grandes propriedades inalienáveis pela Igreja. Ver, por exemplo, C. M. Cipolla, "Comment s'est perdue la propriété ecclésiastique dans l'Italie du Nord entre le XIe et le XVIe siècle?" in *Annales: économies, sociétés, civilisations*, 1947, p. 317-27.

não eram sociedades sólidas: eram colônias mercantis internacionais, e eram mantidas vivas pelo afluxo constante de comerciantes "estrangeiros", atraídos para elas por circunstâncias favoráveis. Como tal, eram extremamente sensíveis ao custo. Mesmo uma pequena alta na carga de impostos, uma pequena queda na margem de lucro podiam causar uma fuga de capital para outros centros mais convenientes — de Siena para Florença, de Ulm para Augsburgo. Esse era um fato que, nas cidades episcopais como Liège, os bispos tinham de reconhecer. Era um fato que condicionava o perfil religioso das próprias aristocracias urbanas. No século XV, quando a Igreja, em sua oposição à reforma conciliar, decidiu aumentar seu poder pela multiplicação do clero regular e seus instrumentos de propaganda e fiscalização, não foi à toa que o movimento que culminaria no erasmianismo, a formulação positiva de oposição a todos esses processos, encontrou seus adeptos naturais na burguesia instruída das antigas cidades livres. Reconheciam, mesmo em seu início, o processo que, para alguns deles, levaria ao fim a prosperidade.

Naturalmente, sempre havia um processo alternativo. Uma classe mercantil podia achar proveito — pelo menos lucro a curto prazo — em ceder aos tempos. No século XV as cidades estavam sendo destruídas pelos príncipes, e os príncipes, para manter seu novo poder, estavam recrutando o apoio da aristocracia rural e da Igreja, e criando em torno de seus tronos uma nova classe de "funcionários", dispendiosamente pagos a partir de impostos públicos indiretos ou de imposições de comércio. Algumas das antigas famílias mercantis lucravam com essa mudança. Tornavam-se financistas da corte ou monopolistas, e, como a área de livre comércio dentro da qual operavam era maior do que antes, às vezes faziam fortunas espetaculares. Mas, exceto quando cidades inteiras obtinham posições de monopólio excepcional nos novos impérios — como Gênova no império espanhol —, esses ganhos de capitalistas de Estado eram compensados por perdas entre capitalistas privados, que, como não controlavam mais o Estado, não tinham poder para reformá-lo. Naturalmente, eles tiraram as conseqüências. Se um grande comerciante se salvava tornando-se fornecedor ou financista da Corte para o príncipe, outros criavam seus filhos não para serem comerciantes, mas "funcionários" da nova Corte, ou da Igreja em expansão, assim contribuindo para a carga que esmagava sua classe; e investiam seu capital mais pesadamente em terra. Os que não conseguiam, e sentiam a carga aumentada por aqueles que conseguiam, adotavam doutrinas críticas, erasmianas, e procuravam outras oportunidades mercantis em terras mais livres, com menos impostos.

No início do século XVI já havia novas dificuldades em casa, enquanto novas oportunidades acenavam. Em algumas cidades de Flandres, Suíça e Alemanha, as guildas de artesãos tinham fortalecido seu poder e, para proteger seu próprio emprego, impediam mudanças técnicas. Mesmo sem pressão religiosa, os empresários dessas cidades começavam a buscar novas bases, e os trabalhadores menos privilegiados seguiam-nos de boa vontade. Vemos essa mudança, sem conexão com religião, na Inglaterra, onde capital e trabalho deslocavam-se das antigas cidades da costa leste para as "novas cidades" do interior. E os grandes empresários tinham olhos para locais ainda mais afastados. Os Fugger, tendo erguido sua organização mineradora na economia amadurecida do sul, já a aplicavam na riqueza até então inexplorada da Escandinávia. Mesmo sem a Reforma, havia razões puramente econômicas para uma mudança.

Assim, na década de 1520, ocorreu a grande revolta: a revolta de Lutero. Não foi uma revolta dentro da antiga e amadurecida economia da Europa: foi uma revolta das áreas "subdesenvolvidas", "coloniais" da Europa do norte e central, há muito taxada, frustrada e explorada (que era como se sentiam) a fim de manter a alta civilização do Mediterrâneo e do Reno. Como todas as grandes revoltas sociais, usou idéias que tinham sido desenvolvidas em sociedades mais avançadas contra as quais se voltava. A crítica erasmiana das repúblicas mercantis foi adotada pelos revolucionários do norte. Mas, naturalmente, foi adotada com grande diferença. Embora os erasmianos pudessem simpatizar com parte do programa luterano, não o podiam seguir completamente: isso seria uma traição de sua civilização. Suspensos entre os novos principados "burocráticos" com seus órgãos hipertrofiados, o objeto de sua crítica, e as doutrinas anárquicas e revolucionárias de Lutero, que iam muito além de sua crítica, os erasmianos sofriam uma crise terrível de consciência. Mas, como eram minoria, na medida em que as cidades-república não eram mais uma força independente na política, tinham por fim de escolher. Ou deviam render-se, ser absorvidos no mundo que criticavam, e na melhor das hipóteses ser tolerados dentro dele, ou deviam partir para a revolução. Felizmente, na época de sua crise, não tinham de se submeter à revolução anárquica de Lutero. Em seus antigos lares, nas sociedades urbanas dos Países Baixos, do Reno, da Suíça, do norte da Itália, a mensagem erasmiana estava sendo transformada, fortalecida, aguçada, tornada capaz de independência e resistência. Entre os príncipes católicos do Mediterrâneo e da Borgonha, lutando pela preservação de uma antiga supremacia, e os príncipes luteranos da Alemanha, situando-se no cerne da revolta nacional, surgia a pequena e dinâmica força das cidades livres sobreviventes da Europa: a Internacional calvinista.

Não estamos preocupados com essa grande luta. O que nos diz respeito é a mudança estrutural por que os países católicos passam no curso dela. Pois, no fim, a revolta foi suspensa. Se grande parte do norte da Europa estava perdida, e deixou de ser uma colônia econômica do Mediterrâneo, o catolicismo sobreviveu em seu antigo lar. O sonho dos reformadores, de levar a revolta à própria Roma, nunca se realizou, e Roma reconquistou até mesmo as cidades calvinistas erasmianas do norte da Itália e de Flandres. Mas essa vitória foi alcançada a um grande custo social. Assim como o papado triunfara sobre o movimento conciliar da Europa pela multiplicação de seus abusos e por seu dispendioso aparelho de poder e propaganda, tornando-se, em nome da supremacia espiritual, cada vez mais uma monarquia secular, no século seguinte triunfou sobre a Reforma em casa, por uma continuação desse processo e por uma aliança ainda mais estreita com o principado secular. A Contra-Reforma, que animou essa reconquista, pode ser vista como um grande renascimento espiritual: um novo movimento de misticismo, evangelismo, caridade. Mas sociologicamente representou um enorme fortalecimento da estrutura "burocrática" da sociedade. Os reformadores haviam desafiado a riqueza clerical, a propriedade inalienável clerical e as ordens regulares inchadas que tinham se mantido e enriquecido a Igreja por meio de "devoções mecânicas". De início, na década de 1530, a Igreja tinha reconhecido a justiça do desafio. Admitira a conciliação, o apaziguamento. Mas a seguir o estado de espírito se endureceu. O papado da Contra-Reforma, abandonando todos os pensamentos de conciliação, voltou-se para a

Louis de Geer aos 62 anos

O Apocalipse do século XVII

NEW IERUSALEM

The Bride, the Lambes wife, that Holy and Beloved City. Rev. 21. 10. &c.

B

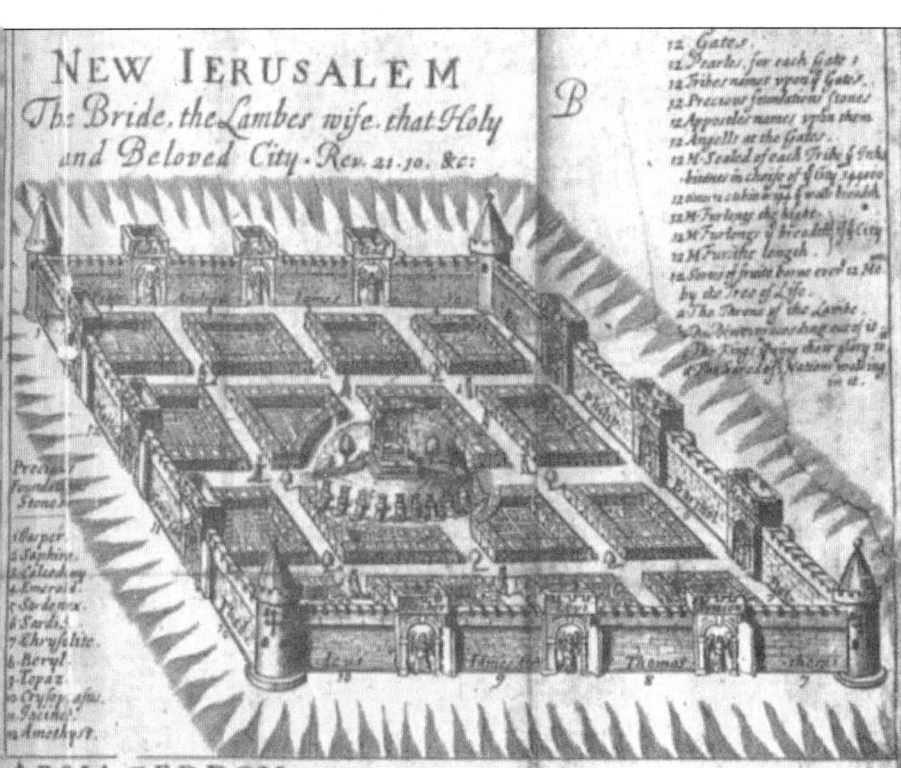

12 Gates
12 Pearls, for each Gate 1
12 Tribes names upon y Gates
12 Precious foundation stones
12 Apostles names upon them
12 Angells at the Gates
12 M Sealed of each Tribe y^e Inhabitants in cheife of y City 144000
12000 is e which is y^e of ye wall breadth
12 M Furlongs the hight
12 M Furlongs ye breadth of ye City
12 M Fur the length
12 Sorts of fruits borne every 12 Mo by the Tree of Life.
The Throne of the Lambe
The Waters of Life flowing out of it
The Kings bring their glory to it
The Leaves of ye Nations walking in it.

Precious
foundation
Stones

1 Iasper
2 Saphire
3 Chalcedony
4 Emerald
5 Sardonyx
6 Sardis
7 Chrysolite
8 Beryl
9 Topaz
10 Chrysoprasus
11 Iacinct
12 Amethyst

ARMAGEDDON. *Rev. 16. 14. 16. 19. 17. 19. &c.*

E

The false Prophet taken & cast into y^e Lake of fire. 19. 20.

G

THE IUDICATURE. Rev. 20. 4. &. 6.

The Angel in y^e sun calling y^e fowles to eate the flesh of Kings Cap. horses. &c. 19. 18.

The dragon taken & cast into the Bottomless pitt. Rev. 20. 1. 2. 3.

neither was there any other City wch in Iohns time had the Rule over the Kings of the Earth but
Aug. Rom. lib 2^d cap. 3

agressão em todas as frentes ameaçadas; não devia haver menos, mas mais ordens regulares, mais propaganda profusa, mais construções magníficas, mais devoções elaboradas. Além disso, já que a Igreja, para se defender, precisava do poder dos príncipes, a burocracia principesca, em compensação, era mantida pela burocracia clerical. O papismo, como com freqüência se lembrava aos reis protestantes titubeantes, era a única garantia real da monarquia. E de fato, em certo sentido, era. Teria Charles I perdido tão facilmente seu trono, se sua frágil Corte tivesse sido reforçada por uma rica Igreja burocrática, com numerosos cargos e gratificações tentadoras para leigos, e, em vez de pregadores puritanos, um exército de frades evangelizando e pregando obediência entre os povos?

Naturalmente, em seu estágio inicial, o peso desse aparelho ampliado poderia ser suportado. O novo misticismo, o esforço espiritual da Contra-Reforma inicial, poderia desencalhar o antigo navio que os reformados tinham em vão tentado tornar mais leve. Os primeiros jesuítas planejaram insuflar-lhe um pouco do antigo espírito erasmiano. Cultivaram o laicato, modernizaram a filosofia da Igreja, procuraram tranqüilizar comerciantes e outros leigos quanto à utilidade de seu chamado.[35] Mas o entusiasmo despertado

---

[35] A modernidade econômica dos jesuítas foi enfatizada por H. M. Robertson, *The Rise of Economic Individualism* (Cambridge, 1935). Robertson tende a enfatizar apenas o ensinamento e a prática jesuítas em questões de moral dos negócios. Esta não apenas o envolveu em controvérsia religiosa não-pertinente: também estreitou desnecessariamente sua argumentação, que estou certo de ser correta. (Antes de ser atacada como uma injúria por um jesuíta irlandês, fora apresentada como uma justificação por um jesuíta inglês. Ver *Usury Explain'd, or conscience quieted in the case of putting out money at interest*, de Philopenes [John Dormer, ou Hudleston, S. J.] Londres, 1695-96.) De fato, a

por um esforço heróico não pôde sobreviver à geração que susteve o esforço; e no século XVII o espírito da Contra-Reforma estava exaurido, o que restava era o peso e o custo da nova engrenagem. E se a antiga burocracia principesca tentara pressionar a vida mercantil das sociedades urbanas, como isso seria muito mais provável de acontecer quando as burocracias principescas tivessem sido reforçadas pelo acréscimo, o inextricável acréscimo, das burocracias clericais, não menos dispendiosas, não menos desdenhosas da vida econômica que não fosse subserviente a suas necessidades?

Não se tratava também apenas de uma questão de custo dos impostos que o novo Estado impunha à classe capitalista. O novo Estado acarretou uma nova sociedade, e as novas formas sociais aos poucos se fortaleceram para investirem nelas mesmas. Pois qualquer sociedade que não aceita a revolução tende a investir em si. Uma sociedade capitalista investe no capitalismo; uma sociedade burocrática, na burocracia. O etos público da sociedade — a ordem em que ela valoriza as várias profissões — e as oportunidades para colocar seu capital tendem na mesma direção. Na Flandres ou na Itália medievais, a atividade mercantil levava ao poder nas oligarquias das cidades e ao respeito público. Se um comerciante

---

argumentação a favor do calvinismo, tal como apresentada por Weber, é que a mensagem positiva, central do calvinismo, a santidade do trabalho secular — não ensinamento meramente periférico sobre temas como usura ou ética dos negócios — levava indiretamente ao capitalismo. Mas essa mesma mensagem central pode ser encontrada também entre os jesuítas. Não encontrei um exemplar do trabalho, mas o título de um livro de um jesuíta espanhol — *Los bienes de honesto trabajo y daños de la ociosidad*, de Pedro de Guzmán (Jerez, 1614) — parece bastante claro. A modernidade econômica dos primeiros jesuítas é apenas parte de sua modernidade geral: sua determinação para retomar da heresia a elite do laicato.

construía uma grande fortuna, como provavelmente ele a usaria? Qualquer que fosse a política de seguro espiritual e mundano que ele pudesse extrair sob a forma de dons para a Igreja ou os pobres e a compra de terras ou anuidades para seus dependentes, sua caridade não se faria a expensas de uma futura vida comercial. Uma grande parte seria em favor de instituições comerciais urbanas. Manteria a maior parte de sua fortuna no comércio e, se quisesse mostrar sua ortodoxia pondo alguém de sua família na Igreja, poria aqueles de quem sua fortuna mundana dependeria nos negócios. Assim, sua riqueza e poder na sociedade seriam dirigidos para o comércio e a indústria, e a Igreja seria a consagração de uma comunidade de negócios. Mas na Flandres e na Itália do século XVII seria diferente. Mesmo que um homem tivesse feito grande fortuna no comércio ou na indústria, quando fosse investi-la para o futuro de sua família, examinaria a sociedade a seu redor e tiraria as conclusões apropriadas. Essa sociedade, observaria ele, não era mais uma sociedade urbana mercantil: era uma sociedade burocrática de Corte, e seus valores e suas oportunidade eram muito diferentes. Para sua salvação espiritual e para seus dependentes, ele ainda acompanharia uma política de segurança. Ainda daria o dízimo à Igreja, compraria terras, ou *rentes* para sua viúva. Mas, para os filhos em que as esperanças mundanas da família se apoiavam, ele usaria sua acumulação de capital para comprar funções na administração da Igreja ou do Estado. No paxalato do príncipe nunca faltariam funcionários, poderiam faltar comerciantes. Assim, a riqueza e o poder da sociedade seriam dirigidos para a função e a Igreja seria a consagração não de uma sociedade mercantil, mas de uma sociedade oficial.

Hugh Trevor-Roper

Assim, o Estado da Contra-Reforma criava gradualmente, mesmo nas antigas cidades mercantis que conquistou, um novo tipo de sociedade: uma sociedade que, além do mais, se fortalecia por seu próprio impulso social. A antiga característica foi preservada em Veneza, por não ter sido absorvida por um principado e nem ter sido convertida em principado, e em Amsterdã, porque continuou como sociedade republicana, o que fora suprimido na Antuérpia. O comerciante de Amsterdã investia sua fortuna e colocava seus filhos na continuidade dos negócios, em parte por ser honrado, em parte porque era lucrativo — ao contrário de um príncipe, uma cidade-estado que se autogovernava podia merecer a confiança de que não adotaria leis ou uma política ruinosa para os negócios — em parte porque havia poucas alternativas. Em Milão e Antuérpia, ocorreu o contrário. Aí o capitalismo independente definhou. Os únicos grandes lucros nos negócios eram os lucros do capitalismo de Estado. Mas, como até mesmo o capitalismo de Estado geralmente começa com o capitalismo privado, os grandes capitalistas de Estado dos estados principescos com freqüência fizeram suas primeiras fortunas no estrangeiro. E mesmo os capitalistas de Estado, se introduzem suas famílias e investem suas fortunas no Estado, tendem a investir seus lucros na função e na terra, não no comércio. A plutocracia genovesa, tolerada como enclave urbano autogovernado, a fim de ser o financiador estatal do império espanhol, e investindo seus lucros em funções, títulos e terras dentro desse império, é típica dessa história. Assim é Hans de Witte, imigrante que foi para a Boêmia e que se tornou o capitalista de Estado do imperador, investindo em funções, títulos e terras na Boêmia. Quanto aos capitalistas nativos, absorvidos por conquista aos Estados da Contra-Reforma, seguiam necessariamente o mesmo caminho. Se tomamos qualquer grande cidade da Contra-Reforma em 1630 e a comparamos com sua situação em 1530, o padrão de mudança é similar. Externamente a diferença pode não ser óbvia. O número de ricos pode não ter diminuído de modo perceptível. Pode haver tantas belas casas, tantas carruagens quanto — talvez mais — evidências de gasto particular. Ainda há uma alta burguesia próspera, visível. Mas quando olhamos por trás dessa frente, descobrimos que a fonte de riqueza é diferente. O gasto em 1530 fora predominantemente de uma elite de comerciantes e fabricantes. Em 1630 é predominantemente de uma elite de "funcionários".[36]

O Estado da Contra-Reforma generalizou-se na Europa, acima de tudo, pelo poder da Espanha. Trata-se de um dos grandes acidentes, talvez infortúnios, da história que tenha sido a monarquia castelhana, essa sociedade "feudal" arcaica, acidentalmente alçada ao poder mundial pela prata da América, que se destacasse, no século XVI, como defensora da Igreja católica e assim imprimisse algo de seu próprio caráter à Igreja e ao Estado onde quer que seu apoio combinado prevalecesse. A religião católica romana, como a história medieval mostrara, era perfeitamente compatível com a expansão capitalista. O crescimento dos Estados dos príncipes nas sociedades capitalistas avançadas sem dúvida marcava, em si, uma regressão econômica, quer esses Estados fossem apoiados pela Espanha, quer não. Roma, com sua inchada burocracia clerical, teria sido uma cidade não-mercantil em qualquer época. Mas o apoio

---

[36] Isso é mostrado, no caso da Bélgica, por Pirenne; no caso de Como, por B. Caizzi: *Il Comasco sotto il dominio spagnolo* (Como, 1955). Cf. E. Verga, *Storia della vita milanese* (1931), p. 272-78.

espanhol, por seu próprio caráter e pelas necessidades do Estado, impôs o padrão de uma forma ainda mais extremada. Além disso, foi fatalmente bem-sucedido. A riqueza e o apoio militar da Espanha permitiam aos Estados dos príncipes sob sua proteção que funcionassem, que parecessem economicamente viáveis, mesmo que não fossem; e essa ilusão durou tempo suficiente para o novo sistema se tornar permanente. Em 1610, o apoio da Espanha era o sustentáculo natural de toda Corte de príncipe que não se sentia mais segura; até mesmo uma Corte protestante, como a de James I, dependia dele. Ao contrário, qualquer sociedade mercantil, mesmo que católica, como Veneza, encarava a Espanha como inimigo. Por volta de 1640, o apoio espanhol podia ser de pouca valia para qualquer um; mas nessa época as sociedades da Europa da Contra-Reforma estavam estabelecidas: estabelecidas em declínio econômico.[37]

Uma tendência geral é às vezes ilustrada por suas exceções. Sugeri um padrão geral de mudança nos Estados da Contra-Reforma. Em

---

[37] Essa antítese geral entre dois sistemas alternativos — o sistema "burocrático" dos príncipes que pode incentivar o capitalismo de Estado, mas oprime a livre empresa, e o sistema mercantil das cidades livres, que não é incompatível com um tipo de monarquia mais flexível — pode ser ilustrada também na história chinesa. Na China, a sociedade burocrática que fora fortalecida pelas primeiras dinastias foi enfraquecida no século IX com a maciça secularização da propriedade monástica. A seguir, na dinastia Sung, ocorreu um grande florescimento da ciência e da tecnologia. "Sempre que se acompanha qualquer trabalho específico da história científica ou tecnológica na literatura chinesa", diz Joseph Needham, em *Science and Civilisation in China*, I (Cambridge, 1954), 134, "é sempre na dinastia Sung que encontramos seu principal ponto focal". Mas, com a dinastia Ming, a antiga estrutura burocrática foi restaurada e as grandes invenções chinesas — inclusive as três que, segundo Francis Bacon, "mudaram toda a face e o estado de coisas em todo o mundo", ou seja, a imprensa, a pólvora e a bússola — tiveram continuidade não na China, mas na Europa. A força desse paralelo me foi imposta pelos estudos do falecido Étienne Balasz.

primeiro lugar, há a reanimação não apenas do dogma católico, mas também de toda a estrutura da Igreja: uma onda de misticismo revigora a antiga e decadente maquinaria, que os reformadores tinham atacado. Novas ordens religiosas são fundadas. Novas formas de caridade, novas devoções, novos métodos de propaganda trazem novos recursos para a Igreja e aumentam suas posses inalienáveis. Essa revigoração da Igreja é também uma revigoração do Estado que a aceita e que, por definição, é um Estado de príncipe; pois as repúblicas urbanas se opõem a essas grandes subtrações da vida econômica. Passada uma geração e dissipado esse espírito, a carga desse grande aumento é sentida e ressentida. A sociedade recém-estabelecida, sentindo-se vulnerável e ameaçada, torna-se intolerante e se volta contra os elementos incômodos e não-assimilados em seu meio. Os sobreviventes obstinados do antigo partido reformador são expulsos, e o Estado começa a usufruir de sua segurança, que ele celebra pelo aumento de funções na Igreja-Estado, unidos apropriadamente. Esta é a regra geral que postulei. Pode ser facilmente ilustrada na Itália, Espanha, Flandres, Baviera, Áustria. A exceção aparente é a França. Mas, assim que olhamos sob a superfície, descobrimos que essa exceção é mais aparente do que real. Por razões óbvias, a Contra-Reforma ocorreu tarde na França; mas quando ocorreu as conseqüências foram as mesmas. Apenas o período foi diferente.

Como grande potência em oposição à Espanha, a França se viu em oposição à Contra-Reforma, que, em seu primeiro século, estivera tão abertamente associada ao poder espanhol. Conseqüentemente, na França, a repressão social da Contra-Reforma há muito era despercebida. Henrique IV podia sobrepujar muitos outros príncipes católicos em demonstrações de papalismo (pois ele tinha um passado para sepultar), mas o aparelho do Estado da Contra-Reforma não foi adotado em sua época. A França de Richelieu continha huguenotes e jansenistas; recebeu os fugitivos das inquisições romana e espanhola; publicou as obras suprimidas pela censura romana; e se beneficiou das grandes vendas de terras da Igreja realizadas durante as guerras de religião. Mas esse feliz estado não durou muito. Mesmo na época de Richelieu, o partido pró-espanhol dos *dévots*, derrotado na política, ganhava terreno na sociedade. Foi então que o novo misticismo católico veio da Flandres espanhola e levou à criação de novas ordens religiosas. Nos primeiros anos de Luís XIV, as duas tendências opostas se revelaram plenamente. Colbert, herdeiro da política econômica de Richelieu, pregava uma doutrina mercantilista de trabalho consagrado, contenção das terras da Igreja, redução das funções venais no Estado, diminuição de monges e monjas. Mas a monarquia que Luís XIV começou a estabelecer não era desse tipo, e ele preferiu baseá-la no modelo espanhol, consagrado pela Igreja da Contra-Reforma. Assim, com a morte de Colbert, as funções se multiplicaram como nunca antes, o clero regular aumentou, e, na medida em que a carga e a repressão se tornavam visíveis, o antigo remédio foi aplicado. Em 1685, os huguenotes foram expulsos. Uma nova Dispersão, comparável com a dispersão dos flamengos e dos italianos do norte, fertilizou a economia da Europa protestante. E, assim como os Habsburgos, na Guerra dos Trinta Anos, tinham de buscar seus capitalistas de Estado entre os capitalistas privados que anteriormente tinham expulso de seus domínios como heréticos, os Bourbons, no século XVIII, tinham de financiar suas guerras recorrendo aos financistas suíços que, de fato, não eram suíços mas huguenotes franceses que os reis Bourbons anteriores tinham expulsado da França.[38]

Tal foi o efeito sobre a sociedade da união fatal entre a Igreja da Contra-Reforma e o Estado principesco. Qual seu efeito sobre a Igreja? Na Idade Média, a Igreja, que fora o órgão de uma sociedade feudal, rural, adaptou-se ao crescimento do capitalismo comercial e industrial. Isso acarretara alguns ajustes difíceis, pois nem os empregadores mercantis nem os trabalhadores industriais — ou seja, basicamente, os tecelões e os mineiros — ficaram satisfeitos com as doutrinas elaboradas para uma sociedade de senhores e camponeses. Os empresários não tinham visto com bons olhos os "trabalhos" externos, tinham rejeitado a proibição da usura. Mas a Igreja fez-lhes concessões, e tudo ficou bem. Os trabalhadores em indústrias, reunidos por suas condições de trabalho, ouviam os pregadores radicais que insistiam na fé mística, na comunidade de vida e no "cristianismo primitivo". A Igreja ficou alarmada e algumas vezes declarou-os heréticos. Afastou de seu convívio os seguidores de Arnoldo de Bréscia, os Pobres Homens de Lyon, os valdenses, os

---

[38] Ver Lüthy, *La Banque protestante en France*, I. Em geral é interessante observar os critérios de sucesso urbano adotados pelo propagador oficial da Contra-Reforma, Giovanni Botero. Em seu tratado sobre a Grandeza das Cidades, ele supõe, como causa da riqueza, a residência de príncipes e nobres, a presença de funções governamentais e tribunais e — de modo incidental — a indústria controlada pelo Estado; mas as cidades em que capitalistas livres se reuniam e formavam oligarquias, mercantis recebem pouca atenção. Tomando Genebra e Frankenburg como exemplos, ele as descreve como asilos de rebeldes e heréticos "indignos de serem celebrados por nós como cidades". E, no entanto, cidades semelhantes eram os verdadeiros herdeiros das comunas medievais, com suas colônias mercantis cosmopolitas, compostas, em primeiro lugar, de refugiados "estrangeiros" (*Cause della Grandezza delle Città*, 1588, II, i).

lolardos, os taboritas. Mas a outros fez concessões. Os begardos em Bruges, os Umiliati em Milão, os Irmãos da Vida Comum no norte continuaram dentro do conjunto de uma ortodoxia expandida.[39] Assim, a Igreja medieval, por sua relativa elasticidade, por sua tolerância e acomodação — ainda que limitada — de novas tendências, permaneceu a Igreja universal não apenas geograficamente, como a Igreja de toda a Europa ocidental, mas socialmente, como a Igreja de todas as classes. Porém, depois da Reforma, isso mudou. Em seus anos de pânico, a Igreja inchada e rígida dos inquisidores e dos frades via o erasmianismo do empresário como uma forma de luteranismo alemão — *Erasmus posuit ova, Lutherus eduxit pullos* — e via o "cristianismo primitivo" de tecelões e mineiros como uma forma de anabatismo alemão. Assim, expulsou ambos do redil. Na década de 1550, os papas da Contra-Reforma expulsaram os erasmistas italianos para além dos Alpes e fecharam a Ordem dos Umiliati (muito diferente de sua pobreza inicial) em Roma. Nos fins do século XVI e ao longo do XVII, a Igreja católica não era apenas, em política, a Igreja do sistema principesco, e, na sociedade, a Igreja de um sistema oficial "feudal": estava também exclusivamente ligada a esses sistemas. Sua antiga elasticidade desaparecera, tanto intelectual e espiritual quanto politicamente. Enquanto as Igrejas protestantes (ou algumas delas) continham nelas um amplo espectro de idéias e atitudes — calvinismo liberal para seus comerciantes e empresários, anabatismo e menonismo para seus trabalhadores industriais —, a Igreja católica não tinha mais qualquer coisa semelhante. Sem heresia, sem variedade, era a Igreja de uma forma de Estado e uma

---

[39] Para os Umiliati, ver L. Zanoni, *Gli Umiliati* (Milão, 1911).

forma de sociedade apenas. Não foi sem razão que os teóricos dos Estados da Contra-Reforma, como Botero, insistiram na unidade essencial da Igreja e do Estado. A Igreja católica era a Igreja de seu Estado. Do mesmo modo, não foi à toa que Paolo Sarpi, teórico da única república mercantil genuína que procurou permanecer dentro da Igreja católica, insistiu constante e incisivamente na separação entre Igreja e Estado. A Igreja católica não era mais a Igreja desse Estado: se quisesse sobreviver em Veneza sem destruir a sociedade veneziana, deveria ser mantida rigorosamente separada. Também não foi à toa que a obra mais famosa de Paolo Sarpi, o maior dos historiadores católicos, um frade servita de irrepreensível ortodoxia doutrinária, permaneceu inédita em qualquer país católico até o século XVIII.[40]

---

[40] A mesma observação geral que fiz sobre o empreendimento econômico – que foi o Estado da Contra-Reforma que a expeliu da sociedade, não a doutrina calvinista que a criou, ou a doutrina católica que a sufocou, nos indivíduos – pode ser feita também a respeito de outro fenômeno estreitamente relacionado com o empreendimento econômico: avanço científico. Tanto Weber quanto seus seguidores sustentavam que a doutrina calvinista levou, como a doutrina católica ou não-calvinista não o fez, ao estudo empírico da Natureza; e essa teoria se tornou uma ortodoxia na América e em outras partes (cf. os influentes trabalhos de Robert K. Merton, "Puritanism, Pietism and Science", in *Sociological Review*, XXVIII, 1936, e "Science, Technology and Society, in seventeenth-century England", *Osiris*, I, (1938), e R. F. Jones, *Ancients and Moderns* (St. Louis, 1936); R. Hooykaas, "Science and Reformation", in *Cahiers d'histoire moderne*, III, 1956-57, p. 109-39). Mas me parece que tais conclusões só podem ser alcançadas seja pela concentração de todo estudo nas idéias calvinistas e nos cientistas holandeses ou huguenotes, enquanto ignora o desenvolvimento contemporâneo de idéias similares em outras Igrejas (p. ex., entre os platônicos católicos e os jesuítas) e sua não menos bem-sucedida aplicação por cientistas católicos, luteranos e anglicanos, como Galileu, Kepler e Harvey, ou "salvando os fenômenos" com a ajuda de explicações ela-

Naturalmente, este não era o fim da história. No século XVIII, o fracasso econômico e intelectual dos Estados da Contra-Reforma era evidente, e os políticos e pensadores desses Estados começaram a tirar as conseqüências. A sociedade, concordavam eles, deve ser libertada. Sua estrutura "feudal" deve ser suavizada. A Igreja deve participar dessa suavização e deixar de consagrar a atual opressão. Assim, os reformadores espanhóis do século XVIII pregavam uma reforma católica que não se podia distinguir do antigo erasmianismo que fora tão violentamente extinto na Espanha de Carlos V e Filipe II. Na França e na Itália, os novos jansenistas pregavam uma mensagem bastante semelhante. Suas recomendações não foram inteiramente sem efeito. É difícil ter estatísticas, mas parece que tanto na França quanto na Espanha o peso da Igreja, medido pelo

---

boradas, comparáveis com os epiciclos ptolomaicos, como a sugestão de que Bacon era "realmente" puritano (Hooykaas) ou pode ter extraído suas idéias de "sua mãe muito puritana" (Christopher Hill, "Protestantism and the Rise of Capitalism", in *Essays... in Honour of R. H. Tawney*, Cambridge, 1961, p. 31). Se esses fatos relevantes são adequadamente incluídos no estudo, parece-me que a conexão causal excludente entre calvinismo e ciência necessariamente se desfaz. O que resta é o fato irredutível de que, enquanto Pico e Ficino morreram em aura de santidade católica, e o trabalho de Copérnico foi dedicado ao papa e por este aceito, os jesuítas julgaram necessário limitar seus estudos científicos, e Bruno, Campanella e Galileu foram condenados ao sul dos Alpes. Em outras palavras, idéias que eram perfeitamente aceitáveis em sociedades católicas antes da Contra-Reforma, e a seguir por indivíduos católicos (Galileu afirmou que "nenhum santo podia ter mostrado maior reverência pela Igreja, ou maior zelo"), foram repudiadas pela sociedade da Contra-Reforma. Pois não era a teologia do papa, era a razão de Estado da Contra-Reforma e a pressão social das ordens religiosas que forçaram a condenação de Galileu, assim como haviam forçado a condenação de Erasmo, que o papa Paulo III teria feito cardeal (cf. meu artigo "Galiléo et l'Église romaine: un procès toujours plaidé", in *Annales: économies, sociétés, civilisations*, 1960, p. 1229-34).

número do clero regular, tendo aumentado ao longo do século XVII, diminuiu novamente no século XVIII. Mas não diminuiu de modo suficientemente rápido. Assim, os reformadores pediram ação política. Seu pedido foi ouvido. Em primeiro lugar, os príncipes reformadores intervieram. Em toda a Europa católica os jesuítas foram expulsos. O febronianismo era o novo erasmianismo de Estado. José II, como Henrique VIII, desafiou o papa e fechou mosteiros. Então veio a revolução, e depois a reação: uma reação em que a esperança de reforma parecia, por algum tempo, estar finalmente perdida.

Todavia, não estava perdida. Uma geração depois o ataque foi renovado. Quando foi renovado, seu caráter tinha mudado. Ao sul dos Alpes, era abertamente anticlerical. Mas na França, pátria de Calvino, que outrora tivera um forte partido protestante, a batalha foi travada, mais uma vez, de forma conhecida. No reinado de Luís Filipe, e ainda mais no reinado de Napoleão III, a economia da França foi revolucionada pelos empresários protestantes. Porém, mais uma vez não foi devido ao fato de serem calvinistas, e portanto animados pelo "espírito capitalista", que esses homens foram capazes de realizar o *Wirtschaftswunder* do Segundo Império e da Terceira República. Eles não eram os autênticos protestantes franceses, os verdadeiros crentes que, desde 1685, tinham preservado a fé calvinista nas "Igrejas do Deserto" no Languedoc. Se examinamos detidamente os grandes empresários protestantes da França do século XIX, vemos que, mais uma vez, quase todos são imigrantes. São ou calvinistas da Suíça — descendentes daqueles primeiros refugiados, italianos da década de 1550 ou franceses de 1685 — ou luteranos da Alsácia: Alsácia que, como feudo imperial, estivera fora do alcance do Edito de Nantes, e do mesmo modo de sua revogação. Em ambos os casos o padrão é o mesmo. Nos séculos XVI e XVII, os países subdesenvolvidos que haviam se revoltado contra Roma ofereciam oportunidades ao empresários dos antigos centros industriais, Flandres, Itália e sul da Alemanha; no século XIX, os países católicos subdesenvolvidos ofereciam oportunidades para os herdeiros daqueles empresários retornarem. No primeiro período, o endurecimento do Estado da Contra-Reforma tinha expulsado esses homens; no século XIX a liberação do Estado lhes facilitaria o retorno.

No século XIX, o Estado da Contra-Reforma por fim se desfez. As idéias do Iluminismo, a necessidade de progresso, o contraste doloroso com as sociedades protestantes, tudo isso contribuiu para o processo. Mas a longo prazo talvez outra força fosse igualmente poderosa. No século XVII, a Igreja católica romana tinha sofrido uma contração espiritual e intelectual geral. Depois do esforço da Contra-Reforma, tinha se seguido um longo período de estreita intolerância. O humanismo dos primeiros jesuítas fora fogo de palha: em torno de 1620 começaram a ser meros sofistas do Estado da Contra-Reforma. Mesmo no século XVIII, a união de Igreja e Estado não foi negada: os príncipes febronianos buscavam reformá-los, não desuni-los. Mas no século XIX fez-se finalmente um esforço para afastar a Igreja católica do Estado principesco católico. De modo bastante natural, a tentativa foi feita na França, a monarquia católica que foi a última a admitir e a primeira a rejeitar a união fatídica. De modo bastante natural, a resistência foi maior em Roma, o Estado-Igreja *par excellence* levado a novas posturas de rigidez pela última luta pelo Poder Temporal. Mas no fim a divisão prevaleceu. Que os países da Contra-Reforma pudessem, por fim, alcançar, economicamente, os da Reforma sem uma nova revolta de Roma era devido em parte à nova elasticidade que o catolicismo adquiriu no século XIX: a seu doloroso afastamento do *ancien régime*. O Mercado Comum Europeu de hoje, essa criação dos democratas-cristãos da Itália, Alemanha e França, deve algo a Hugues de Lamennais.

Capítulo II

A crise geral do século XVII

Os meados do século XVII foram um período de revoluções na Europa. Essas revoluções diferiam de lugar para lugar, e, se estudadas em separado, parecem surgir de causas particulares, locais; mas, se as examinamos em conjunto, têm tantos aspectos comuns que parecem quase uma revolução geral. Há a Revolução Puritana na Inglaterra, que preenche os vinte anos entre 1640 e 1660, mas cuja crise ocorreu entre 1648 e 1653. Nessa época de crise, houve também a série de revoltas conhecidas como a Fronda na França, e em 1650 houve um *coup d'état* ou revolução palaciana, que criou uma nova forma de governo nas Províncias Unidas dos Países Baixos. Contemporâneas das perturbações da Inglaterra foram as do império espanhol. Em 1640, houve a revolta da Catalunha, que fracassou, e a revolta de Portugal, que teve êxito; em 1641, quase houve também uma revolta na Andaluzia; em 1647, houve a revolta de Nápoles, a revolta de Masaniello. Para observadores contemporâneos, parecia que a própria sociedade estava em crise, e que essa crise era geral na Europa. "Esses são dias de abalo...", declarou um pregador inglês em 1643, e "esse abalo é universal: o Palatinado, Boêmia, Germânia, Catalunha, Portugal, Irlanda,

Inglaterra".[1] Os vários países da Europa pareciam apenas os teatros distintos em que estava sendo representada a mesma grande tragédia, embora em diferentes línguas e com variações locais.

Qual foi a causa geral ou característica dessa crise? Os contemporâneos, se olhassem além dos meros paralelos superficiais, tendiam a encontrar profundas razões espirituais. Estavam certos de que havia uma crise. Durante uma geração, sentiam que estava a caminho. Desde 1618 pelo menos já se falava sobre a dissolução da sociedade, ou do mundo; e a sensação indefinida de desânimo de que constantemente estamos cientes nessa época era justificada às vezes pelas novas interpretações das Escrituras, às vezes por novos fenômenos nos céus. Com a descoberta de novas estrelas, e em particular com o novo cometa de 1618, a ciência parecia apoiar os profetas do desastre. Assim também fez a história. Foi nessa época que teorias cíclicas da história se tornaram moda e o declínio e queda das nações foi previsto, não somente a partir das Escrituras e das estrelas, mas também da passagem do tempo e dos processos orgânicos de deterioração. Os reinos, declarou um pregador puritano em 1643, depois de tocar ligeiramente na influência comprovadora do cometa de 1618, duram por um período máximo de 500 ou 600 anos, "e é sabido de todos vocês há quanto tempo existimos desde a Conquista".[2] Do alto da nossa

---

[1] Jeremiah Whittaker, Εἰρηνοποιός, *Christ the Settlement of Unsettled Times*, um rápido sermão diante da Câmara dos Comuns, 25 de janeiro de 1642-43. Cf. H. G., B. L. C., *England's Present Distractions parallel'd with those of Spaine and other foreign countries* (1642). Muitos outros exemplos poderiam ser apresentados.

[2] William Greenhil, Ἀξίνη πρός τήρύξαι, sermão pregado diante do Parlamento, 26 de abril de 1643. Concepções semelhantes eram comuns na Espanha. Ver Sancho de Moncada, *Restauración Política de España* (Madri, 1619), Discurso I. Moncada também se refere ao cometa.

racionalidade, poderíamos supor que as novas descobertas da ciência tenderiam a desacreditar os vaticínios apocalípticos das Escrituras; mas na verdade não era assim. É fato interessante, mas inegável, que os mais avançados cientistas do início do século XVI eram também os mais cultos e literais estudiosos das matemáticas bíblicas. Em suas mãos, ciência e religião convergiam para apontar, entre 1640 e 1660, a dissolução da sociedade, o fim do mundo.³

Esse pano de fundo intelectual é significativo porque mostra que a crise de meados do século XVII não ocorreu inesperadamente, a partir de acidentes súbitos: estava profundamente baseada e prevista, ainda que vagamente, mesmo antes dos acidentes que a desencadearam. Sem dúvida os acidentes tornaram a revolução mais longa ou mais profunda aqui, mais breve ou mais superficial ali. Sem dúvida, também, a universalidade da revolução devia algo ao mero contágio: a moda da revolução se espalha. Mas mesmo o contágio implica receptividade: um corpo são ou vacinado não adquire nem mesmo uma doença corrente. Portanto, embora possamos observar acidentes e modas, ainda temos que fazer uma indagação mais profunda. Devemos indagar qual era a condição geral da sociedade européia ocidental que a tornou, em meados do século XVII, tão universalmente vulnerável — intelectual e fisicamente — à nova e súbita epidemia de revolução.

Naturalmente, há algumas respostas evidentes. A mais evidente de todas é a Guerra dos Trinta Anos, que começou em 1618, ano

---

³ É suficiente referir J. H. Alsted, estudioso e educador de Herborn, que era também "portador-padrão de milênios em nossa época"; seu discípulo boêmio J. A. Comenius; e o matemático escocês Napier de Merchiston, que inventou o logaritmo a fim de acelerar seus cálculos do número da Besta.

do cometa, e ainda grassava na década de 1640, época da revolução. A Guerra dos Trinta Anos, nos países por ela atingidos, sem dúvida preparou o terreno para a revolução. A carga dos impostos de guerra, ou a opressão militar, ou a derrota militar precipitaram as revoltas na Catalunha, em Portugal, em Nápoles. O deslocamento do comércio, que pode ter sido causado pela Guerra dos Trinta Anos, levou ao desemprego e à violência em muitos países manufatureiros ou comerciais. A passagem ou aquartelamento destruidores de soldados levou a motins camponeses regulares na Alemanha e na França. Basta consultar o estudo de Roupnel sobre a Borgonha nessa época, ou os relatórios enviados ao chanceler Séguier descrevendo as constantes sublevações dos camponeses franceses sob a pressão dos impostos de guerra, ou as sinistras gravuras de Callot, para perceber que a Guerra dos Trinta Anos foi um fator importante na formação dessa insatisfação que às vezes era mobilizada na revolução.[4]

E no entanto isso ainda não é uma explicação suficiente. Afinal, as guerras européias de 1618-1659 não eram fenômenos novos. Eram uma ressurreição das guerras européias do século XVI, as guerras de Carlos V contra Francisco I e Henrique II, de Filipe II contra Elizabeth e Henrique de Navarra e o príncipe de Orange. Essas guerras do século XVI terminaram com o século, em 1598, em 1604, em 1609; em 1618 e 1621 e 1635 foram retomadas, conscientemente retomadas. Filipe IV olhava constantemente em

---

[4] Ver G. Roupnel, *La Ville et la campagne au XVIIe siècle dans le pays dijonnais* (Paris, 1955); os documentos de Séguier estão publicados, em francês, no apêndice de B. F. Porshnev, *Narodnie Vosstaniya vo Frantsii pered Frondoi, 1623-48* (Moscou, 1948).

retrospecto para o exemplo de Filipe II, "mi abuelo y mi señor"; o príncipe Maurício e o príncipe Frederico Henrique, para Guilherme de Orange, pai dos dois; Oliver Cromwell, para "a rainha Elizabeth, de gloriosa memória". Richelieu e Mazarino buscavam reverter o veredicto de Câteau-Cambrésis, de 1559. E, no entanto, no século XVI, essas guerras não levaram a tais revoluções. Além do mais, as revoluções do século XVII eram às vezes independentes da guerra. A maior dessas revoluções se deu na Inglaterra, que era seguramente — alguns diziam ignominiosamente — neutra. No país que mais sofreu com a guerra, a Alemanha, não houve revolução.

Eu disse que as guerras do século XVI não levaram a esse tipo de revolução. Naturalmente, tinham ocorrido revoluções no século XVI: revoluções famosas, espetaculares, as revoluções religiosas da Reforma e da Contra-Reforma. Mas não podemos dizer que tais revoluções foram provocadas por essas guerras. Além disso, tais revoluções, por mais espetaculares que tenham sido, mostraram-se de fato muito menos profundas do que as revoluções do século seguinte. Não levaram à ruptura decisiva na continuidade histórica. Sob as guerras costumeiras de Habsburgos e Valois, sob as grandes mudanças da Reforma e da Contra-Reforma, o século XVI segue como um século contínuo, unitário, e a sociedade no final dele é praticamente a mesma que a do início. Filipe II sucede a Carlos V, Granvelle a Granvelle, a rainha Elizabeth a Henrique VIII, Cecil a Cecil; mesmo na França, Henrique IV assume, depois de um período de perturbação, o manto de Henrique II. A sociedade monárquica e aristocrática é inquebrantável: está até mesmo confirmada. Falando em termos gerais, podemos dizer que, com toda a violência de suas convulsões religiosas, o século XVI conseguiu absorver suas tensões, seus pensadores absorvendo suas dúvidas, e no fim dele reis e filósofos se sentiam igualmente satisfeitos com o melhor dos mundos possível.[5]

Como é diferente disso o século XVII! Pois o século XVII não absorveu suas revoluções. Não é contínuo. É fraturado no meio, irreparavelmente fraturado, e em seu fim, depois das revoluções, os homens dificilmente podem reconhecer o começo. Intelectual, política, moralmente, estamos em uma nova época, um novo clima. É como se uma série de tempestades tivesse terminado com um trovão final que limpou o ar e mudou, para sempre, a temperatura da Europa. Do fim do século XV até meados do século XVII, temos um clima, o do Renascimento; a seguir, em meados do século XVII, temos os anos de mudança, os anos de revolução; e a seguir, por mais um século e meio, temos outro clima, muito diferente, o do Iluminismo.

Assim, não acredito que as revoluções do século XVII possam ser explicadas apenas pelo pano de fundo da guerra, que também fora o pano de fundo do século anterior, não-revolucionário. Para acharmos uma explicação, devemos procurar em outra parte. Devemos examinar, além do pano de fundo, a estrutura da sociedade. Pois todas as revoluções, mesmo que possam ser ocasionadas por causas externas, e expressas de forma intelectual, são tornadas reais e importantes por defeitos da estrutura social. Uma estrutura firme, elástica e em funcionamento — como a da Inglaterra no século

---

[5] Esta observação — a crescente insensibilidade social dos pensadores do século XVI, na medida em que a sociedade monárquica, aristocrática se torna mais segura de si — é feita por Fritz Caspari, *Humanism and the Social Order in Tudor England* (Chicago, 1954), p. 198-204.

XIX — é à prova de revoluções, ainda que epidêmicas, no exterior. Por outro lado, uma estrutura social fraca ou extremamente rígida, embora possa durar muito em isolamento, ruirá rapidamente se infectada. A universalidade da revolução no século XVII sugere que as monarquias européias, que foram suficientemente fortes para absorver tantas tensões no século anterior, tinham então desenvolvido sérias fraquezas estruturais: fraquezas que a renovação da guerra geral não causou, mas apenas expôs e acentuou.

Quais eram as fraquezas gerais, estruturais, das monarquias ocidentais? Os contemporâneos que examinaram as revoluções do século XVII viam-nas como revoluções políticas, como lutas entre os dois órgãos tradicionais da antiga "monarquia mista" — a Coroa e os Estados. Certamente essa foi a forma que tomara. Na Espanha, a Coroa, tendo reduzido as Cortes de Castela à insignificância, provocou a revolução catalã ao desafiar as Cortes do reino de Aragão. Na França, depois da reunião dos Estados Gerais em 1614, Richelieu conseguiu interrompê-los, e nunca se reuniram de novo até 1789; o Parlamento de Paris revidou na Fronda, mas apenas para ser derrotado por Mazarino e reduzido à insignificância que a seguir foi tão insensivelmente repisada por Luís XIV. Na Alemanha, o imperador desafiou e reduziu o Colégio Eleitoral, embora os eleitores, como príncipes individuais, reduzissem suas próprias dietas à insignificância. Na Inglaterra, o Parlamento desafiou e derrotou o rei. Ao mesmo tempo, os reis da Dinamarca e da Suécia, lutando com ou dentro de suas dietas, terminaram por estabelecer monarquias pessoais, enquanto o rei da Polônia, incapaz de imitá-los, tornou-se títere da sua. No todo, podemos dizer, a vítima universal do século XVII foi esse conceito aristotélico, tão admirado em 1600, tão profundamente extinto em 1700: "monarquia mista". A posição foi descrita sumariamente pelo filósofo político inglês James Harrington, que, em 1656, diagnosticou a crise geral que produzira tais resultados violentos em seu próprio país de Oceana. "O que foi feito", indagou ele, "dos príncipes da Alemanha? Destruídos. Onde estão os Estados ou o poder do povo na França? Destruídos. Onde está o do povo de Aragão e do resto dos reinos espanhóis? Destruído. Onde está o dos príncipes austríacos em Switz? Destruído... Nenhum homem mostrará uma razão que com prudência dirá por que o povo de Oceana destruiu seu rei, mas seus reis não o destruíram primeiro."

Não pode haver dúvida de que Harrington estivesse certo politicamente. A luta foi uma luta pelo poder, pela sobrevivência, entre Coroas e Estados. Mas quando dissemos isso, será que realmente respondemos a nossas indagações? Se a revolução irrompia não nas *jacqueries* rurais desesperançadas, isso só poderia se dar por meio do protesto dos Estados, parlamentos, cortes, dietas; e se tivesse de ser esmagada, só poderia sê-lo por meio da vitória do poder real sobre tais instituições. Mas descrever a forma de uma revolução não é explicar sua causa, e hoje relutamos em aceitar lutas constitucionais como contidas nelas mesmas ou explicativas delas mesmas. Procuramos as forças ou interesses por trás das reivindicações constitucionais de cada lado. Que forças, que interesses estavam representados pelos partidos revolucionários na Europa do século XVII — os partidos que, embora possam não as ter controlado (pois todo mundo concordaria que havia também outras forças), deram poder e significação sociais últimos às revoltas das Cortes e dietas, Estados e parlamentos?

Hugh Trevor-Roper

Assim, a essa indagação já foi dada uma resposta, amplamente aceita. Trata-se da resposta marxista. Segundo os marxistas, e outros historiadores também que, embora não-marxistas, aceitam sua argumentação, a crise do século XVII era no fundo uma crise de produção, e a força motivadora, por trás pelo menos de algumas das revoluções, era a força da burguesia produtora, tolhida em sua atividade econômica pelo sistema produtivo obsoleto, devastador, restritivo, mas ciumentamente defendido, da sociedade "feudal". Segundo essa concepção, a crise de produção era geral na Europa, mas foi somente na Inglaterra que as forças do "capitalismo", graças a seu maior desenvolvimento e sua representação no Parlamento, foram capazes de triunfar. Conseqüentemente, enquanto outros países não fizeram avanços imediatos em direção ao capitalismo moderno, na Inglaterra a antiga estrutura foi esmagada e uma nova forma de organização econômica se estabeleceu. Dentro dessa organização, o capitalismo moderno e industrial podia conquistar seus espantosos resultados: já não se tratava mais de empreendimento capitalista "adaptado a uma estrutura geralmente feudal", mas sim de empreendimento capitalista, a partir de sua base insular recentemente conquistada, "transformando o mundo".

Essa tese marxista tem sido apresentada por muitos autores capazes, mas, a despeito de seus argumentos, não acredito que tenha sido provada ou mesmo que qualquer evidência sólida tenha sido aduzida para sustentá-la. É fácil, naturalmente, mostrar que houve mudanças econômicas no século XVII e que, pelo menos na Inglaterra, o capitalismo industrial estava mais desenvolvido em 1700 do que em 1600; mas fazer isso não é o mesmo que mostrar que as mudanças econômicas precipitaram as revoluções na Europa, ou que o capitalismo inglês fosse diretamente estimulado pela "vitória" puritana de 1640-60. Estas são hipóteses que podem naturalmente ser verdadeiras, mas é igualmente possível que sejam falsas, que problemas de produção não fossem pertinentes para as revoluções em geral do século XVII e que o desenvolvimento capitalista na Inglaterra fosse independente da Revolução Puritana, no sentido de que teria ou poderia ter ocorrido sem essa revolução, e que talvez tenha até mesmo sido retardado ou interrompido por ela. Para mostrar que a Revolução Puritana inglesa foi uma "revolução burguesa" bem-sucedida, não é suficiente provar que o capitalismo inglês estava mais avançado em 1700 do que em 1600. Deve-se mostrar ou que os homens que fizeram a revolução visavam a tal resultado, ou que aqueles que desejavam tal resultado fomentaram a revolução, ou que tal resultado não teria sido alcançado sem a revolução. Sem tal evidência, a tese permanece uma mera hipótese.

De fato, nenhum defensor da teoria marxista me parece ter estabelecido qualquer desses vínculos necessários na argumentação. Maurice Dobb, cujos *Studies in the Development of Capitalism* podem ser considerados texto clássico da história marxista, coerentemente supõe que a Revolução Puritana inglesa foi a "ruptura" crucial do capitalismo moderno. Traz, diz ele, "todas as marcas da revolução burguesa clássica": antes dela, o capitalismo é limitado e frustrado, nunca progredindo além de um certo estágio, um parasita confinado aos interstícios da sociedade "feudal". Nela, o "período decisivo" do capitalismo alcança seu "ápice"; depois dela, as ligações são rompidas e o parasita se torna o senhor. De modo semelhante, E. J. Hobsbawm, em seus dois artigos sobre "The Crisis of the

Seventeenth Century",⁶ coerentemente sustenta a mesma tese. "Se a Revolução Inglesa tivesse fracassado", escreve ele, "tal como muitas outras revoluções européias no século XVII fracassaram, é inteiramente possível que o desenvolvimento econômico pudesse ter sido retardado por muito tempo." Os resultados da "vitória" puritana foram "portentosos": nada menos que a transformação do mundo. Mas é preciso observar que, embora Dobb suponha essa posição em todo seu livro, ele em lugar algum apresenta qualquer evidência para prová-la. Logo que alcança o "período decisivo" do capitalismo, ele subitamente se torna vago. "As linhas desse desenvolvimento", é-nos dito, "estão longe de ser claramente traçadas"; "os detalhes desse processo estão longe de ser claros, e há pouca evidência que tenha diretamente a ver com ele." De fato, não é apresentada nenhuma evidência documentada para o que é o tempo todo suposto como sendo o acontecimento crucial em toda a história do capitalismo europeu. E Hobsbawm é até mesmo mais sucinto. Ele se estende sobre a economia da Europa na época das revoluções. Supõe a importância "portentosa" da Revolução Puritana na modificação da economia. Mas não diz uma única palavra sobre a efetiva conexão entre as duas.⁷

No todo, parece-me que a identificação marxista das revoluções do século XVII com as revoluções "capitalistas burguesas", bem-

---

⁶ Em *Past and Present*, nº 5 (May 1954), e nº 6 (Nov. 1954); republicados em *Crisis in Europe 1560-1660*, org. Trevor Aston (1965).
⁷ Até onde posso ver, os únicos argumentos de Dobb quanto a essa conexão são as afirmações (1) de que os capitalistas agrícolas apoiaram o Parlamento, enquanto os senhores de terra "feudais" antiquados apoiavam a Coroa; (2) que "os setores da burguesa que tinham raízes na indústria... eram inteiramente defensores da causa parlamentar"; e (3) que as cidades industriais, em espe-

sucedidas na Inglaterra, malsucedidas em outras partes, é uma mera hipótese *a priori*. Os marxistas vêem, como todos vemos, que, em algum momento entre a descoberta da América e a Revolução Industrial, estabeleceu-se a base para uma nova forma "capitalista" de sociedade. Acreditando, como parte da doutrina, que tal mudança não pode ser alcançada pacificamente, mas exige uma violenta irrupção de uma nova classe, uma "revolução burguesa", buscam tal revolução. Além do mais, vendo que o país que liderou esse processo foi a Inglaterra, buscam tal revolução na Inglaterra. E quando descobrem, exatamente a meio caminho entre essas datas extremas, a violenta Revolução Puritana na Inglaterra gritam αωγτρ! (Eureka!). Por isso, as outras revoluções européias se ajustam como revoluções burguesas abortadas. A hipótese, uma vez colocada, é ilustrada por outras hipóteses. Tem, no entanto, de ser provada por evidência. E pode ser que se apóie em premissas inteiramente falsas. Pode ser que mudanças sociais não exijam necessariamente revolução violenta, que o capitalismo se tenha desenvolvido na Inglaterra (como a democracia industrial) pacificamente e que a

---

cial as cidades têxteis, eram radicais. Nenhuma dessas afirmativas parece-me suficiente. (1) é incorreta: a única evidência apresentada consiste em afirmações não-documentadas de que Oliver Cromwell era um agricultor em ascensão (o que é falso: de fato, tendo — em suas próprias palavras — "devastado sua propriedade", ele decaíra da condição de senhor de terras para arrendatário), e que "Ireton, seu principal lugar-tenente, era tanto um senhor rural quanto fabricante de tecidos" (até onde sei, sem comprovação). De fato, alguns dos "senhores de terra em ascensão" mais evidentes, como o duque de Newcastle e o marquês de Worcester, eram realistas. (2) não tem substância e, acredito, é incorreta; sempre que a burguesia industrial foi estudada — como em Yorkshire e Wiltshire –, descobriu-se estar dividida em sua lealdade. (3) é correta, mas inconclusiva; o radicalismo dos trabalhadores em uma indústria desvalorizada pode surgir a partir da desvalorização, não do lucro "capitalista".

violenta Revolução Puritana não tenha sido mais crucial para sua história do que, por assim dizer, as revoluções hussita e taborita do século XV na Boêmia, com as quais tem semelhanças evidentes.

Se a crise do século XVII, embora geral na Europa ocidental, não é uma crise meramente constitucional, nem uma crise da produção econômica, que tipo de crise era? Neste ensaio, sugerirei que, na medida em que era uma crise geral — isto é, ignorando variações não-essenciais de lugar para lugar —, era algo mais amplo e mais vago do que isto: que era, de fato, uma crise nas relações entre a sociedade e o Estado. A fim de explicar isso, tentarei expô-la dentro de um período de tempo mais longo do que às vezes se supõe necessário. Pois as crises sociais são raramente explicáveis em termos de meras décadas. Não procuraríamos explicar a revolução comunista da Rússia levando em conta apenas os doze anos a partir de 1905, nem a grande Revolução Francesa levando em conta apenas o reinado de Luís XVI. Para tal propósito julgaríamos necessário examinar todo o *ancien régime* que chegou ao fim, num caso, em 1917 e, em outro, em 1789. De modo semelhante, se buscamos uma explicação para a crise européia geral da década de 1640, não devemos nos limitar à década precedente, atribuindo toda a responsabilidade (embora sem dúvida devamos atribuir alguma) ao arcebispo Laud, na Inglaterra, ou ao conde-duque de Olivares, na Espanha. Devemos examinar, também aqui, todo o *ancien régime* que precedeu a crise, toda a forma do Estado e da sociedade que vimos continuamente em expansão, absorvendo todos os choques, crescendo de modo mais seguro no século XVI e que, em meados do século XVII, chegou a um fim — o que por conveniência podemos chamar de Estado e sociedade da Renascença européia.

A Renascença — como o termo é impreciso e vago! Defini-la e datá-la tornou-se um importante empreendimento entre estudiosos, nos congressos internacionais e em trabalhos eruditos. Mas não nos desencorajemos diante disso. Todos os termos gerais — *"ancien régime"*, "capitalismo", "Idade Média" — são imprecisos e vagos, mas todavia são úteis se os usamos apenas de modo geral. E em termos gerais sabemos suficientemente bem o que queremos dizer com Renascença européia. É a súbita expansão de nossa civilização, a descoberta entusiasmada de mundo após mundo, aventura após aventura: a ampliação progressiva da sensibilidade que alcançou sua maior extensão no século XVI e que, no século XVII, não existe mais. Expansão, extensão — estas são suas características essenciais. Pois o século XVI não é uma época de mudança estrutural. Em tecnologia, em pensamento, em governo, é o mesmo. Em tecnologia, pelo menos depois de 1520, há poucas mudanças significativas. A expansão da Europa cria maiores mercados, maiores oportunidades, mas a maquinaria da produção permanece basicamente constante. De modo semelhante, na cultura, os grandes representantes da Renascença européia são universais, mas não sistemáticos. Leonardo, Montaigne, Cervantes, Shakespeare tomam a vida tal como é: aventuram-se, observam, descrevem, talvez zombem, mas não analisam, criticam, questionam. E em termos de governo tem-se a mesma coisa. As estruturas políticas da Europa não são modificadas no século XVI: são estendidas para pegar e manter novos impérios, às vezes novos e vastos impérios, mais vastos do que o que podem conter por longo tempo sem mudança interna. Todavia, até então não há essa mudança interna. Somente no século XVII a estrutura de governo é ajustada para dar conta da expansão territorial do século XVI na Espanha, na França, na Grã-Bretanha.[8] Até então, o Estado renascentista se expande continuamente sem romper seu antigo envoltório. Esse envoltório é a monarquia aristocrática, medieval, o governo do príncipe cristão.

Trata-se de um espetáculo fascinante, a ascensão dos príncipes no século XVI europeu. Um após outro, emergem, primeiro na Itália e na Borgonha, depois em toda a Europa. Suas dinastias podem ser antigas, mas seu caráter é novo: são mais exóticos, de cor mais acentuada que seus predecessores. São versáteis, cultos, às vezes estranhos, até mesmo ousados: espantam-nos com seus gostos excessivos, sua incrível energia, sua impiedade e ostentação. Mesmo quando são introvertidos, fanáticos, melancólicos, isso é em uma escala heróica: pensamos em Carlos V conduzindo solenemente seu próprio funeral em Yuste, ou Filipe II condenando metodicamente milhões de vidas futuras ao castigo de oração incessante por sua própria alma. Sem dúvida, no século XVI, os príncipes são tudo. São tiranos do passado e do futuro; trocam a religião e a verdade divina por sua vontade, mesmo quando adolescentes; são sacerdotes e papas, chamam-se deuses, assim como reis. No entanto, deveríamos lembrar, para compreendermos a crise no final de seu governo, que seu poder não surgiu a partir de nada. Sua extraordinária expansão no início do século XVI não se deu *in vacuo*. A Europa tinha de dar espaço a ela. Os príncipes surgiram à custa de alguém ou de algo, e trouxeram em seu rastro o meio de garantir seu súbito e usurpado novo poder. De fato, surgiram a expensas dos

---
[8] Ver meu ensaio "A união da Grã-Bretanha no século XVII", adiante, p. 617.

órgãos mais antigos da civilização européia, as cidades; e trouxeram junto, como meio de conquista, um novo instrumento político, a "Corte renascentista".

Não se escreveu muito sobre o eclipse das cidades européias às vésperas da Renascença, mas se trata de um importante fenômeno.[9] Pois, como podemos pensar na Idade Média sem pensar nas cidades? E, no entanto, quem pensa nelas depois de 1500? Na Idade Média as comunas livres de Flandres e da Itália foram as criadoras do comércio e da riqueza da Europa, os centros de suas artes e ofícios, os financiadores de seus papas e reis. As cidades alemãs foram o meio de colonização e civilização do norte bárbaro, do leste pagão da Europa. Essas cidades, além do mais, tiveram seu próprio modo de vida e impuseram à Europa alguns de seus próprios métodos de governo e padrões de valor. Em sua forma inicial, a própria Renascença fora um fenômeno citadino: começara nas cidades da Itália, de Flandres e do sul da Alemanha antes de ser assumida, e modificada, pelos príncipes e papas. E essa Renascença inicial tinha o caráter das cidades dentro das quais ainda estava contida. Como elas, era responsável, ordeira, autocontrolada. Por maior que seja sua riqueza, por mais esplêndidos que sejam seus paços municipais e hospitais, suas igrejas e praças, sempre há, nas cidades, um traço de cálculo e autocontrole. É a virtude do autogoverno cívico, por mais oligarquicamente que seja controlado: um espírito muito diferente do exibicionismo insultuoso, perdulário e irresponsável dos príncipes que estavam por vir.

---

[9] Fernand Braudel tocou nele em sua grande obra *La Méditerranée et le monde méditerranéen à l'époque de Philippe II* (Paris, 1949), p. 285-91.

Pois entre os séculos XV e XVI vieram as pretendentes dos príncipes, e uma após outra as cidades sucumbiram. As ricas cidades de Flandres cederam aos magníficentes duques da Borgonha; as ricas cidades da Lombardia e da Toscana, aos magníficentes príncipes da Itália. As cidades bálticas da Hansa foram absorvidas pelos reis da Polônia ou da Dinamarca, ou se arruinaram por resistência inútil. Barcelona submeteu-se ao rei de Aragão; Marselha, ao rei da França. Mesmo aquelas aparentes virgens, Gênova e Augsburgo, eram realmente "cidades mantidas", ligadas por cordões de ouro ao rei da Espanha e ao imperador. O próprio doge de Veneza tornou-se um príncipe, governando sobre cidades menores na *terra ferma*. Apenas umas poucas, como Genebra, permaneceram solteironas obstinadas; e essa cidade amarga e rabugenta sentia falta da alegria da Renascença. Mesmo as exceções provavam a regra. A fraqueza principesca acidental, ou a proteção principesca indireta, está por trás da nova prosperidade de Frankfurt, Ragusa, Hamburgo, Danzig.

Como de regra, a rendição era o preço da prosperidade duradoura: como as cidades poderiam sobreviver de outro modo, uma vez que os príncipes tinham descoberto o segredo de Estado? Sujeitando a Igreja, estendendo sua jurisdição, mobilizando o campo, os príncipes criaram um novo aparelho de poder, "o Estado da Renascença", com o qual podiam taxar a riqueza das cidades, apoiar e estender seu comércio, assumir e desenvolver sua arte e arquitetura. Se as cidades esperavam agora florescer, tal devia se dar por novos métodos. Não devia ser por meio da independência: essa época era passado. Devia ser por meio do monopólio, como únicos concessionários do comércio dos príncipes nesses domínios em expansão, como Lisboa e Sevilha prosperaram com as concessões dos reis de

Portugal e da Espanha. Ou podiam prosperar como centros de consumo extravagante dos príncipes, como capitais reais. Pois em algumas das antigas cidades os príncipes vitoriosos estabeleceriam suas novas Cortes: Cortes que sugavam a riqueza de todo o país e a derramavam na cidade de sua residência. Essencialmente, o século XVI é uma época não de cidades, mas de Cortes: de cidades capitais tornadas esplêndidas, menos pelo comércio do que pelo governo. Não foi como cidades industriais ou comerciais, mas como Cortes, que Bruxelas, Paris, Roma, Madri, Nápoles, Praga alcançaram seu esplendor no século XVI. E o brilho dessas cortes não é a exibição discreta, complacente dos grandes comerciantes a partir de seus lucros calculados: é a magnificência despreocupada de reis e cortesãos, que não precisam contar porque não têm de ganhar.

Naturalmente, as cidades de início se esquivaram. Gante resistiu a seus duques borgonheses. As antigas cidades da Espanha lutaram contra seu rei estrangeiro. Florença procurou expulsar os Medici. Gênova e Augsburgo se renderam somente depois de dúvida e contenda. Mas no fim cada uma delas foi por sua vez dominada, subjugada, e depois — se tivesse sorte — recompensada com o banho dourado que caía não do comércio, ou pelo menos não diretamente do comércio mas da Corte. E com as cidades a antiga cultura urbana também se transformou. Erasmo, pregando paz e justiça cívica e denunciando as guerras insensatas e a magnificência perdulária dos príncipes, é uma verdadeira figura da primeira, a Renascença urbana, culta, pia, racional; mas ele foi arrastado no abraço do príncipe e transformado em mascote das cortes reais, até que escapou para morrer em uma cidade livre no Reno. Sir Thomas More, cuja Utopia era uma liga de cidades virtuosas, independentes, é capturado e destruído pela Corte esplêndida e canibal de Henrique VIII. Logo depois de 1500, termina a época da cultura urbana independente. O mesmo se dá com a época da contabilidade cuidadosa. Estamos na época do Campo do Tecido de Ouro, das conquistas heróicas e das visões impossíveis e sucessivas falências de estados: a época de Colombo e Cortez, de Leonardo da Vinci e São Francisco Xavier, cada um deles, a seu modo, como o herói de Marlowe, ainda galgando em busca de conhecimento do infinito, ou, como Dom Quixote, perseguindo miragens inalcançáveis, alheios a limitações mortais. Trata-se da época, também, cujos manuais em voga não eram mais cívicos ou clericais, mas eram chamados *O Cortesão, O Governador, O Príncipe, A Instituição de um Príncipe Cristão, O Espelho* (ou *O Relógio*) *dos Príncipes*.

Como esse milagre foi possível? Quando olhamos para essa época, com suas incríveis audácias, sua magnificência insolente para a especulação e o gasto, ficamos surpresos de que tenha durado tanto tempo. Por que a civilização européia não se desfez no século XVI? E ela não somente não se desfez, como continuou a se expandir, absorvendo o tempo todo as tensões mais terríveis. Os turcos, no oriente, deslocaram as posições avançadas da Europa; a cristandade foi despedaçada por revolução religiosa e constante guerra; e no entanto, no final do século, os reis estavam mais perdulários, suas cortes mais magníficas do que nunca. A Corte da Espanha, outrora tão simples, transformara-se segundo o modelo borgonhês; a Corte da Inglaterra, outrora tão provinciana, tornara-se, sob a rainha Elizabeth, a mais requintada da Europa; e os príncipes da Itália e da Alemanha, com palácios e bibliotecas, galerias de retratos e *Wunderkammer*, filósofos, bufões e astrólogos, se esforçaram para se sair bem. À medida que o século passa, a consciência social se reduz, pois a mudança social parecia impossivelmente remota. Algum arquiteto foi mais desembaraçadamente aristocrático do que Palladio, ou um poeta mais do que Shakespeare, ou um pintor mais do que Rubens?

Como isso era possível? Uma resposta é evidente. O século XVI foi uma época de expansão econômica. Foi o século em que, pela primeira vez, a Europa vivia à custa da Ásia, da África e da América. Mas havia também outra razão. A razão pela qual essa expansão estava sempre dominada pelos príncipes, não a suas expensas, pela qual os príncipes estavam sempre acima, não postos de lado, era que os príncipes tinham aliados que garantiam seu poder e os mantinham firmemente no lugar. Pois os príncipes nunca poderiam ter construído seu poder sozinhos. Quaisquer que sejam as fraquezas da sociedade que lhes dava oportunidades, eles deviam sua permanência à máquina do governo que tinham criado ou aperfeiçoado, e ao capital investido que essa máquina favorecia. Essa máquina, meio e resultado do triunfo dos príncipes, é o Estado renascentista, e é para isso que devemos agora nos voltar: pois foi o Estado renascentista que, em grande parte da Europa, primeiro rompeu ou corroeu o antigo poder das cidades e depois, por sua vez, no século XVII, enfrentou sua própria crise e se dissolveu.

Com freqüência falamos do Estado renascentista. Como podemos defini-lo? Quando vamos aos fatos, descobrimos que se trata, no fundo, de uma grande burocracia em expansão, um imenso sistema de centralização administrativa, provida de uma multidão sempre crescente de "cortesãos" ou "funcionários". Os "funcionários" são suficientemente nossos conhecidos como tipo social. Pensamos nos grandes ministros Tudor na Inglaterra, cardeal Wolsey, Thomas Cromwell, os dois Cecils; ou nos *letrados* da Espanha, cardeal Ximénez, os dois Granvelle, Francisco de los Cobos, Antonio Pérez; e vemos sua característica comum: são formidáveis administradores, diplomatas maquiavélicos, patronos cultos das artes e das letras, grandiosos construtores de palácios e faculdades, ávidos colecionadores de estátuas e quadros, livros e encadernações. Pois naturalmente esses homens, como serviçais reais, imitavam seus senhores, tanto em ostentação quanto em outros aspectos. Mas o que é significativo em relação ao século XVI não é apenas a magnificência desses grandes "funcionários"; é o número — o número sempre crescente — de funcionários inferiores que também, em sua escala inferior, aceitavam os padrões e copiavam os gostos de seus senhores. Pois ao longo de todo o século o número de funcionários era crescente. Os príncipes precisavam deles, cada vez mais, para atuar em seus conselhos e tribunais, seus novos tribunais especiais ou permanentes, que eram o meio de governar os novos territórios e centralizar o governo dos antigos. Foi por essa razão que os príncipes da Renascença e seus grandes ministros fundaram todas essas escolas e faculdades. Pois não era simplesmente para produzir estudiosos, ou fazer progredir a erudição ou ciência, que as antigas faculdades foram reorganizadas ou novas foram fundadas pelo cardeal Ximénez, ou pelo cardeal Wolsey, por Henrique VIII da Inglaterra ou João III de Portugal, ou Francisco I da França. A nova erudição, é evidente, desenvolveu-se fora das faculdades e universidades, não nelas. A função das novas fundações era satisfazer a demanda real de funcionários — funcionários para equipar as novas burocracias reais — e, ao mesmo tempo, a demanda pública de cargos, que eram o meio de riqueza e poder, bem como a gratificação de gostos ostentatórios, competitivos.

Assim, o poder dos príncipes da Renascença não era apenas poder principesco: era também o poder de milhares de "funcionários" que também, como seus senhores, tinham gostos extravagantes e, de algum modo, meio de gratificá-los. E como de fato eram gratificados? Os príncipes pagavam a seus funcionários o suficiente para que mantivessem tal vida? Certamente não. Se assim fosse, a ruína teria chegado mais rápido: Cobos e Granvelle apenas teriam levado Carlos V à falência muito antes de 1556, e Henrique VIII teria tido de fechar os mosteiros quinze anos antes, para manter o peso econômico do cardeal Wolsey. O fato é que apenas uma fração do custo da burocracia real recaía diretamente sobre a Coroa: três quartos dele recaíam, direta ou indiretamente, sobre o país.

Sim, três quartos, pelo menos três quartos. Por toda a Europa, nessa época, os salários pagos aos funcionários do Estado eram pequenos, pagamentos usuais cujo valor real encolhia em tempos de inflação; o grosso dos ganhos de um funcionário provinha de oportunidades privadas a que a função pública simplesmente abria as portas. "Quanto aos ganhos dessas duas grandes funções, o Chanceler e o Tesoureiro", escreveu um bispo inglês, "certamente eram muito pequenos se se olhar para os antigos emolumentos e subsídios; pois os príncipes até então insistiam em dar pouco, de modo que seus funcionários e serviçais dependessem mais deles para seus ganhos."[10] O que o bispo Goodman disse sobre a Inglaterra jacobina era verdade para todo o território europeu. Exemplos po-

---

[10] Godfrey Goodman, *The Court of King James I* (1839 ed.), I, 279.

diam multiplicar-se indefinidamente.[11] Todo funcionário, em toda Corte, em todo país, vivia segundo o mesmo sistema. Recebia um "emolumento" ou salário trivial e, quanto ao restante, fazia o que podia no campo que sua função lhe tinha aberto. Alguns desses ganhos eram encarados como perfeitamente legítimos, pois não se podia esperar que um homem vivesse apenas com seu "emolumento": era considerado normal que cobrasse uma soma razoável por audiências, favores, assinaturas, que explorasse sua função para fazer bons negócios, que investisse dinheiro público, quando em suas mãos, em seu próprio benefício. Mas, naturalmente, havia outros ganhos que eram geralmente encarados como "corrupção" e, portanto, impróprios. Infelizmente, a linha que dividia o próprio do impróprio era apenas convencional, invisível, incerta, flutuante. Diferia de pessoa para pessoa, de lugar para lugar. Também diferia de época para época. Com o decorrer do século XVI, o aumento do custo de vida, a pressão da competição acentuada e a disciplina

---

[11] Sobre esse tema em geral, ver o ensaio de Federico Chabod "Y a-t-il un état de la Renaissance?", in *Actes du colloque sur la renaissance, Sorbonne, 1956* (Paris, 1958), e também, para os exemplos milaneses, seu "Stipend nominali e busta paga effettiva dei funzionari nell'amministrazione milanese alla fine del cinquecento", in *Miscellanea in onore di Roberto Cessi II* (Roma, 1958), e "Usi e abusi nell'amministrazione dello stato di Milano a mezzo il 1500", in *Studi storici in onore di Gioacchino Volpe* (Florença, s.d.). Para Nápoles, ver G. Coniglio, *Il Regno di Napoli al tempo di Carlo V* (Nápoles, 1951), p. 11-12, 246, etc. Para a França, ver R. Doucet, *Les Institutions de la France au XVIe siècle* (Paris, 1948), p. 403 s.; cf. Menna Prestwich, "The Making of Absolute Monarchy, 1559-1683", in *France: Government and Society*, org. J. M. Wallace-Hadrill e J. McManners(1957). Apresentei alguns exemplos ingleses in *The Gentry, 1540-1640 (Economic History Review*, sup. nº I, 1953). Ver também J. E. Neale, "The Elizabethan Political Scene", in *Proceedings of the British Academy*, XXIV (1948); K. W. Swart, *The Sale of Offices in the Seventeenth Century* (Haia, 1949).

real afrouxada, havia um declínio geral de padrões. Os casuístas públicos se tornaram mais indulgentes, a consciência privada mais elástica, e os homens começaram a esquecer essa linha convencional, invisível, entre "ganhos legítimos" e "corrupção".

Consideremos uns poucos exemplos que ilustram o sistema. Na Inglaterra, o *Master of the Wards* tinha um "emolumento" de £133 p. a., mas mesmo Lord Burghley, administrador consciente, fez ganhos infinitos" — pelo menos £2 mil p.a. — a partir de suas oportunidades privadas, bem longe de suas vantagens não-financeiras. Seu filho ganhou muito mais. O emolumento do Lord Tesoureiro era de £365 p. a., mas em 1635 até mesmo o arcebispo Laud, notável rigorista pela honestidade administrativa, avaliou que aquele grande funcionário teve "vantagens honestas" para se enriquecer no montante de mais de £7 mil p.a. O arcebispo fez esse cálculo porque ficara chocado com as somas muito maiores que recentes lordes tesoureiros obtinham a expensas do rei. Em 1600, o emolumento do Lord Presidente da Câmara dos Pares era £500 p.a., mas de fato a função era conhecida por "valer mais de £3 mil p.a.". Para o *Lord Chancelor* Ellesmere isso não parecia suficiente, e, como muitos grandes homens, ele reclamava que não podia viver dentro do orçamento. Era considerado consciencioso: talvez (como Burghley) fosse também hipócrita. De qualquer modo, seus sucessores não tiveram essa dificuldade.

> Como os Presidentes das Câmaras dos Pares viveram desde então [exclamou o bispo Goodman], como se encheram de dinheiro e que grandes aquisições fizeram, e que lucros e vantagens tiveram

ao pôr seus dedos nas compras! Pois se meu Lord desejava a terra, nenhum homem deveria ousar comprá-la por fora, e ele tinha de obtê-la a seu próprio preço; quanto a qualquer suborno ou corrupção, é difícil prová-lo: os homens não chamam outros para testemunhas de tais ações.[12]

Todos os autores do início do século XVII concordam que os ganhos casuais de função cresceram enormemente; e que esses ganhos foram multiplicados a expensas do consumidor, o país.

Assim, cada antiga função concedida, cada nova função criada significava uma nova carga sobre o súdito. A parcimônia real fazia pouca diferença. Nossa rainha Elizabeth, todos sabemos, foi considerada muito parcimoniosa, até demais por seus próprios funcionários. Depois de sua morte, isso se tornou uma de suas grandes virtudes retrospectivas: e como se comparava favoravelmente com a irresponsável extravagância de James I, as extorsões fiscais de Charles I! Mas ela não foi elogiada pela parcimônia em sua época. E o que de fato ela significava? "Não temos muitos precedentes de sua liberalidade", diz um contemporâneo, "nem de quaisquer grandes donativos a particulares... Suas recompensas consistiam sobretudo em concessões de arrendamentos de funções, postos na judicatura; mas, quanto a dinheiro à vista, e em grandes montantes, ela era muito comedida."[13] Em outras palavras, ela

---

[12] Ver, quanto ao *Master of the Wards*, J. Hurstfield, "Lord Burghley as Master of the Court of Wards", in *Transactions of the Royal Historical Society*, 5ª série, XXXI (1949); quanto ao Lord Tesoureiro, P. Heylin, *Cyprianus Anglicus* (1668), p. 285; quanto ao Presidente da Câmara dos Pares, Goodman, *The Court of King James I*, I, 279; *Manningham' Diary* (Camden Society, 1868), p. 19.

[13] Sir R. Naunton, *Fragmenta Regalia*, org. A. Arber (1870), p. 18.

dava a seus cortesãos não dinheiro, mas o direito de explorar seus companheiros súditos: a Sir Walter Raleigh o direito de espoliar os bispos de Bath e Wells e Salisbury e de interpor seu bolso entre o produtor e o consumidor de estanho; ao conde de Essex o direito de arrendar o monopólio de vinhos suaves a comerciantes que se ressarciriam elevando o custo ao consumidor. Graças a essas *douceurs* invisíveis conseguia, ao mesmo tempo, manter baixos os impostos e dóceis os funcionários.

Quer mantivessem seus impostos baixos ou não, todos os soberanos europeus faziam o mesmo. Não tinham alternativa. Não dispunham de dinheiro à vista, e assim, se tivessem de gratificar os serviçais, compensar seus favoritos, pagar juros de empréstimos, precisavam levantá-lo com um desconto ou pagar excessivamente em espécie. Concediam terras da Coroa a um quarto (ou menos) do verdadeiro valor, a fim de que os "funcionários" ou "cortesãos" pudessem viver, como arrendatários, com a diferença. Concediam monopólios que traziam para a Coroa menos de um quarto do que custavam ao súdito. Coletavam antigas taxas absurdas, ou mesmo novas taxas absurdas, impondo cargas absurdas, quatro vezes maiores, aos contribuintes. O rei da França obrigava os camponeses a comprar até mesmo mais sal do que necessitavam, a fim de aumentar seu rendimento da *gabelle*. Todos sabemos como tutelas e *purveyance** se tornaram uma carga nos reinados da rainha Elizabeth e do rei James. Ambos custavam ao súdito quatro vezes o que traziam para a

---

* Direito do soberano de requisitar bens e serviços para uso da Coroa, vigente na Inglaterra entre os séculos XI e XVII. (N. da E.)

Coroa. Invisivelmente — ou seja, além dessa linha invisível — custavam muito mais.[14]

Mas também não era apenas a Coroa que agia assim. A prática era universal. Grandes homens recompensavam seus clientes exatamente do mesmo modo. Era assim que esses vastos impérios de apadrinhamento pessoal eram construídos e que às vezes ameaçavam desintegrar todo o sistema da monarquia. Na França, foi através de seus "clientes" — ou seja, "le grand nombre d'officiers que son crédit avoit introduit dans les principales charges du royaume" — que o duque de Guise foi capaz de tornar o governo real impossível, de controlar os Estados Gerais da França e quase colocar sua própria dinastia no trono dos Valois. E para evitar a recorrência desse presságio, Henrique IV, a seguir, pela instituição da *Paulette*, tornou os cargos hereditários sujeitos a um pagamento anual à Coroa. Isso não resolveu o fato social, mas debelou o

---

[14] Quanto ao custo dos monopólios, ver W. R. Scott, *The Constitution and Finance of... Joint-Stock Companies to 1720*, I (1911). O custo de tutela aparece claramente a partir dos estudos de Joel Hurstfield. Ele conclui que "os ganhos não-oficiais a partir do feudalismo fiscal tomado como um todo eram pelo menos três vezes mais elevados que os oficiais": "The Profits of Fiscal Feudalism, 1541-1602", in *Economic History Review*, 2ª sér., VIII (1955-56), 58. Sobre *purveyance*, Bacon escreveu: "Não há ganho em libra que resulte para Sua Majestade, mas acarreta £3 de prejuízo para seus súditos, além do descontentamento" (*Works*, org. J. Spedding *et al.* (1857-74), III, 185). A verdade dessa afirmação é claramente demonstrada no excelente estudo de Allegra Woodworth, *Purveyance for the Royal Household in the Reign of Queen Elizabeth* (Filadélfia, 1945). Quanto às terras da Coroa, Bacon disse ao rei James que, adequadamente administradas, "renderiam quatro por um" (*Works*, IV, 328): outros apresentavam proporção maior, às vezes de vinte por um. Cf. E. Kerridge, "The Movement of Rent", in *Economic History Review*, 2ª sér., V (1953-54), 31-32. O duque de Bedford, de modo semelhante, em 1641, calculou que em alguns lugares a proporção era de vinte para um (Woburn Abbey, manuscritos do duque de Bedford).

abuso aristocrático dele.[15] Na Inglaterra elisabetana, o conde de Leicester, de modo semelhante, construiu um grande sistema de apadrinhamento, "a Commonwealth de Leicester", que rivalizava com o *regnum Cecilianum* de Lord Burghley. A rainha Elizabeth conseguia controlar Leicester, mas não seu enteado, o herdeiro de suas ambições, o conde de Essex. Por um momento, o conde de Essex parece o Guise da Inglaterra. Como Guise, teve de ser removido, cirurgicamente. Mais tarde, o duque de Buckingham construiria, por permissão real, um império de apadrinhamento semelhante. Também seria removido cirurgicamente.

A Igreja, a esse respeito, era semelhante ao Estado: era nessa época, afinal, um departamento do Estado, e deve ser vista, sociologicamente, como um elemento da estrutura burocrática. Originalmente, fora feita uma tentativa para separá-la dessa estrutura. O movimento da Reforma, católico e protestante, era em muitos aspectos uma revolta contra a "Corte" papal — usando-se a palavra "Corte", como sempre faço, no sentido mais amplo —, ou seja, não apenas uma revolta nacional contra uma Igreja estrangeira, mas uma revolta social contra o número indecente de pessoal, dispendiosa e infinitamente multiplicado, sobretudo das ordens regulares, que tinha superado a estrutura de trabalho episcopal e paroquial. Temos apenas de ler a história do Concílio de Trento para ver isto: a exclusão dos protestantes dessa assembléia simplesmente mostra que, socialmente, as exigências católicas eram idênticas. As sociedades protestantes, pela revolução, se livraram de grande parte da Corte papal. Mas mesmo os príncipes protestantes, enquanto príncipes,

---

[15] Ver cardeal Richelieu, *Testament politique*, org. Louis André, 7ª ed. (Paris, 1947), p. 233-34, 241-42.

preferiam assumir em vez de destruir a burocracia da Igreja. Os príncipes católicos iam além: aceitavam tanto a estrutura clerical existente quanto o crescimento positivo que lhe era imposto pela Contra-Reforma. Embora, em certo sentido, a Contra-Reforma possa ter sido um movimento de reforma moral e espiritual, estruturalmente era uma agravação da burocracia. Todavia, os príncipes viram que ela lhes pagava para aceitar essa agravação, pois em troco, por sua fidelidade, era posta sob seu controle e se tornava de imediato um campo ampliado de apadrinhamento e paliativo social. Os príncipes católicos tinham vasto apadrinhamento clerical para leigos e para clérigos. A Igreja absorvia a crítica potencial e as novas e fortalecidas ordens religiosas, pela evangelização, reconciliavam a sociedade com a carga que lhe era imposta. Assim, os príncipes católicos da Contra-Reforma eram geralmente capazes de sufocar as forças de mudança a que os príncipes protestantes se viam mais abertamente expostos, e se tornou um truísmo, e talvez uma verdade, que o papado era o único preservador interno da monarquia. Mas mesmo nas monarquias protestantes, a pressão burocrática da Igreja era sentida e ressentida. A Igreja, dizia-se, estava sobrecarregada com clero ausente, leigos consumidores de dízimo, número inchado de funcionários eclesiásticos e arrendatários parasitas que viviam alegremente dos "arrendamentos benéficos" das terras da Igreja. Pois as terras da Igreja, como as terras da Coroa, eram regularmente alugadas por aluguéis absurdamente baixos. Não era apenas o Estado: toda a sociedade era desequilibrada.

Além do mais, e cada vez mais à medida que o século XVII se distanciava do XVI, essa multiplicação de cargos mais dispendiosos ultrapassava as necessidades do Estado. Originalmente, a necessidade criara os cargos; agora, os funcionários criavam a necessidade. Todas as burocracias tendem a se expandir. Pelo processo conhecido por nós como Lei de Parkinson, os detentores de cargos tendem a criar ainda mais cargos abaixo deles, a fim de aumentar sua própria importância ou favorecer seus amigos e parentes. Mas enquanto hoje essa inflação é refreada pelas necessidades do Tesouro, no século XVI as necessidades do Tesouro positivamente a incentivavam. Pois os cargos, no século XVI, não eram dados de graça: eram vendidos, e — pelo menos no começo — o preço de compra ia para a Coroa. Se a Coroa podia vender mais e mais cargos a preços cada vez mais altos, deixando os funcionários serem pagos pelo país, esse era um modo indireto, quando não também embaraçoso e exasperante, de taxar o país. Conseqüentemente, os príncipes eram facilmente tentados a criar novos cargos, e a lucrar com a competição que forçava a alta do preço. Quanto ao comprador, tendo pagado um alto preço, ele naturalmente buscava elevar seus ganhos ainda mais, a fim de se ressarcir, com uma margem decente, de seu gasto: uma margem decente com que um homem ambicioso podia esperar, no fim, construir uma casa como a Hatfield [em Hertfordshire] ou a Knole [em Kent], agradar a realeza com festas que custavam milhões, manter e recompensar um exército de clientes, plantar jardins exóticos e colecionar *objets d'art* e quadros.

Assim, o "Estado da Renascença" consistia, no fundo, em uma burocracia em expansão que, embora de início uma burocracia ativa, tinha se tornado no final do século XVI uma burocracia parasita; e essa burocracia sempre crescente era sustentada por uma margem de "desperdício" igualmente em expansão: desperdício que se situa entre as taxas impostas ao súdito e a receita coletada pela Coroa.

Como a Coroa não podia se permitir uma perda absoluta de renda, é claro que essa expansão do desperdício tinha de se dar a expensas da sociedade. É igualmente claro que só podia ser suportado se a própria sociedade estivesse se expandindo em riqueza e número de pessoas. Felizmente, no século XVI, a economia européia estava em expansão. O comércio da Ásia, a riqueza da África e da América, estavam impulsionando a máquina européia. Essa expansão pode ter sido desigual; pode ter havido tensões e vítimas; mas eram as tensões do crescimento, que podiam ser absorvidas, vítimas isoladas que podiam ser deixadas de lado. Ocasionais falências do Estado removiam antigos débitos; não afetavam necessariamente a nova prosperidade. A guerra aumenta o consumo: não necessariamente consome as fontes de riqueza. Uma economia crescente pode conter muitas anomalias, muitos abusos. Podia até mesmo conter — desde que continuasse crescendo — a Corte e as Igrejas da Renascença, inacreditavelmente perdulárias, ornamentais, parasitas.

Desde que continuasse crescendo... Mas por quanto tempo cresceria? Já em torno de 1590 as fraturas estavam começando a aparecer. As tensões dos últimos anos das guerras de Filipe II liberavam por toda parte um crescente volume de queixas: queixas que não eram dirigidas contra as falhas constitucionais — contra os despotismo dos reis ou as reivindicações de Estados — mas contra esse ou aquele aspecto ou conseqüência do crescimento e do custo de uma burocracia parasita. Pois naturalmente, embora a guerra não tenha criado o problema, a guerra o agrava: quanto mais sobem os custos do governo, mais o governo depende desses expedientes financeiros agora tradicionais — criação e venda de novas funções; venda ou arrendamento a longo prazo, por valores subestimados, de terras da Coroa ou da Igreja; criação de monopólios; aumento das taxas "feudais", expedientes que, por um lado, multiplicam a já excessivamente grande burocracia e assim o custo para o país, e, por outro lado, aumentam o empobrecimento da Coroa.

Mas, se as tensões já são evidentes na década de 1590, ainda não são fatais, pois a paz vem primeiro. Umas poucas mortes oportunas — Filipe II em 1598, a rainha Elizabeth em 1603 — apressam o processo, e em toda a Europa guerra após guerra é encerrada. E depois com a paz, que alívio! O sistema sobrecarregado é subitamente distendido, e se segue uma era de prazer e renovada extravagância. Será que houve alguma outra era de tal abundância quanto o período entre o fim das guerras de Filipe II e a irrupção da Guerra dos Trinta Anos, época em que o mundo era governado, ou pelo menos usufruído, por Filipe II e o duque de Lerma na Espanha, James I e o duque de Buckingham na Inglaterra, os arquiduques em Flandres, Henrique IV e Maria de Médicis na França? Esse é um mundo de gasto irrefletido, construção esplêndida, festas imensas e ostentatórias, demonstrações evanescentes. Rubens, quando chegou à Inglaterra do duque de Buckingham, ficou maravilhado com tal inesperada magnificência "em um lugar tão distante da elegância italiana". Nenhuma nação no mundo, disse um inglês contemporâneo, gastava tanto quando gastamos em construção. Construímos casas, disse outro, pensando nas de Hatfield e Audley End, "como as de Nabucodonosor". Todas "as boas e antigas regras da economia", dizia um terceiro, foram postas de lado. Mas o embaixador espanhol, relatando a seu rei essas dispendiosas festas jacobinas, diria apenas que sem dúvida elas pareceriam muito impressionantes "a quem quer que não tenha visto a grandeza e o estado com que fazemos tais coisas na Espanha" — tal como podia, nos dias em que o duque de Lerma, o cortesão do quase falido rei da Espanha, saía para encontrar sua futura rainha com jóias no valor de 34 mil ducados, e outros 72 mil ducados levados atrás dele.[16]

Essa é a característica das cortes da Renascença em seus últimos dias tranqüilos depois do término do século XVI. E mesmo isso, naturalmente, é apenas a ponta visível, ainda iluminada pelo sol, do *iceberg* cujos lados estão ocultos de nós pelo esquecimento que intervém e cuja maior base estava sempre submersa, mesmo nessa época. Como, podemos perguntar, isso podia continuar? Mesmo na década de 1590, mesmo uma burocracia muito menos dispendiosa, mais eficiente, fora salva apenas pela paz: como poderia esse sistema muito mais ultrajante sobreviver se a longa prosperidade do século XVI, ou a paz salvadora do século XVII, fracassasse?

De fato, na década de 1620, ambos fracassaram de uma só vez. Em 1618 uma crise política em Praga pôs em movimento as potências européias, e em torno de 1621 as guerras de Filipe II foram retomadas, trazendo em sua esteira novos impostos, novos cargos, novas cobranças. Nesse meio-tempo, a economia européia, já tensa ao limite pela expansão do tempo de paz, foi subitamente atingida por uma grande depressão, "a decadência universal do comércio" de 1620. Além disso, nesses vinte anos, um novo estado de espírito se criara, gerado pelo desgosto diante

---

[16] *Correspondencia oficial de d. Diego Sarmiento de Acuña, conde de Gondomar*, org. A. Ballesteros y Beretta (*Documentos éditos para la historia de España*), III (Madri, 1944), 232. P. Mantuano, *Casamientos de España y Francia* (Madri, 1618), p. 124-25, citado em Agustín Gonzales de Amezúa, *Lope de Vega en sus cartas* (Madri, 1935), I, p. 70-71.

desse carrossel iluminado que custa à sociedade muito mais do que a sociedade está disposta a suportar. Era uma atitude de ódio: ódio da "Corte" e de seus cortesãos, ódio de loucuras principescas e da corrupção burocrática, ódio da própria Renascença: em suma, puritanismo.

Na Inglaterra, pensamos naturalmente em nossa própria forma de puritanismo: protestantismo extremo, a continuação, até limites insuportáveis, da Reforma do século XVI meio completada. Mas não nos iludamos com meras formas locais. Essa reação contra as cortes da Renascença e toda sua cultura e moral não se limitava a um país ou religião. Como a tese, a antítese também é geral. Na Inglaterra há um puritanismo anglicano, um "puritanismo da direita". Que maior inimigo tinha o puritanismo inglês, como sabemos, do que o arcebispo Laud, o todo-poderoso prelado que o expulsou para a América até que retornasse para o destruir? E no entanto ele também ilustra essa mesma reação. Os puritanos ingleses denunciam a "feiúra dos cachos", roupas alegres, bebidas? O arcebispo proibiu cabelo longo em Oxford, reformou o vestuário dos religiosos, abriu guerra às cervejarias. Nos países católicos romanos ocorria a mesma coisa. Os puritanos ingleses denunciaram e, depois, fecharam os teatros londrinos? Na Espanha — mesmo na Espanha de Lope de Vega — *pragmática* após *pragmática* denunciava peças teatrais. Na França, o jansenista Pascal também não gostava delas. Na Baviera, havia uma pudicícia católica, e uma aplicação policial dela, tão desagradável quanto a pior forma de puritanismo inglês. Havia a mesma guerra contra o luxo também. Em 1624, Filipe IV da Espanha diminuiu os custos de sua casa, publicou leis suntuárias e baniu o rufo — esse símbolo da magnificência das roupas — da Espanha, por decreto, da Europa, por exemplo. Na França o cardeal Richelieu fazia o mesmo. Foi uma guerra repentina, quase uma cruzada, contra a antiga extravagância da Renascença. Em Flandres, Rubens sobreviveria a seus antigos padrinhos da Corte e se voltaria para as paisagens do campo. A literatura reflete a mesma mudança. Do famoso manual de Castiglione, *O Cortesão*, foram publicadas pelo menos sessenta edições ou traduções, entre 1528 e 1619; depois da última data, por todo um século, nenhuma foi publicada.

Na década de 1620, o puritanismo — esse estado de espírito geral do puritanismo — triunfa na Europa. Esses anos, podemos dizer, marcam o fim da Renascença. Está acabada a hora do recreio. A noção de responsabilidade social, que mantivera seu lugar dentro das cortes da Renascença do século XVI — pensamos no paternalismo dos Tudors, no "coletivismo" de Filipe II —, fora expulsa, no início do século XVII, e agora retornara, e com uma vingança. A guerra e a depressão tornaram a mudança enfática, até mesmo assustadora. Olhamos para o mundo em um ano, e aí vemos Lerma e Buckingham e Maria de Médicis. Olhamos de novo, e todos se foram. Lerma caíra e se salvara, tornando-se cardeal romano; Buckingham foi assassinado; Maria de Médicis fugiu para o exterior. Em seu lugar encontramos figuras mais inflexíveis, maiores, mais resolutas: o conde-duque de Olivares, cujo rosto inchado, ameaçador, quase irrompe das telas de Velázquez; Strafford e Laud, esse par incansável, os profetas da Perfeição na Igreja e no Estado; o cardeal Richelieu, o inválido de vontade férrea que governou e refez a França. Na literatura também se dá o mesmo. A moda mudou. Depois de Shakespeare, Cervantes, Montaigne, espíritos universais, com seu ceticismo, sua aceitação do mundo como ele é, estamos subitamente em uma nova época: uma época aqui de revolta ideológica, o "jubileu e ressurreição da Igreja e do Estado" de Milton, ali de pessimismo, cinismo e desilusão conservadores, de John Donne e Sir Thomas Browne, de Quevedo e do barroco espanhol: pois a época barroca, como Gerald Brenan diz, "— não se pode dizer isso com muita freqüência — foi uma época concisa, contraída, voltada para si própria e carente de autoconfiança e de fé no futuro".[17]

Tal era o estado de espírito do puritanismo geral, não-doutrinário, moral, que na década de 1620 lançou seu ataque — aqui a partir de dentro, ali a partir de fora — às cortes da Renascença. Há diferenças de incidência, naturalmente, diferenças de personalidade, de lugar para lugar, e essas diferenças podiam ser cruciais — quem pode dizer o que teria acontecido se o arcebispo Laud tivesse realmente sido, como pensava Sir Thomas Roe, "o Richelieu da Inglaterra"? Havia também diferenças na própria sociedade. Mas se examinamos de perto, vemos que a carga sobre a sociedade é a mesma, ainda que os ombros que se dobram sob ela sejam diferentes. Por exemplo, na Inglaterra o custo da Corte recaía mais pesadamente na pequena nobreza: era a classe que pagava impostos. Tutelas, *purveyance* e todos os impostos indiretos que foram multiplicados pelos primeiros Stuarts recaíam pesadamente sobre ela. Por outro lado, na França a *noblesse* estava isenta de impostos, e a *taille* e a *gabelle*, que foram multiplicadas pelos primeiros Bourbons, recaíam pesadamente sobre os camponeses. Sem dúvida os senhores

---

[17] Gerald Brenan, *The Literature of the Spanish People* (Cambridge, 1951), p. 272.

de terra ingleses podiam passar algumas de suas cargas para seus arrendatários. Sem dúvida, o empobrecimento dos camponeses franceses diminuía as rendas de seus senhores de terras. Mas a diferença é ainda mais significativa. Era lugar-comum na Inglaterra contrastar os "camponeses asnáticos da França", e seus "sapatos de madeira e calções de lona", com os nossos pequenos proprietários, mais prósperos. Contraste ilustrado pelo resultado último: na Inglaterra, quando veio a revolução, foi uma grande revolução, controlada pela pequena nobreza; na França, havia anualmente, nos mesmos vinte anos, revoltas — revoltas pequenas mas sérias — dos camponeses. Todavia, se os rebeldes eram diferentes, a queixa geral contra que se rebelavam — a característica e o custo do Estado — era a mesma.

Para onde quer que olhemos, esse é o tema de todas as queixas. De 1620 a 1640, esse é o grito do campo, o problema das Cortes. Podemos ouvir o grito vindo dos assentos traseiros dos parlamentos ingleses na década de 1620. Podemos ver o problema nos grandes ensaios de Bacon, escritos entre 1620 e 1625, sobre "Sedição e Perturbações" e "A Verdadeira Grandeza dos Reinos". Ouvimos o grito na Espanha nos protestos das cortes, vemos o problema nos opúsculos dos *arbitristas*: *Restauración Política de España*, de Sancho de Moncada; em *Conservación de Monarquías*, de Fernández Navarrete, com sua maravilhosa análise dos males sociais da Espanha, e no longo memorando de Olivares para Filipe IV, delineando seu novo programa para o país,[18] todos escritos nos anos críticos de 1619-1621. Vemos isso na França, acima de tudo, no *Testament politique* de

---

[18] Publicado em A. Valladares de Sotomayor, *Semanario erudito*, XI (Madri, 1788). Devo essa referência a J. H. Elliott.

Richelieu, escrito em 1629 e no início da década de 1630, período em que os governos por toda parte enfrentavam esses problemas, ou tentavam enfrentá-los, antes que fosse muito tarde. Essas exigências, esses problemas não são constitucionais, não estão relacionados com a monarquia ou a república, a Coroa ou o Parlamento. E também não são econômicos: não estão relacionados com os métodos de produção. Essencialmente são exigências de emancipação da carga da centralização; de redução de impostos; redução de cargos inúteis, dispendiosos, inclusive — mesmo na Espanha — funções religiosas; abolição da venda de cargos ("pois quem quer que arrende ou compre cargos vem a ser um extorsionário" e "os que compram caro devem vender caro"); abolição da hereditariedade de cargos; abolição dos impostos ruinosos indiretos que rendem tão pouco para a Coroa, mas de cujo superabundante "desperdício" a franja sempre em expansão da Coroa se alimenta.

Assim, a tensão entre Corte e campo crescia, e a "situação revolucionária" das décadas de 1620 e 1630 se desenvolveu. Mas as situações revolucionárias não levam necessariamente a revoluções — nem (podemos acrescentar) revoluções violentas são necessárias a fim de criar novas formas de produção ou sociedade. A sociedade é um corpo orgânico, muito mais rijo, muito mais elástico do que seus mórbidos anatomistas com freqüência supõem. As fronteiras entre classes que se opõem são sempre confundidas por um complexo tecido de interesses. Os detentores de cargos e a burguesia, consumidores e produtores, recebedores de impostos e pagantes de impostos não são classes nitidamente distinguíveis. Pelo contrário, homens que se consideram do "campo" em determinado momento com freqüência descobrem que são da "Corte" em outro, e tais descobertas podem levar a imprevisível apostasia. Por essa razão, as tensões sociais raramente, quando nunca, levam a uma clara ruptura: antes, levam a um desordenado desmoronamento interno cujos estágios são determinados não pelas tensões sociais originais, mas por acontecimentos políticos e erros políticos que vêm a se dar. Portanto, se formos levar este estudo adiante, de situação revolucionária a revolução, devemos levar em conta esses acontecimentos e erros que intervêm, que, por definição, devem variar de lugar para lugar, e cuja variação explicará, em parte, a diferença entre as revoluções nesses diferentes lugares.

Talvez possamos ver melhor o problema se considerarmos os meios de evitar a revolução. Se as Cortes da Renascença devessem sobreviver, estava claro que pelo menos uma de duas coisas devia ser feita. Por um lado, as burocracias parasitas deviam ser reduzidas; por outro lado, a burocracia atuante devia ser posta em correlação com a capacidade econômica do país. O primeiro programa era de reforma administrativa; o segundo, de reforma econômica. O primeiro era suficientemente fácil de definir — qualquer cavaleiro do país podia apresentá-lo em duas palavras —, mas difícil de realizar: significava a redução de uma classe parasita, mas viva e poderosa, e embora isso possa ser feito sem revolução, como foi feito na Inglaterra do século XIX — tem-se apenas de ler o *Extraordinário Livro Negro* de 1831 para ver a imensa franja parasita que crescera novamente em torno da Corte do século XVIII —, constitui, no melhor dos casos, uma operação delicada e difícil. O segundo era muito mais difícil de definir: significava a descoberta, ou redescoberta, de um sistema econômico. Todavia, tal definição não estava além da inteligência dos pensadores do século XVII, e de fato vários pensadores indicaram, de modo suficientemente claro, o tipo de sistema econômico que era necessário.

O que era esse sistema? Não se tratava de um sistema "capitalista" — ou pelo menos, se fosse capitalista, nada havia de novo nele. Não acarretava revolução ou uma mudança no método de produção ou na estrutura de classes. Ele também não era defendido por pensadores revolucionários: em geral, os que o defendiam eram homens conservadores que desejavam pouca ou nenhuma mudança política. E de fato o programa econômico que defendiam, embora aplicado a condições modernas, buscava seu exemplo no passado. Pois o que defendiam era simplesmente a aplicação, às novas monarquias centralizadas, da antiga política já experimentada das comunas medievais que essas monarquias tinham eclipsado: o mercantilismo.

O que fora a política das cidades medievais? Fora uma política de economia nacional — dentro dos limites da cidade-estado. A cidade se vira de uma só vez como unidade política e econômica. Sua legislação fora baseada em suas exigências comerciais. Controlara o preço dos alimentos e do trabalho, limitara as importações no interesse de suas próprias manufaturas, incentivara os métodos essenciais de comércio — pesca e construção naval, ausência de tarifas internas —, investira seus lucros não em desperdício evidente ou busca de glória, ou guerras meramente de saque, mas na conquista racional de mercados e nas necessidades de economia nacional: em educação técnica, melhoria municipal, auxílio aos pobres. Em suma, a cidade reconhecera que sua vida devia estar relacionada com seus meios de ganhar a vida. No eclipse das cidades no século XVI, em sua transformação em capitais muito grandes e muito povoadas, centros apenas de troca e consumo, grande parte dessa antiga e cívica sabedoria fora esquecida. Agora, no século XVII, no eclipse das Cortes da Renascença perdulárias, estava sendo relembrada. Os economistas desejavam ir além: reaplicá-la.

Naturalmente a reaplicariam em circunstâncias modificadas, a formas nacionais diferentes. Os príncipes, todos concordavam, tinham feito seu trabalho: não podia ser desfeito. Os novos Estados-nação vieram para ficar. Mas, diziam os reformadores, tendo vindo, então aplicariam às suas diferentes condições as antigas e boas regras das cidades. Não apenas apararaim a franja parasita que crescera em torno deles, mas também relacionariam seu poder, num sentido positivo, com os objetivos econômicos. Incentivariam um evangelho de trabalho em lugar de uma *hidalguía* aristocrática ou pseudo-aristocrática. Protegeriam a indústria, garantiriam suprimento de alimentos, eliminariam taxas internas, desenvolveriam a riqueza produtiva. Racionalizariam as finanças e reduziriam o aparelho da Igreja e do Estado a uma proporção mais adequada. Para reverter a Lei de Parkinson da burocracia, reduziriam as incubadoras que produziam os burocratas supérfluos: ginásios na Inglaterra, faculdades na França, mosteiros e seminários teológicos na Espanha. Em seu lugar poriam educação elementar local: trabalhadores habilitados na base da sociedade agora pareciam mais importantes do que esses graduados de universidade sem utilidade, famintos por cargos, que as novas bases da Renascença estavam expulsando. "Quanto a ginásios", declarou esse grande intelectual, Sir Francis Bacon, "há demais": muitas vezes se estragou um jovem lavrador bom para fazer dele um mau acadêmico; e ele e seus seguidores defendiam uma mudança no tipo de educação, ou o deslocamento de fundos para as escolas elementares. Quanto às faculdades, declarou o fundador da Academia Francesa, cardeal Richelieu, há em excesso: o comércio das letras, se não for contido, banirá totalmente o das mercadorias, "que coroa o Estado com riquezas" e arruína a agricultura, "a verdadeira mãe nutriz dos povos". Quanto aos mosteiros, declarou o Conselho Católico de Castela em 1619, há em demasia, pois, embora o estado monástico seja, sem dúvida, para o indivíduo, o mais perfeito, "para o público é muito danoso e prejudicial". Os mosteiros, afirmaram as Cortes de Castela, foram além das necessidades da religião: agora incluem pessoas "que mais fogem da necessidade para as delícias da indolência do que são movidas pela devoção". Assim, país após país, o protesto se levantava. Era o recuo do grande impulso educacional da Renascença e da Reforma, do grande impulso religioso da Contra-Reforma.[19]

Reduzir as sinecuras opressivas e dispendiosas da Igreja e do Estado, e trazer de volta, *mutatis mutandis*, a antiga política mercantilista das cidades, baseada no interesse econômico da sociedade — tais eram os dois métodos essenciais de evitar a revolução no século XVII. Até onde foram adotados nos estados da Europa ocidental? A resposta, penso, é instrutiva. Se olhamos para esses estados, podemos ver, na medida em que uma dessas políticas ou ambas foram

---

[19] Para a proposta de Bacon, ver suas *Works*, org. Spedding, IV, 249 s.; para Richelieu, seu *Testament politique*, org. Louis André, p. 204-5; para a Espanha, a *Consulta del Consejo Supremo de Castilla*, publicada em P. Fernández Navarrete, *Conservación de monarquías* (Madri, 1947, Biblioteca de Autores Españoles, XXV); *Actas de las Cortes de Castilla*, XXII, 434, etc.

adotadas ou rejeitadas, alguma explicação parcial para as diferentes formas que a crise geral assumiu em cada um deles.

Na Espanha, nenhuma política foi adotada. E não por falta de advertência. As Cortes de Castela, o Conselho de Estado, os *arbitristas* e os políticos continuamente insistiam tanto na redução de funcionários e do clero quanto em uma política mercantilista. Em 1619, Filipe III foi instado a abolir, como uma carga para a sociedade, os cem *receptores* recém-criados seis anos antes, mesmo que isso significasse pagar de novo o preço pelo qual tinham comprado seus cargos. No mesmo ano, o maior dos embaixadores espanhóis, Gondomar, cujas cartas mostram que foi um firme mercantilista, escreveu que a Igreja e a Commonwealth estavam ambas ameaçadas pela multiplicação do clero, "já que os pastores sobrepujam em número o rebanho"; e acrescentou que o mesmo era verdade quanto ao Estado, onde "ministros de justiça, *escribanos*, *comisarios* e *alguaziles*" se multiplicavam rapidamente, mas não havia aumento de "lavradores, navios ou comércio".[20] Dois anos depois, sob a pressão da crise econômica e retomada da guerra, parecia que algo seria enfim feito. O reinado de Filipe IV começou com os famosos *capítulos de reformación*. O número de funcionários reais foi fixado por lei. No ano seguinte o rei declarou que, como um número excessivo de cargos é pernicioso ao Estado ("a maioria está sendo vendida, e os funcionários tendo de se ressarcir do preço que pagaram"), e como um grande número de *escribanos* é prejudicial à sociedade ("e o número no momento é excessivo, e cresce diariamente"), o número de *alguaciles*, *procuradores* e

---

[20] *Correspondencia oficial de...* II (Madri, 1943), 140. Cf. as outras cartas de Gondomar publicadas in Pascual Gayangos, *Cinco cartas político-literarias de D. Diego Sarmiento, conde de Gondomar* (Madri: Sociedad de Bibliófilos, IV, 1869).

escribanos em Castela devia ser reduzido a um terço, e o recrutamento devia ser desestimulado por vários meios.[21] Por um momento, parecia que o problema seria enfrentado. Os líderes do partido da guerra, implicitamente, reconheciam a causa da fraqueza da Espanha. O propósito de *las Pazes* — os sucessivos tratados de paz em 1598, 1604, 1609 —, diziam eles, fora restaurar a força da Espanha; mas de fato a paz fortalecera os holandeses mercantilistas e apenas enfraquecera a burocrática Espanha.[22] Agora a guerra era necessária para refazer o equilíbrio; mas mesmo para fazer a guerra a estrutura da sociedade tinha de ser reformada; o estado burocrático fracassara tanto como sistema de paz quanto como sistema de guerra.

Assim falavam os reformadores da década de 1620. Mas sua voz foi logo abafada, pois não havia por trás deles força social ou institucional para tornar eficaz seu protesto. A classe média castelhana era fraca e infiltrada por detentores de cargos; o poder das antigas cidades representadas nas Cortes tinha sido suprimido em sua última sublevação contra o Estado borgonhês um século antes; e as Cortes de Castela eram agora um corpo aristocrático que mal procurava fazer mais do que contestar. Além disso, a guerra, que expunha a fraqueza econômica do sistema burocrático, impedia igualmente qualquer reforma desse sistema. Umas poucas reformas foram tentadas, ou pelo menos promulgadas no papel;[23] mas o estado de espírito

---

[21] Archivo Histórico Español, *Colección de documentos inéditos para la historia de España y sus Indias*, V (Madri, 1932), 28, 281, etc.

[22] A. Rodriguez Villa, *Ambrósio Spínola, primer marqués de los Balbases* (Madri, 1904), p. 342-48, 382 s.; J. Carrera Pujal, *Historia de la economía española* (Barcelona, 1943), I, 485 s.; Pascual de Gayangos, *Cinco cartas político-literarias*.

[23] Para um sumário dessas reformas, ver. Bérindoague, *Le Mercantilisme en Espagne* (Bordeaux, 1929), p. 85-104.

logo mudou. A necessidade de fundos imediatos levou o governo a explorar a maquinaria existente, não a reformá-la em benefício de futura eficiência. Assim, todos os projetos dos reformadores foram logo esquecidos, e em 1646 as Cortes de Castela chamariam a atenção para seu fracasso. A despeito de todos esses protestos e todos esses esforços, os cargos não diminuíram durante a guerra: multiplicaram-se. Em vez de um presidente e três conselheiros do Tesouro, havia agora três presidentes e onze conselheiros; em vez de três *contadores* e um *fiscal*, havia agora quatorze *contadores*; em vez de quatro conselheiros de guerra, havia agora mais de quarenta; e todos esses, com salários ou sem salários (pois seus salários, seus "emolumentos", eram de qualquer modo insignificâncias), tinham entretenimento, despesas, moradia, privilégios e mordomias a expensas do súdito.[24] O peso dessa carga podia ter sido redistribuído um pouco dentro do país, mas certamente não fora reduzido.[25] Nem a economia espanhola tinha sido capacitada para suportá-lo. Nesse meio-tempo a riqueza nacional da Espanha não aumentara: diminuíra. A voz dos mercantilistas era abafada. O comércio da Espanha estava quase inteiramente tomado por estrangeiros. A vitalidade do país estava esmagada sob o peso morto de um *ancien régime* não-reformado. Somente no século seguinte, uma nova geração de *arbitristas* — filósofos inspirados por exemplos ingleses e franceses

---

[24] *Consulta* das Cortes de Castela, 18 de agosto de 1646, publicada em Alonso Núñez de Castro, *Libro historico-politico, solo Madrid es Corte*, 2ª ed. (Madri, 1669), p. 84s. Todo esses livro, publicado pela primeira vez em 1658, ilustra o processo que estou descrevendo.

[25] Para a verdadeira (embora não-legal) redistribuição das cargas fiscais na Espanha sob Filipe I, ver A. Domínguez Ortiz, "La desigualdad contributiva en Castilla en el siglo XVIII", in *Anuario de historia del derecho español*, 1952.

— teria novamente a força e o espírito para instar com uma nova dinastia sobre as mesmas reformas que foram pedidas clara mas inutilmente na época de Filipe III e de Filipe IV.[26]

Muito diferente era a posição nos Países Baixos do norte. Pois os Países Baixos do norte foram o primeiro país europeu a rejeitar a Corte da Renascença, e a Corte que rejeitaram era sua própria Corte, a maior, mais ostensiva Corte de todas, a Corte borgonhesa que, com a abdicação de Carlos V, se transferira e se tornara tão fatalmente permanente na Espanha. A revolta dos Países Baixos no século XVI não foi, naturalmente, uma revolta direta da sociedade contra a Corte. Não é assim que a revoluções eclodem. Mas no correr da luta a própria Corte, nessas províncias que se libertaram, foi uma vítima. Aí todo o aparelho da Corte borgonhesa simplesmente se desfez sob a pressão da guerra. O mesmo fez a Igreja borgonhesa, esse imenso e corrupto departamento de Estado que Filipe II inabilmente procurou reformar e cujos abusos os grandes apoiadores da revolta, no começo, buscavam preservar. Quaisquer que fossem as causas ou motivos da revolução, as Províncias Unidas acabaram por emergir dela livres desse sistema desequilibrado cuja pressão, uma geração depois, criaria uma situação revolucionária em outros países. Conseqüentemente, nessas províncias, não havia tal situação revolucionária. A nova Corte dos príncipes de Orange poderia desenvolver algumas das características da antiga Corte

---

[26] Para esses *arbitristas* do século XVIII, ver Jean Sarrailh, *L'Espagne éclairée* (Paris, 1954): que, todavia, não apresenta a extensão em que Ward, Jovellanos, Campomanes, etc. estavam repetindo o programa dos mercantilistas espanhóis do início do século XVII – por exemplo, de Sancho de Moncada, cujo trabalho (originalmente dedicado a Filipe III em 1619) foi republicado e dedicado a Ferdinando VI, em 1746.

dos duques de Borgonha, mas somente algumas: como começou magra, podia melhor se permitir uma pequena gordura adicional. Houve crises sem dúvida na Holanda do século XVII — as crises de 1618, de 1650, de 1672, mas eram crises políticas, comparáveis com nossa crise não de 1640 mas de 1688; e foram cirurgicamente solucionadas pela mesma razão: o problema social não era mais agudo, o sistema desequilibrado do Estado fora depurado, a sociedade abaixo estava sã.

Além do mais, se um acidente mais do que um projeto tinha livrado as Províncias Unidas do Estado da Renascença, a política também tinha conseguido aí a outra reforma, econômica, sobre que escrevi. Não é que houvesse uma revolução burguesa ou "capitalista" na Holanda.[27] A indústria holandesa era relativamente insignificante. Mas os novos governantes da Holanda, buscando o meio de preservar sua liberdade duramente conquistada, procuraram imitar o destino e os métodos daquelas comunidades mercantis mais antigas que tinham preservado sua independência ao longo de séculos por meio de combinação racional de riqueza comercial e poder marítimo. Ao adotar as técnicas da Itália, saudando os especialistas *émigrés* da Antuérpia, e seguindo as antigas boas regras da política veneziana, Amsterdã se tornou, no século XVII, a nova Veneza do norte. A originalidade econômica da Holanda do século

---

[27] Que a economia das Províncias Unidas não era uma nova e revolucionária forma de capitalismo, mas um retorno ao sistema das cidades italianas medievais, é defendido por Jelle C. Riemersma em seu artigo "Calvinism and Capitalism in Holland, 1550-1650", in *Explorations in Entrepreneurial History*, I (1), 8, e é admitido mesmo por marxistas como Dobb e Hobsbawm. Este chega mesmo a chamar a economia holandesa de "economia de negócio feudal" (*Past and Present*, nº 6, 1954).

XVII consistia em mostrar que, mesmo depois da vitória e do reinado dos príncipes da Renascença, que tinham sido expulsos, o mercantilismo das cidades não estava morto: podia ser revivido.

A meio caminho entre a Espanha completamente não-reformada e a Holanda completamente reformada, encontra-se o que talvez seja o mais interessante de todos os exemplos, a França Bourbon. Pois a França, no século XVII, certamente não estava imune à crise geral, e na Fronda tinha uma revolução, ainda que uma revolução relativamente pequena. O resultado era, como na Espanha, uma vitória para a monarquia. Triunfando sobre seus críticos e adversários, a monarquia do *ancien régime* sobreviveu na França, e sobreviveu por outro século e meio. Por outro lado, a monarquia francesa de Luís XIV não era como a monarquia espanhola de Filipe IV e Carlos V. Não era economicamente parasita. A indústria, o comércio e a ciência floresceram e se desenvolveram na França, a despeito do "fracasso" da "revolução burguesa", não menos do que na Inglaterra, a despeito de seu "sucesso". Ao que tudo indica, em 1670, na época de Colbert, o absolutismo e o *ancien régime* eram perfeitamente compatíveis com o crescimento e o poder comercial e industrial.

E de fato por que não? Pois o que impedira tal crescimento no passado, o que causara a crise na sociedade, não fora a forma de governo, mas seu abuso; e embora esses abusos pudessem ser afastados pela revolução, ou pudessem cair como vítimas incidentais de uma revolução, sua remoção não exigia necessariamente uma revolução. Sempre havia o caminho da reforma. Não é necessário queimar a casa a fim de ter um porco assado. E embora a França (como a Holanda) tenha tido um incêndio no século XVI, em que uma parte de sua carga de desperdício fora incidentalmente consumida, também alcançou, nos anos a seguir, um certo nível de reforma. O incêndio, de fato, preparara o terreno. As guerras civis francesas do século XVI, ainda que tenham feito muito mal, também fizeram algum bem. Destruíram o crescente clientelismo dos grandes nobres e reduziram o clientelismo da Corte ao do rei. Henrique IV, como o príncipe de Orange, como Charles II da Inglaterra, depois dele, viu-se, quando de sua elevação ao trono, livre de boa parte do antigo parasitismo: podia, portanto, permitir uma nova concepção. E com base nisso, essa *tabula partim rasa*, ele foi capaz de alcançar certas mudanças administrativas. A *Paulette*, lei de 1604 que sistematizou a venda de cargos, pelo menos regulamentou os abusos de que, com freqüência, fora acusada de criar. Sully, com suas *économies royales*, diminuiu o desperdício em torno do trono. E Richelieu, na década de 1630, não apenas planejou uma política mercantilista completa para a França: ele também, mesmo em meio à guerra, conseguiu — como Laud e Olivares, quer na paz ou na guerra, não conseguiram — regulamentar o mais dispendioso, o mais incontrolável de todos os departamentos, a Casa Real.[28] Graças a essas mudanças, o *ancien régime* na França foi restaurado e fortalecido. As mudanças podem não ter sido radicais, mas foram suficientes — pelo menos naquele momento.

Naturalmente, a solução francesa não era permanente. A vantagem do governo francês, no início do século XVII, era simplesmente a de ter eliminado algumas de suas cargas: estava menos

---

[28] Para o mercantilismo de Richelieu, ver H. Hauser, *La Pensée et l'action économique du cardinal de Richelieu* (Paris, 1944). Para essa reforma da casa real, ver o artigo de Roland Mousnier no vol. I de *Histoire de France*, org. M. Reinhard (Paris, 1955).

sobrecarregado do que o espanhol com sua herança do passado. Com o correr do tempo, o antigo peso logo seria retomado: o reinado posterior de Luís XIV ficaria famoso por seu imenso número de cargos e benefícios, multiplicados deliberadamente a fim de serem vendidos. E mesmo nos primeiros dias a pressão da guerra teve o mesmo efeito. Repetidas vezes, como na Espanha, havia pedidos de que a venalidade dos cargos fosse modificada ou abolida; repetidas vezes, o governo pensou nessa reforma, mas no fim, em todas as ocasiões, a monarquia francesa, como a espanhola, viu-se diante das exigências da guerra, adiou seus projetos e, em vez de reforma, fortaleceu acentuadamente o sistema.[29] Richelieu inicialmente, como Olivares na Espanha, procurou combinar guerra e reforma, mas no fim (mais uma vez como Olivares) sacrificou a reforma à guerra. Marillac teria sacrificado a guerra à reforma.[30] No fim do século XVII, Luís XIV estaria financiando suas guerras com criações maciças de cargos inúteis. Mas no começo do século a situação era diferente. Richelieu e Mazarino sem dúvida tiveram outras vantagens em sua bem-sucedida luta para manter o *ancien régime* francês na era da revolta huguenote da Fronda. Tinham um exército absolutamente sob controle real; tinham impostos cujo crescimento recaía não sobre a pequena nobreza, reunida e com voz no Parlamento, mas sobre os camponeses dispersos, desarticulados; e tinham seu próprio temperamento político. Mas também tinham um aparelho de Estado que já havia sofrido alguma reforma salutar: um Estado que, no espírito de Richelieu e nas mãos de seu discípulo

---

[29] Ver Roland Mousnier, *La Vénalité des offices sous Henri IV et Louis XIV* (Rouen, n. d.), *passim*.
[30] Ver Georges Pagès, "Autour du Grand Orage", in *Revue historique*, 1937.

Colbert, podia tornar-se um Estado mercantilista, racionalmente organizado tanto para o lucro quanto para o poder.

Por fim, há a Inglaterra. Na Inglaterra a Coroa não tinha o mesmo poder que na França ou na Espanha, e os impostos recaíam sobre a pequena nobreza, poderosa em seus condados e no Parlamento. Portanto, na Inglaterra era sem dúvida importante que o problema fosse enfrentado e resolvido. Até onde foi de fato enfrentado? Para responder a esta pergunta, examinemos os dois lados do problema, o administrativo e o econômico.

No século XVI, o aparelho do Estado inglês não sofrera nem se beneficiara com nenhum acidente destrutivo do tipo que ocorrera com a Holanda ou a França. A Corte renascentista dos Tudors, cuja parcimônia sob Elizabeth fora tão irreal e cuja magnificência e cerimônia tanto impressionaram visitantes estrangeiros, sobreviveu intacta no novo século, quando seu custo e exibicionismo foram ampliados além das medidas pelo rei James e seus favoritos. Já em 1604, Francis Bacon advertia o novo rei para o perigo. A Corte, dizia ele, era como uma urtiga: sua raiz, a própria Coroa, era "sem veneno ou malignidade", mas sustinha as folhas "venenosas e que picavam onde tocavam".[31] Dois anos depois, o maior ministro do rei James, Robert Cecil, conde de Salisbury, temia a revolução contra o mesmo peso da Corte. E em 1608, ao se tornar Lord Tesoureiro, dedicou todas as suas energias a uma grande e imaginativa solução para todo o problema. Buscou racionalizar os impostos agrícolas e o aluguel das terras da Coroa, reformar a Casa Real, libertar a agricultura das restrições feudais e abolir taxas arcaicas em troca de outras

---

[31] Francis Bacon, *Works*, org. Spedding, III, 183.

formas de renda, cujo rendimento total, ou algo próximo, em vez de uma mera fração, iria para a Coroa. Em 1610 Salisbury apostou sua carreira política nesse grande programa de reorganização. Mas fracassou em sua realização. Os "cortesãos", os "funcionários" que viviam do "desperdício", mobilizaram a oposição, e o rei, ouvindo-os, e pensando "não no que conseguiu, mas no que podia conseguir" a partir das antigas, dispendiosas, irritantes fontes de renda, recusou-se a renunciar a elas. Dois anos depois desse fracasso, Salisbury morreu, sem o apoio do rei, sem nenhum pesar, até mesmo insultado por toda a Corte que ele procurara reformar e, com a reforma, salvar.[32]

Depois de Salisbury, outros reformadores ocasionalmente assumiram a causa. O mais brilhante foi Francis Bacon. Ele fora inimigo de Salisbury, mas, uma vez morto Salisbury, cantou a mesma canção. Diagnosticou o mal — nenhum homem, talvez, o tenha diagnosticado tão completamente em todas as suas formas e últimas conseqüências —, mas nada podia fazer para curá-lo, exceto por permissão real, que lhe recusaram, e ele foi derrubado. Depois de sua queda, nos anos da grande depressão, até a Corte se alarmou, e um novo reformador parecia ter conseguido essa permissão. Tratava-se

---

[32] Nunca se fez justiça pública ao programa de reforma de Salisbury em 1608-12, embora o "Grande Contrato", que era apenas parte dele, seja bem conhecido. A evidência dele está dispersa entre os documentos oficiais da época. Dos contemporâneos, apenas Sir Walter Cope e Sir William Sanderson, ambos envolvidos nele, procuraram torná-lo conhecido e compreendido, mas nem a *Apology for the Late Lord Treasurer* (que foi dada ao rei em manuscrito) de Cope, nem *Aulicus Coquinariae* de Sanderson foram publicados na época. Lord Ellesmere, o bispo Goodman e Sir Henry Wotton também fizeram suas apreciações, mas nenhuma delas se publicou. Ver L. Pearsall Smith, *Life and Letters of Sir Henry Wotton* (1907), II, 487-89; Goodman, *The Court of King James I*, I, 36-42; e um documento de Ellesmere intitulado *Il dì loda la sera* na Huntington Library, Ellesmere MS. 1203.

de Lionel Cranfield, conde de Middlesex, que tentou realizar pelo menos algumas das propostas de Salisbury. Mas a permissão, ainda que concedida, foi logo, e abertamente, retirada. Cranfield, como Bacon, foi arruinado pela facção da Corte, liderada de cima pelo favorito real, o duque de Buckingham, o administrador universal e beneficiário de todos esses cargos negociáveis, benefícios, sinecuras, monopólios, patentes, mordomias e títulos que em conjunto constituíam o alimento da Corte. Assim, quando Buckingham foi assassinado e Strafford e Laud, os "puritanos da direita", chegaram ao poder, herdaram dele uma Corte profundamente não-reformada.[33]

Fizeram alguma coisa para reformá-la? Visivelmente não. "A face da Corte", como Mrs. Hutchinson escreveu, "mudou". O rei Charles era externamente frugal comparado com seu pai: mas essa frugalidade, como vimos no caso da rainha Elizabeth, era relativamente insignificante. Laud e Strafford travaram guerra contra a corrupção da Corte, sempre que a perceberam, mas deixaram o sistema básico intocado. Sempre que estudamos esse sistema descobrimos que, em sua época, seu custo não fora reduzido: crescera. A maior das festas da Corte na época de Buckingham fora sua própria recepção para o rei em 1626, que custara £4 mil; o conde de Newcastle, em 1634, chegou a £15 mil. Um cargo que foi vendido por £5 mil em 1624 chegou a £15 mil em 1640. Tutelas, que tinham rendido

---

[33] Os projetos de Bacon estão dispersos por seus textos, que Spedding reuniu. Basta comparar suas várias propostas de reforma da Corte, da justiça, da educação, da Igreja, das propriedades da Coroa, etc., com as exigências do partido radical na década de 1640, para ver a verdade da afirmação de Gardiner (in *Dictionary of National Biography*, s.v. Bacon) de que seu programa, se realizado, poderia ter impedido a revolução. Para o trabalho de Cranfield, ver R. H. Tawney, *Business and Politics under James I* (1958), Menna Prestwich, *Cranfield* (Oxford, 1966).

£25 mil para a Coroa, quando Salisbury procurara aboli-las em 1610, renderiam £95 mil em 1640. E a proporção desperdiçada não era menor. Para cada £100 que chegavam à Coroa, pelo menos £400 eram desviadas. Como diz Clarendon, "a inveja e a censura ficavam para o rei; o benefício, para outros homens".

Assim, em 1640, a Corte inglesa, como a espanhola, ainda não tinha sido reformada. Mas, e quanto à economia inglesa? Aqui o paralelo não se sustenta. Pois na Inglaterra não havia esse divórcio absoluto entre Coroa e *arbitristas* que era tão visível na Espanha. Os primeiros governos Stuart não ignoravam questões de comércio. Ouviam a City de Londres. Por seus métodos financeiros, deliberadamente ou não, incentivavam a formação de capital, seu investimento na indústria. Havia limites, naturalmente, ao que faziam. Não satisfaziam os teóricos mercantilistas sistemáticos. Prestavam menos atenção à base da sociedade do que à sua parte mais alta. Todavia, em muitos aspectos, incentivavam ou pelo menos permitiam uma política mercantilista. Buscavam naturalizar os processos industriais, proteger os fornecimentos de matérias-primas essenciais, monopolizar a pesca de arenque; protegiam a navegação; preferiam a paz no exterior e preservavam seu fosso. Os anos de seu governo viram o crescimento do capitalismo inglês, apoiado por eles em uma escala até então desconhecida. Infelizmente, esse crescimento acarretou o deslocamento, afirmavam as vítimas; e quando a crise política aumentou o deslocamento e multiplicou as vítimas, a estrutura rígida e enfraquecida de governo não podia mais conter as forças rebeldes que tinha provocado.

Pois em 1640 os líderes do Parlamento Longo não buscavam — nem precisavam buscar — reverter a política econômica da Coroa.

Buscavam apenas uma coisa: remediar a administração. O conde de Bedford, na condição de Lord Tesoureiro, e John Pym, na condição de ministro das Finanças, pretendiam retomar o trabalho frustrado de Salisbury: abolir monopólios, tutelas, impostos prerrogativos, eliminar o "desperdício" e estabelecer a Corte Stuart em uma base mais racional, menos dispendiosa. Feito isso, teriam continuado a política mercantilista da Coroa, talvez estendendo-a pela redistribuição de recursos e racionalização do trabalho, na base da sociedade. Teriam feito pela monarquia inglesa o que Colbert faria pela francesa. Tudo o que pediam era que a monarquia inglesa, como a francesa, lhes permitisse fazê-lo.

Naturalmente a própria monarquia não era obstáculo. É absurdo dizer que tal política era impossível sem revolução. Não era mais impossível em 1641 do que tinha sido na época de Salisbury e Cranfield. Não podemos supor que obstáculos simplesmente humanos — a irresponsabilidade de um Buckingham ou de um Charles I, o inconseqüente obscurantismo de um Strafford — sejam necessidades históricas inerentes. Mas, de fato, esses obstáculos humanos tiveram influência. Se James I ou Charles I tivessem a inteligência da rainha Elizabeth ou a docilidade de Luís XIII, o *ancien régime* inglês poderia ter-se adaptado às novas circunstâncias tão pacificamente no século XVII quanto se adaptaria no século XIX. Foi porque não tinham nenhuma, porque sua Corte nunca foi reformada, porque a defendiam em sua antiga forma até o fim, que ela permaneceu, administrativa e economicamente, assim como, esteticamente, "a última Corte da Renascença na Europa", que se encaminhou para o desastre último: os reformadores racionais foram afastados, os homens mais radicais assumiram a frente e mobilizaram paixões ainda mais radicais do que as que podiam controlar; e no fim, em meio ao saque de palácios, destruição de estátuas e janelas com vitrais, o barulho de serras em coros arruinados, a última das grandes Cortes da Renascença foi destruída, o esteta real foi assassinado, seus esplêndidos quadros foram postos em leilão e vendidos, mesmo as elevadas catedrais góticas foram sacrificadas como lixo.

Assim, na década de 1640, na guerra e na revolução, a mais obstinada e, no entanto, tendo em vista a estrutura política da Inglaterra, a mais frágil das monarquias da Renascença acabou. Não caiu diante de uma nova "revolução burguesa". Nem mesmo caiu diante de uma antiga "revolução mercantilista". Seus inimigos não eram a "burguesia" — essa burguesia que, como lamentou um pregador puritano, "por um pequeno negócio e lucro" faria crucificar Cristo, os soldados puritanos, e libertaria "esse grande Barrabás em Windsor", o rei.[34] Também não eram os mercantilistas. Os políticos mais hábeis entre os rebeldes puritanos de fato, uma vez estabelecida a república, adotaram uma política mercantilista agressiva; mas com isso simplesmente retomaram a antiga política da Coroa e, assim, foram prontamente atacados e derrubados pelos mesmos inimigos que os acusaram de trair a revolução.[35] Não, os

---

[34] O pregador era Hugh Peter, como citado em *State Trials*, v (I), 129-30.

[35] Os que encaram toda a revolução como uma revolução burguesa apoiada na política mercantil do *Rump*, entre 1651 e 1653, deveriam refletir (a) que essa política, de paz com a Espanha, atos de navegação e rivalidade com a Holanda no tocante à pesca e ao comércio, fora a política de Charles I na década de 1630; (b) que foi repudiada, enfática e efetivamente, por aqueles que haviam levado a revolução a um resultado "bem-sucedido" — o exército puritano — e apenas revivida na Restauração da monarquia.

inimigos triunfantes da Corte inglesa eram simplesmente "o país": essa miscelânea indeterminada, não política, mas altamente sensível de homens que se amotinaram não contra a monarquia (há muito tinham aderido às crenças monarquistas), nem contra o arcaísmo econômico (eles é que eram os arcaicos), mas contra o aparelho — vasto, opressivo e sempre em expansão — da burocracia parasita que crescera em torno do trono e acima da economia da Inglaterra. Esses homens não eram políticos ou economistas, e quando a Corte afundara sob seus golpes, eles logo viram que não podiam nem governar nem prosperar. No final, abdicaram. A antiga dinastia foi restaurada, sua nova política mercantilista foi retomada. Mas a restauração não foi completa. Os antigos abusos, que já tinham desaparecido na guerra e na revolução, não foram restaurados, e tendo acabado, foram facilmente eliminados pela legislação. Em 1661, o "Grande Contrato" de Salisbury, o imposto de Bedford, foi finalmente concluído. Os antigos tribunais de exceção — cuja ofensa fora não somente sua política como sua existência — não foram revividas. Charles II começou seu reinado livre, por fim, do entulho herdado da Corte da Renascença.

Assim, tal como me parece, foi "a crise geral do século XVII". Foi uma crise não da constituição nem do sistema de produção, mas do Estado, ou melhor, da relação do Estado com a sociedade. Diferentes países descobriram como sair dessa crise de diferentes modos. Na Espanha, o *ancien régime* sobreviveu: mas sobreviveu apenas como uma carga desastrosa, imóvel sobre um país empobrecido. Em outras partes, na Holanda, na França e na Inglaterra, a crise marcou o fim de uma era: o descarte de uma superestrutura do topo da sociedade, o retorno à política mercantilista, responsável. Pois no século XVII as cortes da Renascença tinham crescido tanto, tinham consumido tanto em "desperdício" e tinham introduzido seus crescentes sugadores tão fundo no corpo da sociedade, que só podiam florescer por um tempo limitado, e em uma época, também, de prosperidade geral em expansão. Quando essa prosperidade fracassou, o parasita monstruoso estava trôpego. Nesse sentido, a depressão da década de 1620 talvez não seja menos importante, como momento decisivo histórico, do que a depressão de 1929: embora fosse apenas um fracasso econômico temporário, marcou uma mudança política duradoura.

De qualquer modo, as cortes dos príncipes reconheceram-na como sua crise. Algumas procuraram se reformar, tomar remédio e reduzir seu tamanho. Seus médicos indicaram o caminho: foi então que as antigas cidades-estados, e particularmente Veneza, embora então em decadência, se tornaram o modelo admirado, primeiro da Holanda, depois da Inglaterra. E no entanto, perguntava o paciente, essa reforma era possível, ou mesmo segura? Uma monarquia podia realmente ser adaptada a um padrão que há muito era perigosamente republicano? Há alguma operação política mais difícil do que a auto-redução de um burocracia estabelecida, poderosa, privilegiada? De fato, a mudança em parte alguma se verificou sem algo de revolução. Se foi limitada na França e na Holanda, isso se deveu em parte a que o refugo do combustível já havia sido consumido, em uma revolução anterior. Foi também porque houvera alguma reforma parcial. Na Inglaterra, não houvera revolução prévia similar, nem reforma parcial. Houve também, sob os primeiros Stuarts, uma fatal ausência de habilidade política: em vez do gênio de Richelieu, da agilidade de Mazarino, havia a irresponsabilidade de Buckingham, a violência de Strafford, o firme pedantismo universal de Laud. Na Inglaterra, portanto, a tempestade de meados do século, que atingiu toda a Europa, atingiu a mais frágil, a mais excessivamente ampliada, a mais rígida Corte de todas e a derrubou violentamente.

Capítulo III

A mania européia de bruxas nos séculos XVI e XVII

I

A mania européia de bruxas nos séculos XVI e XVII é um fenômeno surpreendente: uma permanente advertência para aqueles que simplificariam os estágios do progresso humano. Sempre, desde o século XVIII, tendemos a ver a história européia, a partir da Renascença, como a história do progresso, e o progresso como algo que parece ser constante. Pode ter havido variações locais, obstáculos locais, recuos locais, mas o padrão geral é de avanço persistente. Continuamente, ainda que irregularmente, a luz ganha a expensas da escuridão. A Renascença, a Reforma, a Revolução Científica marcam os estágios de nossa emancipação em relação às limitações medievais. Isso é suficientemente natural. Quando olhamos para trás ao longo da história, naturalmente vemos primeiro aqueles homens, aquelas idéias, aquele ponto à nossa frente. Mas, quando olhamos mais profundamente, como o desenho parece mais complexo! Nem a Renascença, nem a Reforma, nem a Revolução Científica são, em nossos termos, pura ou necessariamente progressistas. Todas têm um rosto de Jano. Todas são compostas de luz e de escuridão. A Renascença foi um renascimento não somente das letras pagãs, mas do mistério-religião pagão. A Reforma foi uma volta não somente ao inesquecível século dos Apóstolos, mas também aos séculos não-edificantes dos reis hebreus. A Revolução Científica foi entremeada por misticismo pitagórico e fantasia cosmológica. E, sob a superfície de uma sociedade cada vez mais sofisticada, quantas paixões obscuras e crendices inflamáveis encontramos, às vezes acidentalmente liberadas, às vezes deliberadamente mobilizadas! A crença em bruxas é uma dessas forças. Nos séculos XVI e XVII não era, como os profetas do progresso poderiam supor, uma antiga e atrasada superstição, que estava apenas à espera de desaparecer. Era uma nova força explosiva, constante e temerosamente se expandindo com a passagem do tempo. Nesses anos de aparente iluminação, havia pelo menos um quarto do céu em que a escuridão ganhava seguramente, em detrimento da luz.

Sim, ganhava. Qualquer que seja a concessão que possamos fazer à mera multiplicação da evidência depois da descoberta da imprensa, não pode haver dúvida de que a mania de bruxas cresceu, e cresceu terrivelmente, depois da Renascença. A credulidade em lugares elevados aumentou, seus mecanismos de expressão tornaram-se mais terríveis, mais vítimas eram sacrificadas a ela. Os anos 1550-1600 foram piores do que os anos 1500-1550, e os anos 1600-1650 foram ainda piores. E a mania não era inteiramente separável da vida intelectual e espiritual desses anos. Foi promovida pelos papas cultos da Renascença, pelos grandes reformadores protestantes, pelos santos da Contra-Reforma, pelos estudiosos, advogados e clérigos da época de Escalígero e Lipsius, Bacon e Grotius, Bérulle e Pascal. Se esses dois séculos foram uma época de luz, temos de admitir que, em um aspecto pelo menos, a Idade das Trevas foi mais civilizada.

Pois na Idade das Trevas pelo menos não havia mania de bruxas. Havia crenças em bruxas, naturalmente — um folclore disperso de superstições camponesas: os encantamentos, a produção de tempestades, a conversa com espíritos, a magia solidária. Tais crenças são universais, em termos de tempo e lugar, e neste ensaio não estou preocupado com elas. Estou preocupado com a "demonologia" organizada, sistemática, que a Igreja medieval criou a partir dessas crenças e que, nos séculos XVI e XVII, adquiriu um terrível impulso. E quando fazemos essa necessária distinção entre a mania de bruxas organizada e a miscelânea de crenças em bruxas a partir da qual surgiu, temos de admitir que a Igreja da Idade das Trevas fez o que pôde para dispersar esses resquícios do paganismo que a Igreja da Idade Média a seguir exploraria. Naturalmente, não foi inteiramente bem-sucedida. Alguns dos mitos pagãos, como deuses pagãos e ritos pagãos, se insinuaram na síntese cristã em data precoce e encontraram abrigo em suas fissuras externas. Santo Agostinho, em particular, com seu espírito barroco e sua credulidade africana, fez muito para preservá-las: formam um cenário incidental estranho para a imensa construção doutrinária que sua autoridade lançou na cristandade ocidental. Mas, em geral, a Igreja, como civilizadora das nações, desprezou essas histórias de mulheres. Eram o refugo rudimentar do paganismo que a luz do Evangelho havia dispersado.

Assim, no século VIII, encontramos São Bonifácio, o apóstolo inglês da Alemanha, declarando abertamente que é anticristão acreditar em bruxas e lobisomens.[1] No mesmo século, Carlos

---

[1] Sermão XV, citado em *Materials towards a History of Witchcraft collected by H. C. Lea*, organizado por Arthur c. Howland, com introdução de George Lincoln Burr (New York, 1957), p. 178-82; a seguir citado como Lea, *Materials*. (Ver também adiante, p. 157.)

Magno decretou a pena de morte para quem quer que, na recém-convertida Saxônia, queimasse supostas bruxas. Essa queima, disse ele, era "um costume pagão".[2] No século seguinte, Santo Agobardo,[3] bispo de Lyon, repudiou a crença de que as bruxas podiam criar mau tempo, e um anônimo dignitário da Igreja declarou que o vôo noturno e a metamorfose eram alucinações e que quem acreditasse neles "é sem dúvida um infiel e um pagão". Essa declaração foi aceita na lei canônica e se tornou conhecida como *canon Episcopi* ou *capitulum Episcopi*.[4] Permaneceu como doutrina oficial da Igreja. No século XI as leis do rei Coloman da Hungria deixaram de se referir a bruxas "já que elas não existem",[5] e no século XII João de Salisbury rejeitou, como sendo sonho fabuloso, a idéia de um sabá de bruxas.[6] Nos séculos seguintes, quando a mania estava se criando, toda essa doutrina salutar teria de ser derrubada. As leis de Carlos Magno e Coloman seriam esquecidas; a negação da realidade do vôo à noite e da metamorfose seria oficialmente declarada herética; o sabá das bruxas se tornaria um fato objetivo, desacreditado apenas (como um doutor da Sorbonne escreveria em 1609)[7] por aqueles de mente doentia; e a engenhosidade dos clérigos e advogados

---

[2] *Capitulatio de Partibus Saxoniae*, cap. 6. Esse decreto, emitido em Paderborn, em 785, foi publicado por Wilhelm Boudriot *Die alt-germanische Religion (Untersuchungen zur allgemeinen Religionsgeschichte.* ed. Carl Clemen, Heft 2, Bonn, 1928, p. 53).
[3] Em seu *Liber contra insulsam vulgi opinionem de grandine et tonitruis*, escrito *c.* 820.
[4] Lea, *Materials*, p., 178-82.
[5] Ibid., p. 1252.
[6] Ibid., p. 172.
[7] *Joannis Filesaci Theologi Parisiensis Opera Varia*, 2ª ed. (Paris, 1614), p. 703 s., "de Idololatria Magica Dissertatio", Dedicatória.

seria posta à prova para invalidar esse texto inconveniente da lei canônica, o *canon Episcopi*.

No fim da Idade Média, essa inversão seria completa. Em 1490, depois de dois séculos de busca, a nova e positiva doutrina da bruxaria estaria estabelecida em sua forma final. A partir de então, seria simplesmente uma questão de aplicar essa doutrina: de buscar, descobrir e destruir as bruxas cuja organização fora definida. Os monges do final da Idade Média plantaram: os advogados do século XVI colheram, e que colheita de bruxas conseguiram! Todo o cristianismo, parece, está à mercê dessas horríveis criaturas. Os países em que anteriormente eram desconhecidas subitamente passaram a estar cheios delas, e quanto mais detidamente olhamos, mais as encontramos. Todos os observadores contemporâneos concordam que elas se multiplicam numa proporção incrível. Adquiriram poderes até então desconhecidos, uma complexa organização internacional e hábitos sociais de despropositada sofisticação. Alguns dos espíritos mais importantes da época afastam-se das ciências humanas para explorar esse continente recém-descoberto, essa América do mundo espiritual. E os detalhes que descobrem, e que estão continuamente sendo confirmados por equipes de pesquisadores paralelos — pesquisadores de campo na área de câmaras de tortura ou confessionários, pesquisadores acadêmicos na área de bibliotecas ou claustros —, deixam os fatos mais certamente definidos e a perspectiva mais alarmante do que nunca.

Considere-se a situação tal como mostrada a qualquer tempo no meio século entre 1580 e 1630: esse meio século que corresponde à vida madura de Bacon e reúne Montaigne e Descartes. O mais descuidado olhar a qualquer relato de reconhecidos especialistas da época revela um alarmante estado de coisas. Por sua própria confissão, milhares de mulheres velhas — e não somente velhas — fizeram pactos secretos com o Demônio, que agora surgira como um grande potentado espiritual, o Príncipe das Trevas, decidido a recuperar seu império perdido. Toda noite essas imprudentes senhoras estavam se ungindo com "a gordura do diabo", feita da gordura de crianças assassinadas, e, assim lubrificadas, introduziam-se por fendas e buracos de fechadurass e chaminés, montavam em cabos de vassoura ou fusos ou bodes aéreos, e voavam em uma longa viagem inexpressivamente cansativa para um encontro diabólico, o sabá das bruxas. Em todo país havia centenas desses sabás, mais numerosos e mais concorridos do que encontros de corrida ou feiras. Havia não menos do que 800 locais conhecidos de encontro apenas na Lorena. Alguns países tinham centros nacionais, às vezes internacionais. Assim eram Blocksberg ou Brocken, nas montanhas de Harz, na Alemanha, o "delicado grande prado" chamado Bläkulla, na Suécia, e o grande balneário de La Hendaye, no sudoeste da França, onde não menos do que 12 mil bruxas se reuniriam para o encontro conhecido como *Aquelarre*. Os encontros eram também notavelmente freqüentes. De início os investigadores na Lorena pensavam que ocorriam apenas uma vez por semana, na quinta-feira, mas, como sempre, quanto mais se insistia no testemunho, piores eram as conclusões que forneciam. Descobria-se que os sabás ocorriam segunda-feira, quarta-feira, sexta-feira e sábado, e logo se descobriu que terça-feira foi escolhido como um dia suplementar. Tudo era muito alarmante e mostrava a necessidade de vigilância sempre crescente pela polícia espiritual.

E o que acontecia quando a bruxa tinha chegado ao sabá? Os detalhes nada edificantes, infelizmente, eram muito bem autenticados. Primeiro, ela fica surpresa ao ver quase todas as suas amigas e vizinhas, que anteriormente não suspeitava serem bruxas. Com elas havia muitos demônios, seus amantes, com que se haviam ligado pelo pacto infernal; e acima de tudo, dominando-os a todos estava o imperioso mestre-de-cerimônias, o deus de sua adoração, o próprio Diabo, que às vezes aparecia como um homem grande, negro, de barba, mais freqüentemente como um bode fedorento, ocasionalmente como um grande sapo. Os presentes reconheciam seu senhor. Todos se uniam para adorar o Diabo e dançavam em torno dele ao som de música macabra feita com curiosos instrumentos — crânios de cavalos, troncos de carvalho, ossos humanos, etc. Depois beijavam-no como homenagem, sob a cauda se era um bode, nos lábios se fosse um sapo. Depois disso, diante de sua palavra de comando, lançavam-se em orgias sexuais promíscuas ou se dedicavam a um festim de iguarias, segundo a imaginação nacional. Na Alemanha, estas eram nabos fatiados, paródias do Sagrado; na Savóia, crianças assadas ou cozidas; na Espanha, cadáveres exumados, preferencialmente de parentes; na Alsácia, cozidos de morcegos; na Inglaterra, mais delicadamente, rosbife e cerveja. Mas essas belas distinções de dieta faziam pouca diferença: o alimento, todos concordavam, era frio e sem gosto, e um ingrediente necessário, o sal, por alguma razão demonológica misteriosa, nunca era admitido.

Tais eram o sabá das bruxas, a orgia coletiva e a adoração religiosa em comum da nova religião diabólica. Nos intervalos entre esses atos de devoção pública, as velhas senhoras tinham, naturalmente, bons trabalhos para fazer em casa. Ocupavam-se em amamentar espíritos familiares sob a forma de fuinhas, toupeiras, morcegos, sapos ou outras criaturas semelhantes; em tramar a morte de seus vizinhos ou dos porcos de seus vizinhos; em desencadear tempestades, causando desgraças ou impotência em recém-casados; e como penhor de sua servidão estavam constantemente tendo relações sexuais com o Diabo, que aparecia (já que ele abomina o vício não-natural)[8] para as bruxas como um *incubus,* para os bruxos como um *succubus.*

O que Gibbon chamou de "casta severidade dos Padres" foi muito atormentado por esse último assunto, e nenhum detalhe escapava a seu erudito exame. Como amante, definiam eles, o Diabo era de "frieza gelada" ao toque; seu abraço não dava prazer — pelo contrário, somente dor; e certos pontos faltavam em seu equipamento. Mas não havia frigidez no sentido técnico: suas atenções eram de solidez formidável, até mesmo opressivas. Alguns médicos aceitavam que ele podia engravidar as bruxas (como, perguntavam os teólogos católicos, se poderia explicar de outro modo o nascimento de Lutero?), mas alguns negavam isso, e outros insistiam em que somente certas criaturas semelhantes a vermes, conhecidas na Alemanha como *Elben,* podiam provir dessas uniões. Além do mais, havia dúvida considerável sobre se o poder de geração do Diabo era dele mesmo, como um especialista franciscano defendia ("sob correção de nossa Sagrada Mãe Igreja"), ou se ele, sendo neutro, atuava com matéria emprestada. Um importante aspecto da teologia estava envolvido aqui, e grande erudição empenhada foi gasta com ele em solidões enclausuradas. Alguns importantes teólogos

---

[8] Exceto, aparentemente, na Alsácia. Ver R. Reuss, *L'Alsace au 17e siècle* (Paris 1898), II, 106. Em outras partes, "a nobreza de sua natureza" o repudia (Lea, *Materials,* p. 161, 380).

conjecturavam que o Diabo se equipava espremendo os órgãos dos mortos. Essa visão foi adotada (entre outras) por nosso rei James.[9] Outros especialistas apresentavam outras teorias, mais profundas do que apropriadas. Mas, no todo, a Sagrada Mãe Igreja seguiu a orientação magistral do Doutor Angélico, Santo Tomás de Aquino, que, depois de Santo Agostinho, deve ser considerado o segundo fundador da ciência demonológica. Segundo ele, o Diabo só podia descarregar como *incubus* o que havia previamente absorvido como *succubus*. Ele, portanto, agilmente alternava entre essas posturas... Às vezes as fantasias intelectuais do clero parecem mais estranhas do que os delírios psicopáticos do hospício a partir do qual, com muita freqüência, foram imaginados.

Essas eram as bruxas humanas, a quinta coluna de Satã na terra, seus agentes na linha de frente na luta pelo controle do mundo espiritual. Ao longo do século XVI e em grande parte do século XVII os homens acreditavam na realidade dessa luta. Os leigos podiam não aceitar todos os detalhes esotéricos fornecidos pelos especialistas, mas aceitavam a verdade geral da teoria, e porque aceitavam sua verdade geral, eram incapazes de argumentar contra seus intérpretes mais cultos. Assim os especialistas efetivamente comandavam o campo. Por dois séculos o clero pregou contra as bruxas, e os homens da lei as sentenciaram. Ano após ano livros e sermões inflamados advertiam o público cristão contra o perigo, instavam o magistrado cristão a maior vigilância, maior perseguição. Os confessores e juízes eram supridos de manuais que incorporavam a última informação; os ódios das aldeias eram explorados a fim

---

[9] James VI, *Demonologie, in form of a dialogue...* (Edinburgh, 1597), p. 66 s.

de garantir a exposição; a tortura era usada para extrair e expandir confissões, e juízes lenientes eram denunciados como inimigos do povo de Deus, entorpecidos guardiães da cidadela sitiada. Talvez esses "padroeiros das bruxas" fossem também bruxos. Na hora do perigo, quando quase parecia que Satã estava para tomar o mundo, descobria-se que seus agentes estavam por toda parte, até mesmo nas cadeiras dos juízes, na cátedras universitárias e nos tronos reais.

Mas essa campanha contra as bruxas de fato reduziu seu número? De modo algum. Quanto mais ferozmente eram perseguidas, mais numerosas pareciam se tornar. No começo do século XVII os doutores em bruxas se tornaram histéricos. Seus manuais se tornaram enciclopédicos no tamanho, dementes no pedantismo. Pediam, e às vezes conseguiam, expurgos por atacado. Em 1630 a carnificina quebrou todos os recordes anteriores. Tornou-se um holocausto em que legisladores, juízes e clero se juntavam a velhas no poste da fogueira. Isso, pelo menos, se nada mais, deve ter imposto uma reavaliação angustiada.

E de fato, foi na esteira do maior de todos os expurgos — talvez em reação violenta depois dele — que a solidez dos caçadores de bruxas começou a ceder. Em meados do século XVII — na década de 1650 — o ceticismo, ineficaz até então, começa por fim a irromper. Imperceptivelmente toda a base da mania começa a se desfazer, tanto nos países católicos quanto nos protestantes. Na década de 1680, a batalha está efetivamente ganha, pelo menos no Ocidente. Os antigos hábitos de pensar podem sobreviver; haverá bolsões de resistência aqui e ali, recorrência de perseguição de vez em quando, mas de algum modo a força vital está esgotada. Embora a discussão possa prosseguir, os julgamentos e a queima de bruxas tornaram-se mais uma vez meros episódios esporádicos, como eram antes do Renascimento. O refugo da mente humana, que por dois séculos, por algum processo de alquimia intelectual e pressão social, tinha se fundido em um sistema coerente e explosivo, desintegrou-se. É de novo refugo.

Como explicaremos esse extraordinário episódio da história européia? No século XVIII, quando os homens do Iluminismo olhavam para essa loucura da "última época", viam-na apenas como evidência da "superstição" de que recentemente se tinham emancipado, e os historiadores do século XIX, que a abordavam com um espírito científico, mais isento, interpretavam seu material mais abundante nos mesmo termos gerais. Para o alemão Wilhelm Gottlieb Soldan,[10] o primeiro historiador da mania, o culto às bruxas era um legado da antigüidade greco-romana, naturalmente desenvolvido, artificialmente preservado. Para ele, como para o inglês W. E. H. Lecky, sua gradual conquista foi um aspecto da ascensão do "racionalismo" na Europa.[11] Para o americano Andrew Dickson White foi uma campanha na "guerra da ciência com a teologia".[12] Mas nenhum desses estudiosos procurou explicar por

---

[10] W. G. Soldan, *Geschichte der Hexenprozesse* (Stuttgart, 1843). O trabalho pioneiro de Soldan foi republicado duas vezes, a cada vez com acréscimos e revisões substanciais: primeiro de seu genro Heinrich Heppe em 1879; depois, sob o duplo nome de Soldan-Heppe, por Max Bauer em 1911. As diferenças entre a primeira e a última edição são tão grandes que neste ensaio sempre as distinguirei, citando o trabalho original como Soldan e a última edição como Soldan-Heppe.

[11] W. E. H. Lecky, *History of the Rise and Influence of the Spirit of Rationalism in Europe* (1865). Minhas referências a essa obra serão feitas à edição de 1900.

[12] A. D. White, *A History of the Warfare of Science with Theology in Christendom* (New York, 1897).

que os séculos da Renascença e da Reforma eram tão menos "racionais", menos "científicos" do que a Idade das Trevas e o início da Idade Média. Mesmo o mais profundo dos historiadores de bruxaria do século XIX, Joseph Hansen, o arquivista liberal e livre-pensador de Colônia, enfrentou pouco esse problema. Em dois importantes trabalhos,[13] ele coligiu uma massa de material documental e apresentou uma lúcida narrativa da "ascensão da grande mania de bruxas", mas, como visava apenas a documentar suas origens, concluiu seu trabalho uma vez que o levou para o início do século XVI, quando "o sistema da nova mania de bruxa adquirira sua forma final".[14] O fato de que, em sua forma final, a mania duraria por dois séculos, e os séculos da Renascença, Reforma e ciência experimental, deixou-o efetivamente perplexo. Ele sugeriu que a explicação estava na sobrevivência do "espírito medieval". Essa resposta, diz o moderno historiador da magia, é "inconvincente".[15] Mas sua própria explicação é mais convincente? A mania de bruxas, diz Lynn Thorndike (fazendo eco a Michelet[16]), cresceu naturalmente a partir da miséria do século XIV, esse século da Morte Negra e da Guerra dos Cem Anos. Esses desastres sem dúvida ajudaram, mas não explicam. Como Hansen já observara, a mania ganhou forças antes que eles tivessem início, e continuou,

---

[13] Joseph Hansen, *Quellen und Untersuchungen zur Geschichte des Hexenwahns und der Hexenverfolgung im Mittelalter* (Bonn, 1901); *Zauberwahn, Inquisition und Hexenprozess im Mittelalter* (Munique, 1900); a seguir citados como *Quellen* e *Zauberwahn*, respectivamente.
[14] Hansen, *Zauberwahn*, p. 473.
[15] Lynn Thorndike, in *Cambridge Medieval History*, VIII, xxii, 686-87.
[16] Jules Michelet, *La Sorcière* (Paris, 1862). Minhas referências são à edição Garnier-Flammarion, 1966.

em sua "forma final", por dois séculos depois de ambos terem terminado: dois séculos não de miséria, mas de recuperação e expansão européias.

Enquanto Hansen estava escrevendo sobre a mania de bruxas na Alemanha, outro grande historiador estava pensando sobre ela na América. Em sua juventude, H. C. Lea iniciara um trabalho sobre "o controle assumido pelo homem sobre as forças espirituais", em que esperava lidar com toda a questão da bruxaria no mundo, mas a doença interrompeu-o, e ele a seguir desviou-se para o que descreveu como o "desvio" de "um divertimento mais simples e menos mentalmente cansativo". Em outras palavras, escreveu seus dois monumentais trabalhos sobre a Inquisição medieval e espanhola.[17] Mas a Inquisição não pode ser divorciada do tema da bruxaria, e em ambos os trabalhos Lea se viu diante dele. Em sua história da Inquisição medieval, mostrou a gradual mistura de bruxaria e heresia, e em seus estudos espanhóis mostrou que na Espanha, "graças ao bom senso da Inquisição", a mania de bruxas "era muito menos terrível do que no resto da Europa". Somente aos 81 anos Lea voltou a seu tema original. Coligiu, anotou e organizou uma vasta massa de material cobrindo toda a história da bruxaria na cristandade; mas quando morreu, o livro propriamente dito não estava escrito. Seu material, no entanto, foi organizado e publicado,[18] e sua interpretação é clara a partir de suas notas, tanto quanto a partir de seus primeiros trabalhos.

---

[17] H. C. Lea, *The History of the Inquisition in the Middle Ages* (London e New York, 1888); *The History of the Inquisition in Spain* (New York, 1906).
[18] Ver anteriormente, p. 147.

Lea é um dos maiores historiadores liberais. É inconcebível que seu trabalho sobre a Inquisição, como uma narrativa objetiva do fato, seja algum dia substituído. Sua solidez tem resistido a toda crítica partidária. Sua "História da Bruxaria", caso tivesse sido escrita, sem dúvida teria permanecido com a mesma firmeza. Todavia, como intérpretes de história social, mesmo os maiores historiadores liberais do século XIX agora parecem datados. Sua filosofia foi formada nos felizes anos antes de 1914, quando os homens podiam olhar em retrospecto para o progresso contínuo, desde o século XVII, da "razão", tolerância, humanidade, e ver o constante progresso social como efeito do constante progresso das idéias liberais. Com esse pano de fundo, era natural ver a mania de bruxas do passado — ou a perseguição aos mouros e judeus, ou o uso da tortura, ou a censura a livros — como resíduo de mero obscurantismo que o iluminismo crescente tinha aos poucos rejeitado, e que nunca iria retornar.

Infelizmente, vimo-los retornar. Com a vantagem do conhecimento posterior, olhamos para trás e vemos que, enquanto os historiadores liberais estavam escrevendo, sua filosofia olímpica estava sendo ameaçada por debaixo. Foi na década de 1890 que os fundamentos intelectuais de uma nova mania de bruxas estava se instalando. Foi então que os *Protocolos dos Sábios de Sião* foram forjados na França e a grotesca mitologia do anti-semitismo foi usada para inspirar os *pogroms* da Europa oriental. Para os liberais da época, essa nova forma de superstição era desprezível. No máximo, era uma sobrevivência retardatária da superstição passada. Nós, que vimos suas grandes e horríveis conseqüências, não podemos aceitar essa explicação tão confortável. Diante da recrudescência, mesmo nas sociedades civilizadas, de fantasias bárbaras, de modo algum

Hugh Trevor-Roper

menos bizarras e muito mais criminosas do que a mania de bruxas, temos sido forçados a pensar de novo e, pensando, a depreciar o poder do simples pensamento. Mesmo a história intelectual — agora admitimos — é relativa e não pode ser dissociada do contexto social mais amplo com que está em constante interação.

Assim sendo, estamos preparados para admitir, como nossos ancestrais não estavam, que as estruturas mentais diferem das estruturas sociais, que a "superstição" de uma época pode ser o "racionalismo" de outra e que a explicação de mudança intelectual pode ter de ser buscada fora da história puramente intelectual. Não podemos ver a longa persistência e mesmo o agravamento da mania de bruxas simplesmente como um efeito necessário do domínio clerical, ou sua dissolução como a conseqüência lógica da libertação em relação ao fundamentalismo religioso. Portanto, podemos ser perdoados por examinar todo esse episódio — cujos fatos básicos, graças ao trabalho de nossos predecessores, não estão em discussão — com olhos diferentes dos deles. Eles viam, através de todos os séculos, um diálogo contínuo entre a superstição, cuja forma constantemente variava, e a razão, que era sempre a mesma. Concordamos com um dos mais perceptivos e filosóficos historiadores franceses modernos, segundo o qual a mentalidade de uma época não está necessariamente sujeita às mesmas regras que a mentalidade de outra, que "dans sa structure profonde, la mentalité des hommes les plus éclairés de la fin du XVIe siècle, du début du XVIIe siècle, ait différé, et radicalement, de la mentalité des hommes les plus éclairés de notre temps".[19]

---

[19] L. Fèbvre, "Sorcellerie: sottise ou révolution mentale", in *Annales: économies, sociétés, civilisation*, 1948, p. 14.

II

Quando Hansen escreveu que o sistema da nova mania de bruxas tinha alcançado sua forma final na década de 1480, estava se referindo aos dois documentos dessa década a partir dos quais a mania de bruxas européia centralizada, na medida em que diferenciada de eclosões locais espasmódicas, pode ser datada. O primeiro deles é a bula papal *Summis Desiderantes Affectibus*, lançada pelo papa Inocêncio VIII em dezembro de 1484, deplorando a difusão da bruxaria na Alemanha e autorizando seus amados filhos, os inquisidores dominicanos Heinrich Krämer (Institor) e Jakob Sprenger, a extirpá-la. O segundo é a primeira grande enciclopédia impressa de demonologia, o *Malleus Maleficarum*, "o Martelo das Feiticeiras", publicado pelos mesmos inquisidores dois anos depois, em 1486. A relação entre esses documentos é perfeitamente clara: eles complementam um ao outro. A bula papal fora solicitada pelos inquisidores, que desejavam apoio em sua tentativa de desencadear a caça às bruxas na Renânia. Na medida em que a obtiveram, imprimiram-na em seu livro, como se este tivesse sido escrito em reação à bula. O livro assim anunciava para toda a Europa tanto a nova epidemia de bruxaria quanto a autoridade que fora conferida a eles para suprimi-la.

A importância da bula papal de 1484 é incontestável. Apologistas do papado protestaram que ela não provocou mudança: era apenas um documento de rotina que autorizava os dominicanos a continuar fazendo o que já estavam fazendo, e dizia a outras autoridades — bispos e poderes seculares — para não obstruírem seu trabalho.[20]

---

[20] Esse é o argumento de Ludwig Pastor, *History of the Popes*, V, 2ª ed. inglesa (1901), p. 347.

Sem dúvida ela fez isso, mas também fez algo mais, que era novo. O que os dominicanos vinham fazendo até então era local. Perseguiam e queimavam bruxas localmente. A partir de então foi dado, ou estava implícito, um mandato geral. E o *Malleus*, que é inseparável da bula, deu força e substância a esse mandato. Primeiro, por seu conteúdo, ao reunir todas as curiosidades e crendices dos camponeses alpinos e seus confessores, estabeleceu uma base sólida para a nova mitologia. Em segundo lugar, por sua circulação universal, levou essa mitologia, como uma verdade reconhecida pela Igreja, a toda a cristandade. Finalmente, o *Malleus* explicitamente pedia a outras autoridades, leigas e seculares, não apenas para não obstruírem, mas seguramente para auxiliarem os inquisidores em sua tarefa de extermínio das bruxas. A partir de então, a perseguição, que fora esporádica, tornava-se geral — pelo menos em teoria —, e as autoridades seculares eram incentivadas a usar os métodos e a mitologia da Inquisição. Roma falara.

Por que Roma falou? Por que Inocêncio VIII, esse humanista mundano, patrono de Mantegna e Pinturicchio, Perugino e Filippino Lippi, rendeu-se a esses fanáticos frades dominicanos? A resposta, obviamente, não deve ser buscada em sua personalidade. Deve ser buscada antes nas circunstâncias: na situação histórica a partir da qual as crenças nas bruxas surgiram e na guerra que os inquisidores dominicanos há muito travavam contra elas. Essa questão leva-nos de imediato a uma área particular, a área em que essas crenças sempre foram endêmicas e em que, por dois séculos, já tinham sido perseguidas: as áreas montanhosas da Europa católica, os Alpes e os Pirineus.

A origem montanhosa da mania de bruxas está hoje estabelecida. Assim como também estão as circunstâncias em que foi formulada, e em que os dominicanos vieram a ser seus grandes adversários. Essas circunstâncias levam-nos de volta à própria fundação da ordem, na luta entre a Igreja Católica e os heréticos do século XII, os albigenses do Languedoc e os valdenses dos Alpes. Foi para combater esses heréticos que a Inquisição e a ordem dominicana foram criadas, e foi no curso dessa "cruzada" que os inquisidores descobriram, sob as formas de uma heresia, os rudimentos (como eles pensavam) de outra. A partir de uma data remota, portanto, insistiam com o papa para que lhes concedesse jurisdição sobre a bruxaria assim como sobre a heresia teológica reconhecida. Para os dominicanos as duas formas de erro eram inseparáveis: um continuava o outro, e a perseguição não devia cessar quando o erro formal tivesse submergido. Podiam ainda reconhecê-lo por seu cheiro. Assim, embora a forma parecesse mudar, os antigos nomes persistiam. No século XV ouvimos falar pouco sobre os valdenses ou cátaros como termos teológicos: esses erros foram extintos, pelo menos por um tempo. Mas nos Alpes, no Lyonnais e em Flandres, as bruxas são conhecidas como *Waudenses*, e suas reuniões, como *Valdesia* ou *Vauderye*, e nos Pirineus são referidas como *Gazarii* ou "cátaros".[21]

Quando os dominicanos pressionaram pelo poder inquisitorial sobre a bruxaria, o papado inicialmente resistiu. Os antigos cânones da Igreja, e particularmente o *canon Episcopi*, negavam a realidade das bruxas e proibiam sua perseguição. Portanto, em 1257, o papa Alexandre IV tinha recusado esses pedidos, a menos que heresia manifesta, não simplesmente bruxaria, pudesse ser provada. Mas,

---

[21] Para exemplos do uso do termo *Vauderye*, ver em especial Hansen, *Quellen*, p. 408-15; *Zauberwahn*, p. 409-18. Para os *Gazarii*, ver *Quellen*, p. 118, p. 232.

pouco a pouco, sob constante pressão, o papado cedeu. A grande rendição fora a dos papas franceses de Avignon, e particularmente dos dois papas do sul da França, João XXII e seu sucessor Bento XII, que já tinham, como bispos no Languedoc, travado guerra contra a não-conformidade nas antigas áreas de albigenses e de valdenses. João XXII, que declarou herética a doutrina franciscana da pobreza de Cristo (tão perigosamente próxima das antigas idéias dos valdenses), também autorizou, por sua constituição *Super illius specula* de 1326, o uso pleno do procedimento inquisitorial contra bruxas, em relação às quais ele vivia em terror pessoal. Durante o próximo século e meio — até a Bula das Bruxas de Inocêncio VIII, e mesmo depois —, o principal esforço dos inquisidores (embora houvesse alguns espetaculares julgamentos "políticos" de bruxas na França, na Borgonha e na Inglaterra) dirigira-se contra as bruxas dos Alpes e dos Pirineus.

De início, a campanha foi mais vigorosa nos Pirineus. A partir do papado de João XXII, em todo o antigo território albigense eram realizados julgamentos de bruxas, mas logo se espalharam também pelos Alpes. A realização do Concílio da Igreja na Basiléia, em 1435-1437, deu uma grande oportunidade para os caçadores locais de bruxas, e foi nesses anos que um zeloso inquisidor, Jean Nider, escreveu o que foi chamado de "primeiro ensaio popular sobre bruxas".[22] Chamava-se *Formicarius*, "o formigueiro", e se baseava principalmente em confissões de bruxas suíças coligidas por um magistrado suíço, Pedro de Berna. O *Formicarius* pode ser

---

[22] G. L. Burr, "The Literature of Witchcraft", in *George Lincoln Burr: his Life and Selections from his Writings* (Ithaca, N.Y., 1943), p. 166. Esse volume será a seguir citado como Burr, *Life*.

considerado um pequeno *Malleus*, e teve efeito similar em um campo mais restrito. As instruções papais eram enviadas para os inquisidores de bruxas a fim de redobrar seu zelo, e em 1440 o deposto papa Eugênio IV aproveitou a oportunidade para denunciar seu rival, "esse filho mais velho de Satã, Amadeu, duque de Savóia" — ou seja, o bem-sucedido antipapa Félix V — como tendo ele próprio se entregado às bruxas "ou valdenses" que abundam em sua terra.[23] Nos cem anos seguintes, alguns inquisidores famosos estavam ocupados nos vales alpinos — Bernardo de Como, Jerônimo Visconti, Bartolomeu Spina. Em 1485, segundo o *Malleus*, o inquisidor Como queimou 41 bruxas, tendo todas elas confessado relações sexuais com *incubi*, e mesmo assim a prática estava em crescimento. Esse foi o momento em que a Bula das Bruxas e o *Malleus* foram publicados.

Nesse ínterim, os inquisidores dos Pirineus, depois de uma calmaria temporária, tinham retomado suas atividades. Em 1450, eles também produziram um pequeno *Malleus*. Este era um tratado de Jean Vineti, inquisidor dominicano de Carcassonne: ao que parece, a primeira obra a declarar que a bruxaria era uma nova heresia, sem conexão com as antigas crenças rurais que a Igreja do passado tinha tolerado. Essa separação entre a nova bruxaria e a antiga era um ponto de grande importância técnica. De fato, podemos dizer que deu à mania de bruxas seu alvará, pois permitia aos inquisidores contornar o maior obstáculo no caminho da perseguição às bruxas: o *canon Episcopi*.[24] Mais ou menos na mesma época, crenças

---

[23] Hansen, *Quellen*, p. 18.
[24] Para o *Tractatus contra Daemonum Invocatores*, de Vineti, ver Lea, *Materials*, p. 272.

em bruxas difundiram-se pelas encostas espanholas dos Pirineus, e o reino de Castela foi convidado a agir contra elas.[25]

Assim, na época em que os autores do *Malleus* conseguiram a bênção do papa Inocêncio VIII, a mania já estava em ação por cerca de dois séculos nas áreas montanhosas, antigos núcleos de heresia e centros de perseguição inquisitorial. Os dois autores do *Malleus*, os solicitantes da bula, eram eles próprios nativos das regiões alpinas, e todos os seus exemplos e casos são provenientes da alta Alemanha. O mais atuante dos dois foi Krämer, que era inquisidor no Tirol; ele a seguir tornou-se inquisidor na Boêmia e na Morávia, onde atuou vigorosamente contra os "valdenses" da Boêmia, bem como contra bruxas.[26]

Os Alpes e os Pirineus, o berço original da mania de bruxas, permaneceriam por muito tempo como sua base. Bruxas isoladas, naturalmente, podiam ser encontradas em qualquer lugar, e em certas circunstâncias podiam infectar áreas inteiras: pois as antigas superstições não-organizadas do campo sempre estavam presentes, sempre prontas a serem inflamadas. Sociedades rurais isoladas em qualquer parte — nas tristes planícies das Landes na França, ou de Essex na Inglaterra, ou na arenosa planície do norte da Alemanha — sempre estariam sujeitas a crenças em bruxas. Perturbações psicopáticas, que facilmente seriam racionalizadas como bruxaria, independem de geografia. Inquisidores individualmente também descobririam ou criariam crenças em qualquer área em que viessem

---

[25] Julio Caro Baroja, *Las brujas y su mundo*, Madri, 1961 (trad. inglesa N. Glendinning, *The World of the Witches*, 1964, p. 103, 143-45).
[26] Para a história do *Malleus* e seus autores, ver Hansen, *Quellen*, p. 360-407, *Zauberwahn*, p. 473 s.

a atuar: Krämer e Sprenger teriam muitos equivalentes entre o clero protestante — e entre os leigos também, como Matthew Hopkins, o famoso "general descobridor de bruxas" da guerra civil inglesa. Mas esses são episódios secundários, extensões isoladas. Como fenômeno social contínuo, envolvendo não somente indivíduos mas sociedades inteiras, a mania de bruxas seria sempre associada particularmente com as terras altas. As grandes caçadas européias de bruxas se centrariam nos Alpes e seus contrafortes, no Jura e nos Vosges, e nos Pirineus e suas extensões na França e na Espanha. Suíça, Franche-Comté, Savóia, Alsácia, Lorena, Valtelline, Tirol, Baviera e os bispados italianos do norte de Milão, Bréscia e Bérgamo; Béarn, Navarra e Catalunha: esses seriam os centros básicos. Aí a nova heresia fora descoberta, e daí ela se generalizaria. A partir das fantasias de camponeses das montanhas, os dominicanos elaboraram sua demonologia sistemática e capacitaram ou compeliram os papas da Renascença a denunciar uma nova heresia na Europa. As lideranças das antigas heresias de albigenses e valdenses estavam brotando de novo.

Essa prevalência de bruxaria, e de ilusões que podem ser interpretadas como bruxaria, em áreas montanhosas tem sem dúvida uma explicação física. A pobreza rural, como observou Michelet, naturalmente leva os homens a invocar os espíritos de vingança.[27] O ar leve das montanhas alimenta alucinações, e os fenômenos exagerados da natureza — as tempestades elétricas, as avalanches, a quebra e queda do gelo das montanhas — facilmente levam os homens a

---

[27] "D'où date la sorcière? Je dis sans hésiter, des temps du désespoir". Jules Michelet, *La Sorcière*, Introduction.

acreditar em atividade demoníaca.[28] Mas essas explicações, em si mesmas, não são suficientes. A pobreza rural, afinal, foi um lugar-comum de todos os séculos. Assim, sem dúvida, eram algumas das crenças que ela engendra. As superstições da montanha são apenas exageros das superstições da planície. Por que então, perguntamos, os dominicanos travavam tal guerra contra elas? Por que insistiam em vê-las como algo diferente das superstições que, na planície, a Igreja por tanto tempo tolerara ou ignorara? Qual era a diferença subjacente e permanente que os dominicanos racionalizavam como camadas sucessivas de "heresia"?

Às vezes, sem dúvida, havia uma diferença de raça. Os bascos, por exemplo, eram racialmente distintos dos alemães latinizados — os francos e visigodos — em torno deles. Mas diferença de raça, embora possa acentuar outras diferenças, não é em si decisiva. É somente quando corresponde a diferença de organização social que surge conflito ou incompatibilidade; e então é a diferença social que decide. Na Idade Média, os homens das montanhas diferiam dos homens das planícies em organização social, e portanto também diferiam nos costumes e nos padrões de crença que se desenvolvem a partir de organização social e, no correr dos séculos, consagram-na. As deles eram, por assim dizer, civilizações diferentes.

A civilização medieval, a civilização "feudal", era uma civilização das planícies, ou pelo menos das terras cultivadas que podiam sustentar o domínio feudal e sua organização. Nas áreas montanhosas pobres, pastoris e individualistas, esse "feudalismo" nunca se tinha instalado plenamente. Às vezes o próprio cristianismo mal

---

[28] Cf. Hansen, *Zauberwahn*, p. 400-402; Lea, *Materials*, p. 245.

tinha penetrado ali, ou pelo menos não se tinha mantido de forma comparável. Os missionários podiam ter levado o Evangelho até as montanhas, mas uma Igreja instalada nunca o tinha institucionalizado, e nessas sociedades fechadas uma ortodoxia levemente enraizada era facilmente transformada em heresia ou mesmo infidelidade. Fernand Braudel, em seu incomparável trabalho sobre o Mediterrâneo, comentou, breve mas brilhantemente, esse fato. Apontou para sociedades montanhosas isoladas há muito intocadas, ou apenas superficialmente tocadas, pela religião do Estado e facilmente — ainda que superficialmente — convertidas à heresia dos novos evangelistas ou à religião de um súbito conquistador. A conversão das montanhas ao cristianismo — ou, quanto a isso, ao Islã — (escreve ele) estava longe de ser completa no século XVI; e ele se refere aos berberes das montanhas Atlas e aos curdos das terras altas na Ásia, tão lentamente conquistadas para Maomé, "enquanto as terras altas da Espanha preservarão a religião do profeta na Espanha cristã e os Alpes selvagens do Lubéron protegerão a fé remanescente dos valdenses".[29]

As montanhas, então, são o lar não somente da feitiçaria e da bruxaria, mas também de formas religiosas primitivas e de resistência a novas ortodoxias. Repetidas vezes têm de ser reconquistadas para a religião sã, pois os missionários vão e vêm, e a Igreja estabelecida não se enraíza facilmente nesse solo pobre. Vemos isso na Inglaterra, onde o norte e o oeste, "as áreas escuras do reino", teriam de ser reevangelizados pelos missionários puritanos um século depois da Reforma, e na Escócia, onde as Terras Altas recairiam no "paga-

---

[29] Fernand Braudel, *La Méditerranée et le monde méditerranéen à l'époque de Philippe II* (Paris, 1949), p. 12-15.

nismo" e necessitariam ser recuperadas por um novo movimento puritano no século XVIII. O que aconteceria na Bretanha depois da Reforma ocorrera na Europa antes. Os dominicanos eram os evangelistas dos "cantos escuros" da Europa onde a Igreja católica não estava permanentemente estabelecida. Como tal, levaram o evangelho da Europa cristã feudal para as sociedades não-feudais, meio cristãs, das montanhas, e inevitavelmente, nesse mundo diferente, viram que seu sucesso era transitório: que antigos hábitos de pensamento se reafirmavam, que a incompatibilidade social se revestia de heresia religiosa, e que quando a heresia formal fora silenciada ou queimada, a mesma incompatibilidade fundamental assumia, ou parecia assumir, outra forma. A antiga superstição rural, que parecera inofensiva o suficiente nos interstícios da sociedade conhecida, assumia caráter mais perigoso quando era descoberta, de forma estranha, exagerada, entre os "heréticos" mal dominados das terras altas. Graças a esse hiato social, essa incapacidade de assimilação social, a bruxaria se tornava heresia.

Uma vez que a perseguição da heresia é vista como intolerância social, a diferença intelectual entre uma heresia e outra se torna menos significativa. Inocêncio VIII era o perseguidor dos hussitas boêmios e dos "valdenses" alpinos, bem como de bruxas, assim como João XXII perseguira Fraticelli bem como bruxas. A perseguição social é invisível, ou pelo menos não se detém nas meras fronteiras intelectuais. Mas, se quisermos ver esse ponto mais vigorosamente ilustrado, é útil passar de uma forma de Inquisição para outra. Apenas quatro anos antes de o papa Inocêncio VIII, um humanista mundano, ceder aos dominicanos alemães e lançar sua bula contra as bruxas da Alemanha, seu predecessor, o papa

Sixto IV, ainda mais mundanamente humanista, tinha cedido aos dominicanos espanhóis e aprovado a nova Inquisição na Espanha. É difícil separar inteiramente esses dois gestos, tão próximos no tempo, tão semelhantes em conseqüência, tão distintos em lugar e circunstância; e de fato, ao olhá-los juntos, podemos ser capazes de lançar alguma luz sobre ambos.

A Inquisição espanhola, como a Inquisição medieval, foi aparentemente estabelecida para lidar com a heresia formal, e portanto nem os judeus nem os mouros da Espanha, na época de sua criação, estavam sujeitos a ela. A heresia é um crime de cristãos: os judeus e mouros eram então "incréus". Mas aos poucos judeus e mouros foram ficando sob o controle desse órgão de conformidade social, assim como as bruxas tinham sido postas sob o controle da Inquisição medieval. As bruxas tinham sido postas sob esse controle pelo artifício de uma definição ampliada de heresia; os judeus e mouros foram postos sob o controle dos Inquisidores espanhóis por meio da conversão compulsória ao cristianismo. Em ambos os casos, o mecanismo de perseguição foi estabelecido antes de suas futuras vítimas estarem legalmente sujeitas a ele. Em ambos os casos, uma vez legalmente sujeitas a ele, o pretexto original de sua sujeição era esquecido. Tanto bruxas quanto judeus convertidos eram primeiro submetidos à Inquisição como heréticos, mas logo ambos estavam sendo queimados sem referência a idéias, as primeiras como bruxas, os últimos como judeus.

Além do mais, em ambos os casos os perseguidores eram os mesmos. Foram os dominicanos que, desde o início, tinham perseguido as bruxas nos Alpes e nos Pirineus. Foram os dominicanos também que, com alguma ajuda dos franciscanos, se constituíram nos grandes perseguidores dos judeus. Esta também fora, de início, uma perseguição esporádica. Fora desencadeada na Alemanha durante a Morte Negra, quando os judeus, acusados de envenenar os poços, foram queimados às centenas por multidões furiosas e pequenos magistrados. Fora desencadeada na Itália, onde o rígido franciscano São Bernardino de Siena inflamara as multidões contra os usurários crucificadores de Cristo. A partir de 1391, *pogroms* foram constantes na Espanha, onde o demagogo catalão, o franciscano São Vicente Ferrer, se comparava nos feitos a São Bernardino na Itália. A criação da Inquisição na Espanha foi um triunfo dos dominicanos espanhóis, a expulsão dos judeus não-convertidos (que deixou o resto deles sujeito à Inquisição), um triunfo do cardeal franciscano Ximénez. Ambas essas campanhas podem ser vistas como parte de uma cruzada evangélica geral dos frades. Essa cruzada culminaria, no reinado do sucessor de Inocêncio VIII, Alexandre VI, com o ataque ao próprio papado "pagão" pelo frade dominicano Savonarola.

A similaridade entre a perseguição aos judeus e a perseguição às bruxas, que alcançaram seu clímax em diferentes lugares ao mesmo tempo, sugere ainda uma vez que a pressão por trás era social. A bruxa e o judeu representavam não-conformidade social. De início, ambos são perseguidos esporadicamente, sem a apresentação de muitas razões, pois a bruxa não é condenada pela antiga lei da Igreja, e o judeu, na condição de incréu, está fora dela. Então são concebidas bases legais para perseguir a ambos: a primeira por uma redefinição de termos, o último, pelo batismo forçado, tornam-se suscetíveis de uma acusação de heresia. Por fim, quando essa acusação não é mais adequada, não é mais usada. A bruxa, como veremos, é perseguida simplesmente por "ser uma bruxa"; o judeu, por "ser um judeu", por razões não de crença mas de sangue, por defeito de *limpieza de sangre*. Assim, as razões variam, mas a perseguição continua: evidência clara de que a razão verdadeira é mais profunda do que a razão apresentada.

Além do mais, às vezes parece que esses dois tipos de não-conformidade social são intercambiáveis. Em seus períodos de introversão e intolerância, a sociedade cristã, como qualquer sociedade, busca bodes expiatórios. O judeu ou a bruxa servirão, mas a sociedade se decidirá pelo mais próximo. Os dominicanos, uma ordem internacional, odeia a ambos, mas, enquanto nos Alpes e nos Pirineus perseguem bruxas, na Espanha concentram-se nos judeus. Não é que não haja bruxas na Espanha. Os Pirineus, afinal, são tão espanhóis quanto franceses, e nos séculos XIV e XV, quando a Inquisição romana atuava em Aragão, as bruxas do norte da Espanha constituíam muitas de suas vítimas. O mais antigo de todos os tratados gerais sobre bruxaria foi escrito em 1359 por um inquisidor-geral dominicano em Aragão,[30] e no século seguinte as bruxas espanholas — *bruxas* e *xorguinas* — deram tanto trabalho aos defensores da ortodoxia quanto os judeus espanhóis.[31] Numerosos trabalhos sobre demonologia foram produzidos na Espanha no século XV e início do XVI, e o conhecimento espanhol desses assuntos era exportado para outros

---

[30] Nicolas Eymeric, *Tractatus contra Daemonum Invocatores* (v. Lea, *The Inquisition in the Middle Ages*, II, 175).

[31] Ver, por exemplo, Hansen, *Quellen*, p. 71, 124, 238-39, 246-51. O franciscano espanhol Alonso de Espina, em seu *Fortalicium Fidei* (Nuremberg, 1494), denuncia judeus e bruxas (aos quais se refere por suas denominações em espanhol) com igual violência.

países.³² Mas, uma vez que a Inquisição se estabeleceu firmemente, a ordem local de prioridade se afirmou. Com judeus e mouros em suas mãos, os inquisidores tinham muito pouco tempo para bruxas, e assim ganharam resplandecentes tributos por sua "firmeza" e "equilibrada sabedoria" a esse respeito.³³

Na Alemanha, por outro lado, as prioridades são invertidas. Aí, fora das regiões alpinas, há pouca ou nenhuma perseguição a bruxas no século XIV e início do século XV, mas esses são os anos de terríveis *pogroms* antijudeus. Em 1450, os inquisidores começam a estender a caça às bruxas pelo Reno abaixo, e isso, naturalmente, é o propósito imediato do *Malleus*.³⁴ No século XVI, a bruxa aos poucos substitui o judeu, e no século XVII a inversão é quase completa. Se o bode expiatório da Morte Negra na Alemanha tinha sido o judeu, o bode expiatório universal das guerras de religião será a bruxa. Havia exceções a essa generalização, naturalmente. O jurista de Rostock Dr. Gödelmann, por exemplo, no fim do século XVI, evidentemente odiava mais os judeus do que as bruxas sobre as quais ele explicitamente escreveu. Suspenderia suas manifestações liberais sobre as últimas a fim de expor seu ódio pelos primeiros: uma raça

---

³² Assim, no fim do século XVI, Juan Maldonado e Martín del Rio, ambos espanhóis, ensinavam demonologia na França e em Flandres, respectivamente, e em meados do século XVII os termos espanhóis *xurguminae* e *bruxae* são usados em uma obra publicada na Hungria (J. C. Mediomontanus, *Disputatio Theologica de Lamiis et Veneficis*, Grosswardein, 1656, citado em Lea, *Materials*, p. 1254).
³³ Lea, *History of the Inquisition in Spain*, IV, 217-18. Para casos de bruxaria na Espanha fora das províncias bascas, ver também Sebastián Estopañán, *Los procesos de hechicerías en la inquisición de Castilla la Nueva* (Madri, 1942) e a excelente introdução de Agustín Gonzales de Amezúa à sua edição de Cervantes, *El casamiento engañoso y el coloquio de los perros* (Madri, 1912).
³⁴ Soldan-Heppe, I, p. 229, 245-46.

blasfema, ímpia, justamente expulsa de seus domínios por muitos governantes cristãos.[35] Talvez ele estivesse apenas atrás no tempos. E realmente bons alemães (como Lutero) iriam conceber ódio por ambos: no fim do século XVI, o Eleitor católico de Trier e o duque protestante de Brunswick começariam a exterminar ambos. Mas em geral a ênfase recaía ou num ou noutro. Em nossa época, recaiu sobre os judeus.

Essa possibilidade de intercâmbio das vítimas, que sugere que tanto judeus quanto bruxas eram perseguidos mais como tipos de não-conformidade social do que por razões doutrinárias ou outras, pode ser ilustrada de muitos modos. Na Hungria medieval, por exemplo, as bruxas eram sentenciadas, por uma primeira infração, a ficar todo um dia em praça pública, usando um chapéu de judeu.[36] A bruxaria era uma das acusações com freqüência feitas contra os judeus. Mas o exemplo mais nítido de prioridades alternativas entre ambos grupos sociais é mostrado pelos acontecimentos em ambos os lados dos Pirineus nos anos entre 1609 e 1610.

Nesses anos, houve um súbito pânico de denúncia no antigo reino de Navarra, que anteriormente tinha se espalhado por sobre os Pireneus, mas que estava então dividido em duas partes, uma governada a partir de Paris, a outra a partir de Madri. O rei da França, Henrique IV, que era também rei de Navarra, em reação ao clamor dos nobres e síndicos do Pays de Labourd, encarregou o presidente do parlamento de Bordeaux e o conselheiro do parlamento, Pierre de l'Ancre, de tratarem do assunto. Em quatro

---

[35] J. G. Gödelmann, *de Magis, Veneficis et Lamiis... Libri III* (Frankfurt, 1591), p. 51-54.
[36] Lea, *Materials*, p. 1253.

meses, esses enérgicos funcionários, ambos católicos intolerantes, queimaram quase uma centena de bruxas, inclusive vários padres. Mas ao descrever seus triunfos a seguir, e ao denunciar as práticas que ele e seu colega tinham tão gloriosamente reprimido, De l'Ancre não se detém nas bruxas. Toda uma seção de sua obra é dedicada à denúncia de judeus: seus ritos e crenças absurdos e imorais, sua crueldade, sua cobiça, seu envenenamento dos poços cristãos, sua circuncisão obrigatória e o assassinato ritual de crianças cristãs. Os judeus, diz De l'Ancre, "por sua sujeira e mau cheiro, por seus sabás e sinagogas", são tão desagradáveis para Deus que ele não somente retirou deles sua graça e sua promessa: também os condenou a rastejar pelo mundo "como pobres serpentes", privados de todo tipo de profissão, dignidade ou emprego público. Os judeus, acrescenta ele, são comumente grandes mágicos: transformam-se em lobos à noite; não podem nunca ser convertidos em bons cristãos. Em outras palavras, comportam-se como bruxas.[37]

Assim, no reino de Navarra francês, o estereótipo do inimigo da sociedade é a bruxa, mas o judeu não é esquecido. Ele vem em segundo lugar, para pegar o resto da perseguição, ou pelo menos da denúncia. No lado espanhol dos Pirineus, a perseguição não é menor, mas a ordem de prioridade é invertida. Aí, nesse mesmo ano, 1609, a Inquisição alcançou um de seus maiores triunfos: a expulsão da Espanha, como heréticos não-assimiláveis, de toda a população moura. No ano seguinte, em 1610, a Inquisição em Navarra, onde não havia mouros, enfrentou suas tensões locais. Em um grande

---

[37] Pierre de l'Ancre, *L'Incrédulité et mescréance du sortilège pleinement convaincue* (Paris, 1622), p. 446-501.

auto-de-fé em Logroño, 53 pessoas foram apresentadas. Muitas delas eram judeus, mas não menos de 29 eram apresentadas como bruxas. Mas quando a Inquisição espanhola alcançou a categoria humilde das bruxas, seu apetite já tinha sido mitigado. Dessas 29, seis foram queimadas vivas; outras seis, tendo morrido na prisão, foram queimadas em efígie. As restantes 18, tendo confessado e se arrependido, foram poupadas. Como observa Lea, em qualquer outra jurisdição teriam sido queimadas. E mesmo essa sentença relativamente misericordiosa levou a uma comissão de inquérito que concluiu, de fato, que toda bruxaria era uma ilusão, de modo que as bruxas espanholas usufruíram a partir de então de uma imunidade ainda maior. Como escreveu Michelet, a Inquisição espanhola, "exterminatrice pour les hérétiques, cruelle pour les Maures et les Juifs, l'était bien moins pour les sorciers". Tendo escolhido suas vítimas em outra parte, podia permitir-se deixar de lado os desvios torpes, e até mesmo bestiais, dos pastores de cabras dos Pirineus.[38]

Assim, em 1609-10, como em 1478-84, a perseguição das bruxas pode ser vista como parte do mesmo processo que a perseguição dos judeus. Essa perseguição não era doutrinária: não se dava (independentemente de qualquer desculpa que possa ser dada) porque as vítimas eram "heréticas". Não foi desencadeada apenas pela decisão pessoal de um intolerante no trono papal. Nem Sixto IV nem Inocêncio VIII eram intolerantes — nem o eram Leão X e Clemente VII, os papas Médicis, que continuaram o processo. Assim como a Igreja estabelecida não era intolerante. Em geral a

---

[38] Lea, *History of the Inquisition in Spain*, IV, 225-39; Jules Michelet, *La Sorcière*, p. 172.

Igreja estabelecida se opunha à perseguição. Na década de 1480, as autoridades estabelecidas — bispos e clero secular, assim como príncipes e governos das cidades — não gostavam dela. Os autores do *Malleus* viram-se obstruídos pelo *establishment* eclesiástico na Alemanha e reduzidos a forjar a aprovação da Universidade de Colônia.[39] O arcebispo de Trier resistiu à bula, declarando que não havia bruxas em sua diocese.[40] (Um século depois seria muito diferente.) Mesmo quando a perseguição estava em plena atividade, a distinção ainda é perceptível. A Igreja galicana se oporia a ela na França,[41] a Igreja anglicana na Inglaterra,[42] a Igreja católica em sua sede, Roma.[43] A pressão em toda parte veio de um nível inferior, das ordens missionárias que atuavam entre o povo, na sensível fronteira social entre diferentes comunidades, seja no centro de uma sociedade multirracial, como na Espanha, seja em áreas de fronteira, as áreas de atividade missionária. Os papas podiam autorizar, mas o ritmo era dado pelos tribunos do povo, e os tribunos por sua vez reagiam à pressão popular, buscando um bode expiatório para a frustração social.

Pois nenhum governante nunca desenvolveu uma política de expulsão ou destruição por atacado sem a cooperação da sociedade. Pensar de outro modo, supor que um governante, ou mesmo um partido no Estado, pode assim eliminar parte do tecido vivo

---

[39] Ver o cuidadoso exame de Hansen (resumido em Lea, *Materials*, p. 337 s.).
[40] Soldan-Heppe, II, I.
[41] Lea, *Materials*, p. 1287.
[42] Ver adiante, p. 215-16.
[43] Praticamente não foram queimadas bruxas em Roma em todo o período da mania de bruxas. Ver Nikolaus Paulus, *Hexenwahn und Hexenprozess, vornehmlich im 16ten Jahrhundert* (Freiburg-im-Breisgau, 1910), p. 260 s.

da sociedade sem o consentimento da sociedade é desafiar a lição da história. Grandes massacres podem ser ordenados por tiranos, mas são impostos por povos. Sem o apoio social geral, os órgãos de isolamento e expulsão não podem nem ser criados. O ressentimento do *pueblo* espanhol, não a intolerância dos reis espanhóis, está por trás da criação da Inquisição espanhola. A sociedade espanhola aprovou a perseguição aos judeus e saudou a expulsão dos mouros. A sociedade francesa aplaudiu o massacre dos huguenotes em 1572 e sua expulsão em 1685. A sociedade alemã forneceu a Hitler os meios de destruir os judeus. A seguir, quando o estado de espírito mudou, ou quando a pressão social, graças a essa sangria, não existe mais, o povo anônimo escapole, deixando a responsabilidade pública para os pregadores, os teóricos e os governantes que pediram, justificaram e ordenaram o ato. Mas o historiador deve apresentar-lhe também sua parte da conta. Individualmente, essa parte pode ser infinitesimal, mas coletivamente é a maior de todas. Sem os tribunos do povo, a perseguição social não pode ser organizada. Sem o povo não pode ser concebida.[44]

Assim se deu com a perseguição às bruxas. Se os dominicanos, por sua constante propaganda, criaram um ódio às bruxas, criaram-no em um contexto social favorável. Sem esse contexto, seu sucesso é inexplicável. Mas dentro desse contexto, esses tribunos

---

[44] É necessário documentar essas afirmações? Então que o leitor consulte as obras de Américo Castro no tocante à Inquisição espanhola; que observe o conflito entre a humanidade pessoal e o temor social, no tocante à expulsão dos mouros, nas obras contemporâneas de Cervantes e dos *arbitristas* espanhóis; que leia *Louis XIV et les protestants* (Paris, 1951), de Jean Orcibal, e que assimile o profundo e terrível livro de Raul Hilberg, *The Destruction of the European Jews* (Chicago, 1961).

"Um sabá de bruxas"

desempenharam papel essencial. Desde o início, foram eles que detectaram a pressão social. Foram eles que a mobilizaram. E, a fim de a mobilizar, também forneceram a mitologia sem a qual nunca poderia ter se tornado um movimento europeu. Vejamos essa mitologia.

III

A mitologia da mania de bruxas, como sugeri, era a articulação da pressão social. Em uma sociedade religiosa, tal articulação geralmente assume a forma de heresia. Mas, antes de examinar qualquer heresia, é útil indagar quem de fato a articulou. Foram os próprios heréticos, ou foram os inquisidores que a articularam para eles? Esta é uma importante questão, aplicável a muitas heresias históricas. Aplica-se, entre outras, aos albigenses e aos valdenses. Assim, quando os inquisidores descobriam uma nova "heresia" sob as ruínas do albigensianismo, naturalmente fazemos a mesma pergunta. Realmente descobriram essa nova heresia ou a inventaram?

Foi sustentado por alguns escritores especuladores que a demonologia do século XVI era, em essência, um sistema religioso real, a antiga religião pré-cristã da Europa rural que a nova religião asiática de Cristo havia submergido mas nunca completamente destruído. Mas isso é confundir os fragmentos dispersos do paganismo com o sistema grotesco em que foram muito depois arranjados. Os povos primitivos da Europa, como de outros continentes, conheciam encantos e feitiçaria, e a idéia de cavalgada noturna "com Diana ou Herodíade" sobreviveu nos primeiros séculos cristãos, mas a substância essencial da nova demonologia — o pacto com Satã, o sabá de bruxas, o intercurso carnal com demônios, etc., etc. —, a estrutura hierárquica, sistemática do reino do Demônio, são um produto independente da Idade Média posterior.⁴⁵ Toda a evidência deixa claro que a nova mitologia deve seu sistema inteiramente aos próprios inquisidores. Assim como os anti-semitas criaram, a partir de rumores desconexos de escândalo, sua mitologia sistemática do assassinato ritual, dos poços envenenados e da conspiração mundial dos Sábios de Sião, os Marteladores de Feiticeiras criaram sua mitologia sistemática do reino de Satã e dos cúmplices de Satã a partir do lixo mental da credulidade camponesa e da histeria feminina; e uma mitologia, como a outra, uma vez desencadeada, adquiria impulso próprio. Tornou-se folclore estabelecido, gerando sua própria evidência, e aplicável bem longe de seu local de origem.

Para quem quer que leia os sucessivos manuais dos inquisidores, fica suficientemente claro como esse folclore se estabeleceu. Lutando

---

[45] A idéia de que as crenças em bruxas eram remanescentes de uma religião sistemática pré-cristã foi exposta primeiro por Jacob Grimm, que, em sua *Deutsche Mythologie* (Göttingen, 1835), sustentou que o culto às bruxas não era outro que não a antiga religião teutônica. Com essa forma, foi refutada por Soldan, que afirmou que, na medida em que continha conceitos pagãos, esses conceitos podem remontar ao paganismo romano (e assim ao grego e oriental) e não ao germânico (Soldan, p. 494). A distinção pode ser excessivamente sutil: possivelmente alguns dos ingredientes mais brutos, embora justificados a partir de fontes literárias, derivavam diretamente do paganismo germânico (ver adiante, p. 273-274). Mas, por mais que assim seja, o sistema demonológico, na medida em que distinto dos detalhes particulares incorporados a ele, é demonstravelmente escolástico e medieval. As fantasias da falecida Margaret Murray não precisam nos ocupar. Foram corretamente, ainda que irritantemente, refutadas por um autêntico estudioso como "palavrório insípido" (C. L. Ewen, *Some Witchcraft Criticisms*, 1938).

contra os inimigos da Fé, eles facilmente dividiram o mundo em luz e treva, e, tendo sistematizado o reino de Deus em uma *Summa Theologiae*, o que era mais natural do que sistematizar o reino do Demônio em uma *Summa Daemonologiae*? O método era o mesmo: a única diferença reside na natureza do material. A evidência básica do reino de Deus fora fornecida pela Revelação. Mas o Pai das Mentiras não se revelara tão abertamente. Para penetrar nos segredos desse reino, era necessário, portanto, apoiar-se em fontes indiretas. Essas fontes só podiam ser membros capturados do serviço de inteligência inimigo: em outras palavras, bruxas que confessavam.

Assim os dominicanos começaram a trabalhar, e seus esforços foram logo recompensados. Pressuposto um sistema, um sistema foi descoberto. As confissões — esses fragmentos desconexos de verdade dificilmente obtidos do inimigo — eram vistas como as poucas projeções visíveis de uma vasta e complexa organização, e assim cada nova confissão fornecia nova evidência para mentes dedutivas. A mesma lógica que criara a grande obra do Doutor Angélico criaria uma série de manuais demonológicos que se confirmavam e expandiam reciprocamente. O clímax, por causa de seu senso de oportunidade e distribuição, seria o *Malleus*. Quando foi publicado, trazia em sua página de rosto a epígrafe *Haeresis est maxima opera maleficarum non credere* ("Não acreditar na bruxaria é a maior das heresias"). Era o exato oposto do ditado da Igreja na Idade das Trevas. Desde o século IX, a roda completara o círculo.

Mas se a teoria do reino de Satã, com sua hierarquia de demônios e bruxas, se apoiava em última instância nas confissões de bruxas, como essas confissões eram obtidas? Esta indagação é crucial. Se as confissões eram feitas livremente, temos de admitir pelo menos a "realidade subjetiva" das experiências confessadas, e então, a notável identidade dessas confissões, que converteu muitos céticos do século XVI, torna-se um problema real. Por outro lado, se as confissões eram obtidas sob tortura, esse problema dificilmente existe. A similaridade de respostas pode ser explicada por uma combinação de perguntas idênticas e dor intolerável. Como alguns dos mais destacados historiadores de bruxaria adotaram essa explicação,[46] devemos claramente examinar toda a questão do papel desempenhado pela tortura judicial no julgamento das bruxas.

A tortura judicial fora permitida, em casos limitados, pelo direito romano, mas o direito romano, e com ele a tortura judicial, fora esquecido na Idade das Trevas. No século XI, o direito romano fora redescoberto no Ocidente, e a tortura logo voltou ao uso. Em 1252, Inocêncio IV, pela bula *Ad Extirpanda*, autorizara seu uso contra os albigenses. No século XIV, era de uso geral nos tribunais da Inquisição, e foi usada, em particular, nos casos de bruxaria, em que a evidência era sempre difícil de encontrar. Em 1468, o Papa declarou a bruxaria *crimen exceptum* e assim removia, de fato, todos os limites legais para a aplicação de tortura nesses casos. Ela não era, ainda, usada pelos tribunais seculares; e Lea salienta que alguns dos detalhes mais extravagantes e obscenos das confissões de bruxas não aparecem, de início, diante dos tribunais seculares, mas somente diante dos tribunais da Inquisição. Em outras palavras, eram obtidos apenas pelos tribunais que usavam a tortura.

---

[46] Soldan, Lea e o editor no século XX de Soldan, Max Bauer, atribuíam uma grande dose de ciência demonológica, mas não toda, à tortura. O discípulo e biógrafo de Lea, G. L. Burr, parece, em seus ensaios sobre bruxaria, ter ido além e ter suposto que a tortura criou a bruxaria (cf. *Life*, p. 177-78).

Mas essa distinção entre prática leiga e clerical não durou muito tempo. Na época da Renascença, a Inquisição medieval estava em decadência por toda parte, e no norte dos Alpes, pelo menos, os tribunais seculares assumiram muitas de suas funções. Assim, casos de bruxaria na Alemanha e na França eram julgados por senhores seculares que tinham jurisdição mais alta. Mas, ao mesmo tempo, os procedimentos do direito romano eram adotados no direito criminal de todos os países da Europa ocidental, exceto na Inglaterra. Assim, somente a Inglaterra fugiu ao uso judicial da tortura nos casos criminais comuns, inclusive casos de bruxaria.[47] Também pode ser observado que alguns dos detalhes mais extravagantes e obscenos permaneceram ausentes das confissões das bruxas inglesas.[48] Quando examinamos todos esses fatos, e quando observamos que a ascensão e declínio da mania européia de bruxas correspondem geralmente à ascensão e declínio da tortura judicial na Europa, podemos facilmente concluir que os dois processos são interdependentes: que a Idade das Trevas não conheceu mania de bruxas porque não tinha tortura judicial e que o declínio e o desaparecimento das crenças em bruxas no século XVIII são devidos ao descrédito e à gradual abolição da tortura na Europa. Podemos também observar que, na

---

[47] Esses eram exceções – por exemplo, por alta traição –, e o direito comum inglês aplicava *peine forte et dure* ou indicava a morte pela recusa a admitir. Mas essas exceções não são pertinentes ao que aqui se discute. Havia também alguma tortura não-judicial em casos mal regulamentados: por exemplo, durante as guerras civis, quando Matthew Hopkins e seus assistentes usaram o *tormentum insomniae*. Ver Wallace Notestein, *A History of Witchcraft in England, 1558-1718* (New York, 1909), p. 204-5.

[48] A Inglaterra foi única em outro aspecto também. As bruxas inglesas, ao contrário daquelas da Europa e da Escócia, não eram queimadas (como na heresia), mas enforcadas.

medida em que a tortura foi revivida em certos países europeus, confissões absurdas voltaram com ela.

É inegável, acredito eu, que essa conclusão é verdadeira. A evidência fornecida por Lea mostra claramente que a mania de bruxas cresceu com impulso próprio; que as confissões de bruxas tornaram-se mais detalhadas com a intensificação do procedimento inquisitorial; e que a identidade de tais confissões é com freqüência explicada pela identidade do procedimento, mais do que por qualquer identidade de experiência: obras idênticas de referência, instruções idênticas aos juízes, perguntas condutoras idênticas apoiadas por tormentos muito terríveis para serem suportados. Essa inferência natural também é apoiada por clara comprovação. Bruxas acusadas com freqüência admitiam para seus confessores que tinham equivocadamente acusado a si mesmas e a outros, e esses reconhecimentos são mais dignos de crédito na medida em que não traziam vantagem para os acusados — a menos que estivessem dispostos, como raramente estavam, a fazer uma retratação formal, o que significava submeter-se a tortura de novo. Alguns juízes se recusavam a permitir testemunho porque sabiam que tinha sido criado pela tortura e assim não era digno de confiança; e foi o crescente reconhecimento desse fato que, em última instância, mais do que qualquer fator, desacreditou toda a coisa. Como Sir George Mackenzie, Lord Advogado da Escócia, declarou sobre as bruxas escocesas que ainda eram queimadas em sua época, "a maior parte do que se obtinha era por tormentos segundo essa maneira, e esse uso era a base de toda sua confissão".[49]

---

[49] Sir George Mackenzie of Rosehaugh, *The Laws and Customs of Scotland in Matters Criminal* (1678), p. 9.

Podia ser. Quando examinamos o procedimento plenamente desenvolvido nos julgamentos de bruxa continentais ou escoceses, não podemos deixar de ficar surpresos com o fato de as confissões quase sempre serem obtidas. Para tal crime, as regras habituais da comprovação, assim como os limites habituais da tortura, estavam suspensas. Pois como os métodos habituais poderiam comprovar tais crimes extraordinários? Como Jean Bodin escreveria, nem um em um milhão seria punido se o procedimento fosse orientado pelas leis habituais. Assim, na ausência de um "grave *indicium*", tal como um pote cheio de membros humanos, objetos sagrados, sapos, etc., ou um pacto escrito com o Demônio (que seria uma peça rara de colecionador),[50] um indício circunstancial era suficiente para mobilizar o processo. E o indício circunstancial não precisa ser muito convincente: era suficiente descobrir uma verruga, pela qual o espírito familiar era amamentado; um sinal insensível que não sangrava quando picado; uma capacidade para flutuar quando lançado na água; ou uma incapacidade para verter lágrimas. Era possível recorrer até mesmo a "*indicia* mais leves", como uma tendência para olhar para baixo quando acusado, sinais de medo ou o simples aspecto de uma bruxa, velha, feia ou malcheirosa. Quaisquer desses *indicia* poderiam estabelecer um caso de *prima facie* e justificar o uso de tortura para produzir a confissão, que era prova, ou a recusa a confessar, que era prova ainda mais convincente e justificava ainda mais torturas violentas e uma morte mais horrível.

Quanto às torturas usadas, temos muitos testemunhos. Basicamente eram as mesmas em todas as terras de direito romano.

---

[50] É gravemente mencionado como um *indicium* por Carpzov (citado em Lea, *Materials*, p. 826).

Havia os *gresillons* (em escocês *pennywinkis*), que esmagavam as pontas dos dedos das mãos e dos pés em um torno; a *échelle*, ou "escada", um instrumento que esticava o corpo; e o *tortillon*, que esmagava suas partes mais frágeis ao mesmo tempo. Havia o *strappado* ou *estrapade*, uma roldana que atirava o corpo violentamente no ar. Havia o parafuso de perna, ou bota espanhola, muito usado na Alemanha ou Escócia, que esmagava a panturrilha e fazia em pedaços a tíbia — "a mais intensa e cruel dor do mundo", como disse a respeito um escocês —, e o "elevador", que erguia violentamente os braços atrás das costas; e a "cadeira da bruxa" (*ram*), uma cadeira de pontas de ferro, aquecida por baixo. Havia também a "cama de pregos", que foi muito eficiente por algum tempo na Estíria. Na Escócia, também se podia ser grelhado nos *caschielawis*, ou ter as unhas das mãos arrancadas com *turkas* ou tenazes; ou se podia de imediato enfiar agulhas. Mas a longo prazo, talvez nada fosse mais eficaz que o *tormentum insomniae*, a tortura da falta de sono artificial que foi revivida em nossa época. Mesmo aqueles que eram fortes o suficiente para resistir à *estrapade* cederiam a uma decidida aplicação dessa forma de tortura mais lenta, mas mais segura, e confessariam ser bruxas.[51] Uma vez que uma bruxa

---

[51] Listas de torturas são apresentadas em muitos manuais dos séculos XVI e XVII; por exemplo, Benedict Carpzov, *Practica Rerum Criminalium* (1635), citado em Lea, *Materials*, p. 823. São também mencionadas em relatos de julgamentos, por exemplo, Robert Pitcairn, *Criminal Trials in Scotland* (1833), I, pt. 2, 215-23. Sumários podem ser encontrados, com referência à Alsácia, em Reuss, *L'Alsace au 17ᵉ siècle*; para a Lorena, em Ch. Pfister, "Nicolas Rémy et la sorcellerie en Lorraine à la fin du 16ᵉ siècle", in *Revue historique*, 1907; para a Alemanha, em B. Duhr, *Geschichte der Jesuiten in den Ländern deutscher Zunge* (Freiburg-im-Breisgau, 1907-21), II, ii, 482. Para o uso do *tormentum insomniae* para extrair confissões falsas em nossa própria época, ver o relato de Z. Stypulkowski de suas próprias experiências em seu livro *Invitation to Moscow* (1951).

tivesse confessado, o estágio seguinte era conseguir dela, mais uma vez sob tortura, uma lista de todos os seus vizinhos que ela havia reconhecido no sabá de bruxas. Assim, um novo conjunto de *indicia* era fornecido, a ciência clerical era confirmada e um novo conjunto de julgamentos e torturas se iniciaria.

É fácil ver que a tortura está, direta ou indiretamente, por trás da maioria dos julgamentos de bruxas da Europa, criando bruxas onde não havia nenhuma e multiplicando tanto vítimas quanto comprovações. Sem a tortura, os grandes pânicos de bruxas das décadas de 1590 e final de 1620 são inconcebíveis. Mas podemos atribuir toda a mania, de fato, à tortura, como alguns autores liberais parecem fazer? Podemos supor que a bruxaria não tinha outra base que não o fanatismo e a lubricidade dos inquisidores, fascinados por suas próprias invenções? Devo admitir que acho difícil acreditar nisso. O problema parece ser mais complexo do que isso. Se as confissões eram simplesmente uma reação à tortura, teríamos de explicar por que mesmo na Inglaterra, onde não havia tortura judicial, as bruxas confessavam crimes absurdos;[52] por que as pessoas eram tão dóceis diante dessa mania; e, acima de tudo, por que alguns dos homens mais originais e cultos da época não somente aceitavam a teoria da bruxaria, mas dedicavam seu gênio a sua propagação. Pois, como Lucien Fèbvre disse, embora possamos rejeitar Henri Boguet e muitos outros como "imbecis", temos de nos deter diante da grande figura de Bodin: Bodin, o Aristóteles, o Montesquieu do século XVI, o profeta da história comparada, da teoria política, da filosofia do direito, da

---

[52] "Note-se também", escreveu Reginald Scot, "como podiam ser facilmente levadas a confessar o que nunca tinham feito, nem está em poder do homem fazer." (*Discovery of Witchcraft*, 1584, epístola a Sir Thomas Scot, J. P.)

teoria quantitativa da moeda, e de tanto mais, que ainda, em 1580, escreveu o livro que, mais do que qualquer outro, reanimou as fogueiras de bruxas em toda a Europa.⁵³ Dá o que pensar a experiência de passar as páginas de *De la démonomanie des sorciers*, de Bodin, de ver esse grande homem, o mestre intelectual indiscutível do final do século XVI, pedindo a morte na fogueira não somente para bruxas, mas para todos os que não acreditassem em todos os grotescos detalhes da nova demonologia. Depois dessa experiência, é impossível, absurdo, supor que as confissões de bruxas fossem meras criações clericais, impostas a vítimas relutantes por instrumentos de tortura.

Também não é de qualquer modo decisiva a coincidência em época de tortura judicial e de mania de bruxas. Quando examinamos as datas, vemos que a abolição da tortura não precedeu, mas com freqüência sucedeu à desintegração das crenças em bruxas. A tortura só foi abolida na Prússia em 1740 (embora tivesse sido posta sob estrito controle em 1714), mas a Lei da Terra Prussiana de 1721 já havia declarado que não se podia acreditar no pacto com o Demônio, em cavalgada no sabá, em metamorfose, relação sexual com demônios, etc.; e como a lei sempre está atrás do fato, podemos supor que a crença já havia se desfeito.⁵⁴ Na Baviera, o

---

⁵³ L. Fèbvre, em *Annales: économies, sociétés, civilisations*, 1948, p. 15. Por um infeliz erro de impressão, a palavra "Boguet" foi aqui impressa como "Bossuet", e esse erro foi a partir de então reduplicado numa tentativa de torná-lo mais plausível. Na coletânea de ensaio de Fèbvre publicada postumamente, *Au cœur religieux du XVIᵉ siècle*, a expressão "un imbécile?" foi trocada para "Bossuet?" Sem dúvida, o editor pensava que o mestre tinha ido muito longe ao se referir a Bossuet como um imbecil; nas na verdade tinha sido apenas o impressor que o fizera. A "imbecilidade" citada é de Henri Boguet, *Examen des sorciers* (Lyon, 162), dedicado ao vigário-geral de Besançon.
⁵⁴ Lea, *Materials*, p. 1133, 1431-35.

golpe decisivo para a crença foi dado pelo monge teatino Ferdinand Stertzinger, em 1766, mas a tortura só foi abolida em 1806.[55] Na França, a crença em bruxas morreu antes da Revolução, a tortura, depois dela. Em geral, parece claro que foi a crescente descrença nas confissões produzidas por tortura que levou a tortura ao descrédito: em outras palavras, que a desintegração das crenças em bruxas levou à abolição da tortura, e não vice-versa.

Qual é então a explicação dessas confissões, e de sua identidade geral? Quando lemos as confissões das bruxas dos séculos XVI e XVII, com freqüência ficamos revoltados com a crueldade e estupidez que as arrancaram e às vezes, sem dúvida, forneceram sua forma. Mas somos igualmente obrigados a admitir sua "realidade subjetiva" fundamental. Para cada vítima cuja história é evidentemente criada ou aumentada pela tortura, há duas ou três que genuinamente acreditam em sua verdade. Essa dualidade proíbe-nos de aceitar explicações isoladas, abrangentes, racionais. O "racionalismo", afinal, é relativo: relativo à estrutura intelectual geral da época. O clero e os legisladores do século XVI eram racionalistas. Acreditavam em um universo aristotélico racional, e a partir da identidade detalhada das confissões das bruxas deduziam logicamente sua verdade objetiva. Para os "patronos de bruxas" que sustentavam que as bruxas eram "pessoas idosas de cabeça fraca" cujas naturezas melancólicas eram exploradas pelo Demônio, o reverendo William Perkins podia responder com confiança que, se assim fosse, cada uma teria uma fantasia diferente, mas de fato homens cultos tinham mostrado "que todas as bruxas em toda

---

[55] Lea, *Materials*, p. 1459-61.

a Europa são de conduta e comportamento semelhantes em seus exames e convicções". Essa coerência internacional, sustentava ele, era evidência de organização central e testemunho confiável.[56] Os estudiosos liberais do século XIX também eram racionalistas. Sabiam que, objetivamente, as confissões de bruxas não tinham valor. Portanto, encontraram outra explicação para sua identidade. Atribuíram-na à identidade das perguntas e à pressão da tortura. Mas nós, no século XX, não somos racionalistas — pelo menos em nossa abordagem do comportamento humano e da crença humana. Não buscamos apenas causas externas de expressão ou ilusão idênticas. Buscamos também causas internas, e as encontramos na psicologia e na psicopatologia humanas.

Que a sugestão externa sozinha não explica as confissões de bruxas fica claro quando descemos aos detalhes. Repetidas vezes, quando lemos os casos, encontramos bruxas confessando livremente detalhes esotéricos sem nenhuma evidência de tortura, e foi essa espontaneidade, mais do que as próprias confissões, que convenceu homens racionais de que os detalhes eram verdadeiros. Foi porque ouvimos confissões feitas sem tortura que Paolo Grillandi, juiz de bruxas na Itália central no início do século XVI, se converteu à crença de que as bruxas eram transportadas fisicamente para o sabá. Bodin também assegura-nos que a confissão que o converteu à ciência da demonologia e o inspirou a se tornar seu maior divulgador foi feita "sans question ny torture"; e no entanto a mulher, Jeanne Harvellier, de Verbery, perto de Compiègne, fora notavelmente

---

[56] William Perkins, *A Discourse of the Damned Art of Witchcraft* (Cambridge, 1608), p. 187-93. O "patrono das bruxas" que Perkins está atacando é claramente Reginald Scot. A mesma consideração foi feita por Bodin.

detalhista. Ela não somente havia levado a cabo a morte de homens e animais: ela também tinha tido o Demônio como amante por 38 anos, durante os quais ele a visitara "en guise d'un grand homme noir, outre la stature des hommes, vestu de drap noir", chegando a ela durante a noite, montando um cavalo, com botas e esporas, e com espada na cinta. Ela também descreveu suas visitas ao sabá com detalhes copiosos; e aqui também o detalhe tinha confirmado exatamente a ciência dos demonologistas: a longa e cansativa viagem que a deixou profundamente exausta, a adoração de um grande homem negro que chamavam de Belzebu, a promiscuidade sexual. Bodin admite que essa história parecia estranha e quase inacreditável quando de segunda mão. Mas ele próprio a ouvira; era um homem do mundo; e estava pessoalmente convencido de sua espontaneidade. Quem somos nós para duvidar de sua convicção?[57]

Tome-se o caso de Françoise Fontaine, a jovem empregada cujo interrogatório em Louviers, por Loys Morel, *prévôt-général* de Henrique IV na Normandia, foi descoberto e publicado na íntegra em 1883. Aqui não houve tortura: o *prévôt* era um homem humanitário, e a história foi extraída pela paciência, não pela pressão. No entanto, a história é a história padrão, até nos detalhes: a visita do Demônio pela janela, sob a aparência de "un grand homme tout vestu de noir, ayant une grande barbe noire et les yeux fort esclairantz et effroyables"; as grandes promessas feitas; a opressiva solidez de suas atenções, a falta de prazer derivado delas, o contato gelado... Em sua introdução ao documento, o Vicomte de Moray mostrou, a partir da evidência do hospital

---

[57] Paolo Grillandi, *Tractatus de Sortilegiis*, 1536 (Lea, *Materials* p. 401-5); Jean Bodin, *De la démonomanie des sorciers* (Paris, 1580), Prefácio.

Salpêtrière, em Paris, que todos os detalhes da experiência de Françoise Fontaine tinham equivalentes hoje: o íncubo diabólico é apenas a forma do século XVI para um tipo de histeria sexual conhecido pelos psiquiatras do século XX.[58]

Apenas...? Não, não exatamente. Pois há, nos numerosos casos dos séculos XVI e XVII, um ingrediente que a seguir desapareceu: o Demônio. Hoje, todo psicopata tem sua obsessão particular. Os supostos *incubi* e *succubi* variam de paciente para paciente. No passado, os neuróticos e histéricos do Cristianismo centralizavam suas ilusões em torno da figura do Demônio, assim como os santos e os místicos centralizavam as suas em torno da figura de Deus ou Cristo. Assim, enquanto virgens piedosas, tendo se dedicado a Deus, sentiam-se como noivas de Cristo, as bruxas menos piedosas, tendo se ligado a Satã, se sentiam como suas concubinas. As primeiras, como Santa Teresa ou Madame Guyon, usufruíam de êxtases de ardente prazer que penetrava suas mais fundas entranhas enquanto se agarravam ao corpo místico de seu Salvador; as últimas, como Françoise Fontaine ou centenas de outras que foram arrastadas perante seus juízes, sentiam dores infelizes enquanto estavam esmagadas no abraço dessa imensa figura negra que "jettoit quelque chose dans son ventre qui estoit froid comme glace, qui venoit jusques au dessus de l'estomac et des tétins de ladite respondante". Nas primeiras, a experiência psicopática era sublimada na teologia dos Padres, e podiam ser canonizadas; nas últimas, transformava-se em desordem no folclore dos demonologistas, e podiam ser queimadas.[59]

---

[58] *Procès-verbal fait pour délivrer une fille possédée par le malin esprit à Louviers*, org. Armand Bénet (Paris, 1883), p. 38-44, 87-92.
[59] Não há necessidade de forçar a comparação: é óbvio para qualquer um que se vê diante da evidência. Compare-se, por exemplo, a evidência de qualquer

Aqui, certamente, vemos que os inquisidores dominicanos tinham feito o que seus sucessores fariam. Certamente não descobriram um mundo oculto de demônios, objetivamente aqui (como supunham). Também não descobriram uma ilusão sistemática, uma falsa religião de paganismo por trás da verdadeira religião de Cristo. Sem dúvida, havia alguns resquícios pagãos na bruxaria, assim como havia alguns resquícios pagãos no cristianismo. Na Lorena, por exemplo, o sabá foi atribuído, circunstancialmente, aos antigos "lugares elevados" da adoração pré-cristã.[60] Mas o que era assumido eram meros fragmentos, não um sistema: foram os inquisidores que forneceram o sistema. Esses inquisidores também não inventaram um sistema puramente imaginário, no sentido comum desse verbo: podem ter usado sua engenhosidade para criar o sistema, mas não criaram a evidência básica em que se apoiava. Descobriram-no nas confissões de supostas bruxas; e, como essas confissões pareciam autênticas para as bruxas que as faziam, dificilmente podemos culpar os inquisidores por também as suporem como sendo autênticas. O que era "realidade subjetiva" para os penitentes era "realidade objetiva" para o confessor. A partir desses fragmentos de verdade, espontaneamente produzidos, ainda que também ampliados pela sugestão e pela tortura, um retrato completo do reino de Satã podia ser produzido, pela lógica, pelo "racionalismo" da época.

---

julgamento de bruxa sexual com a evidência apresentada em J. H. Leuba, *The Psychology of Religious Mysticism* (1925), ou os tratados grotescos dos demonologistas dos séculos XVI e XVII com as vidas dificilmente menos grotescas dos santos barrocos. A consideração é feita também pelo Vicomte de Moray, em *Procès-verbal*, p. lxxxi-lxxxvii.

[60] Ver Étienne Delcambre, *Le Concept de la sorcellerie dans le duché Lorraine au XVIe et XVIIe siècle* (Nancy, 1948-51), fasc. I, p. 149-53.

Assim, a gênese da mania de bruxas do século XVI pode ser explicada em dois estágios. Primeiro, há a tensão social. Assim como o anti-semitismo sistemático é gerado pelo gueto, o *aljama*, não por um judeu individualmente, também a mitologia sistemática da mania de bruxas era gerada não por mulheres idosas isoladas que faziam feitiços em aldeias espalhadas — essas sempre foram toleradas —, mas por grupos sociais não-assimiláveis, que, como os judeus e mouros da Espanha, podiam ser perseguidos para uma ortodoxia externa mas não para uma conformidade social, e que portanto se tornaram, diferentemente das outras, objetos de temor social. Foi a partir dessa tensão que os frustrados evangelistas começaram a criar a nova mitologia do reino de Satã. Que essa mitologia era inteiramente fantástica é algo de que não precisamos nos ocupar aqui. Podemos simplesmente observar que, nesse aspecto, não é única. Algumas das idéias e práticas atribuídas aos albigenses, e antes deles a outras seitas esotéricas,[61] não foram menos fantásticas, e o absurdo da demonologia inquisitorial seria

---

[61] Quem quer que suponha que os detalhes absurdos e desagradáveis da demonologia são únicos pode proveitosamente consultar as alegações feitas por São Clemente de Alexandria contra os seguidores de Carpocrates no século II A. D. (*Stromata*, III, 5-10), ou por Santo Epifânio contra os heréticos gnósticos do século IV A. D. (em seu *Panarion*), ou por Santo Agostinho contra certos heréticos maniqueus (*c. Faustum, XV,* 7; *XXI, 30; xx, 6; de Moribus, ii, 65; de Natura Boni, 47; de Haeresibus,* 46), ou mesmo nas observações de Tácito sobre os primeiros cristãos (*Anais,* xv, 44) ou dos católicos ortodoxos sobre os albigenses e valdenses do século XII e os Fraticelli do século XIV (ver as observações de Juan Ginés de Sepúlveda citadas em Lea, *Materials,* p. 203). Nessas fantasias recorrentes, os detalhes obscenos são com freqüência idênticos, e sua identidade lança alguma luz sobre a ligação psicológica entre ortodoxia perseguidora e lubricidade. As fontes da falsa santidade e do sadismo não estão muito separadas.

uma advertência salutar para nunca confiarmos nos relatos que uma sociedade perseguidora extraíra de qualquer heresia esotérica com que estava em luta. Mas, uma vez que a mitologia tinha sido estabelecida, adquiria, por assim dizer, uma realidade própria. A ideologia é indivisível, e aqueles que acreditavam que havia sociedades adoradoras de demônios nas montanhas logo descobriam que havia nas planícies indivíduos adoradores de demônios. Assim, o segundo estágio da mania de bruxas desenvolveu-se a partir do primeiro. A nova mitologia forneceu um novo meio de interpretar desvios até então menosprezados, uma base explicativa para uma não-conformidade aparentemente inocente. O que quer que parecesse misterioso e perigoso (como o poder de Joana d'Arc), ou mesmo misterioso e apenas estranho, podia ser mais bem explicado por ela. Os próprios não-conformistas, em busca de uma ideologia de apoio, deliberadamente assumiam as doutrinas recém-reveladas; sádicos como Gilles de Raïs dignificavam suas brutalidades ao dar a elas um impulso satânico; vítimas desamparadas da sociedade se agarravam a ela como alívio; e psicopatas coordenavam suas ilusões em torno de seu tema central.

Em um clima de temor, é fácil ver como esse processo podia ocorrer: como desvios individuais podiam ser associados a um padrão central. Vimos isso acontecer em nossa própria época. A experiência dos macartistas dos Estados Unidos na década de 1950 era exatamente comparável: o temor social, o temor de um tipo diferente de sociedade, recebia forma intelectual como uma ideologia herética, e os indivíduos suspeitos eram então perseguidos a partir dessa heresia. Do mesmo modo, nos séculos XIV e XV, o ódio sentido por sociedades não-assimiláveis era intelectualizado como uma nova heresia, e os indivíduos politicamente suspeitos eram levados a julgamento por relação com ela. Os grandes julgamentos de bruxaria na França e na Inglaterra nessa época — os julgamentos dos templários e de Joana d'Arc, da duquesa de Gloucester e da duquesa de Bedford — foram explorações políticas de um temor social e de uma ideologia social cujas origens seriam encontradas em um nível mais profundo e em outro campo. A diferença era que, enquanto o macartismo na América durou apenas uns poucos anos (embora ainda possa recorrer), a mania européia de bruxas teve uma história muito mais longa. A nova ideologia alcançou sua forma final na década de 1480. Da publicação do *Malleus* em diante, seu conteúdo básico nunca se modificou. Não houve mais desenvolvimento. E no entanto igualmente não houve desintegração. Ela formou um reservatório de monstruosa teoria, em que sucessivas perseguições se alimentavam: perseguições que não diminuíram, mas foram claramente intensificadas no correr dos duzentos anos seguintes.

IV

A duração da mania de bruxas é certamente surpreendente, pois, quaisquer que sejam as forças que possam tê-la criado, havia outras que pareciam naturalmente solapá-la. No século XIV, esse século de praga, depressão e deslocamento social, o clima mental parecia congenial;[62] mas o século XV posterior, que viu a mania

---

[62] A difusão da mania de bruxas no século XV na França é explicitamente relacionada com a devastação da Guerra dos Cem Anos por Petrus Mamoris, cônego de Saint Pierre de Saintes e regente da Universidade de Poitiers, em

formalmente desencadeada, foi o início de um período de nova expansão européia. A mania, mesmo então, não era firmemente aceita. A Igreja estabelecida — os bispos e o clero secular — não tinha grande amor pelos frades e suas doutrinas fanáticas. O laicato urbano instruído da Europa não estava em estado de engolir as credulidades alpinas, a fantasmagoria fradesca de missionários entusiasmados. Os governos das cidades, mesmo no que viria a se tornar as terras clássicas da bruxaria, resistiam à mania, com sucesso variável, mesmo em seu auge.[63] Legisladores civis, os profissionais rivais do clero, eram de início altamente céticos quanto a essas novas doutrinas. Além disso, a Bula das Bruxas e o *Malleus* apareceram em uma época de crítica iluminada. Era a época do humanismo renascentista, quando Lorenzo Valla e Erasmo e seus discípulos, sob a proteção de príncipes e cidades livres, usavam a razão humana para refutar antigas superstições e erros estabelecidos. Numa época em que as mais antigas contrafações da Igreja estavam sendo expostas, e o texto das Escrituras criticamente examinado, por que

---

seu *Flagellum Maleficorum*, escrito em torno de 1462 e publicado, sem data ou indicação de lugar, cerca de 1490 (sig. a ii verso, "Ingressus ad Rem").

[63] Assim, os magistrados de Metz, no ducado de Lorena das cavalgadas de bruxas, pelo menos resistiram às reivindicações do inquisidor dominicano para ser o único juiz em 1456 (Lea, *Materials*, p. 235). O Senado de Veneza, de modo semelhante, se opôs às operações dos inquisidores dominicanos nas dioceses de Bérgamo e Bréscia (ver a bula *Honestis petentium votis*, de Leão X, em 1521; cf. Soldan-Heppe, I, 555-57). A cidade de Colônia reprimiu com sucesso a perseguição até 1629 (ver adiante, p. 236). A cidade de Nuremberg foi uma ilha de segurança para bruxas na Baviera durante todo o período (ver Burr, *Life*, p. 185). A cidade de Estrasburgo foi outra ilha do tipo na Alsácia (ver R. Reuss, *La Sorcellerie au 16ᵉ et 17ᵉ siècles, particulièrement en Alsace*, Estrasburgo, 1871, p. 178-81). A cidade de Lübeck sobreviveu ao século XVI quase intocada pela mania (Soldan-Heppe, I, 526-27).

novos absurdos deveriam escapar ao exame? Certamente a Doação de Constantino e a autoria apostólica do Apocalipse não eram mais obviamente improváveis do que os *succubi* e o sabá.⁶⁴

---

⁶⁴ A atitude de Erasmo em relação à bruxaria é discutida. Suas referências a ela são poucas, e sua interpretação (já que ele nunca afirma ou questiona explicitamente sua realidade) depende da quantidade de ironia que pode ser detectada no tom de sua voz; o que por sua vez depende do leitor. Uma carta de 14 de janeiro de 1501 referente a uma bruxa de Meung-sur-Loire (*Des. Erasmi Opus Epistolarum*, ed. P. S. Allen, I, 1906, 334-41) foi interpretada como revelando ceticismo por alguns (por exemplo, Thomasius, *de Origine ac Progressu Processus Inquisitorii contra Sagas*, Halle, 1729, p. 52-53; Soldan, p. 321; G. Längin, *Religion und Hexenprozess*, Leipzig, 1888, p. 73), credulidade por outros (por exemplo, Paulus, *Hexenwahn und Hexenprozess*, p. 18, que é acompanhado por Bauer em Soldan-Heppe, I, 414). Mas acho difícil ler os relatos de Erasmo sobre as bruxas perto de Freiburg-im-Breisgau, uma das quais levou uma aldeia a ser queimada, enquanto a outra teve um caso amoroso com a filha de um estalajadeiro e inundou a aldeia com pragas, tal como escrito com espírito sério. O próprio Erasmo descreveu tais histórias como *vulgi fabulas* (op. cit., X, p. 275, 316, 324). De qualquer modo, fica claro que a filosofia geral de Erasmo era cética, e parece mais seguro, tanto no caso dele quanto no de Grotius, Selden, Bacon, etc. (ver adiante, p. 267), deduzir suas concepções particulares a partir de suas idéias gerais conhecidas a procurar extrair evidência de crenças a partir de referências casuais e elípticas. Além do mais, o próprio silêncio de Erasmo é expressivo. Em suas *Anotações ao Novo Testamento*, ele evita qualquer oportunidade de incentivar os demonologistas. Em todas as passagens, a partir das quais católicos e protestantes deduziram igualmente o poder do Demônio de intervir nas questões humanas (Mat. iv 5, Lucas iv. 2, Rev. xii, 12), Erasmo é quase ostensivamente inútil. "Diaboli nomen", diz ele firmemente, em relação com a tentação de Cristo (e o poder do Demônio de transportar Cristo para os pináculos do Templo era uma das provas de seu poder de transportar bruxas para o sabá) "... non spiritum impium sed simpliciter delatorem aut calumniatorem significare videtur". Nisso, como em muito mais, ele é acompanhado por Grotius. E como Erasmo encarava os encontros dos Padres do Deserto, Paulo e Antônio, com o Demônio, embora descritos por São Jerônimo, que ele reverenciava, como imaginários, é improvável que tivesse dado mais crédito a encontros similares de bruxas, como descritos por

Assim, não é de surpreender que se veja, no início, uma grande dose de discordância. Quando o arquiduque Sigismundo da Áustria tomou conhecimento das novas doutrinas que seriam extirpadas de suas terras tirolesas, consultou um culto advogado civil, um doutor de Pádua, então professor em Constância, para que o aconselhasse; e o advogado, Ulrich Müller (ou Molitor), respondeu com um tratado em que insistia em que, embora houvesse bruxas que ouviam as sugestões do Demônio e que, portanto, mereciam morrer, essas bruxas não tinham os poderes que alegavam, mas eram vítimas de desespero ou pobreza ou ódio nas aldeias.[65] Tais opiniões foram amplamente repetidas. Advogados como Andrea Alciati e Gianfrancesco Ponzinibio, filósofos como Cornelius Agripa de Nettesheim e Girolamo Cardano, médicos como Antonio Ferrari, chamado Galateo, e mesmo professores universitários franciscanos como Samuel de' Cassini, todos concordavam que os poderes alegados pelas bruxas, ou atribuídos a elas, eram em grande parte ilusões. Eram as alucinações de pessoas melancólicas, meio famintas; deviam ser interpretadas pela ciência laica — a ciência da medicina e do direito —, não pela teologia; e sua cura adequada não era a fogueira, mas o heléboro, a cura clássica para a simples insanidade humana.[66] Essa concepção já havia sido apresentada dois séculos

---

monges, a quem ele odiava. De l'Ancre, de passagem, inclui Erasmo entre os céticos cuja credulidade enfraqueceu culpadamente a cruzada contra as bruxas (*L'Incrédulité*, p. 23), e Weyer, o maior opositor da mania, foi discípulo de Erasmo. Ver adiante, p. 266-267.

[65] Ulricus Molitor, *Tractatus de Pythonicis Mulieribus* (Strasbourg, 1489).

[66] Andrea Alciati, *Parergon Juris* (Lea, *Materials*, p. 374); Gianfrancesco Ponzinibio, *Tractatus de Lamiis et Excellentia Juris Utriusque* (ibid., p. 377); Girolamo Cardano, *de Subtilitate* (1550) e *de Rerum Varietate* (1557), ibid., p. 435; Samuel de' Cassini, *Question de le strie* (1505), ibid., p. 366.

antes pelo famoso médico medieval da Universidade de Pádua, Pedro de Abano, que então se tornou amplamente citado por todos os inimigos da mania de bruxas — e também amplamente atacado por seus promotores. De fato, a Universidade de Pádua, o centro da ciência na Renascença, tornou-se a cidadela do senso comum contra a nova mitologia: seus doutores invocavam desde o novo Aristóteles dos escolásticos até o Aristóteles original de Estagira, e nesse processo a base filosófica da bruxaria se desfazia. Agostino Nifo, doutor de Pádua e médico do Gran Capitán, Gonzalo de Córdoba, e do papa Leão X, mostrou que, em um universo verdadeiramente aristotélico, não havia espaço para demônios. O maior dos paduanos, Pietro Pomponazzi, foi além. Cautelosamente, e cercando seu propósito com piedoso louvor vazio à ortodoxia (pois sua obra sobre a imortalidade, ou melhor, mortalidade, da alma já fora queimada publicamente em Veneza), ele sustentava que todas as maravilhas que o vulgo, e a Igreja, atribuíam a demônios podiam ser explicadas por outras influências. Essas influências não eram ainda forças puramente "naturais": eram corpos celestes e poderes ocultos. Mas pelo menos não eram intervenções diabólicas. Pomponazzi sustentava que as aparições eram fenômenos naturais e que os homens "possuídos pelo demônio" eram apenas melancólicos. "Se suas concepções tivessem prevalecido", escreve a maior autoridade em magia da Renascença, "dificilmente teria havido qualquer ilusão de bruxaria e perseguição ou guerras religiosas."[67]

Se o aristotelismo revivido e purificado da Renascença salientava um caminho fora da cosmologia satânica, outro caminho muito

---

[67] Lynn Thorndike, *History of Magic and Experimental Science*, V (New York, 1941), p. 110.

diferente era indicado pelo platonismo revivido, ou melhor, pelo neoplatonismo, de Florença. A revolução científica dos séculos XVI e XVII, como hoje se aceita, devia mais ao novo platonismo da Renascença, e ao misticismo hermético que se desenvolveu a partir dele, do que a qualquer mero "racionalismo" no sentido moderno da palavra. Ficino, com sua "magia natural", Paracelso, por toda sua linguagem bombástica, e Giordano Bruno, a despeito de suas fantasias "egípcias", fizeram mais para avançar o conceito e a investigação de uma "Natureza" regular do que muitos estudiosos racionais, sensatos, aristotélicos que riam diante dos absurdos deles ou se esquivavam de suas conclusões chocantes. Foi justamente na época da Bula das Bruxas que as idéias platônicas foram adotadas na Itália e foi durante o século e meio seguinte que forneceram o impulso metafísico para a exploração da Natureza. A Natureza, para os neoplatônicos, podia estar cheia de "demônios" e carregada de forças "mágicas", atuando por simpatias e antipatias. Não podia excluir a existência de "bruxas" — criaturas que, por métodos misteriosos, conseguiam abreviar ou desviar suas operações. Mas pelo menos não tinha necessidade desse mecanismo vulgar de pactos satânicos particulares, com seus ridículos acompanhamentos de relações sexuais, "diabinhos", cabos de vassouras e sabá de bruxas. Não é por acidente que "magos naturais", como Agripa e Cardano, e "alquimistas", como Paracelso, Van Helmont e seus discípulos, estavam entre os inimigos da mania de bruxas, enquanto aqueles que atacavam a filosofia platônica, as idéias herméticas e a medicina paracelsiana eram também, com freqüência, os mais decididos defensores da mesma ilusão.[68]

---

[68] Agripa e Cardano eram ambos freqüentemente atacados como sendo eles próprios bruxos (por exemplo, por Bodin e James VI). Também o era o maior

Assim, pode parecer que os dogmas tão magistralmente formulados pelo *Malleus* logo sucumbiriam diante das idéias corrosivas do novo século. Todavia, não sucumbiram. Os céticos falavam

---

crítico da mania de bruxas, Johann Weyer, que fora discípulo de Agripa. Entre os defensores de Weyer estava o Dr. Johann Weich, um médico que era também advogado de "magia natural" (embora tanto ele quanto Weyer se opusessem a Paracelso). Por outro lado, Thomas Erastus de Heidelberg imparcialmente atacava Paracelso em termos de medicina — em suas *Disputationes de Medicina Nova Paracelsi* (1572) — Weyer em termos de bruxas — em sua *Disputatio de Lamiis* (1578) — e o médico provençal Jacques Fontaine de St.-Maximin foi igualmente extremado em suas diatribes contra bruxas e contra Paracelso (ver *Jacobi Fontani Sanmaxitani... Opera*, Colônia, 1612, p. 313-25, "Magiae Paracelsicae Detectio" e cf. Thorndike, *History of Magic and Experimental Science*, VI, 554). O huguenote francês Lambert Daneau mostrou-se um cientista aristotélico obscurantista em seu *Physice Christiana* (1580) e um obscurantista caçador de bruxas em seu *de Veneficis... Dialogus* ([Genebra], 1574). O mesmo se deu com o oráculo calvinista holandês Voëtius. O estudioso francês Gabriel Naudé, em sua *Apologie pour les grands personnages... soupçonnez de magie* (Paris, 1625), mostra-se um admirador dos platônicos, herméticos e paracelsianos e um opositor das crenças em bruxas. O mesmo é verdade quanto ao médico inglês John Webster (ver seu *Displaying of Supposed Witchcraft...* 1677). O inglês Richard Franck, que participou de uma busca de provas incriminatórias na Escócia em 1656-57 e expressou ceticismo sobre bruxas, era também um naturalista helmontiano (ver seu *Northern Memoirs*, org. Sir Walter Scott, Edimburgo, 1820, p. 158-59). Esse equilíbrio entre platônicos e "magos naturais" com críticos da mania de bruxas não é constante, e alguns platônicos — como os "platônicos de Cambridge" Henry More e Joseph Glanvill — também acreditavam em bruxaria. Mas logicamente parece para mim que o platonismo da Renascença e o paracelsianismo eram incompatíveis com a forma crua de crença nas bruxas que se estabelecera com base no aristotelismo escolástico. Por essa razão, não estou convencido pela sugestão de Fèbvre (*Annales: economies, sociétés, civilisations*, 1948, p. 13) de que o platonismo da Renascença, simplesmente porque postulava um mundo de demônios, contribuiu efetivamente para a crença em bruxas. Eram um tipo diferente de demônios. Sou grato a meu amigo Pyarali Rattansi pelos esclarecimentos sobre esse abstruso assunto.

apenas para serem imediatamente superados pelos defensores da fé. Aqueles que negam a existência de *incubi* e *succubi*, declarou o inquisidor dominicano da Lombardia, Silvestre Mozzolino, "catholice non loquuntur". Esses advogados, protestou Bartolomeu Spina, discípulo de Mozzolino, referindo-se a Ponzinibio, são totalmente ignorantes em teologia: deviam ser processados pela Inquisição como causa principal do aumento de bruxas. O robusto dominicano Vincente Dodo anunciou que iria perseguir o hesitante franciscano Cassini com uma espada. A seguir os juízes leigos que herdaram o manto dos inquisidores falariam com a mesma voz. Pedro de Abano e Alciati e Agripa e todos os seus seguidores, e todos os juízes lenientes, escreveria Bodin, eram bruxas, inspirados por Satã, a fim de desviar a atenção de seu próprio tipo e assim permitir-lhes multiplicar em paz.[69]

Ao longo dos séculos XVI e XVII esse diálogo prosseguiu. A voz do ceticismo — o ceticismo do senso comum, o ceticismo da ciência paduana, o ceticismo da metafísica platônica — nunca foi silenciada. Todo escritor ortodoxo paga relutante tributo a ela ao fazer suas denúncias histéricas dos incrédulos, graças aos quais as bruxas se multiplicam tão terrivelmente no mundo. Todavia, pelo menos até meados do século XVII, a ortodoxia sempre prevaleceu. A voz da discordância não tinha poder para impedir a perseguição. Mal podia ser expressa em segurança. Os romances de cavalaria podiam ter a existência ridicularizada, mas nenhum Dom Quixote ousava matar, pelo ridículo, as estranhas novelazinhas que os gra-

---

[69] Para Mozzolino, conhecido como Prierias, ver Lea, *Materials*, 354 s.; para Spina, ibid. p. 385 s.; para Dodo, ibid. p. 367. O ataque de Bodin a Pedro de Abano e Alciati está em seu *De la démonomanie des sorciers*, Prefácio.

ves legisladores e sacerdotes de toda a Europa publicavam sobre o reino de Satã.

Por que tal se dava? Algumas explicações se oferecem facilmente. As novas forças intelectuais eram também ambivalentes. O espírito humanista podia ser crítico em um Valla ou em Erasmo, mas podia ser acrítico em outros para os quais as próprias fábulas da Grécia e de Roma eram como Escritura Sagrada: e essas fábulas — de Circe, de Pégaso, dos casos amorosos de deuses com homens — podiam ser convocadas para apoiar as crenças em bruxas. O pseudo-aristotelismo da Igreja tinha o apoio de um interesse paramentado que o verdadeiro aristotelismo de Pádua não tinha. O hiato entre os demônios neoplatônicos, que enchiam e animavam toda a Natureza, e a hierarquia diabólica dos inquisidores podia ser muito profundo e logicamente intransponível, mas para o olhar comum — e mesmo para alguns olhos incomuns — era também muito estreito e podia ser ignorado. Quando Ficino e Pico della Mirandola, Reuchlin e Cardano, Copérnico e Paracelso, Giordano Bruno e Campanella acreditavam, ou pareciam acreditar, que os homens, por conhecimento secreto, podiam fazer anjos trabalhar para eles e assim controlar os movimentos do céu, não era insensato para homens comuns supor que bruxas, por uma aquisição inferior de poder, podiam fazer demônios trabalhar para elas e assim interferir nos acontecimentos da terra.

Todavia, em questões de ideologia, não são geralmente as idéias que convencem. Entre duas interpretações de qualquer filosofia, freqüentemente são acontecimentos externos que estabelecem a decisão. Portanto, se formos perguntar por que a mania de bruxa, estabelecida em sua forma final na década de 1480, esteve blindada contra toda crítica por quase duzentos anos, deveríamos talvez voltar de seu conteúdo intelectual para sua significação social. Podemos começar pela consideração de sua história: a época de suas grandes irrupções em relação aos acontecimentos externos.

Uma vez que façamos isso, logo veremos que surge um padrão. Os séculos XIV e XV foram períodos de espetaculares perseguições isoladas, mas não, fora dos Alpes e dos Pirineus, de loucura em massa. O que vimos nesses séculos é a formulação de doutrina com base na experiência alpina e pirenaica, e a aplicação dela em julgamentos particulares, com freqüência de caráter político. A Bula das Bruxas e o *Malleus* marcam a apresentação final da doutrina e ajudam a ampliá-la além de suas fronteiras originais. Exigem uma renovada cruzada nas áreas montanhosas, mas ao mesmo tempo levam-na para fora dessas áreas e solicitam o apoio de autoridades tanto seculares quanto religiosas. Em particular, ampliam-na, ou procuram ampliá-la, até a baixa Alemanha: essa Alemanha que já está mostrando sinais da iminente revolta em relação a Roma, e em que os grandes adversários de Lutero seriam os dominicanos.[70]

Na geração imediatamente seguinte, podemos ver os resultados. A cruzada contra as populações alpinas é renovada. Há perseguição mais intensa na Estíria e no Tirol. Então, de 1500 a 1525, há uma verdadeira guerra social, disfarçada como caça às bruxas, nos Alpes italianos. Segundo o inquisidor dominicano na diocese de Como, em sua área todo ano mil bruxas eram julgadas e uma centena queimada. No final, a população pegou em armas e apelou

---

[70] Para o importante papel desempenhado pelos dominicanos na luta contra Lutero na Alemanha, ver em especial Nikolaus Paulus, *Die deutschen Dominikaner im Kampf gegen Luther 1518-1563* (Freiburg-im-Breisgau, 1903).

para o bispo. O bispo enviou um advogado para se informar, e o advogado se convenceu, e informou o bispo de que muitos poucos camponeses perseguidos eram realmente bruxos. Em 1520, essa cruzada nas montanhas estendeu-se dos Alpes para os Apeninos, e uma longa perseguição logo teve início na diocese de Bolonha. Simultaneamente difundiu-se pelos Pirineus, e os inquisidores espanhóis começaram a trabalhar em Guipúzcoa e Biscaia. Nesse ínterim, na Alemanha, obedientes à bula, os poderes seculares começaram a assumir a tarefa que os inquisidores haviam sido incapazes de realizar.[71]

Todavia, independentemente de ocasional atividade na Alemanha, a primeira metade do século XVI, fora dos Alpes e dos Pirineus, foi um período de relativa calma. A caça às bruxas, parecia, já passara por seu ponto alto, ou talvez os céticos estivessem prevalecendo. Na França, depois dos espetaculares julgamentos do século XV, a bruxaria parecia esquecida.[72] Mesmo na Alemanha, a despeito do *Malleus* e dos inquisidores, a perseguição permaneceu leve.[73] Além

---

[71] Para a cruzada nos Alpes e nos Apeninos, ver Hansen, *Zauberwahn*, p. 500-501, *Quellen*, p. 310-12. O advogado era Andrea Alciati, que descreve sua missão em *Parergon Juris*, impresso em sua *Opera* (Basiléia, 1558). Para os inquisidores nos Pirineus espanhóis, ver J. Caro Baroja, *The World of the Witches*, p. 145-52.

[72] Para o aumento de julgamentos de bruxas na Alemanha depois da bula, ver G. Längin, *Religion und Hexenprozess*, p. 76 s. Bodin supõe que a bruxaria era de introdução recente na França em sua época (Lea, *Materials*, p. 576). De modo semelhante, o autor do livreto *Les Sorcelleries de Henri de Valoys et les oblations qu'il faisoit au Diable dans le bois de Vincennes* (Paris, 1587) diz que a França estava livre da abominável ciência da magia na época de Francisco I e Henrique II, e de fato até a época de Henrique III e a *Sainte Ligue*.

[73] Sigmund Riezler, *Geschichte der Hexenprozessen in Baiern* (Cotta, 1896). Weyer afirma que, antes de 1562, a mania desaparecera na Alemanha (*de Praestigiis Daemonum*, 1563, Dedicatória).

do mais, a lei recusava a tornar a bruxaria em si passível de punição por morte. Lutero e os dominicanos podiam rivalizar em crédula ferocidade, mas, se a constituição imperial de 1532, a *Constitutio Criminalis Carolina*, generalizava o direito romano contra a bruxaria, também insistia na antiga distinção romana entre a bruxa "boa" e a "má". A punição podia ser apenas para dano feito por bruxaria: simplesmente ser uma bruxa não era suficiente.[74] Mesmo na Suíça, nessa época, a perseguição não era digna de nota. Genebra, essa cidade mercantil, sede de feiras internacionais e de uma burguesia instruída, há muito estava livre de julgamentos de bruxas. Em Schwyz eram desconhecidos até 1571. Zurique, sob Zwinglio, era moderada; o próprio Zwinglio nunca mostrou nenhum sinal de crença em bruxaria. A erasmiana Basiléia ouvia com polida diversão as histórias de bruxas das montanhas circundantes.[75]

Mas se os céticos pensavam que estavam prevalecendo, logo saberiam que não era assim. Se os evangelizadores católicos tinham desencadeado a mania, os evangelizadores protestantes logo a reviveriam e a ampliariam. Já na década de 1540 tinha havido sinais de advertência. Em 1540, na Wittenberg de Lutero, quatro

---

[74] A *Carolina* baseava-se na *Constitutio Bambergensis* de 1507, que fora compilada por Johann Freiherr zu Schwarzenberg u. Hohenlandsberg. O artigo da Carolina sobre bruxaria (art. 109) foi retirado inteiramente da Bambergensis. A lei romana pertinente é a lei de Constantino *de Maleficis et Mathematicis*, incorporada no Código de Justiniano.

[75] Para Zurique, ver Paul Schweizer, "Der Hexenprozess und seine Anwendung in Zürich", in *Zürcher Taschenbuch*, 1902; Nikolaus Paulus, *Hexenwahn und Hexenprozess*, § VIII, "Der Hexenwahn bei den Zwinglianern des 16ten Jahrhundert". (Mas a tentativa de Paulus de provar que Zwinglio era um perseguidor *ex silentio* parece-me uma defesa.) Para Schwyz, ver A. Dettling, *Die Hexenprozesse im Kanton Schwyz* (Schwyz, 1907).

bruxas foram queimadas. Sobre esse assunto o próprio Lutero era tão crédulo quanto qualquer dominicano, e, à medida que envelhecia, passava a acreditar mais: *succubi, incubi,* vôo noturno e tudo mais. As bruxas, declarou ele, deviam ser queimadas mesmo que não causassem dano, simplesmente por fazerem um pacto com o Demônio.[76] Em Zurique, os sucessores de Zwinglio não imitavam sua contenção.[77] Em Genebra, Calvino manteve a mesma linguagem que Lutero. "A Bíblia", declarou ele, pregando para os Eleitos sobre a Bruxa de Endor, "ensina-nos que há bruxas, e que devem ser mortas... Deus ordena expressamente que todas as bruxas e magas devem ser mortas; e essa lei de Deus é uma lei universal". A lei de Deus foi exposta mais explicitamente em Êxodo XXII, 18: "Não se deve suportar que uma bruxa viva". Sobre esse saboroso texto, o clero protestante — luterano, calvinista, zwingliano — pregaria, com severo encanto, pelo século seguinte; e não deixaria de salientar que a lei de Deus, ao contrário da lei do imperador, não abre exceção a favor da "bruxa boa".[78]

---

[76] Paulus, *Hexenwahn und Hexenprozess*, § II, "Luthers Stellung zur Hexenfrage", mostra a crescente credulidade de Lutero. Este baseava suas crenças explicitamente na Bíblia e em relatos de velhas mulheres, mas ele era, naturalmente, um frade renegado, e, embora não confessasse essa fonte, sem dúvida conhecia a demonologia mais sistemática dos inquisidores.

[77] Paulus, *Hexenwahn und Hexenprozess*, § viii. O afastamento da Igreja zwingliana em relação ao liberalismo de seu fundador é mais acentuado no século seguinte. Ver o relato de Bartholomäus Anhorn, *Magiologia* (Basiléia, 1674), em Lea, *Materials*, p. 747.

[78] Paulus, *Hexenwahn und Hexenprozess*, § IV, "Die Bibel als Autorität für protestantische Hexenverfolgung", dá muitos exemplos do uso desse texto feliz. Para o inegável efeito do calvinismo, ver o sumário em G. L. Burr, "New England's Place in the History of Witchcraft, in *Proceedings of the American Antiquarian Society*, 1911, republicado in Burr, *Life*, p. 352-77.

Aonde quer que fossem, levavam a mania consigo. Foram os pregadores luteranos que primeiro a levaram para a Dinamarca,[79] missionários calvinistas que a implantaram na Transilvânia.[80] Como os dominicanos antes deles, os evangelizadores protestantes introduziram a mitologia sistemática da Inquisição nos países que até então tinham conhecido apenas as superstições isoladas do campo. Foram pregadores luteranos que levaram a mania de bruxas na década de 1560 para Brandemburgo, Würtemberg, Baden, Baviera, Mecklemburgo. Foi a revolução calvinista que levou a primeira lei sobre bruxa para a Escócia em 1563 e assim inaugurou um século de terror. No ano anterior, a primeira lei geral sobre bruxas fora aprovada pelo Parlamento inglês. Tanto na Escócia quanto na Inglaterra a pressão provinha dos "exilados de Maria [Stuart]" — o clero protestante que, na época de perseguição, adorava Calvino ou outros reformadores, na Suíça e na Alemanha.[81]

---

[79] O oráculo dinamarquês era Niels Hemmingsen (Hemmingius), que publicou sua *Admonitio de Superstitionibus Magicis Vitandis* em Copenhague, em 1575. Ele estudara em Wittenberg com o sucessor de Lutero, Melanchton, e mostra algo do bom senso de seu mestre. Mas é firme na questão da bruxa boa": "similis est impietas nocere et prodesse arte magica". Ele explicitamente rejeita a antiga distinção do direito romano.

[80] F. Müller, *Beiträge zur Geschichte des Hexenglaubens und des Hexenprozesses in Siebenburgen* (Brunswick, 1854), p. 16 s.

[81] Para a Escócia, ver G. F. Black, "Witchcraft in Scotland 1510-1727", in *Bulletin of the New York Public Library* XLI, nº 11 (nov. 1937). Para a Inglaterra, Notestein, *History of Witchcraft in England*. Notestein salienta que as primeiras perseguições sob a nova lei foram explicitamente relacionadas, pelo magistrado incumbido, com opiniões trazidas por Jewel da Suíça: "Há um homem de grande astúcia e conhecimento, que veio recentemente para junto de nossa Majestade a Rainha, que advertiu sobre o grupo e o número de bruxas que estão na Inglaterra, diante do que eu e outros de sua Justiça recebemos a incumbência de prender tantas quanto estiveram dentro desses limites."

A responsabilidade do clero protestante no renascimento da mania de bruxas em meados do século XVI é inegável. Isso levou alguns comentaristas a sustentar que o protestantismo tem especial responsabilidade por essas crenças. Mas isso é absurdo: é julgar muito com uma base muito estreita. Para dispor de tal conclusão, precisamos apenas olhar em retrospecto para os dominicanos. Podemos fazer o mesmo em relação aos jesuítas.

Pois se os dominicanos foram os evangelizadores da Contra-Reforma medieval, os jesuítas foram os evangelizadores da Contra-Reforma do século XVI, e se os evangelizadores protestantes levaram a mania aos países que haviam conquistado para a Reforma, esses evangelizadores católicos levaram-na igualmente aos países que tinham reconquistado para Roma. Alguns dos mais famosos missisonários jesuítas distinguiam-se na propagação da mania de bruxas: São Pedro Canísio, o apóstolo da Alemanha; Peter Thyraeus, o oráculo do arcebispo da queima de bruxas de Mainz; padre Schorich, o pregador da corte do duque de Baden; Gregor von Valentia, o teólogo de Ingolstadt; Jerome Drexel, pregador da corte do insaciável duque da Baviera; Georg Scherer, pregador da corte do imperador em Viena. Foi a reconquista católica que levou de uma forma terrível a mania de bruxas para a Baviera, onde os duques Guilherme V e Maximiliano I, grandes patronos dos

---

(p. 46) Pode-se acrescentar que o primeiro manual de crenças em bruxas a ser publicado na Inglaterra também veio da Suíça. Foi o *de veneficis... Dialogus*, de Lambert Daneau, do qual Thomas Twyne publicou uma tradução em 1575. A obra de Daneau fora escrita em Gien, perto de Orléans, onde ele era pastor huguenote, mas foi publicada em Genebra, para onde fugira depois do massacre de São Bartolomeu e onde anteriormente aprendera suas doutrinas com o próprio Calvino.

jesuítas, mantiveram acesas as fogueiras de bruxas. Foi a reconquista católica que dizimou a Renânia na década de 1590, e os jesuítas que ficaram por trás de seus maiores verdugos, o arcebispo de Trier e seu terrível sufragâneo, o bispo Binsfeld. Foi a reconquista católica que introduziu a queima de bruxas em Flandres, e o jesuíta Del Rio que a manteria. A carta patente de 1590 de Filipe II, declarando a bruxaria o flagelo e a destruição da raça humana, iniciou um longo reinado de terror em Flandres. A Contra-Reforma levou a mania de bruxas para a Polônia, assim como a Reforma a havia levado para a Hungria. O retorno do poder clerical em 1600 levou à renovação dos julgamentos de bruxas no Franche-Comté. Poderes especiais concedidos pelo papa em 1604 permitiram ao duque Maximiliano intensificar a cruzada na Baviera. Pierre de l' Ancre, o alegre verdugo do Pays de Labourd em 1609, ufanava-se de sua educação jesuíta.[82]

Assim, se examinamos em seu contexto o renascimento da mania de bruxas na década de 1560, vemos que não se trata do produto nem do protestantismo nem do catolicismo, mas de ambos: ou melhor, de seu conflito. Assim como os evangelizadores dominicanos medievais tinham atribuído as crenças em bruxas a toda sociedade que resistia a eles, tanto os evangelizadores protestantes quanto os católicos de meados do século XVI atribuíram as mesmas crenças às

---

[82] Para os jesuítas na Alemanha, ver em especial Duhr, *Geschichte der Jesuiten in den Ländern deutscher Zunge*, II, ii, 498, etc.; Riezler, *Geschichte der Hexenprozessen in Baiern*. Os reconhecimentos do historiador jesuíta são tão convincentes quanto quaisquer das acusações dos protestantes. Para o Franche-Comté, ver os documentos publicados por F. Bavoux in *La Sorcellerie en Franche-Comté: Pays de Quingey* (Mônaco, 1954) e *Hantises et diableries dans la terre abbatiale de Luxeuil* (Mônaco, 1956). Ver também Lea, *Materials*, p. 1218-19. Para Flandres, ver J. B. Cannaert, *Procès des sorcières en Belgique sous Philippe II et le gouvernement des archiducs* (Gante, 1847). Para a Polônia, Soldan-Heppe, p. 1427.

sociedades que se opunham a eles. A recrudescência da absurda demonologia do *Malleus* não era conseqüência lógica de qualquer idéia religiosa: era a conseqüência social de guerra ideológica renovada e de concomitante clima de medo. Os partidos se apoiavam em uma mitologia que já existia, elaborada a partir de uma situação similar por seus predecessores medievais. Talvez, às vésperas da Reforma, essa mitologia estivesse no fim. Quem pode dizer o que poderia ter acontecido se Erasmo tivesse triunfado em vez de Lutero e Loyola? Então a Renascença poderia ter levado diretamente ao Iluminismo e a mania de bruxa poderia ser lembrada como uma loucura puramente medieval. Mas não seria assim. A oposição frontal entre católicos e protestantes, representando duas formas de sociedade incompatíveis uma com a outra, levou os homens ao antigo dualismo de Deus e Demônio, e o hediondo reservatório de ódio, que parecia estar secando, foi subitamente enchido de novo.

A recrudescência da mania de bruxas a partir de 1560, aproximadamente, pode ser documentada segundo numerosas fontes. Podemos acompanhá-la geograficamente, examiná-la, país por país, enquanto missionários protestantes ou católicos declaram guerra aos obstinados. Podemos vê-la na literatura, na série de grotescas enciclopédias em que autor após autor repetia e ampliava as fantasias do *Malleus*. Podemos vê-la em sua forma legal, na mudança gradual da lei e da prática para se adequar à alegada multiplicação de bruxas, e na gradual aquiescência dos legisladores a um novo e proveitoso ramo de seu negócio.[83] Uma das novas práticas era o

---

[83] É interessante observar a mudança na atitude legal em relação à bruxaria no correr do século XVI. De início, os legisladores eram geralmente hostis à nova mitologia – como Mozzolino (ver anteriormente, p. 204), Francisco de

"teste da água fria", ou seja, jogar uma pessoa suspeita de ser bruxa em um lago ou rio para ver se flutuaria ou não.[84] Se flutuasse, a ajuda diabólica estava provada e ela era queimada como bruxa. Se afundasse, a inocência podia ser presumida, embora talvez, nessa ocasião, ela tivesse se afogado. A literatura da época mostra que esse teste foi inventado, ou recuperado, na década de 1560.[85] Ao mesmo tempo, a própria lei recebia uma importante modificação: sob pressão clerical, abandonou a antiga e humana distinção entre bruxas "boa" e "má".

Vitoria (*Relectiones XII Theologicae*, cap. X, citado in Hanse, *Quellen*, p. 354-57) e outros admitem. Mas a partir de meados do século, geralmente apóiam os caçadores de bruxas, e em 1600 são mais violentos e afetados do que o clero. O mesmo espírito conservador que outrora resistira à novidade agora venerava a doutrina estabelecida.

[84] Assim chamado para distingui-lo do "teste da água quente", em que se punha o braço do suspeito em água fervente e pelo efeito se media a culpa ou inocência.

[85] Ver a controvérsia sobre o assunto provocada por Adolf Schreiber (Scribonius), *de Examine et Purgatione Sagarum... Epistola* (Lemgo, 1583). Schreiber era um médico de Marburgo e advogava o teste como científico. Entre seus críticos estavam Johann Ewich, médico do estado da cidade de Bremen, e Hermann Neuwaldt, médico de Brunswick. Ewich descreveu o teste da água fria como "indicium recens repertum sed nunc quoque passim usitatum" (*De Sagarum... Natura, Arte, Viribus et Factis*, Bremen, 1584, sig D. 3); Neuwaldt, como um teste que ele observou "nunc denuo vires resumere" (*Exegesis Purgationis sive Examinis Sagarum*, Helmstedt, 1585). É mencionado por Weyer em *de Praestigiis Daemonum* (Lea, *Materials*, p. 524-25). A maioria dos legisladores — até mesmo Bodin — condenava o teste da água fria (ver Gödelmann, *de Magis*, I cap. V, n. 21, 23, 26-30). Mas sua condenação era inútil: o costume, uma vez adotado, tornou-se um novo esporte entre o povo do campo, tão popular quanto atormentar ursos ou touros. Ver Francis Hutchinson, *An Historical Essay concerning Witchcraft* (1718), p. 175. Para seu uso na França, ver *Papiers d'état du chancelier Séguier* (Paris, 1964), I, 636-37. Devo esta última referência à senhora Menna Prestwich.

Em 1563, a lei sobre bruxas da Escócia, obediente à voz de Calvino, prescreveu morte para todas as bruxas, boas ou más, e para os que as consultavam.[86] Em 1572, Augusto, o Pio, Eleitor da Saxônia, introduziu um novo código criminal, as *Consultationes Saxonicae*, segundo o qual até mesmo a bruxa "boa" devia ser queimada, simplesmente por ter feito um pacto com o Demônio, "mesmo que não tivesse prejudicado ninguém com sua bruxaria". Essa determinação era resultado de pressão organizada dos legisladores e clero da Wittenberg de Lutero.[87] A mesma determinação foi adotada dez anos depois, no Palatinado, por seu Eleitor luterano, Ludwig, e por vários outros príncipes. Onde as Igrejas católica, luterana ou calvinista predominavam, a prática era a mesma.[88] Na Inglaterra elisabetana, a lei preservava a antiga distinção, e de fato a Igreja anglicana tem um honrado registro de sanidade e moderação.[89] Seu mestre fora Bucer,

---

[86] *Acts of the Parliament of Scotland*, II, 539.
[87] Paulus, *Hexenwahn und Hexenprozess*, p. 55-57.
[88] Assim, Melchior Goldast, advogado calvinista, em um memorial apresentado ao Eleitor católico de Trier em 1629, declara que as bruxas, prejudiciais ou não, devem ser queimadas, e dá uma lista de príncipes e cidades católicas, luteranas e calvinistas, que tinham assim ajustado suas leis (*Rechtliches Bedencken von Confiscation der Zauberer-und Hexen-Güther*, Bremen, 1661). Ver também Lea, *Materials*, p. 805; Paulus, *Hexenwahn und Hexenprozess*, p. 78.
[89] "A oposição singularmente favorável que a Igreja anglicana apresenta tanto em relação ao catolicismo continental quanto ao puritanismo continental" é mencionada por W. E. H. Lecky, *History of the Rise and Influence of... Rationalism in Europe*, I, 124-26, e por White, *The Warfare of Science with Theology*, I, 362. Para que a inclinação religiosa não seja suspeita, deve-se acrescentar que White era batista. A mesma consideração foi feita por Francis Hutchinson, *An Historical Essay concerning Witchcraft*, Dedicatória: "Na maior parte, acredito, nossa Igreja da Inglaterra e seu clero têm tão pouco a expiar, nesse aspecto, quanto nenhuma." A *via media* erasmiana, a indiferença de uma Igreja não-evangelizadora, tem algo para recomendá-la. Para Estrasburgo, ver Lea, *Materials*, p. 1081, 1208; Reuss, *La Sorcellerie*, p. 178-81.

discípulo de Erasmo, cuja influência também manteve Estrasburgo como uma ilha de sensatez na Renânia. Mas mesmo na Inglaterra o clero calvinista pressionou pela conformidade com as puras "escolas de Cristo" do estrangeiro. Seu oráculo era o pregador de Cambridge e casuísta William Perkins, que fez conferência sobre o tema no Emmanuel College na década de 1590. Impôs a seus ouvintes — e indiretamente aos pais fundadores do puritanismo da Nova Inglaterra, que se revelariam hábeis discípulos[90] — a visão padrão do piedoso de que, pela lei de Moisés, "cuja eqüidade é perpétua" e a partir da qual não há exceções, a bruxa deve ser morta. Quem quer que tenha feito um pacto com o Demônio, mesmo que para fazer o bem, deve morrer. De fato, disse Perkins, "a bruxa boa" era "um monstro mais horrível e detestável que a má"; assim, se "a morte cabia a qualquer delas", como sabemos que é devida a todas, "então mil mortes de direito pertencem à bruxa boa".[91] Poucos anos depois, o demonologista real, James VI da Escócia, veio a reinar na Inglaterra. Criado como bom calvinista e comprometido com todos os absurdos da ciência continental, não gostava da suave lei elisabetana. "Viu um defeito nos estatutos", conforme se relata, "... pelos quais ninguém morria por bruxaria, mas somente aqueles que por esse meio matavam, de modo que esses eram executados mais como assassinos do que como bruxas." Assim, fez com que a lei fosse mudada. Daí por diante, a morte era a penalidade legal, mesmo na Inglaterra, para a bruxa "boa".[92]

---

[90] Para a influência de Perkins sobre os puritanos da Nova Inglaterra, ver Burr, *Life*, p. 366.
[91] Perkins, *A Discourse on the Damned Art of Witchcraft*, p. 173-78, etc.
[92] Para a lei sobre bruxas de James I, criada em 1604, ver Notestein, *History of Witchcraft in England*, p. 101-4.

Está claro que essa recrudescência da mania de bruxas na década de 1560 estava diretamente relacionada com o retorno da guerra religiosa. Isso pode ser mostrado a partir da geografia: toda grande eclosão encontra-se na área fronteiriça onde a luta não é intelectual, ou seja, uma dissensão de opinião, mas é social, ou seja, a dissidência de uma sociedade. Quando o bispo Palladius, reformador da Dinamarca, visitou sua diocese, declarou que aqueles que usavam orações ou fórmulas católicas eram bruxas; e as bruxas, disse ele, "nesses dias de pura luz evangélica", devem ser queimadas.[93] Quando o bispo Jewel, recém-chegado da Suíça, disse à rainha Elizabeth que as bruxas e feiticeiras "nesses últimos anos aumentaram muito dentro do reino de sua Graça", e pedia ação contra elas, estava declarando guerra protestante à Inglaterra católica de Maria Tudor.[94] A perseguição na Inglaterra foi acentuada em Essex e em Lancashire — dois condados onde o catolicismo era forte e os evangelizadores puritanos particularmente enérgicos. Os calvinistas escoceses, quando obtiveram sua lei sobre bruxas, também estavam declarando guerra à sociedade católica. A Alemanha e a Suíça também eram países em que as duas religiões se enfrentavam em acirrada oposição social: na Alemanha, a perseguição permaneceu mais persistente na Vestfália, sede da heresia medieval e do anabatismo do século XVI,[95] enquanto

---

[93] Ver J. Janssen, *A History of the German People at the Close of the Middle Ages*, trad. de M. A. Mitchell e A. M. Christie (1896-1925), XVI, p. 30.
[94] Notestein, *History of Witchcraft in England*, p. 116.
[95] H. A. Meinders, escrevendo em Lemgo (Vestfália) em 1716, refere-se aos terríveis abusos nas perseguições a bruxas na Vestfália de 1600 a 1700 em que cidades inteiras, especialmente Herford e Lemgo, foram devastadas (citado em Lea, *Materials*, p. 1432; cf. também as observações de Jacob Brunnemann, ibid., p. 429). Mas a perseguição começara bem antes de 1600. Foi

na Suíça as cidades calvinistas combatiam os camponeses obstinados do país.[96] Na França, a antítese geográfica não era menos clara. As mesmas áreas que tinham aceitado as heresias medievais tornaram-se, no século XVI, a base sólida dos huguenotes: nas Guerras de Religião, o sul protestante se opunha ao norte católico, e o último reduto de protestantismo era o último reduto de albigensianismo, o Languedoc. Era portanto natural que as bruxas fossem encontradas em ilhas protestantes como Orléans ou Normandia; que em torno de 1609 toda a população da Navarra "protestante" fosse declarada como sendo de "bruxas";[97] e que a capital dos queimadores de bruxas fosse o grande centro da ortodoxia católica vingativa, Toulouse.[98]

---

em Lemgo, em 1583, que Scribonius publicara seus argumentos em favor do teste da água fria, então geralmente usado "in hisce nostris regionibus, praesertim vero in Westphalia". Ele dedicou suas obras aos magistrados de Lemgo e Osnabrük, a que Ewich e Neuwald a seguir acusaram de "iniqüidade e injustiça" contra bruxas. O jurista vestfaliano Anton Praetorius, que escreveu contra a mania em 1598-1602, fora levado a protestar pelas execuções que testemunhara ali. (Ver Paulus, *Hexenwahn und Hexenprozess*, § x, "Der calvinische Prediger Anton Praetorius, ein Bekämpfer der Hexenverfolgung".) Para demonstração estatística da perseguição em Osnabrück nas décadas de 1580 e 1590, ver Hansen, *Quellen*, p. 545, n. 1.

[96] Assim, nas áreas sob domínio da cidade protestante e de língua alemã de Berna, as vítimas provinham principalmente do Pays de Vaud, católico e de língua francesa: ver F. Treschsel, *Das Hexenwesen im Kanton Bern* (1870), e H. Vuilleumier, *Histoire de l'Église réformée du Pays de Vaud sous le régime bernois* (Lausanne, 1927-33), II, p. 642-721.

[97] Isso é afirmado várias vezes por De l'Ancre, *L'Incrédulité*.

[98] Toulouse preservou uma característica constante de intolerância. Foi o centro a partir do qual a heresia albigense foi exterminada; desempenhou papel sangüinário na extinção dos huguenotes do Languedoc; e não foi menos brutal na guerra contra as bruxas. A primeira bruxa conhecida a ter confessado relação sexual com o Demônio foi queimada em Toulouse em 1275 (Lea, *Inquisition in the Middle Ages*, III, 384). A partir da época do papa João XXII, foi

A mesma ligação pode ser mostrada a partir da cronologia. A recrudescência na década de 1560 marca o período de evangelismo protestante. A partir de então, quase toda irrupção local pode ser relacionada com a agressão de uma religião a outra. As Guerras de Religião introduzem o pior período de perseguição às bruxas na história da França. A irrupção no País Basco, em 1609, anuncia a reconquista católica do Béarn. As terríveis irrupções na Alemanha, em Flandres e na Renânia na década de 1590, e novamente em 1627-29, marcam os estágios de reconquista católica. Compreensivelmente, os historiadores católicos da Alemanha estendem-se com unção sobre as perseguições das décadas de 1560 e 1570, quando os queimadores de bruxas eram protestantes.[99] Os protestantes podem vingar-se ao

---

cenário de contínuos e ferozes julgamentos de bruxas (Lea, *Materials*, p. 222, 230-32, etc.); e só no ano de 1577, segundo Pierre Grégoire, um advogado civil de Toulouse (*Syntagma Juris Universi...* Lyon, 1582), o parlamento de Toulouse queimou 400 bruxas. A mesma autoridade queimaria Giulio Cesare Vanini por heresia intelectual, em 1619, e torturaria Jean Calas na roda por ser huguenote, em 1762. A catedral de Albi, a Universidade de Toulouse e o aparelho taumatúrgico de Lourdes marcam os sucessivos triunfos de uma ortodoxia intolerante sobre o espírito, a mente e o senso comum. A mesma característica de intolerância, independentemente da natureza da heresia, pode ser detectada na Baviera. A natureza opressiva da Contra-Reforma na Baviera é bem conhecida. Max Bauer, editor da *Geschichte der Hexenprozesse* de Soldan-Heppe, pôs como epígrafe do livro uma canção especialmente revoltante da ortodoxia bávara:
Die Teutschen wurden wohlgemut,
Sie giengen in der Ketzer Plut
Als wers ein Mayentawe.
(Os alemães têm espírito corajoso: andam no sangue dos heréticos como se fosse orvalho de verão.) Em nossa época, a Baviera foi o berço do nazismo.
[99] Assim, a idéia principal de todos os eruditos ensaios de Nikolaus Paulus, impressos como *Hexenwahn und Hexenprozess*, é mostrar (a) que antes da Reforma todos os homens, inclusive os humanistas, acreditavam em bruxaria, de

olhar, para trás, a campanha dominicana do final da Idade Média, ou, para a frente, os triunfos católicos do início do século XVII.

Havia alguma diferença entre a mania católica e a protestante? Teoricamente, sim. Os católicos herdaram toda a tradição medieval dos últimos padres e escolásticos, enquanto os protestantes rejeitavam tudo que um papado corrupto tinha acrescentado à Bíblia e aos padres primitivos. Teoricamente, portanto, deviam ter rejeitado toda a ciência demonológica dos Inquisidores, pois ninguém podia dizer que *succubi* e *incubi*, "diabinhos" ou lobisomens, gatos ou cabos de vassoura seriam encontrados na Bíblia. Essa consideração era constantemente feita por críticos protestantes isolados, mas não tinha efeito em seus teóricos oficiais. Alguns autores calvinistas, isoladamente, podiam ser mais intelectuais e austeros,[100] mas em geral católicos e protestantes rivalizavam em credulidade. A autoridade de Lutero transmitia todas as fantasias dos dominicanos a seus discípulos, e as confissões de bruxas eram encaradas como um suplemento incontaminado à Sagrada Escritura. Assim, no final, católicos e protestantes concordavam quanto aos fatos e recorriam uns aos outros quanto aos detalhes. O católico Binsfeld cita os

---

modo que os inquisidores católicos não merecem acusação especial; (*b*) que no final do século XVI os protestantes eram grandes queimadores de bruxas. Embora Paulus leve seu interesse pela perseguição protestante até o fim do século XVII, ele não demonstra interesse pelas perseguições de 1590 a 1630, que eram sobretudo católicas.

[100] Assim Perkins (*A Discourse on the Damned Art of Witchcraft*) não menciona *succubi* ou *incubi* — que também estão ausentes dos julgamentos de bruxas inglesas — e rejeita tudo que pudesse ser considerado "conjuração" papista, mas aceita o pacto com o Demônio e o poder do Demônio, com a permissão de Deus, para operar os milagres que quiser, a partir do que tudo o mais pode decorrer logicamente, mesmo sem o ensino dominicano.

protestantes Erasto e Daneau; o calvinista Voëtius e o luterano Carpzov citam o dominicano *Malleus* e o jesuíta Del Rio. Também concordavam em denunciar aqueles infames céticos que insistiam em lhes dizer que as supostas bruxas eram apenas velhas senhoras "melancólicas" e iludidas, e que a Bíblia, ao impor a morte às "bruxas", não se tinha referido a pessoas como elas. De ambos os lados, terríveis denúncias recaíam sobre esses neutros na guerra santa, esses "patronos de bruxas" que, juntamente com juízes lenientes, eram regularmente declarados como sendo eles próprios bruxas, merecendo igualmente a fogueira.

E quem eram esses céticos? Os mais famosos deles eram Johann Weyer, sobrevivente da época civilizada de Erasmo, discípulo do platônico Cornelius Agripa de Nettesheim, doutor em medicina que estudara na França humanista de Francisco I e praticara na Holanda erasmiana. Em 1550, fora convidado a Cleves pelo tolerante erasmiano duque de Cleves-Jülich-Berg-Marck, Guilherme V,[101] e foi sob sua proteção, e com seu incentivo, que escreveu, em 1563, aos 48 anos de idade, sua obra famosa, ou famigerada, *de Praestigiis*

---

[101] O pai de Guilherme V, João III, tinha realizado uma reforma erasmiana em seus ducados, e tivera como tutor de Guilherme um amigo de Erasmo, Conrad von Heresbach (ver A. Wolters, *Conrad von Heresbach*, Elberfeld, 1867). Carl Binz, *Doctor Johann Weyer...* 2ª ed. (Berlim, 1896), p. 159, descreve Guilherme V como "der in den Grundsätzen des Erasmus erzogene Herzog". A própria atitude de Weyer é ilustrada pelo fato de que todo seu capítulo XVIII é um extrato da *Apologia adversus articulos aliquot per monachos quosdam in Hispaniis exhibitos* de Erasmo (Basiléia, 1529). O próprio Weyer era protestante, mas seu protestantismo tem de ser deduzido: nunca é declarado nem por ele nem por seus inimigos – outra demonstração de sua moderação erasmiana. (Ver Janssen, *A History of the German People*, XVI, 320-21.) Sobre Weyer, ver também Leonard Dooren, *Doctor Johannes Wier, Leven en Werken* (Aalten, 1940).

Daemonum. Nesta, enquanto aceita a realidade da bruxaria e todo o mundo platônico dos espíritos, defendia que todas as atividades que as bruxas confessavam, e pelas quais estavam sendo queimadas em toda a Alemanha, eram ilusões criadas nelas, seja por demônios ou por doença. Depois de escrever sua obra, Weyer enviou cópias para seus amigos e esperou a reação.

A reação foi terrível. Weyer escolhera publicar seu livro exatamente no momento em que a mania de bruxas, depois de uma longa calmaria, estava começando de novo. Foi isso, de fato, que o levara a escrever. Mas esse platonista erasmiano — "o pai da psiquiatria moderna", como é chamado — não era mais ouvido por uma geração que havia repudiado Erasmo. Um colega médico podia saudá-lo como um profeta do iluminismo, um Hércules triunfante sobre a superstição,[102] mas seus outros leitores pensavam diferentemente. Os amigos disseram a Weyer que seu livro devia ser destruído ou reescrito; os inimigos disseram que ele era um "valdense", um Wyclif, um lunático. Sua obra foi denunciada pelo calvinista Lambert Daneau, queimada pela Universidade Luterana de Marburgo e posta no Índex pelo administrador católico dos Países Baixos, o duque de Alba, que em última instância conseguiria com que Weyer fosse afastado da Corte de Cleves. Todavia, o livro foi lido, e em 1577 Weyer publicou uma continuação em que se congratulava pelo efeito salutar do livro. Infelizmente — teve ele de acrescentar —, os tiranos tinham retomado sua perseguição assassina, e assim ele buscava, uma vez mais, expor os erros deles. Esse segundo livro

---

[102] Esse colega médico era Johann Ewich, cuja carta foi publicada por Weyer. Ver anteriormente, p. 214, n. 85.

Jean Bodin

veio a cair nas mãos de Jean Bodin, quando este estava por sua vez trabalhando com grande indignação contra a leniência dos juízes franceses e a infame neutralidade da corte francesa: a "erasmiana" e "platônica" corte de Catarina de Médicis.[103] Como se não tivesse escrito tolices suficientes, Bodin rapidamente acrescentou um apêndice denunciando Weyer como um infame patrono das bruxas, um cúmplice criminoso do Demônio.

Houve céticos depois de Weyer, mas nenhum aperfeiçoou materialmente sua obra. Assim como a demonologia dos caçadores de bruxas, católicos ou protestantes, foi formulada em sua forma final no *Malleus*, a filosofia básica dos céticos, católicos ou protestantes, foi formulada por Weyer, e nem uma nem outra foram modificadas pela discussão de um século. Todos os defensores da ciência demonológica a partir de Daneau e Bodin ocuparam-se de atacar os "vãos delírios" de Weyer; nenhum cético, pelo menos em forma impressa, fez mais que repetir sua argumentação. O mais famoso de seus sucessores, o inglês Reginald Scot, se foi inspirado por suas próprias experiências, aceitava os argumentos de Weyer, e a partir de então Weyer e Scot figuravam juntos, como um par infame, nos livros dos ortodoxos. O próprio rei James VI da Escócia escreveu seu

---

[103] Bodin atacou Carlos IX como patrono das bruxas em seu *De la démonomanie des sorciers*. Henrique III foi regularmente atacado nas mesmas bases nos opúsculos de *Ligueur* de 1589. Ver, por exemplo, *La Vie et faits notables de Henri de Valois; L'Athéisme de Henri de Valoys; Les Sorcelleries de Henri de Valoys; Charmes et caractères de sorcelleries de Henri de Valoys trouvez en la maison de Miron, son preier médecin*. O erasmianismo da Corte de Catarina de Médicis é bem apresentado por Frances Yates, *The Valois Tapestries* (Studies of the Warburg Institute, 1959), p. 102-8. Para Henrique III como patrono de "magos" platônicos, ver Frances Yates, *Giordano Bruno* (1964), p. 180.

tratado de *Demonologie* para refutar Weyer e Scot; quando chegou ao trono inglês, um de seus primeiros atos foi mandar queimar a obra de Scot; e o calvinista holandês Voëtius, igualmente enfurecido contra ambos os céticos, foi capaz de rejeitar suas argumentações recorrendo à autoridade incontestável: Weyer foi refutado pelo rei James e por Scot "pela queima pública de todos os exemplares de seu livro".[104]

Os inimigos de Weyer, Scot e outros céticos sempre os acusaram de negar a realidade da bruxaria. Seus defensores impacientemente insistiam que isso não era verdade. Não era. Weyer acreditava implicitamente no poder de Satanás, mas não em que velhas mulheres fossem seus agentes. "Verdadeiramente não nego que haja bruxas", escreveu Scot, "...mas detesto as opiniões idólatras concebidas sobre elas." No fim da mania de bruxas, embora sempre ouçamos dizer que há quem não acredite na existência de bruxas,[105] nunca ouvimos realmente as negações. Até o fim, a argumentação mais radical contra a mania de bruxa não era que as bruxas não existem, nem mesmo que o pacto com Satã é impossível, mas simplesmente que os juízes erram em sua identificação. As "pobres mulheres

---

[104] *Gisberti Voetii Selectarum Disputationum Theologicarum... Pars Tertia* (Utrecht, 1649), p. 539-632, "de Magia". É divertido observar essa inflexível deferência calvinista à autoridade pública: ele nunca menciona Scot sem acrescentar "eius liber titulo *Discoverie of Witchcraft* in Anglia combustus est", "fuit tamen liber ille publica auctoritate combustus" ou alguma expressão do tipo: por exemplo, p. 544, 451, 564.

[105] "Bruxas, se é que tais criaturas existem" é expressão que aflora em registros casuais, como nas observações de um soldado inglês na Escócia (ver *Letters and Papers illustrating the Relations between Charles II and Scotland in 1650*, Scottish History Society, 1894, p. 136). Edward Fairfax, em *A Discourse of Witchcraft...* (1621), refere-se a isso como "pensar que não há bruxas", e diz ter ouvido que há muita gente assim, "alguns homens de valor, religosos e dignos". Mas essa incredulidade absoluta não é encontrada em textos argumentativos.

senis", como Scot a elas se refere, que eram arrastadas diante dos tribunais, e que podem confessar — quer por meio de tortura ou de ilusão — serem bruxas, não fizeram de fato nenhum pacto com o Demônio, ou se renderam a seus encantos, ou prejudicaram homem ou animal. São "melancólicas". Essa era uma doutrina cansativa, e levou sucessivos comentaristas ortodoxos a ataques de indignação. Não podia ser refutada. Mas igualmente não podia refutar a mania de bruxas. Logicamente, deixava-a intocada.

A impotência dos críticos, todo um século depois da Bula das Bruxas, é claramente mostrada pelos terríveis acontecimentos que acompanharam a reconquista católica na Alemanha. Se os príncipes protestantes e os pequenos senhores tinham travado guerra contra as bruxas em Württemberg e Baden, Brandemburgo e Saxônia, na década de 1560, "por respeito à lei e à piedade evangélica",[106] os príncipes católicos e os príncipes-bispos (que exerciam o mesmo poder) os sobrepujaram, por sua vez, a partir de 1580. Em um estado alemão após outro, a caça foi então recomeçada, e nenhum príncipe era insignificante demais para se qualificar na competição. O príncipe-abade de Fulda, por exemplo, Balthasar von Dernbach, fora expulso por seus súditos protestantes. Quando retornou em 1602, vingou-se. Deu carta branca a seu ministro, Balthasar Ross, que se intitulava *Malefizmeister*, ou "mestre das bruxas", e realizou "uma inquisição itinerante" pelo principado, atingindo inesperadamente aldeias onde ele pressentia uma rica presa. Inventou novas torturas, era pago por resultados, e em três anos, por 250 vítimas,

---

[106] Foi "aus habendem Recht und evangelischer Frommigkeit" que o conde Ulrich e o conde Sebastian von Helfenstein, protestantes, torturaram e queimaram 63 bruxas em 1562-63 (ver Paulus, *Hexenwahn und Hexenprozess*, p. 110).

recebera 5.393 florins.[107] Outros exemplos podiam ser apresentados. Mas talvez o mais espetacular exemplo, nesses primeiros anos da reconquista, seja o do devoto arcebispo-eleitor de Trier, Johann von Schöneburg.

Johann von Schöneburg começou seu reinado em 1581. "Maravilhosamente dedicado" aos jesuítas, para os quais construiu e instalou um esplêndido colégio, mostrou sua devoção de modo militante também. Primeiro extirpou os protestantes, depois os judeus, por fim as bruxas: três estereótipos da não-conformidade. Graças a seu apoio, a campanha de Trier foi "de importância quase única na história da bruxaria". Em 22 aldeias, 368 bruxas foram queimadas entre 1587 e 1593, e duas aldeias, em 1585, ficaram com apenas um habitante do sexo feminino cada uma.[108] Entre as vítimas estavam homens, mulheres e crianças de origem nobre e com posição pública, tal como Dietrich Flade, reitor da universidade e principal juiz do tribunal eleitoral. Não convencido pelas confissões que eram extraídas por tortura, ele julgava as vítimas com leniência. Conseqüentemente, o príncipe-arcebispo o prendeu, sob acusação de bruxaria, torturou-o até que confessasse o que lhe era imposto, estrangulou-o e queimou-o. Isso pôs um paradeiro na leniência dos juízes, e a população de Trier continuou a diminuir. Enquanto diminuía, o carrasco, como um canibal solitário, inchava em or-

---

[107] Lea, *Materials*, p. 1075, 1079, 1232; Soldan, p. 312-13.
[108] *Gesta Trevirorum*, org J. H. Wyttenbach e M. F. J. Müller (Trier, 1839), III, 45-57. Esse temível relato da perseguição em Trier é de autoria de um cônego da catedral que ficou chocado com seus excessos. Partes dele são citadas por Soldan, p. 358-61; Lea, *Materials*, p. 1188-91; G. L. Burr, *Translations and Reprints from the Original Sources of European History: The Witch Persecutions* (Filadélfia, 1897). A observação sobre o significado singular da perseguição em Trier é de autoria de Burr.

gulho e exibição, e circulava em um belo cavalo, "como um nobre da Corte, vestido de prata e ouro, enquanto sua mulher competia com mulheres nobres em termos de vestuário e luxo".[109]

A mania em Trier foi espetacular, mas não era de modo algum isolada. Em toda a Renânia e no sul da Alemanha, nessa época, o exemplo foi seguido, e a ilimitada jurisdição secular e clerical dos príncipes era capaz de terrível abuso. Além do mais, como os bons reis de Israel que procuravam imitar, cada príncipe também tinha seu profeta para incentivar seu zelo e mantê-lo aceso. O arcebispo de Trier tinha como seu sufragâneo Peter Binsfeld, cujas duas obras sangüinárias, publicadas em 1589 e 1591, foram de grande auxílio para manter e orientar a perseguição. O arcebispo de Mainz tinha seu jesuíta, Peter Thyraeus, que publicou em 1594. O duque de Lorena tinha o advogado Nicolas Rémy, cuja *Daemonolatreia*, publicada em 1595, foi saudada como a maior enciclopédia católica de bruxaria desde o *Malleus*. O cardeal-arcebispo de Besançon, no Franche-Comté espanhol, tinha outro advogado, Henri Boguet, cujo *Examen des sorciers* foi publicado em 1602, sendo sua correção atestada pelo reitor do colégio jesuíta de Besançon. Nesse ínterim, as autoridades espanholas em Flandres foram incentivadas pelo enorme sucesso de seu produto local. Este era a grande enciclopédia de Martin del Rio, espanhol que se tornou flamengo e advogado que se tornou jesuíta. Foi publicada inicialmente em 1599-1600,

---

[109] Para a perseguição em Trier, ver Lea, *Materials*, p. 1075, 1189-90; G. L. Burr, "The Fate of Dietrich Flade", *American Historical Association Papers*, v (1891), p. 3-57 (reproduzido parcialmente em Burr, *Life*, p. 190-233). Para a prosperidade similar do carrasco em Schongau, Baviera, ver Riezler, *Geschichte der Hexenprozessen in Baiern*, p. 172. Outros exemplos em Soldan, p. 314 s.

em Louvain, e rapidamente substituiu a obra de Rémy como o novo *Malleus* católico. Quando verificamos que essa mesma época, 1580 a 1602, a época de Bodin a Boguet, também viu a *Demonologie* protestante do rei James na Escócia, a obra do calvinista Perkins na Inglaterra, a tradução da obra de Bodin para o latim pelo calvinista holandês Franciscus Junius[110] e os manuais luteranos de Henning Gross, em Hanover, e Johann Georg Gödelmann, em Mecklemburgo, bem como uma centena de obras menores, vemos que as baterias do saber estavam prontas para vencer a débil voz da dissensão.

Ler essas enciclopédias de bruxaria é uma experiência horrível. Cada uma parece superar a anterior em crueldade e absurdo. Juntas insistem que cada detalhe grotesco de demonologia é verdadeiro, que o ceticismo deve ser sufocado, que os céticos e advogados que defendem as bruxas são eles próprios bruxas, que todas as bruxas, "boas" e "más", devem ser queimadas, que nenhuma desculpa, nenhuma atenuação é permissível, que a mera denúncia por uma bruxa é evidência suficiente para queimar outra. Todos concordam que as bruxas estão se multiplicando inacreditavelmente na cristandade, e que a razão para seu aumento é a leniência inconveniente de juízes, a imunidade indecente de cúmplices de Satanás, os céticos. Alguns dizem, escreve Binsfeld, que o aumento de bruxas é um argumento para a leniência. Que sugestão! A única resposta ao aumento do crime é o aumento da punição: enquanto no mundo houver bruxas, magas, feiticeiras, deve haver fogueira! fogueira! fogueira! Rémy achava que não somente os advogados mas também a lei eram

---

[110] Franciscus Junius (François du Jon) era francês de nascimento, mas naturalizado nos Países Baixos.

muito suaves. Pela lei, as crianças que se dizia terem acompanhado a mãe no sabá eram simplesmente chicoteadas diante da fogueira em que a mãe estava sendo queimada. Rémy teria feito com que toda a semente das bruxas fosse exterminada e teria indicado (para mostrar que os católicos também podiam citar a Bíblia) o destino das crianças irreverentes que Elias de modo muito adequado fizera com que fossem devoradas por ursos. Boguet estava reduzido a esforço histérico quando pensava no destino da cristandade, a menos que a epidemia fosse detida. Calculava que as bruxas da Europa já podiam levantar um exército maior que aquele que Xerxes liderara contra a Europa. E por toda parte à sua volta, ele via sinais de seu aumento. A Alemanha estava quase inteiramente ocupada em erguer fogueiras para elas — ele olhava, sem dúvida, para Trier e Mainz. A Suíça tivera de varrer aldeias inteiras a fim de exterminá-las — na última década pelo menos 311 bruxas tinham sido queimadas, em grupos cada vez maiores, no Pays de Vaud apenas.[111] Os viajantes na Lorena podiam ver milhares e milhares de fogueiras — as fogueiras para as quais Nicolas Rémy as estava enviando. "Na Borgonha não estamos mais livres do que em outras terras... A Savóia não escapou a essa peste". De fato, era das montanhas da Savóia que elas desciam para o Franche-Comté — a Savóia, como o calvinista Daneau escrevera, que podia produzir um exército de bruxas capazes de fazer a guerra e derrotar grandes reis.[112] Em toda a Europa, exclamava Boguet, "essa vermina miserável e danada (...)

---

[111] Vuilleumier, *Histoire de l'Église réformée*, II, 655-56.
[112] Daneau, *de Veneficis... Dialogus*, p. 11. A Savóia ainda é um dos principais centros da mania um século depois. Ver P. Bayle, *Réponse aux questions d'un provincial* (Rotterdam, 1704) I, p. 285.

se multiplicava na terra como lagartas em um jardim... Queria que tivessem apenas um corpo, de modo que pudéssemos queimá-las de uma só vez, em uma fogueira!"

Quando lemos esses tratados monstruosos, achamos difícil ver seus autores como seres humanos. E, no entanto, quando examinamos suas biografias, como se revelam personagens inofensivos, eruditos! Rémy era um estudioso culto, um elegante poeta latino, o dedicado historiador de seu país. Quando morreu, em 1616, tendo enviado (segundo nos é informado) entre duas e três mil vítimas para a fogueira, era universalmente respeitado. A dedicatória de sua *Daemonolatreia* para o cardeal Carlos de Lorena mostrava tocante solicitude pessoal: o cardeal sofria de reumatismo, que ele atribuía a maquinações de bruxas.[113] Boguet era também um estudioso, com grande conhecimento dos clássicos e de história. De l'Ancre, o destruidor das bruxas bascas, é um encantador escritor que nos apresenta um relato idílico de sua casa de campo em Louvens, com uma gruta e capela de conchas de ostra, instalada em uma montanha que sobrepaira o rio Garona, "o Monte Parnaso das Musas". Esse velho anti-semita e queimador de bruxas, que se retirou para longe a fim de se dedicar às musas, ficou desolado quando a gota o prendeu em Bordeaux e o impediu de mostrar sua "capela de grutas e fontes" a Luís XIII.[114] O jesuíta Del Rio também era uma figura universalmente respeitada, dedicado a tranqüila erudição desde jovem, quando criara para si uma combinação especialmente construída de mesa e triciclo a fim de correr, com todos os seus papéis, de fólio para fólio, em grandes bibliotecas. Graças a esses

---

[113] Para um relato de Rémy, ver Ch. Pfister, in *Revue historique*, 1907.
[114] P. de l'Ancre, *L'Incrédulité*, Dedicatória, etc.

artefatos economizadores de trabalho, produziu uma edição de Sêneca aos 19 anos de idade, citando 1.100 autoridades, e foi saudado por ninguém menos que o erudito Justus Lipsius como "o milagre de nossa época". Sabia nove línguas, era maravilhosamente casto, recusando-se, quando jovem, a compartilhar a cama de um homem muito ilustre, era devoto da Virgem Maria e tão temido pelos heréticos quanto Heitor pelos gregos ou Aquiles pelos troianos, e morreu quase cego pelo intenso estudo que dedicara à detecção e ao desmascaramento de bruxas.[115]

A sociedade, naturalmente, aprovava Rémy e Boguet, De l'Ancre e Del Rio, e eles próprios estavam inteiramente satisfeitos com seu trabalho. Afinal, os racionalistas da época eram os eruditos, enquanto os céticos eram os inimigos da razão. Esses céticos eram platônicos, herméticos, paracelsianos — caso em que eles próprios eram bruxas e mereciam ser queimados, como Giordano Bruno e Vanini foram — ou eram "epicuristas", "libertinos", "pirrônicos", que duvidavam da razão humana e reduziam suas mais requintadas elaborações a pó de dúvida. Assim era Montaigne, que, tendo comparecido a uma queima de bruxa em alguma pequena corte da Alemanha, observou que "é estimar muito nossas conjecturas queimar pessoas vivas por causa delas".[116] Contra essas fantasias, os guardiães da razão e da instrução naturalmente se mantinham firmes, e a ortodoxia era protegida, imparcialmente, pelo milagre da doutrina católica, do jesuíta Del Rio e do Salomão protestante, o rei James.

---

[115] Ver *Martini Antonii Delrio e Soc. Jesu... Vita brevi commentariolo expressa* (Antuérpia, 1609).
[116] Montaigne, *Essais*, liv. III, § II.

De fato, quanto mais culto era um homem, na erudição tradicional da época, mais provavelmente constituía um apoio aos doutores em bruxas. Os mais ferozes dos príncipes queimadores de bruxas, como com freqüência se vê, são também os mais cultos patronos da cultura contemporânea. O príncipe-arcebispo católico de Würzburg, Julius Echter von Mespelbrunn, que introduziu a mania em seu território na década de 1590, era um homem universal da época, polido, culto e esclarecido — com o esclarecimento da Contra-Reforma.[117] Seu contemporâneo protestante, Heinrich Julius, duque de Brunswick, é descrito como "inquestionavelmente o príncipe mais culto de sua época" — e era um contemporâneo de nosso James I. Era versado em matemática, química, ciência natural, latim, grego e hebreu. Era um jurista que preferia as pandectas à Bíblia e ler o Código em lugar de uma novela; um arquiteto que projetou os prédios de sua nova Universidade de Helmstedt; um poeta e um dramaturgo. Em suas peças, insistia com unção no dever moral dos príncipes de queimar bruxas, e por todo seu reinado (que começou com a expulsão dos judeus de seu estado) nunca falhou nessa obrigação. Em vida, diz um cronista, a praça Lechelnholze em Wolfenbüttel parecia uma pequena floresta, de tão cheia de estacas; obras de grande superstição eram agradecidamente dedicadas a ele;[118] e, quando morreu, seu pregador da Corte, enumerando suas

---

[117] Ver Götz Freiherr von Pölnitz, *Julius Echter von Mespelbrunn* (Munique, 1934).
[118] Por exemplo, Henning Gross (Grosius), *Magica seu mirabilium historiarum de Spectris... Libri II* (Eisleben, 1597). Em sua dedicatória para Gross, um livreiro hanoveriano, oferece gratidão servil ao príncipe por sua justiça exterminadora contra bruxas nessa época em que Satanás está mais do que nunca descarregando seu abominável veneno por toda a cristandade.

virtudes, insistiu especialmente em seu zelo em queimar bruxas "segundo a palavra de Deus".[119]

A mania européia de bruxas da década de 1590, que arrancou tantos gritos da ortodoxia, por fim arrancou pelo menos um protesto. Em 1592, oito anos depois do protesto de Scot na Inglaterra, Cornelis Loos, um católico extremado, ousou sugerir que o vôo noturno e o sabá eram imaginários, que *incubi* e *succubi* não existiam, e que as confissões extraídas por tortura eram um meio de derramar sangue inocente. Mas Loos, ao contrário de Scot, nunca alcançou o público. O impressor de Colônia a quem ele ofereceu seu livro percebeu o perigo. Loos foi denunciado, aprisionado e forçado a humilhante retratação. O bom bispo Binsfeld estava presente em sua retratação, e o bom jesuíta Del Rio publicou o texto dela como profilaxia "para impedir que algum demônio conseguisse" imprimir as opiniões que as benevolentes autoridades tinham suprimido. De fato, a profilaxia era desnecessária. A despeito de repetidos esforços, que lhe custaram outra prisão, até que a morte por peste o poupou da fogueira, o livro de Loos nunca foi publicado. Permaneceu trancado por três séculos no colégio jesuíta de Trier, e suas chocantes concepções eram conhecidas apenas por sua retratação oficiosamente publicada.[120]

Mas se os ortodoxos levavam à supressão dos críticos, não conseguiam reduzir as bruxas. Depois de 1604, a campanha decresceu, pelo menos por um tempo: o retorno da paz à Europa sem dúvida

---

[119] A. Rhamm, *Hexenglaube und Hexenprozesse, vornämlich in den braunschweigischen Landen* (Wolfenbüttel, 1882). Cf. Soldan-Heppe, II, p. 59 s.

[120] O manuscrito foi descoberto em 1886 por G. L. Burr. Ver seu relato publicado em *The Nation* (New York), 11 de novembro de 1886.

ajudou, e o próprio rei James, tendo se estabelecido na Inglaterra, gradualmente esqueceu sua ferocidade escocesa contra as bruxas.[121] Nesses anos a principal perseguição era mais uma vez nos Pirineus. Mas o reservatório de medo permanecia mesmo quando não estava em uso; as correntes da montanha continuavam a alimentá-lo; e quando a guerra religiosa voltou à Europa, descobriu-se subitamente, mais uma vez, que as bruxas tinham aumentado alarmantemente durante os anos de paz. Na década de 1620, com a destruição do protestantismo na Boêmia e no Palatinado, a reconquista católica da Alemanha foi retomada. Em 1629, com o Edito da Restituição, sua base parecia completa. Esse mesmo período assistiu, na Europa central pelo menos, à pior de todas as perseguições, o clímax da mania européia.

Em toda a Europa (como um historiador jesuíta admite) os julgamentos de bruxas se multiplicaram com a reconquista católica.[122] Em algumas áreas o senhor ou bispo era o instigador; em outras, os jesuítas. Às vezes eram instalados comitês para bruxas a fim de acelerar o trabalho. Entre os príncipes-bispos, Philipp Adolf von Ehrenberg de Würzburg era particularmente ativo: em seu reinado de oito anos (1623-31), queimou 900 pessoas, inclusive seu próprio sobrinho, 19 padres católicos e crianças de sete anos que se dizia terem tido relações sexuais com demônios.[123] O período

---

[121] Para a conversão do rei James, ver Notestein, *History of Witchcraft in England*, p. 137-45.
[122] Duhr, *Geschichte der Jesuiten*, II, ii, 498. A consideração já havia sido feita, de modo indireto, pelo bispo queimador de bruxas Forner, de Bamberg, quando indagou em sua *Panoplia Armaturae Dei* (ver adiante, p. 237, nota 127), por que havia tantas bruxas nas terras católicas e tão poucas nas protestantes. E cf. Soldan-Heppe, I, 426-27.
[123] Ver Friedrich Merzbacher, *Die Hexenprozesse in Franken* (Munique, 1957).

de 1627 a 1629 foi terrível em Baden, recentemente reconquistada para o catolicismo por Tilly: houve 70 vítimas em Ortenau, 79 em Offemburgo. Em Eichstatt, principado-bispado bávaro, um juiz pediu a morte de 274 bruxas em 1629. Em Reichertsofen an der Paar, no distrito de Neuburgo, 50 foram executadas entre novembro de 1628 e agosto de 1630. Nos três principados-arcebispados da Renânia, as fogueiras também foram acesas de novo. Em Koblenz, a sede do príncipe-arcebispo de Trier, 24 bruxas foram queimadas em 1629; em Schlettstadt pelo menos 30 — o começo de uma perseguição de cinco anos. Em Mainz, também, as queimas foram retomadas. Em Colônia, os edis sempre foram misericordiosos, para grande contrariedade do príncipe-arcebispo, mas em 1627 ele conseguiu pressionar a cidade e ela cedeu.[124] Naturalmente, a perseguição foi mais violenta em Bonn, a própria capital. Aí o chanceler e sua mulher, bem como a mulher do secretário do arcebispo, foram executados, crianças de três e quatro anos foram acusadas de terem demônios como amantes, e estudantes e garotos de origem nobre eram mandados para a fogueira.[125]

A mania da década de 1620 não se limitava à Alemanha: grassou também do outro lado do Reno, na Alsácia, Lorena e Franche-Comté. Nas terras governadas pela abadia de Luxueil, no Franche-Comté, o período de 1628-30 foi descrito como uma "épidémie démoniaque". "Le mal va croissant chaque jour", declararam os magistrados de Dôle, "et cette malheureuse engeance va pullulant

---

[124] Lea, *Materials*, p. 1203-4.
[125] Isso foi relatado por um correspondente do conde Werner von Salm. O documento é citado in W. v. Waldbrühl, *Naturforschung u. Hexenglaube* (Berlim, 1867).

de toutes parts". As bruxas, diziam, "na hora da morte acusam uma infinidade de outras em quinze ou dezesseis outras aldeias".[126]

Mas a pior perseguição de todas, nesse período, foi provavelmente em Bamberg. Aí o príncipe-bispo era Johann Georg II Fuchs von Dornheim, conhecido como o *Hexenbischof*, ou "Bispo das bruxas". Ele construiu uma "casa das bruxas", completada com uma câmara de tortura enfeitada com textos bíblicos adequados, e em seu reinado de dez anos (1623-33) dizem que queimou 600 bruxas. Também tinha seu profeta da corte, seu sufragâneo, o bispo Forner, que escreveu um livro culto sobre o tema.[127] Uma de suas vítimas foi o chanceler do bispo, Dr. Haan, queimado como bruxa por mostrar suspeita leniência como juiz. Sob tortura, confessou ter visto cinco burgomestres de Bamberg no sabá, e também eles foram devidamente queimados. Um deles, Johannes Julius, sob violenta tortura, confessou que havia renunciado a Deus, se entregado ao Demônio e visto 27 de seus colegas no sabá. Mas a seguir conseguiu passar ocultamente da prisão uma carta para sua filha Verônica, fazendo-lhe um relato completo do julgamento. "Agora minha querida filha", concluiu, "você tem aqui todos os meus atos e confissões, pelos quais devo morrer. É tudo falsidade e invenção, assim me ajude Deus... Nunca param de torturar até que a pessoa diga algo... Se Deus não mandar um meio de trazer a verdade à luz, toda a nossa família será queimada".[128]

---

[126] Ver Bavoux, *Hantises et diableries dans la terre abbatiale de Luxueil*, p. 128-29.

[127] *Panoplia Armaturae Dei adversus... Magorum et Sagarum Infestationes* (1625).

[128] Para a perseguição em Bamberg, ver Johann Looshorn, *Geschichte des Bisthums Bamberg* (Munique, 1886), v. 55; Merzbacher, *Die Hexenprozesse in Franken*, p. 42 s.

O *cri de coeur* de Johannes Julius, que deve representar centenas de gritos não-expressos de vítimas não-articuladas, encontrou resposta. A terrível perseguição da década de 1620 causou uma crise dentro da própria ordem que fez tanto para dirigi-la: os jesuítas. Já em 1617, Adam Tanner, jesuíta de Ingolstadt, começara a desenvolver dúvidas muito elementares que levantaram um clamor contra ele em sua ordem. Outro jesuíta, Friedrich Spee, foi mais radicalmente convertido por sua experiência como confessor de bruxas na grande perseguição de Würzburg. Essa experiência, que tornou seu cabelo prematuramente branco, convenceu-o de que todas as confissões eram inúteis, baseadas apenas em tortura, e que nem uma única bruxa que ele havia levado para a fogueira era culpada. Como não podia expressar seus pensamentos de outro modo — pois, como escreveu, temia o destino de Tanner —, escreveu um livro que pretendia que circulasse em manuscrito, anonimamente. Mas um amigo secretamente enviou-o à cidade protestante de Hameln e aí foi impresso em 1631 com o título de *Cautio Criminalis*.

A obra de Spee não foi a única obra crítica produzida pelos massacres da década de 1620,[129] mas foi o mais eloquente protesto contra a perseguição de bruxas que até então aparecera. Como Tanner e todos os primeiros inimigos da mania, ele não duvidava da realidade da bruxaria. Mas estava convencido de que, embora "toda a Alemanha fumegue por toda parte com fogueiras que obscurecem

---

[129] Entre outros protestos estavam os de Theodor Thumm, *Tractatus Theologicus de sagarum impietate...* (Tübingen, 1621); o anônimo *Malleus Judicum*, de cerca 1626 (Lea, *Materials*, p. 690; mas ver também Paulus, *Hexenwahn und Hexenprozess*, p. 193-94); Justus Oldekop, *Cautelarum Criminalium Sylloge* (Brunswick, 1633), sobre o qual ver a nota de Burr em Lea, *Materials*, p. 850.

a luz", ainda não vira uma bruxa verdadeira, e que "por mais que os príncipes queimem, nunca podem queimar o mal". Era a tortura, e apenas a tortura, que provocava a denúncia e a confissão. Toda a "ciência" dos doutores em bruxas se baseava em tortura. "Tudo o que Rémy, Binsfeld, Del Rio e o resto nos dizem se baseia em histórias extraídas por tortura". A tortura nada prova, absolutamente nada. "A tortura enche nossa Alemanha com bruxas e perversidade inaudita, e não somente a Alemanha, mas qualquer nação que a tente... Se todos nós não nos confessamos como bruxas, isso é apenas porque ainda não fomos torturados". E quais, indagava ele, eram os homens que pediam essas torturas? Juristas em busca de ganho, aldeões crédulos e "aqueles teólogos e prelados que tranqüilamente usufruíam de suas especulações e nada sabiam da imundície das prisões, do peso das correntes, dos instrumentos de tortura, das lamentações dos pobres — coisas muito abaixo de sua dignidade". Pensamos de imediato em Nicolas Rémy, escrevendo elegantes versos em sua bela casa em Les Charmes na Lorena; em Pierre de l'Ancre, se afastando com suas musas para a gruta de seu *cottage orné* à beira do Garona; em frei Del Rio, em sua piedosa cela, ficando cego pelo estudo dos padres e rígido pela oração à Virgem.

Podemos também pensar, nessa época, em um outro, e dessa vez em um estudioso luterano. Em 1635, quatro anos depois da publicação do livro de Spee, Benedict Carpzov publicou sua grande obra, *Practica Rerum Criminalium*, que tratava do julgamento de bruxas. Carpzov provavelmente tinha lido Spee. Admitia que a tortura era capaz de grave abuso e tinha levado a milhares de falsas confissões em toda a Europa. Mas concluiu que, *suadente necessitate*, ainda devia ser usada, mesmo com aqueles que pareciam inocentes;

e sua concepção de inocência não era liberal. Ele sustentava que mesmo aqueles que simplesmente acreditavam que haviam estado no sabá deviam ser executados, pois a crença implicava a vontade. A partir "dos fiéis ministros do Demônio, que corajosamente defendem seu reino" — ou seja, céticos como Weyer com seus "frívolos" argumentos —, ele apela para as autoridades católicas: o *Malleus*, Bodin, Remy, Del Rio. E tendo assim reafirmado a sã doutrina — seu livro tornou-se "o *Malleus* do luteranismo" —, viveria muito, e ao olhar para trás veria uma vida meritória, em cujo curso lera a Bíblia do princípio ao fim 53 vezes, recebera o sacramento toda semana, intensificara muito os métodos e a eficácia da tortura e levara à morte 20 mil pessoas.

Assim, Spee, com toda sua eloqüência, não conseguiu mais que Loos ou Scot ou Weyer antes dele. Seu ataque, como os deles, não era contra a crença em bruxas — de fato, era menos radical do que Weyer, que, embora o primeiro, fora o mais vigoroso de todos eles. Por sua influência pessoal, pode ter reduzido a selvageria da perseguição na geração seguinte, pois o mais esclarecido dos príncipes-bispos de Würzburg, no século XVII, Johann Philipp von Schönborn, Eleitor de Mainz, amigo e patrono de Leibniz, foi convencido por ele e trabalhou para desfazer o dano causado por seus predecessores.[130] Mas se a mania de bruxas da década de 1620 desapareceu na década de 1630, isso se deveu em grande medida a causas alheias: guerra e dominação externa. Os franceses na Lorena

---

[130] Segundo Leibniz, Philipp von Schönborn "fit cesser ces brûleries aussitôt qu'il parvint à la Régence; en quoi il a été suivi par les ducs de Brunswic et enfin par la plupart des autres princes et états d'Allemagne" (*Théodicée*, I, p. 144-45, § 97).

e no Franche-Comté, os suecos em Mecklemburgo, Francônia e Baviera, puseram um fim a essa guerra social entre os nativos, assim como os ingleses, na década de 1650, fariam na Escócia. Fizeram isso não necessariamente porque eram mais liberais — o espetacular julgamento francês de bruxas realizado por Urbain Grandier ocorreu na década de 1630, Matthew Hopkins teria carta branca na Inglaterra na década de 1640, e a mania de bruxas irromperia na Suécia na década de 1660 —, mas simplesmente porque eram estrangeiros, e os julgamentos de bruxas eram essencialmente uma questão social, interna. De qualquer modo, a interrupção não era permanente. Uma vez afastada a mão do estrangeiro, os nativos retornariam a seus antigos modos. Como na Escócia, livre da ocupação inglesa na década de 1660, em Mecklemburgo depois da retirada dos suecos, na Lorena depois da partida dos franceses, a antiga perseguição irromperia novamente. De fato, em algumas áreas a perseguição foi pior no fim do século XVII do que no fim do século XVI. Em 1591, o professor de direito em Rostock, J. G. Gödelmann, pedira com ênfase liberalismo e clemência aos juízes de Mecklemburgo. Um século depois, seu sucessor Johann Klein afirmou em publicação a realidade de *succubi* e *incubi*, e pediu (e conseguiu) a morte na fogueira para aqueles que eram acusados de relações sexuais com eles, sendo seus argumentos apoiados em publicação pelo deão da faculdade de teologia de Rostock trinta anos depois. Já em 1738 o deão da faculdade de direito em Rostock pediu que as bruxas fossem extirpadas por "fogo e espada", e se ufanava do número de estacas que havia visto "em uma montanha".[131]

---

[131] Paulus, *Hexenwahn und Hexenprozess*, § VI; Ernst Boll, *Mecklenburgische Geschichte... neu bearbeitet von Dr. Hans Witte*, II (Wismar, 1913), p. 123 s.

Assim, a base intelectual da mania de bruxas permaneceu firme por todo o século XVII. Nenhum crítico aperfeiçoara os argumentos de Weyer; nenhum tinha atacado a substância do mito; tudo o que sucessivos céticos tinham feito foi lançar dúvidas sobre sua interpretação prática: questionar o valor de confissões, a eficácia da tortura, a identificação de bruxas em particular. O mito permaneceu intocado, pelo menos em aparência. Por mais artificial que fosse, por mais recente que fosse, tornara-se parte da estrutura de pensamento, e o tempo o tinha entrelaçado tanto com outras crenças, e de fato com interesses sociais, que parecia impossível destruí-lo. Em épocas felizes, os homens poderiam esquecê-lo, pelo menos na prática. No início do século XVI parecera uma boa oportunidade que pudesse ser esquecido — ou seja, dissolvê-lo novamente em superstições esparsas de camponeses. Mas esses tempos felizes não duraram. A luta ideológica da Reforma e da Contra-Reforma — essa cruel luta que foi tão desastrosa na história intelectual européia — reviveu a moribunda mania de bruxas, assim como tinha revivido tantos outros hábitos obsoletos de pensamento: fundamentalismo bíblico, história teológica, aristotelianismo escolástico. Tudo isso parecera em retirada na época de Erasmo e Maquiavel e Ficino; tudo voltou uma geração depois para impedir o progresso do pensamento por mais um século.

Todos os estágios cruciais na luta ideológica da Reforma eram também estágios no renascimento e perpetuação da mania de bruxas. Na década de 1480, os dominicanos tinham combatido, como pensavam, os resquícios da heresia medieval. Essa foi a época da Bula das Bruxas e do *Malleus*, e a renovada perseguição nesses "frios vales alpinos" em que Del Rio a seguir veria a fonte eterna da bruxaria e Milton, o antigo berço do protestantismo. Na década de

1560, os missionários protestantes resolveram evangelizar os países do norte da Europa cujos governantes tinham aceitado a nova fé, e de imediato a caça às bruxas fora reiniciada por eles. A partir de 1580, a Contra-Reforma católica começara a reconquistar o norte da Europa, e a perseguição se tornou, mais uma vez, um terror católico, com os novos jesuítas substituindo os antigos dominicanos como evangelizadores. Foi então que o espanhol Francisco Peña, um especialista em direito canônico da Cúria Romana, coligiu e sumariou as conclusões dos inquisidores romanos: pois nenhum assunto, escreveu ele, era então mais freqüentemente discutido pelo clero católico do que a bruxaria e a adivinhação.[132] Por fim, a Guerra dos Trinta Anos, o último estágio da luta ideológica, traz consigo a pior de todas as perseguições: a "epidémie démoniaque", que alcançou seu clímax no ano da restauração católica, 1629.

Certamente há exceções a essa regra geral. Na Inglaterra, por exemplo, a perseguição a bruxas sempre foi trivial pelos padrões continentais,[133] e seu estudioso mais atento não conseguiu detectar

---

[132] "Nulla est fere hodie frequentior disputatio quam quae de sortilegiis et divinationibus suscipitur." Para Peña, ver Hansen, *Quellen*, p. 357-59. Ele concluiu que *incubi* e *succubi* eram reais e que o vôo noturno para o sabá estava provado fora de dúvida.

[133] Os números habitualmente apresentados para a execução de bruxas na Inglaterra são grotescamente exagerados. O próprio Lea, em sua *History of the Inquisition in Spain*, IV, 247, estimou o número de vítimas na Grã-Bretanha em 90 mil, "dos quais cerca de um quarto pode ser creditado à Escócia". Mas o cuidadoso estudo de C. L. Ewen sobre os registros do Home Circuit desacreditou todas essas suposições grosseiras. Ele conclui que entre 1542 e 1736 "menos de mil" pessoas foram executadas por bruxaria na Inglaterra (*Witch Hunting and Witch Trials*, 1929, p. 112). As execuções na Escócia, onde a tortura era usada, foram muito mais numerosas: provavelmente 4.400 nos 90 anos de 1590 a 1680 (ver Black, in *Bulletin of New York Public Library*, XLI, nº 11(nov. 1937), p. 823).

nenhum padrão nela. "Não havia de fato", escreve Ewen, "nenhuma onda periódica claramente definida de mania de bruxas varrendo o país, mas antes uma sucessão de irrupções esporádicas. A corrente subjacente de superstição, sempre presente, manifestava-se desagradavelmente sempre e onde quer que o fanatismo estivesse inusitadamente feroz, sendo a influência de um homem suficiente para levar o excesso de zelo até o ponto de perigo."[134] Talvez isso possa ser dito com segurança sobre a Inglaterra, onde a perseguição, graças à ausência de tortura judicial, nunca se tornou uma mania. Mas tal resposta, mesmo então, não incorre em petição de princípio? Pois por que era o fanatismo, em algumas épocas, "inusitadamente feroz"? Por que "um homem" como Matthew Hopkins aparece em 1645 e não em 1635? De fato, quando comparamos a Inglaterra com o continente, vemos que o ritmo da perseguição inglesa segue muito estreitamente o da mania continental, do qual é um pálido reflexo. No continente, as grandes perseguições são posteriores a 1560, quando os evangelizadores protestantes as levam para o norte; depois de 1580, na medida em que a Contra-Reforma as assume, e especialmente na década de 1590, esses anos de depressão econômica geral e de peste européia; e na década de 1620, durante a reconquista católica da Guerra dos Trinta Anos. Na Inglaterra, a perseguição de modo semelhante começa na década de 1560, com o retorno dos exilados de Maria; de modo semelhante, assume nova vida nas décadas de 1580 e 1590, anos de conspirações católicas, guerra e medo; e a seguir, se seu curso é diferente — se virtualmente cessa durante a Guerra dos Trinta Anos —, essa própria divergên-

---

[134] Ewen, *Witch Hunting and Witch Trials*, p. 113.

cia talvez seja a exceção que confirma a regra. Pois a Inglaterra — para sua vergonha, gritavam os puritanos — não se envolveu na Guerra dos Trinta Anos. Na década de 1640, quando a guerra civil e ideológica chegou à Inglaterra, as bruxas eram perseguidas na Inglaterra também.[135]

Outra exceção que pode provar a regra geral é fornecida pela Suécia. A Igreja Luterana sueca, como a Igreja Anglicana, não era perseguidora nem proselitista, pelo menos em seu primeiro século. Quando entrou em contato com os lapões do norte, descobriu — como a Igreja romana havia descoberto nos Pirineus e nos Alpes — uma sociedade diferente, tanto racial quanto socialmente, meio pagã em religião, entregue, parecia, nesse frio ártico, a estranhas crenças em bruxas.[136]

---

[135] Os julgamentos de bruxas na Inglaterra diminuem acentuadamente depois de 1617, quando James I, nas palavras de Fuller, "recuando do que ele havia escrito em sua *Demonologie*, tornou-se primeiro hesitante e depois claramente negava as atuações de bruxas e demônios, como falsificações e ilusões". (Notestein, *History of Witchcraft in England*, p. 142-44; Ewen, *Witch Hunting and Witch Trials*, p. 98 s.; mas ver também a recensão que G. L. Burr faz de Ewen in *American Historical Review*, XXXV, 1929-30, 844 s.) Sob o controle pessoal de Charles I, as execuções por bruxaria cessaram por completo na Inglaterra, pelo menos nos condados do Home Circuit (Ewen, op. cit.), e foram pelo menos significativamente diminuídas na Escócia: um dos motivos de queixa contra os bispos escoceses em 1638 era por "suspender" tais procedimentos (W. L. Mathieson, *Politics and Religion. A Study in Scottish History from the Reformation to the Revolution*, Glasgow, 1902, II, 157-59). Todavia, os acontecimentos de 1640 mudaram tudo isso em ambos os países. A Assembléia Geral Escocesa de 1640, tendo se livrado dos bispos, exigiu de todos os ministros que procurassem as bruxas, e insistia na aplicação da lei contra elas (ibid., p. 159), o que fizeram, em certa medida; e em 1645 mais bruxas foram executadas na Inglaterra do que em qualquer outro ano antes ou depois (ver as estatísticas em Ewen, op. cit., p. 102-8, 221-31).

[136] As bruxas da Lapônia foram referidas pela primeira vez in Olaus Magnus, *de Gentibus Septentrionalibus* (Roma, 1555), p. 119-28; a seguir, tornaram-se famosas na Europa. Cf. Milton, *Paradise Lost*, II, 665.

Mas, como procurou assimilar esses inofensivos dissidentes, suas crenças não eram perseguidas, e as bruxas da Lapônia permaneceram sempre fora da mania geral européia de bruxas. Em 1608, a Suécia, como outros países luteranos, adotou as penalidades mosaicas para ofensas anteriormente punidas pelos tribunais da igreja, mas mesmo essa determinação, que foi usada para justificar a queima de bruxas em outras partes, não teve tais conseqüências na Suécia. Aí os julgamentos de bruxas permaneceram esporádicos e episódicos, e nenhum grande doutor em bruxas nativo, como o rei James na Escócia, ou Perkins na Inglaterra, ou Hemmingsen na Dinamarca, ou Gödelmann em Mecklemburgo, procurou instituir a demonologia desenvolvida da Europa. De fato, como vimos, na Guerra dos Trinta Anos os generais suecos, obedecendo ordens explícitas da rainha Cristina, suprimiram as fogueiras de bruxas na Alemanha. Somente na década de 1660 houve uma mudança na Suécia, e isso se deu então em circunstâncias que lembram as irrupções européias.

Na década de 1660, a Igreja luterana sueca estabelecida tornou-se intolerante. Como a Igreja calvinista estabelecida da Escócia, livrou-se da aliança com outros grupos protestantes mais liberais, e seus líderes puritanos se prepararam para anunciar sua pureza por uma grande caça às bruxas. Em 1664, considerou herético o Movimento Sincretista — o movimento de Pan-Protestantismo que fora tão útil na Guerra dos Trinta Anos. Em 1667, apresentou uma nova declaração de ortodoxia, "a mais rigorosa do século", contra a sutil ameaça de cartesianismo: esse cartesianismo que o próprio Descartes tinha levado para a corte da rainha Cristina. Agora que a rainha Cristina estava exilada em Roma, a aterrorizada Igreja da

Suécia resolveu se afirmar; seus pregadores tornaram-se fanáticos de sua fé, ansiosos para farejar e condenar heresia; e no mesmo ano a mania de bruxas foi desencadeada por pânicos na província de Dalårna. "É mais do que um acidente", escreve Sundborg, "que a vitória da ortodoxia em 1664 tenha sido seguida tão de perto pela eclosão das perseguições."[137] O mesmo se poderia dizer de todas as manias européias anteriores.

Por que a luta social, nesses dois séculos, invariavelmente revive essa estranha mitologia? Poderíamos também perguntar por que a pressão econômica na Alemanha, da Idade Média até este século, com tanta freqüência reviveu a estranha mitologia do anti-semitismo: as histórias de poços envenenados e assassínio ritual que eram difundidas na época das Cruzadas, durante a Morte Negra, na Guerra dos Trinta Anos e nas páginas da folha volante nazista de Julius Streicher, *der Stürmer*? A indagação obviamente não é simples. Ela nos põe além e sob o reino dos meros problemas intelectuais. Temos aqui de lidar com uma mitologia que é mais do que uma mera fantasia. É um estereótipo social: um estereótipo de medo.

Qualquer sociedade é suscetível, periodicamente, de emoção coletiva. Há o "messianismo" exaltado que é comum em sociedades rurais na Europa medieval; na Itália, Espanha e Portugal, países ao sul, no início da época moderna; no Brasil moderno. Há também o "grande medo" indefinido, como o que havia na França rural no começo da revolução de 1789. E essas emoções tendem a assumir forma estereotipada. Como esses estereótipos se formam é um

---

[137] Bertil Sundborg, "Gustav Rosenhane och Trolldomsväsendet", in *Lychnos* (Uppsala), 1954-55, p. 203-64. Devo ao professor Michael Roberts sua ajuda na interpretação do caso sueco.

problema em si, mas, uma vez formados, podem durar gerações, até mesmo séculos. O estereótipo na sociedade alemã há muito tem sido a conspiração judaica. Na Inglaterra, desde a época da Armada Espanhola até os dias da "Agressão Papal" de 1851 e ao "Vaticanismo" de 1870, tem sido o complô papal.[138] Hoje na América parece ser o pânico vermelho. Na Europa continental, nos dois séculos seguintes à Bula das Bruxas, foi a mania das bruxas. A mitologia do reinado de Satanás se estabelecera tão firmemente no declínio da Idade Média, que nos primeiros séculos da "moderna" Europa — para usar uma indicação convencional de tempo — tornou-se a forma padrão em que os temores da sociedade (de outro modo indefinidos) se tornaram cristalizados. Assim como indivíduos psicopatas nesses anos centravam suas fantasias (ou, como os médicos do século XVII diriam, sua "melancolia") no Demônio, e assim davam uma identidade objetiva aparente a suas experiências subjetivas, as sociedades em pânico articulavam suas neuroses coletivas em torno da mesma figura obsessiva, e encontravam um bode expiatório para seus temores em seus agentes, as bruxas. Tanto o indivíduo quanto a sociedade faziam essa identificação porque o Demônio, seu reino e seus agentes tinham se tornado reais para eles pelo folclore de suas épocas, mas ambos, por essa identificação, mantinham e confirmavam o mesmo folclore centralizador para seus sucessores.

---

[138] Afora o Complô da Pólvora de 1605 e o Complô Papal de 1678, houve o Complô Papal imaginário relatado por Andreas ab Habernfeld em 1640, que foi mantido vivo por muitos anos a seguir; o Massacre Irlandês de 1641, que ainda gelava o sangue de John Wesley no século seguinte; o *canard* de que foram os papistas que incendiaram Londres em 1666; o mito da Warming-pan em 1688; os Levantes de Gordon de 1780; etc., etc.

Assim, a mitologia criou sua própria evidência, e uma prova efetiva em contrário tornava-se cada vez mais difícil. Em tempos de prosperidade, todo o assunto podia ser ignorado, exceto em nível de aldeia, mas em tempos de temor os homens não pensam claramente: retiram-se para posições fixas, conceitos fixos. Então a luta social, a conspiração política, a histeria conventual, a alucinação privada eram interpretadas à luz de uma mitologia que, agora, tinha sido ampliada de modo a interpretá-las todas, e a mania era renovada. A cada renovação, algum dissidente firme e humano procuraria desafiar a histeria e a crueldade coletivas. Ponzinibio desafiaria os inquisidores dominicanos, Weyer, os perseguidores protestantes da década de 1560, Loos e Scot, os perseguidores católicos e protestantes da década de 1590, Spee, os torturadores católicos das décadas de 1620 e 1630. Mas nenhum desses faria mais do que questionar os detalhes esotéricos do mito e a identificação das vítimas. A base do mito estava além de seu alcance. Podiam convencer príncipes instruídos, como Weyer convenceu o duque de Cleves e Spee, o futuro príncipe-bispo de Würzburg e eleitor de Mainz; e ninguém deveria subestimar a influência que um príncipe podia ter para ampliar ou suprimir o efeito da mania.[139] Mas seus opositores apelavam contra eles em nível inferior — pequenos magistrados e

---

[139] Assim Weyer afirma que as bruxas não eram queimadas nos domínios do duque de Cleves, e nomeia vários outros príncipes que eram igualmente firmes e eficazes, por exemplo, o eleitor Frederico do Palatinado e o duque Adolfo de Nassau. Os príncipes de Hesse, Filipe, o Magnânimo e Guilherme V, o Sábio, de modo semelhante controlavam a perseguição em suas terras. Cf. o efeito da conversão de James I na Inglaterra. Por outro lado, a extensão da perseguição quando os príncipes davam rédea livre, ou claramente a incentivavam, é óbvia: talvez em parte alguma tão óbvia quanto nos principados-bispados da Alemanha.

tribunos clericais[140] —, e nesse nível inferior mantinham a mania viva. Permaneceu viva até o Iluminismo do século XVIII, defendida por clérigos, advogados e estudiosos, e capaz de ser reanimada por qualquer súbita coincidência de forças, quando políticos ou juízes se rendessem ao medo social. As grandes irrupções na Suécia em 1668-77, em Salzburgo em 1677-81, em Mecklemburgo depois de 1690 e na Nova Inglaterra colonial em 1692 mostram que, se a Guerra dos Trinta Anos foi a última oportunidade da mania internacional, a mania nacional podia ainda ser despertada. A fogueira ainda se escondia sob as cinzas.

Todavia, depois da Guerra dos Trinta Anos, algo ocorrera. Não foi simplesmente que a guerra tenha acabado. O próprio estereótipo se enfraquecera. Nos países protestantes, assim como nos católicos, o mito tinha perdido a força. Na década de 1650, Cyrano de Bergerac podia escrever na França como se já estivesse morto, pelo menos entre os homens cultos.[141] Vinte anos depois, em 1672, a lei reconheceria sua morte quando Colbert aboliu a acusação de

---

[140] Assim, enquanto Weyer confiava no duque de Cleves e os defensores de Weyer, Johann Ewich e Hermann Neuwaldt, no conde Simon de Lippe-Redtburg e (vã esperança!) em Heinrich Julius de Brunswick-Lüneburg, seu crítico Schreiber dedicou trabalhos aos magistrados de Lemgo e de Osnabrüc "dominis suis et fautoribus optimis". Em geral, os magistrados locais permaneciam como fiadores da mania, enquanto a melhor esperança dos reformadores era garantir o apoio de um príncipe. Cf. as afirmações dos magistrados de Dôle, no Franche-Comté, anteriormente, p. 236) e os protestos do parlamento de Rouen contra a ordem de Colbert proibindo os julgamentos de bruxas (Lecky, *History of the Rise and Influence of... Rationalism in Europe*, I, 98-99). Em Mecklemburgo – como na Escócia – o triunfo dos queimadores de bruxas coincidiu com o triunfo dos proprietários sobre o príncipe. A irrupção sueca de 1667 ocorreu enquanto o poder da Coroa estava suspenso.

[141] Ver Lucien Fèbvre, in *Annales: économies, sociétés, civilisation*, 1948, p. 15.

sorcellerie sabbatique. Na Inglaterra cromwelliana a década de 1650 assistiu a uma eclosão de livros que repudiavam os julgamentos de bruxas; a freqüente descoberta e execução de bruxas, relatou Francis Osborne a seu filho em 1656, "faz-me pensar que o mais forte fascínio está encerrado na ignorância dos juízes, malícia das testemunhas ou estupidez das pobres partes acusadas".[142] Na Genebra calvinista, outrora tão violenta, a última bruxa foi queimada em 1652: a aristocracia urbana tinha feito então com que o clero se submetesse à ordem. Na mesma época, os magistrados de Berna expediram uma ordenação para restringir os julgamentos de bruxas. Em 1657, até a Igreja de Roma, que pusera todos os livros críticos no Índex, emitiu "uma atrasada *instructio* recomendando insistentemente a seus inquisidores a circunspecção".[143] A partir de então, a despeito da recrudescência local e do apoio intelectual, o clima de opinião mudou, e os asseveradores da bruxaria, há pouco tão confiantes, viram-se na defensiva. Enquanto os estereótipos sociais do judeu na Alemanha e o complô papista na Inglaterra mantêm sua plausibilidade, a plausibilidade da bruxa desaparece, e temos de perguntar como isso aconteceu. Por que uma mitologia que, contra toda probabilidade, se prolongara por dois séculos subitamente perde sua força? Pois, embora as antigas leis possam permanecer na legislação e as antigas crenças subsistam na escola e no claustro, a mitologia sistemática, assim como a força social

---

[142] Francis Osborne, *Advice to his Son* [1656], org. E. A. Parry (1896), p. 125. Entre livros contra os julgamentos de bruxas dessa época estão [Sir Robert Filmer], *An Advertisement to the Jury-men of England touching Witches* (1653); Thomas Ady, *A Candle in the Dark* (1656).
[143] Lea, *Materials*, p. 743-44; Burr, *Life*, p. 186. Para o efeito da Instrução romana na Polônia, ver Lea, *Materials*, p. 1232, 1273.

que ela inspirou, está desmoronando. Em 1700 a "mania" está encerrada: os infiéis, como John Wesley lamentaria, "enxotaram a bruxaria do mundo".

V

O declínio e o colapso aparentemente final da mania de bruxa no fim do século XVII, enquanto outros desses estereótipos sociais preservavam sua força, são uma revolução surpreendentemente difícil de documentar. Vemos as controvérsias continuarem. Nomes importantes surgem de ambos os lados — mas os maiores nomes, pelo menos na Inglaterra, estão do lado da mania, não contra ela. Como é possível o obscuro e bêbado estudioso de Oxford John Wagstaffe ou o implicante cirurgião-pároco de Yorkshire John Webster competirem com os nomes de Sir Thomas Browne e Richard Baxter e os platônicos de Cambridge Ralph Cudwort, Henry More e Joseph Glanville? No entanto em nenhum dos lados os argumentos são novos: são os argumentos que sempre foram usados. Do lado da ortodoxia, algum cuidado pode ser observado: os detalhes mais grosseiros e absurdos dos demonologistas são silenciosamente afastados (embora os advogados e clérigos continentais e escoceses continuem a afirmá-los), e o argumento é apresentado com base mais filosófica. Mas do lado cético não há avanço. Webster não é mais moderno do que Weyer. Todavia, sem nova argumentação em nenhum dos lados, a crença intelectual calmamente se dissolveu. Os julgamentos de bruxas, a despeito de umas poucas irrupções finais, chegaram a um fim. As leis sobre bruxas foram anuladas, quase sem debate.

Foi salientado que, nessa reforma, os países protestantes abriram caminho. A Inglaterra e a Holanda eram olhadas, em 1700, como países há muito emancipados, enquanto os príncipes-bispos católicos da Alemanha ainda queimavam. Dentro da Alemanha, diz um estudioso alemão, os estados protestantes abandonaram a perseguição uma geração antes dos católicos.[144] Em sociedades mistas, como a Alsácia, os senhores católicos sempre foram mais violentos que os protestantes.[145] E certamente os manuais católicos continuaram a insistir na doutrina demonológica, enquanto os autores protestantes a tinham convenientemente esquecido. Todavia, tendo em vista o papel sem dúvida desempenhado pelas Igrejas protestantes no fomento da mania depois de 1560, deveríamos talvez ser cautelosos para afirmar qualquer virtude especial do protestantismo ao resistir a ela depois de 1650. As doutrinas calvinista e luterana eram tão inflexíveis quanto as católicas, o clero calvinista e luterano tão violento quanto o católico; e onde o clero calvinista ou luterano tinha poder efetivo — como na Escócia ou Mecklemburgo —, a mania continuou por tanto tempo quanto em qualquer país católico. Já no final, as honras permaneceram iguais entre as duas religiões. Se a última queima de bruxa na Europa foi na Polônia católica em 1793, este foi um ato ilegal: os julgamentos de bruxas foram abolidos na Polônia em 1787. A última execução legal ocorreu na protestante Glarus, na Suíça, em 1782. Apropriadamente, a mania que nascera nos Alpes retirou-se para lá a fim de morrer.

---

[144] Riezler, *Geschichte der Hexenprozessen in Baiern*, p. 28.
[145] Reuss, *L'Alsace au 17ᵉ siècle*, II, 105.

Mas se o poder do clero, protestante ou católico, prolongou a mania, sua fraqueza apressou seu fim; e o clero era sem dúvida mais fraco em alguns países protestantes do que na maioria dos países católicos. Isso era particularmente verdade nos Países Baixos Unidos. O clero calvinista holandês, os *Predikants*, era notoriamente intolerante, mas, ao contrário de seus confrades escoceses, nunca podia exercer ou influenciar a jurisdição. Isso foi descoberto mesmo durante a revolução nacional. Em 1581, Lambert Daneau, o mais importante pregador huguenote depois de seus mestres Calvino e Beza, e aliás, como eles, um grande caçador de bruxas, recebeu um chamado para uma cadeira na nova Universidade de Leiden. Ele atendeu o convite. Mas não demorou muito para que em Leiden suas pretensões teocráticas lhe criassem problemas. O Concílio de Leiden, disseram-lhe, resistiria à inquisição de Genebra não menos do que à da Espanha; e ele achou prudente deixar os Países Baixos para orientar um rebanho mais submisso na França pirenaica.[146] No século seguinte, o clero calvinista holandês continuou a pedir a morte para a bruxaria. Seus oráculos intelectuais, Junius, Rivetus, Voëtius, são claros quanto a isso.[147] O maior e último deles foi Voëtius, professor e reitor da Universidade de Utrecht. Denunciou, com igual segurança, as teorias de Galileu, Harvey e Descartes, e dispôs uma série de argumentos maciços para mostrar que há bruxas e que não se pode suportar que vivam. Incomodava-o em especial

---

[146] P. de Félice, *Lambert Daneau, sa vie, ses ouvrages, ses lettres inédites* (Paris, 1882).
[147] Tanto Junius quanto Rivetus expressaram suas opiniões em comentários sobre o Êxodo, XXII. 18: Franciscus Junius, *Libri Exodi Analytica Explicatio* (Leiden, 1598); Andreas Rivetus, *Commentarius in Exodum* (Leiden, 1634). Junius também traduziu a *Démonomanie* de Bodin.

que a obra de Scot, embora devidamente queimada na Inglaterra, tivesse sido traduzida para o holandês e tivesse corrompido muitos leitores na república, já cheia de "libertinos" e "semilibertinos".[148] Sem dúvida ele pensava nos "arminianos" como Hugo Grotius, que atribuiria autoridade, em questões de religião, a magistrados leigos e declararia que as penas mosaicas não eram mais vigentes; ou Episcopius, que negou a realidade do pacto das bruxas com Satanás, a própria base da bruxaria; ou Johann Greve, que, como Weyer, vinha de Cleves e insistia na abolição da tortura nos julgamentos de bruxas.[149] Foi um arminiano também, "o impressor arminiano" Thomas Basson, impressor de Grotius e do próprio Arminius, que traduzira o livro de Scot e o publicara em Leiden; e foi o historiador arminiano Pieter Schrijver, ou Scriberius, que o instigara.[150] O clero calvinista conseguiu condenar o arminianismo, obteve o exílio de Grotius e expulsou Greve de sua paróquia em Arnhem. Mas nunca conseguiu retomar dos magistrados leigos a jurisdição criminal, e foi claramente por essa razão, não por causa de qualquer virtude de sua doutrina, que nenhuma bruxa foi queimada na Holanda depois de 1597 e que os julgamentos de bruxas cessaram em 1610.[151]

---

[148] *Gisberti Voëtii Selectarum Disputationum Theologicarum... Pars Tertia*, p. 539-632, "de Magia". Voëtius, que dominou Utrecht até sua morte em 1678, aos 87 anos, escreveu sua obra em 1636 e a ampliou em edições posteriores. Seus argumentos foram repetidos com a aprovação de Johann Christian Frommann, *Tractatus de Fascinatione Novus et Singularis* (Nuremberg, 1675).
[149] Ver Johann Greve [Graevius], *Tribunal Reformatum* (Hamburgo, 1624). Greve foi influenciado por Weyer, que ele cita com freqüência. Ver Binz, *Doctor Johann Weyer*.
[150] J. A. von Dorsten, *Thomas Basson, 1555-1613, English Printer at Leiden* (Leiden, Sir Thomas Browne Institute, 1961), p. 49-54.
[151] Jacobus Scheltema, *Geschiedenis der Heksenprocessen* (Haarlem, 1828), p. 258.

Então o fim da mania de bruxas era devido apenas à vitória dos leigos sobre o clero: uma vitória que foi mais facilmente obtida nos países protestantes, onde o clero já se tinha enfraquecido, mais do que nos países católicos onde ele ainda mantinha seu poder? A inferência é natural, e sem dúvida em parte verdadeira: mas só pode ser parcialmente verdadeira. Pois de onde o laicato adquiriu suas idéias? A mania de bruxas pode ter sido inicialmente formulada pelo clero, mas em 1600 estava sendo perpetuada pelos legisladores. Bodin, Boguet, De l'Ancre, Carpzov eram magistrados leigos, não clérigos. Vimos os magistrados leigos de Lemgo, na Vestfália, impondo o novo teste da água fria, e os de Dôle, no Franche-Comté, exigindo penas mais duras para a crescente peste da bruxaria. Foram os magistrados leigos de Essex, sob a presidência do conde puritano de Warwick, que em 1645 condenaram um número recorde de bruxas à morte nos julgamentos de Chelmsford, e foram os magistrados leigos de Rouen que protestaram contra a ordem de Colbert de suspender os julgamentos de bruxas. Quando comparamos esses leigos com clérigos como o arminiano Greve, ou o jesuíta Spee, ou os bispos anglicanos de Jaime I e Charles I, ou os bispos galicanos de Richelieu e Mazarino,[152] temos de admitir que há leigos e leigos, clérigos e clérigos. Sem dúvida os leigos independentes das cidades mercantis ou das grandes Cortes têm uma visão mais liberal do que a casta legal das cidades de província ou de pequenos principados. Mas a verdade não é a mesma quanto ao

---

[152] Ver, por exemplo, a carta iluminada enviada por Léonor d'Estampes de Valençay, arcebispo e duque de Reims, ao chanceler Séguier, em 28 de julho de 1644, citada em *Lettres et mémoires du chancelier Séguier*, org. Roland Mousnier (Paris, 1964), I, p. 636-37.

clero? Em última instância, a diferença é uma diferença de idéias. O laicato independente — negociantes cultos, funcionários, pequena nobreza — pode ser mais livre para receber novas idéias do que o clero ou os legisladores; pode dar conteúdo e força social a tais idéias, mas as próprias idéias, como sempre, são geradas entre o clero. A própria Reforma, essa grande revolução social, começou como "une querelle de moines".

Podemos ver a resistência dos leigos à mania de bruxas ao longo de toda a sua duração. Era uma resistência a que todo doutor em bruxas pagava indigno tributo. Mas era uma resistência limitada: uma resistência de ceticismo, de senso comum, não de descrença positiva ou crença oposta. Os homens se revoltavam contra a crueldade da tortura, contra a implausibilidade das confissões, contra a identificação das bruxas. Não se revoltavam contra a doutrina central do reino de Satanás e sua luta contra a humanidade por meio de demônios e bruxas. Não tinham um substitutivo para tal doutrina. E porque essa doutrina estava estabelecida, até mesmo aceita, fornecera um pilar central em torno do qual outras doutrinas, outras experiências se tinham entrelaçado, aumentando sua força. Os céticos podiam duvidar. Podiam até mesmo protestar. Mas nem a dúvida nem o protesto eram suficientes. Com bom tempo, o luxo do ceticismo podia ser permitido, mas quando a tempestade voltava, os homens caíam de novo na antiga fé, a antiga ortodoxia.

Se a mania de bruxas tinha de ser atacada em seu centro, não simplesmente posta em dúvida em sua periferia, era claramente necessário desafiar toda a concepção do reino de Satanás. Isso não foi feito nem por Weyer nem por Scot. Ao longo dos séculos XVI e XVII, constituíra axioma de fé o fato de que a Igreja estava empenhada em uma luta de vida ou morte contra Satanás. Os autores do *Malleus* tinham referido, em tom de lamentação, o iminente fim do mundo, cujos desastres eram visíveis por toda parte,[153] e os autores protestantes, reacionários nisso como no mais, tinham usado, e intensificado, a mesma linguagem. No início do século XVII, idéias milenaristas, esquecidas desde a Idade Média, foram revividas, e a maior descoberta de um século científico foi declarada como sendo o cálculo (realizado por um futuro membro da Sociedade Real) do até então indefinível número da Besta.[154] Mas no fim do século um autor tentou desafiar toda a idéia do reino de Satanás. Tratava-se do pastor holandês Balthasar Bekker, que em 1690 publicou a primeira versão do primeiro volume de seu *de Betoverde Weereld*, "O Mundo Encantado".

Tanto nessa época quanto depois, Bekker foi encarado como o mais perigoso inimigo das crenças em bruxas. Os ortodoxos denunciaram-no em tons destemperados. Como Greve, setenta anos antes, foi perseguido pelo clero calvinista da Holanda e por fim, embora protegido pela cidade de Amsterdã, foi expulso da função clerical. Os dois primeiros volumes de seu livro, segundo se diz, venderam 4 mil exemplares em dois meses, tendo sido o livro traduzido para o francês, alemão e inglês. Choveram panfletos contra ele. Foi considerado responsável pela cessação da queima de bruxas

---

[153] "Cum inter ruentis seculi calamitates, quas (proh dolor!) non tam legimus quam passim experimur... mundi vespere ad occasum declinante et malicia hominum excrescente..." etc., etc. *Malleus Maleficarum* (Apologia).

[154] Ver as exclamações líricas do célebre clérigo puritano William Twisse em seu prefácio para *Key of the Revelation* (1643) de Joseph Mede e cf. carta de Twisse para Mede em *Works* de Mede, org. John Worthington (1664), II, p. 70-71.

na Inglaterra e na Holanda[155] — embora as bruxas nunca tenham sido queimadas na Inglaterra, e as queimas há muito tivessem cessado na Holanda. Bekker, dizia-se habitualmente, atingiu o cerne da mania de bruxas ao destruir a crença no Demônio.[156]

Talvez tenha conseguido em teoria, mas conseguiu de fato? Quando examinamos isso mais detidamente, encontramos razões para dúvida. A reputação externa de Bekker parece em grande parte um mito. A controvérsia sobre seu trabalho desenvolveu-se quase inteiramente em língua holandesa.[157] E essa controvérsia evidentemente logo se encerrou. Em 1696, um francês declarou que os discípulos de Bekker já estavam desaparecendo, desapontados por seus últimos volumes; e essa opinião é confirmada pelo fato de que a tradução inglesa nunca foi além do primeiro volume.[158] Um inglês que desejava refutar Bekker poucos anos depois, e que encomendou na Holanda "tudo o que houvesse escrito contra ele e todas as réplicas que ele tivesse feito", só conseguiu obter um pequeno volume em francês.[159] A tradução alemã foi declarada por um bom juiz como sem valor: o tradutor, segundo se disse,

---

[155] Jacob Brunnemann, *Discours von betrüglichen Kennzeichen der Zauberey* (Stargard, 1708), citado em Lea, *Materials*, p. 142.

[156] Essa consideração foi feita por Soldan em 1843 e tem sido repetida desde então.

[157] A. van der Linde, *Balthasar Bekker Bibliographie* (Haia, 1859), lista 134 obras contemporâneas referentes a Bekker. Com exceção de uma em francês (ver próxima nota) e duas em latim, todas são em holandês.

[158] Benjamin Binet, *Traité historique des dieux et des démons* (Delft, 1696). A tradução inglesa da obra de Bekker apareceu sob o título *The World turn'd upside down...* (1700).

[159] John Beaumont, *An Historical, Physiological and Theological Treatise of Spirits* (1705). Esse trabalho não é mencionado por van der Linde.

não compreendia nem holandês nem alemão nem o autor.[160] Em 1706 Bekker parecia esquecido. Sua obra tinha usufruído de um *succès de scandale* apenas. De qualquer modo, não havia repudiado a crença no Demônio. Simplesmente acreditava que o Demônio, em sua queda do Céu, fora encerrado no Inferno, incapaz de interferir nas questões humana. Esse tópico puramente teológico não era passível de causar uma revolução no pensamento. Em seus argumentos específicos sobre bruxas, Bekker era inspirado, como admitiu, por Scot, e não foi além de Scot.

Além do mais, o radicalismo de Bekker era repudiado por opositores posteriores, e talvez mais eficazes, à mania de bruxas. Se algum grupo de homens destruiu a mania na Alemanha luterana foram os pietistas da Universidade de Halle, cujo líder, nesse aspecto, era Christian Thomasius, o defensor da língua vernácula. Em uma série de obras, a começar com uma tese universitária em 1701, Thomasius denunciou a loucura e a crueldade dos julgamentos de bruxas. Mas tinha o cuidado de se dissociar de Bekker. Há um Demônio, afirma Thomasius, e há bruxas: isso "não pode ser negado sem grande presunção e irreflexão". Mas Weyer e Scot e Spee mostraram que as bruxas que são julgadas na Alemanha são diferentes daquelas bruxas cuja morte é prescrita na Bíblia, que a demonologia da Igreja é uma mistura de superstição pagã e judaica, e que as confissões produzidas por torturas são falsas. Repetidas vezes Thomasius protesta que é falsamente acusado de não acre-

---

[160] Eberhard David Hauber, *Bibliotheca Acta et Scripta Magica* (Lemgo 1739), I, 565. Hauber era um clérigo luterano liberal cujo trabalho – republicações de antigos textos exemplificando a mania de bruxas – ajudou a liberalizar a opinião pública da Alemanha. Mas, como Thomasius, era crítico de Bekker.

ditar no Demônio. Acredita no Demônio, diz ele, e acredita que o Demônio ainda atua, externa e invisivelmente: apenas não acredita que o Demônio tenha chifres e um rabo; e acredita em bruxas: apenas não acredita em seu pacto com o Demônio, no sabá, *incubi* e *succubi*. Quando examinamos seus argumentos, vemos que nem ele nem seus amigos em Halle foram além de Scot ou Spee ou dos autores ingleses, Wagstaffe e Webster, cujas obras foram traduzidas para o alemão por atuação deles.[161] No entanto, fica igualmente claro que os argumentos apresentados em vão por Scot e Spee foram eficazes quando apresentados por Thomasius. A mania de bruxas não acabou porque Bekker deslocou o Demônio de sua posição central: o Demônio declinou tranqüilamente com a crença em bruxas;[162] e ainda é um mistério por que a crença em bruxas decaiu — por que os argumentos críticos que eram considerados implausíveis em 1563, 1594 e 1631 foram considerados plausíveis em 1700.

Os historiadores liberais do século XIX de fato ofereceram uma resposta. Viam a controvérsia como uma disputa entre superstição e razão, entre teologia e ciência, entre a Igreja e o "racionalismo". O inglês Lecky, os americanos White, Lea e Burr, o alemão Hansen

---

[161] Uma tradução alemã de *Question of Witchcraft Debated* (1669) de Wagstaffe foi publicada em Halle, dedicada a Thomasius, em 1711. O próprio Thomasius escreveu um prefácio para uma tradução alemã de *The Displaying of Supposed Witchcraft* de Webster, que também foi publicada em Halle, em 1719.

[162] Pode-se ver como Bekker tem pouco a ver com a destruição da crença entre os leigos holandeses pelas observações de um funcionário francês que visitou a Holanda com o príncipe de Condé, em 1673 – quase vinte anos antes de Bekker escrever. Ele informou que nessa época a maioria dos holandeses olhava o Inferno como um "fantasma" e o Paraíso como "uma quimera agradável" inventada pelo clero para incentivar a virtude. Ver G.-B. Stoppa, *La Religion des Hollandois...* (Paris, 1673), p. 88.

escrevem como se a irracionalidade das crenças em bruxas sempre tivesse sido visível para a razão natural do homem e como se a prevalência dessas crenças pudesse ser explicada apenas pela intolerância clerical aliada ao poder político. Essa intolerância, parecem dizer, foi artificialmente criada. A perseguição começou, diz Burr, porque a Inquisição, tendo cumprido seu propósito original de destruir os heréticos albigenses, viu-se sem nada para fazer e assim "voltou suas mãos ociosas para a extirpação das bruxas".[163] A partir dessa época, como esses autores sugerem, os "racionalistas" travaram uma longa batalha contra a intolerância clerical e conservadora. De início, era uma batalha perdida, mas por fim a persistência trouxe sua recompensa: a maré mudou e a batalha foi em última instância ganha. E, no entanto, esses autores parecem estar dizendo, até agora não está de fato ganha. Na medida em que há religião, há um perigo de superstição, e a superstição se manifestará de uma ou outra forma. O mundo — assim Hansen encerrava sua grande obra — não estará livre enquanto o resíduo invicto de superstição não for expulso dos sistemas religiosos do mundo moderno.

Hoje é difícil manter essa distinção entre "razão" e "superstição". Vimos as formas mais negras de crença supersticiosa e de crueldade supersticiosa surgirem de novo não de sistemas religiosos meio purificados, mas de novas raízes puramente seculares. Vimos que estereótipos sociais são mais duradouros do que sistemas religiosos — de fato, que sistemas religiosos podem ser apenas temporariamente manifestações de uma atitude social mais profundamente assentada. Também desconfiamos de explicações

---

[163] Burr, *Translations and Reprints*, p. 1.

muito racionais. O retrato da Inquisição usando sua maquinaria ociosa contra bruxas simplesmente para evitar que se enferrujasse não nos pode convencer. Por fim, não podemos mais ver a história intelectual como uma disputa direta entre razão e fé, razão e superstição. Reconhecemos que mesmo o racionalismo é relativo: que ele atua dentro de um contexto filosófico geral, e que não pode ser adequadamente separado desse contexto.

Os historiadores liberais do século XIX supunham que podia ser separado: que aqueles homens que, nos séculos XVI e XVII, se revoltaram com a crueldade dos julgamentos de bruxas, ou rejeitaram os absurdos das crenças em bruxas, deviam ter visto que não era suficiente protestar contra esses excessos circunstanciais: deviam ter visto que todo o sistema não tinha base racional. Em sua impaciência com os críticos do passado, esses historiadores liberais às vezes nos parecem absurdamente anacrônicos. Quando examina o trabalho de Weyer, Lea se torna positivamente irascível. Por que, pergunta ele, Weyer é tão "ilógico"? Por que não pode ver "o defeito fatal" em seu próprio raciocínio? Weyer, exclama ele, era "tão crédulo quanto qualquer de seus contemporâneos": sua obra é uma extraordinária mistura de "senso comum" e "insensatez"; "nada pode exceder a perversidade engenhosa" de suas concepções, sua crença na magia e em demônios, enquanto rejeita o sabá e os *succubi*. Não é de espantar que "seus trabalhos tenham resultado tão limitado".[164] É claro que Lea vê, na "razão, na "lógica", um sistema independente e auto-suficiente de validade permanente. O que é óbvio na Filadélfia do século XIX pode ter sido igualmente

---

[164] Lea, *Materials*, p. 494-96, 511, etc.

óbvio na Alemanha do século XVI. Lembramos a observação de Macaulay de que "um cristão do século V com uma Bíblia não está melhor nem pior situado do que um cristão do século XIX com uma Bíblia" e que o absurdo de uma interpretação literal era "tão grande e tão óbvio no século XVI quanto agora".[165]

Mas a dificuldade dos homens dos séculos XVI e XVII era que as crenças em bruxas não eram separáveis de seu contexto geral. A mitologia dos dominicanos era uma extensão de toda uma cosmologia — com a ajuda de superstição camponesa, histeria feminina e imaginação clerical. Também estava enraizada em atitudes sociais permanentes. A fim de destruir essa construção mental grotesca, não era suficiente — não era possível — ver suas idéias componentes isoladamente. Não podiam estar tão isoladas, nem havia ainda uma "razão" independente separada do contexto de que também eram parte. Se os homens tivessem de revisar suas concepções sobre bruxaria, todo o contexto dessas concepções tinha de ser revisto. Então, e somente então, essa extensão — a parte mais fraca dela, mas teoricamente essencial para ele — se desfaria. Até que isso acontecesse, tudo que os homens podiam fazer era duvidar de seus detalhes mais questionáveis. Ainda assim, mesmo quando isso tivesse acontecido, a rejeição não seria completa, pois seria meramente intelectual. A menos que também houvesse uma transformação social, a base social da crença permaneceria — embora um novo estereótipo tivesse de ser imaginado a fim de exprimir a hostilidade que ela havia corporificado.

Até onde as crenças em bruxas eram inseparáveis de toda a filosofia da época fica claro quando olhamos para os demonolo-

---

[165] A passagem está no ensaio de Macaulay sobre *History of the Popes*, de Ranke.

gistas como uma classe, e para toda sua produção intelectual, não simplesmente para seus tratados sobre bruxas e bruxarias. Alguns deles, naturalmente, são especialistas, como Boguet, ou têm a ver, como advogados, com bruxaria como um objeto do direito criminal. Mas a maioria deles é de filósofos em um campo mais amplo. Para Santo Tomás de Aquino, o maior dos dominicanos medievais, como para Francisco de Vitoria, o maior dos dominicanos da Renascença espanhola,[166] a demonologia é apenas um aspecto do mundo que tentam compreender. Scribonius, que defendia o teste da água fria, foi um professor de filosofia que escreveu sobre ciência natural e matemática. O zwingliano Erastus era médico, teólogo e filósofo político, bem como autor dedicado às bruxas. O luterano Heinrich Nicolai, professor de filosofia em Danzig em meados do século XVII, escreveu sobre "todo o conhecimento humano" antes de chegar ao departamento especializado de bruxaria.[167] Os calvinistas Daneau, Perkins e Voëtius eram os enciclopedistas de sua facção na França, na Inglaterra e na Holanda: Daneau escreveu sobre física cristã e política cristã, bem como sobre bruxas e todo tipo de assunto; Perkins era um oráculo em todas as questões morais; Voëtius, como Bacon, levou todo o conhecimento para sua província – só que, ao contrário de Bacon, em toda direção, ele resistiu a seu avanço. Bodin foi o gênio universal de sua época. O

---

[166] Vitoria foi o maior dos filósofos de Salamanca: ver Marjorie Grice-Hutchinson, *The School of Salamanca* (Oxford, 1952). Ele tratou de bruxaria em suas *Relectiones XII Theologicae* (Relectio X "de Arte Magica"), escritas em torno de 1540 e publicadas pela primeira vez em Lyon em 1557.

[167] H. Nicolai, *de Cognitione Humana Universa, hoc est de omni scibili humano* (Danzig, 1648); *de Magicis Actionibus* (Danzig, 1649). Nicolai era um "sincretista", e portanto relativamente liberal.

rei James e Del Rio eram homens de conhecimento múltiplo, ainda que conservador. Quando olhamos a obra desses homens como um todo, vemos que escreveram sobre demonologia não necessariamente porque tinham especial interesse por ela, mas porque tinham de fazê-lo. Os homens que buscavam exprimir uma filosofia coerente da natureza não podiam excluir o que era uma extensão necessária e lógica dela, ainda que não-edificante. Não teriam concordado com o moderno historiador da magia segundo o qual "essas escórias dos tribunais criminais e das câmaras de tortura, do falatório popular e do escândalo local certamente estão abaixo da dignidade de nossa investigação".[168] Ao contrário, teriam concordado com Bertrand Russell, segundo o qual recuar diante de tais necessárias conseqüências de suas crenças professadas, simplesmente porque eram desagradáveis ou absurdas, seria um sinal do "enfraquecimento intelectual da ortodoxia".

Do mesmo modo, aqueles que questionavam as crenças em bruxas não podiam rejeitá-las isoladamente. Pomponazzi, Agripa, Cardano são filósofos universais, Weyer e Ewich, médicos com uma filosofia geral da Natureza. Se rejeitam crenças em bruxas, é porque estão preparados para questionar a filosofia aceita do mundo natural, de que as crenças em bruxas eram uma extensão, e para imaginar um sistema completamente diferente. Mas poucos homens no século XVI estavam preparados para fazer esse esforço. Fracassando esse esforço, havia apenas dois modos com que um homem podia expressar sua discordância em relação aos demonologistas ortodoxos. Podia aceitar a ortodoxia filosófica

---

[168] Thorndike, *History of Magic and Experimental Science*, V, p. 69.

básica de seu tempo e limitar sua crítica à validade de métodos particulares ou de interpretações particulares. Esse era o caminho de Scot e Spee, que acreditavam em bruxas, mas não nos modernos métodos de identificá-las. Ou podia reconhecer que a ciência da demonologia apoiava-se firmemente na razão humana, mas duvidar da infalibilidade de tal razão e assim reservar uma liberdade de ceticismo "pirrônico". Esse era o caminho de Montaigne, que ousava se referir às conclusões irrespondíveis da razão escolástica como "conjecturas".

Nenhum desses métodos era suficientemente radical, em si, para destruir a crença intelectual em bruxas. A crítica de um Scot ou de um Spee podia ser aceitável em bons tempos, mas não atingia a base da crença, e com a volta de um "grande temor" logo seria esquecida. O ceticismo de um Montaigne podia solapar a ortodoxia, mas podia igualmente mantê-la — como com freqüência fez — ao solapar a heresia. O próprio Montaigne era tido como um aliado por seu amigo queimador de bruxas De l'Ancre.[169] O maior dos céticos franceses, Pierre Bayle, deixou a mania de bruxas exatamente onde a encontrou, e seu contemporâneo inglês, Joseph Glanvill, usou o ceticismo

---

[169] P. de l' Ancre (*Tableau de l'inconstance des mauvais anges et démons*, Paris, 1613, p. 77) observa que "le coeur et l'âme du sieur de Montaigne" era o elegante jesuíta Maldonado, que usava o ceticismo apenas na causa da ortodoxia. Maldonado pregou contra as bruxas em Paris e foi reconhecido professor (*meus quondam doctor*) de del Rio. Ver Martin del Rio, *Disquisitionum Magicarum Libri VI*, Louvain, 1599-1600, "Proloquium", e I, 210; J. Maldonado, "Praefatio de Daemonibus et eorum praestigiis", publicado em H. M. Prat, "*Maldonat et l'Université de Paris*" (Paris, 1856), p. 567 s.; Clément Sclafert, "Montaigne et Maldonat", *Bulletin de Littérature Ecclésiastique* LII (Toulouse, 1951), p. 65-93, 129-46.

[170] P. Bayle, *Réponse aux questions d'un provincial*, cap. xxxv-xliv; J. Glanvill, *Some Philosophical Considerations touching the being of witches* (1666); etc.

claramente para reforçar a crença em bruxaria.[170] O que, em última instância, destruiu a mania de bruxas, em um nível intelectual, não foram os argumentos de dois gumes dos céticos, nem seu moderno "racionalismo", que só podia existir dentro de um novo contexto de pensamento. Não foram nem mesmo os argumentos de Bekker, presos como estavam ao fundamentalismo bíblico. Foi a nova filosofia, uma revolução filosófica que mudou todo o conceito de Natureza e suas operações. Essa revolução não ocorreu dentro do campo estreito da demonologia, e portanto não podemos utilmente segui-la por um estudo que está limitado a esse campo. Ela ocorreu em um campo muito mais amplo, e os homens que a fizeram não lançaram seu ataque a uma área tão marginal da Natureza como a demonologia. A demonologia, afinal, era apenas um apêndice do pensamento medieval, um refinamento tardio da filosofia escolástica. O ataque foi dirigido ao centro; e, quando prevaleceu no centro, não havia necessidade de lutar pelas fortificações externas: elas tinham sido derrubadas.

Esta, assim me parece, é a explicação do aparente silêncio dos grandes pensadores do início do século XVII, os filósofos da ciência natural, do direito natural, da história secular. Por que — indagam-nos — Bacon, Grotius, Selden não manifestaram descrença na bruxaria? Seu silêncio ou suas concessões ocasionais à ortodoxia foram até tomados por alguns como se sustentassem a crença. Mas isso, sugiro eu, é uma inferência errada. Os autores que a fazem estão, mais uma vez, tratando o assunto isoladamente. E se quisermos interpretar a reticência, o método correto não é examinar, com exatidão rabínica, rupturas particulares da reticência, mas primeiro considerar todo o contexto do pensamento de um homem. Quando fazemos isso, a explicação, acredito eu, torna-se clara. Bacon, Grotius, Selden podem ter sido reticentes quanto às bruxas. O mesmo se deu, nesse ponto, com Descartes. Por que procurariam problemas em uma questão secundária, periférica? Na questão central, não eram reticentes, e é em sua filosofia central que devemos ver a batalha que estavam travando: uma batalha que em última instância levaria o mundo das bruxas a definhar.[171]

Todavia, que luta foi a do centro! Nenhum mero ceticismo, nenhum mero "racionalismo" podia ter expulsado a antiga cosmologia. Uma fé rival era necessária, e portanto parece um pouco injusto por parte de Lea culpar os primeiros e maiores opositores da mania por serem dificilmente menos "crédulos" do que seus adversários.[172] A primeira fé rival fora o platonismo da Renascença, a "magia

---

[171] As poucas observações de Bacon sobre as bruxas, evasivas em geral, incrédulas em particular, são citadas em Lea, *Materials*, p. 1355. Para suas concepções positivas sobre "magia", ver P. Rossi, *Francesco Bacone, dalla magia alla scienza* (Bari, 1951). A Selden se atribuíram crenças reacionárias por conta de uma observação de tipo normativo em seu *Table-Talk*, que de fato indicava ceticismo, não crença: suas verdadeiras concepções "platônicas" sobre Natureza podem ser vistas em seu *De Diis Syris* (1617), Syntagma, I, cap. 2. Grotius não apenas acreditava de modo geral em uma ordem universal da Natureza: especificamente, ele rejeitava as penas da lei mosaica, que eram a base da perseguição às bruxas nos países protestantes (*de Jure Belli ac Pacis*, lib. I, cap. I, XVI "Jure Hebraeorum numquam obligatos fuisse alienigenas"); repudiou o fundamentalismo bíblico (para indignação dos bons calvinistas); e em suas Anotações ao Antigo e ao Novo Testamento seguiu o exemplo de Erasmo ao deixar de comentar as passagens habitualmente citadas em apoio às crenças em bruxas.

[172] A falta de simpatia de Lea por qualquer racionalismo a não ser o seu é mostrada por suas observações sobre Erastus e Paracelso. Erastus, diz ele, "era superior a muitas das superstições da época, como se vê em sua crítica de Paracelso, e no entanto um crente na bruxaria" (*Materials*, p. 430). Evidentemente não ocorria a Lea que o racionalismo de Erastus acarretava crença em bruxaria, enquanto a "superstição" de Paracelso podia criar o contexto de um novo racionalismo que prescindiria dela.

natural": uma fé que enchia o universo com "demônios", mas ao mesmo tempo os sujeitava a uma Natureza harmônica a cuja maquinaria serviam e cujas leis eles operavam. Em última instância, o platonismo da Renascença ficara com seus demônios, e os platônicos de Cambridge, isolados em seu claustro nos pântanos, forneceriam alguns dos últimos defensores intelectuais das crenças em bruxas.[173] Mas o impulso que dera foi continuado por outros filósofos: por Bacon com sua "magia purificada", por Descartes com suas leis da Natureza "mecânicas" e universais, em que demônios eram desnecessários. Foi Descartes, como Thomasius e seus amigos concordavam, quem deu o golpe final na mania de bruxas na Europa ocidental[174] — o que talvez explique, melhor do que o protestantismo original de Colbert, a suspensão inicial dos julgamentos de bruxas na França. A rainha Cristina da Suécia, que ordenou o fim dos julgamentos de bruxas nas partes da Alemanha ocupadas pelos suecos,[175] fora discípula de Descartes. Gustaf Rosenhane e o médico Urban Hiärne, que resistiram à grande mania sueca de bruxas de 1668-77, eram ambos cartesianos.[176] O mesmo se dava com Bekker na Holanda, embora seus críticos insistissem em que

---

[173] Os platônicos de Cambridge adotaram as idéias neoplatônicas assim que o platonismo, de força liberadora, estava se tornando força reacionária. Mas Cambridge de muitos modos estava afastada das idéias baconianas e cartesianas que eram aceitas em Oxford na década de 1650. Mesmo Newton estava de vários modos aprisionado na teologia puritana de aspecto retrógrado de Cambridge da Restauração.
[174] Thomasius, *de Crimine Magiae* (Halle, 1701, § XLVII). Cf. F. M. Brahm, *Disputatio Inauguralis...* (1701), in Lea, *Materials*, p. 1406.
[175] Ver sua ordem de 1649 in Hauber, *Bibliotheca... Magica*, III, p. 250.
[176] Bertil Sundborg, in *Lychnos*, 1954-55, p. 204-64.
[177] Mesmo o compreensivo Hauber fez essa crítica (op. cit. I, p. 565).

ele tinha confundido o ensinamento de seu mestre.[177] Mas a vitória final, que libertou a Natureza do fundamentalismo bíblico em que o próprio Bekker ainda estava aprisionado, foi a dos deístas ingleses e dos pietistas alemães,[178] herdeiros dos heréticos protestantes do século XVII, pais do Illuminismo do século XVIII em que o duelo na Natureza entre um Deus hebreu e um Demônio medieval foi substituído pelo benevolente despotismo de uma "Divindade" moderna, científica.

VI

Sugeri que a mania de bruxas dos séculos XVI e XVII deve ser vista, se se quiser entender sua força e duração, em seu contexto tanto social quanto intelectual. Não pode ser adequadamente vista, como os historiadores liberais do século XIX tendiam a vê-la, como uma mera "ilusão", separada ou separável da estrutura social e intelectual da época. Se assim fosse — se tivesse sido não mais do que uma construção intelectual artificial de inquisidores medievais —, é inconcebível que tivesse se prolongado por dois séculos depois de sua plena formulação; que essa formulação nunca tivesse se modificado a seguir; que a crítica tivesse sido tão limitada; que nenhuma crítica a tivesse efetivamente solapado; que os maiores

---

[178] Talvez seja injusto isolar Thomasius dos outros pietistas, assim como seria injusto isolar Bekker dos outros cartesianos. O fundador do movimento pietista, P. J. Spener, precedera Thomasius na oposição às crenças em bruxas em seu *Theologische Bedencken* (1700); Gottfried Arnold, que defendeu os heréticos do passado em *Unparteyische Kirche- und Ketzerhistorie* (1699), cooperou com Thomasius; e foi da editora universitária de Halle, centro do pietismo, que saíram quase todos os livros alemães contra a mania de bruxas.

pensadores da época tivessem deixado de atacá-la abertamente; e que alguns deles, como Bodin, a tivessem até mesmo apoiado ativamente. Para concluir este ensaio, tentarei resumir a interpretação que apresentei.

Em primeiro lugar, a mania de bruxas foi criada a partir de uma situação social. Em seu período de expansão, no século XIII, a sociedade "feudal" da Europa cristã entrou em conflito com grupos sociais que ela não podia assimilar, e cuja defesa de sua própria identidade era vista, de início, como "heresia". Às vezes era realmente heresia: idéias heréticas, intelectuais na origem, são com freqüência consideradas por sociedades como determinadas a afirmar sua independência. Assim as idéias maniqueístas, transmitidas — assim parece — por missionários búlgaros, foram adotadas pela sociedade radicalmente distinta da França pirenaica, e as idéias "valdenses", concebidas nas cidades da Lombardia ou do Ródano, foram adotadas nos vales alpinos, onde a sociedade "feudal" nunca pôde estabelecer-se. A Igreja medieval, como órgão espiritual da sociedade "feudal", declarou guerra a essas "heresias", e os frades que travavam essa guerra definiram tanto a ortodoxia quanto a heresia no processo. Sabemos que as doutrinas que eles atribuem tanto aos albigenses quanto aos valdenses não são necessariamente as doutrinas realmente professadas por esses "heréticos", cujos documentos autênticos foram quase inteiramente destruídos por seus perseguidores. Os inquisidores atribuíam às sociedades a que se opunham de imediato uma cosmologia mais elaborada e uma moral mais degradada do que qualquer razão que possamos lhe atribuir. Em particular, atribuíam aos albigenses um dualismo absoluto entre Deus e o Demônio na natureza, e orgias de promiscuidade sexual — uma acusação regularmente feita pelos ortodoxos contra as sociedades dissidentes esotéricas. Ambas essas acusações seriam levadas do primeiro para o segundo estágio da luta.

Pois o primeiro estágio logo se encerrou. A sociedade "feudal" ortodoxa destruiu os "albigenses" e reduziu as heresias "valdenses". Os frades evangelizaram os vales alpinos e pirenaicos. Todavia, a dissidência social permaneceu, e portanto uma nova racionalização dela parecia necessária. Nessas áreas montanhosas, onde os costumes pagãos se prolongavam e o clima alimentava a doença nervosa, os missionários logo descobriram superstições e alucinações a partir das quais criaram um segundo conjunto de heresias: heresias menos intelectuais, e até mesmo menos edificantes, do que aquelas que eles tinham reprimido, mas todavia aparentadas com elas. A nova "heresia" da bruxaria, tal como descoberta nos antigos refúgios dos cátaros e valdenses, apoiava-se no mesmo dualismo de Deus e Demônio; a ela se atribuíam as mesmas assembléias secretas, as mesmas orgias sexuais promíscuas; e era referida, com freqüência, pelos mesmos nomes.

Essa nova "heresia" que os inquisidores descobriram sob os resquícios da antiga não era delineada isoladamente. Os albigenses, como seus predecessores maniqueus, tinham professado um dualismo de bem e mal, Deus e Demônio, e os dominicanos, os perseguidores dos albigenses, como Santo Agostinho, o perseguidor dos maniqueus, tinham adotado algo do dualismo contra o qual lutaram. Eles se viam como adoradores de Deus, viam seus inimigos como adoradores do Demônio; e como o Demônio é *simia Dei*, o macaco de Deus, elaboraram o sistema diabólico como a contraparte necessária do sistema divino. A nova cosmologia aristotélica mantinha-se firmemente atrás de ambos, e Santo Tomás de Aquino, o fiador de uma, era o fiador da outra. As duas eram interdependentes; e dependiam não apenas uma da outra, mas também de toda uma filosofia do mundo.

A elaboração da nova heresia, como da nova ortodoxia, era trabalho da Igreja católica medieval, e em particular de seus membros mais ativos, os frades dominicanos. Nenhum argumento pode fugir desse fato ou evitá-lo. Os elementos da mania podem ser não-cristãos, até mesmo pré-cristãos. A prática de conjuros, a produção das condições meteorológicas, o uso de magia simpática podem ser universais. Os conceitos de um pacto com o Demônio, de cavalgada noturna para o sabá, de *incubi* e *succubi*, podem provir do folclore pagão dos povos germânicos.[179] Mas o entrelaçamento desses vários elementos em uma demonologia sistemática que pudesse fornecer um estereótipo social para perseguição era obra exclusivamente não do cristianismo, mas da Igreja católica. A Igreja ortodoxa grega não oferece paralelo. Havia superstições camponesas na Grécia: a Tessália era a terra clássica das antigas bruxas. Havia mentes enciclopédicas entre os padres gregos: nenhum refinamento do absurdo desencorajava um teólogo bizantino. A mesma situação objetiva existia no Oriente e no Ocidente: o dualismo maniqueu era a heresia dos Bogomils da Bulgária, antes de se tornar a heresia dos albigenses do Languedoc. Mas mesmo a partir das ruínas do bogomilismo, a Igreja ortodoxa grega não criou nenhuma demonologia sistemática e não desencadeou nenhuma mania de bruxas. Quando do cisma

---

[179] Isto é afirmado por Weiser-Aall em Bächtold-Stäubli, *Handwörterbuch des deutschen Aberglauben III* (Berlim e Leipzig, 1930-31), p. 1828 s., s.v. "Hexe".

de 1054, os países eslavos da Europa — com exceção da Polônia católica, exceção que prova a regra — escaparam da participação em um dos episódios mais ignominiosos da história cristã.[180]

Tal, assim parece, foi a origem do sistema. Foi aperfeiçoado no correr de uma luta local e, de início, teve aplicação local. Mas a elaboração intelectual, uma vez completa, era, em si, universal. Podia ser aplicada em outros locais. E no século XIV, esse século de crescente introversão e intolerância, entre as desgraças da Morte Negra e a Guerra dos Cem Anos na França, sua aplicação se tornou geral. O primeiro dos papas de Avignon, eles próprios bispos do recalcitrante Languedoc, deu um novo impulso à mania. A arma forjada para uso contra sociedades não-conformistas era erguida para destruir indivíduos não-conformistas: enquanto os inquisidores nos Alpes e nos Pirineus continuavam a multiplicar a evidência, as facções políticas rivais da França e da Borgonha exploravam-na para destruir seus inimigos. Cada episódio espetacular aumentava o poder do mito. Como o judeu, a bruxa se tornava o estereótipo do não-conformista incurável; e, na Idade Média em declínio, os dois foram unidos como bodes expiatórios dos males da sociedade. A criação da Inquisição espanhola, que capacitou os "reis católicos" a destruírem o "judaísmo" na Espanha, e a promulgação da Bula das Bruxas, que incentivava cidades e príncipes a destruírem

---

[180] Isso é comentado por Riezler, *Geschichte der Hexenprozessen in Baiern*, p. 51, e por Hansen, *Quellen*, p. 71. Pode-se observar que o grande padre da Igreja que escreveu antes do cisma e que forneceu uma base intelectual para a posterior mania de bruxa, Santo Agostinho, teve pouca ou nenhuma influência sobre Bizâncio. Isso devia-se em parte ao fato de ele escrever em latim. Sem Agostinho, sem Tomás de Aquino, a Igreja grega carecia de infra-estrutura cosmológica da mania de bruxa.

bruxas na Alemanha, podem ser vistos como dois estágios de uma mesma campanha.

Mesmo assim, o mito podia ter sido destruído no início do século XVI. A nova prosperidade podia ter afastado a necessidade de um bode expiatório social. As novas idéias da Renascença podiam ter destruído sua base intelectual. Vimos que nos anos 1500-50, fora de sua base alpina, a mania definhava. Nesses anos, o aristotelismo purificado de Pádua corrigiu a extravagância dos físicos escolásticos; o neoplatonismo de Florença oferecia uma interpretação mais universal da Natureza; a nova crítica dos humanistas aparava os absurdos medievais. Todos esses movimentos intelectuais podiam, em si, ser ambivalentes, mas podiam, em conjunto, ter sido eficazes. De fato, não foram. Em meados do século XVI, a mania foi revivida e ampliada, e os anos entre 1560 e 1630 viram os piores episódios em sua longa história. Parece incontestável que a causa desse renascimento foi a regressão intelectual da Reforma e da Contra-Reforma, e o renovado evangelismo das igrejas rivais. A primeira deu nova vida à cosmologia medieval, pseudo-aristotélica, de que a demonologia era então parte inseparável. O último levou para o norte da Europa o mesmo padrão de forças que os dominicanos tinham outrora levado para os Alpes e os Pirineus — e pedia uma reação similar.

A Reforma é às vezes vista como um movimento progressista. Sem dúvida começou como tal: pois começou no humanismo. Mas nos anos de luta, de luta ideológica, o humanismo logo foi esmagado. Os grandes doutores da Reforma, assim como da Contra-Reforma, e seus numerosos esbirros clericais, eram essencialmente conservadores: e conservavam muito mais da tradição medieval do que estavam dispostos a admitir. Podiam rejeitar a supremacia romana e retornar, por seu sistema de Igreja, à organização rudimentar da época apostólica. Podiam podar as incrustações de doutrina, o monasticismo, as "devoções mecânicas", a politicagem clerical da Igreja medieval "corrompida". Mas essas eram rejeições superficiais. Sob suas "purificadas" disciplina e doutrina de Igreja, os reformadores mantinham toda a infra-estrutura filosófica do catolicismo escolástico. Não havia nova física protestante, nenhuma concepção exclusivamente protestante da Natureza. Em todos os campos de pensamento, o calvinismo e o luteranismo, como o catolicismo da Contra-Reforma, fizeram um recuo, uma defesa obstinada de posições estabelecidas. E, na medida em que a demonologia, tal como desenvolvida pelos inquisidores dominicanos, constituía uma extensão da cosmologia pseudo-aristotélica, era defendida de modo não menos obstinado. Lutero podia não citar o *Malleus*; Calvino podia não ter uma dívida para com os escolásticos, mas a dívida era clara e seus sucessores a admitiriam. A demonologia, como a ciência de que fazia parte, era uma herança comum que não podia ser negada por esses reformadores conservadores. Estava mais no fundo do que as disputas superficiais sobre práticas religiosas e a mediação do sacerdote.[181]

---

[181] Paulus (*Hexenwahn und Hexenprozess*, § IV), em suas tentativas para poupar a Igreja católica medieval, argumenta que os reformadores protestantes derivavam sua demonologia não de seus predecessores católicos, mas diretamente da mitologia germânica. Essa argumentação (que também é usada pelo apologista católico Janssen) depende, mais uma vez, de um isolamento inadequado de crenças em bruxas em relação à cosmologia geral. Se Lutero rejeitara a cosmologia aristotélica enquanto aceitava crenças em bruxas, então se *poderia* dizer que ele derivava essas crenças de fontes pagãs — embora mesmo então a argumentação seria muito forçada. Mas desde que ele, como Calvino, aceitou a cosmologia básica da Igreja medieval, não há necessidade dessa engenhosidade. Quando a porta da frente está totalmente aberta, por que fazer um desvio em busca de uma passagem pelos fundos?

Mas se a Reforma não era, intelectualmente, um movimento progressista, era sem dúvida um movimento evangélico. Como os dominicanos da Idade Média, o clero luterano e calvinista se empenhara em reconquistar para a fé — para sua versão da fé — os povos do norte da Europa que a Igreja católica havia quase perdido. Na primeira geração depois de Lutero, esse movimento evangélico mal se iniciara. O apelo de Lutero se dirigia aos príncipes cristãos, à nobreza cristã da Alemanha. Tal como na Inglaterra de Henrique VIII, a Reforma havia se iniciado como uma questão de Estado. Mas em 1560, os príncipes, ou muitos deles, tinham sido conquistados, e a necessidade imediata era de pregadores para estabelecer a religião entre seus povos. Assim, a segunda geração de Reformadores, os missionários formados em Wittenberg ou Genebra, era despejada nas terras dos príncipes hospitaleiros, e a Palavra era pregada não apenas para os ouvidos das grandes paróquias, mas para as paróquias rurais da Alemanha e da Escandinávia, França, Inglaterra e Escócia.

Naturalmente, o triunfo dos pregadores nem sempre era fácil. Às vezes encontravam oposição individual; às vezes sociedades inteiras pareciam recusar obstinadamente seu Evangelho. Assim como os missionários dominicanos tinham enfrentado resistência inflexível das comunidades montanhesas dos Alpes e dos Pirineus, os missionários protestantes viram seus esforços sofrerem oposição de comunidades inteiras nas terras devastadas do norte desprezado, meio pagão. Os pregadores alemães encontraram essa dissidência na Vestfália, em Mecklemburgo, na Pomerânia: áreas, como um médico alemão mais tarde observou, onde os camponeses vivem pobremente de cerveja rala, carne de porco e pão preto;[182] o clero sueco, mais tolerante, encontrou-a, embora não a perseguisse, nas sociedades racialmente distintas da Lapônia e da Finlândia; o escocês Kirk encontrou-a, e perseguiu-a, entre os moradores celtas das terras altas. Às vezes essa oposição podia ser descrita, em termos doutrinais, como "papismo". As bruxas escocesas que se lançaram ao mar em uma peneira para incomodar o rei James foram declaradas "papistas", e o Lancashire, naturalmente, era um ninho tanto de papistas quanto de bruxas. Às vezes era muito primitiva para merecer termos doutrinais, e então uma nova explicação tinha de ser encontrada. Mas dessa vez não havia necessidade de inventar um novo estereótipo. O estereótipo necessário já tinha sido criado pelos primeiros missionários e fortalecido por longo uso. Os dissidentes eram bruxas.

Com a reconquista católica uma geração depois, o mesmo padrão se repete. Os missionários católicos também descobrem resistência obstinada. Também a consideram tanto social quanto individual. Também a descobrem em áreas particulares: no Languedoc, nos Vosges e no Jura, na Renânia, nos Alpes alemães. Também a descrevem ora como heresia protestante, ora como bruxaria. Os dois termos são às vezes intercambiáveis, ou pelo menos a fronteira entre eles é tão vaga quanto aquela entre albigenses e bruxas no passado. As bruxas bascas, diz De l'Ancre, foram criadas nos erros do calvinismo. Nada difundiu essa peste mais eficazmente

---

[182] Friedrich Hoffmann, *Dissertatio Physico-Medica de Diaboli Potentia in Corpora* (Halle, 1703), citado em Lea, *Materials*, p. 1466; e ver a nota de Lea *ad loc*. Cf. também Brunnemann, *Discours von betrüglichen Kennzeichen der Zauberey*, citado in Lea, *Materials*, p. 1429, que também apresenta a Vestfália, a Pomerânia e Mecklemburgo como locais de bruxas.

através da Inglaterra, da Escócia, de Flandres e da França, declara Del Rio (fazendo eco a outro jesuíta, Maldonado) do que *dira Calvinismi lues*. "A bruxaria cresce com a heresia, a heresia com a bruxaria", disse o católico inglês Thomas Stapleton para doutores compreensivos de Louvain.[183] Sua argumentação — suas próprias palavras — foi a seguir repetida, com rótulos doutrinários diferentes, por pastores luteranos na Alemanha.[184] Onde quer que os missionários de uma igreja estivessem recuperando uma sociedade de seus rivais, a "bruxaria" era descoberta sob a fina superfície de "heresia".

Pelo que parece, esse é o andamento da mania de bruxas como movimento social. Mas não se trata apenas de um movimento social. A partir de sua base social, ela também tem sua extensão individual. Pode ser estendida deliberadamente, em épocas de crise política, como instrumento político, para destruir inimigos poderosos ou pessoas perigosas. Assim foi usada na França nos séculos XIV e XV. Também pode ser estendida cegamente, em épocas de pânico, por seu próprio impulso. Quando um "grande temor" se apossa da sociedade, essa sociedade busca naturalmente o estereótipo do

---

[183] "Crescit cum magia haeresis, cum haeresi magia." A dissertação de Thomas Stapleton sobre a questão "Cur magia pariter cum haeresi hodie creverit", pronunciada em 30 de agosto de 1594, foi publicada em *Thomae Stapleton Angli S. T. D. Opera Omnia* (Paris, 1620), II, 502-7.

[184] Hauber (*Bibliotheca... Magica*, II, 205) afirma que possuía uma cópia da dissertação de Stapleton emendada para divulgação em uma universidade luterana durante a grande mania de bruxas do final da década de 1620. As palavras "Lutero" e "luteranos" haviam sido modificadas para "o Papa" e "os jesuítas"; afora isso, não se julgara necessária outra alteração: um ótimo comentário sobre a originalidade intelectual de ambos os lados. O bom luterano deixara intacta a ofensa de Stapleton aos calvinistas.

inimigo em seu meio; e uma vez que a bruxa se tornara o estereótipo, a bruxaria seria a acusação universal. Era uma acusação difícil de refutar nas terras onde o preconceito popular era ajudado pela tortura judicial: temos apenas de imaginar a extensão do complô papal na Inglaterra, em 1679, se todas as testemunhas tivessem sido torturadas. É nessas épocas de pânico que vemos a perseguição ser estendida de mulheres de idade, as vítimas habituais do ódio da aldeia, até juízes e clérigos cultos, cujo crime é ter resistido à mania. Daí esses terríveis episódios em Trier e Bamberg e Würzburg. Daí também o grito desesperado do bom senador De l'Ancre, de que antes as bruxas eram "hommes vulgaires et idiots, nourris dans les bruyères et la fougière des Landes", mas agora as bruxas sob tortura confessam que viram no sabá "une infinité de gens de qualité que Satan tient voilez et à couvert pour n'estre cognus".[185] É um sinal desse "grande medo" quando a elite da sociedade é acusada de estar em associação com seus inimigos.

Por fim, o estereótipo, uma vez estabelecido, cria, por assim dizer, seu próprio folclore, que se torna em si uma força centralizadora. Se esse folclore ainda não tiver existido, se ainda não tiver sido criado por medo social a partir de superstição popular dentro de uma cosmologia intelectualmente aprovada, então psicopatas teriam ligado suas alucinações sexuais a outras figuras, talvez mais individuais. Isso, afinal, é o que acontece hoje. Mas, uma vez que o folclore tivesse sido criado e tivesse sido imposto pelo clero a todas as mentes, servia como estereótipo tanto psicológico quanto social. O demônio com suas visitas noturnas, seus *succubi* e *incubi*, seu solene

---

[185] P. de l'Ancre, *Tableau de l'inconstance des mauvais anges et démons* (Paris, 1613), dedicatória ao monsenhor de Sillery, chanceler da França.

pacto que prometia novo poder para gratificar a vingança social e pessoal, tornou-se "realidade subjetiva" para mulheres histéricas em um mundo rural duro ou em comunidades artificiais — em conventos mal regulados como em Marselha, Loudun, Louviers ou em regiões especiais como o Pays de Labourd, onde (segundo De l'Ancre) as mulheres de pescadores ficavam abandonadas por meses. E porque pessoas separadas ligavam suas ilusões ao mesmo padrão imaginário, tornavam esse padrão real para outros. Por suas confissões separadas, a ciência dos escolásticos era empiricamente confirmada.

Assim, em todos os lados o mito era criado e mantido. Havia diferenças locais de curso, bem como diferenças de tempo; diferenças de jurisdição, bem como diferenças de procedimento. Um forte governo central podia controlar a mania, enquanto a liberdade popular deixava-a seguir livremente. A inquisição centralizada na Espanha ou na Itália, ao monopolizar a perseguição, continha sua produção, enquanto no norte dos Alpes a livre competição dos bispos, abades e pequenos proprietários, cada um com sua própria jurisdição, mantinha as fornalhas em ação. A vizinhança de uma grande universidade internacional, como Basiléia ou Heidelberg, tinha efeito salutar,[186] enquanto um pregador fanático ou um ma-

---

[186] A Universidade de Heidelberg merece crédito particular, pois manteve padrões críticos em um país fortemente calvinista. Em 1585, ou pouco antes, a faculdade de direito de Heidelberg se opôs à pena de morte por bruxaria, dizendo que que era "billicher zu Seelsorgern führen dann zur Marten und zum Todte" — melhor curar a alma do que torturar e matar o corpo (citado em Binz, *Doctor Johann Weyer*, p. 101-2). Um dos mais poderosos opositores da mania, o calvinista Hermann Wilchen ou Witekind, que escreveu com o nome "Lerchheimer von Steinfelden", era professor de matemática em Heidelberg (ver Janssen, *A History of the German People*, XVI, 326). Por outro lado, o famoso Thomas Erastus, professor de medicina, era um crente firme.

gistrado excessivamente zeloso em uma província atrasada podia infectar toda a área. Mas todas essas diferenças simplesmente afetavam a prática do momento: o próprio mito era universal e constante. Intelectualmente lógico, socialmente necessário, experimentalmente provado, tornara-se um *datum* na vida européia. O racionalismo não podia atacá-lo, pois o próprio racionalismo, como sempre, movia-se dentro do contexto intelectual da época. O ceticismo, a desconfiança em relação à razão, não podia fornecer um substituto. No melhor dos casos, o mito podia ser contido como no início do século XVI. Mas não evaporou: permaneceu no fundo da sociedade, como uma água parada, que facilmente transbordava, facilmente se agitava. Na medida em que a estrutura social e intelectual de que era parte permanecia intacta, qualquer medo social podia enchê-la, qualquer luta ideológica agitá-la, e nenhuma operação gradativa podia efetivamente drená-la. Os críticos humanistas, os cientistas paduanos, podiam procurar corrigir a base filosófica do mito. Os psicólogos — médicos como Weyer e Ewich e Webster — podiam explicar sua aparente confirmação empírica. Humanitários, como Scot e Spee, por razão natural, podiam expor o absurdo e denunciar a crueldade dos métodos pelos quais se propagava. Mas para destruir o mito, drenar a água, tais operações meramente locais não eram mais suficientes. Toda a estrutura intelectual e social que o continha, e que se solidificara em torno dele, tinha de ser quebrada. E tinha de ser quebrada não no fundo, no poço sujo onde as crenças em bruxas tinham sido coletadas e sistematizadas, mas em seu centro, onde eram renovadas. Em meados do século XVII, isso foi feito. Então a síntese medieval, que a Reforma e a Contra-Reforma tinham artificialmente prolongado, foi por fim quebrada, e através da crosta quebrada a água suja era drenada. Daí em diante, a sociedade podia perseguir seus dissidentes como huguenotes[187] ou como judeus. Podia descobrir um novo estereótipo, o "jacobino", o "vermelho". Mas o estereótipo da bruxa desaparecera.

---

[187] Assim, em 1685, Luís XIV expulsou os huguenotes da França como um grupo não-assimilável, mas, até onde sei, as acusações de bruxaria tão furiosamente arremessadas contra os huguenotes no sul, em 1609, não se repetiram. Os huguenotes tornaram-se novamente, *per se*, os estereótipos do ódio social, e assim permaneceram muito depois, como mostrado pelo caso Calas em 1762. A significação social desse caso foi bem apresentada em David D. Bien, *The Calas Affair: Persecution, Toleration and Heresy in 18th-century Toulouse* (Princeton, 1960).

CAPÍTULO IV

As origens religiosas do Iluminismo

I

Diz-se habitualmente que a revolução intelectual da Europa moderna, não menos do que a revolução industrial, tem suas origens na Reforma religiosa do século XVI: que os reformadores protestantes — seja diretamente, por sua teologia, seja indiretamente, pelas novas formas sociais que criaram — abriram o caminho para a nova ciência e a nova filosofia do século XVII, e assim prepararam o caminho para a transformação do mundo. Sem a Reforma protestante do século XVI, segundo nos é dito, não teríamos tido Iluminismo no século XVIII: sem Calvino não teríamos Voltaire.

Essa teoria tem sido com freqüência questionada, mas é difícil destruí-la. Geração após geração encontra nela uma plausibilidade irresistível. Faz parte da filosofia da ação, sem a qual qualquer estudo de história parece remoto e acadêmico. No passado, foi uma teoria Whig. No século XIX, os autores protestantes "Whigs" — Guizot na França, Macaulay na Inglaterra —, que esperavam mudança no futuro, transferiram suas idéias para o passado e viam os protestantes do século XVI, os Whigs do século XVII, não apenas como o partido da ação radical (que é uma coisa), mas também como o partido do progresso econômico, social e intelectual (que é outra). Hoje a mesma teoria é uma teoria marxista. Os marxistas, tendo substituído os Whigs como o partido da ação radical, de modo semelhante olham para sua genealogia e se vinculam a uma tradição radical mais antiga. A fim de substituir os Whigs, tomam de empréstimo sua filosofia. Para eles também o progresso é sinônimo de radicalismo político — e progresso inclui progresso intelectual. Quem é politicamente radical, parecem dizer eles, também é intelectualmente correto.

É interessante observar a continuidade, nesse aspecto, entre os radicais políticos de ontem e hoje: ver a tocha, há tão pouco tempo caída das mãos combalidas dos últimos Whigs, habilidosamente apanhada e levada por seus sucessores, os primeiros marxistas. Essa transferência da mesma fórmula para mãos diferentes, essa clara lampadofória teórica, ocorreu no fim do último século. Foi então que a teoria da origem exclusivamente protestante do progresso, do pensamento moderno, da sociedade moderna, tendo há muito sido sustentada em termos políticos pelos pensadores burgueses da Europa, recebeu seu novo conteúdo social a partir da obra de Max Weber e, sendo assim de novo posta a flutuar, navegou triunfantemente para a nova época. Hoje, em sua nova forma, está tão forte quanto sempre. A revolução puritana na Inglaterra, estamos agora certos, não foi apenas uma revolução "constitucional", foi também a revolução burguesa; e a revolução burguesa foi, por sua vez, a revolução intelectual. A nova ciência, a nova filosofia, a nova historiografia, a nova economia eram todas obras dos "protestantes radicais" — quanto mais radical, mais progressista;[1] e um eminente historiador moderno não-marxista, ao resenhar uma história da Escócia moderna, pôde casualmente observar, como um truísmo que não precisa de argumentação, que o Iluminismo escocês do século XVIII, a indústria escocesa do século XIX seriam inconcebíveis em um país episcopal.[2]

Como a história seria simples se pudéssemos aceitar essas regras práticas! Mas, infelizmente, acho que não posso. Sabidamente, a nova filosofia foi criada na Inglaterra na década de 1650. Sabidamente a Escócia era presbiteriana no século XVII, esclarecida no século XVIII. Mas antes de concluirmos que um fato determina o outro, que *post hoc* é o mesmo que *propter hoc*, é essencial testar as ligações da argumentação. É claro que a nova filosofia não teria triunfado na Inglaterra na década de 1650 se Charles I tivesse continuado a governar? É certo que a Escócia teria permanecido atrasada, mesmo no século XVIII, se sua Igreja tivesse continuado a ser governada por bispos, como sob Charles I e Charles II? Estas indagações hipotéticas talvez não possam em si ser respondidas, mas não podem ser inteiramente evitadas. Devemos pelo menos levá-las em consideração. Mesmo se uma resposta direta é impossível, sempre há o método comparativo. Antes de aceitar uma conclusão sobre a evidência imperfeita de uma sociedade, podemos olhar para a evidência de outra. Podemos observar que a nova filosofia triunfou na França na década de 1650, embora Luís XIV tenha

---

[1] Ver, por exemplo, Christopher Hill, *Intellectual Origins of the Puritan Revolution* (Oxford, 1965). Expressei minha crítica à argumentação de Hill em *History and Theory*, V, I (1966).
[2] A. J. P. Taylor, resenha de George Pryde, *Local and Central Government in Scotland since 1707* (1960), in *New Statesman*.

esmagado a Fronda. Por que então – podemos perguntar – a ruína de Charles I foi condição necessária do triunfo dessa filosofia, ao mesmo tempo, na Inglaterra? O calvinismo não criou o Iluminismo na Transilvânia do século XVII, nem o episcopado o sufocou na Inglaterra de Wren e Newton. Por que então pularíamos para conclusões sobre a Escócia do século XVIII?

Assim, podemos objetar e, no entanto, já podemos prever as respostas a nossas objeções. São as respostas que os homens do Iluminismo teriam dado. Voltaire poderia não ter muito o que dizer de bom sobre os reformadores protestantes ou o clero protestante. Poderia detestar Calvino, "cet âme atroce"; poderia rejeitar os padres fundadores da Reforma como "tous écrivains qu'on ne peut lire"; e poderia preferir a companhia dos sofisticados *abbés* parisienses aos obtusos, dignos prelados da Inglaterra protestante. Mas os fatos objetivos tinham de ser enfrentados. A vida intelectual era inegavelmente mais livre, a heresia era inegavelmente mais segura nos países protestantes do que nos católicos. Isso sempre foi verdade, e não era menos verdade no século XVIII. As exceções apenas provavam a regra. Giannone poderia ser bem-sucedido na publicação de sua grande obra em Nápoles, mas que escândalo se seguiu à sua publicação, que conseqüências desastrosas para o autor e também para o impressor! Para evitar a perseguição e para republicar sua obra, Giannone foi em última instância levado a se refugiar na Genebra protestante, apenas para ser traiçoeiramente atraído para a Savóia católica, raptado por agentes católicos, e para desaparecer pelo resto de sua vida em uma prisão católica. Montesquieu e Voltaire poderiam escapar desses perigos físicos, mas não corriam riscos. Voltaire viu suas *Lettres philosophiques* queimadas em

Paris e julgou prudente viver no estrangeiro, ou pelo menos perto da fronteira suíça. Montesquieu buscou resolver o problema por concessão mútua, conciliando-se com os censores — e fracassou por fim. E ambos publicaram suas obras em cidades protestantes, na Holanda calvinista ou na Suíça calvinista. Sabidamente a discussão era livre nos países católicos. Sabidamente a censura era imperfeita. Sabidamente a fama social limitava o poder clerical. Mas o fato básico permanecia. Hume podia insistir em que a mesma liberdade real podia ser encontrada tanto na França católica como na Escócia calvinista. Era difícil discutir com ele, já que tinha experiência de ambas. Mas no fim, quando o melhor tinha sido dito sobre uma e o pior sobre a outra, a diferença entre a vida intelectual das duas sociedades não pode ser deixada de lado. Foi a diferença que levou Gibbon a descrever as exceções à regra como "a tendência *irregular* dos papistas para a liberdade" e "a gravitação *não-natural* dos protestantes para a escravidão".[3]

Além do mais, se olhamos para os estágios do Iluminismo, os sucessivos centros geográficos em que sua tradição foi engendrada ou preservada, a mesma conclusão se impõe a nós. Segundo se diz, os huguenotes franceses — Hotman, Languet, Duplessis-Mornay e seus amigos — criaram a nova ciência política do século XVI. A Holanda calvinista produziu o conceito do século XVII de direito natural e forneceu um lugar seguro de estudo para Descartes. A Inglaterra cromwelliana aceitou o programa científico de Bacon e produziu a obra de Hobbes e Harrington. Os huguenotes na Holanda calvinista — Pierre Bayle, Jean Leclerc — criaram a República

---

[3] E. Gibbon, *Vindication...*, in *Miscellaneous Works* (1814), I, p. 75.

Philippe Duplessis-Mornay, fundador da Academia Protestante de Saumur

das Letras nos últimos anos de Luís XIV. A Suíça — a Genebra calvinista e a Lausanne calvinista — foi o berço do Iluminismo do século XVIII na Europa: foi em Genebra que Giannone e Voltaire buscaram refúgio; foi um pastor calvinista de Genebra, Jacob Vernet, o agente universal do movimento, o correspondente de Leclerc, o amigo e tradutor de Giannone, o amigo e editor de Montesquieu, o agente de Voltaire; e era à Lausanne calvinista que Gibbon devia, como posteriormente admitiria, toda a sua formação intelectual. Por fim, depois da Suíça, outra sociedade calvinista levou à frente a tradição. A Escócia de Francis Hutcheson e David Hume, de Adam Smith e William Robertson, prosseguiu a obra de Montesquieu e criou uma nova filosofia, uma nova história, uma nova sociologia. Lá, como Gibbon escreveu, "o gosto e a filosofia pareciam ter-se retirado da fumaça e da pressa dessa imensa capital", Londres;[4] e Thomas Jefferson descreveria a Universidade de Edimburgo e a Academia de Genebra como os dois olhos da Europa.

A Holanda calvinista, a Inglaterra puritana, a Suíça calvinista, a Escócia calvinista... Se tivermos uma visão ampla — se olharmos para a contínua tradição intelectual que ia da Renascença ao Iluminismo —, essas sociedades calvinistas aparecem como as sucessivas fontes a partir das quais essa tradição era alimentada, as sucessivas cidadelas para as quais às vezes ela se retirava a fim de ser preservada. Sem essas fontes, sem essas cidadelas, podemos perguntar o que teria acontecido com essa tradição? No entanto, como as fontes poderiam ter sido facilmente interrompidas e as cidadelas invadidas! Suponhamos que o duque de Savóia tivesse sido bem-sucedido ao subjugar

---

[4] *The Letters of Edward Gibbon*, ed. J. E. Norton (Oxford, 1956), II, p. 100.

Genebra — como quase aconteceu em 1600 — e que os Bourbons, em conseqüência, tivessem imposto seu protetorado aos cantões franceses remanescentes da Suíça. Suponhamos que Charles I não tivesse provocado uma desnecessária rebelião na Escócia, ou mesmo que James II tivesse continuado a política de seu irmão e perpetuado um pretensioso governo anglicano Tory na Inglaterra. Se tudo isso tivesse acontecido, Grotius, Descartes, Richard Simon, John Locke, Pierre Bayle ainda teriam nascido, mas teriam escrito como fizeram, poderiam ter publicado o que escreveram? E sem predecessores, sem editores, o que teria acontecido com o Iluminismo, um movimento que devia tanto de sua característica ao pensamento do século anterior e a seu próprio sucesso na propaganda e na publicidade?

Sem dúvida essa suposição é injusta, como sempre são todas as questões hipotéticas, exceto as mais simples. A resposta fácil é que, se o catolicismo tivesse triunfado na Europa, todos os termos do problema teriam sido diferentes: a luta ideológica ter-se-ia descontraído em vitória, e as idéias que foram excluídas e suprimidas por uma sociedade em tensão poderiam muito bem ter sido toleradas por uma sociedade tranqüila. Mas, diante dos fatos, fica claro que há pelo menos um caso *prima facie* para a visão de que o calvinismo era de algum modo essencial para a revolução intelectual que levou ao Iluminismo. Portanto, de que modo permanece a questão? Esta era uma conexão direta ou acidental? O calvinismo forneceu uma disciplina mental ou moral essencial? Suas doutrinas teológicas, quando traduzidas em termos seculares, produziram uma nova filosofia? Ou a conexão é mais uma conexão social, independente de idéias? A fim de responder a essas indagações, é melhor começar, não pressupondo a conexão, mas indagando qual era a tradição religiosa que levou ao Iluminismo. Quais precursores filosóficos os homens do Iluminismo reconheciam? Quando tivermos respondido a essa pergunta, quando tivermos definido a duradoura tradição intelectual, poderemos examinar a relação entre essa tradição e a igualmente contínua tradição do calvinismo europeu.

II

A resposta para essa primeira indagação é, penso eu, razoavelmente clara. Quando Voltaire olhava para trás na história, ele reconhecia, naturalmente, numerosos predecessores de todas as épocas para vários elementos de sua filosofia. Mas quando buscou os primórdios da modernidade, de sua modernidade, do processo que gradual e desigualmente criou a nova filosofia de que ele foi o profeta, encontrou-os não na Reforma, que ele odiava, mas no período antes da Reforma, "o século que termina com Leão X, Francisco I e Henrique VIII": em outras palavras, no período do final da Renascença e da Pré-Reforma, a época de Valla e Erasmo, Maquiavel e Guicciardini, essa era liberal que foi esmagada e eclipsada pelas abomináveis guerras de religião. Esse foi o tempo, escreveu Voltaire, em que um novo espírito, espalhando-se pela Europa a partir da Itália, causou um renascimento das letras, um florescimento das artes, uma atenuação das maneiras. O espírito humano, nesses anos, experimentou uma revolução "que mudou tudo, como em nosso próprio mundo".[5]

---

[5] Voltaire, "Conseils à un journaliste sur la philosophie, l'histoire, le théâtre", in *Mélanges*, ed. L. Moland, tomo I, vol. XXII, 241; *Essai sur les moeurs*, cap. CXVIII, CXXI.

Infelizmente, não durou. Com a Reforma vieram as guerras de religião, que destruíram todas, ou quase todas, as realizações do passado recente, tornando a segunda metade do século temível e trazendo para a Europa "une espèce de barbarie que les Hérules, les Vandales et les Huns n'avaient jamais connue". Foi somente no fim do século XVI, no reinado do herói constante de Voltaire, Henrique IV, que o progresso da humanidade, interrompido por essas guerras, pôde ser retomado. Esse foi o segundo estágio da Renascença, a época em que a "filosofia começou a brilhar sobre os homens" com as descobertas de Galileu e a visão ampliada do Lord Chanceler Bacon. Mas esse segundo estágio, lamentava Voltaire, também foi interrompido pelas guerras de religião. As disputas de "dois doutores calvinistas" sobre a graça e o livre-arbítrio fez a Holanda esclarecida retornar à dissensão, perseguição e atrocidade. A civilidade recém-recuperada pela Europa soçobrou na Guerra dos Trinta Anos. Na Inglaterra, polida e esclarecida sob James I, "les disputes du clergé, et les animosités entre le parti royal et le parlement, ramenèrent la barbarie".[6]

Em meados do século XVII, segundo Voltaire, a barbárie prevaleceu. Foi somente no reinado pessoal de Luís XIV que ela começou a ceder. Assim, na geração imediatamente anterior à sua, Voltaire descobriu o período de vitória. Em meados do século XVI, "la saine philosophie commença à percer un peu dans le monde"; no fim dele, graças sobretudo aos grandes escritores ingleses Locke e Newton, os modernos conquistaram sua "prodigieuse supériorité" sobre os antigos. Hoje, escreveu Voltaire,

---

[6] *Essai sur les moeurs*, cap. CXXI, CLXXIX, CLXXXVII.

não há um único filósofo antigo que tenha qualquer coisa a nos dizer. Todos foram suplantados. Entre Platão e Locke, nada há, e desde Locke, Platão é nada.[7]

Para Voltaire, de fato, há três períodos desde a Idade Média gótica que ele pode reconhecer como apontando para a "filosofia" e a civilização do Iluminismo. Há, primeiro, o período antes da Reforma; depois, a breve era de Henrique IV e James I; e por fim o período do final do século XVII em diante. Esses três períodos podem ser resumidos como a época de Erasmo, a época de Bacon e a época de Newton.

Da França voltamos para a Inglaterra; de Voltaire, o propagador, para Gibbon, o filósofo da história. A atitude de Gibbon em relação ao passado era diferente da de Voltaire. Ele tinha mais respeito pelo estudo, uma noção maior da relatividade das idéias, menos confiança na validade universal da "razão". Mas sua interpretação dos estágios da moderna "filosofia" é exatamente a mesma que a de Voltaire. Quando segue o desenvolvimento da "história filosófica", dessa "filosofia e crítica", dessa "razão" que alcançou sua realização na "plena luz e liberdade do século XVIII", as ligações essenciais são as mesmas. Maquiavel e Guicciardini, escreve ele, "com seus dignos sucessores Fra Paolo e Davila", são com justiça considerados fundadores da história moderna, "até que, na época presente, a Escócia se erga para disputar o prêmio com a própria Itália". Mais uma vez, em teologia, ele escreve: "Erasmo pode ser considerado o pai da teologia racional. Depois de um cochilo de cem anos, ela foi revivida pelos arminianos da Holanda, Grotius,

---

[7] Voltaire, *Siècle de Louis XIV* (1751), cap. XXXIV, XXXVI.

Limborch e Leclerc; na Inglaterra, por Chillingworth, os latitudinaristas de Cambridge, Tillotson, Clarke, Hoadly, etc.".[8] Repetidas vezes, em suas notas de rodapé e observações variadas, Gibbon mostra a genealogia de sua filosofia, e vemos seus mestres agrupados, sobretudo, nos três períodos. Primeiro, há a época da Pré-Reforma, de Erasmo, Maquiavel, Guicciardini. Depois há o início do século XVII, a época de Grotius e Bacon, Paolo Sarpi e De Thou. Finalmente, há o fim do mesmo século e o início do seguinte: a época de Newton e Locke, Leibniz e Bayle. Esses três períodos são fases distintas de luz, separadas uma da outra, as duas primeiras por "um cochilo de 100 anos", a segunda e a terceira, pelo cerne do século XVII.

Qual é a característica comum desses três períodos em que os homens do Iluminismo concordam em reconhecer seus predecessores? O primeiro fato, e mais óbvio, é que são todos períodos de paz ideológica. O primeiro período, a época de Erasmo, é a última época da cristandade unida em que a reforma racional de uma Igreja indivisa parecia possível. O segundo período, a época de Grotius, o herdeiro holandês de Erasmo, é o período de *las Pazes*, a calmaria entre as guerras de Filipe II e a Guerra dos Trinta Anos. A última época, a época que se funde ao Iluminismo do século XVIII, começa com o fim dessa guerra. Não é um período de paz, não mais do que a época de Erasmo fora, mas as guerras de Luís XIV não eram, como as guerras do final do século XVI e início do século XVII, guerras ideológicas: não eram caracterizadas por esse atro-

---

[8] Gibbon, *Decline and Fall of the Roman Empire*, ed. J. B. Bury (1909), VI, 128, e VII, 296.

fiamento da mente, esse estreitamento de visão e rompimento de comunicação, que são o aspecto peculiar da disputa doutrinal.

Em segundo lugar, podemos observar que esses três períodos são períodos, e seus líderes intelectuais são com freqüência protagonistas não apenas de paz ideológica, mas de reconciliação ideológica. Erasmo cansou de pregar a paz e uma reforma da Igreja que anteciparia e impediria o violento cisma ameaçado por Lutero. Grotius trabalhou por uma reunião das Igrejas em uma base arminiana – ou seja, erasmiana. Leibniz dedicou muito de sua energia universal ao mesmo fim e foi apoiado por aliados em todos os países e de todas as religiões: os católicos Spinola e Molanus, o arcebispo anglicano Wake, o luterano Praetorius, o calvinista Jablonski, o arminiano Leclerc. Nesses projetos de reunião, como em tanto da atividade pública de Leibniz, havia muito de política de Estado também. Mas o espírito por trás deles era o que por fim levou ao deísmo do século XVIII, permitindo a Gibbon, e a muitos outros, aquiescer "com a crença implícita nos dogmas e mistérios que são adotados pelo consenso geral de católicos e protestantes".

Por fim, esses três períodos, tão auspiciosamente isentos de guerra ideológica, quente ou fria, eram todos, por essa razão, períodos de correspondência intelectual cosmopolita. A correspondência de Erasmo não conhecia fronteiras geográficas ou ideológicas. As lutas do final do século XVI romperam essa unidade intelectual, mas a paz do início do século XVI restaurou-a. A época jacobina – se pudermos usar esse termo restritivo, mas conveniente – foi de fato uma das grandes épocas de livre intercâmbio no mundo intelectual. Lipsius e Casaubon, De Thou e Sarpi, Camden e Grotius, Gruter e Peiresc foram pontos nodais em uma vasta rede de contato intelectual que não levava em conta diferenças nacionais ou religiosas. Foi então que a expressão "República das Letras" foi usada pela primeira vez. Era uma expressão que, nessa época, tinha um conteúdo missionário. A elite dessa nova República, como a elite erasmiana antes dela, sabia que não estava apenas usufruindo de uma agradável conversa internacional: estava também trabalhando junto para estabelecer as fundações intelectuais de um novo mundo. Para Bacon, o reinado de James I na Inglaterra coincidiu com uma Renascença européia comparável apenas com as épocas de ouro da Grécia e de Roma. Foi uma época em que a literatura antiga fora revivida, em que "controvérsias de religião, que tanto desviaram os homens de outras ciências", auspiciosamente tinham estancado, e a paz, a navegação e a imprensa tinham aberto a perspectiva de progresso infinito. "Certamente", escreveu ele, "quando ponho à minha frente as condições dessas épocas, em que a cultura tinha feito sua terceira visitação, só posso ser levado a essa persuasão, qual seja, de que esse terceiro período de tempo ultrapassará muito o da cultura grega e romana — se os homens conhecerem sua própria força e sua própria fraqueza, e tirarem de ambas a luz da invenção, não o fogo da contradição."[9]

Infelizmente, à medida que a vida de Bacon se aproximava do fim, o fogo da contradição irrompeu novamente. Na revolução da Holanda, Grotius escapou da prisão para um exílio permanente; na Guerra dos Trinta Anos, Rubens, em Antuérpia, lamentava a ruína da época de ouro; e um pouco depois, os discípulos ingleses de

---

[9] F. Bacon, *Advancement of Learning*, in *Works*, ed. J. Spedding *et al.* (1857-74), III, p. 476-77.

Grotius em Great Tew se dividiriam pelo que um deles, Clarendon, descreveria como "essa odiosa e desnecessária guerra civil".

Todavia, mesmo as odiosas guerras ideológicas de meados do século XVII não destruíram a sociedade da Europa. Quando acabaram, a República das Letras foi reconstituída, mais forte do que nunca. Os estudiosos e pensadores da Europa retomaram seus contatos. Como Voltaire escreveria: "Jamais la correspondance entre les philosophes ne fut plus universelle: Leibniz servait à l'animer."[10] Leibniz, Locke e Newton foram de fato os legisladores da República, mas seus grandes propagadores, os homens que tornaram corrente o nome e popularizaram o conceito, foram os dois grandes rivais em Amsterdã, Bayle e Leclerc: Bayle, o enciclopedista cético, o "pirrônico" que olha de volta para Montaigne e Charron no segundo de nossos dois períodos, e para Erasmo — ou pelo menos para um aspecto de Erasmo — no primeiro; Leclerc, o discípulo arminiano de Grotius, o editor de sua *de Veritate Religionis Christianae*, que foi também admirador de Erasmo, o produtor da maior edição de suas obras: uma edição que um editor alemão considerou digna de reprodução *in toto* hoje.

A primeira consideração importante que desejo fazer neste ensaio já está clara, assim espero. Para aqueles que diriam que as idéias do Iluminismo europeu foram produzidas no antagonismo entre revolução ideológica e guerra civil, pode-se responder — e os homens do Iluminismo teriam respondido — que, ao contrário, essas idéias foram elaboradas em períodos de paz ideológica e *rapprochement*, e só foram interrompidas e adiadas, não incrementadas, pelos perí-

---

[10] Voltaire, *Siècle de Louis XIV*, cap. XXXIV.

odos intermédios de revolução. A revolução pode ter deslocado o equilíbrio do poder político ou social. Pode ter sido necessária para preservar, aqui e ali, a base do avanço intelectual. Esta é uma outra questão. Mas não teve efeito direto discernível sobre a substância do pensamento. As novas idéias que foram transmitidas por canais divergentes ao longo de dois séculos e que finalmente derrubaram as antigas ortodoxias da Europa foram geradas não no calor da guerra ou sob a pressão da revolução — esse calor e essa pressão não provocam novo pensamento: antes, levam os homens de volta a posições habituais, defensivas, obrigando-os a reiterar antigos lemas — mas na calidez amena da paz, na troca tranqüila da discussão internacional livre e ponderada.

Onde então está a função do calvinismo: esse calvinismo, esse "protestantismo radical", pelo qual foram feitas grandes reivindicações e por cujas reivindicações, como admiti, uma justificação *prima facie* pode ser apresentada? A resposta imediata é clara. Nenhum dos "filósofos" para os quais os homens do Iluminismo olharam retrospectivamente, e cujos nomes citei, era calvinista ortodoxo. As doutrinas de Calvino, até onde podemos ver, não tiveram influência direta sobre quaisquer das idéias que levaram ao Iluminismo. Qualquer que seja o débito que os filósofos do século XVIII possam ter para com as cidades calvinistas, as universidades calvinistas ou as sociedades calvinistas, ainda temos de descobrir algum testemunho de obrigação para com as Igrejas calvinistas ou para com as idéias calvinistas. Nosso problema, a conexão entre calvinismo e Iluminismo, ainda é um problema.

III

Como resolveríamos esse problema? Obviamente, podemos abordar a resposta apenas se andarmos com muito cuidado. Não devemos apressadamente supor uma conexão lógica onde só podemos demonstrar uma coincidência local, por mais regular que seja. Antes de apoiar nossas conclusões nessa coincidência local, devemos examinar as circunstâncias locais. Isso significa que devemos examinar as diversas sociedades calvinistas um pouco mais detidamente do que os confiantes teóricos políticos ou sociológicos têm feito. Devemos também examiná-las comparativamente, lembrando que o calvinismo em uma sociedade não é necessariamente o mesmo que em outra. Um nome pode encobrir várias formas.

O calvinismo internacional não era uma abstração. Como qualquer outro movimento internacional, era localizado e transformado por forças locais, em várias sociedades diferentes, e essas sociedades tinham suas próprias histórias, suas próprias tensões internas. Havia potências européias como a Holanda; federações defensivas como os cantões da Suíça; cidades-estados como Genebra e La Rochelle; penínsulas rurais isoladas como a Escócia; principados expostos e agressivos como o Palatinado; minúsculos domínios ou repúblicas acadêmicas como Hanau, Herborn e Wesel, Saumur e Sedan. Não é suficiente dizer que a Heidelberg do século XVI, a Holanda do século XVII, a Inglaterra puritana, a França huguenote, a Suíça e a Escócia do século XVIII — as sucessivas sementeiras do Iluminismo — eram todas sociedades calvinistas; ou pelo menos não é suficiente, tendo dito isso como um fato, apresentar como uma demonstração. As próprias sociedades eram muito diferentes, e também muito complexas em si, para essas generalizações fáceis. Os termos que usamos são muito vagos. Devemos examinar mais detidamente um e outro. Devemos analisar o caráter das sociedades e olhar por trás dos termos vagos, gerais.

Quando fizermos isso, logo descobriremos um fato muito importante. Descobriremos que cada uma dessas sociedades calvinistas fez sua contribuição para o Iluminismo em um momento preciso de sua história, e que esse momento foi o momento em que ela repudiou a ortodoxia ideológica. De fato, podemos dizer que as diferentes sociedades calvinistas da Europa contribuíram para o Iluminismo apenas na medida em que se afastaram do calvinismo.

Isso pode ser relacionado com uma mudança no caráter do calvinismo. Pois não há dúvida de que tal mudança ocorreu. O calvinismo no século XVI pode ter guardado alguns traços da distinção intelectual de seu fundador, algum resíduo do erasmianismo que está por trás dele. Mas no século seguinte é muito diferente. Leiam (se puderem) os textos dos grandes doutores do calvinismo do século XVII, os herdeiros de Calvino e Beza, Buchanan e Knox. Seus mestres podem ter sido severos, mas há uma certa condição heróica em sua severidade, um poder literário em sua escrita, uma força intelectual em seus espíritos. Os sucessores também são severos, mas são severos e moderados. Perkins e "Smectymnuus" na Inglaterra, Rivetus e Voëtius na Holanda, Baillie e Rutherford na Escócia, Desmarets e Jurieu na França, Francis Turrettini na Suíça, Cotton Mather na América — que galeria de fanáticos intolerantes, militares rígidos e de espírito limitado, tímidos defensores conservadores de dogmas repelentes, agressores imediatos de toda idéia nova ou liberal, inquisidores e queimadores de bruxas! Mas, por mais que seja assim, os fatos dificilmente podem ser negados. Uma vez que examinemos as circunstâncias em que cada uma dessas sociedades que mencionei se tornou por sua vez centro do pré-Iluminismo, descobrimos que em cada exemplo as novas idéias que nos interessam brotam não dos calvinistas, mas dos heréticos que conseguiram romper ou afastar o controle da Igreja calvinista: heréticos que os verdadeiros calvinistas, se pudessem, teriam queimado.

Mas a fim de ilustrar essa conclusão, examinemos breve e sucessivamente as sociedades calvinistas que enumerei, e as circunstâncias de seu iluminismo.

Primeiro a Holanda. Aqui os fatos são bem conhecidos. A ascensão das idéias liberais na Holanda, que faria de Leiden o seminário e de Amsterdã o refúgio de avançados pensadores em todas as ciência, tornou-se possível não pela Igreja calvinista, mas por seus críticos, seus heréticos: primeiro os "libertinos", depois os arminianos e seus clientes, os socinianos. Todo filósofo holandês cujas idéias antecipavam o Iluminismo sofria perseguição de um tipo ou outro do clero calvinista local. Felizmente, nos Países Baixos, o clero calvinista nunca teve poder completo. O poder laico, ainda que precariamente, era sempre superior. O próprio Calvino pode ter feito com que Servet, um dos primeiros socinianos, fosse queimado em Genebra, mas os seguidores de Calvino esbravejaram em vão contra os seguidores de Servet na Holanda. Quando o calvinista francês Lambert Daneau, discípulo de Calvino e Beza, o maior doutor calvinista de sua época, foi "chamado" ao ministério em Leiden em 1581, logo descobriu a diferença entre o calvinismo holandês e o suíço. Disseram-lhe que os cidadãos de Leiden não teriam mais tolerância para com a Inquisição de Genebra do que tinham tido com a Inquisição da Espanha; e ele voltou ofendido para um rebanho mais dócil na Gasconha rural. Sabiamente, os arminianos na Holanda insistiam na supremacia do poder civil sobre o clero. O poder civil era sua única proteção contra os fanáticos *Predikants*. Mas em tempos de crise, quando o poder civil estava acuado diante de um inimigo estrangeiro e necessitava do apoio do povo, era levado à aliança com a Igreja calvinista. Essas épocas eram sempre fatais para os arminianos. Em 1618, houve uma dessas crises, e levou a sua ruína imediata. Seu estadista Oldenbarnevelt foi judicialmente morto, seu filósofo Grotius preso e exilado. No Sínodo de Dordt, um calvinismo estrito e repressivo foi imposto à Igreja das Províncias Unidas. Todavia, a tirania dos ortodoxos não foi permanente; quando a crise política terminou, os arminianos recuperaram sua liberdade e os socinianos — "os mais químicos e racionais" dos sectários, como um inglês os definiu[11] — se desenvolveram sob sua proteção. O oráculo universal do calvinismo ortodoxo, Gisbert Voëtius, podia denunciar idéias liberais e novas idéias de todos os tipos, e especialmente as idéias de Descartes, mas a nova filosofia foi preservada e continuou com apoio arminiano. De Arminius e Grotius, os discípulos espirituais e seculares de Erasmo, a linha de descendência, através de Episcopius, Limborch e Leclerc, leva inequivocamente ao Iluminismo.

Exatamente o mesmo desenho pode ser visto na Inglaterra. A luta entre os "presbiterianos" ingleses e os independentes na década de 1640, embora complicada por questões políticas em mutação, é em certo sentido — o sentido intelectual — uma luta entre calvinistas e

---

[11] Francis Osborne, *Advice to a Son* [1656], ed. E. A. Parry (1896), p. 112.

arminianos. Os "presbiterianos" ingleses, mesmo seu clero, podiam não ser bons calvinistas vistos da Holanda ou Escócia, mas pelo menos eram melhores que os independentes. Pois os independentes eram verdadeiros arminianos — como de fato eram com freqüência chamados: crentes no livre-arbítrio, na tolerância religiosa e no controle laico da Igreja. A vitória dos independentes sobre os "presbiterianos" pode ter sido, na política imediata, a vitória dos radicais sobre os moderados, mas em questões sociais foi a vitória do laicato sobre o clero, e portanto em questões intelectuais a vitória das idéias leigas sobre as idéias clericais. O aristotelismo escolástico — a antiga filosofia da Igreja católica que a Reforma e a Contra-Reforma tinham igualmente renovado e reimposto — foi para a Inglaterra não quando o inglês Prynne e o escocês Baillie triunfaram sobre o arcebispo Laud, mas quando os erastianos como Selden — alguns do quais eram "presbiterianos" assim como os arminianos holandeses eram também calvinistas — se recusaram a estabelecer na Inglaterra um "presbitério" segundo a palavra de Deus. Foi então que as idéias de Descartes chegaram à Inglaterra, foi então que as idéias de Bacon triunfaram, e foi então que Oxford se tornou capital da "Nova Filosofia".

Aconteceu assim também na Escócia. Na Escócia, a Igreja calvinista tinha conseguido fazer o que não tinha sido capaz de fazer na Inglaterra ou na Holanda — o que podia fazer apenas onde os leigos eram fracos e à mercê do clero: ou seja, em sociedades rurais relativamente não-desenvolvidas como a Escócia ou a Nova Inglaterra, ou em comunidades pequenas, sem defesa, circundadas por um mundo hostil, como as igrejas huguenotes da França depois de 1629. Tinha esmagado todas as formas de dissensão. Primeiro, tinha esmagado o desvio arminiano. Isto de fato fora fácil, pois o arminianismo escocês era um produto fraco. Seu defensor mais famoso, talvez o único, dentro da Igreja Nacional da Escócia, era John Cameron. Ele logo foi forçado ao exílio. Depois, tendo esmagado seus heréticos, a Igreja Nacional da Escócia passou a combater seus inimigos externos, os bispos. Na década de 1640, seu triunfo era completo. Seu caráter intelectual nesses anos de triunfo fica claro a partir da copiosa correspondência de Robert Baillie, o mais culto (e de modo algum o mais iliberal) do grupo, denunciando por sua vez o controle leigo, a tolerância, o livre-arbítrio, o "papismo tridentino" de Grotius, a "heresia fátua" de Descartes e o "absurdo insolente" de Selden. Baillie, em Glasgow, é um eco de Voëtius em Utrecht. Mas na década de 1650, com a conquista inglesa, a Igreja Nacional da Escócia calvinista foi esmagada, e por uns poucos anos um breve e parcial bruxuleio de Iluminismo pairou sobre suas ruínas. Infelizmente, não perdurou. Não havia base nativa para ele, e quando os exércitos estrangeiros foram retirados, a Igreja Nacional da Escócia logo recuperou seu poder e o extinguiu.[12]

Uma geração depois foi a vez dos huguenotes franceses. No século XVI, a comunidade calvinista francesa tivera alguns dos mais avançados e originais pensadores da França: Hotman, Duplessis-Mornay, Agrippa d'Aubigné, Bernard Palissy, Pierre de la Ramée, Ambroise Paré, Isaac Casaubon, J. J. Escalígero... A lista podia continuar. A própria Catarina de Médicis admitiu que três quartos dos franceses mais bem instruídos de sua época eram

---

[12] Para esse primeiro bruxuleio de Iluminismo na Escócia cromwelliana, ver meu ensaio "A Escócia e a Revolução Puritana", adiante, p. 545-616.

huguenotes. Mas depois de 1629, quando o orgulho e a autonomia dos huguenotes foram quebrados, seus leigos independentes aos poucos desaparecem dentre eles, e o protestantismo francês, como o protestantismo escocês, é dominado por um clero que se torna, com o tempo, cada vez mais estreito e rígido: santarrões e puritanos ranzinzas, inimigos da literatura e das artes, apegados a posturas de defesa. Havia naturalmente exceções, mas a grande exceção – a aristocrática Academia de Saumur – apenas confirma a regra. Pois a Academia de Saumur, que chocou o *establishment* calvinista ao admitir o cartesianismo em seu ensino, era arminiana. John Cameron, o arminiano escocês que a Igreja Nacional da Escócia havia expulsado, fora para Saumur e aí sucedera ao terrível calvinista holandês Gomar. A partir desse dia, Saumur foi o centro do iluminismo protestante na França, uma afronta a bons calvinistas de toda parte.[13] Como o *intendant* de Anjou escreveu para Luís XIV em 1664, "elle réunit tout ce qu'il y a de gens d'esprit dans le parti protestant pour le rendre célèbre";[14] e um historiador posterior, olhando para trás, pôde escrever que "à la base de presque tout libéralisme protestant au 16ᵉ siècle, on retrouve Saumur".[15] Mas Saumur era suspeita entre os huguenotes da França, e as outras aca-

---

[13] Compare-se, por exemplo, as amargas observações de Robert Baillie sobre Moïse Amyraut, o sucessor arminiano de Cameron em Saumur, cujas "fantasias", "vaidade e orgulho" eram "perturbadores" para as igrejas da França (*Letters and journals of Robert Baillie* (Edinburgh, 1841-42), II, 324, 342, e III, 311, etc.).
[14] P. Marchegay, *Archives d'Anjou* (Angers, 1843), p. 127.
[15] Annie Barnes, *Jean Leclerc et la République des Lettres* (Genebra, 1938), p. 46. Cf. Joseph Prost, *La Philosophie à l'académie protestante de Saumur, 1606-1685* (Paris, 1907).

demias protestantes tomaram bom cuidado para evitar tal suspeita. Aí o laicato permaneceu obediente ao clero, e o clero obedecia às regras estritas do Sínodo de Dordt.

O laicato protestante francês em última instância foi libertado dessa sujeição — por menos que ele o pretendesse — por Luís XIV. Pois a expulsão de 1685 — como o falecido Erich Haase mostrou — destinava-se a ser a salvação intelectual dos protestantes franceses. No exílio, nas sociedades protestantes solidárias, escapavam por fim ao rígido clericalismo a que, como minoria perseguida na França católica, tinham forçosamente sucumbido. Entre os arminianos e os socinianos da Holanda e os latitudinários da Inglaterra, descobriram uma nova liberdade. Assim, deixando seu diretor espiritual auto-indicado, "o Grande Inquisidor da Dispersão", Pierre Jurieu, punir sua apostasia e denunciá-los como socinianos ou infiéis, seguiram o ensino mais sedutor do arminiano Leclerc, do cético Bayle.[16]

Uns poucos anos depois, uma mudança similar ocorreu na Suíça. Com o início do século XVIII, a Suíça começou a substituir a Holanda como centro geográfico do Iluminismo. Balthasar Bekker, clérigo cartesiano que foi expulso da Igreja da Holanda por não acreditar em bruxas, foi a última figura européia do Iluminismo holandês nativo do século XVII. A seguir foram huguenotes de língua francesa que recriaram a República das Letras. E, se fizeram como sua primeira capital Amsterdã e Rotterdam, logo adotaram como sua segunda capital Genebra e Lausanne. Se as doutrinas de Descartes foram recebidas na Holanda, as de Locke foram recebidas na Suíça; e a Suíça manteria sua supremacia pelo resto do século. Quando

---

[16] Erich Haase, *Einführung in die Literatur der Refuge* (Berlim, 1959).

Gibbon decidiu retirar-se para Lausanne, seus amigos ingleses julgaram-no louco. Como podia um homem que tinha usufruído da polida sociedade de Londres e Paris enterrar-se em uma provinciana cidade suíça? Mas Gibbon conhecia Lausanne e conhecia seu próprio espírito, que fora formado aí. Ele nunca lamentou sua decisão.[17]

Porém, mais uma vez, quando olhamos para o quadro social dessa mudança intelectual, descobrimos que esse iluminismo suíço seguiu-se a uma mudança interna, e que a mudança interna é a derrota do calvinismo. No século XVII, a Igreja calvinista da Suíça tinha aceitado os decretos do Sínodo de Dordt. A Academia de Genebra de fato tinha sofrido uma infiltração arminiana e tinha se descoberto ameaçada pela invasão da "doutrina de Saumur". Mas sua resistência fora bem-sucedida. O medo em relação a Savóia fora para Genebra o que o medo em relação à Espanha fora para Amsterdã: dera uma reserva de poder para o partido da resistência, os fanáticos da Igreja. O *Consensus Helveticus* de 1674 marcou o triunfo do partido calvinista estrito: era o equivalente suíço do Sínodo de Dordt, e foi imposto em universidades e academias em toda a Suíça calvinista. As obras de Grotius e de todos os seus discípulos foram proibidas, e o jovem Leclerc deixou o *cachot* de Genebra pela liberdade de Saumur. Em 1685, todas as academias suíças estavam em declínio. Basiléia, outrora uma universidade internacional, tornara-se puramente provinciana. Em Lausanne, ciumentamente controlada pela oligarquia de Berna, a indústria editorial estava morta e o cantão de Vaud podia ser descrito como

---

[17] Ver a carta de Gibbon para Lord Sheffield em *The Letters of Edward Gibbon*, III, 58-59.

"pays, sinon de barbarie, pour le moins du monde peu curieux et éloigné du beau commerce".

Dessa estagnação intelectual, a Suíça foi retirada por uma nova revolta arminiana, e desta vez bem-sucedida. Em Genebra, essa revolta foi iniciada por Jean-Robert Chouet, um cartesiano que voltou de Saumur para Genebra em 1669. Ela foi continuada por seu aluno J.-A. Turrettini. Graças em grande parte à energia de Turrettini, o *Consensus Helveticus* foi finalmente derrotado em Genebra. A partir de 1706, não foi mais imposto ao clero; e a partir daí o amigo exilado de Turrettini, Jean Leclerc, dataria o Iluminismo de Genebra. Na geração seguinte, Genebra, para os enciclopedistas, era uma cidade sociniana. Os pastores, escreveu D'Alembert, têm moral pura, obedecem fielmente à lei, recusam-se a perseguir os dissidentes e adoram o ser supremo de maneira digna: a religião de muitos deles é "um socianismo perfeito". Essa foi de fato uma mudança. As posições foram invertidas na história, e o sociniano Servet triunfara na própria capital de seu implacável inimigo, Calvino.[18]

Em Lausanne, a mesma batalha foi travada, com um resultado diferente e por diferentes meios. A batalha aí foi mais complicada porque Lausanne não tinha, como Genebra, governo próprio: era uma cidade súdita, governada pela distante — e ortodoxa — oligarquia de Berna. Contra esse controle, os arminianos de Lausanne lutaram muito. Havia Daniel Crespin, professor de eloqüência,

---

[18] A supressão e a vitória final do arminianismo em Genebra são bem descritas na valiosa obra de Annie Barnes, *Jean Leclerc et la République des Lettres*. As referências dos enciclopedistas ao socinianismo de Genebra — que deu um grande impulso à cidade — estão no verbete "Genebra". Ver também Francesco Ruffini, *Studi sui riformatori italiani* (Turim, 1955), p. 444 s.

ainda outro produto de Saumur, cujos alunos foram formalmente denunciados por arminianismo em 1698. Havia Jean-Pierre de Crousaz, arminiano e cartesiano, que estudara em Paris e Leiden e conhecia Malebranche e Bayle. Havia Jean Barbeyrac, tradutor arminiano de Grotius, Puffendorf e do arcebispo Tillotson. E havia outros que, com eles, buscavam mitigar ou escapar da severidade do *Consensus*, sua condenação explícita do "pietismo, socianismo e arminianismo". Mas, enquanto seus colegas de Genebra triunfavam, os filósofos de Lausanne lutavam em vão contra uma ortodoxia apoiada de fora pelos magistrados de Berna. Dez anos depois da vitória da heresia em Genebra, Berna resolveu esmagá-la em Lausanne, e quando a resistência aumentou a pressão foi maior. Por fim, em 1722, os oligarcas de Berna atacaram. Resolveram afastar todo o clero e todos os professores que se recusavam a aceitar o *Consensus* em seu sentido estrito, com seu juramento de oposição ao socinianismo e ao arminianismo. O mundo liberal ficou chocado. Os reis da Inglaterra e da Prússia escreveram cartas de protesto. Mas Suas Excelências de Berna estavam decididas. Impuseram suas vontades. Venceram o espírito de De Crousaz, novo reitor da Academia. E quando os protestos continuaram a se levantar, e Davel até ameaçou liderar uma revolta contra a dominação de Berna, promulgaram uma ordem clara proibindo maior discussão do assunto. A ortodoxia, parecia, tinha triunfado: a discussão estava encerrada.

No entanto, de fato, a partir dessa data, os heréticos triunfaram em Lausanne. As formas e juramentos podiam ser mantidos para outra geração, mas sua força estava gasta. As últimas cambalhotas da ortodoxia tornaram-na ridícula. Como escreveu o jovem Gibbon, pela vergonha, ou pela piedade, ou pelo choque da tentativa de Davel, a perseguição cessou, e se arminianos e socinianos ainda eram denunciados pelos fariseus, sofriam, a partir de então, apenas discriminação social. Intelectualmente, tinham vencido; e sua vitória inaugurava o que um moderno historiador italiano chamou de "risveglio cultural losannese". Muito depois, olhando de volta para a formação de seu próprio espírito, Gibbon confessaria sua dívida para com esse renascimento cultural, e acima de tudo para com De Crousaz, cuja "filosofia fora formada na escola de Locke, sua divindade na de Limborch e Leclerc", cujas lições tinham "salvado a Academia de Lausanne do preconceito calvinista" e que tinha difundido "um espírito mais liberal entre o clero e o povo do Pays de Vaud".[19]

Por fim, da Suíça retornamos à Escócia. Aí o breve movimento de Iluminismo na década de 1650 tinha sido rapidamente extinto. A Restauração Stuart e o período de mortes tinham levado a Kirk* de volta a posições de radicalismo defensivo — assim como a perseguição de Luís XIV tinha levado os huguenotes franceses. O estreito fanatismo da Igreja Nacional da Escócia, o falatório messiânico dos cameronianos proscritos, são os equivalentes escoceses do sistema espiritual policial de Jurieu e da histeria dos "profetas franceses", os Camisards do "Deserto". Mas a paz imposta à Igreja Nacional da Escócia por Guilherme III teve alguns dos efeitos da paz anteriormente imposta

---

[19] A luta entre arminianismo e calvinismo em Lausanne é acompanhada no nobre trabalho de Henri Vuilleumier, *Histoire de l'Église réformée du Pays de Vaud sous le régime bernois* (Lausanne, 1927-33), III. Ver também Philippe Meylan, *Jean Barbeyrac 1674-1744* (Lausanne, 1957). O historiador italiano é Giuseppe Giarrizzo, *Edward Gibbon e la cultura europea del Settecento* (Nápoles, 1954), p. 29-34. O ensaio do jovem Gibbon é sua preceptiva "Lettre sur le gouvernement de Berne"(*Miscellaneous Works*, II; publicada também por Louis Junod in Université de Lausanne, *Miscellanea Gibboniana*, 1952, p. 110-41). Suas observações sobre De Crousaz estão em sua autobiografia.

* Kirk – Igreja Nacional da Escócia. (N. T.)

por Cromwell, e a união com a Inglaterra em 1707, que abriu novas oportunidades econômicas e novos horizontes intelectuais para o laicato escocês, solapou o clero do mesmo modo que o exílio na Holanda e na Suíça havia solapado os pastores huguenotes. Daí em diante, o laicato escocês seria, como Baillie havia se queixado dos ingleses de sua época, "muito instável e difícil de ser mantido por seus pastores". O liberalismo que na década de 1650 havia se apoiado nos regimentos ingleses podia agora apoiar-se em uma base escocesa.

Os efeitos dissolventes, primeiro do acordo de Orange, depois da união com a Inglaterra, logo ficaram claros. O arminianismo levantou novamente sua cabeça na Igreja escocesa. Pelo consenso revolucionário de 1689-90, a Igreja calvinista de fato recuperou sua estrutura formal. Os bispos mais uma vez desapareceram. A Assembléia Geral, dissolvida desde 1653, foi restabelecida. Os ministros afastados voltaram. Mas, enquanto as formas do antigo calvinismo eram assim restauradas, sua força interna era solapada. Os ministros episcopais puderam manter seus meios de vida simplesmente fazendo um juramento de fidelidade à Coroa. Os acordos — o Acordo Nacional de 1638 e a Liga e Acordo Solenes de 1643, as pedras de toque dos calvinistas estritos — foram tranqüilamente abandonados. Assim, a Igreja escocesa também se libertou de seu Sínodo de Dordt, seu *Consensus Helveticus*. Em 1712, o Patronage Act, obra dos Tories ingleses, pôs os compromissos da Igreja escocesa efetivamente sob patrocínio leigo instruído, e garantiu a Igreja, por fim, contra o fanatismo do século passado.[20]

---

[20] Para o efeito civilizador do Patronage Act, ver o memorando do Rev. Alexander Carlyle citado a partir do Carlyle MSS. in H. G. Graham, *Scottish Men of Letters in the Eighteenth Century* (1908), p. 86-87. Tratava-se, naturalmente, de uma lei antidemocrática. Isso não a impede de ser liberal.

Vinte anos depois, os defensores estritos dos Acordos, há muito ressentidos com tal apostasia, decidiram separar-se da Igreja nessa questão. Tendo se separado, mostraram a força de suas convicções por um protesto solene contra a abolição da queima de bruxas. Essa "Secessão original" seria a primeira de uma série de secessões que, levando fanáticos, fortalecia o novo, moderado e laicizado partido na Igreja Nacional da Escócia. Na época em que os estrangeiros olhavam com admiração para o Iluminismo do norte, a Igreja Nacional Escocesa fora descalvinizada: foi governada, por trinta anos, pelo historiador arminiano William Robertson, amigo de Hume, Gibbon e Adam Smith.

Assim, agora vemos que, se a nova filosofia foi estimulada em sucessivas sociedades calvinistas, foi estimulada, em cada exemplo, não pelo calvinismo, mas pela derrota do calvinismo. O arminianismo, ou socianismo, não o calvinismo, era a religião do pré-Iluminismo. O calvinismo, essa feroz e estreita recriação do escolasticismo medieval, era seu inimigo: o último inimigo que morreu nas últimas trincheiras da Holanda, Inglaterra, Suíça e Escócia.

IV

Pode-se ainda objetar que essas "heresias" são heresias calvinistas. O arminianismo desenvolveu-se a partir do calvinismo. O socinianismo era considerado tanto por católicos quanto por protestantes como um movimento radical, um desvio para a extrema esquerda. Se a tese calvinista é insustentável no sentido estrito, não poderia permanecer sustentável num sentido modificado? Em vez de "calvinismo" não poderíamos ler "protestantismo radical", puritanismo na ala esquerda da ortodoxia calvinista? Infelizmente, mesmo essa modificação é, acredito, insustentável. É insustentável em parte porque termos como Esquerda e Direita, por mais úteis que possam ser em história política, não têm significado em história intelectual: as idéias não podem ser arranjadas, como partidos políticos, em um espectro contínuo segundo a energia ou a violência com que os homens se lançam em uma das duas direções. Mas mesmo se tais categorias cruas puderem ser admitidas, ainda é insustentável porque nem o arminianismo nem o socinianismo eram de fato necessariamente movimentos radicais.

O arminianismo é em geral considerado um desvio direitista do calvinismo. Os arminianos holandeses foram atacados pelos calvinistas holandeses por abrirem o caminho para o papismo. Oldenbarnevelt foi acusado de satisfazer a Espanha católica. Grotius foi regularmente denunciado como um criptopapista. O constante grito de alarma dos calvinistas holandeses era de que "o arminiano era um papista disfarçado, um jesuíta escondido".[21] Exatamente o mesmo era dito sobre os arminianos ingleses. "Se observarem bem," gritava o puritano da Cornualha Francis Rous na última e tumultuada sessão dos primeiros parlamentos de Charles I, "vocês verão um arminiano estendendo sua mão para um papista, um papista para um jesuíta." Criptopapismo era a acusação habitual feita contra o clero arminiano na Inglaterra e na Escócia, os seguidores do arcebispo Laud.

É verdade que os historiadores tentaram separar o arminianismo inglês do holandês, a fim de admitir o anglo-catolicismo do primeiro, enquanto preservavam o protestantismo do segundo. O arminianismo na Inglaterra, dizem eles, é um mero apelido: foi aplicado,

---

[21] P. Geyl, *The Netherlands in the Seventeenth Century* (1961), I, p. 45.

quase acidentalmente, a um partido clerical na Igreja anglicana e não acarreta o mesmo conteúdo doutrinário que na Holanda; em apoio a isso, citam o *bon mot* de George Morley, que, quando indagado sobre "o que os arminianos defendiam", respondeu que defendiam "todos os melhores bispados e decanias da Inglaterra". Mas essa distinção entre arminianismo holandês e inglês é uma separação arbitrária, que não sobrevive a exame mais minucioso. De fato, o arminianismo inglês e o holandês são estreitamente relacionados. Grotius admirava a Igreja da Inglaterra de sua época — a Igreja de Laud — acima de todas as outras Igrejas: "de corpo e de alma ele professava ser da Igreja da Inglaterra", escreveu um colega diplomata sobre ele; e ele pessoalmente admirava o arcebispo Laud.[22] Os seguidores ingleses de Grotius em religião eram anglicanos: Lord Falkland e seu círculo em Great Tew — Chillingworth, Hales, Clarendon, George Sandys; Henry Hammond, o capelão de Charles I, que viria a ser o principal propagador da "religião de Grotius" na década de 1650; Clement Barksdale, o pároco realista do Alto Anglicanismo que escreveu a biografia de Grotius e traduziu suas obras. De modo contrário, o próprio Laud, por todo seu clericalismo, era liberal em teologia: era padrinho de Chillingworth e Hales, amigo de Selden. E os bispos laudianos da Escócia, se pudermos ver através dos libelos dos bons calvinistas escoceses, denunciando-os como monstros gerados no útero sujo do Anticristo, são considerados homens liberais, tolerantes e esclarecidos, verdadeiros arminianos no espírito de

---

[22] Ver "Testimonia de Hugonis Grotii adfectu erga ecclesiam Anglicanam", publicado no fim da edição de Leclerc de *de Veritate Religionis Christianae* de Grotius. O colega diplomata era Lord Scudamore, embaixador inglês em Paris quando Grotius era embaixador sueco ali: um laudiano estrito que chocou até mesmo um anglicano tão bom quanto Clarendon por sua recusa em se comunicar com os huguenotes franceses.

Grotius.²³ O mais famoso dos arminianos escoceses, John Cameron, exemplifica perfeitamente a indivisibilidade, a universalidade, do movimento arminiano. Como os laudianos, ele apoiava a introdução do episcopado na Escócia e foi atacado por suas doutrinas arminianas pelo detestável Rutherford. Mas permaneceu um liberal dentro da Igreja calvinista e, quando expulso da Escócia, foi criar a tradição liberal de Saumur, o espírito salvador dos huguenotes franceses.

O caso do socinianismo é semelhante. Como os socinianos eram atacados como os heréticos mais ultrajantes pelos católicos ortodoxos e também pelos protestantes, são com freqüência encarados como "protestantes radicais", na extrema esquerda. Mas esta também é uma visão muito simples. O socinianismo no século XVII era uma heresia da Direita antes de ser uma heresia da Esquerda – se de fato podemos usar tais termos. Era habitualmente associado ao arminianismo. Na Holanda somente os arminianos aceitavam os socinianos em comunhão. Na Inglaterra, o arcebispo Laud e vários de seus bispos foram acusados de socinianismo.²⁴ O mesmo aconteceu com os bispos laudianos da Escócia.²⁵ O mesmo se deu depois com bispos anglicanos como Stillingfleet

---

²³ Ver W. L. Mathieson, *Politics and Religion. A Study in Scottish History from the Reformation to the Revolution* (Glasgow, 1902).

²⁴ H. J. McLachlan, *Socinianism in Seventeenth-century England* (Oxford, 1951), p. 97. Cf. a queixa do bispo Goodman a Laud de que Laud tinha elevado ao episcopado homens como Howson, Montagu, Curll e Mainwaring e "alguns outros a quem o senhor favoreceu e que suspeitei de serem socinianos" (citado in G. Soden, *Godfrey Goodman*, 1953, p. 152-53). Sir Edward Peyton, em seu *Divine Catastrophe of the House of Stuart* (1652), também acusou o clero laudiano de socinianismo.

²⁵ Ver, por exemplo, os ataques a John Maxwell, bispo de Ross, principal agente de Laud na Escócia, em *Lex Rex* (1644) de Samuel Rutherford, Prefácio. Rutherford acusou Maxwell de "papismo, socinianismo, tirania, etc.".

e Tillotson.[26] O mesmo se deu com Grotius.[27] O mesmo se deu com os discípulos de Grotius: Falkland, Hales e Chillingworth na Inglaterra; Episcopius, Limborch e Leclerc na Holanda. De fato, o arminianismo e o socinianismo são com freqüência termos intercambiáveis, pelo menos como termos de ofensa. Naturalmente, pode ter havido socinianos na esquerda também — pois o socinianismo é apenas a aplicação de razão secular, crítica, humana a textos religiosos e problemas religiosos — e certamente, durante a Revolução puritana, tanto o arminianismo, o arminianismo de John Milton, quanto o socinianismo, o socinianismo de John Bidle, pareciam movimentos puritanos. Mas historicamente ambos foram movimentos dentro do *establishment* anglicano, antes de se tornarem movimentos na sociedade puritana; e quando o *establishment* anglicano foi restaurado, ocuparam seu lugar de novo nela.

Em geral, estamos muito dispostos a supor que a independência da República puritana foi um movimento intelectualmente radical. Mais uma vez, isso resulta de uma confusão de termos políticos e intelectuais. Porque os independentes, os cromwellianos, estavam preparados para cortar a cabeça do rei, enquanto os presbiterianos, os seguidores de Denzil Holles, desejavam mantê-la, é fácil supor que os primeiros eram mais "radicais" que os últimos. Mas isso não é necessariamente verdade, mesmo em política. Depois de seu gesto radical, os independentes mostraram-se, de muitos modos, como um partido mais conservador. Eram o partido inglês, que se ressentia da injunção escocesa nos negó-

---

[26] Stillingfleet foi atacado como sociniano pelo convertido católico Hugh Cressy (antigo capelão de Lord Falkland) em seu folheto *Fanaticism Fanatically imputed to the Catholic Church by Dr. Stillingfleet* (1672), de S[erenus] C[ressy]; Tillotson in Charles Leslie, *The Charge of Socinianism against Dr. Tillotson considered* (1695), etc.

[27] Por exemplo, em *Vindiciae Academicae* (1655), de John Owen.

cios ingleses, e seu ideal último era uma monarquia elizabetana, com uma Igreja moderada, controlada por leigos, não uma *stadholderate** e uma teocracia. Uma vez que os independentes se estabeleceram no poder, logo descobriram sua continuidade em relação aos realistas anglicanos. Na Escócia, os antigos realistas preferiam os independentes ingleses regicidas aos presbiterianos escoceses realistas; e na Inglaterra, Cromwell admitia abertamente que preferia "um interesse realista a um interesse escocês [isto é, presbiteriano]". A execução de Charles I é, em certa medida, na distinção entre "presbiterianos" e independentes, uma pista falsa. A independência não era, em si, um movimento radical: era a continuação, em nova base política, de uma tradição liberal que anteriormente se tinha corporificado no anglicanismo, e que tinha de se reafirmar contra o calvinismo iliberal dos escoceses.

Mesmo em pequenas questões, essa continuidade pode ser vista. Aqueles que vêem os independentes como fanáticos puritanos, mais extremados do que os "presbiterianos", tendem a menosprezar a evidência inconveniente de que os contemporâneos viam a posição (pelo menos política) ao contrário. Viam os "presbiterianos" como o partido amargo, puritano, e os independentes como os sucessores alegres, "libertinos" dos cavaleiros. Para Anthony Wood, os presbiterianos "pareciam ser muito severos em seu modo de vida, maneiras de conversar e vestuário", pregando constantemente a danação, ao passo que os independentes, tanto o clero quanto os leigos, eram "mais livres, alegres e com um aspecto brincalhão reservado", de hábito alegre,

---

* Estado ou província governado por um *stadtholder*, governador de província nas Províncias Unidas dos Países Baixos. (N. T.)

pregando a liberdade. O pastor independente John Owen, por exemplo, quando vice-chanceler de Oxford, "em vez de ser um grave exemplo para a universidade", andava "*in quirpo* [sem capa] como um jovem estudante", com cabelo empoado, faixa de tecido delicado e cordões com borlas, delicadas fitas, "botas de couro espanholas e chapéu de grandes bicos".[28] Na Escócia, de modo semelhante, o bom calvinista Baillie se queixava da elegância exagerada, do gasto excessivo e das maneiras cortesãs de seu odiado rival, amigo de Owen, o independente Patrick Gillespie.[29] Na Escócia, como na Inglaterra, os independentes — ou alguns deles — eram o partido alegre, livre, não-calvinista: os herdeiros dos realistas.

Assim, o movimento arminiano-sociniano, que, ao romper com o domínio calvinista em uma sociedade após outra, liberou as forças da nova filosofia, foi, se é que foi, um movimento direitista — realista e anglicano na Inglaterra e na Escócia, "criptocatólico" na Holanda, "libertino" na Suíça. Isso também de modo algum é surpreendente. De fato esse movimento não é uma extensão do calvinismo, como com muita freqüência se supõe, nem um desvio dele, seja para a direita seja para a esquerda. É um movimento independente, com origem distinta, tradição contínua e genealogia mais longa que a do calvinismo. De fato, o calvinismo pode ser visto como um produto dele, um desvio obscurantista dele, mais do que vice-versa. A fim de ver isso, e de seguir o diálogo de 200 anos entre os dois movimentos, devemos voltar à figura que está na fonte de ambos, como de muitos mais: Erasmo.

---

[28] Anthony Wood, *Life and Times*, anno 1648, 1657, 1659; *Athenae Oxonienses*, ed. P. Bliss (1813-21), IV, p. 98.

[29] Ver adiante, p. 587 s. Owen declarou seu "longo conhecimento e amizade cristãos" com Gillespie em seu prefácio a *The Ark of the Covenant Opened* (1667) de Gillespie, publicado postumamente.

V

Se o arminianismo é livre-arbítrio em teoria, tolerância na prática, dentro de uma Igreja cristã reformada, primitiva, visível, Erasmo é o primeiro arminiano; e, de fato, os arminianos holandeses reconheceram isso. O mesmo fizeram seus discípulos ingleses: Erasmo foi a inspiração não apenas de Arminius e Grotius mas também dos discípulos de Grotius em Great Tew. Do mesmo modo, se o socinianismo é a aplicação da razão humana crítica e solucionadora a textos religiosos e problemas religiosos, dentro de uma Igreja semelhante, Erasmo é o primeiro sociniano, e essa paternidade foi também reconhecida. Os emigrados suíços e italianos que fundaram o movimento sociniano na Suíça e o levaram para a Polônia – Castellio, Acontius, Lelio Sozzini – eram discípulos de Erasmo. Mesmo no sentido estreito da palavra, o sentido em que seus inimigos a usaram, o socinianismo deriva de Erasmo. Pois o princípio peculiar dos primeiros socinianos, o resultado particular de sua aplicação da razão à Escritura, era a rejeição da doutrina da Trindade, e assim da divindade de Cristo; embora Erasmo não se tenha manifestado sobre esta questão, não mais do que muitos dos socinianos posteriores iriam fazer, sua erudição textual é que era a base de sua rejeição. Ele demonstrou, com um poder de convicção que constituía prova contra suas posteriores frias retratações, que o único texto bíblico que podia ser usado para apoiar essa doutrina era espúrio. Pode-se dizer, portanto, que Sozzini e Arminius simplesmente deram seus nomes a desenvolvimentos particulares de uma filosofia que eles receberam de Erasmo. Essa filosofia precedeu o calvinismo assim como Erasmo precedeu Calvino. Era violentamente atacada por Calvino, que atacou como libertinos os que acreditavam no livre-arbítrio e fez com que Servet fosse queimado por rejeitar a Trindade. Todavia, em certos momentos, estava incluída no calvinismo e tornou-se uma força solucionadora dentro dele.

É fácil de ver como o erasmianismo estava incluído no calvinismo. O próprio Erasmo pregou suas doutrinas a partir da direita, para o *Establishment*. Mas não conquistou o *Establishment*, e na geração após sua morte seus discípulos tiveram que reconsiderar sua posição. Ou tiveram que se render à Igreja católica, o que significava que deviam desistir de sua filosofia essencial, ou deviam pegar em armas contra essa Igreja e, assim, aceitar a liderança radical e a transformação dessa filosofia. A escolha era desagradável, mas dificilmente podia ser evitada — a menos que se fosse buscar refúgio fora da área de luta, na distante Transilvânia ou na anárquica Polônia. Os espíritos mais audaciosos escolheram a segunda alternativa. Decidiram pegar em armas. Confessadamente, ao pegar em armas, tinham de ceder parte de sua filosofia, mas era melhor ceder parte do que ceder tudo. Se se submetiam à liderança de uma seita protestante militante que, nessa época, ainda era nova e maleável, podiam ainda esperar controlá-la ou influenciá-la. Pelo menos podiam preservar e reafirmar, depois da vitória, as doutrinas que, temporariamente, deviam ser caladas. A submissão a Roma, como parecia à essa época, era muito diferente. Roma era antiga e forte. Não negociava ou conciliava; e a submissão a ela era total e final.

A seita protestante militante a que os erasmianos naturalmente se submeteram foi o calvinismo. O calvinismo podia ser, de muitos modos, fundamentalmente oposto ao erasmianismo. O calvinismo era intolerante, fundamentalista, escolástico, determinista, enquanto o erasmianismo era tolerante, cético, místico, liberal. Mas o próprio calvinismo tinha origens erasmianas. Ao contrário do luteranismo, pressupunha uma Igreja reformada, visível, primitiva; também era austero, erudito, científico; e em seus primeiros dias apelava para a mesma classe nas mesmas áreas — as classes instruídas mercantis e de funcionários da Europa latina. Ao se submeterem ao calvinismo, os erasmianos da Europa viam antes a origem comum do que o desenvolvimento separado de seus movimentos. Eram como aqueles liberais europeus que, na década de 1930, em vez de cederem ao fascismo, aceitaram a liderança comunista da Frente Popular. Como esses sucessores do século XX, logo achariam suas relações com o Partido desconfortáveis, e a seguir — em tempos mais felizes — procurariam a saída.

Esse deslizamento dos erasmianos para o calvinismo é fácil de documentar. Onde quer que houvesse um centro de erasmianismo nas décadas de 1520 e 1530 — nas cidades da França e da Suíça, da Renânia e dos Países Baixos, nas cortes dos príncipes e casas nobres de Navarra, Transilvânia, Polônia — aí encontraremos um centro de calvinismo nas décadas de 1550 e 1560. Podemos até mesmo olhar o desenrolar do processo. Na década de 1550, quando a Corte de Roma parecia entregue à reação cega, e todas as obras de Erasmo eram postas no Índex, os humanistas da Europa foram levados para a esquerda, levados para os braços da única organização que parecia capaz de preservar, a qualquer preço, o resíduo de sua filosofia. Foi então que os humanistas ingleses, fugindo da perseguição de Maria Tudor, aceitaram a liderança de Genebra; que os humanistas dos Países Baixos, perseguidos sob os *Plakaten*, se voltaram para o calvinismo que forneceria a disciplina de sua revolta posterior; que os humanistas franceses — os *littérateurs* céticos da época de Francisco I — escolheram o caminho que terminaria, para muitos deles, com o massacre de São Bartolomeu; que George Buchanan, que era um deles, retornaria por fim à Escócia e se tornaria o líder intelectual da revolução calvinista. Graças a esses homens pode-se dizer que o calvinismo, cuja força social verdadeira provinha dos artesãos urbanos, organizada e disciplinada por um clero instruído, atraiu a elite intelectual da Europa.

Todavia, atração não é absorção. Essa elite intelectual nunca formou o cerne da Igreja calvinista. Sempre os dois elementos intelectuais da Igreja calvinista — o clero que controlava sua força e os humanistas que simplesmente se ligavam a ela — permaneceram separáveis, e com freqüência havia tensão entre eles. O grau de tensão variava com a estrutura da sociedade em torno deles. Em países monárquicos, com um laicato desenvolvido e independente, a Igreja calvinista não podia prevalecer. Os príncipes erasmianos — rainha Elizabeth, Guilherme de Orange, Catarina de Médicis — podiam usar a Igreja às vezes, mas sempre prefeririam ser independentes dela, e procuravam que o laicato fornecesse essa independência. Em pequenos principados ou cidades-estados, a Igreja seria proporcionalmente mais forte — especialmente se tais estados fossem politicamente fracos e vulneráveis e necessitassem apegar-se a uma reserva de fanatismo. Em tais estados o poder leigo ainda procuraria ser independente da Igreja. Em Genebra, havia uma luta contínua entre a Venerável Companhia de Ministros e o Conselho da Cidade. No Palatinado, o apoio do príncipe era independente da Igreja. Mas, de fato, em ambas as sociedades, já que viviam com temor da conquista, a Igreja exercia grande poder. Em países atrasados, como a Escócia ou Navarra, onde um laicato instruído e independente dificilmente existia, a Igreja não tinha rival: o príncipe nada tinha para contrapor a ela — a menos, como James I ou Henrique IV, que tivesse apoio externo: o apoio da Inglaterra ou da França. Por outro lado, na Europa do leste, onde prevalecia uma nobre liberdade anárquica, o erasmianismo ainda podia manter-se independentemente do calvinismo — pelo menos no fim do século XVI. Daí a Polônia e a Transilvânia serem a sede do socianismo na segunda metade do século XVI.[30] Por fim, as universidade protestantes internacionais preservaram algo da liberdade das antigas comunas. Em grandes monarquias, as universidades podiam ser levadas à conformidade com a Igreja estabelecida, mas onde uma universidade era um centro internacional poderoso, podia ser um centro de heresia intelectual. A grande época da Universidade protestante de Heidelberg foi aquela em que esteve acima da ortodoxia paralisante do Palatinado e em que foi o centro ocidental do socinianismo.[31]

A distinção entre, de um lado, as doutrinas intolerantes, de predestinação e escolásticas do clero calvinista e, de outro lado, o racionalismo tolerante e cético dos erasmianos que a necessidade política ligara a eles deve ser enfatizada se quisermos compreender o contexto religioso da história intelectual protestante no século XVII. Pois os dois movimentos nunca se fundiram por completo. Nunca podiam fazê-lo. Somente a pressão do medo — o medo da subversão católica ou da conquista estrangeira, ou de ambos — manteve-os unidos. Foi esse medo que os uniu no começo. O mesmo medo os uniria repetidas vezes, sempre que a liberdade tinha que ser sacrificada à disciplina, e a crítica privada à fé comum. Mas sempre que o medo estava suspenso as duas partes da

---

[30] Ver Stanislas Kot, *Socinianism in Poland* (Boston, 1957); A. Pirnát, *Die Ideologie der Siebenbürger Antitrinitarier in den 1570-er Jahren* (Budapest, 1961); F. Pall, "Über die sozialen und religiösen Auseinandersetzungen in Klausenburg (Cluj) in der zweiten Hälfte der 16ten Jahrhunderts und ihre polnisch-ungarischen Beziehungen", in *La Renaissance et la Réformation en Pologne et en Hongrie* (Studia Historica Academiae Scientiarum Hungaricae, LIII, Budapest, 1963), p. 313-28.
[31] C.-P. Clasen, *The Palatinate in European History 1559-1660* (Oxford, 1963), p. 35-42.

aliança naturalmente se afastavam. Em épocas de segurança, por que os herdeiros racionais, céticos e místicos de Erasmo aceitariam a liderança de reacionários intelectuais, intolerantes escolásticos, agostiniamos de antolhos, fundamentalistas hebraicos? Podiam permitir-se ser independentes.

Uma vez reconhecida essa distinção, a relação entre arminianismo e calvinismo fica mais clara. O arminianismo não é uma heresia calvinista. Inerentemente, nada tem a ver com o calvinismo. Só acidentalmente tem relação com Arminius.[32] Essencialmente, é um movimento independente que precede o calvinismo. Seu surgimento aparentemente a partir do calvinismo na Holanda, Suíça, Escócia, bem como seu aparecimento como movimento na Igreja anglicana, em oposição ao calvinismo do clero elisabetano, são de fato apenas a afirmação de independência em relação a uma tradição anterior que temporariamente se misturara com o calvinismo.

Misturara-se sob a pressão da política. A mesma conjuntura política que primeiro levara os erasmianos humanistas a se unirem à Igreja calvinista ocorreria repetidas vezes. Ocorreria na década de 1580, quando a ameaça da conquista espanhola pesava sobre os Países Baixos e os erasmianos da Holanda, em autodefesa, obedeceriam aos *Predikants* calvinistas que muitos deles odiavam. Ao mesmo tempo, sob a mesma ameaça, o clero calvinista inglês se tornaria, por algum tempo, articulador da resistência inglesa e, nessa feliz conjuntura, tentaria impor sua liderança à Igreja. Essa foi a época dos panfletos de Marprelate e da tentativa de John Field de conquistar o controle da Igreja da Ingla-

---

[32] Assim, na Inglaterra, o arminianismo foi primeiro proposto pelo *émigré* francês Peter Baro, *Lady Margaret Professor of Divinity* na Universidade de Cambridge, em 1595 – quinze anos antes de Arminius publicar suas teses na Holanda. Ver H. C. Porter, *Reformation and Reaction in Tudor Cambridge* (Cambridge, 1958), cap. XVII.

terra a partir de dentro. Em ambos os países, Inglaterra e Holanda, os calvinistas seriam protegidos por esse inescrupuloso aventureiro político, o conde de Leicester, que era de fato padrinho dos "protestantes radicais" por toda parte, mas não necessariamente, portanto, de idéias originais. A mesma ameaça criaria uma aliança similar na França, mas aí o fato da guerra civil e o bom equilíbrio de forças permitiriam a muitos dos humanistas preservar uma posição intermediária entre as Igrejas. Aqueles que na Inglaterra e na Holanda eram liberais, dentro do rebanho calvinista na França podiam ser huguenotes – mas podiam igualmente ser *politiques* católicos. Em ambos os casos, sua lealdade a seu grupo religioso era condicional. Quando o perigo externo estivesse removido, afirmariam sua independência.

No fim do século XVI, esse perigo foi afastado. Em 1600, o primeiro ataque da Contra-Reforma sofrera bem-sucedida resistência, e os erasmianos não precisavam mais submergir sua identidade dentro de um partido disciplinado. Assim, reemergiram. Mas como antes tinham submergido, reemergiram com uma diferença, pelo menos de nome. Sua identidade contínua fora esquecida, e assumiram, ou receberam, os nomes de seus novos líderes. Arminius na Holanda parecia um herético dentro da Igreja calvinista, embora de fato ele apenas reafirmasse as antigas doutrinas de Erasmo. Fausto Sozzini, por meio de quem a teologia "racional" voltou à Europa ocidental, parecia o fundador de uma nova seita "polonesa", embora de fato apenas repetisse as idéias dos discípulos suíços e italianos de Erasmo, deslocadas por uma geração; e como essa seita se fez conhecida na Holanda e desconcertou o clero da Igreja calvinista estabelecida, ela também parecia ser uma heresia calvinista. Assim, o socinianismo foi descrito como um movimento "protestante radical", na "extrema esquerda" do protestantismo. Mas esses termos são desprovidos de sentido. Ou, pelo menos, se têm sentido, só têm se admitimos que o próprio calvinismo foi um movimento reacionário, um renascimento da teologia escolástica, da história providencial e da ciência aristotélica que Erasmo, Maquiavel e os platônicos de Florença tinham ameaçado solapar.

Assim despontou a segunda fase do Iluminismo, a época de ouro "jacobina" de Bacon e Grotius: uma fase que foi violentamente interrompida à medida que uma sociedade após outra se fechou em si mesma diante da ameaça de renovada guerra ideológica. Em 1618, o medo da guerra, da reconquista espanhola e católica, chegou à Holanda, e mais uma vez os pregadores calvinistas, os propagandistas da resistência, afirmaram seu poder. Os arminianos foram esmagados, ou reconheceram o perigo maior e se dispuseram à submissão. Em outros países o mesmo padrão se repetiu, com variações locais. Se Grotius foi aprisionado na Holanda calvinista, Bacon foi postumamente puritanizado na Inglaterra. Os defensores das origens puritanas da ciência ainda o puritanizariam. Foi somente no fim das guerras ideológicas da Europa — ou seja, até a década de 1650 — que idéias liberais e racionais podiam começar a se emancipar, mais uma vez, de sua aliança com o calvinismo: essa aliança opressiva que a necessidade política lhes tinha imposto, a fim de que escapassem do clericalismo ainda mais opressivo da Contra-Reforma.

VI

Mas se o arminianismo e o socinianismo, os movimento religiosos que levaram ao Iluminismo, assim olhavam para trás de Calvino, para a época de Erasmo e da Pré-Reforma, a época de uma Igreja católica não-dividida, o que dizer da outra metade dessa Igreja, a metade que permaneceu católica? Pois a Igreja católica também tinha seus erasmistas. Nem todos eles cederam incondicionalmente às forças da Contra-Reforma. Alguns pelo menos supuseram, ou esperaram, que o espírito crítico e liberal pudesse ser preservado dentro da Igreja católica; que ceder ao novo dogmatismo do Concílio de Trento fosse uma mera necessidade temporária e que a seguir também pudessem olhar para trás, além da nova ortodoxia, para as idéias que ela parecia extinguir. Nisso talvez estivessem equivocados, pois o clericalismo da Contra-Reforma estava mais poderosamente armado do que o clericalismo das Igrejas protestantes. Mas não deveríamos censurá-los por isso. Em seu ódio aos excessos da Reforma — a vulgaridade, o vandalismo, o espírito revolucionário cego que ela reunia —, elas não anteviam o futuro. Não calculavam, na década de 1550, que o clero calvinista agressivo, revolucionário, dinâmico pudesse gradualmente perder seu domínio, enquanto o clero católico, defensor de uma tradição enfraquecida, gradualmente fortaleceria o seu.

Assim, até nos países católicos, sob as formas mesmo da ortodoxia da Contra-Reforma, podemos descobrir uma tradição persistente de liberalismo, esperando para se reafirmar. Não se mostra em partidos organizados ou seitas distintas, como os partidos arminiano e sociniano nas Igrejas protestantes. A Igreja católica não permite partidos ou seitas: a diversidade de opinião dentro dela deve ser expressa de modo mais vago, em "movimentos". Mas, como movimento, é suficientemente visível, pelo menos em algumas sociedades. Certamente, é difícil — embora não completamente impossível — vê-los na Espanha e nos países dominados pela Espanha: Itália, Flandres e Portugal. Aí os instrumentos do clericalismo foram plenamente desenvolvidos e eram apoiados por um forte poder central. É igualmente difícil vê-los nas sociedades "recusantes": comunidades católicas que viviam inseguramente sob domínio protestante. Essas minorias perseguidas na Holanda ou na Inglaterra seriam tão estreitas em sua ortodoxia, tão submissas a seu clero, quanto os protestantes da França sob Luís XIII e Luís XIV. Mas nos países católicos onde não havia Inquisição efetiva e um laicato forte, instruído, capaz de influenciar seu clero, a tradição permanece firme, ainda que submersa, ainda que disfarçada; e quando a pressão da luta social e ideológica é liberada, ela logo irrompe.

As mais óbvias dessas sociedades, pelo menos no primeiro século da Contra-Reforma, foram França e Veneza. Na França, o poder secular foi forçosamente tolerante quanto a seus numerosos súditos huguenotes. Em Veneza, a antiga independência republicana foi afirmada e a Contra-Reforma foi mantida acuada. Conseqüentemente, tanto a França quanto Veneza eram centros naturais do humanismo católico. Esse humanismo não foi extinto pela reação católica da década de 1550. Sobreviveu à anarquia das Guerras de Religião e revelou-se abertamente nos anos de reduzida tensão ideológica que descrevi como a segunda fase do Iluminismo: a geração antes do pleno impacto da Guerra dos Trinta Anos.

Os grandes nomes desse período são suficientemente óbvios. Se os anos 1590-1625, no mundo protestante, são a época de Bacon e Selden e Grotius, no mundo católico são a época de Montaigne e De Thou, Davila e Sarpi. Todos esses eram reconhecidos como precursores pelos homens do Iluminismo. Montaigne era herdeiro do ceticismo de Erasmo, pai do pirronismo do século XVII que afrouxou os dogmas das Igrejas e a cosmologia aristotélica por trás deles.[33] De Thou, Davila

---

[33] Sobre esse assunto, ver em especial Richard H. Popkin, *The History of Scepticism, from Erasmus to Descartes* (Assen, Países Baixos, 1964).

e Sarpi são considerados por Gibbon os segundos fundadores, depois de Maquiavel e Guicciardini, da "história filosófica". Davila é de fato o Maquiavel do século XVII, a leitura favorita dos "historiadores civis" e dos estadistas filosóficos. De Thou, o mais protestante dos historiadores católicos — o fundador, segundo os modernos autores católicos, da persistente "tendência protestante" da historiografia francesa do século XVI[34] —, era um admirador de Erasmo: de fato, seu maior crime aos olhos da Igreja foi o de, em sua *História*, não apenas ter mencionado o nome proibido de Erasmo, mas tê-lo referido como *grande huius saeculi decus*, "a grande glória deste século". E quanto a Sarpi, como podemos pensar sobre essa geração sem ele? A cada passo, vemo-nos diante desse infatigável polímato: o frade servita que se correspondeu com os protestantes da Europa, a fim de criar uma frente sólida, não-doutrinária, contra a agressão papal; o historiador que procurou mostrar que a história européia tinha tomado um caminho falso no Concílio de Trento; o estadista que insistiu, sozinho entre católicos, na doutrina sociniana da separação entre Igreja e Estado; o cientista social cuja análise do poder econômico da Igreja supera a de Selden, prenuncia a de Giannone e foi saudada por Gibbon como "um volume de ouro" que sobreviveria ao próprio papado, "uma história filosófica e uma salutar advertência".[35]

A maioria desses "erasmianos católicos" do início do século XVII era herética dentro de sua Igreja, assim como os arminianos eram heréticos nas Igrejas protestantes. De Thou, a despeito de uma reação determinada de retaguarda, viu seu trabalho condenado por Roma em

---

[34] Cf. Lucien Romier, *Le Royaume de Catherine de Médicis* (Paris, 1925), p. XXXII.
[35] Gibbon, *Decline and Fall of the Roman Empire*, VII, p. 99.

1609. Quando de sua morte, seu último volume foi preservado da destruição apenas pela dedicação de seu secretário, Pierre Dupuy, que enviou o manuscrito para o estrangeiro, a fim de que fosse publicado em Genebra. A dedicação de seus herdeiros o teria queimado. Sarpi, naturalmente, era o inimigo odiado do papado, e sua grande obra foi levada escondida para a Inglaterra, a fim de ser publicada: nunca foi publicada em um país católico até o século XVIII. Mesmo Montaigne, cujo pirronismo podia ser e foi usado como meio de defender o catolicismo tradicional, não sobreviveu incólume: seus ensaios foram finalmente condenados em Roma, em 1676. E se o maior pensador religioso da França do século XVII, o cardeal Bérulle, o fundador do Oratório, procurou combinar as idéias de Erasmo e Montaigne com o catolicismo da Contra-Reforma,[36] seus discípulos, os oratorianos franceses, logo se viram em dificuldade.

Pois os oratorianos, na segunda metade do século XVII, seriam os heréticos dentro do rebanho católico. Em Saumur, o Oratório católico competiria com a Academia huguenote na pregação de idéias de Descartes, condenadas pelos ortodoxos de ambas as Igrejas. O oratoriano Malebranche reconciliaria o cartesianismo com o catolicismo. O oratoriano Bernard Lamy — outro cartesiano de Saumur — levaria o jovem Leclerc do calvinismo para o arminianismo. E, acima de tudo, haveria o maior dos estudiosos da Bíblia do século XVII, o oratoriano Richard Simon, que reintroduziu o racionalismo sociniano no estudo das Escrituras.

---

[36] Quanto a Bérulle, que Popkin descreve (*History of Scepticism*, p. 178) como "talvez o mais importante pensador religioso da Contra-Reforma na França", ver em especial Jean Dagens, *Bérulle et les origines de la restauration catholique* (Bruges, 1950).

Richard Simon era um devoto católico. Se demoliu o texto sagrado da Bíblia, fez isso, sem dúvida, em benefício dos propósitos católicos. Desejava inverter as posições quanto aos polemistas protestantes que haviam demolido os Padres e voltado para a Bíblia como a única fonte de verdade. Mas ele a demoliu, e à Trindade ainda por cima. Pois, como Erasmo e Socinus, também rejeitava o famoso versículo I João v. 7, de que a doutrina da Trindade, como se julgava, dependia. Para seu método crítico, Simon voltava-se para Erasmo. Seus modelos imediatos eram os estudiosos protestantes Escalígero, Buxtorf, Cappel e Bochart. E ele forneceu material para Voltaire. Não espanta que os ortodoxos — protestantes e católicos — o odiassem. Não espanta que o bispo Bossuet, o paladino da ortodoxia católica, o defensor da tradição monolítica romana (ou melhor, galicana) contra as múltiplas e mutáveis heresias do protestantismo, fosse perseguido até a morte pelo pensamento desse infame sacerdote. Pois o trabalho de Simon, publicado por editores protestantes em Amsterdã e enviado para o fogo por Bossuet em Paris, mostrava irrefutavelmente que o suposto monolito, por toda sua superficial suavidade e aparente força, era não menos complexo, não menos incerto, não menos variável que o inimigo que o perseguia. A grandiosa síntese do catolicismo da Contra-Reforma estabelecida estava também carcomida pela heresia — a heresia sociniana.[37]

Assim, ao longo do século XVII a tradição erasmiana — para usar uma expressão adequada — sobreviveu na Igreja católica tanto quanto na Igreja protestante, e no fim do século desafiava também a ortodoxia

---

[37] Para os oratorianos, ver Haase, *Einführung in die Literatur der Refuge*, p. 66, 379-80; para Richard Simon, Henri Margival, *Essai sur Richard Simon et la critique biblique au XVIIᵉ siècle* (Paris, 1900); também Henri Hazard, *La Crise de la conscience européenne 1650-1715* (Paris, 1935), pt. II, cap. III, IV.

estabelecida. Sob diferentes denominações, estava solapando ou transformando as certezas aristotélicas que foram reafirmadas ou reimpostas por católicos e protestantes igualmente. Em última instância, solaparia até mesmo o novo sistema que, por algum tempo, tinha parecido ameaçar ambas as Igrejas, mas que aos poucos tinha sido absorvido no catolicismo de estado da França e lhe tinha fornecido uma nova articulação e uma nova defesa contra o pirronismo: o sistema de Descartes. Giannone se voltaria de Descartes para De Thou, Montaigne, Bacon e Newton.[38] Voltaire rejeitaria Descartes em favor de Bacon, se tornaria o profeta de Locke e Newton — ambos socinianos em religião — e recorreria à obra de quacres e deístas ingleses, oratorianos e jesuítas franceses: pois os jesuítas também, por um breve período, foram "heréticos" aos olhos da Igreja, críticos que atenuavam dificuldades doutrinárias, antropólogos que pregavam uma relatividade religiosa que os levaria à perturbação e escândalo na grande questão dos ritos chineses.[39] O progresso intelectual de Gibbon tipificava a pré-história do Iluminismo. Em primeiro lugar, ele sucumbiria ao majestoso sistema de Bossuet: "as traduções inglesas das duas obras famosas de Bossuet, bispo de Meaux, levaram a cabo minha conversão", escreveria ele, "e eu certamente caí por uma nobre mão". Depois, seguindo o exemplo do sociniano Chillingworth e do pirrônico Bayle, cujas "agudas e valorosas inteligências" se enredaram nos mesmos sofismas, ele voltou a seu protestantismo original e foi finalmente reeducado em Lausanne

---

[38] P. Giannone, *Vita scritta da lui medesimo*, ed. Sergio Bertelli (Milão, 1960), p. 22-23, 36-41; [L. Panzini] *Vita*, in P. Giannone, *Opere postume* ("Italia" [i.e., Londres], 1821), p. 149-50; Giuseppe Ricuperati, "Le Carte Torinesi di Pietro Giannone", *Memorie dell'Accademia delle Scienze di Torino* (Turim, 1962), p. 23-27.

[39] Para a influência jesuíta sobre Voltaire, ver Réné Pomeau, *La Religion de Voltaire* (Paris, 1956).

por professores arminianos e as obras dos estudiosos huguenotes emancipados da Dispersão.[40]

Em tudo isso, onde está o calvinismo? Onde está o "protestantismo radical"? Exceto como inimigos do Iluminismo, estão em parte alguma. Sua participação, parece, não é mais positiva do que a dos inquisidores dominicanos e franciscanos na Igreja romana – exceto que sua repressão foi, felizmente, menos efetiva. De fato, onde o calvinismo era mais forte – na Escócia – encontramos as sementes do Iluminismo não tanto em seus desviacionistas arminianos, que ele era hábil para suprimir, quanto em seus inimigos abertos, que se escondiam dele em áreas isoladas ou fugiam para a segurança no estrangeiro. Pois o Iluminismo escocês – esse tema maravilhoso e inexplorado que os historiadores escoceses desconheceram a fim de reiterar antigos gritos de guerra partidários sobre a batalha de Bannockburn e a dúbia virtude de Mary Stuart – talvez devesse mais aos jacobitas escoceses, até mesmo aos católicos escoceses, do que aos presbiterianos escoceses: ao médico jacobita Archibald Pitcairne, denunciado como deísta ou ateísta e mais à vontade em Leiden do que em Edimburgo; ao estudioso jacobita William Ruddiman, isolado em sua protetora biblioteca; ao nordeste episcopal, tomado pelo misticismo de Antoinette Bourignon; aos proprietários de terra católicos, que nutriam idéias heréticas em castelos e torres isolados; e aos sacerdotes católicos de pouca instrução que os visitavam. O fundador da história crítica na Escócia, Thomas

---

[40] Em suas *Memoirs of my Life and Writings*, Gibbon declara suas dívidas para com seus predecessores intelectuais. É interessante observar como muitos dos escritores que o influenciaram – como Bayle e Leclerc, Jacques Basnage, Isaac de Beausobre, Jean Barbeyrac, Jean-Pierre de Crousaz – eram huguenotes exilados.

Innes, era um sacerdote católico *émigré* a serviço do Pretendente. O cavaleiro Ramsay, precursor dos enciclopedistas, que começou como um dos místicos do nordeste, tornou-se secretário da quietista católica Madame Guyon e terminou como deísta católico, tutor do jovem Pretendente. O décimo conde Marischal, amigo de Frederico, o Grande, patrono de Rousseau, era um jacobita *émigré*. David Hume foi jacobita até 1745; seu amigo Lord Kames permaneceu jacobita. E, sem isso, o que é o Iluminismo escocês?[41]

VII

Assim, quando olhamos para as origens religiosas do Iluminismo, não as descobrimos em uma única Igreja ou seita. São encontradas em ambas as Igrejas e em várias seitas. O que é comum aos homens que expressam tais idéias é que todos são, em certo sentido, heréticos: ou seja, pertencem a grupos dissidentes dentro de suas Igrejas ou são eles próprios encarados como não-ortodoxos. As Igrejas ortodoxas — católica, luterana, anglicana, calvinista — olham de soslaio para eles.[42]

---

[41] Para algumas informações subsidiárias sobre essas influências jacobitas e católicas, ver A. D. MacEwen, *Antoinette Bourignon, Quietist* (1910); G. D. Henderson, *Mystics of the North East* (Aberdeen, Spalding Club, 1934) e *Chevalier Ramsay* (1952); Franco Venturi, *Le origini dell'Enciclopedia* (Milão, 1962), p. 16-26; e, para Innes, *Registrum de Panmure*, ed. John Stuart (Edinburgh, 1874).

[42] Não me preocupei com o luteranismo neste ensaio, mas acredito que a mesma observação geral poderia ser feita a seu respeito, a saber: que foi o pietismo "herético", não o luteranismo ortodoxo, que abriu caminho para o Iluminismo na Alemanha. A rígida estrutura do aristotelismo clerical foi solapada e destruída pelos pietistas Spener e Thomasius; os pietistas foram atacados pelos ortodoxos como pelagianos (isto é, arminianos), papistas e socinianos; e a grande defesa pietista da heresia, *Unparteyische Kirche- und Ketzerhistorie*, de

Além do mais, a tradição herética que eles compartilham não somente é independente da Reforma de que com freqüência se supõe que provenha; ela precede a Reforma; e a Reforma, embora possa de início tê-la liberado, logo se tornou um movimento repressivo, positivamente fragmentador e obstrutor dela. A tradição intelectual de ceticismo, misticismo, erudição crítica, razão leiga, livre-arbítrio, que se reuniu em Erasmo, foi dissolvida e levada para o subterrâneo pelas lutas ideológicas dos séculos XVI e XVII. O que outrora fora um movimento geral dentro de uma sociedade unida, aceitável nas cortes de príncipes e nas catedrais da Igreja estabelecida, tornou-se, sob o impacto de sucessivas lutas ideológicas, várias heresias distintas, rotuladas com denominações sectárias e igualmente condenadas por todos os membros direitistas dos vários *establishments* religiosos. Em tempos de paz ideológica, espíritos olímpicos como os de Grotius ou De Thou ou Bacon procurariam reunir essas idéias, devolver para elas sua respeitabilidade original e desenvolvê-las mais. Ainda uma vez, príncipes e alto clero os ouviriam. Mas o retorno da guerra religiosa deu poder aos radicais da ortodoxia — para os calvinistas que condenaram Grotius na Holanda, para os frades que condenaram Galileu na Itália. O movimento que podia ter sido reunido foi mais uma vez dividido: o que poderia ter sido a ortodoxia de uma sociedade unida tornou-se mais uma vez as heresias de Igrejas divididas. O Iluminismo do século XVIII, ao vir, seria uma reunião de todos os

---

Gottfried Arnold, inspirou a seguir a maior figura do Iluminismo alemão, Goethe. Os pietistas, como os arminianos e os socinianos, olhavam para trás da ortodoxia (luterana) da Igreja do Estado, para Valentin Weigel e Sebastian Franck e, através deles, para Erasmo, os neoplatônicos e os místicos renanos; cf. A. Koyré, *Mystiques, spirituels, alchimistes* (Paris, 1955).

heréticos, a reintegração de um movimento que a revolução religiosa tinha interrompido e transformado, mas não podia destruir.

E no entanto, quando dissemos isso, não dissemos tudo. O fantasma do calvinismo não pode ser tão facilmente exorcizado. Pois se o calvinismo foi intelectualmente retrógrado e repressor, um inimigo decidido e vingativo do Iluminismo, politicamente, no entanto, desempenhou serviço essencial. Não é suficiente dizer que o Iluminismo teria chegado mais cedo, se não tivesse havido guerra ideológica nos séculos XVI e XVII. O fato é que houve tal guerra; e, uma vez que aceitamos esse fato, temos de admitir que o calvinismo desempenhou papel importante nele, talvez vital. Deu aos Países Baixos a força espiritual que transformou uma resistência aristocrática em revolução nacional e criou um novo fenômeno político na Europa. Deu à Escócia o poder de afirmar e preservar sua identidade nacional. Deu à cidade de Genebra o poder de resistir a inimigos ávidos. Sem essa resistência a Contra-Reforma poderia ter triunfado na Europa, e, embora possamos admitir que a tradição erasmiana sobreviveu mesmo sob o pesado jugo do novo catolicismo, temos de admitir também que sua sobrevivência foi muito precária e que sem a resistência e o exemplo da Europa protestante poderia ter-se extinguido. Certamente, essa era a visão dos contemporâneos. Não podemos deixar de lado a visão geral dos humanistas de meados do século XVI para os quais a opção parecia ser ou rendição total do intelecto ao catolicismo ou apenas rendição parcial do calvinismo. A disciplina do calvinismo podia ser vista como disciplina temporária da guerra necessária; a do catolicismo da Contra-Reforma parecia a disciplina permanente de um Estado policial. E certamente foi nas sociedades em que a Contra-Reforma não tinha triunfado que a independência intelectual foi retomada mais rapidamente.

HUGH TREVOR-ROPER

Essa convicção dos contemporâneos de que o calvinismo, por mais intelectualmente reacionário que fosse, era o aliado político necessário do progresso intelectual, é mostrada mais claramente pela atitude dos precursores católicos romanos do Iluminismo. Jacques-Auguste de Thou era um bom católico que viveu e morreu na profissão de sua fé. Mas foi também, como ele continuamente observava, dedicado à verdade histórica, e historicamente via os huguenotes como defensores da reforma e do progresso erasmianos. Por isso foi denunciado a Roma. Para evitar a condenação, ele adotou todos os artifícios, todos as conciliações, todas as concessões — exceto a única coisa que poderia ter-lhe servido. Recusou-se a retratar-se de suas opiniões. Conseqüentemente, foi condenado. O drama da longa batalha de De Thou com Roma, todo o teor de sua *História*, uma história "protestante" de um autor católico e a evidência de sua correspondência com seus amigos íntimos do partido calvinista — Jérôme Groslot de l'Isle, cujo pai morrera no massacre de São Bartolomeu; Isaac Casaubon, que fugira para a Inglaterra a fim de escapar dos *convertisseurs*; Georg Michael Lingelsheim, tutor e conselheiro do conde palatino calvinista —, tudo isso mostra que, para De Thou, mesmo o Iluminismo católico dependia da ajuda da resistência calvinista.

Ainda mais vívida é a evidência do grande contemporâneo de De Thou, Paolo Sarpi, o frade católico que liderou a resistência intelectual da Europa e a resistência política de Veneza contra a agressão da Contra-Reforma. Toda a vida de Sarpi fez dele um aliado do mundo protestante, e não há necessidade aqui de documentar os detalhes de sua aliança com ele. Mas um fato merece especial menção. Logo depois do Sínodo de Dordt, Sarpi escreveu ao erudito e poeta holandês Daniel Heinsius declarando sua própria posição nas controversias religiosas da Holanda. Essa posição, à primeira vista, nos surpreende. Pois Sarpi deu seu apoio, não como deveríamos esperar, aos arminianos, o partido dos calvinistas liberais que eram os aliados naturais dos católicos liberais, mas aos premonstrantes, os calvinistas extremados, os perseguidores de Grotius, os intolerantes da Predestinação. Em bases meramente intelectuais, essa ação é ininteligível. Tem possível significação apenas se a olhamos sob luz política. Às vésperas de renovada guerra ideológica, o maior historiador católico reconheceu que os calvinistas extremados, o partido da resistência sem conciliação, incondicional, eram os aliados essenciais de todos os católicos que buscavam preservar a liberdade intelectual tão sufocada pelo Concílio de Trento.[43]

Politicamente, portanto, o calvinismo pode ter sido necessário para o progresso intelectual da Europa no século XVII. Podemos aceitar isso, assim como podemos aceitar que politicamente o partido Whig era necessário para garantir a liberdade inglesa no mesmo século. Mas há uma diferença entre verdade política e intelectual. O fato de que a resistência Whig rompeu o despotismo Stuart não significa que as teorias Whig da constituição e da liberdade foram intelectualmente corretas ou mesmo, em si, progressistas. Também não significa que tais teorias, por si mesmas, acarretassem as conseqüências que se seguiram à vitória do partido que as professava. De modo semelhante, o fato de que a resistência calvinista fosse necessária para a continuação e o desenvolvimento de uma tradição intelectual não acarreta nenhuma ligação direta ou lógica entre elas. Um filósofo, em uma época de

---

[43] Ver Boris Ulianov, "Sarpiana: la Lettera del Sarpi allo Heinsius", in *Rivista Storica Italiana*, 1956.

crise, pode ter de pôr uma armadura. A essa armadura pode dever sua vida, bem como sua capacidade de continuar filosofando. Mas isso não faz da armadura a fonte de sua filosofia. De fato, enquanto está sendo usada, pode impedir a livre especulação, que pode ser retomada somente quando a batalha está acabada e ela foi despida. A virtude do calvinismo, no tocante ao Iluminismo, pode talvez ser reduzida a isso. Como armadura mostrou-se útil na batalha, e, ainda que mais desconfortável de usar, mostrou-se mais fácil de ser descartada do que a cota de malha arcaica, ornamentalmente incrustada, que protegia, mas também continha os filósofos da Igreja rival.

Capítulo V

Três estrangeiros: os filósofos da Revolução Puritana

Em novembro de 1640, o Parlamento Longo reuniu-se em Londres. Os membros que se reuniram em Westminster eram homens enraivecidos, determinados. Tinham sido mantidos fora do Parlamento por onze anos, e durante esse período haviam sofrido injustiças e humilhações públicas e privadas. Desaprovavam a política externa do governo, que tinha sido de paz com ignomínia, enquanto a causa do protestantismo estava sendo derrotada no exterior e lucrativas oportunidades de pirataria eram negligenciadas nas Índias Ocidentais. Desaprovavam sua política interna, que tinha consistido em uma guerra frontal à pequena nobreza, aos leigos da Inglaterra, a fim de manter, à sua custa, uma Corte inchada e parasita e uma posição clerical reforçada e reacionária. Desaprovavam o próprio governo, que era contrário a todas as suas concepções, e seus meios de se manter, que consistiram em prender seus críticos, até a morte, sem julgamento legal ou causa justa. E estavam particularmente enfurecidos por sua última e desesperada aventura: nos seis meses anteriores, o governo convocara o Parlamento apenas para dissolvê-lo de novo, de um modo arrogante e humilhante, e para mergulhar em um risco militar desesperado, cujo sucesso (todos concordavam) teria

IOHAN-AMOS COMENIVS, MORAVVS. A° ÆTAT 50. 1642

Exſump. M:S: G. Glouer. fc:

Loe, here an Exile! who to ſerue his God,
Hath sharply taſted of proud Paſhurs Rod.
Whoſe learning, Piety, & true worth, being knowne
To all the world, makes all the world his owne
F: Q.

J. A. Comenius

O Iluminismo Pansófico

significado o fim de todo o Parlamento. Felizmente, fracassara; e, devido a esse fracasso, os líderes da oposição foram capazes de impor ao governo um novo Parlamento: um Parlamento de homens irados que estavam determinados a acabar com esse sistema de governo, realizar uma investigação sobre seus crimes e punir o grande jogador, Strafford.

Tudo isso é bem conhecido. Também é bem conhecido como Strafford resolveu dissolver o Parlamento; como os líderes do Parlamento o atacaram primeiro; como por meses todos os outros negócios foram interrompidos pelo julgamento de Strafford; como a morte judicial de Strafford envenenou as relações entre o rei e o Parlamento e levou à guerra civil entre eles; e como essa guerra civil se transformou afinal em revolução, regicídio, república, despotismo militar, anarquia e, por fim, restauração. E no entanto também sabemos que nenhuma dessas conseqüências foi planejada pelo Parlamento. Por mais enfurecidos que os homens estivessem em novembro de 1640, não tinham desejado nada disso. Todos eram profundamente conservadores. A maioria deles — especialmente aqueles que se opunham à Corte — era de homens mais velhos. Eram todos realistas: mesmo três anos mais tarde, depois de um ano de guerra civil, enviariam unanimemente à Torre um membro que apenas insinuou republicanismo. O que então queriam de fato? Qual teria sido seu curso se a grande pedra do caso de Strafford não se tivesse imposto, logo no início de sua jornada, e os tivesse desviado, das águas tranqüilas em que tinham planejado navegar, para a torrente impetuosa e as cataratas espumejantes que os levaram ao desastre? É fácil ver o que eles não queriam. Não queriam tutela e provisionamento, imposto para a construção de navios, monopólios, taxas extraordinárias e tribunais de exceção, clericalismo e Câmara Estrelada. Mas quais eram seus objetivos efetivos? Que tipo de intrépido novo mundo planejavam, e planejavam confiantemente, nesse breve período, naqueles poucos dias, entre a reunião do Parlamento em 3 de novembro e o súbito e irremediável desvio de seu curso pela ameaça de Strafford no dia 11?

À primeira vista, parece bastante fácil responder a essa indagação, pois a pequena nobreza inglesa não exprimiu seus objetivos? Olhamos para as reivindicações manifestadas, as reivindicações de seus líderes: dos grandes patronos que as tinham levado ao Parlamento, dos especialistas em direito consuetudinário que há muito tinham formulado suas reivindicações, ao clero "calviniano" que pregou para eles e por eles; e olhando para essas reivindicações, dizemos que o que a pequena nobreza inglesa queria era parlamentos regulares, garantias constitucionais, uma Igreja "presbiteriana". Mas numa segunda olhada — quando observamos o que fizeram ao Parlamento, a constituição, o "presbiterianismo" — vemos que essa resposta não funciona. Sem dúvida queriam essas coisas, mas não as queriam como fins: queriam-nas como meios para outras coisas, e quando não levaram a essas outras coisas, então foram rejeitadas. O mesmo se deu com os líderes que as defendiam. Já em 1641 Oliver Cromwell, no Parlamento, atacava o clientelismo dos pares: em 1644, ele ansiaria pelo dia em que já não haveria nunca um único nobre na Inglaterra; em 1649, aboliria a Câmara dos Lordes. Ao mesmo tempo, o grito da pequena nobreza puritana iria crescer contra aqueles "insaciáveis canibais", os advogados cujas togas o coronel Pride, depois da batalha de Dunbar, teria pendurado, com as bandeiras escocesas capturadas, como despojos de vitória no Westminster Hall. E quanto ao clero "presbiteriano", sabemos como foi tratado. "Velhos padres reverenciados", foram usados e jogados fora; nunca, em momento algum, controlaram a Revolução Puritana.

Portanto, se quisermos descobrir os objetivos efetivos da pequena nobreza inglesa — não apenas a pequena nobreza puritana, mas "o partido do campo", que em 1640 estava unido contra a Corte (embora não contra o rei) —, não devemos ouvir seus líderes apenas: devemos ouvir eles próprios. Devemos pôr nossos ouvidos não nos corredores de Westminster, não nos palácios aristocráticos, não nos tribunais e igrejas, mas no chão da Inglaterra e de Gales rurais, nos condados de que essa pequena nobreza provinha. Devemos descobrir, se pudermos, as vozes não dos funcionários metropolitanos, mas dos obscuros fidalgos rurais, homens que, muito freqüentemente, nunca levantaram suas vozes para falar publicamente ao longo dos séculos, que nunca publicaram teorias ou fizeram discursos no Parlamento, mas que todavia eram os homens enfurecidos no Parlamento, os homens que, por trás dele, derrubaram seus líderes insensíveis, políticos, legalistas aristocráticos e clericais, e que aceleraram, sobre seus corpos, a destruição.

Poderemos algum dia descobrir os objetivos desses homens, homens que, por definição, são inarticulados? Bem, podemos tentar. Muitos deixaram algum registro — seja em diários, seja em cadernos de anotações, manifestações casualmente registradas ou devoções piedosas e gramaticalmente incorretas — para arriscarmos alguma generalização. Neste ensaio, pretendo correr esse risco. Pretendo isolar, se possível, os objetivos reais, construtivos, não dos políticos, dos *front-benchers*, mas dos *back-benchers* não-políticos que de início seguiam esses líderes e depois, continuando de onde eles tinham parado, fizeram a revolução.

Naturalmente, isso não é fácil. A linguagem que esses homens usavam nem sempre é a linguagem da política ou mesmo do senso comum. Às vezes suas reivindicações parecem absurdamente provincianas: usam o Parlamento da nação e pedem uma revolução nacional, a fim de mudar o pároco de sua aldeia ou seu mestre-escola. Às vezes parecem absurdamente metafísicas: mobilizarão *train-bands* ou se reunirão em comitês para deter o curso do Anticristo ou descobrir o número da Besta. Todavia, ao reduzir essas reivindicações a algum conteúdo comum, ao generalizar o provinciano e condensar o metafísico, acredito que podemos chegar a algumas conclusões. Sem dúvida muitas delas eram negativas, mas não estou preocupado aqui com essas conclusões negativas. Estou preocupado apenas com objetivos reais, construtivos. Proponho expô-los; e, tendo exposto, espero mostrar que não foram inteiramente esquecidos mesmo na anarquia que os alcançou. Ao longo dos vinte anos do que Cromwell chamou de "sangue e confusão", a pequena nobreza da Inglaterra cambaleou e tropeçou. Mas nos breves intervalos entre narizes sangrando e ruídos confusos, eles ainda viam, e inspiravam, uma imagem da sociedade que esperavam, de algum modo, no fim dela, alcançar: uma visão, além do mais, tornada vívida para eles por três filósofos, nenhum dos quais era inglês, mas que juntos podem talvez ser chamados, tanto em seus objetivos limitados, práticos, como em seu misticismo violento e sangrento, os verdadeiros filósofos, os únicos filósofos, da Revolução Inglesa.

O programa social do partido do campo, tal como formado na década de 1630, no período de Strafford e Laud, e tal como surge indistintamente a partir desses registros, pode ser facilmente resumido. Sob o domínio contínuo de um governo real e episcopal, que davam por definitivo (apenas pedindo que governasse em harmonia com o povo, como sob "a rainha Elizabeth de gloriosa memória"), pediam duas coisas: descentralização e laicização. Pois ao longo do último século, o povo inglês vira um constante processo de centralização. Houvera centralização do Estado – o que mais era o governo Tudor, "a nova monarquia", com sua organização burocrática? Houvera centralização – ou melhor, recentralização – da Igreja. A Reforma fora um protesto contra a centralização romana, mas esse protesto tivera êxito apenas parcial, e agora o poder central estava sendo erguido de novo por Canterbury, e as paróquias do campo permaneciam menosprezadas e submetidas à fome. Houvera centralização da economia: Londres constantemente drenara os negócios, a riqueza, a população das antigas cidades da província. E a nobreza do campo – os melhores dela, aqueles que se lastimavam em casa ou vociferavam em protestos barulhentos – desejavam ver esse processo revertido. Desejavam ver seus condados, suas localidades, suas paróquias se erguerem da sujeira, do menosprezo e da indignidade em que deixaram que caíssem, tornando-se assim simples lugares atrasados, áreas de emigração para a City e a Corte. Na espera disso, o "campo" queria também uma continuação, ou melhor, um reinício, da Reforma protestante: essa Reforma que originalmente tinha significado não uma Igreja estatal centralizada, "um patriarca em Canterbury em vez de um papa em Roma", mas a dissolução de corporações parasitas, a redistribuição de recursos fechados, o estabelecimento de pastores adequadamente pagos, úteis e pregadores nas paróquias, a criação de instituições municipais, asilos locais, escolas locais.

Podemos ver essa política em numerosos detalhes, se a procuramos. Podemos vê-la na lei. Muitas das reivindicações de reforma da lei que se tornaram tão altas durante a Revolução puritana eram essencialmente por descentralização. Por que, perguntavam os homens, todos os tribunais deveriam estar em Londres? Por que "uma massa de dinheiro" deveria ser assim "extraída das veias para as úlceras do reino"? Por que não deveria haver tribunais locais, fazendo justiça mais rápida, não em "nauseante francês", mas na simples língua inglesa? E como os processos se referiam geralmente a propriedades, por que os títulos de terra só eram registráveis em Londres? Por que não haveria registros, um em cada condado; e toda terra ocupada por simples posse, em sistema de arrendamento livre, fora do controle de um outro tribunal central, abusivo, o Tribunal de Wards?[1]

E ainda havia a educação. Educação mais elevada para a pequena nobreza era o caminho essencial para o emprego: por que ela deveria ser centralizada nas distantes (para muitos deles) e

---

[1] A citação é de Milton, *Of Reformation touching Church Discipline* (1641). A crescente reivindicação de "registros de condados" pode ser acompanhada nos volumosos panfletos sobre reforma da lei. Foi levantada no reinado de James I por um certo Henry Miles (que a trouxe à tona de novo em 1647; ver G. H. Turnbull, *Hartlib, Dury and Comenius*, Liverpool, 1947, p. 85) e novamente em 1641 por Richard Lloyd de Esclus (ver A. H. Dodd, *Studies in Stuart Wales*, Cardiff, 1952, p. 67). Nas décadas de 1640 e 1650, é parte regular do programa do "campo". Ver, por exemplo, *Certain Proposals for Regulating the Law* (n.d.; *Somers Tracts*, 1811, v, 534); William Sheppard, *England's Balm* (1656); William Cole, *A Rod for the Lawyers* (1659).

dispendiosas cidades de Oxford e Cambridge? A pequena nobreza pedia universidades ou faculdades em York, Bristol, Exeter, Norwich, Manchester, Shrewsbury, Durham, Cornwall, Ilha de Man, onde quer que vivessem. E não apenas universidade. Os cursos secundários sem dúvida não eram muitos, mas sua localização era arbitrária, de acordo com a residência ou o capricho de seus fundadores. Havia pedidos para "um Eton College em todos os condados". E, num nível mais humilde, havia uma grande demanda de educação primária uniforme, descentralizada. Se o "campo" deveria se erguer a partir de seu estado malcuidado, menosprezado, tal deveria dar-se, diziam os homens, com base em um artesanato instruído, industrioso. A pequena nobreza e a classe média elisabetanas, diz o Dr. Rowse, "acreditavam na educação de seus filhos", e tomaram medidas para garanti-la, mas "pensavam que a educação era menos importante para o povo, e estavam certas". Mas estavam mesmo certas? Os melhores deles, no século XVII, pensavam que não estavam: que o sistema educacional do campo, como seu governo e Igreja, situava-se nas camadas superiores e que o equilíbrio devia ser restaurado.[2]

---

[2] Propostas para universidades e faculdades locais seriam encontradas em *The Fairfax Correspondence, Memoirs of the Reign of Charles I*, ed. G. W. Johnson (1848), II, 275; John Brinsley, *A Consolation for our Grammar schools* (1622); Samuel Harmar, *Vox Populi* (1642); John Milton, *Of Education* (1643); *Stanley Papers*, III, iii (Chetham Society, 1867), p. 14-15; Benjamin Nicholson, *The Lawyer's Bane* (1647); George Snell, *The Right Teaching of Useful Knowledge* (1649); Hugh Peter, *Good Work for a Good Magistrate* (1651); John Lewis, *Contemplations upon these Times* (1646) e εὐαγγελιόγραΦα... (1656); William Dell, *The Right Reformation of Learning, Schools and Universities* (1653). A reivindicação de uma Eton College em todos os condados está em William Vaughan, *The Golden Grove* (1600), pt. III, cap. 37. A observação do Dr. Rowse está em seu *The England of Elizabeth* (1950), p. 494.

Devia ser restaurado também na Igreja. Nada era tão óbvio para a pequena nobreza conscienciosa do campo, na década de 1630, quanto o desequilíbrio na Igreja. Os reformadores haviam dissolvido mosteiros, abolido superstições dispendiosas, redistribuído a riqueza, mas como o resultado parecia decepcionante! Se os dízimos dos mosteiros tivessem voltado para o clero paroquiano de que haviam sido originalmente surrupiados? Se o Evangelho, libertado de sua antiga constrição, tivesse sido levado para o norte e o oeste menosprezados da Inglaterra? Se a riqueza da Igreja tivesse sido redistribuída dentro da Igreja? A resposta era não, ou não o suficiente. Todos os homens percebiam isso, mas não o arcebispo Laud. Infelizmente Laud procurava consertar a base da Igreja ajeitando primeiro o topo. Ele antes recriaria o poder clerical, a riqueza clerical no topo, e depois usaria esse poder e essa riqueza para aplicar modificações na base. E esse método de mudança seria a não-cooperação com o laicato e a piedade leiga — essa grande e nova força que está por trás de toda a Reforma —, e sim a guerra aberta a ele. Naturalmente os leigos não cooperaram. Estavam ansiosos para ajudar — sua conquista no aumento do valor dos rendimentos eclesiásticos era de fato muito maior do que a de Laud —, mas não desse modo.[3]

Pois o programa do partido do campo não era apenas de descentralização. Era também de laicização. A despeito da Reforma, parecia para eles que a religião, a educação e a lei tinham todas se tornado profissionalizadas. Tinham caído, ou caído de novo, nas mãos de corporações complacentes que as estavam convertendo,

---
[3] Para testemunho desse parágrafo, não preciso mais do que mencionar o excelente livro de Christopher Hill, *Economic Problems of the Church* (Oxford, 1956).

cada vez mais, em monopólios privados com regras misteriosas e privadas, meios de perpetuação. Mas, então, o "campo" tinha começado a desconfiar da validade dessas regras e dos motivos por trás delas. O "francês nauseante" dos advogados, o aristotelismo "superior" das universidades, a nova "superstição" da Igreja anglicana pareciam ser simplesmente a mistificação do conservadorismo social, o argumento sem sentido contra a mudança útil. Mas o campo não perdia a esperança de mudança, e, se os profissionais estavam aprisionados em suas próprias categorias, o laicato estava preparado para rejeitar essas categorias. A sociedade seria mudada, diziam, pela energia leiga, usando a ciência leiga: uma abordagem simples e racional da lei — a lei de Selden ou Hale; uma abordagem simples e racional do conhecimento — o conhecimento de Bacon; uma abordagem simples e racional da religião — a religião não do puritanismo, que podia tão facilmente se tornar um novo clericalismo, mas do latitudinarianismo, quer anglicano, quer puritano: a religião do "homem leigo" de Chillingworth ou Hales.

Essa, em geral, era a filosofia do partido do campo. Naturalmente, simplifiquei-a, e idealizei-a. Na prática, ela tinha muitas dificuldades, na medida em que oposição a interesses adquiridos era descoberta; e naturalmente tinha defensores menos dignos de reputação, cujos interesses manchavam sua simplicidade. Também foi levada a pontos inesperados. No correr da revolução, as reivindicações de descentralização — descentralização do Parlamento, descentralização do comércio — tornaram-se por vezes ruinosas, por vezes ridículas; e a laicização extremada levou simplesmente à anarquia. Se quisermos ver a filosofia prática do partido do campo em seu melhor momento, este, acredito, é ele. E, uma vez que a tenhamos visto dessa forma, podemos também vê-la de outra. Essa filosofia do campo, dos inimigos da Corte, dos paroquianos austeros, religiosos que se tornariam puritanos, rebeldes, republicanos, era, em quase todos os aspectos, a filosofia do maior dos cortesãos, esse cético extravagante, metropolitano, esse "realista peremptório" (como ele próprio se classificava), Francis Bacon.

É um paradoxo, e no entanto como podemos negá-lo? Vejam-se as obras de Bacon, vejam-se suas alocuções aos advogados, seus memoriais ao rei, seus memorandos sobre educação, seus discursos no Parlamento, suas declarações sobre ciência. Está tudo aí. O partido do campo, ou pelo menos seus líderes no Parlamento, não ouvia Bacon em sua época. Eles se alinhavam por trás de seu grande rival, o obscuro, pedante, o admirador sem imaginação do direito consuetudinário existente com todas as suas obscuridades e abusos, o maior beneficiário de sua centralização, Sir Edward Coke. E no entanto, se examinarmos mais detidamente, ou mais tarde, como estavam errados! Todas as reformas da lei que seriam violentamente reivindicadas por um povo em rebelião na década de 1640 foram lúcidas e lealmente reivindicadas, uma geração antes, não por Coke, nunca por Coke, mas sempre por Bacon. O mesmo se deu na educação. Bacon, o maior defensor da razão leiga e da religião leiga, teria reformado as universidades, destronado Aristóteles, introduzido a ciência natural; teria interrompido o crescimento das escolas secundárias e criado a educação elementar; teria descentralizado as fundações caritativas, sejam escolas ou hospitais, pois "considero que alguns hospitais com dotações competentes farão muito mais bem do que um hospital com exorbitante grandeza"; teria descentralizado a religião, plantando-a e regando-a nos "cantos esquecidos do Reino"; e teria descentralizado a indústria, o comércio, a riqueza, pois "o dinheiro é como esterco, só é bom se espalhado". Quando lemos essa evidência — evidência que é óbvia, inevitável, constante em todos os seus textos —, podemos facilmente concordar com o maior dos historiadores ingleses especializados no século XVII, S. R. Gardiner, que, se o programa de Bacon tivesse sido realizado, a Inglaterra poderia ter escapado da Grande Rebelião.[4]

Mas como os membros da pequena nobreza do campo da Inglaterra podiam saber disso? Como Francis Bacon podia falar para eles de modo inteligível? Um duplo hiato separava-os dele. Em primeiro lugar, havia um hiato social, o hiato entre o grande cortesão intelectual de uma Corte insultuosa e perdulária e os fidalgos rurais provincianos, sérios e parcimoniosos, para os quais, de fato, ele raramente se tinha dirigido: pois como conservador reformista tinha pregado privadamente para o rei, não publicamente para eles. Em segundo lugar, e talvez de modo ainda mais significativo, havia um hiato no tempo: um hiato muito estreito, é verdade, mas também um hiato muito profundo, pois era o hiato entre 1620 e 1630, em que todo um mundo, toda uma filosofia de vida, havia irrecuperavelmente soçobrado e afundado.

Se quisermos compreender as mudanças da história humana, da filosofia humana, devemos sempre lembrar a importância de dife-

---

[4] Para as concepções de Bacon sobre a Igreja, ver por exemplo, suas *Works*, ed. Spedding *et al.* (1857-74), III, 49, 124, 103 s.; sobre educação, IV, 249-55; sobre reforma da lei, V, 84; VI, 59-70, 182-93; e VII, 181 s., 358-64. Mas esses exemplos podiam multiplicar-se. O veredicto de Gardiner está em seu artigo sobre Bacon no *Dictionary of National Biography*.

rentes gerações. Uma geração de homens pode ser aglutinada por experiências comuns de que seus pais e filhos estiveram isentos; e se essas experiências foram memoráveis, terríveis, inspiradoras, darão a essa geração um aspecto característico a si mesma, incomunicável a outros homens. Como podemos nós, que vivemos ao longo da década de 1930, cujas mentes e atitudes se formaram pelos terríveis acontecimentos daquela época, compreender ou ser compreendidos por homens para os quais esses acontecimentos são mera história, reduzidos à anódina prosa de manuais? Naturalmente, nem toda geração tem experiências comuns suficientes para marcá-la desse modo; as experiências, para terem esse efeito, devem ser poderosas, extraordinárias, inspiradoras. Mas se são inspiradoras, então há tais gerações. Os espanhóis, em sua história, falam da "geração de 98" como um fato importante, significativo, que sozinho dá significado a uma parte de seu curso. Na Europa a geração da década de 1930 pode assemelhar-se. Na Europa do século XVII, e particularmente na Europa protestante, a geração da década de 1620 foi a mesma coisa.

A década de 1620 foi terrível. Para a maioria da Europa, foi uma década de depressão econômica que levou a um novo poder absoluto e à guerra européia. Para a Europa protestante, foi também uma década de total derrota em todas as frentes: em 1629, a extinção completa de toda a Reforma européia parecia à vista, e seus líderes intelectuais planejavam a fuga para desertos inabitáveis ou ilhas imaginárias. E na Inglaterra, se o sofrimento era menor, a vergonha era maior. Para os ingleses, a década de 1620 foi uma década de governo irresponsável e crise econômica interna, bem como de traição, a traição fatal, de uma grande tradição no exterior.

Quando olhavam para a história, os ingleses viam a rainha Elizabeth dando liderança, força e vitória ao protestantismo europeu. Agora, quando olhavam, viam apenas a frágil intervenção inglesa e depois, a retirada para tímida neutralidade. E qual era o resultado dessa fraqueza? Enquanto frotas e exércitos ingleses voltavam derrotados e em desgraça de expedições mal conduzidas, toda a causa protestante fracassava. De Gibraltar a Danzig, dos portos do Canal à Hungria, o inimigo ideológico derrubava todas as cidadelas do protestantismo; e da Boêmia, Polônia, Palatinado do Reno, La Rochelle, uma corrente de refugiados chegava a nossas praias ainda seguras mas ignominiosas. Em meio a essas séries de catástrofes, todo o clima de opinião na Europa protestante estava convulsionado. Era o fim de uma era, o fim talvez de uma ilusão. A época da Renascença, essa época de otimismo sem limites, especulação olímpica, despreocupada *douceur de vivre*, estava acabada. O Armagedon havia chegado. Como, nessas últimas convulsões do mundo, os homens podiam respirar a atmosfera ou pensar os pensamentos do passado, mesmo do passado imediato? Não era tempo de contar os poucos dias restantes do mundo, de esperar a conversão dos judeus, de ouvir a última Trombeta, ou pelo menos a penúltima, de calcular o número abstruso e fugidio da Besta?

Na década de 1630, a pequena nobreza séria da Inglaterra entregou-se a muitos desses cálculos, e seus eruditos locais eram auxiliados por vários refugiados europeus malucos. Em muitos solares ingleses, em muitos quartos de vicariatos ou faculdades, antigos cálculos eram revistos e novos eram elaborados. Havia o antigo trabalho de Thomas Brightman, um clérigo puritano que tinha vivido na casa da família Osborne. Sua aplicação do Apocalipse a questões correntes fora mandada para a fogueira pelos obedientes bispos da rainha Elizabeth, mas tinha sido avidamente adotada no exterior. Houve a obra posterior do enciclopedista alemão Johann Heinrich Alsted, "o porta-bandeira dos milenarismos em nossa época", escrita em Herborn em 1627, pouco antes de seu autor fugir das calamidades da Alemanha para a protestante Transilvânia. Mas o mais importante de tudo eram as pesquisas do estudioso de Cambridge Joseph Mede, preceptor de John Milton. Mede tinha elaborado seus "sincronismos", como ele os chamou, por rigoroso método intelectual, sem influência de acontecimentos externos. No entanto, quando aplicados a acontecimentos externos, adaptavam-se (como parecia na época) maravilhosamente. Sua *Clavis Apocalyptica*, também publicada em 1627, tornou-se o manual de todos os que desejavam interpretar fatos correntes pela profecia bíblica. Durante sua vida (morreu em 1639), numerosos clérigos muito conhecidos consultaram-no como um oráculo sobre essas questões abstrusas, e depois de sua morte "o culto Sr. Mede" permaneceu por uma geração como autoridade indiscutível sobre elas: em trinta anos, escreveu um deles, não houvera obra apocalíptica de significação, "a não ser o que tinha sido iluminado por sua flama". Os leigos não ficaram menos impressionados. Sir Nathaniel Rich, primo e agente político do conde de Warwick, era um dos admiradores de Mede; um cavaleiro do campo de Shropshire e membro do Parlamento, Richard More, traduziria sua obra para o inglês; e em 1639, das profundezas de Herefordshire, uma dama escreveria para seu filho em Oxford, lembrando-lhe solenemente que esse era o ano em que "muitos são de opinião de que o Anticristo deve começar a cair".

Esse novo clima de opinião, gerado pelos desastres da década de 1620, afetou necessariamente o contexto mental dos homens, e o contexto, por sua vez, afetava seu caráter. Mesmo o baconianismo foi transmutado por ele. A pequena nobreza do campo inglesa tinha aceitado as idéias "baconianas" como a formulação de suas esperanças e interesses mundanos. Mas nesse clima não podia aceitar o puro baconianismo de Francis Bacon. O baconianismo deve ser modificado para satisfazê-los. Deve despir-se de suas roupas da Corte, sua elegância patrícia, sua urbanidade e ceticismo metropolitanos, seu gosto pelas galerias e aviários da York House, pelos jardins e tanques de peixes de Gorhambury e, ao contrário, tornar-se um "baconianismo do campo", aceitável no novo mundo da década de 1630. Deve ser sério, puritano, sombrio, com sua sombra iluminada apenas aqui e ali por clarões dementes: cálculos milenaristas, esperanças messiânias, filossemitismo místico.[5]

---

[5] A obra de Brightman era *Apocalypsis Apocalypseos* (Frankfurt, 1609). Uma tradução inglesa foi publicada em Leiden em 1616 e em Londres em 1644. Que Brightman foi mantido pela família Osborne é afirmado por Francis Osborne, *Traditional Memoirs on the Reign of King James* (1658), p. 34. A obra apocalíptica de Alsted era *Diatribe de Mille Annis Apocalypticis* (1627), que foi traduzida para o inglês por William Burton e publicada como *The Beloved City* (143). Para Mede, ver suas *Works*, ed. John Worthington (1664); John Worthington, *Diary and Correspondence*, ed. J. Crossley, II (Chetham Society, 1855), p. 69; *The Letters of Lady Brilliana Harley* (Camden Society, 1854), p. 41. A tradução inglesa de More saiu em 1643, com o título *The Key of the Revelation Searched and Demonstrated*, com um prefácio do Dr. Twisse, um dos amigos e correspondentes de Mede. Para o messianismo e o filossemitismo na Europa durante a Guerra dos Trinta Anos, ver também Michael Roberts, *Gustavus Adolphus*, I (1953), 521-27; H. J. Schoeps, *Philosemitismus im Barock* (Tübingen, 1952), especialmente p. 18-45.

A necessidade produziu os homens. Exatamente nesse momento os agentes essenciais desse metabolismo apareceram. E apareceram, apropriadamente, a partir do redemoinho da Europa central. Assim como a primeira Reforma protestante na Inglaterra, a Reforma de Eduardo VI – que, embora movimento inglês, fora animada por pensadores estrangeiros, buscando um novo asilo e uma nova base – sua continuação no século XVII, embora também um movimento puramente inglês, buscaria inspiração a partir de três estrangeiros deslocados: estrangeiros que injetariam no empiricismo "baconiano" da Inglaterra a metafísica exagerada da Guerra dos Trinta Anos. Esses três estrangeiros foram Samuel Hartlib, John Dury e Jan Ámos Komenský, o famoso Comenius.[6]

Samuel Hartlib era um prussiano, da Prússia polonesa. Seu pai tinha sido "negociante real" do rei da Polônia, e sua casa ficava em Elbing, no mar Báltico. Parece que estudou quando jovem em Cambridge e aí foi conquistado pelas idéias baconianas, mas voltou para Elbing, e foi somente em 1628, com a conquista católica de Elbing,

---

[6] Para biografias desses três homens, ver G. H. Turnbull, *Samuel Hartlib* (Oxford, 1920); J. M. Batten, *John Dury, Advocate of Christian Reunion* (Chicago, 1944); J. Kvačala, *J. A. Comenius, sein Leben uu. seine Schriften* (Leipzig, 1892); R. F. Young, *Comenius in England* (Oxford, 1932). Nova luz foi lançada sobre os três homens e sua obra pela redescoberta, em 1945, dos papéis de Hartlib, que estiveram perdidos desde 1667 e estão agora em posse de Lord Delamere. Da redescoberta deles até sua morte em 1961, foram objeto de trabalho do falecido professor G. H. Turnbull, cujo livro *Hartlib, Dury and Comenius* é em grande medida uma exposição de seu conteúdo. Turnbull também publicou uma série de artigos baseados neles, que citarei quando pertinente. Gostaria aqui de exprimir meu agradecimento pelo generoso auxílio que recebi do sr. Turnbull quando trabalhava sobre esse assunto.

que se transferiu, com outros refugiados, permanentemente para a Inglaterra. Aí se dedicou a obras de caridade, coleta de dinheiro para refugiados protestantes da Polônia, Boêmia e Palatinado, criou em Chichester uma escola, de vida curta, com base em princípios baconianos, e por fim, em 1630, transferiu-se para Londres e viveu permanentemente em Duke's Place, Holborn. O resto de sua vida e fortuna foi gasto em uma "superabundante caridade com seus vizinhos e Deus, em uma fiel aventura que atendia a sua glória": em outras palavras, aliviando seus companheiros refugiados, incentivando a piedade prática, leiga e, mais particularmente, disseminando conhecimento útil misturado com especulações messiânicas.

Hartlib acreditava essencialmente em "conhecimento útil". Como baconiano, convenceu-se de que todo um mundo desse conhecimento estava à mão, bastando que os homens o buscassem, e que podia ser aplicado, bastando que o distribuíssem. E como podia ser proveitosamente aplicado, mesmo por governos! "Os objetivos públicos", escreveu ele certa vez, "daqueles que estão à frente dos negócios de Estados de reformar e dirigi-los para o bem de todos, podem ser infinitamente aperfeiçoados", bastando que tais líderes aprendam como fazer uso da informação estatística, econômica e de outro tipo que podia tão facilmente ser fornecida a eles. E ele próprio estava pronto para fornecê-la. Tudo de que precisava era cooperação. Para garantir cooperação, defendia uma união de todos os homens bons, unidos em um "colégio invisível" pelos pactos religiosos e se dedicando a empreendimentos coletivos. Deveriam incrementar a administração econômica, ensinar línguas, incentivar invenções, compilar estatísticas, educar os pele-vermelhas, os irlandeses, os pobres, aconselhar empregados domésticos, receber bem

— talvez converter — os judeus, interpretar o Apocalipse. Deveriam pôr a serviço do Estado um "engenho" para "o estabelecimento da felicidade". Tal união, acreditava ele, podia facilmente ser alcançada em uma sociedade protestante e tolerante. Uma vez que o inimigo ideológico tivesse sido destruído e que o protestantismo tivesse sido estabelecido, ou restabelecido, em toda a Europa, seria possível, por tais meios, regenerar todo o mundo.[7]

Essa vitória geral do protestantismo certamente viria. Nesse ínterim, esperando e trabalhando por ela, podia-se planejar. Podia-se começar com um "modelo": um experimento prático em um campo limitado. A idéia desse modelo fora apresentada no início do século XVII por um pensador alemão que Hartlib admirava muito, Johann Valentin Andreae, fundador dos Rosa-Cruzes. Desde 1620 — ano do desastre na Boêmia, ano em que Andreae publicou sua obra mais influente — Hartlib e seus amigos sonhavam em estabelecer tal "modelo". Chamavam-na "Antilia" ou "Macaria" (o primeiro nome provinha da obra de Andreae,[8] o segundo, da *Utopia* de More); e imaginavam-no em ilhas distantes ou enclaves pacíficos, isolados do mundo hostil. Em certa época, seria na Virginia; em outra, na Lituânia, nas propriedades do príncipe protestante Radziwill; ou ainda na Livônia, em uma ilha pertencente ao conde Jacob de la Gardie; ou na Prússia, na terra de Freiherr von Stein. Mas gradualmente, à medida que a Contra-Reforma triunfava na

---

[7] S. Hartlib, *A Further Discovery of the Office for Public Address for Accommodation* (1648), in *Harleian Miscellany* (1745), VI, 13.
[8] Para o conceito de "Antilia", ver Margery Purver, *The Royal Society, Concept and Creation* (1967), p. 219-27. Para Andreae, ver Felix Emil Held, *Christianopolis, an Ideal State of the Seventeenth Century* (New York, 1916).

Europa, era na Inglaterra que Hartlib via sua oportunidade. Assim, foi na Inglaterra que estabeleceu seu quartel-general e ofereceu-se como secretário universal da união dos homens bons. Aí, divulgaria, solicitaria, publicaria, coordenaria, facilitaria. De fato, era ao seu "grande e incansável zelo pelo conhecimento" que a Inglaterra devia o ensaio de Milton sobre educação, o *Idea of Mathematics* de Pell, o *Sylva* de Evelyn, a obra de Weston sobre administração prudente, a de Petty sobre "aritmética política", e uma dúzia de outros manuais de aperfeiçoamento geral. Ele era "o grande agente de informações da Europa". Não era original, mas amigo de todo pensador em seu país de adoção, o meio de contato e correspondência com a diáspora protestante; e a base de todas as suas amizades era seu zelo pela ciência baconiana, pelos métodos baconianos, combinados com esse inevitável acréscimo da década de 1620: unidade protestante, profecia apocalíptica e "a derrocada final do Anticristo na Europa".

A Hartlib devemos sempre associar John Dury. Este também veio de Elbing. Filho de um pastor escocês exilado, estudara na Holanda, ensinara em uma casa huguenote na França e depois tornara-se pastor em Elbing, onde conhecera Hartlib e descobrira que ele também era baconiano. Depois, quando a reconquista jesuíta também o expulsou de Elbing, tornara-se missionário itinerante, pregando a união protestante como meio de sobrevivência política, métodos baconianos como esperança de regeneração social. Apresentou-se a Gustavo Adolfo, súbito salvador da causa protestante. Foi tomado sob a proteção de Sir Thomas Roe, defensor da intervenção inglesa na Guerra dos Trinta Anos. Para a corte inglesa, argumentou que a união protestante era o único meio efetivo de reintegrar o sobrinho do rei em seu domínio hereditário: "A união protestante", escreveu, "será de mais valia para o Príncipe Palatino do que o mais forte exército que Sua Majestade possa organizar para ele".[9] Dury até mesmo insistiu com sua causa junto ao arcebispo Laud, que o ameaçou muito mesquinhamente, enviando-o, numa missão de antemão fracassada, primeiro a Devonshire, depois à Alemanha, para se livrar dele. Mas ninguém conseguia livrar-se de Dury. Era infatigável, idealista, um cruzado. "Parece-me que o vejo", escreveu um de seus padrinhos ingleses,

> subindo esse laborioso e áspero caminho para São Paulo, com freqüência em viagens, em perigos de água, de ladrões, de falsos irmãos, em perigos tanto na cidade quanto no campo, em cansaço e dor, em vigia com freqüência, em carência e necessidades, e, além de todos esses embates, trabalhando sob a responsabilidade diária das igrejas.

Sempre que temos uma visão dele, está em uma dessas situações: está na Alemanha, na Holanda, na Dinamarca, na Suécia, assediado pela pobreza, vendendo os livros de seu pai para comprar pão, esperando nas ante-salas de príncipes e generais antagônicos, bispos indiferentes, teólogos queixosos; está escrevendo sobre educação; coligindo as obras de Bacon para príncipes alemães ou para a jovem rainha da Suécia; interpretando o Apocalipse; contando o número da Besta. E o tempo todo, enquanto viaja incessantemente pela Europa, sua retaguarda está protegida pela "agitação e atividade de cooperação" de seu amigo constante em Londres, Samuel Hartlib,

---

[9] G. H. Turnbull, "Letters written by John Dury in Sweden 1636-8", in *Kyrkohistorisk Årsskrift* (Estocolmo), 1949.

"o patrão da roda", como Dury o chamava, "apoiando o eixo do carro de Israel".[10]

O terceiro membro desse notável triunvirato era um homem muito mais famoso e mesmo estranho. Comenius era boêmio, pastor da Igreja pietista da Fraternidade Boêmia. Também fugira de lugar em lugar à medida que os Habsburgos e os jesuítas reconquistaram sua terra natal. Em 1628, depois de muitos deslocamentos, chegara, com sua comunidade, à propriedade de um devoto polonês, conde Raphael Lescynski, em Leszno, na Polônia. Aí, também descobrira as obras de Bacon e tornara-se de imediato um entusiasta. Bacon e Campanella, escreveu ele certa vez, eram os dois heróis que tinham conquistado o gigante Aristóteles. Mas como Hartlib, Comenius também aceitava Bacon, com uma diferença. Na Academia de Herborn, fora aluno do milenarista J. H. Alsted. Como Hartlib, fora profundamente influenciado por Andreae. Era ao "livro de ouro" de Andreae, escreveu ele depois, que devia "quase os próprios elementos" das idéias que tornaria famosas a partir de seu local de refúgio em Leszno. Sumariou essas idéias sob a denominação "Pansofia".

Como Hartlib, como Bacon, Comenius acreditava na unidade do conhecimento. Era um enciclopedista. Acreditava que todo conhecimento podia ser dominado e partilhado, e, assim dominado e assim partilhado, podia mudar o mundo. Mas, a fim de tornar comum o conhecimento, acreditava que a paz universal

---

[10] Para a atividade reunionista de Dury na década de 1630, ver em especial Gunnar Westin, *Negotiations about Church Unity, 1628-1634* (Uppsala Universitets Årsskrift, 1932), e do mesmo autor *Brev fran John Durie dren 1636-1638* (Uppsala, 1933).

tinha de estar assegurada: que técnicas novas e simplificadoras de conhecimento deviam ser concebidas e generalizadas; e que novas verdades deviam ser extraídas das Escrituras. Para ele, como para Hartlib e Dury, a paz universal significava paz entre não-católicos — unidade de protestantes, recepção aos judeus — e o meio de buscá-la era por "modelos". O conhecimento tinha de ser simplificado por processos "didáticos" e generalizado por meio de um novo sistema educacional. As novas verdades da Escritura deveriam ser extraídas pela aplicação da ciência matemática e astronômica aos livros proféticos da Bíblia. Assim, Comenius também sujeitava sua ciência baconiana fragmentada a um propósito não-baconiano da moda: à espera do Milênio, ao cálculo do número da Besta, à elucidação do Apocalipse.

Na década de 1630, em Leszno, Comenius estava ocupado pregando a Pansofia. Escreveu livros sobre a reforma dos métodos de ensino e a criação de novas escolas. Já era um entusiasta do Milênio, do Messias e dos judeus. Em Leszno, escreveu suas primeiras obras sobre educação. De imediato, foram pirateadas na Inglaterra.[11] Mas em breve os piratas foram superados por um admirador desinteressado, que lhe escreveu da Inglaterra oferecendo-se para lhe enviar alguns dos manuscritos de Bacon, para coletar dinheiro em benefício de sua obra, para procurar seus discípulos na Inglaterra, para lhe conseguir um copista. O admirador desinteressado era, naturalmente, Samuel Hartlib, esse agente universal.

---

[11] *Janua Linguarum* de Comenius foi publicado na Inglaterra em 1631 por John Anchoran e foi de imediato bem-recebido em várias escolas. Outra edição não-autorizada, *Clavis ad Portam*, de Wye Saltonstall, foi publicada em Oxford em 1634.

Comenius ficou encantado com as propostas de Hartlib. Como podia deixar de responder a essa inesperada "caridade cristã em relação a mim, não obstante desconhecido, e para nós, que o mundo descartara"? Enviou suas obras para a Inglaterra, onde Hartlib as publicou. Logo depois, Hartlib o pôs em contato com Dury, e este, agora na Suécia, providenciou para que seus livros e idéias fossem difundidos aí. Dury também o pôs em contato com novos patronos. Pois na Suécia, nesse momento, havia dois grandes homens que pareciam patronos naturais tanto do reunionista protestante quanto do reformador educacional. Um era o rei Gustavo Adolfo, líder e salvador do protestantismo europeu, que também era o fundador da Universidade de Uppsala e o educador da Suécia. O outro era seu indispensável financiador, o maior, mais esclarecido comerciante, banqueiro e industrial protestante da época, o criador das indústrias de cobre e aço suecas, o patrono dos estudiosos, o imigrante de Liège Louis de Geer.

Quando Gustavo e Louis de Geer chamaram Dury e Comenius para ficarem sob sua proteção na Suécia, parecia inevitável que devessem concordar. A Suécia era então líder do protestantismo europeu. Seus exércitos estavam reconquistando a Europa depois dos desastres da década de 1620. Sua Corte foi de imediato o motor da reforma social interna e o ímã que atraiu profetas messiânicos deslocados das cidadelas caídas de Praga e Heidelberg. Dury por sua reunião protestante, Comenius por seu programa educacional, ambos por suas aspirações místicas, buscaram naturalmente o poder de Gustavo Adolfo e de seu chanceler, Axel Oxenstjerna, que continuou no poder depois da morte do rei em Lützen. E Louis de Geer, como ninguém mais, podia financiar suas operações. Mas de fato eles não concordaram. Pois Hartlib, na Inglaterra já tinha criado para eles um grupo rival de patronos. Esse grupo consistia em seus discípulos naturais, o partido do campo da Inglaterra, inarticulado e intelectualmente sem liderança.

Talvez soe extravante representar esses três estrangeiros como argamassa do partido do campo inglês. Esse partido, pode-se dizer, tinha outras ligações, não-intelectuais: era mantido integrado pelo apoio, pelo parentesco, pelo grande "parentesco" puritano sobre o qual lemos tanto. E no entanto isso era realmente assim? Os vínculos clientelísticos logo eram quebrados; o parentesco unia os homens através de divisões de partido, bem como dentro deles; e as linhas de "parentesco" eram muito menos claras ou exclusivas do que os historiadores pretendem. Sem dúvida Oliver Cromwell era relacionado com John Hampden, e Hampden com Sir Thomas Barrington, e Barrington com o conde de Warwick, e todos esses eram líderes puritanos, mas quanto a Sir Oliver Cromwell e Alexandre Hampden e ao irmão de Warwick, o conde de Holland, que também estavam no "parentesco" e eram todos realistas? Não; dentro do "parentesco", dentro da clientela, há outro vínculo, mais exclusivo: o vínculo das idéias comuns. E se fizermos uma lista de todos os homens que eram líderes reconhecidos do partido do campo em 1640, clérigos e leigos, e então perguntarmos que influência intelectual comum eles reconheciam, a resposta é clara. Quaisquer outros interesses que possam tê-los dividido, todos estavam unidos no apoio a nossos três filósofos, Hartlib, Dury e Comenius.

Vejamos essa lista. Em primeiro lugar, há o clero. Seu patrono mais importante era John Williams, bispo de Lincoln e deão de

Westminster, anteriormente Lord Chanceler da Inglaterra, agora líder da oposição clerical ao arcebispo Laud. Williams fora amigo, sucessor no cargo, executor de Francis Bacon; tinha concepções baconianas e vivia (para irritação de Laud) com magnificência baconiana. Criou bibliotecas, patrocinou escolas, melhorou faculdades, incentivou professores do novo ensino. Já em 1630 Hartlib e Dury estavam em contato com ele, e ele foi liberal com ambos. Em 1632 – parece – encarregou Hartlib de sua "academia" de jovens nobres em seu palácio de Buckden.[12] Outros bispos logo seguiram seu exemplo: arcebispo Ussher de Armagh, bispos Davenant de Salisbury, Hall de Exeter, Morton de Durham. Esses eram bispos reconhecidamente "antilaudianos", homens que o partido do campo elogiava como o tipo de bispo "moderado" exigido em uma Igreja reformada. Nem um único bispo "laudiano" aparece entre os patronos de Hartlib, Dury e Comenius: esse apoio era um símbolo do partido do campo na Igreja.

É também um símbolo do Estado. Pois quem são os patronos leigos desses três estrangeiros? À frente da lista está Elizabeth, rainha da Boêmia, irmã do rei, figura de proa da oposição real, pensionária do Parlamento ao longo das guerras civis. Com ela estão seus defensores diplomáticos, Sir William Boswell, outro executor de Francis

---

[12] Comenius, cujo *Great Didactic* (citado em Young, *Comenius in England*, p. 84) é nossa fonte para esse episódio, não nomeia o grande patrono que deu a Hartlib um "castelo" como sua academia. O próprio Young sugere que não foi nem Williams nem o conde de Warwick. Turnbull (*Hartlib, Dury and Comenius*, p. 20) sugere que pode ter sido Lord Brooke, que certamente pôs Hartlib por algum tempo em sua casa em Hackney. Mas o notável acordo do relato de Comenius com o relato de seu capelão sobre a academia do bispo Williams para jovens nobres em Buckden (ver J. Hacket, *Scrinia Reserata*, 1693, II, 3) sugere para mim que Williams era o patrono e Buckden o "castelo".

Bacon, agora embaixador em Haia, onde a rainha exilada mantinha sua Corte, e Sir Thomas Roe, antigo embaixador junto a Gustavo Adolfo. Depois encontramos os grandes pares, que forçariam o rei a convocar o Parlamento de 1640, e seus protegidos, que preencherão o Parlamento: o conde de Pembroke com seus seguidores, John Selden e Sir Benjamin Rudyerd; o conde de Bedford, com John Pym e Oliver St. John; o conde de Warwick, com Lord Brooke e Lord Mandeville, Sir Nathaniel Rich, Sir Thomas Barrington e Sir John Clotworthy. Todos seriam famosos no Parlamento, e todos do lado "puritano". Somente quando saímos da política, abaixo do nível da política, descobrimos um "realista" ocasional entre os protetores desses três homens, e mesmo então são realistas "do campo", não cortesãos: Sir Justinian Isham, de Lamport, Sir Christopher Hatton, de Holmby; homens que dificilmente podem ser separados de seus defensores não-políticos do outro lado, Sir Cheney Culpeper, de Leeds Castle, Kent, ou Nicholas Stoughton de Stoughton, Surrey.[13] Esses homens tinham interesse não pela política, mas pelas melhorias práticas e suas propriedades — ou pelo apocalipse e o Armagedom. Plantavam árvores ou estavam preocupados com escolas de aldeia, e se ligavam aos três filósofos como possíveis recriadores da sociedade rural. "Verdadeiramente", como escreveu Culpeper, "devo valorizar-me por nada mais do que o fato de que pode agradar a Deus dar-me um coração e a honra de contribuir com meu óbolo para eles."

---

[13] Nicholas Stoughton (que Young, e outros que o seguiam, erradamente chama de Sir Nicholas) fora membro do Parlamento na década de 1620, e foi membro de novo em 1645-48, mas não encontro testemunho de que tenha falado aí, e assim me sinto seguro para considerá-lo não-político.

Para nós talvez o mais interessante de tudo seja a ligação com John Pym. Sabemos tão pouco sobre Pym, ele é tão puramente um político, uma personalidade tão evasiva, e no entanto uma figura tão decisiva em nossa história, que qualquer luz sobre suas concepções particulares é bem-vinda. E aqui há algo pequeno, oblíquo e no entanto iluminador. Pois Pym, esse homem não-comunicativo, não-intelectual e inamistoso, era não somente um admirador de Bacon,[14] também tinha profundo interesse por educação — dotou uma escola gratuita em Brill[15] — e foi um dos primeiros e mais constantes defensores de Hartlib, Dury e Comenius. Tinha "íntimo e familiar conhecimento" com Hartlib, com quem freqüentemente se correspondia, subscrevia para os projetos de Dury, oferecia apoio a Comenius e mantinha um de seus discípulos em Cambridge.[16] Era tão apegado, escreveu, aos empreendimentos de Dury e Comenius, que, se fosse capaz, os apoiaria sozinho; como era, pedia a homens mais ricos que ele para aumentarem esse apoio. Logo veremos o modo prático como Pym buscou alcançar o objeto de seus pedidos.

Assim, podemos razoavelmente descrever Hartlib, Dury e Comenius como os filósofos do partido do campo inglês na década de

---

[14] Em seu *Ephemerides*, sob o ano 1634, Hartlib escreveu: "O Sr. P[im] consideravá-o [*Novum Organum*, de Bacon] se o lêssemos e o levássemos em conta, como de grande excelência".

[15] W. K. Jordan, *The Rural Charities of England* (1960), p. 57.

[16] Tratava-se de Daniel Erastus, que, segundo Dury, "o sr. Pym mantinha em Cambridge" (ver Turnbull, *Hartlib, Dury and Comenius*, p. 371). Erastus fez parte da comunidade de Comenius, e foi enviado por ele, junto com Samuel Benedictus, à Inglaterra em 1632, onde Hartlib incumbiu-se dele. Benedictus foi para o Sidney Sussex College, Erastus para o St. Catherine's College, Cambridge (ver Young, *Comenius in England*, p. 33).

1630. Pares e bispos, membros do Parlamento e pequena nobreza do campo, todos que estavam unidos em oposição ao domínio de Strafford e Laud e também estavam unidos em apoio a esses três homens. Reconheciam-nos como os profetas e articuladores da reforma baconiana. Tratava-se dela com uma diferença, naturalmente: baconianismo para novos tempos, e trazido para um nível mais inferior. Podemos chamar de "baconianismo vulgar", pois carecia do nível e do poder da verdadeira mensagem baconiana. A grande síntese filosófica de Bacon fora fragmentada: suas "experiências da luz" foram transformadas em inflamadas especulações apocalípticas, suas "experiências com frutas" na descontrolada elaboração de engenhocas. E ainda assim era baconianismo e os homens do partido do campo o levavam a sério. Na medida em que o domínio de Laud e Strafford chegou ao fim, ouviram mais atentamente do que nunca os profetas da nova revelação divina e da nova reforma social.

A primeira publicação do novo evangelho veio em 1639. Um dos defensores que foram conquistados por Hartlib foi John Stoughton, pastor de St. Mary's, Aldermanbury, em Londres. Stoughton era um dos muitos dependentes clericais do conde de Warwick, o maior patrono nobre da oposição a Charles I. Em 1639 Stoughton, morrendo, legou a Hartlib um estranho e rapsódico livreto, que ele escrevera para um protestante húngaro, sobre o retorno à Transilvânia, e Hartlib o publicou, com uma dedicatória a George Rakóci, príncipe da Transilvânia. Rakóci, nessa época, era a grande esperança dos protestantes dispersos do sudeste da Europa, seu único defensor agora que a Boêmia fora reconquistada e os suecos haviam se retirado para a costa do Báltico, e o livreto de

Stoughton pregava a esse distante defensor o evangelho messiânico do protestantismo internacional acuado. A Europa estava em ruínas, admitia ele, os fiéis estavam dispersos, o desastre parecia universal; todavia, a maré estava para virar, os Príncipes do Mundo se ergueriam em armas contra a Babilônia papista e seu protetor, a Casa de Áustria, e ela cairia. E quem, perguntava ele, seriam os agentes dessa mudança? Subitamente, no meio de uma confusão de jargão erudito, os nomes talismânicos aparecem: os esforços sagrados de nosso Dury, as elevadas realizações de seu vizinho Comenius, a mensagem abençoada pelo céu, os *documenta lucifera, experimenta fructifera*, desse herói universal Lord Verulam. Esses seriam meios pelos quais a Babilônia papista seria derrubada e a última época de ouro antes do Milênio posta em felicidade. Bacon, Dury e Comenius eram representados por Stoughton — ou talvez por seu editor Hartlib — como pais fundadores da nova Igreja, prestes a ser criada: Comenius o Policarpo, Dury o Ireneu, Bacon o Crisóstomo boca-de-ouro.[17]

A túrgida metafísica de Stoughton foi publicada na época da oposição. Mais interessantes são os esforços de nossos filósofos e seus patronos, uma vez que o Parlamento Longo havia se reunido e tinha havido oportunidade de ação mais construtiva. Com a oportunidade prática veio a responsabilidade prática, e a partir de novembro de 1640 procuramos evidência de política prática. Voltamo-nos das exibições difusas de uma luz algo sombria para experiências de frutos mais limitados.

---

[17] John Stoughton, *Felicitas Ultimi Saeculi* (1640). Que Stoughton era um protegido do conde de Warwick fica claro pela dedicatória (por sua viúva) de seu sermão postumamente publicado, *The Christian's Prayer for the Church's Peace* (1640).

Devemos buscar evidência de tal política? À primeira vista ela não é óbvia. Ao longo do período da Revolução puritana, a política imediata assumiu preponderância e a política a longo prazo foi submersa ou posta de lado. Todavia, há momentos em que se revela. Um desses momentos, como sugeri, está no começo do Parlamento Longo, antes de o perigo de dissolução violenta e o julgamento de Strafford absorverem toda a energia. Outro está no verão de 1641, entre a execução de Strafford, que os homens achavam que os havia libertado do perigo, e a rebelião irlandesa, que o trouxe de volta terrível e permanentemente. Houve também momentos posteriores — breves interlúdios de aparente "acordo" na longa e dolorosa história de "sangue e confusão" — quando parecia possível, malgrado as diferenças de circunstância ou disposição, voltar ao programa original. Mas antes de tudo vejamos o primeiro momento, quando as circunstâncias ainda eram felizes e as disposições relativamente suaves. Há alguma evidência, nesses dias iniciais de novembro de 1640, das intenções sociais últimas que os Lordes e Comuns tinham esperado realizar se não tivesse havido a intervenção de perigo político imediato?

Acredito que há. Em geral, na Grande Rebelião, é difícil saber o propósito real dos políticos. Os acontecimentos rapidamente assumem o controle, e as declarações dos homens sobre política são com muita freqüência reações imediatas a esses acontecimentos. Às vezes são táticas; às vezes excessivamente apaixonadas; raramente podemos estar certos de que representam aspirações deliberadas, a longo prazo. Mas há uma fonte que não foi muito usada e que, acredito, dá-nos, em certas ocasiões, a "linha partidária" ajustada.

Refiro-me aos sermões de jejum pregados diante do Parlamento, e particularmente diante da Câmara dos Comuns.

Em primeiro lugar, apenas em ocasiões especiais, mas depois a intervalos mensais, as duas Casas do Parlamento realizavam um "jejum solene" em que ouviam dois sermões, um pela manhã, outro à tarde. Os pregadores eram especialmente agendados com antecedência, por indicação de algum membro, e a seguir recebiam agradecimentos oficiais e o convite para que seus sermões fossem impressos e publicados. Pelos nomes dos membros da Câmara dos Comuns que propunham os pregadores, ou que transmitiam os agradecimentos da Câmara, ou por outra evidência, podemos geralmente deduzir que os pregadores eram apresentados pelos líderes do Parlamento, e em tais ocasiões podemos estar razoavelmente certos de que os pregadores eram instruídos. Pym, como sua grande heroína, a rainha Elizabeth, não menosprezava a arte de "afinar os púlpitos". Freqüentemente, no curso do Parlamento, podemos ver isso acontecendo. A abertura da campanha iconoclasta, o renascimento do *impeachment* de Laud, o ataque à rainha — todas essas mudanças de política foram primeiro prenunciadas em sermões de jejum. Tais sermões, portanto, quando os temos e conhecemos seus patrocinadores, podem ser valiosos indicadores da política geral; e naturalmente indagamos se tal indicador existe para os primeiros dias de novembro de 1640.[18]

A resposta é afirmativa. No começo do Parlamento, antes de qualquer outra atividade ser empreendida, dois dias de jejum eram

---

[18] Para uma abordagem mais ampla desse tema, ver adiante meu ensaio "Os sermões de jejum do Parlamento Longo", p. 421-484.

estabelecidos e os pregadores escolhidos. Um dos dias devia ser o "Dia da rainha Elizabeth", 17 de novembro, no qual o clero regularmente lembraria aos membros seu dever de retomar a grande obra interrompida da rainha.[19] O outro dia, um dia tornado mais solene por uma recepção coletiva do sacramento, seria poucos dias depois, e os pregadores escolhidos para ele eram George Morley, a seguir bispo de Winchester, e John Gauden, a seguir famoso como autor de *Eikon Basiliké*. Para nossos propósitos, Morley não tem importância: muito provavelmente foi proposto por Hyde e Falkland, e seu sermão foi tão pouco apreciado pelos líderes da Câmara que ele foi o único a não ser convidado a imprimi-lo. Portanto, podemos (de fato, devemos) ignorá-lo.[20] Mas Gauden é diferente. Era um dos protegidos do conde de Warwick, e os agradecimentos da Câmara lhe foram transmitidos por Sir Thomas Barrington, parente de Warwick e aliado de Pym. Podemos estar razoavelmente certos de que Gauden foi proposto e instruído, em nosso período crucial, por Pym e seus amigos. Seu sermão pode, portanto, fornecer a evidência que buscamos quanto à política de longo prazo de Pym.

O sermão de Gauden intitulava-se *O Amor da Verdade e da Paz*. Em geral, era um convite a uma reforma pacífica. Mas para nosso propósito a parte interessante dele é o fim. Pois o pregador conclui recomendando a favor da Câmara

---

[19] Esse era o aniversário da elevação ao trono da rainha Elizabeth, e tornou-se, depois de sua morte, o dia de comemoração dos protestantes. Ver J. E. Neale, *Essays in Elizabethan History* (1958), p. 9-20.

[20] Anthony Wood, *Athenae Oxonienses*, ed. P. Bliss (1813-21), IV, 149-50. O relato de Wood levou autores posteriores (inclusive William Hunt no *Dictionary of National Biography*, s.v. Morley) a supor que o sermão suprimido de Morly foi em 1642, mas isto é um erro. Ver adiante, p. 428, n. 9.

> os nobres empenhos de dois grandes espíritos públicos que trabalharam muito pela verdade e pela paz: refiro-me a Comenius e Duraeus, ambos famosos por sua cultura, piedade e integridade e não desconhecidos, estou certo, pela fama de seus trabalhos, para grande parte desta honrada, culta e piedosa assembléia.

Quem, perguntou Gauden, fizera mais pela verdade que Comenius? Ou pela paz do que Dury? "Mas infelizmente", acrescentou, "ambas essas nobres plantas podem secar até a esterilidade por falta de incentivo público"; e portanto instou seus ouvintes

> a considerarem se valia ou não o nome e a honra desse estado e dessa igreja convidar esses homens para que vejam e avaliem seus nobres e excelentes intentos, dar-lhes toda ajuda e incentivo públicos para continuarem e aperfeiçoarem obras tão felizes, que contribuem tanto para o avanço da verdade e da paz.

Parece improvável que o próprio Gauden estivesse familiarizado com Dury, Comenius e sua obra.[21] O que disse era simplesmente o que lhe haviam dito para falar. E parece que a proposta que fez despertou algumas questões, pois quando veio a publicar seu sermão acrescentou, como resposta necessária a tais questões, um fato que evidentemente não era conhecido dele na época. Poderia não parecer fácil, escreveu então, buscar Comenius e Dury para a Inglaterra,

---

[21] Nos numerosos textos de Gauden não há referência a Hartlib, Dury ou Comenius, e quando os três estavam na Inglaterra, em resposta a sua recomendação, ele parece não ter dado atenção a eles ou eles a ele. Hartlib disse a Comenius que fora chamado pelo Parlamento. Ele claramente considerava Gauden um mero porta-voz.

"um estando na Polônia, o outro na Dinamarca". Todavia, era mais fácil do que parecia, pois "há um modo promissor, fácil e seguro de dirigir-se a ambos, aberto pela iniciativa e fidelidade do Sr. Hartlib, cuja casa fica em Duke's Place, Londres..."

A sugestão foi aceita. Hartlib foi procurado. Disseram-lhe para convidar Dury e Comenius em nome do "Parlamento da Inglaterra". E ele prontamente pôs-se a trabalhar. Ninguém mais do que ele ansiava por que viessem. Na Dinamarca, Dury não perdeu tempo para se preparar para a viagem. Na Polônia, Comenius encheu-se de entusiasmo. Muito longe, na Inglaterra, ele via a aurora irrompendo, e ansiava por estar ali. Se conseguisse livrar-se de suas obrigações na Polônia... Mas se livraria. De um modo ou de outro, viria e desempenharia seu papel na nova reforma.

Infelizmente, quando Dury e Comenius receberam os convites, o Parlamento inglês estava preocupado com outras coisas. De meados de novembro de 1640 a maio de 1641, todos os planos de longo prazo estavam temporariamente suspensos. Para os líderes do Parlamento, nesse ínterim, só havia um assunto. A atenção pública estava concentrada nessa *cause célèbre*, essa luta de que o destino do próprio Parlamento parecia depender: o julgamento de Strafford. Somente quando ele acabasse, somente (gritava a maioria) quando Strafford estivesse morto, os propósitos construtivos do Parlamento podiam ser retomados. Nesse meio-tempo, estavam suspensos.

Em 12 de maio de 1641, Strafford foi executado. Por fim, a longa luta estava terminada, a insuportável tensão subitamente foi liberada, e por toda a Inglaterra houve um novo estado de contentamento. Para nós, que sabemos das conseqüências, que olhamos para trás e vemos, de 1641 a 1660, apenas anarquia e derramamento de sangue, vitórias inúteis e experiências condenadas, isso pode parecer paradoxal, e facilmente o menosprezamos. Políticos prudentes, mesmo nessa época, previam essas conseqüências: percebiam que a morte de Strafford podia arruinar a perspectiva de reforma não-sanguinolenta. Mas na época os políticos prudentes estavam em eclipse. Para os homens entusiastas, animados, irados, apreensivos, a execução de Strafford era como a execução, meio século antes, da rainha Mary dos escoceses. O grande demônio, cuja vida era uma constante ameaça à liberdade, à religião, ao Parlamento, fora destruído; o pesadelo do passado estava desfeito; e a partir de então, assim parecia, a grande tarefa da reforma era fácil, quase automática.

Enquanto se faziam planos para a reforma na Igreja e no Estado, Pym preparava-se para dispersar, já que não mais necessárias, as forças que mobilizara para alcançar seu poder. Em setembro, fez a paz com os escoceses. Os exércitos de "nossos irmãos da Escócia" tinham feito seu trabalho; foram enviados para casa, e os sinos das igrejas repicaram por toda a Inglaterra, tal como haviam feito quando da derrota da grande Armada e quando do retorno do príncipe Charles, não-comprometido, da sua viagem à Espanha. E os aliados irlandeses de Pym também tinham feito seu trabalho: tinham ajudado a matar Strafford; agora também podiam ser dispensados. Com suprema habilidade tática, Pym enganou tanto os presbiterianos escoceses quanto os católicos irlandeses. Fizera-os trabalhar para ele, mas não pagara o serviço. Na nova Inglaterra, não haveria nem uma Igreja presbiteriana, nem uma tolerância em relação aos católicos, mas uma reforma puramente inglesa. Quem poderia então supor que para buscar essa reforma Pym se veria, em breve, preso na aliança da pequena nobreza de agricultores da Irlanda, comprando de volta (e dessa vez pagando o preço da Igreja inglesa) a aliança de "nossos irmãos da Escócia"?

É essencial lembrar o estado de contentamento que se apossou dos espíritos dos ingleses no verão de 1641: ele ilustrava muitos dos propósitos da revolução, e explica muito da depressão e da amargura que se seguiram nos anos posteriores ao fracasso. Era como o contentamento que os homens sentiram nos primeiros dias da Revolução francesa. "Era uma bênção estar vivo nessa aurora", escreveu Wordsworth sobre esses dias; e no verão de 1641 o maior poeta da Inglaterra carolina sentiu o mesmo. Pois esses foram os meses dos grandes panfletos de Milton, essas obras maravilhosas, tão esperançosas, tão alegres, tão ricas de imagens, em que ele via a Inglaterra como um jovem na glória de sua força, despertando e descartando seu torpor e dependência passados, e ele próprio, seu poeta, cantando, entre "os hinos e aleluias dos santos", "o jubileu e a ressurreição do Estado". E essa mesma expressão, "jubileu e ressurreição da Igreja e do Estado", ecoou novamente, do púlpito de St. Margaret's, Westminster, pelo pregador favorito de Pym, Stephen Marshall, quando o Parlamento, com outro jejum solene, celebrou a paz com a Escócia. Pois a guerra civil não fora evitada? A base da reforma não estava realmente estabelecida? Stephen Marshall, nessa manhã, convidou sua congregação a olhar para "as maravilhas (eu quase tinha dito os milagres) do último ano", tão diferente do destino das nações vizinhas, "quando a Alemanha permanece um campo de sangue". Mil seiscentos e quarenta e um era "esse ano, esse maravilhoso ano, em que Deus fez mais por nós, em certos aspectos, do que em oitenta anos antes"; e à tarde Jeremiah Burroughes assegurou aos Comuns que o grande dia, profetizado pelas Escrituras, tinha chegado, quando as espadas seriam moldadas em arados, lanças em podadeiras; 1641 era um ano mais maravilhoso ainda que 1588: "Babilônia caiu, caiu, caiu tanto que nunca ascenderá novamente ao poder."[22]

Esse era o pano de fundo emocional dos políticos no verão de 1641, após a morte de Strafford. E quem eram os homens que esperavam ganhar com essa vitória, aproveitar com essa emoção? O maior e mais construtivo político de 1641, o conde de Bedford, estava morto. Morrera subitamente, prematuramente, de varíola, poucos dias antes de Strafford, cuja vida tentara em vão salvar. Mas teve sucessores. Na Câmara dos Comuns, naturalmente, havia John Pym, seu protegido, seu homem de negócios, que ele colocara, juntamente com seu próprio filho, na circunscrição de Tavistock, por ele dominada. Na Câmara dos Lordes, que ainda a essa época mantinha a ascendência, havia outro homem que, como Bedford e Pym, também em última instância fracassaria na política, mas que, nessa época, mantinha incontestável superioridade: John Williams, bispo de Lincoln.

A história lidou com dificuldade com o bispo Williams. É lembrado como o aristocrático *frondeur* da Igreja sob Laud, o Kerensky clerical da revolução, um crítico que nunca podia construir, um reformador que foi afastado. No entanto, quando examinamos

---

[22] Para a exaltação de Milton em 1641, ver E. M. W. Tillyard, *Milton* (1934), p. 116-26. A expressão "jubileu e ressurreição do Estado" está em *Animadversions upon the Remonstrant's Defense* (julho de 1641) de Milton, e em Stephen Marshall, *A Peace Offering to God...* (7 de setembro de 1641); cf. J. Burroughes, *Sion's Joy* (7 de setembro de 1641).

mais detidamente esse ano de esperança, esse "maravilhoso ano" de 1641, não podemos deixar de ver algo de sua grandeza. Por enquanto mantinha sua condição. Foi o líder inconteste da Câmara dos Lordes. Foi o único homem, entre os líderes do partido do campo, que ocupara alta função política, pois fora o maior funcionário público sob o rei James. Era infatigável: nesse ano, 1641, participou de mais comissões dos Lordes do que qualquer outro par. E uma dessas comissões era a mais importante de todas nessa época. Era a "comissão do bispo Williams" sobre religião, uma comissão de clérigos moderados, ainda coesos, que concebia um plano construtivo de descentralização eclesiástica e reforma institucional aceitável por todos os partidos.[23] Para diminuir as paixões religiosas, criar uma base para essa reforma, o infatigável bispo gastava o recesso de verão visitando sua diocese e esfriando o ânimo clerical, como disse seu capelão. Nunca sua posição pareceu tão forte quanto nesses confiantes meses do verão de 1641. Obviamente, sua reforma seria realizada, agora era o tempo, e o bispo Williams e John Pym (se pudessem ficar juntos) eram os homens. E o bispo Williams e John Pym estavam certamente afinados em algumas questões. Ambos (ao contrário do conde de Bedford) tinham pedido a morte de Strafford. Ambos eram patronos, convictos e generosos patronos, de Hartlib, Dury e Comenius.

Portanto, nesse verão de 1641, não ficaríamos surpresos ao tomar conhecimento de que havia sido retomado o plano para trazer Dury e Comenius para a Inglaterra. No fim de junho, Dury chegara em

---

[23] Sobre a comissão do bispo Williams e suas propostas de reformas, ver W. A. Shaw, *A History of the English Church... 1640-1660* (1900), I, p. 65-74.

Londres e recebera um cargo honorário como capelão do sucessor de Strafford, o nomeado pelo Parlamento como Lord Representante da Irlanda, o conde de Leicester. No mês seguinte, Comenius, que ainda estava na Polônia, recebeu três diferentes cartas de Hartlib. Todas as três haviam sido enviadas por diferentes rotas; todas as três transmitiam a mesma mensagem; todas as três respiravam o entusiasmo, a urgência, a exaltação desses dias de verão. "É para a glória de Deus", termina Hartlib seu apelo: "Não delibere com carne e sangue. Venha! Venha! Venha!"

Comenius consultou seus colegas, os mais velhos das Igrejas boêmia e polonesa então em reunião em Leszno. Ninguém sabia por que ou por quanto tempo ele havia sido convocado, mas se concordou que deveria ir. Ele próprio pensava que sabia a razão: iria realizar a *Nova Atlântida* de Bacon na Inglaterra. Assim, cheio de entusiasmo, partiu de Danzig. Fez uma dramática viagem. Na costa da Noruega, seu navio passou por uma tempestade e foi empurrado "por todo o mar Báltico por quase cem milhas pela força dos ventos fortes". Comenius nunca esqueceu essa primeira experiência do mar: muito depois incorporaria um relato dela em sua obra religiosa mais conhecida, seu *Labirinto do Mundo*, o *Pilgrim's Progress* tcheco, que ele escrevera 17 anos antes, quando era refugiado na propriedade de um senhor protestante na Boêmia.[24] Seu navio voltou danificado para Danzig, e por algum tempo Comenius duvidou se perseveraria nessa estranha e não-buscada missão. Mas, no fim, seus amigos e sua consciência instaram com ele, que se pôs

---

[24] *O Labirinto do Mundo*, escrito por Comenius em 1623, foi publicado pela primeira vez em 1631, provavelmente em Leszno. A descrição da tempestade no mar aparece pela primeira vez na segunda edição (Amsterdã, 1663).

no mar de novo. Desta vez teve uma viagem tranqüila, e em 21 de setembro chegou a Londres. Era um momento apropriado. Toda a Inglaterra se regozijava com a paz escocesa, com o Parlamento em recesso e o rei na Escócia. A acrimônia da discussão pública acalmara-se, e ali, em Londres, estavam Hartlib e Dury, que, com outros admiradores, ingleses e estrangeiros, tinham vindo para conhecê-lo. Assim, em Londres, em um clima de euforia universal, os três filósofos reuniram-se, pela primeira vez, para desencadear a nova reforma.

Seu primeiro encontro público também foi adequado. Comenius foi levado para se hospedar com Hartlib em Duke's Place; disseram-lhe que estava convocado pelo Parlamento e que passaria todo o inverno na Inglaterra, planejando a nova época de ouro; e foi chamado um alfaiate para fazer-lhe um traje de tecidos ingleses. "Mal o traje estava pronto", diz Comenius, em seu relato da visita, "nos disseram que estávamos todos convidados a jantar por um poderoso patrono da Sociedade Pansófica". O poderoso patrono era o grande baconiano, o herdeiro do próprio Bacon, o político aristocrático do momento, o bispo Williams; e o jantar, sem dúvida, foi em sua casa de Londres, a residência do deão de Westminster.

Foi um jantar digno de nota. O bispo Williams gostava de impressionar. Como Bacon, vangloriava-se de sua magnificência: suas casas, sua hospitalidade, suas demonstrações, seus presentes eram sempre em grande estilo, mesmo quando estava em eclipse político. Quatro anos antes, quando Laud por fim (assim parecia) o arruinara, ele distribuíra £2.500 – um gesto verdadeiramente baconiano – a empregados que fora forçado a despedir, antes de seguir para a prisão na Torre.²⁵ E agora, no auge de seu poder, ele mostrava a mesma liberalidade, encantando e surpreendendo os hóspedes. Por que, indagava, Comenius não havia trazido mulher e família? Tinham de ser buscados. Alguém se referiu às despesas? Antes de qualquer coisa ser publicamente votada, o bispo garantiu £120 por um ano, e outros, disse ele, acrescentariam mais. Hartlib e Dury insistiram com Comenius para aceitar. Comenius protestou que em sua Igreja havia comunhão de bens: tinha de avaliar, de consultar os amigos. Mas o bispo não seria dissuadido: "Depois do jantar", diz Comenius, "estendendo-me a mão direita, pôs dez *Jacobus** em minha mão, um presente tão grande que fiquei realmente admirado".

Com tal patrono, Comenius tinha boa razão para ficar encantado. Williams, escreveu ele, era "o mais culto, o mais instruído e politicamente o mais sagaz de todos os bispos". Além disso, o próprio rei reconhecia o fato. Pouco depois do jantar em Westminster, fez de Williams arcebispo de York. Como o arcebispo de Canterbury estava desacreditado, sob impedimento, na Torre, isso significa que Williams era não apenas um dos dois maiores políticos no Estado, mas também primaz efetivo de toda a Igreja inglesa.

O outro grande político, naturalmente, era Pym: o líder dos Comuns, tal como Williams era dos Lordes. Mas felizmente Pym também era um dedicado defensor de Comenius e seus amigos. Em meio a suas atividades, arrumava tempo para ver Comenius, para discutir seus planos de educação elementar universal. O mesmo fizeram outros líderes do partido do campo.

---

[25] *The Fairfax Correspondence, Memoirs of the Reign of Charles I,* I, p. 338.

* *Jacobus* — Moeda de ouro no valor de 25 *shillings*, cunhada pela primeira vez no reinado de James I. (N. da E.)

Não era de espantar que Comenius, sempre um entusiasta, até mesmo um visionário, caminhasse enlevado pelas ruas de Londres. Por toda parte admirava os sinais de alfabetização e zelo educacional. Via em Londres fiéis tomando notas estenográficas de sermões e admirava a vasta produção de livros. Mesmo a feira em Frankfurt, pensava ele, tinha menos mostruários de livro que Londres. Observou uma nova edição de *Advancement of Learning*, de Bacon. E ele, Hartlib e Dury começaram a trabalhar, nessas circunstâncias favoráveis, a fim de preparar seus projetos para a nova sociedade.

O trabalho de Hartlib, que foi publicado em outubro de 1641, era um diálogo, *Uma Descrição do Famoso Reino de Macária*.[26] É muito breve, mas muito importante. Pois era a realização última — como ele pensava — dessa utopia, o modelo ideal de uma sociedade cristã, que ele herdara de Andreae, que por muito tempo procurara plantar e que, no fim de sua vida, veria como o primeiro degrau para "a reforma de todo o mundo".[27] No verão de 1641, o ponto alto de seu entusiasmo, viu Macária ser estabelecida na maior das ilhas européias. A *Utopia* de More, a *Nova Atlântida* de Bacon — seus modelos admitidos — seriam realizadas, por fim, na Inglaterra.

Basicamente, Macária é um estado de bem-estar em que a riqueza da sociedade, em vez de se concentrar na capital e ser consumida em extravagância e política irresponsável, é cuidadosamente poupada em sua fonte e depois distribuída produtivamente por todo o país. A chave desse processo é a utilização racional de todos os

---

[26] Para uma análise de *Macaria* de Hartlib, ver J. K. Fuz, *Welfare Economis in English Utopias* (Haia, 1952), p. 18-33.
[27] Hartlib para Boyle, 15 de novembro de 1659, in *The Works of the Hon. Robert Boyle* (1744), v, p. 293.

recursos. As propriedades territoriais não são maiores do que o que pode ser bem cultivado, a pesca é incentivada e o comércio é aumentado por métodos mercantis. Os impostos também são destinados a incrementar o mesmo fim. Em particular, há um imposto de herança de 5% sobre todas as fortunas. Por fim, na base da sociedade, há um sistema de educação popular, obras públicas locais, conserto de estradas e pontes e um serviço de saúde local em todas as paróquias, sob a responsabilidade de um clérigo conhecedor da ciência moderna. Como seria fácil, pensava Hartlib, criar essa sociedade racional, se os governantes compreendessem a mecânica dela! Graças a um pequeno "engenho" – o que ele a seguir chamaria de "Office of Public Addresses" [Serviço de Comunicações Públicas] e seu discípulo, William Petty, chamaria de "aritmética política" –, todo o reino da Inglaterra poderia ser "como um jardim frutífero".

Enquanto Hartlib estava trabalhando em seu *Macaria*, Dury e Comenius também estavam manejando suas penas. O trabalho de Dury, escrito, tal como *Macaria*, em setembro de 1641, era de fato um suplemento a ele, e foi escrito para que Hartlib o apresentasse ao Parlamento logo que o recesso terminasse. Nele Dury, como tantos outros homens nesse período de exaltação, olhava retrospectivamente para a paz com a Escócia como o fim dos problemas da Inglaterra, e previa uma nova época de completa reforma. Com a feliz conclusão da guerra escocesa, dizia ele, os temores do passado se converteram na esperança do futuro. Que novas e maravilhosas oportunidades estão à frente! Vastos recursos, materiais e humanos, estão prontos para ser mobilizados. A cultura e a educação podiam ser reformadas, e sua reforma levaria a esse "avanço das ciências que meu senhor de St. Albans desejara e saudara de longe". Com essa base, podia ser criada uma nova unidade protestante que mudaria a maré na Europa, confundiria o papa, regeneraria a Europa, restauraria o sobrinho do rei em seu Eleitorado do Reno. Não seriam apenas as divisões dos protestantes que seriam sanadas. Uma divisão ainda mais antiga também seria reparada. Era tempo, escreveu Dury, de os protestantes adiantarem o reino de Deus ao recuperar essa nação negligenciada, mas importante, os judeus.

Para Dury, por vários sinais, o tempo claramente estava maduro para todo esse projeto. A Providência havia trazido para a Inglaterra os agentes essenciais à nova reforma. Havia o próprio Dury, impaciente para trabalhar. Havia Comenius, trazido pela sincera persuasão de seus amigos e seu amor pela Inglaterra. E em terceiro lugar, havia um erudito até então desconhecido que, como eles, tinha vindo do litoral oriental do mar Báltico. Era Johann Stefan Rittangel, professor de línguas orientais em Königsberg. Estava claro que tinha sido a Providência que trouxera Rittangel para a Inglaterra, pois, como Comenius, ele viera relutantemente e através de perigos e aventuras no mar: estava a caminho de Amsterdã quando foi capturado, roubado e desviado por piratas de Dunquerque. Seu valor está em sua longa e profunda experiência dos judeus da Europa, Ásia e África, entre os quais vivera por vinte anos e de cuja conversão podia certamente ser o instrumento. Dury terminou, como começara, num tom messiânico. O propósito de Deus, escreveu, é claramente "apresentar um novo nascimento de Estados na Europa" — qual mais poderia ser o significado "dessas súbitas, grandes e poderosas mudanças" entre as nações? Pensar que, nessas grandes mudanças, a Igreja permaneceria a mesma é ignorar "a experiência de todas as épocas". Deus agora está trabalhando, o reino de Cristo está chegando, a Babilônia está caindo, e "a Igreja também está trabalhando muito para apresentar o homem-criança que governaria as nações quando todas se acalmarem". Dessas mudanças o Parlamento inglês seria a parteira. "Os olhos de todas as outras igrejas, e principalmente as da Alemanha, estão sobre nós."[28]

Esse era o conceito de Hartlib e de Dury sobre a nova reforma. O de Comenius era ao mesmo tempo mais detalhado e mais metafísico. Logo depois de sua chegada à Inglaterra, escreveu, mas não publicou, três projetos para a reforma da educação inglesa, vazados em linguagem mística, milenarista.[29] "Suponho que todos concordam", escreveu ele, "que a última época do mundo está se aproximando, na qual Cristo e sua Igreja triunfarão"; e essa época seria "uma época de Iluminismo, em que a terra se encherá com o conhecimento de Deus, como as águas cobrem o mar". Mas não suponhamos, acrescentou, que essa grande revolução cósmica acarreta qualquer revolução política. As Escrituras não garantem tal suposição. Os tiranos desaparecerão, mas reis justos permanecerão, e sob seu governo a nova reforma, o reino da Luz, se realizará. A educação universal se estabelecerá, segundo o plano comeniano,

---

[28] O tratado de Dury é *England's Thankfulness or an Humble Remembrance presented to the Committee for Religion in the High Court of Parliament... by a faithful well-wisher to this Church and Nation*. Foi publicado por Hartlib em 1642. Para uma exposição sobre ele, e para as razões de ser atribuído a Dury, ver G. H. Turnbull, "The Visit of Comenius to England", in *Notes and Queries*, 31 de março de 1951.

[29] Esses três trabalhos são *Via Lucis*, que ele publicou em 1668, e dois mais breves, que foram impressos a partir dos manuscritos por G. H. Turnbull, "Plans of Comenius for his stay in England", *Acta Comeniana*, XVII, i (Praga, 1958).

com uma faculdade "pansófica" central, a "Casa de Salomão" de Bacon e um sistema de escolas que alcance, por novos métodos, dos níveis mais humildes às camadas mais altas da sociedade. E onde essa faculdade "pansófica" poderia ser mais apropriadamente instalada do que na Inglaterra? Da Inglaterra Drake saiu para navegar à volta do mundo; na Inglaterra o Lord Chanceler Bacon estabeleceu os fundamentos da reforma universal; certamente foi na Inglaterra que "o plano do grande Verulam" seria agora realizado: a Inglaterra deveria ser o centro a partir do qual a nova época de Iluminismo transformaria todo o mundo.

Esse era o estado de espírito, esses eram os projetos, de setembro e outubro de 1641. Por todo esse tempo, os amigos parlamentares mantiveram Hartlib informado sobre seus planos políticos e suas atividades,[30] e em meados de outubro, quando o Parlamento se reuniu novamente, a esperança era grande. Hartlib e Comenius foram informados para se manter em prontidão: uma comissão do Parlamento seria indicada para discutir com eles. Nesse ínterim, estava sendo buscado um local para a faculdade "pansófica". O Hospital Savoy foi cogitado; pensou-se também no Hospital de St. Cross em Winchester; e se pensou, ainda, na faculdade da controvérsia antipapal que o rei James criara em Chelsea e que agora estava vazia e abandonada, "como uma cabana em uma plantação de pepinos". Comenius estudou as rendas do Chelsea College antecipadamente. Tudo parecia seguir tranqüilamente. Mas subitamente vieram más notícias da Irlanda. Os católicos irlandeses, enganados

---

[30] Esses relatos diários, que cobrem o período de 1º de setembro a 1º de novembro de 1641, e terminam com a notícia da rebelião irlandesa, estão agora no Museu Britânico, Sloane Ms. 3317, p. 24-54.

por Pym, explodiram em revolta. O rei, na Escócia, saudou a notícia com satisfação. Aqui estava sua oportunidade. O Parlamento, em Londres, encheu-se de tristeza. A maré havia mudado: o período de euforia estava acabado:

> ex illo fluere ac retro sublapsa referri
> res Danaum.

Naturalmente não era de fato tão súbito assim. Por todo o verão surgiram dilemas à medida que ficava claro que Charles I não era sério em sua aceitação da nova ordem. Havia dilemas no campo, na Igreja, no Parlamento. Em particular havia o dilema entre os Lordes e os Comuns, entre Williams e Pym.

Até mesmo Comenius tinha observado isso. O bispo, observara ele, estava começando a ser criticado, e tinha lhe falado "muito reservadamente" sobre o futuro. Mas Comenius não desanimaria: "Espero e acredito", escrevera para seus amigos na Polônia, "em coisas melhores para o bom bispo". Tendo em vista a boa vontade, tendo em vista a habilidade política, certamente essas pequenas desavenças no partido da reforma podiam ser resolvidas.

Mas a rebelião irlandesa e suas conseqüências deixavam-nas abertas. Em novembro, enquanto o rei voltava da Escócia, Pym, sentindo seu poder sucumbir, passou para a esquerda e, com a Grande Representação, desencadeou um ataque público e frontal à Coroa. Era um ato decisivo e, no caso, deu ao rei o que anteriormente lhe faltava: um partido. Assim incentivado, o rei revidou ainda mais decisivamente. A partir de então uma reforma construtiva era impossível. Tal reforma dependia de uma estrutura política combinada e efetiva, e tal estrutura, se não houvesse revolução, só podia ser uma "monarquia mista" de rei e Parlamento. "Todas as reformas", disse o próprio Bacon ao rei James, "são mais bem encaminhadas à perfeição por uma boa correspondência entre o rei e seu Parlamento". Ao destruir Strafford, o grande divisor, os líderes do partido do campo pensavam que haviam alcançado essa "boa correspondência". Está claro que não tinham. A partir de então, os homens iriam lutar a propósito da constituição, destruir a constituição: a reforma social, que dependia de uma constituição em vigor, deve esperar. Como Comenius escreveu muito depois, "um dia infeliz, trazendo ondas de massacre na Irlanda e de irrupção de guerra aqui", arruinou tudo.

Comenius passou o inverno de 1641-42 na Inglaterra, ainda esperando contra a esperança. Divulgou seu projeto em manuscrito. Seus amigos encomendaram seu retrato, que foi gravado por um renomado artista inglês e exposto para venda, com versos laudatórios de Francis Quarles, o emblematista.[31] Mas logo a esperança se desfez. O partido do campo estava dividido, desalentadamente dividido. E assim estavam os próprios patronos de Comenius. Em dezembro, Pym, o líder dos comuns, lançou um ataque aberto ao arcebispo Williams, líder dos Lordes. Williams então cometeu um erro tático, que foi fatal. Isolado, enganado, arruinado, foi enviado de volta para a Torre de onde Pym, apenas um ano antes, o havia resgatado. Em sua tentativa de reformar e salvar a Igreja e a monarquia, fracassara profundamente, e os últimos anos desse antigo Lord Guardião e arcebispo seriam passados como um desacreditado

---

[31] Ver p. 344. Esse retrato, de George Glover, foi a base de um retrato posterior, executado dez anos depois por Wenceslaus Hollar, outro emigrado boêmio, que Comenius também conhecera em Londres, em 1642.

aventureiro em sua Gales nativa. No novo ano, Pym estava se preparando não para uma reforma social, mas para uma rebelião militar, e na primavera ambos os lados estavam abertamente se preparando para a guerra civil. Em maio, Dury deixou a Inglaterra para atuar como capelão da filha do rei, Mary, princesa de Orange, em Haia. Por que então Comenius permaneceu por mais tempo nessa ilha decepcionante? Ele viera relutantemente; não estava chegando a parte alguma; e nesse ínterim outros patronos, menos perturbados, acenavam de outros lugares: o cardeal Richelieu na França, John Winthrop na Nova Inglaterra, Louis de Geer na Suécia. Em particular, era compelido a ir para a Suécia. Louis de Geer, disseram os amigos estrangeiros, faria mais por ele, lhe daria maiores oportunidades, do que todo o caótico Parlamento da Inglaterra.

Em 21 de junho de 1642, Comenius deixou a Inglaterra. "Estava decidido", escreveu, "que eu iria para a Suécia, já que a concordância tinha sido dada até mesmo por meus maiores amigos – pois assim Santo Agostinho estava habituado a chamar seus patronos – o arcebispo de York, Lord Brooke, mestre Pym e outros; mas somente com a condição de que, quando as coisas na Inglaterra estivessem mais tranqüilas, eu deveria retornar". A última mensagem enviada para ele da Inglaterra foi de John Pym. Em 20 de junho, no dia anterior à partida de Comenius, Pym, que estava até então se mobilizando para a guerra civil, escreveu apressadamente para Hartlib. Tinha sido procurado por um cientista idoso, um seguidor de Copérnico, que desejava criar um novo modelo do universo para uso nas escolas e assim ensinar a astronomia "sem todas essas quimeras de epiciclos e excêntricos com que as mentes dos jovens estudantes ficam aterrorizadas mais do que aprendem". No meio dos transtornos políticos e militares, Pym não hesitou em aproveitar essa oportunidade. "Se o senhor julgar a questão importante", escreveu a Hartlib, "peço-lhe que venha me ver o mais rapidamente que puder, e converse com o senhor Comenius se ele não tiver ido embora, como espero que não tenha; e a ambos apresento os mais dedicados respeitos de seu muito afeiçoado amigo, John Pym".

Logo a seguir, o orientalista Rittangel também deixou a Inglaterra. "Nossa ilha", lamentou um dos patronos da pequena nobreza do grupo, "ainda não é digna desse famoso professor oriental". O próprio Dury foi menos caritativo. Rittangel, disse ele depois a Hartlib, era um erudito hebraísta, mas com um tal temperamento que não havia como se relacionar com ele. Não seria por meio dele, afinal, que Deus converteria os judeus.

Assim, o "maravilhoso ano" de 1641 terminou em desilusão e desesperança, em vez de reforma e de uma nova sociedade; em vez de um estado de bem-estar e de uma época de iluminismo, vieram a guerra civil, a revolução e longos anos de "sangue e confusão". As reformas sociais do partido do campo foram deixadas para trás: seus meros interesses, suas paixões destrutivas encontravam expressão. Destruíram seus inimigos: nunca criaram mais do que um periclitante esqueleto de sua nova Macária, seu estado ideal.

Todavia, seria errado parar aqui, como se toda esperança tivesse finalmente acabado. Não devemos esquecer a condição em que Comenius foi liberado da Inglaterra: quando as coisas estivessem "mais tranqüilas", ele deveria retornar. Nos anos seguintes, enquanto os homens lutavam e tentavam, buscavam tal período de tranqüilidade ou "acordo". Em intervalos, pareciam vislumbrá-lo; e a cada vislumbre dele – em 1646, quando a guerra civil acabou; em 1649, quando a república foi estabelecida; em 1653, quando a oligarquia do *Rump Parliament** foi derrubada –, vemo-los voltarem a esse antigo programa e seus profetas: o programa e os profetas cujo triunfo parecera tão próximo em 1641.

Avaliem os gritos que irromperam através do estrondo da batalha e da revolução durante os doze anos seguintes. A descentralização do governo, "uma representação mais igual do povo": esse era o objeto de todas as propostas de reforma parlamentar. "A reforma da justiça" – com que freqüência essa reivindicação é reiterada, depois de cada batalha aparentemente final, depois de Naseby, depois de Preston, depois de Dunbar, depois de Worcester. A descentralização da justiça – foi a obstrução infinita por parte dos advogados ao projeto de lei para criar registros nos condados que faria com que Cromwell perdesse a paciência com o *Rump Parliament* e convocasse um novo Parlamento.[32] A descentralização, a laicização da religião – o que mais era a independência? A descentralização, a laicização da educação – em 1649 a pequena nobreza do norte reivindicaria uma universidade local e George Snell dedicaria a Hartlib e Dury seu plano de reforma

---

* Denominação da maioria puritana e antimonarquista do Parlamento inglês que não renunciou ao mandato após o expurgo dos antipuritanos e fiéis à monarquia. *Rump*, em inglês, significa a traseira do animal, donde, ao se referir aos remanescentes, ter também um sentido pejorativo. (N. T.)

[32] Os registros nos condados haviam sido propostos pela comissão parlamentar sobre reforma da justiça em 20-21 de janeiro de 1653. Para a obstrução, ver Edmund Ludlow, *Memoirs*, ed. C. H. Firth (1894), I, p. 333-34. Que tal ato era esperado do *Barebones Parliament* fica claro a partir das objeções publicadas em agosto de 1653 (*Reasons against the Bill entitled na Act for County Registries*).

educacional geral, com faculdades rurais que ensinariam temas leigos em todas as capitais de condado. Em 1653 viriam o ataque conjunto ao aristotelismo das universidades e a proposta de William Dell de faculdades locais, enquanto a lei para a criação da Irlanda propiciaria escolas e manufaturas locais. Em 1656, o parente de Pym Sir John Clotworthy planejaria estabelecer uma escola gratuita em Antrim.[33] No final esses seriam os ideais positivos dos puritanos. Em 1659, quando a república renascida estava soçobrando em anarquia, haveria uma nova inundação de opúsculos propondo reforma judiciária, mudança educacional, novos modelos de governo. Lady Ranelagh, irmã de Lord Broghill e Robert Boyle, se dedicaria à reforma da justiça e dos advogados.[34] A "Rota" de Harrington estaria em plena rotação. Milton proporia "criar... por toda parte escolas e bibliotecas adequadas para essas escolas"; e em 1660, às vésperas da restauração real, ele ainda insistia em que "os direitos civis e o avanço de todas as pessoas segundo seu mérito" podiam ser mais bem assegurados por uma política geral de descentralização, fazendo de "cada condado do país uma pequena *commonwealth*".[35] Por trás de todas as diferentes formas da revolução, seu programa social permanecia constante.

---

[33] Para referências, ver p. 352, n. 2, anteriormente. Para a reivindicação da pequena nobreza do norte, ver *Writings and Speeches of Oliver Cromwell*, ed. W. C. Abbott (Cambridge, Mass., 1945), II. Para o ataque conjunto às universidades, ver também John Webster, *Examen Academiarum* (1653); William Dell, *The Trial of Spirits...* (1653); Seth Ward, *Vindiciae Academiarum* (1653); R. B[oreman], Παιδείας Θείαμβος (1653), etc. Para escolas na Irlanda, ver C. H. Firth e R. S. Rait, *Acts and Ordinances of the Interregnum* (1911), II, 730. Para a escola proposta por Clotworthy em Antrim, ver *Letters and Journals of Robert Baillie* (Edinburgh, 1841-42), III, 312.

[34] Hartlib para Boyle, 31 de maio de 1659, in Boyle, *Works*, V, 290.

[35] John Milton, *The Likelist Means to remove Hirelings out of the Church* (1659); *the Ready and Easy Way to establish a Free Commonwealth* (1660).

O mesmo se deu com os articuladores desse programa. Ao longo desses anos de mudança, Hartlib e Dury foram mantidos em reserva, para serem expostos e postos à frente sempre que o "acordo" estivesse para vir. A morte de Pym, em dezembro de 1643, não os afetou. Em seus últimos dias, quando a causa parlamentar estava no ponto mais baixo, Pym indicou Dury como membro da Assembléia de Westminster, que remodelaria a Igreja após a vitória, e depois da morte de Pym seu sucessor, Oliver St. John, escreveu a Hartlib para lhe assegurar que ele não sofreria com "a morte de algumas pessoas que o amavam". Não sofreu. Graças ao apoio constante de St. John, Hartlib foi um pensionista regular do Parlamento. Também recebia apoio privado do cunhado de Pym, Francis Rous, e de outros "nobres e dignos instrumentos" que St. John tinha "estimulado".[36] E dezoito meses depois, quando a batalha de Naseby tornara certa a vitória final, não nos surpreende ver nossos velhos amigos subirem de novo ao cenário público.

Foi "na época da batalha de Naseby" que Dury voltou à Inglaterra, e, tendo voltado, foi convidado a pregar para a Câmara dos Comuns. Assim, mais uma vez, "como essa guerra não-natural estava no fim", ele instava com os vitoriosos para retomarem a tarefa que ela interrompera. Sua mensagem era a mesma. O Parlamento deve se instalar e purgar as universidades de modo que o clero aprenda "a verdadeira linguagem de Canaã" em vez da "algaravia da divindade escolástica"; deve reformar a justiça e os tribunais em todo

---

[36] O dinheiro público votado para Hartlib está registrado em *Commons' Journals*. Quanto aos benfeitores particulares, ver Turnbull, *Hartlib, Dury and Comenius*, p. 25-29. Que St. John era o principal patrono de Hartlib está explicitamente afirmado em sua epístola dedicatória a St. John, anteposta à sua edição de [Abraham von Frankenberg] *Clavis Apocalyptica* (1651).

o país; e deve abraçar todos os protestantes nativos e estrangeiros em uma Igreja abrangente.

Ao mesmo tempo, Hartlib também estava ansioso para mostrar que um novo dia estava nascendo. Alistou uma equipe de tradutores. Em Cambridge, o poeta John Hall pôs-se a traduzir as utopias do mestre de Hartlib, Andreae. Outro agente foi instruído para traduzir a utopia de Campanella, "a Cidade do Sol" – esse Campanella que Comenius venerava quase tanto quanto Bacon. E naturalmente as próprias obras de Comenius não foram esquecidas. Em 1645, Comenius escrevera um tratado bombástico "sobre a reforma das coisas humanas". Também foi traduzido por Hall por ordem de Hartlib. No ano seguinte, Comenius escreveu a Hartlib para perguntar se, agora que a paz estava restaurada, havia chegado o tempo de criar na Inglaterra "o Colégio da Luz".[37]

Hartlib já estava tentando criá-lo. Estava ocupado planejando reformas particulares e impondo seu conselho ao Parlamento "presbiteriano". O Parlamento, declarava ele, era o procurador de Deus, incumbido do maior poder dado a qualquer Estado protestante. Como tal devia organizar a Macária na Inglaterra. Deveria instalar uma "Comissão de Regras da Reforma" a fim de procurar as regras e máximas gerais da política. À sua disposição deveria

---

[37] G. H. Turnbull, "John Hall's letters to Samuel Hartlib", *Review of English Studies*, 1953. A tradução de Hall das duas obras de Andreae foi publicada como *A Modell of a Christian Society* e *The Right Hand of Christian Love Offered* (1647), com um prefácio de Hall para Hartlib. A obra de Comenius é *De Rerum Humanarum Emendatione Consultatio Catholica*. Foi inicialmente publicada, em parte, para poucos leitores apenas, em Amsterdã, em 1657 (ver Jaromir Červenka, "Die bisherigen Ausgaben des Originaltextes der comenianischen Panergesie und Panaugie", *Acta Comeniana*, XX, i, Praga, 1961). Para a carta de Comenius para Hartlib, ver Turnbull, *Hartlib, Dury and Comenius*, p. 371-72.

haver "offices of temporal addresses" [serviços de comunicações temporais], compilando estatísticas em Londres, e um "office of spiritual addresses" [serviço de comunicações espirituais] instalado em uma faculdade de Oxford, perto da "grande biblioteca" e dotado dos bens da Igreja confiscada. E como "principal base de uma Commonwealth reformada" deveria haver um sistema educacional de quatro níveis, completado com inspetores de escola. Sobre essa base o Parlamento devia ser capaz de cumprir sua função social: solucionar divergências religiosas, impulsionar a religiosidade e a caridade, incrementar as ciências segundo as "designações de Lord Verulam" e "ajudar a aperfeiçoar os empreendimentos do sr. Comenius". Tudo isso podia ser feito, insistia Hartlib, dentro da estrutura do novo sistema "presbiteriano" que o Parlamento estava transformando na nova base do governo religioso: os organizadores locais podiam ser a pequena nobreza do país ou "os presbíteros de qualquer *classis* em todo o reino".[38]

De fato, o acordo "presbiteriano" de 1646-48 não foi mais duradouro do que o acordo anglicano de 1640-41. Mais uma vez "sangue e confusão" ocorreram. Mas, quando tudo terminou, Hartlib e Dury ainda estavam presentes, Hartlib como pensionista do Parlamento, Dury mantido por várias funções – responsável pela biblioteca real, tutor dos filhos do rei –, ambos ansiosos para reformular seu programa ainda em um terceiro interlúdio de acordo, a república independente. E eles o reformularam. De

---

[38] John Dury, *Israel's Call to March out of Babylon into Jerusalem* (26 de novembro de 1645); [S. Hartlib], *Considerations Tending to the Happy Accomplishment of England's Reformation in Church and State* (1646); S. H[artlib], *The Parliament's Reformation* (1646).

suas penas brotaram opúsculos sobre economia, asilos de pobres, situação internacional, apicultura, colonização de terras, reforma universitária, o Apocalipse. Algumas partes do programa foram até mesmo, ainda que fragmentariamente, realizadas. Foram discutidas medidas de descentralização no Parlamento. Foi realizada uma série de reformas legais.[39] Foram feitos planos detalhados para uma faculdade em Durham.[40] Muitas escolas elementares foram criadas, como a ocasião permitia.[41] "Propagadores do Evangelho" começaram a trabalhar no norte e em Gales. E em 1650 algo muito próximo do "Office of Addresses" de Hartlib foi criado por seu amigo Henry Robinson.[42] Todavia, no final, até essa experiência republicana fracassou. A Commonwealth independente também soçobrou por falta de uma sólida base política. Suas reformas eram abortivas; a energia de seus líderes foi desviada para guerra externa ou alguma facção interna; e somente em 1654 um período de relativa e precária estabilidade foi alcançado, sob uma outra experiência política: o Protetorado de Oliver Cromwell.

O Protetorado de Oliver Cromwell foi na melhor das hipóteses um acordo raquítico. O próprio Cromwell não gostava dele. Foi-lhe imposto, e ele o aceitou relutantemente. De seu ponto de vista, era

---

[39] Para as reformas legais da república, ver F. A. Inderwick, *The Interregnum* (1891), especialmente p. 227-33.
[40] *Commons' Journals*, VI, p. 589-90.
[41] W. A. L. Vincent, *The State and School Education, 1640-1660* (1950) dá detalhes sobre essas criações.
[42] Ver W. K. Jordan, *Men of Substance* (Chicago, 1942), p. 250. Turnbull, *Hartlib, Dury and Comenius*, p. 84-86. Robinson também era amigo de Dury (ibid., p. 244, 255).

pouco. "Formas de governo", constituições, eram sempre para ele de importância secundária, "coisas indiferentes", "esterco e lixo comparado com Cristo". Para ele, como para muitos dos independentes reais, a coisa essencial era a política, e qualquer governo – monarquia, aristocracia, Parlamento, usurpação – era legítimo, desde que fosse aceito e permitisse que uma boa política fosse realizada. A monarquia inglesa, a aristocracia inglesa, o Parlamento inglês foram todos derrubados, cada um por sua vez, não porque estivessem errados em si, mas "porque tinham traído sua confiança". Portanto, o povo inglês havia "aceitado" (como ele afirmava) sua usurpação. E essa usurpação se justificaria ao fazer o que seus mais legítimos predecessores não haviam feito: por fim, depois de todas essas voltas, essa geração no ermo alcançaria o que tinha parecido tão próximo de se conquistar nesse distante "maravilhoso ano" de 1641, somente para soçobrar em longa anarquia a seguir: a nova reforma, a reforma social do partido do campo.

É importante lembrar isso se quisermos compreender a impaciência de Cromwell com seu primeiro Parlamento do Protetorado em 1654-55. Nos primeiros nove meses de seu Protetorado, Cromwell buscara, por decreto, estabelecer a base dessa reforma. Ele reformara a justiça e a Igreja. E agora que o Parlamento se reunira, esperava que ele votasse dinheiro e aprovasse e continuasse sua obra. Em vez disso, discutiu os termos de seu governo. Para Cromwell esse constitucionalismo era exasperante, ininteligível. Estava pondo o carro na frente dos bois. Pois qual fora o propósito da revolução? Mudar a constituição? Certamente não. A antiga constituição de Rei, Lordes e Comuns, a "monarquia mista" da rainha Elizabeth, era de longe a melhor constituição – desde que os Stuarts trabalhassem com ela —, e por fim Cromwell tentaria retornar a ela, com ele próprio em vez de um Stuart como rei. O propósito da revolução fora encontrar uma constituição — qualquer constituição — sob a qual a reforma social da Inglaterra pudesse ocorrer. No momento tinham o Protetorado. Talvez não fosse o ideal, mas o que fazer? Por que não podiam aceitá-lo, tentar fazê-lo funcionar e, em vez de despedaçá-lo, discutindo sobre "coisas circunstanciais", usá-lo, tal como era, para alcançar "coisas fundamentais", os objetivos da revolução? Infelizmente, os líderes do Parlamento não o viam assim. Insistiam em "despedaçar o instrumento" e assim, de fato, em obstruir a reforma.

Assim, Cromwell desembaraçou-se de seus parlamentos, essas interrupções cansativas de seu trabalho, e procurou, nos intervalos — seja por decreto, seja por generais ou outro meio —, realizar o programa desse partido não-político do campo que ele ainda representava tão perfeitamente. Ignorando os grandes advogados de Londres com suas legalidades obstrutivas, ele buscou um advogado do campo, de Gloucestershire, para aconselhá-lo na reforma da justiça. Juntos, planejaram "tribunais provinciais em toda a nação e um registro em cada condado"; eles "assustaram os advogados e a City" com "tribunais e eqüidade em York" e procuraram insistir em "que todas as ações fossem apresentadas em seu próprio condado onde a causa surgira".[43] Cromwell também incentivou o movimento para

---

[43] O advogado do campo de Cromwell era William Sheppard, que, no prefácio para seu *England's Balm*, relata como foi "chamado por Sua Alteza de meu condado para visitá-lo, a fim de que ele pudesse aconselhar-se comigo e alguns outros sobre algumas coisas referentes à regulação da justiça". Para os planos de descentralização legal que se seguiram, ver *Clarke Papers*, III (Camden Society, 1899), p. 61, 76, 80; e cf. T. Burton, *Parliamentary Diary* (1828), I, p. 8, 17.

dotar e instalar pregadores residentes em todo o país, deu recursos públicos – mais do que jamais haviam sido dados – para consertar o há muito menosprezado sistema de antigas igrejas, ou construir novas, em áreas remotas ou atrasadas.[44] Enviou representantes para investigar as necessidades educacionais, cuidar de criar ou recriar escolas elementares, instalar a nova faculdade em Durham. Seu filho Henry faria o mesmo na Irlanda.[45] E como um corolário lógico da reforma, Cromwell voltou-se novamente para os primeiros filósofos da reforma, os filósofos da década de 1630 que seus predecessores haviam apoiado, os arquitetos de Macária, da unidade protestante e do Caminho da Luz: Hartlib, Dury e Comenius.

Pois o mundo intelectual que circundava Cromwell era em grande parte o mundo desses três homens, a "faculdade invisível" de que eles eram o centro. Os ideais práticos de Cromwell eram os deles; e assim, deve-se acrescentar, eram suas ilusões. Cromwell, como eles, era essencialmente um homem da década de 1620, essa desastrosa década em que toda a causa protestante da Europa parecia estar soçobrando, e soçobrando porque – na medida em que a causa era humana – os protestantes da Europa não se uniriam, e não havia rainha Elizabeth inglesa para lhes dar a antiga liderança. A partir das temíveis experiências dessa década, Cromwell, como eles, também tirara conclusões messiânicas: acreditava que um novo céu e uma nova terra estavam por vir; que os judeus – essa outra raça perseguida que também estava à espera do Messias – seriam

---

[44] Para conserto de igrejas, ver W. K. Jordan, *Philanthropy in England* (1959), p. 320.
[45] Como mostrado no Hartlib Mss (gentilmente comunicado pelo Sr. C. Webster).

recebidos no rebanho cristão; e que os homens cristãos tinham o dever — enquanto reformavam a sociedade à sua volta, e reuniam forças para derrotar o temporariamente triunfante Anticristo — de buscar a chave para as Escrituras, que estavam agora se cumprindo: os vasos que estavam sendo derramados, as trombetas que soavam e o inescrutável número da Besta.

Tal fora a filosofia da década de 1620; e agora, na década de 1650, embora todas essas experiências estivessem distantes, era o mesmo. O protestantismo, graças a seu glorioso salvador Gustavo Adolfo e aos exércitos de sua filha, a rainha virgem, a nova Elizabeth, a rainha Cristina, podiam agora estar seguros. Muitos erros de cálculo graves a propósito das trombetas e dos vasos, a Antigüidade dos Dias e a Besta, podiam ter sido apontados. Mas Cromwell não podia mudar de opinião. Ela fora moldada, estabelecida e talvez ligeiramente quebrada na rígida e lúgubre fornalha do passado. Assim, agora, na condição de Lord Protetor, havia adotado uma política externa que estava trinta anos defasada: a política que (em sua opinião e na opinião da maioria do partido do campo) o rei James e o rei Charles deveriam ter adotado na década de 1620: reunião protestante na Europa, guerra elizabetana nas Índias Ocidentais e um molho de misticismo ideológico que incluía a recepção dos judeus.

Quais podiam ser os agentes dessa política? Nem todos, então, acreditavam nela. Diplomatas profissionais, homens práticos, homens mais jovens, homens que compreendiam a política presente ou o interesse nacional ficavam espantados com esses anacronismos. Mas Cromwell não se importava. Não ouvia esses homens, mas seus próprios contemporâneos, os emigrados da década de 1620, os homens cuja voz, ouvida pela primeira vez trinta anos antes, ainda ecoava imperativamente em seus ouvidos. Sua política era a política deles, e agora que estava no poder, essa era a política que realizaria, quaisquer que fossem as circunstâncias. A partir de seus fragmentos dispersos, recriaria os interesses protestantes na Europa. Ofereceria sua aliança à Suécia, encerraria a guerra fratricida e econômica que o perigoso *Rump* havia declarado aos holandeses, ofereceria sua proteção aos desmoralizados príncipes alemães, aos cantões suíços, aos santos perseguidos da Savóia. E quanto à organização dessa cruzada, quanto ao emprego de agentes e emissários adequados, quem ele mais naturalmente empregaria do que o próprio grande cruzado, o antigo apóstolo da reunião protestante, o *Doctor Resolutus* da década de 1630, John Dury?

Assim, em 1654, logo que o governo de Cromwell estava instalado, Dury começou novamente suas viagens, como enviado especial do Protetor aos Países Baixos, Suíça, Alemanha. Com ele, como embaixador nos cantões suíços, Cromwell enviou outro enviado do mesmo círculo. Tratava-se do matemático John Pell, antigo discípulo de Hartlib, que começara a carreira como mestre-escola na escola de Hartlib em Chichester. Tanto Pell quanto Dury, em suas viagens, usavam Hartlib como sua caixa postal em casa, sua fonte de informação e seu canal com o Secretário de Estado de Cromwell, John Thurloe. Dois anos depois, quando Cromwell quis enviar um embaixador junto aos príncipes alemães, novamente consultou o mesmo círculo. Recorreu a seu secretário de organização, Hartlib, e Hartlib propôs Sir Cheney Culpeper — esse proprietário rural do Kent não-político cuja única fama (além de seu interesse pelo cultivo de cerejas) consistia em seu constante apoio a Hartlib, Dury e Comenius. Era uma estranha escolha, mas não mais do que Pell; e de qualquer modo visava a implementar uma estranha política. Na verdade, porém, Culpeper não foi enviado: o secretário de Cromwell tomou a precaução de buscar uma segunda opinião – de Dury; e Dury, embora pessoalmente favorável, duvidava dos dons diplomáticos de Culpeper.[46]

Nesse ínterim, Dury pusera o Protetor em contato com outra estranha figura. Em Amsterdã, procurara seu velho amigo, o filósofo e entusiasta judeu Menasseh ben Israel. Tanto Hartlib quanto Dury eram ativos filossemitas, e Dury agira por muito tempo como agente de Menasseh em Londres, distribuindo suas obras e promovendo suas concepções milenaristas. Agora, de Amsterdã, ele escrevia à Inglaterra para avisar Cromwell sobre a visita iminente de Menasseh: a famosa visita que, se não garantiu, pelo menos abençoou e divulgou o retorno dos judeus à Inglaterra depois de quatro séculos.

Hartlib também estava atuante nesses anos do Protetorado. Era pensionista de Cromwell como fora de Pym e St. John. Como sempre, correspondia-se, divulgava, publicava. Era o espírito animador por trás de todo projeto "baconiano". Procurou manuscritos perdidos das obras de Bacon. Incentivou o discípulo excêntrico de Bacon, Thomas Bushell, a realizar "a *Nova Atlântida* de meu Lord Verulam" em Lambeth Marsh. Planejou escolas na Irlanda e um "duradouro concílio de erudição universal" a ser instalado na igreja colegiada de Lord Newport, desativada em Fortheringhay.

---

[46] Para a atividade diplomática de Dury durante o Protetorado, ver Karl Brauer, *Die Unionstätigkeit John Duries unter dem Protektorat Cromwells* (Marburgo, 1907). As atividades de Pell são mostradas por seus documentos publicados em R. Vaughan, *The Protectorate of Oliver Cromwell* (1838).

Foi consultado sobre a instalação da nova faculdade de Cromwell em Durham e indicado para esboçar seus estatutos. A maioria dos bolsistas e professores originais era de amigos seus: Ezerell Tonge, seu mais ativo idealizador, que a seguir seria o principal inventor do complô papista; Robert Wood, fellow do Lincoln College, Oxford, que sugerira a Hartlib uma cunhagem decimal; e o alemão J. S. Küffeler, que Hartlib trouxera da Holanda a fim de que a Inglaterra pudesse adquirir sua arma secreta – uma máquina que afundaria qualquer navio de uma só vez e permitiria a seu afortunado possuidor "dar a lei a outras nações". Hartlib também planejou um serviço de saúde pública para Durham – "um médico ou laboratório caritativo para os pobres"; e às vésperas da Restauração estava esboçando petições para aumentar as rendas da faculdade de Cromwell em Durham.[47]

Hartlib não era menos atuante na frente ideológica. Com seu discípulo Robert Boyle, incentivou a propagação do Evangelho por meio de traduções: a Bíblia lituana de Chylinski; a versão árabe de Pococke desse "excelente livro", *De Veritate Christianae Religionis*, de Grotius. Forneceu ao secretário Thurloe um capelão boêmio. E também insistiu na admissão e conversão dos judeus, antes do que, acreditava ele, "o mundo não pode esperar nenhuma felicidade" – ou, se não de todos os judeus, pelo menos dessa austera seita judaica dos caraítas. Acima de tudo insistiu no estabelecimento na

---

[47] Thurloe State Papers (1742), VI, 593, e VII, 481 (*bis*); Worthington, *Diary and Correspondence*, I (1847), 68, 151, 196; Boyle, *Works*, V, 262-63, 281-82; C. E. Whiting, *The University of Durham 1832-1932* (1932), p. 19-29; G. H. Turnbull, "Oliver Cromwell's College at Durham", in *Research Review* (Research Publication of the Institute of Education, University of Durham), nº 3 (setembro de 1952), p. 1-7.

Inglaterra de seu estado de bem-estar, Macária, esse modelo pelo qual todo o mundo seria reformado. O objetivo permanente de sua vida, "a criação de sociedades cristãs em modelos pequenos", nunca pareceu tão urgente para ele como agora quando a experiência puritana na Inglaterra estava se desfazendo em anarquia. "É raro um dia, ou hora do dia ou noite", escreveu ele a Boyle, em novembro de 1659, "estando cheio de objetos de todo tipo dessa natureza pública e mais universal, mas minha alma está pedindo

> Phosphore, redde diem; quid gaudia nostra moraris?
> Phosphore, redde diem".

Mesmo em janeiro de 1660 ele acreditava que Macária "teria uma existência mais visível" dentro de três meses.[48]

Nesse ínterim, o que ocorria com Comenius? Ele deixara a Inglaterra treze anos antes, pediu para voltar "quando as coisas estivessem mais tranqüilas". De início, trabalhara em Elbing, recuperada novamente para os protestantes sob ocupação sueca; depois — com um intervalo de viagem à Hungria e à Transilvânia — retornara à sua comunidade de Leszno na Polônia. Quando o Protetorado fora criado, Hartlib sugerira que ele voltasse à Inglaterra: as coisas não estavam agora "mais tranqüilas"? Mas, depois de tantas falsas auroras, Comenius podia com justiça estar cético a respeito do Iluminismo inglês. Era agora um homem de idade; seu entusiasmo tinha esfriado;[49]

---

[48] Worthington, *Diary and Correspondence*, I, 156, 163, 169, 180, 250, etc.; Boyle, *Works*, V, 292, 293, 295; Stanislaw Kot, "Chylinski's Lithuanian Bible, Origin and Historical Background", in *Chylinski's Lithuanian Bible*, II (Poznan, 1958).
[49] Já em 1643 Comenius tinha afrontado Hartlib ao aconselhá-lo a abandonar seus altos objetivos e assumir um trabalho, e em 1647 recebeu outra recusa ao

ele tinha suas obrigações para com sua própria comunidade; seus "maiores amigos" na Inglaterra – Williams, Pym, Brooke, Selden – estavam mortos; sua fama ali tinha desaparecido em sua ausência – por que, perguntavam os homens, ele havia produzido "tantos pródromos", em vez de avançar em um projeto concreto? – e de qualquer modo em Louis de Geer ele tinha encontrado um patrono mais útil do que o arcebispo Williams ou John Pym. Por que então arriscaria de novo essa terrível viagem marítima, a fim de ter uma recepção menos entusiasta? Depois de treze anos de ausência, não via razão para deixar a paz de Leszno pelo que se poderia mostrar uma calma ilusória na Inglaterra sacudida pela tempestade. Além disso, em 1655, as oportunidades de reformar o mundo pareciam maiores na Polônia do que na Inglaterra.

Pois em 1655 Charles X da Suécia subitamente invadiu a Polônia e o Estado polonês como que se desfez em ruínas diante dele. Para os protestantes da Europa oriental um novo libertador, um novo Gustavo, parecia ter surgido, e eles passaram a venerá-lo. A Fraternidade Boêmia era, por princípio, não-política, mas Comenius há muito havia desistido de qualquer pretensão de neutralidade política. Em anos recentes, ele se tornara mais amalucado e decidira publicar profecias messiânicas sobre a iminente queda do Anticristo, cujos defensores imprudentemente havia identificado com muita exatidão. Agora, com o triunfo de Charles X, via a realização dessas profecias. Um novo e vasto império sueco lhe parecia subitamente oferecer um novo teatro para sua reforma universal,

---

sugerir que Hartlib abandonasse seus planos "von einer Correspondez-Cantzlei" – isto é, um Office of Addresses. Ver G. H. Turnbull, *Samuel Hartlib*, p. 60.

e ele se prostrou, com vulgar servilismo, diante do conquistador. Em um *Panegírico* (que Hartlib logo publicou em Londres), saudou o rei da Suécia como o Moisés, o Josué, o Gedeão, o Davi de sua época, o herói que mobilizaria o Senhor das Hostes, libertaria os santos perseguidos da escravidão egípcia, os traria de volta para a Terra Prometida, golpearia os madianitas e destruiria os filisteus. Charles X, declarou Comenius, deveria conquistar e colonizar as ricas terras da Ucrânia, mais ricas e mais próximas do que as Índias, e estabelecer aí uma Nova Ordem em toda a Europa. A Pansofia, parecia, estava para se estabelecer – pela espada.[50]

Infelizmente, o momento de ouro não durou mais em 1655 do que durara em 1641. Em um ano os suecos foram expulsos e os poloneses estavam de volta a Leszno. Naturalmente, vingaram-se, e a desafortunada Fraternidade Boêmia pagou o preço da indiscrição de seu bispo. A municipalidade foi destruída; a escola e a biblioteca que Comenius tornara famosas foram totalmente destruídas; e ele próprio perdeu seus bens, livros e manuscritos, inclusive sua refutação magistral dos erros de Copérnico. Assim, mais uma vez a Fraternidade Boêmia estava sem sede, e as comoventes lamentações de Comenius foram publicadas na Inglaterra por Samuel Hartlib.

O desastre de Leszno foi a oportunidade de Cromwell, pois desencadeou de novo as antigas emoções da década de 1630 – o

---

[50] Comenius chegou a acreditar nas profecias opacas e rapsódicas de Christopher Kotter, Nicolas Drabik e Christina Poniatova: três excêntricos da Europa central. Não assustado pela obstinada não-conformidade dos acontecimentos, ele publicou as profecias deles em 1657 sob o título algo enganador de *Lux in Tenebris*. Seu *Panegyricus Carolo Gustavo, Magno Suecorum Regi*, foi escrito em 1655 e publicado em Londres por Hartlib, antes de 11 de fevereiro de 1655/6.

culto protestante do rei da Suécia, a defesa elisabetana da reforma européia. Cromwell, como Comenius, idolatrava Charles X, "um homem que havia se aventurado contra o interesse papista na Polônia" e já se havia colocado como defensor dos protestantes oprimidos em toda a Europa: os huguenotes na França, os valdenses do Piemonte, as colônias esparsas na Europa oriental. Assim, ele respondia de imediato à agitação de Hartlib. Ordenou uma coleta pública para alívio dos pobres boêmios, contribuindo ele próprio com 50 libras; e mais uma vez Comenius recebeu um convite pessoal para ir para a Inglaterra.

Sabidamente não era a mesma coisa que em 1641. O antigo entusiasmo acabara. Agora ninguém esperava o jubileu e a ressurreição do Estado a partir dele ou de quem quer que fosse. Milton estava amargurado, Cromwell, desiludido e o próprio Comenius, desvalorizado.[51] Além disso, havia uma ligação algo paradoxal com os velhos tempos. Em 1641, a causa imediata do fracasso de Comenius na Inglaterra fora, como ele reconhecera, "o massacre na Irlanda e a eclosão da guerra aqui". Mas tudo isso havia acabado. A rebelião irlandesa fora esmagada pelo próprio Cromwell; outro dos primeiros discípulos de Hartlib, William Petty, fora indicado por Cromwell para supervisionar o país conquistado; e colonizadores estavam sendo convidados para povoar a terra. Já em 1652 Hartlib havia proposto a Cromwell o repovoamento do país conquistado "não somente com aventureiros mas por acaso

---

[51] Mesmo os aliados naturais de Comenius estavam tão desgostosos com seu *Panegírico* que diminuíram sua solidariedade para com ele em seus infortúnios. Ver, por exemplo, as observações de Worthington em *Diary and Correspondence*, II, 87-89.

chamando boêmios exilados e outros protestantes".[52] Agora, ocasião e necessidade coincidiam. Cromwell propôs que Comenius levasse toda a sua comunidade para a Irlanda.

Hartlib lhe transmitiu o convite, mas este não foi aceito. Os boêmios, respondeu Comenius, ainda esperavam um dia retornar à sua terra natal. Além disso (embora não tenha sido ele quem fez essa observação óbvia), como ele iria encontrar na Irlanda um patrono tão munificente quanto Louis de Geer fora, ou como seu filho Lawrence de Geer agora era? "De fato", observou um amigo, quando ele comentou a generosidade de Lawrence de Geer, "diariamente admiro a singular providência divina ao trazer Comenius para essa nova jóia. Não há príncipe ou Estado no mundo que o teria auxiliado tão realmente e favorecido as coisas como ele." Outros expressaram os mesmos fatos mais secamente. Comenius, diziam eles, tinha se tornado "um burguês de Amsterdã", enganando patronos ricos com falatório messiânico. Assim seduzido, Comenius podia permitir-se ignorar os oferecimentos ingleses. Na casa de Lawrence de Geer em Amsterdã, encontrara um último refúgio muito mais confortável que os pântanos de Munster.[53]

Todavia, se o próprio Comenius nunca voltou à Inglaterra, isso não significa que sua obra foi aí esquecida. Longe disso. Suas pri-

---

[52] A proposta está apresentada na epístola dedicatória de Hartlib a *Ireland's Natural History*. Essa obra fora escrita em 1645 por Gerard Boate, um holandês residente em Londres. Depois da morte de Boate, Hartlib obteve o manuscrito com seu irmão Arnold Boate e o publicou com uma dedicatória para Cromwell e o major-general Fleetwoodk, então em comando na Irlanda.

[53] Ver C. H. Firth, *The Last Years of the Protectorate* (1909), II, 244; Vaughan, *The Protectorate of Oliver Cromwell*, II, 430, 447-53; Turnbull, *Samuel Hartlib*, p. 374-75. As concepções sardônicas da vida posterior de Comenius com Lawrence de Geer são citadas a partir de Bayle, *Dictionnaire*, s. v. Comenius, Drabiclus, etc.

meiras reformas educacionais, que na exaltação de 1641 ele esperara impor em conjunto, eram aplicadas parcialmente. "Sociedades Comenius" foram criadas em Londres. E, se sua faculdade "pansófica" universal não foi criada esplendorosamente em Winchester ou Chelsea ou Savoy, teve no final, todavia, um futuro maior, a partir de um começo mais modesto.

Quando Comenius chegara a Londres em 1641, um dos que o conheceram fora outro emigrado erudito, Theodore Haak.[54] Haak era um refugiado do Palatinado, agente e tesoureiro de outros refugiados, e como tal uma figura familiar na diáspora protestante. O Parlamento a seguir o empregaria como tradutor e o mandaria como seu enviado à Dinamarca. Depois da partida de Comenius, Haak se tornou, em Londres, o continuador de sua influência. Em torno dele, reuniam-se os pensadores e cientistas "baconianos", os amigos de Hartlib, de Dury e de seus patronos no partido do campo. Havia Pell; havia Petty; havia Christopher Wren, cuja primeira obra arquitetônica foi uma colméia transparente de três andares para Hartlib; havia o médico pessoal de Cromwell, Jonathan Goddard; e havia o cunhado de Cromwell, John Wilkins. Wilkins era, por sua vez, neto de um famoso pregador puritano e fora educado no círculo de Pym em Fawsley, Northamptonshire. Fora capelão do eleitor Palatino; o Parlamento Longo fizera-o diretor do Warden College; e sob Cromwell ele se tornou dirigente efetivo da Oxford University. Sob sua direção, o "baconianismo vulgar" de Hartlib e seus amigos foi tranqüilamente transformado, elevado novamente ao puro baconianismo de Bacon. A casa de Wilkins em

---

[54] Para Haak, ver Pamela R. Barnett, *Theodore Haak F. R. S.* (Haia, 1962).

Oxford tornou-se o centro de uma nova sociedade experimental baconiana. E na década de 1660, quando a nova sociedade se tornará famosa sob proteção real, o próprio Comenius, ignorando as transformações intermediárias, afirmaria confiantemente que era seu fundador. "Outros trabalharam, e vocês entraram nos trabalhos deles", declararia; e para provar sua afirmação publicaria a *Via Lucis*, que escrevera na Inglaterra em 1641 e dedicaria a seus supostos continuadores, "os Portadores da Tocha dessa Época Iluminada", a Sociedade Real de Londres.[55]

A Sociedade Real – o título poderia parecer irônico para o resultado de um revolução antimonárquica, mas de fato não teria sido desprezado pelos membros coerentes do partido do campo. Afinal, esses homens não eram republicanos, eram baconianos. Em 1641, embora sustentassem que as formas de governo eram em última instância indiferentes, foram realistas e anglicanos. Hartlib freqüentara a Igreja anglicana em Duke's Place; o mesmo fizera Comenius quando na Inglaterra; e Dury tinha levado uma vida anglicana.

---

[55] A relação (se é que existia) entre "a faculdade pansófica" de Comenius, a "faculdade invisível" de Hartlib e a Sociedade Real, como de fato a origem da própria Sociedade Real, é objeto de controvérsia. F. E. Held, em *Christianopolis, an Ideal State of the seventeenth century*, e R. H. Syfret, "The Origins of the Royal Society" (*Notes and Records of the Royal Society*, V, 1948), sustentaram que houve essa ligação; mas G. H. Turnbull, "Samuel Hartlib's Influence on the Early History of the Royal Society" (ibid. X, 1953), convenceu-me de que não havia ligação direta. Nem Hartlib nem Comenius eram cientistas, e, como sugeri, há uma grande diferença entre seu "baconianismo vulgar" e o verdadeiro baconianismo de que a Sociedade Real extraiu sua filosofia. Mas é verdade (*a*) que os fundadores da Sociedade Real partilhavam muitos interesses e ideais com Hartlib e Comenius e usavam linguagem similar à deles e (*b*) que, em conseqüência disso, o próprio Comenius acreditava que a Sociedade Real era a realização de seu projeto "pansófico".

Pym, até o fim da vida, fora um monarquista sincero. Cromwell fora incapaz de conceber um governo sem "algo de monárquico nele". Foi apenas a impossibilidade do rei Charles que levara esses homens, em seu desespero, a pensar em outro sistema político sob o qual buscar seus objetivos não-políticos. Agora tinham visto que nenhum outro sistema podia sustentar-se. Somente uma monarquia, completada com Câmara dos Lordes e Igreja estabelecida, podia prover essa "tranqüilidade" de que necessitavam para seu trabalho. E assim, quando a nova meia-monarquia da Casa de Cromwell fracassara, só se podia voltar para a antiga monarquia plena da Casa de Stuart — do baconianismo do campo, dos puritanos — para o baconianismo da Corte, do próprio Bacon. Foi sem nenhuma incoerência real que a Sociedade Pansófica, primeiro abençoada por Pym, seria gradualmente transformada em Sociedade Real, abençoada por Charles II; que o Chelsea College, primeiro assinalado pelo Parlamento para Comenius, seria dado pelo rei a Wilkins;[56] que Petty se tornaria, como Bacon, um palaciano, e Wilkins, como Williams, um bispo.

Mas se a monarquia Stuart, no final, forneceu a base para uma academia baconiana, até onde sustentou (como em teoria podia fazer) uma sociedade baconiana? O Monarca Alegre realizou os planos dos reformadores para uma sociedade descentralizada, laicizada, reconstruída?

Institucionalmente, só podemos dizer que não. Quando uma revolução é derrotada, suas realizações e aspirações, boas e más, também desaparecem. Em 1660, o Durham College foi dissolvido. A nova faculdade para Dublin foi esquecida. O privilégio parlamen-

---

[56] Charles II de início deu o Chelsea College para a Sociedade Real como sua sede, mas ele se mostrou inadequado e foi a seguir devolvido.

tar cromwelliano foi desfeito. As reformas judiciárias cromwellianas foram abandonadas. Somente no século XIX esses vários projetos foram retomados.[57] De modo semelhante, as novas escolas elementares em Gales desapareceram. A educação elementar depois de 1660 foi mais bem fomentada nas escolas dos dissidentes, afastadas do *establishment*. Não se ouviu mais falar de registros de condado.[58] O clero paroquiano, se residente, permaneceu em grande parte ignorante e pobre. Talvez não se tratasse apenas de uma reação. Talvez a sociedade ainda não tivesse capacidade produtiva para suportar um estado de bem-estar tão ambicioso como foi sugerido por esses reformadores "utópicos". Em todo caso, a tentativa, como tentativa sistemática, foi abandonada. Por outro lado, o meio de mudança fora criado, ou pelo menos os obstáculos foram removidos. A administração desequilibrada, os tribunais prerrogativos, a superestrutura burocrática inchada do Estado e da Igreja foram abandonados. Se a nova riqueza da Inglaterra não estava plantada no campo pela descentralização planejada, pelo menos podia seguir para esse lado, e até mesmo (graças ao triunfo dos mercantilistas, que viam que um comércio próspero depende de uma indústria robusta) desenvolver-se aí. Para a parte racional de seu programa Hartlib e seus amigos tinham muito discípulos que o governo, a partir de então, raramente obs-

---

[57] A Universidade de Durham foi fundada em 1832, o University College, Dublin, em 1851. A reforma que eliminou os 'burgos podres' e concedeu representação a cidades industriais – ambos aspectos do sistema parlamentar cromwelliano – foi feita pela Lei de 1832. Algumas das reformas judiciárias cromwellianas foram restabelecidas em meados do século XIX (ver Inderwick, *The Interregnum*).

[58] Em *Harleian Miscellany*, III, 320, há uma outra proposta: "Razões e Propostas para um Registro... para todos os Condados" (1671), com uma réplica de William Pierrepoint.

truía. Mas, para erguer o campo inglês, tinham que depender do liberalismo do Estado, não do controle do Estado. Isso talvez fosse verdade quanto à "laicização".

A vítima universal era a parte de cruzada, irracional e mística da filosofia do "campo". Em 1660, isso havia desaparecido, desaparecido para sempre com a geração com que nascera. Na nova Europa não havia lugar, não havia necessidade, para a utopia. Em 1660, Hartlib ainda suspiraria por Macária, mas as Bermudas, não a Inglaterra, pareciam agora "o receptáculo mais adequado para ela". Na Inglaterra ela "se mostrara um grande nada": "nome e coisa desapareceram".[59] Dury admitira que seu reunionismo protestante não era mais desejado e se estabeleceria na Alemanha, sob a proteção do príncipe de Hesse-Cassel, para reinterpretar o Apocalipse sem referência ao mundo exterior.[60] Em Amsterdã, Comenius, que

---

[59] Hartlib para Worthington, outubro de 1660, in Worthington, *Diary and Correspondence*, I, 211-12. O mesmo para o mesmo, 10 de dezembro de 1660, ibid., p. 239.

[60] Em 1674, Dury publicou, evidentemente em Cassel, uma obra *Touchant l'intelligence de l'Apocalypse par l'Apocalypse même*. Essa obra é extremamente rara e não consegui encontrar um exemplar, mas seu conteúdo é descrito por Pierre Bayle (*Dictionnaire*, s.v. Duraeus), por C. J. Benzelius (*Dissertation Historico-Theologica de Johanne Duraeo...* Helmstedt, 1744, p. 68-71) e aparentemente por Hans Leube (*Kalvinismus und Luthertum im Zeitalter der Orthodoxie*, Leipzig, 1928, I, 236-37, como citado in Batten, *John Dury*, p. 196). Nela, Dury insistia em que todo o conteúdo das Escrituras deve ser interpretado por certas regras que, acreditava ele, eliminariam a controvérsia; e ele escolheu ilustrar essas regras pela interpretação do Apocalipse, por ser esse o livro mais obscuro de toda a Bíblia. Uma de suas regras era "d'éviter en méditant toute recherche des choses qui n'appartiennent point à la matière de laquelle il s'agit ou qui sont curieuses et n'ont point un exprès fondement à l'Écriture Sainte..." Tal interpretação é equivalente a uma renúncia de toda tradição pela qual a linguagem do Apocalipse fora aplicada a acontecimentos da Guerra dos

na velhice burguesa adquiriu uma boa situação e tornou-se mordaz, começaria a duvidar de seus próprios vaticínios milenaristas. Os judeus seriam saudados na Londres de Charles II, mas como financistas da Corte, não como irmãos mais velhos dos cristãos. Hartlib e Comenius podiam declarar a Sociedade Real como sua obra, mas mesmo eles deplorariam sua traição ideológica. Em vez de uma união espiritual para a derrubada do Anticristo, a nova sociedade seria tão deliberadamente neutra em religião que podia até mesmo ser acusada de um plano para "reduzir a Inglaterra ao papismo".[61]

Não é que o irenismo cristão tenha sido rejeitado. Ao contrário, fora transformado. Livre das circunstâncias especiais da Guerra dos Trinta Anos, havia recuperado sua universalidade original. O Anticristo, que assumira um aspecto tão visível e aterrador na década de 1620, havia agora evaporado novamente. Estava ultrapassado; e seus inimigos rapsódicos, milenaristas, estavam ultrapassados com ele. Isto seria reconhecido por Dury, cujas últimas obras — obras de piedade não-confessional que levaram alguns a encará-lo como quacre — insinuavam que Roma também poderia tornar-se parte da unidade Cristã.[62] Seria reconhecida, na geração seguinte, pelo neto de Comenius, Daniel Ernst Jablonski, que, como pregador da Corte

---

Trinta Anos: uma tradição que o próprio Dury anteriormente apoiara, como por exemplo em seu "Epistolical Discourse", anteposto à edição de Hartlib de *Clavis Apocalyptica* de [Abraham von Frankenberg].

[61] Esse era o argumento de Henry Stubbe em suas obras, *Legends No Histories* (1670) e *Campanella Revived* (1670).

[62] Dury, *Touchant l'intelligence de l'Apocalypse*, como citado em Bayle e Benzelius. A última obra de Dury foi *Le Vrai Chrestien* (1676), que até mesmo Bayle e Benzelius não viram. Mas era conhecida do pietista alemão P. J. Spener, "qui aliquoties eius non sine laude meminit", e, evidentemente, de Elizabeth, princesa palatina (Benzelius, *Dissertatio*, p. 71).

em Berlim, trabalharia com Leibniz e o arcebispo Wake pela reunião geral.[63] Mas o trabalho da vida de Comenius, como de Hartlib e Dury, e todos esses entusiastas profetas do Milênio Protestante, pareceria, depois de 1660, irrecuperavelmente datado.

Em 1660, a geração da década de 1620, da *débâcle* protestante, estava morta ou à morte, pelo menos nas altas funções, e seu mundo ideológico morria com eles. Com a morte de Cromwell, cujo poder a tinha artificialmente prolongado, esse mundo parecia ter tranqüilamente se desfeito. Há continuidade na história, mas há também descontinuidade: cada geração lucra com as aquisições de seus predecessores, mas descarta seu estado de espírito, o mero depósito de experiência incomunicável. E assim Wilkins e Petty, Boyle e Wren podiam continuar a filosofia científica ou social de Hartlib, Dury e Comenius, mas, como nunca experimentaram os desastres da década de 1620, estavam isentos de sua metafísica peculiar: não perderiam seu tempo com o Milênio, o Messias ou o número da Besta.

---

[63] D. E. Jablonski era filho de Peter Jablonski, ou Figuius, secretário e genro de Comenius, e que também trabalhou para Dury como secretário na Suécia.

Capítulo VI

Os sermões de jejum do Parlamento Longo

"Era uma observação dessa época", escreveu Clarendon sobre a Revolução puritana, "que a primeira publicação de notícia extraordinária fosse a partir do púlpito; e pelo texto do pregador, e sua maneira de falar sobre ela, os ouvintes podiam julgar, e geralmente prever, o que provavelmente podia ser feito a seguir no Parlamento ou no Conselho de Estado".[1] O próprio Clarendon teve grande interesse pelas técnicas tanto da administração parlamentar quanto da pregação política. Ele próprio tivera, nos primeiros dezoito meses do Parlamento Longo, amplas oportunidades de examinar a "afinação dos púlpitos" por Pym; e de fato, sugerirei, sua primeira derrota tática por Pym pode ter sido em uma dessas questões. Embora alguns de seus exemplos particulares estejam incorretos, essa afirmação geral é, acredito, verdadeira. Neste ensaio desejo mostrar como os líderes do Parlamento Longo, enquanto havia liderança efetiva, usavam o púlpito tanto para propósitos estratégicos quanto para propósitos táticos: tanto para declarar objetivos de longo termo, como para inaugurar mudanças temporárias de política; e farei isso particularmente com referência a esses sermões sobre os quais os líderes parlamentares tinham controle

---

[1] Edward, conde de Clarendon, *The History of the Rebellion*, ed. W. D. Macray (Oxford, 1888), IV, 194.

direto, os "sermões de jejum", que eram pregados diante do Parlamento na última quarta-feira de cada mês, de 1642 a 1649.

Jejuns gerais, com sermões apropriados, não eram, naturalmente, nada de novo em 1640. Grandes ocasiões sempre os fizeram surgir. Houve um jejum geral quando da aproximação da Armada em 1588, um jejum semanal em 1603, até que acabasse a praga; e outro jejum geral pela grande praga de 1625. Mais recentemente, os jejuns também foram feitos no início do Parlamento. Sempre houve algo um pouco desagradável para a Coroa em relação a essas propostas: enfatizavam a gravidade das coisas e implicavam que o Parlamento, com o apoio de Deus, fornecia os meios de solução. Conseqüentemente, a rainha Elizabeth nunca os permitiu. Em 1580, quando a Câmara dos Comuns sugeriu um jejum público para a preservação da vida da rainha e a melhor orientação das ações da Câmara, ela ficou furiosa. A proposta era muito modesta, e a Câmara propôs deixar a escolha do pregador inteiramente aos conselheiros privados da Câmara "para o fim de que possam ser tais que mantenham conveniente proporção de tempo e não se imiscuam em nenhuma questão de inovação ou inquietação". Mesmo assim, a rainha exprimiu seu grande desagrado e espanto diante de tal precipitação e humilhou a Câmara. Feito isso, ela graciosamente permitiu que seu erro precipitado, inadvertido e impensado tivesse provindo do zelo, não de intenção maliciosa, e perdoou-os, desde que nunca se comportassem desse modo de novo.[2]

Não o fizeram; e foi somente no último Parlamento de James I que uma Câmara dos Comuns mais formidável reviveu a proposta. Em 23

---

[2] Alguns dias de jejum antigos são mencionados em um posterior sermão de jejum de William Gouge, *The Right Way...* (1648). Ver também *Commons' Journals* (daqui em diante referido como *C.J.*), I, 118 s.

de fevereiro de 1624, Sir Edward Cecil aprovou que houvesse um jejum geral, com uma coleta para os pobres, como na Holanda. A Câmara deveria escolher os pregadores. Mas naturalmente o rei devia aprovar: o Parlamento só podia prescrever para si. Assim, os Comuns discutiram com os Lordes e juntos persuadiram o rei. James I concordou, dizendo que consultaria os bispos quanto à melhor época. Depois disso a prática se tornou habitual. Houve jejuns gerais, proclamados pelo rei por moção de ambas as Câmaras, no início de cada um dos primeiros quatro parlamentos de Charles I.[3]

Além de jejuns, ou "dias de humilhação pública" em tempos de crise, havia também sermões especiais em certas datas e em dias de ação de graças por grandes vitórias ou libertações. O dia da ascensão da monarquia reinante era um desses aniversários; outro era 5 de novembro, dia do Complô da Pólvora; um terceiro, que cresceu em popularidade enquanto os Stuarts caíam, era 17 de novembro, o dia da ascensão da rainha Elizabeth. Este era um dia de ação de graças não-oficial, que os reis Stuart, naturalmente, não viam com bons olhos.[4]

Assim, quando o Parlamento Longo se reuniu em novembro de 1640, era perfeitamente natural que um de seus primeiros atos devesse ser propor um jejum geral, e era, agora, perfeitamente natural que o rei devesse concordar com ele. Também era perfeitamente previsível que crises particulares ou triunfos particulares pudessem fazer surgir dias especiais de "humilhação pública" ou "ação de graças". O que poucos teriam previsto era que tais ocasiões seriam convertidas em sistema regular a fim de manter a unidade do Parlamento e a realização de um

---

[3] *CJ*, I, 671, 715, 869, 873-74, 922-26.
[4] Para a celebração do "Dia da rainha Elizabeth" sob os Stuarts, ver J. E. Neale, *Essays in Elizabethan History* (1958), p. 9-20.

programa sempre mais radical ao longo de anos; que Pym aprenderia a "afinar os púlpitos" tão efetivamente quanto sua heroína, a rainha Elizabeth, fizera; e que sermões oportunos não somente declarariam a linha geral do partido, mas também, em ocasiões particulares, preparariam o caminho para episódios dramáticos. Prognosticariam a morte primeiro de Strafford, depois de Laud; declarariam a guerra civil; iniciariam o programa iconoclástico; e por fim, anunciariam o gesto mais dramático, mais revolucionário de todos: a execução do próprio rei.

O primeiro episódio desta história ocorre no início do Parlamento. Quando o Parlamento se reuniu, seu primeiro ato foi propor um jejum geral. O procedimento seguiu a forma que era então usual. Ambas as Câmaras, em concordância, solicitaram ao rei autorização para a solenidade. Cada Câmara escolheu seus próprios pregadores. Todos os negócios deviam ser suspensos. Haveria sermões pela manhã e à tarde. O prefeito faria acordos com a City. Ao mesmo tempo, a Câmara dos Comuns, seguindo precedentes, também indicaria um dia em que todos os seus membros receberiam o sacramento e ouviriam outros sermões. Essa era uma questão interna que não necessitava de autoridade real. Quando esses planos estavam acertados, as datas foram escolhidas. Simbolicamente, a data escolhida para o jejum comum foi 17 de novembro, Dia da rainha Elizabeth; a data para receber o sacramento seria 29 de novembro. Os pregadores escolhidos pelos Comuns eram, para a primeira cerimônia, Stephen Marshall e Cornelius Burges; para a segunda, John Gauden e George Morley.

Esses arranjos não eram casuais. Nada, nesses primeiros dias do Parlamento Longo, era casual. Afinal, essa grande reunião do Parlamento tinha sido planejada há muito. Por três anos, os "grandes planejadores", como Clarendon os chamava, estiveram planejando suas táticas, preparando seu programa. Tinham um programa político e um programa social, e pretendiam realizar ambos por meio de determinados passos claramente definidos. Primeiro, tinham que forçar o rei a convocar o Parlamento; depois, tinham que garantir o retorno de seus amigos ao Parlamento; depois, desmantelar o governo real existente; finalmente, tinham que persuadir o rei a aceitar os reformadores em seus conselhos. Para esse propósito, os grandes pares — os condes de Warwick, Pembroke, Bedford — usaram seu apoio clerical e local. Para esse propósito, os grandes estrategistas — Bedford e seus colaboradores, Pym e St. John — planejaram sua estratégia. Naturalmente, agora que o momento da ação parlamentar havia chegado, não estavam despreparados. A função dos primeiros sermões era expor a política do Parlamento, e os pregadores escolhidos já conheciam seus papéis.

De longe, o mais importante dos pregadores era Stephen Marshall, pastor de Finchingfield, Essex, o pároco político mais famoso da revolução. Como tantos do clero político, Marshall era um protegido do conde de Warwick, e tinha servido bem a seu senhor, pregando para seus candidatos parlamentares no Essex. Já havia pregado o sermão do jejum no início do Parlamento Curto, essa primeira partida falsa do programa de reforma.[5] No Parlamento Longo, emergiria como aliado político e espiritual inseparável de Pym, o intérprete da política de Pym depois da morte deste. Em todos os estágios da revolução podemos vê-lo. Ora está esmurrando seu púlpito em grandes ocasiões; ora está se reunindo com Pym, Hampden e Harley a fim de

---

[5] *Cal. S. P. (Dom.) 1639-40*, p. 609.

preparar táticas parlamentares; ora está atarefado em Westminster Hall, para levar votantes para o Parlamento antes da divisão; ora está afastado, exaurido, para se recuperar na bem-instalada casa de seu bom amigo, "meu nobre Lord de Warwick". Mais tarde seria o enviado do Parlamento à Escócia, seu capelão com o rei cativo; passaria incólume do presbiterianismo para a independência; e, se sempre apareceu como o porta-voz do lado ganhador, suas mudanças podem ser explicadas por um objetivo coerente, que era também o objetivo de Pym: preservar a unidade de oposição contra a reação real e clerical.[6]

Do começo ao fim, Marshall foi o tribuno clerical do Parlamento. Outros o acompanharam por trechos do caminho apenas. No início, seus companheiros constantes eram Cornelius Burges, que agora pregava com ele no dia de jejum, e Edmund Calamy. Eles também eram protegidos do conde de Warwick. Como pároco político, Burges pelo menos era quase tão atuante quanto Marshall. Sua maior realização seria o engenhoso instrumento financeiro de "duplicação" sobre as terras dos bispos para pagar os exércitos escoceses. Esse ocupado pastor escocês, o Rev. Robert Baillie, que tanto se jactava de sua habilidade política, reconhecia o "bom Sr. Marshall" e "meu caro amigo Dr. Burges" como espíritos afins — pelo menos até descobrir que eram ainda mais perspicazes que ele. Do lado oposto, Clarendon também os destacaria. "Sem dúvida", escreveria, "o arcebispo de Canterbury

---

[6] Não há biografia adequada de Marshall, cuja importância, pelo menos como porta-voz da política, parece-me maior do que tem sido reconhecida. Os detalhes particulares que mencionei provêm de duas passagens no diário de Sir Simonds D'Ewes, ambas citadas em F. A. Shaw, *A History of the English Church... 1640-1660* (1900), I, 81-82, e de *A Copy of a Letter written by Mr. Stephen Marshall* (1643), p. I.

nunca teve influência tão grande sobre os conselhos da Corte quanto o Dr. Burges e o Sr. Marshall tiveram sobre as Câmaras."[7]

Assim, desde o começo a cena estava preparada. Na época em que Burges e Marshall subiram a seus púlpitos, sua mensagem era previsível. Strafford estava na prisão, seus planos de derrubar o Parlamento estavam frustrados, pelo menos por um tempo. Mas por quanto tempo? Tudo dependia da coesão do Parlamento, sua recusa a ser dividido pela manobra real ou tensões internas. Esta sempre fora a mensagem de Pym: desde seus primeiros dias no Parlamento, defendera uma "aliança" entre os inimigos do papismo e da tirania. Agora tanto Burges quanto Marshall cantavam a mesma canção. No perigo universal, dizia Marshall, toda esperança está em uma aliança, tal como fora feito para defender a religião na época da rainha Isabel. Não era o suficiente, acrescentou Burges, "derrubar e afastar alguns dos Nemrods", que tinham invadido as leis e as liberdades inglesas: "tem de haver uma completa adesão deles a Deus por aliança". E cada um por sua vez olhou de volta para o mesmo dia 82 anos antes, "a auspiciosa entrada de nossa falecida Débora real (digna de lembrança e honra eternas) em seu abençoado e glorioso reinado".[8]

Marshall e Burges expuseram as condições políticas de sobrevivência parlamentar. Os sermões seguintes, os sermões de 29 de novembro, mostravam algo do programa social planejado. Também apresentavam uma visão da mecânica pela qual os púlpitos estavam afinados. John Gauden era outro protegido clerical do conde de Warwick. George Morley não estava ligado, até onde podemos ver, com os "grandes

---

[7] Clarendon, *History of the Rebellion*, I, 401.
[8] C. Burges, *The First Sermon Preached to the House of Commons...* (1640); S. Marshall, *A Sermon Preached before the House of Commons* (1640).

planejadores". Era amigo íntimo de Hyde e Falkland, um anglicano de concepções socinianas como o próprio Falkland e membro regular do círculo de Falkland em Great Tew. Seu futuro seria o de um realista aliado de Hyde. Mas, em 1640, Hyde e Falkland eram reformadores e Morley caíra no desagrado de Laud: podiam, portanto, propô-lo em um Parlamento leal mas antilaudiano, e ele podia ser escolhido junto com o candidato dos "grandes planejadores", Gauden. Mas, mesmo nesse estágio inicial, a distinção entre os líderes do partido real e seus aliados "realistas moderados" tornava-se visível. Quando os sermões acabaram, a Câmara votou seus agradecimentos a Gauden, e o convidou para publicar seu sermão. Os agradecimentos e o pedido foram transmitidos por Sir Thomas Barrington, cunhado do conde de Warwick. Mas Morley foi tratado de outro modo. Seu sermão, segundo contam, "era tão pequeno para o seu gosto e apreciação" que nenhuma mensagem lhe foi enviada. Seu sermão não foi publicado e não sabemos o que disse.[9]

Por outro lado, o sermão de Gauden, o sermão que os líderes do Parlamento abençoaram, é um documento muito revelador. Era um

---

[9] O destino do sermão de Morley é descrito por Anthony Wood, *Athenae Oxonienses*, ed. P. Bliss (1813-21), IV, 150. Wood não o data com precisão: depois de mencionar "as guerras", que, diz ele, começaram *anno* 1641 [*sic*], diz: "no início do qual, ele [Morley] pregou um dos primeiros sermões solenes diante dos Comuns...". Como "as guerras" começaram em 1642, o *DNB* (s.v. Morley) diz que seu sermão foi em 1642. Mas de fato Morley nunca foi convidado para pregar depois de novembro de 1640. O *Commons' Journals* de novembro de 1640 mostra que ele foi então convidado para publicar seu sermão, mas menos ardorosamente do que Gauden. Parece, portanto, claro que este é o episódio a que Wood se refere. Ao escrever "no início do qual", Wood estava sem dúvida pensando mais nas "perturbações" em geral do que nas "guerras" em particular.

pedido de uma reforma pacífica, social e religiosa na Inglaterra, e terminava com uma sugestão positiva. Se o Parlamento desejava realizar essa reforma, dizia Gauden, não podia fazer melhor do que consultar "dois grandes espíritos públicos que trabalharam muito pela verdade e pela paz", John Dury, o apóstolo da unidade protestante, e John Comenius, o reformador boêmio da educação, "ambos famosos por sua cultura, piedade e integridade, e não-desconhecidos, estou certo, pela fama de suas obras, de muitos dessa honrada, culta e piedosa assembléia". Na versão publicada de seu sermão, Gauden acrescentou uma nota. Podia não parecer fácil, escreveu ele, trazer esses homens para a Inglaterra, já que Comenius estava na Polônia e Dury na Suécia. Todavia, "há um meio claro, simples e seguro de se dirigir a ambos": podem ser alcançados via Samuel Hartlib, de Duke's Place, Londres.

Certamente, Hartlib, Dury e Comenius não eram "desconhecidos" dos líderes do Parlamento: eram muito mais bem conhecidos por eles do que o pregador que agora pronunciava seus nomes. Hartlib era amigo próximo de Pym, e nos últimos anos a maioria dos "grandes planejadores" estivera em contato com eles, direta ou indiretamente, divulgando suas obras, apoiando seus projetos, suprindo-os de dinheiro. Esses três homens eram os filósofos do "partido do campo", e ao mencioná-los Gauden estava afirmando antecipadamente o programa social dos reformadores parlamentares. E, uma vez que o programa fora assim indicado, o resto seguiu. Pediu-se a Hartlib que buscasse Dury e Comenius para a Inglaterra em nome do "Parlamento da Inglaterra". No ano seguinte, vieram; e, embora a deterioração da política tornasse impossível realizar suas reformas, e Comenius se retirasse, desiludido, para a Suécia e a Holanda, seus nomes nunca estariam longe dos lábios dos líderes parlamentares. Sempre que a paz política parecia (ainda que falsamente) ter voltado, Hartlib e Dury seriam convocados para esboçar o novo milênio social; e quando Oliver Cromwell estabeleceu por fim, entre os restos da Coroa e do Parlamento, algum tipo de ordem, foi de seu círculo que ele aceitaria conselho sobre reforma religiosa, política social e educacional, e até mesmo política externa.[10]

Isso é o bastante para os primeiros sermões do jejum, os sermões de 1640. Nessa época não havia pensamento de repetição. As cerimônias eram cerimônias inaugurais; os sermões projetavam o caminho à frente; o resto devia ser navegação normal. Infelizmente, não era de fato navegação comum. O que Bedford chamou de grande pedra do caso Strafford foi jogada para cima e ameaçou derrubar o Parlamento. Pois o julgamento de Strafford não se deu de acordo com o plano. As acusações legais eram difíceis de provar, e no entanto parecia suicídio absolvê-lo. O próprio Bedford desejava poupar Strafford em benefício de conciliação última com o rei, mas o rei faria concessão se tivesse Strafford para aconselhá-lo? Não era mais seguro golpear na cabeça esse conselheiro fatal como animal de caça, mesmo que isso afastasse o rei para sempre? Esta era a concepção dos aliados mais radicais de Bedford. Entre essas duas políticas os líderes parlamentares hesitavam. Então, no início de abril, houve acontecimentos que contribuíram para a decisão. Em 1º de abril, Bedford e Pym ficaram sabendo da conspiração do exército, o complô para resgatar Strafford da Torre pela força. De início, Bedford, em seu desejo de acalmar os ânimos, persuadiu Pym a nada dizer aos Comuns. Mas Pym, é claro, tinha se convertido. Em 3 de abril, ele fez com que as restantes acusações irlandesas contra Strafford fossem rapidamente despachadas, de modo a forçar as

---

[10] Tratei mais detalhadamente desse episódio e sua significação em meu ensaio "Três estrangeiros: os filósofos da Revolução Puritana", ver p. 343-420.

acusações inglesas mais danosas; e no dia seguinte, um domingo, ele mais uma vez usou o púlpito para declaração política.

O pregador desse sermão dominical comum era Samuel Fairclough, um clérigo do campo de Suffolk. O patrono de sua vida ali era Sir Nathaniel Barnardiston, aliado próximo de Pym; e o próprio pregador reconhecia que só o favor e a ordem de seu patrono podiam tê-lo trazido de sua obscuridade rural para se dirigir a tão elevada congregação. Quando o sermão estivesse acabado, ele retornaria para essa obscuridade e só voltaria a nosso conhecimento de novo doze anos depois, quando pregaria no funeral de seu patrono. Todavia, esse acanhado e humilde pároco não teve medo, nessa ocasião, de pronunciar um sermão muito notável. Foi sobre o "perturbador de Israel", Acan, cujos pecados recaíam pesadamente sobre todo o povo de Deus, até que se livrassem dele por sua imediata execução por ordem de Josué. Pois "perturbadores do Estado", disse o pregador, embora devam ter o benefício do "devido julgamento e exame", devem ser sempre afastados "sem quaisquer atrasos desnecessários ou procrastinação". Com isso, com revoltante satisfação, repudiou por sua vez qualquer argumentação de justiça ou humanidade. A morte, somente a morte, satisfaria o pregador sem remorso, a morte sem tempo para arrependimento de um lado ou para reflexão de outro. E depois, com receio de que parecesse estar falando de caso muito abstrato, deixou o caso de Acan, cuja punição era mais adequada do que seu crime, e se voltou para outros "perturbadores de Israel" que tinham merecido o mesmo destino. Em particular voltou-se para Aquitofel, o traidor conselheiro do rei Davi, que, tendo ardilosamente conquistado a confiança do rei, e depois incentivado a revolta armada, a fim "de que, como ele fora presidente do conselho na paz, então pudesse alimentar seu espírito ambicioso, fazendo-se na guerra general das forças". Nessa condição Aquitofel, disse o pregador (que parecia notavelmente bem-informado sobre o discurso de Strafford para o Conselho Privado em 5 de maio de 1640), insistira em "toda pressa e presteza, nenhum outro conselho exceto o seu: não adiaria a batalha por um único dia". Portanto, que não haja atraso em seu afastamento, que daria tal alegria à Igreja como a que Israel sentira quando os egípcios foram afogados no Mar Vermelho, quando Sísara fora decapitado, quando Haman fora enforcado.[11]

Nessa época, deve-se observar, Strafford, embora sob grave acusação, ainda era legalmente considerado inocente. O conhecimento do complô militar ainda estava limitado (parece) a Bedford e Pym. Os detalhes da advertência de Strafford no Conselho só seriam revelados ao Parlamento no dia seguinte. É difícil conceber que esse clérigo do campo, tão submisso a seu patrono, tão deslumbrado com sua momentânea popularidade, ousasse, por iniciativa própria, indicar ao Parlamento, enquanto o grande julgamento ainda estava *sub judice*, um rumo novo e mais sangüinário. No entanto, a partir dessa data esse foi o rumo seguido. A conclusão que se impõe é a de que o sermão de Fairclough foi o meio de declarar uma nova linha partidária.

Talvez tenha sido a utilidade desse sermão que sugeriu ao Parlamento um uso mais freqüente dos dias solenes de jejum, pois apenas duas semanas depois uma proposta de outro jejum conjunto foi indicada a uma comissão, e a comissão, em 28 de abril, informou que de fato havia base para tal solenidade. Apesar do primeiro dia de humilhação pública, o progresso fora lento, os perigos e temores permaneceram, a praga ameaçava... Todavia, a proposta parece não ter sido adotada.

---

[11] S. Fairclough, *The Troublers Troubled, or Achan Condemned and Executed* (1641).

Sem dúvida perdeu-se na pressão dos negócios. E quando a cabeça de Strafford finalmente foi cortada, e o rei, ao que parece, cedera em todas as questões, a ocasião para luto e penitência havia acabado. No verão de 1641, Pym até se sentiu capaz de dispensar os exércitos escoceses com que até então o Parlamento havia contado e que tinham se tornado um peso morto. A próxima demonstração religiosa especial foi, portanto, não um jejum, mas um dia de ação de graças pela paz com a Escócia. Para celebrar esse acontecimento, o sinal da vitória, a base uma reforma puramente inglesa, em 7 de setembro de 1641, os sinos de igreja tocaram em toda a Inglaterra; e o Parlamento ouviu sermões entusiasmados de Stephen Marshal e Jeremiah Burroughes. Para ambos, 1641 foi um *annus mirabilis*, "esse ano maravilhoso", maior do que 1588, o ano da Armada, o "retorno das orações de 40 em 40 anos" desde o advento da rainha Elizabeth: o ano que silenciara todos os críticos, permitiria às espadas serem transformadas em arados e as lanças em podadeiras, e começaria "um verdadeiro jubileu e ressurreição da Igreja e do Estado".[12]

A euforia desse outono era geral. Foi então que os grandes panfletos de Milton foram escritos; foi então que Dury e Comenius se encontraram na Inglaterra para planejar a nova reforma social para a qual a base política parecia estar segura. A desilusão causada pela rebelião irlandesa e suas conseqüências era, portanto, profunda. Em meados de dezembro, os negócios do Parlamento pareciam mais negros do que nunca. O rei estava de volta a Londres. Ele conquistara a City, a Câmara dos Lordes, os "neutros" do campo. Estava se preparando

---

[12] Jeremiah Burroughes, *Sion's Joy* (1641); S. Marshall, *A Peace Offering to God* (1641).

para estrangular o Parlamento. Então não precisamos ficar surpresos ao descobrir os líderes do Parlamento, em 17 de dezembro, propondo mais uma vez (bem como algumas outras medidas práticas) um "dia de humilhação". Dessa vez, não seria apenas um jejum parlamentar, mas geral, para renovar e reenfatizar a solidariedade do Parlamento e do povo. O jejum seria celebrado pelas duas Câmaras e pela City em 22 de dezembro, e pelo campo em 20 de janeiro. Os pregadores para os Comuns seriam, como com tanta freqüência, Stephen Marshall e Edmund Calamy. Os Lordes e a City escolheriam seus próprios pregadores. Os arranjos no campo seriam feitos pelas autoridades locais a partir de instruções de seus membros do Parlamento.

No dia do jejum parlamentar Londres já estava em convulsão. Pym havia conquistado uma grande vitória: as eleições da City lhe tinham dado controle, por meio de seu aliado radical Isaac Penington, sobre o Conselho Comum. O rei tinha contra-atacado, pondo um conhecido cavaleiro no comando da Torre. Parecia que a qualquer momento a hora decisiva chegaria. Se o Parlamento queria sobreviver, devia-se deixá-lo, sem desdenhar armas, apoiar-se no espírito radical das massas da City, exaltar seu radicalismo por gestos ideológicos. No inverno anterior, Pym contivera as massas da City, desviara seus ataques para o episcopado, para as imagens, para as cerimônias "papistas". Agora ele tinha de apelar para essas forças. Os sermões de 22 de dezembro refletiam esse estado de espírito. Enquanto Calamy deplorava o atraso na reforma causado pelos pecados da City, que a tornavam, como Sodoma, madura para a destruição, Marshall tocava o tambor eclesiástico e insistia com seus ouvintes para caçar os pecadores. Deviam lembrar-se do bom rei Josias, que não somente quebrou "todas as imagens e relíquias da idolatria", mas também "executou a justiça e a vingança de Deus sobre os instrumentos da ruína do reino, os sacerdotes idólatras, escavando os ossos de alguns deles em seus túmulos". Nenhum escrúpulo de prudência ou legalidade tinha impedido essa boa obra. Josias "não levou em consideração carne e sangue": era a obra de Deus, e ele a fez sem questionar, "com zelo e fervor". O Parlamento deveria fazer o mesmo.[13] Por esses sermões sazonais os pregadores recebiam os devidos agradecimentos e um presente por cada um, no valor de £20.

Assim a feroz luta por Londres estava desencadeada. Grandes marchas pediam justiça contra "bispos e senhores papistas", os obstáculos à reforma; as "imagens" foram denunciadas e atacadas, a abadia de Westminster e a Câmara dos Lordes invadidas; foi proposto o impedimento da rainha. O rei retaliou com o atentado contra os Cinco Membros e, fracassando, deixou Londres, decidido a só voltar como conquistador.

Para os líderes do Parlamento, a fuga do rei era uma declaração de guerra. À época nenhum dos lados podia estar preparado para a guerra, e seriam precisos oito meses até que a necessidade dela fosse admitida e os exércitos preparados. O grande problema foi criado pelos "neutros", esse sólido corpo de homens espalhados por todo o país, que insistia – e insistiria por muito tempo – que não havia causa para a guerra civil e pedia que o rei e o Parlamento fizessem concessões mútuas para restaurar a antiga "monarquia mista". Durante esses primeiros oito meses de 1642, os "neutros" bombardearam ambos os lados com seus apelos. Mas de ambos os lados os líderes já haviam decidido. Do lado do rei, vemos, como se olhássemos por detrás de suas declarações

---

[13] Edmund Calamy, *England's Looking-Glass* (1641); S. Marshall, *Reformation and Desolation* (1641).

formais, sua correspondência particular com a rainha. Do lado de Pym, vemos, mais uma vez, sua afinação dos púlpitos, e, em particular, nos pronunciamentos de seu oráculo espiritual, o verdadeiro amplificador da voz do dono, Stephen Marshall.

Em 24 de dezembro, no auge da luta por Londres, quando o último sermão de Marshall ainda ecoava em seus ouvidos, os Comuns mais uma vez voltavam sua atenção para os jejuns públicos. Reconhecendo que estavam agora diante de uma crise permanente, e que sua sobrevivência dependia de contato contínuo com o campo, de propaganda contínua, convidaram os Lordes para se juntar a eles na proposição ao rei de que, enquanto as perturbações na Irlanda permanecessem sem resolução, deveria haver um jejum mensal. O campo estava bem escolhido. Os Lordes concordaram; o rei não podia opor objeções; e uma proclamação real foi devidamente publicada. Por seus termos, a última quarta-feira de todo mês seria observada como um dia de jejum, "tanto por abstinência de comida como por orações públicas, pregação e audição da palavra de Deus... em todas as catedrais, colegiados e igrejas paroquiais e capelas", em toda a Inglaterra e a Irlanda. O jejum já planejado para o país em 20 de janeiro foi confirmado. A seguir, Parlamento, City e campo celebrariam o jejum no mesmo dia, a começar em 23 de fevereiro de 1642.[14]

Os sermões parlamentares de 23 de fevereiro assim marcaram o começo de um novo sistema regular, uma aliança duradoura entre Parlamento e povo. Aparentemente ligado à rebelião na Irlanda, que rei e Parlamento pretendiam igualmente deplorar, estava na verdade ligado à crise inglesa que era mantida por essa rebelião. Ao concordar

---

[14] Para a proclamação, ver John Rushworth, *Historical Collections* (1721), III, i, p. 494.

com o sistema, Charles I havia posto na mão de seus inimigos um meio de coordenar e difundir de que ele próprio não tinha paralelo. Que tipo de mecanismo se veria logo de começo, nos sermões de abertura daqueles dois destacados atores do Parlamento, Stephen Marshall e Edmund Calamy.

Como antes, Edmund Calamy, o clérigo apolítico, olhava para o passado. Até então, salientou ele, a nova reforma inglesa havia sido realizada de modo pacífico, parlamentar. Enquanto as outras nações "se esforçavam pelo sangue por uma reforma", a construção da nova Inglaterra avançara, como o Templo de Salomão, sem o barulho de martelo ou machado.[15] Tudo era muito satisfatório – até aqui. Mas e quanto ao futuro? Nesse ponto Stephen Marshall, o político, assumiu. Como antes, olhava para a frente, e assim olhava, claramente, para a guerra. O sermão sedento de sangue em que, seis meses antes da irrupção das hostilidades, ele denunciava os "neutros" e pedia guerra se tornaria a mais famosa de todas as suas obras. Era também o sermão que ele próprio mais admirava. Segundo seu próprio relato, pregou-o a seguir, em todo o campo, sessenta vezes, e o sermão foi várias vezes impresso. Fez com que fosse conhecido como "o grande incendiário desse infeliz ano". Quando o publicou, intitulou-o *Meroz Amaldiçoado*.

Pois há ocasiões, explicava o ministro de Cristo, em que "os servos abençoados de Deus devem descer do monte Garizim, o monte da bênção, e subir para o monte Ebal, o monte da maldição, e aí amaldiçoar, e amaldiçoar acerbamente", como o anjo do Senhor outrora amaldiçoou os homens de Meroz por deixarem de se unir na batalha "contra o rei Jabin e seu general Sísara, que por 20 anos tinham violentamente

---

[15] Edmund Calamy, *God's Free Mercy to England* (1642).

oprimido os filhos de Israel". "Pois todos os povos são amaldiçoados ou abençoados segundo ajudem ou não a Igreja de Deus em sua necessidade". A Sagrada Escritura não diz expressamente "amaldiçoado é aquele que faz o trabalho do Senhor negligentemente"? E qual é o trabalho imperativo do Senhor? "As seguintes palavras", replicava o pregador, "dirão a vocês: amaldiçoado é todo aquele que se abstém de derramar sangue". Pois o Senhor, explicava ele, "não reconhece neutros"; "aquele que não está comigo está contra mim", e "neutros públicos" receberão da mão de Cristo a mesma sentença e execução de sangue que Gedeão muito adequadamente impôs aos homens de Sucot e Fanuel quando se recusaram a cooperar para pegar e matar seus inimigos. Então, passando das barbaridades do Antigo Testamento para as barbaridades da Idade Média, Marshall convidou seus ouvintes para admirarem "esse bravo capitão boêmio", John Zizka, "que não apenas está disposto a lutar enquanto viver, mas a doar sua pele, quando morrer, para ser transformada em pele de tambor a serviço da guerra".

Meroz Cursed foi o primeiro de uma longa série de sermões incendiários que, a partir de então, escandalizaram os realistas e moderados igualmente. "Nenhum bom cristão", escreveu Clarendon, "pode sem horror pensar nesses pastores da Igreja que, sendo por função mensageiros de paz, eram as únicas trombetas da guerra e incendiários da rebelião". As expressões das Escrituras usadas por Marshall, os textos referentes aos homens de Meroz, as maldições sobre os que faziam o trabalho do Senhor negligentemente ou se abstinham do derramamento de sangue, se tornariam lugares-comuns de muitos pregadores posteriores.[16] Assim viriam outras escolhas de exemplos das escrituras:

---

[16] "Havia muitos mais além do que o Sr. Marshall que, a partir do 23º versículo do 5º capítulo de Juízes, *Maldito seja Meroz...*, supunham censurar contra,

a virtude de Finéias, o neto de Aarão, que não esperara pela autorização mas matara os transgressores com sua própria mão e assim detivera a praga que tinha visitado Israel; os vícios de Saul, que ignorava as ordens de Samuel para fazer Agag, rei dos amalecitas, em pedaços, e de Acab, que igualmente desafiava as ordens de um profeta e poupou Ben-Hadad, rei da Síria. Eram parte da horrível propaganda com que Pym achava necessário, às vezes, reunir suas forças a fim de resistir e pôr em "boa correspondência" com o Parlamento um rei cujas circunstâncias felizmente o dispensavam de linguagem tão desagradável.

Assim, a série regular de "jejuns mensais" começou. Eles continuariam por sete anos. A rotina logo se estabeleceu. Quando uma cerimônia terminava, a seguinte seria preparada. As duas Câmaras escolheriam separadamente e convidariam seus pregadores. O convite dos Lordes era impessoal, o dos Comuns transmitido por membros indicados – vizinhos, amigos, parentes, supostamente seus patronos originais. Às vezes, naturalmente, havia recusas, e tinham que ser encontrados substitutos. Quando o dia de jejum chegava, a atividade parlamentar oficial era interrompida ou reduzida a um mínimo. Os

---

e em termos diretos pronunciar a maldição de Deus contra todos aqueles que não vinham com seu mais profundo poder e força para destruir e arrancar todos os malignos que em algum grau se opunham ao Parlamento". (Clarendon, *History of the Rebellion*, II, p. 320-21.) O editor de Clarendon, W. D. Macray, observa sobre essa passagem que "busca prolongada não conseguiu localizar os outros sermões a que Clarendon se refere". De fato, a maldição sobre Meroz pela neutralidade está explicitamente repetida em numerosos sermões de jejum, por exemplo, Thomas Wilson, *Jericho's Downfall* (28 de setembro de 1642); Thomas Case, *God's Rising, His Enemies Scattering* (26 de outubro de 1642); Charles Herle, *A Pair of Compasses for Church and State* (30 de novembro de 1642); John Ley, *The Fury of War and Folly of Sin* (26 de abril de 1643), etc.

Lordes geralmente se reuniam na capela de Henrique VII da abadia de Westminster; os Comuns, em St. Margaret's, Westminster. Os dois pregadores faziam os sermões, um pela manhã, o outro à tarde. As cerimônias eram abertas a todos: a menos que expressamente excluído por uma ordem parlamentar, o público estava livre para comparecer e (segundo a moda da época) tomar notas dos sermões. No dia seguinte, ou dentro de poucos dias, votos de agradecimentos seriam aprovados e, geralmente com um pedido para imprimir os sermões, eram transmitidos aos pregadores por membros indicados, geralmente seus patronos originais. Então o processo se repetia. Cerimônias similares ocorrriam em todo o país. E não era apenas na última quarta-feira do mês que o Parlamento se submetia, assim como o povo, a essa pesada dose de religião. Crises especiais pediam jejuns especiais também: jejuns para celebrar a abertura da Assembléia de Westminster, para desejar bênçãos aos exércitos parlamentares quando em dificuldade, para persuadir Deus a remover "um grande juízo de chuva e águas" ou "abundância de chuva e tempo fora da estação", e para diminuir calamidades como os sofrimentos da Escócia durante os triunfos de Montrose, a incidência da praga, diversos grandes pecados e enormidades da Igreja, a difusão de heresias e blasfêmias, etc. Havia também, quando a ocasião pedia, dias especiais de ação de graças. Tudo isso acarretava sermões especiais, cujos pregadores eram escolhidos, recebiam agradecimentos e eram convidados a publicar do mesmo modo.

Naturalmente, o procedimento parece mais suave nos diários parlamentares do que era de fato. Na realidade, os jejuns eram sempre olhados como propaganda partidária e, em conseqüência, eram com freqüência mal recebidos no campo. Desde o começo havia queixas. Até mesmo membros do Parlamento eram acusados de abrir mão da abstinência e dos sermões, a fim de beber e jantar em tavernas; e panfletistas e poetas realistas se divertiam diante do polido, vestido de preto e bem-pago Marshall, que levantava seu nariz como uma baleia para esguichar, e batia e esmurrava seu púlpito enquanto ameaçava a danação para os ausentes. No campo, a desatenção era ainda pior, e um fluxo constante de ordens e instruções, impondo novas obrigações e novas penas por omissão, mostrava que o exemplo parlamentar era mal seguido. Além disso, no centro um bom comparecimento era mantido. Havia também, em Londres, um bom fornecimento de pregadores. Desde o começo, como pastores "escandalosos" eram rejeitados, pregadores do campo, incentivados por seus membros locais do Parlamento, acorriam para competir por seus lugares, e a partir de 1643 a Assembléia de Westminster fornecia uma reserva constante de talento clerical, ansiosa de se exibir para o novo e múltiplo patrono da Igreja. Nos primeiros anos, portanto – enquanto o Parlamento esteve unido –, o sistema refletia a política parlamentar. Também refletia as mudanças nessa política. De muitos possíveis exemplos, uns poucos são suficientes.

O primeiro grande teste da liderança de Pym, depois da eclosão da guerra, veio nos primeiros meses de 1643. De início, ambos os lados esperaram uma vitória rápida: nenhum estava preparado para uma longa guerra. Conseqüentemente, quando ambos fracassaram em seus primeiros objetivos, a pressão para a conciliação era irresistível e Pym foi obrigado a negociar com o rei. Mas como tinha pouca fé nas intenções pacíficas do rei, era essencial que o "tratado de Oxford" não fosse interpretado como um sinal de fraqueza do lado parlamentar. Se os conservadores à direita de Pym estavam dispostos a aceitar uma paz traiçoeira, ele devia apoiar-se nos radicais à sua esquerda e mostrar que, com seu apoio, lutaria por um acordo mais estável. Essa resolução foi claramente mostrada, na véspera das negociações, por um dos sermões de jejum de 25 de janeiro de 1643. Era um sermão que podia parecer, para alguém desconhecedor da verdadeira situação em Oxford, singularmente inapropriado para a abertura de um tratado de paz.

O pregador era John Arrowsmith, que fora proposto pelo meio-irmão de Pym, Francis Rous. Seu texto era Levítico XXVI, 25: "Farei vir contra vós a espada que vingará a minha Aliança", e sua mensagem era a de que guerras civis sanguinolentas eram sinais peculiares da bênção de Deus sobre um país, e que a Inglaterra, por ter sido escolhida para esse favor, devia lutar, exatamente "igual por igual e, particularmente, sangue por sangue (Apoc. XVI, 5-6)".[17] Depois de listar os pecados que pediam mais evidentemente por sangue, e que incluíam especialmente a negligência da aliança de Deus e o desrespeito por seus mensageiros, o clero, ele apresentou suas instruções específicas. Lembrou a seus ouvintes que a vitória inglesa sobre os escoceses em Musselburgh, um século antes, fora conquistada na hora em que o Parlamento, em Londres, ordenava que se queimassem "imagens idólatras". Assim, se Pym estendia sua mão direita para tratar com o rei, com a esquerda indicava o caminho para uma guerra mais radical e uma nova campanha de iconoclasmo. Cinco dias depois enfatizava sua ameaça publicando através do Parlamento uma ordenação que abolia o episcopado e incluía a ratificação da ordenação nos termos do tratado. Sem dúvida essa ordenação era ainda apenas uma ameaça, a ser retirada se necessário: Pym sempre teria concordado com um "episcopado moderado", mas essa retirada pressupunha um acordo efetivo. No momento, ele suspeitava

---

[17] John Arrowsmith, *The Covenant's Avenging Sword Brandished* (1643).

dos motivos do rei e estava determinado a negociar apenas a partir da aparência de força e resolução radical.

O acontecimento o justificava. Na verdade, o rei não tinha intenção de fazer a paz. Estava ganhando tempo até que a rainha chegasse da Holanda com os meios da vitória. E de fato, durante as primeiras três semanas do tratado, enquanto o postergava, esperava notícia de sua chegada em Newcastle upon Tyne. Por fim, depois de uma série de aventuras dramáticas no mar, sua pequena frota chegou a Bridlington. Na época, o Parlamento fora capaz de levantar o moral, e em 22 de fevereiro, enquanto ela desembarcava, os pregadores do jejum deixaram isso claro. Eram John Ellis, convidado mais uma vez por Rous, e William Bridge, que o bispo Wren tinha mandado para o exterior, mas que voltara, como a rainha, da Holanda, para ser "um dos demagogos do Parlamento".

Ellis estava preocupado principalmente em expor os perigos de uma "falsa paz" – ou seja, uma paz que não garantia o futuro ao "pôr Cristo no tratado". Insistia com seus ouvintes para que lembrassem a mensagem de seu predecessor, Arrowsmith, e não fizessem a paz até que a falsa fraternidade e os inimigos de Cristo fossem esmagados como palha na esterqueira. Bridge era mais explícito. Os reis, explicava ele, eram às vezes, como o rei Davi, muito indulgentes com suas famílias, e ele pensava ser necessário advertir o rei Charles contra esse erro. "Sir", exclamou ele, "seu Absalão e seu Adonias, o senhor pode amá-los, mas não mais do que sua própria paz, seu próprio povo. Se a rainha de seu coração está em competição com seu reino, o senhor não deve amá-la mais do que nós, do que ele". Citava então um edificante relato da história turca. Um imperador turco, disse ele, foi acusado por seus súditos de negligenciar o reino, "movido a isso (como alegavam) pelo grande amor por uma mulher, sua concubina; que em uma grande assembléia o imperador a exibiu a todo seu povo, que concluiu que, diante de sua grande beleza, não podiam culpá-lo por se desencaminhar. Mas, disse ele, 'para que vocês possam saber como olho pouco para ela em comparação com vocês', pegou sua cimitarra e a matou diante de todos eles".[18] Esse era o exemplo que o Sr. Bridge apresentou a Charles I, que se preparava para receber sua bela rainha depois de um ano de ausência.

Assim o ataque foi desencadeado contra a rainha, como fomentadora da guerra civil, inimiga irreconciliável do "acordo". Em março, enquanto ainda tratava formalmente com o rei, o Parlamento invadiu a capela da rainha, quebrou a mobília, expulsou os padres. Depois, em 16 de abril, o tratado foi rompido, e paixões radicais tiveram de ser alistadas intensamente para a renovação de uma guerra mais encarniçada. Em 24 de abril, Sir Robert Harley pediu uma comissão para destruir monumentos supersticiosos em igrejas londrinas, e ele próprio de imediato começou o trabalho. Dois dias depois foi entre estátuas sem cabeça e janelas de vitrais quebrados que os Comuns se reuniram em St. Margaret's para ouvir os sermões de jejum mensais. O primeiro, bastante apropriado, foi feito por um protegido do próprio Harley, um clérigo do campo de Cheshire que apresentou os então familiares textos "Maldito seja Meroz" e "Maldito seja aquele que mantém sua espada longe do sangue". O segundo foi feito por William Greenhill, outra das vítimas do bispo Wren, famoso por seu comentário sobre Ezequiel. Seu sermão mais uma vez foi um indicador para uma política

---

[18] John Ellis, *The Sole Path to a Sound Peace* (1643); Wm. Bridge, *Joab's Counsel and King David's Seasonable Hearing It* (1643).

imediata. Ele escolheu o agourento texto "O machado está posto na raiz da árvore".

Como Samuel Fairclough dois anos antes, Greenhill pedia "justiça para os delinqüentes". De fato, referiu-se explicitamente à execução de Strafford. "Quando sua justiça caiu sobre esse grande cedro há um ano e meio", exclamou, "a Inglaterra inteira não tremeu?" E agora havia se passado tempo demais sem um segundo golpe. Embora grandes "delinqüentes" ainda vivessem, tinha-se permitido censuravelmente que o machado do carrasco enferrujasse. Isso era muito inadequado. Todavia, acrescentou ele, lamentavelmente, "se a justiça ficar parada e não puder se ocupar de delinqüentes vivos para livrar o machado da ferrugem, que a justiça seja executada com delinqüentes sem vida. Não há altares, não há lugares elevados, não há crucifixos, nem cruzes na rua aberta diante dos quais se curvar e que sejam idolatrados? Levem seu machado até as raízes e os abatam!".[19]

A mensagem era clara, e foi instantaneamente obedecida. Dois dias depois do sermão, os termos da comissão de Harley foram ampliados para incluir a destruição de monumentos idólatras nas ruas e locais abertos. Em 2 de maio, Cheapside Cross, esse fantasma dos puritanos, orgulho e glória da cidade, foi por fim cerimonialmente derrubado. A seguir, o Parlamento se voltou para "delinqüentes vivos". Não pode haver dúvida de quem estava na mente de Greenhill quando este falava de delinqüentes vivos que a justiça não podia ainda alcançar. Era a rainha. E certamente, em 23 de maio, Henry Darley propôs seu impedimento. Darley era o mais antigo aliado e agente de Pym, e o próprio Pym intervinha com freqüência no debate. E por fim ele próprio levou

---

[19] William Greenhill, Ἀξίνη πρὸς τὴν Ῥίζαν (1643).

a resolução até os Lordes. Outro membro que interveio foi Sir Peter Wentworth, que afirmou que era hora de levar o machado até a raiz. A referência ao sermão de Greenhill é óbvia; e de fato foi Sir Peter Wentworth que propusera Greenhill como pregador ao Parlamento. Uma semana depois outro "delinqüente vivo" mais acessível sentiu as conseqüências do mesmo sermão. Pela manhã, um grupo de mosqueteiros comandados pela implacável William Prynne, irrompendo em sua sala na Torre, apreendeu documentos, diário e mesmo as devoções do esquecido prisioneiro do Parlamento, o arcebispo Laud. Seu impedimento também, há muito deixado de lado, foi então retomado.

A primavera e o verão de 1643 foram o período mais radical de Pym. Ele tinha de ser radical. A posição do Parlamento parecia desesperada, e às vezes sua própria posição no Parlamento parecia desesperada também. A menos que ficasse à esquerda, perderia o controle dela para os verdadeiros radicais, Henry Marten, Isaac Penington e seus amigos. Mas Pym não era um verdadeiro radical. Sempre via através dos gestos radicais imediatos o acordo conservador último. Portanto, nunca cedeu nada de substancial para os radicais à sua esquerda. Gestos radicais podiam ser esquecidos, ordenações radicais revertidas, janelas quebradas consertadas. No outono de 1643, graças à aliança escocesa e ao fracasso do Complô de Waller – dramaticamente revelada durante o sermão de jejum mensal[20] –, Pym recuperou sua posição central;

---

[20] Tanto Thomas May (*The History of Parliament*, 1647, p. 45) e Clarendon (*History of the Rebellion*, III, 44) mencionam que a notícia do Complô de Waller foi publicamente comunicada a Pym durante o jejum mensal, e Clarendon enfatiza o significado antecipatório do gesto: "Não se sabe quando o Sr. Pimm tomou conhecimento dele, mas as circunstâncias de sua divulgação foram tais que deixaram todos apreensivos. Foi em 31 de maio, quarta-feira, dia do jejum solene, quando estando todos em seu sermão na igreja St. Margaret's em

seu principal rival, Henry Marten, foi expulso do Parlamento; e uma nova política pôde ser adotada. Quando Pym morreu, em dezembro de 1643, nada irremediável tinha sido feito. A rainha ainda não estava impedida, o arcebispo Laud ainda estava vivo, a Igreja episcopal estava destruída apenas no papel. Uma penada podia restaurá-la: suas terras não tinham sido vendidas. Assim, quando Stephen Marshall pregou o sermão fúnebre de seu chefe, sua mensagem não foi nem radical nem sangüinária. Não precisava ser. Foi simplesmente um pedido de perseverança na longa, justa e necessária guerra civil.[21]

Se 1643 começara como o ano dos radicais, 1644 começou como o ano dos escoceses. Em dezembro de 1643, os representantes escoceses e os pastores escoceses voltaram a Londres e mais uma vez mostraram sua resolução ao boicotar o sermão fúnebre de Pym. Em 1641, tinham sido mandados embora sem nada, mas desta vez eles estavam dispostos a tudo. "Nada por nada" era sua regra. Se viessem como libertadores, deviam receber o preço; e o preço há muito fora estabelecido: a fim de garantir a revolução na Escócia, a Inglaterra também devia adotar um sistema presbiteriano pleno, com base no "modelo escocês". Isso significava que o Parlamento inglês, como o escocês, aceitava as ordens de uma Assembléia geral da Igreja. A Assembléia de Westminster, de um mero corpo consultivo, reservatório de pregadores escolhidos pelo Parlamento laico, devia assumir o comando. Experimentados na

---

Westminster, segundo seu costume, uma carta ou mensagem foi levada em particular ao Sr. Pimm, que a seguir com alguns dos mais atuantes membros se levantaram de suas cadeiras e depois de sussurros em conjunto saíram da igreja; isso só podia afetar muito aqueles que ficaram lá".
[21] S. Marshall, Θρηνῳδία, *The Church's Lamentation* (1643).

intriga clerical e política, os pastores escoceses confiavam que podiam conseguir isso. Obtiveram cadeiras na Assembléia; organizaram um partido, deram ordens, informaram à Escócia. E conseguiram convites para pregar não somente, como em 1640-41, para o povo bocejante de Londres, mas para o próprio Parlamento. Essa era uma oportunidade que não podia ser perdida.

Os pastores escoceses pregaram para os Comuns nos quatro dias de jejum sucessivos depois de sua chegada. A série foi aberta por Alexander Henderson, criador da Aliança Nacional da Escócia. Ele pronunciou, segundo seu colega Robert Baillie, "um sermão belo, sábio e culto", insistindo em que a legislatura inglesa devia reparar seus erros passados e agora, embora tarde, construir a casa do Senhor na Inglaterra. Os outros três pastores, Samuel Rutherford, o próprio Baillie e George Gillespie, insistiram na mesma mensagem. A Inglaterra, disse Gillespie, fora culpadamente lenta em seguir os bons exemplos da Escócia. Toda a nação era culpada pela escandalosa lassidão no passado, ainda não-redimida. Por que os principais lugares idólatras não tinham sido destruídos? O problema era que a Inglaterra era intoleravelmente erastiana: confiava nos leigos, não nos clérigos: "até mesmo transformou em ídolo o Parlamento e confiava a ele sua própria força e exércitos". Não era de espantar que Deus tivesse sido enormemente provocado e tivesse punido o país culpado com a derrota, até que chegasse às conclusões corretas e apelasse para a Escócia. A partir de então, tendo em vista a devida obediência, tudo estaria bem: "Cristo pôs o Anticristo fora de suas obras externas na Escócia e o porá fora de suas obras internas na Inglaterra." Baillie, ao publicar seu sermão, tornou-o ainda mais violento. Estava espantado, disse a Francis Rous, o presidente das comissões do Parlamento para religião na Inglaterra, com que "as rodas do carro do Senhor se movessem num ritmo tão lento". Essa "cansativa procrastinação para impor a disciplina de Deus" era inexplicável "à minha compreensão e à de todos". Levava milhões a viver em todo tipo de pecado carnal "sem o controle de qualquer correção espiritual". Tudo isso era resultado de uma deplorável liberdade de fala na Assembléia. Tais coisas não podiam acontecer na Escócia... Por uma feliz ironia, Baillie enviou um exemplar de apresentação do sermão dedicado para "o culto, nobre amigo Sr. Selden, em testemunho de elevado respeito", acrescentando as palavras τὸ μέλλον ἀόρατον, "o futuro é invisível". De fato era. Por muito tempo e em alto e bom som Baillie iria lamentar a ruína de todos os seus planos pelo "insolente absurdo" desse "líder dos erastianos", John Selden.[22]

Assim, os escoceses, do púlpito parlamentar, expuseram a nova linha partidária, sua linha partidária. Infelizmente, como logo viram, a linha não foi seguida. Foram convidados apenas por urbanidade, e, uma vez satisfeita a urbanidade, ignorados. Exceto por um convite a Alexander Henderson para pregar no dia de ação de graças por Marston Moor, uma vitória escocesa, nunca foram convidados para pregar para os Comuns de novo; e seus sucessores ingleses eram lamentavelmente dóceis e erastianos. Em certa ocasião, de fato, Baillie pôde informar sobre "dois dos mais escoceses sermões desabridos que ouvi em qualquer lugar". Isso foi no outono de 1644, no dia especial de jejum para os exércitos do Lord General, conde de Essex, então em grandes dificuldades no oeste: os dois pregadores "atacaram-nos violentamente e acusaram

---

[22] Alexander Henderson, *A Sermon Preached to the House of Commons* (1643); S. Rutherford [mesmo título] (1644); R. Baillie, *Satan The Leader in Chief...* (1644); G. Gillespie, *A Sermon before the House of Commons* (1644). O exemplar dedicado de Baillie para Selden está na Bodleian Library, Oxford.

os pecados públicos e parlamentares de estar por trás dos culpados". E freqüentemente o clero londrino, reagindo à pressão escocesa na Assembléia, e entusiasmado pela perspectiva do poder clerical, atirava no erro da tolerância, em doutrinas antinômicas ou nos pregadores negociantes. Mas, em geral, os escoceses achavam que seu trabalho era inútil. Introduziram seus partidários na Assembléia de Westminster só para descobrir que a própria Assembléia era ignorada pelo Parlamento. O Parlamento insistiu em escolher seus próprios pregadores; naturalmente escolhia aqueles em que podia confiar; e os pregadores assim escolhidos, como lamentou Baillie, falavam "diante do Parlamento com tão profunda reverência, amenizando verdadeiramente suas exortações e tornando-as sem contundência e adulatórias".[23]

Todavia, deve-se registrar uma ocasião que podia ser encarada como uma vitória escocesa. No outono de 1644, enquanto os escoceses podiam jactar-se de Marston Moor, os exércitos ingleses estavam por toda parte em dificuldades. Em Westminster os ânimos estavam desgastados, Cromwell atacava seu general no comando, o conde de Manchester, e os escoceses se lançavam violentamente na luta. Alguma atitude radical era necessária para enfatizar a solidariedade última; algum bode expiatório, com que todos podiam concordar, devia ser sacrificado. Aconteceu que, nessa época, o longo e incoerente julgamento do arcebispo Laud tinha por fim alcançado o ponto de decisão. Todos os testemunhos tinham sido ouvidos, e parecia que, legalmente, ele devia ser inocentado. Mas de fato o velho arcebispo era um bode expiatório muito bom para ser perdido. Tanto os presbiterianos quanto os independentes o odiavam. Os

---

[23] Baillie, *Letters and Journals* (Edinburgh, 1841-42), II, p. 220-21.

escoceses, em particular, insistiam em sua morte. Assim, os líderes do Parlamento decidiram que ele devia morrer. E mais uma vez, tal como com Strafford, sua decisão ficou clara através dos sermões de jejum oficiais.

Um jejum especial pela união dos exércitos parlamentares foi realizado em 22 de outubro. Nesse dia, o quarto de Laud na Torre foi mais uma vez em vão vasculhado em busca de evidências para destruí-lo. Ao mesmo tempo, Edmund Calamy, pregando diante dos Comuns, lembrou-lhes de "todo o sangue culpado que Deus exige que justamente derramem, e vocês poupam".[24] Alguns dias depois, "muitos milhares de cidadãos" pediram "justiça" para os delinquentes, e os membros do Parlamento que buscavam rejeitar a petição foram derrotados na votação. Então, em 30 de outubro, veio o jejum mensal. "Quando suas armadilhas e ciladas pegarem qualquer dos pássaros sanguinolentos", dizia o Rev. Henry Scudder, "não brinquem com eles: o sangue terá sangue; não contraiam sua culpa de sangue em suas próprias almas por uma clemência e indulgência injustificadas". Quisera Deus, exclamou o Rev. Francis Woodcock, que a toga da justiça se "tingisse com uma cor mais profunda com o sangue de delinquentes. É isso que Deus e o homem pedem. Deus repete *Justiça, Justiça*; nós, fazendo eco a Deus, gritamos *Justiça, Justiça*".[25]

Esses eram os sermões para os Comuns. Mas a sentença seria dada pelos Lordes, e os Lordes ainda eram defensores da legalidade. Que pregador, nessas circunstâncias, os Lordes escolheriam? De fato, acharam um meio de escapar do problema. Para o dia de jejum de 30 de

---

[24] Edmund Calamy, *England's Antidote against the Plague of Civil War* (1644).
[25] Henry Scudder, *God's Warning to England* (1644); Francis Woodcock, *Christ's Warning Piece* (1644).

outubro não escolheram seus próprios pregadores, mas, apenas cinco dias antes da cerimônia, convidaram a assembléia de Westminster para indicá-los.[26] A Assembléia, claro, ficou satisfeita; os escoceses, naturalmente, ficaram encantados com essa inusitada subserviência de uma instituição leiga; e os Lordes ouviram um sermão previsível. O Rev. Edmund Staunton admitiu que recebera "breve advertência", mas não teve de procurar muito por seu tema. A petição da City pelo sangue de delinqüentes, disse ele, sugerira seu tema. Assim cantou os elogios de Finéias, que não esperou por autorização legal antes de atravessar com a lança Zambri e a mulher madianita, e dos eunucos que derrubaram Jezebel de modo que "seu sangue esguichou na parede"; lamentou a perversidade de Saul que deixou de estraçalhar Agag; "e agora", terminou ele, "poderia eu levantar minha voz como uma trombeta, e se tivesse o grito agudo de um anjo que pudesse ser ouvido de leste a oeste, de norte a sul, em todos os recantos do reino, minha nota seria *Execução da Justiça, Execução da Justiça, Execução da Justiça!* Este o meio de Deus pacificar a ira: *Então Finéias se levantou e julgou, e assim a praga foi exterminada*".[27]

No dia seguinte, com precisão mecânica, a Câmara dos Comuns decretou o impedimento de Laud e sua morte, culpado ou não, para lançar sua cabeça diante do rei como preliminar ao tratado de Uxbridge, para o caso de ele ter dúvida sobre a resolução radical que era a deles.

Mas se a morte de Laud representava uma vitória para os escoceses, era uma vitória muito pequena comparada com a derrota infligida a eles nos mesmos meses pela revolução interna no Parlamento inglês. Pois esses eram os meses em que Vane e Cromwell, os independentes,

---

[26] *Lords' Journals*, VII, 44.
[27] Edmund Staunton, *Phinehas' Zeal in Execution of Judgment* (1644).

impuseram sua autoridade e, no Novo Exército Modelo, forjaram uma arma que logo eliminaria os escoceses da Inglaterra e os derrotaria na Escócia. Está vividamente mostrado nas cartas de Baillie como os escoceses se envolveram profundamente no lado perdedor nessa luta inglesa interna, e grande parte do ódio de Cromwell pelos escoceses, e seus conseqüentes infortúnios, datava dessa época, quando procuraram impedi-lo, do mesmo modo que se fizera com Laud, como um "incendiário" entre os dois reinos. O clímax da luta veio em dezembro de 1644, com a proposta de decreto de abstenção; e nos métodos pelos quais Vane procurou realizar essa crucial ordenação ele se mostrou, em tática, quando não em espírito, verdadeiro discípulo de Pym.

A cadeia imediata de acontecimentos começou em 9 de dezembro de 1644. Nessa data, um relato foi apresentado pela comissão a que tinha sido submetida a violenta disputa entre Cromwell e o duque de Manchester. O presidente da comissão era Zouche Tate. Em vez de tratar da questão particular, Tate apresentou uma conclusão geral "de que as causas principais de nossa divisão são orgulho e avidez". Diante disso, Cromwell pronunciou seu famoso discurso sobre o declínio da moral do Parlamento e a necessidade de abnegação; Tate propôs uma resolução de que nenhum membro do Parlamento devia, durante a guerra, ocupar cargo militar ou civil; Vane secundou a proposta; e no estado de espírito do momento foi aceita pela Casa. Uma comissão foi formada para apresentar a resolução como obrigatória.

Esse foi um bom começo, mas de qualquer modo era apenas um começo. O decreto ainda tinha de ser formulado e lido três vezes pelos Comuns. Nesse ínterim, o estado de espírito do momento podia mudar. E mesmo que o decreto fosse aprovado pelos Comuns, os Lordes certamente iriam vê-lo como um ataque à sua autoridade.

Todavia, era essencial para Vane e seus amigos prolongar o estado de espírito confessional e difundi-lo, se possível, entre os Lordes. Para tal propósito resolveram, nas palavras de Clarendon, "buscar o método em que até então tinham sido bem sucedidos, e preparar e amadurecer as coisas na Igreja de modo que pudessem a seguir, no tempo devido, amadurecer no Parlamento". Em 11 de dezembro, dia em que o decreto foi lido pela primeira vez, os Comuns concordaram em realizar um jejum solene em que se humilhariam por seus "pecados particulares e parlamentares" de modo a garantirem o apoio divino para suas futuras medidas. Esse jejum foi estabelecido apenas uma semana antes – sinal seguro de necessidade política imediata. Além do mais, tinha certos aspectos especiais. Primeiro, os Lordes foram convidados para celebrá-lo junto com os Comuns: em vez de escolherem seus próprios pregadores, teriam assim de ouvir os pregadores já escolhidos pelos Comuns. Isso também acarretou uma mudança de lugar. Nem a capela de Henrique VII nem St. Margaret's comportariam ambas as casas juntas, e a capela de Lincoln's Inn foi finalmente escolhida. Segundo, todo o serviço foi investido de peculiar segredo. Exclamações pelo sangue dos "delinquentes" podiam servir para reunir o povo, mas os pecados do Parlamento podiam ser expostos apenas em particular. Medidas estritas foram assim planejadas para excluir o público da capela de Lincoln's Inn em 18 de dezembro, enquanto os Lordes e os Comuns ouviam "por oito ou dez horas" Thomas Hill, Obadiah Sedgwick e o inevitável Stephen Marshall. E esses pregadores, embora tendo recebido os agradecimentos de ambas as Casas, não foram convidados para imprimir e não publicaram seus sermões.

Por essa razão, não sabemos exatamente o que disseram, mas não há razão para desconfiar do relato geral que foi preservado por Clarendon.[28] Depois das orações preliminares adequadas, os pregadores, conta-nos ele, pronunciaram seus sermões, em que disseram às Casas clara e demoradamente que todos os seus problemas derivavam de ganância e ambição particulares, que estavam alienando o povo e adiando toda esperança de reforma. Por fim, "quando tinham exagerado as censuras tão pateticamente quando possível... voltaram suas preces a Deus para que tomasse Sua própria obra em Sua mão, e se os instrumentos que já empregara não fossem suficientes para trazer tão glorioso projeto a uma conclusão, inspiraria outros mais adequados, que podiam aperfeiçoar o que já começara e levar as dificuldades da nação a um final glorioso". No dia seguinte, nos Comuns, Vane discorreu sobre a lição dos pregadores. Se Deus apareceu algum dia para o Parlamento, disse ele, isso se deu nos exercícios de ontem. E tendo se estendido sobre o tema sagrado, apressou o Decreto de Abnegação em sua terceira leitura e o passou para os Lordes.

Essa foi uma manobra brilhante, mas em política não há desvios, e os Lordes, a despeito do pesado cerco religioso, não se submeteram. Seriam precisos outros três meses, e outros métodos, até que finalmente

---

[28] Clarendon, *History of the Rebellion*, III, 456-60. S. R. Gardiner (*Great Civil War*, 1901, II, 91) refere o "relato descuidado" de Clarendon, que, diz ele, é "simplesmente inexato" porque Clarendon pressupõe um jejum de que não há registro nos diários parlamentares e que podia ter ocorrido somente em um domingo, ou seja, 8 de dezembro, dia "em que nenhum jejum nunca foi estabelecido". Mas essa crítica, que sugere que Clarendon, com base em mero "rumor de Oxford", inventou um jejum inexistente, está de fato baseada em uma má compreensão: uma má compreensão que é ao mesmo tempo esclarecida quando se percebe que Clarendon confundiu a discussão inicial de segunda-feira 9 de dezembro com o segundo debate, e aprovação do decreto nos Comuns, na quinta-feira 19 de dezembro. Como com muita freqüência, Clarendon intepretara a situação corretamente, a despeito da confusão de detalhes.

aceitassem um Decreto de abnegação muito modificado. Todavia, essa luta marcou um estágio crucial no eclipse dos escoceses. A partir de então, foram gradualmente afastados da política inglesa e forçados a testemunhar o sucesso dessa "alta e poderosa conspiração dos independentes", que Baillie tinha previsto, "para terem um exército próprio sob Cromwell" e assim acelerar uma revolução puramente inglesa.[29]

Os escoceses de fato encontraram uma oportunidade para retaliar, pelo menos do púlpito. Isso ocorreu no verão de 1645. Nessa época, sua própria posição tinha se tornado muito delicada. De um lado, tinham, como sentiam, triunfado na Assembléia de Westminster e, através dela, estavam pedindo o estabelecimento imediato e há muito necessário de uma teocracia calvinista na Inglaterra, completada com uma Assembléia Geral todo-poderosa, governantes mais velhos e plenos poderes de excomunhão. Por outro lado, mesmo enquanto insistiam em suas reivindicações no estrangeiro, sua posição em casa estava em risco. Enquanto Cromwell estava obtendo vitória após vitória na Inglaterra, na Escócia Montrose era senhor de quase todo o país. Era portanto significativo que nesse momento os Comuns indicassem como pregador de jejum um homem que, na Assembléia de Westminster, já era conhecido como amigo erastiano de Selden, um inimigo das reivindicações escocesas. Este era Thomas Coleman, anteriormente responsável por paróquia em Lincolnshire, agora – como certa vez no passado – protegido pelos dois membros de seu condado, Sir John Wray e Sir Edward Ayscough. Em seu sermão, Coleman insistiu em que a legislatura leiga da Inglaterra "estabeleça

---

[29] Baillie, *Letters and Journals*, II, 246.

tão poucas coisas *jure divino* como pode bem ser", não permita que leis tenham sanção divina sem clara garantia escritural, e "não ponha mais peso do governo sobre os ombros dos pastores do que Cristo pôs sobre eles". O clero, disse ele, devia estar satisfeito por ter a instrução garantida e por receber subsistência: o governo da Igreja devia ficar inteiramente para o Parlamento, pois "um magistrado cristão, como magistrado cristão, é um governador na Igreja". Desse modo, o Parlamento inglês, triunfante em Naseby, deu sua resposta à Assembléia Geral escocesa, cambaleante sob as vitórias de Montrose.[30]

Coleman não era um Independente. Opunha-se explicitamente à Independência. Era um "presbiteriano" – mas um "presbiteriano" inglês, e os presbiterianos escoceses estavam espantados com suas doutrinas. Já tinham estado muito ocupados na Assembléia: um "livro blasfemo" tinha tomado muito de seu tempo "antes de conseguirmos queimá-lo pela mão do carrasco". Agora, viam-se defrontados por Coleman. Ficar calado sob tal ataque era impossível, mas onde podiam contra-atacar? A Casa dos Comuns não era bom: a maioria aí era "ou meio ou completamente erastiana". Mas com sorte outra oportunidade se apresentava. A Câmara dos Lordes, compadecida com os desastres militares dos escoceses, tinha convidado os quatro pastores para pregar em quatros jejuns sucessivos, e a última dessas ocasiões ainda estava por vir. Seria em 27 de agosto, e o pregador seria o mais jovem, o mais culto, o mais argumentativo dos quatro, George Gillespie.

Gillespie aproveitou a oportunidade. Em vez de lamentar os infortúnios e talvez reconhecendo os pecados de seu país, como a ocasião pedia, voltou-se para Coleman. Disse que Coleman não tinha sido nem

---

[30] Thomas Coleman, *Hope Deferred and Dashed* (1645).

ativo nem passivo em relação à reforma, "mas necessitará aparecer em cena contra ela". Suas opiniões criaram raízes em todo o governo da Igreja, eram contrárias à Palavra de Deus, à Liga Solene e à Aliança, às opiniões de outras Igrejas reformadas e aos votos do Parlamento e da Assembléia. Criaram escândalo e ofensa não pequenos.... Mas Gillespie logo descobriu que ele próprio tinha causado não menos escândalo, especialmente ao usar mal essa ocasião. A controvérsia assim surgida fez barulho, com crescente acrimônia, por seis meses. Os lados foram tomados; os panfletos proliferaram. Mas, independentemente do que o clero londrino sedento de poder pensava, dentro do Parlamento as concepções de Coleman prevaleciam. Nunca mais, mesmo no período da dominação "presbiteriana", um escocês foi convidado a pregar para o Parlamento inglês.[31]

De fato, 1645 viu o fim da influência escocesa na Inglaterra. À medida que os "presbiterianos" procuravam impor-se, ficava claro que não eram realmente presbiterianos – os escoceses simplesmente haviam imposto o rótulo a eles. Até Stephen Marshall, como Baillie então descobria, era realmente pouco melhor que um independente: "ele desconhece nós todos juntos", lamentava Baillie: "ele é por um caminho intermediário próprio". E, nesse meio-tempo, até Marshall estava descobrindo sua posição na condição de oráculo do Parlamento desafiado por pregadores mais radicais impostos sobre o Parlamento pelo triunfante Cromwell. Em 1645-46, ano da vitória final, novos nomes começam a aparecer como pregadores de jejum. Os antigos

---

[31] G. Gillespie, *A Sermon Preached before the House of Lords* (1645). Ver também Baillie, *Letters and Journals*, II, 306; *Cal. S. P. Dom. 1645-7*, p. 127.

habituais, Calamy e Burges, Sedgwick e Case, e muitos outros que logo abandonarão a revolução, passam a ter ao lado seus futuros suplantadores, William Strong, Peter Sterry, Thomas Goodwin, John Owen, Nicholas Lockyer, Walter Cradocke, William Dell, Hugh Peter.

Acima de tudo, Hugh Peter. O que Marshall era para Pym, Hugh Peter é para Cromwell. Se Marshall pregava sermões de campanha eleitoral diante do Parlamento de 1640, Peter andaria pelo país "fazendo deputados para o Parlamento" antes das eleições de 1646. Se Marshal expusera o programa reformador e político de Pym em 1640, Peter expunha a política radical e social de Cromwell em 1647. Se Marshall pregara o sermão de ação de graças pelas vitórias pacíficas de 1641, Peter pregaria o sermão de ação de graças pelas vitórias militares de 1646. Se Marshall saudara o pacote parlamentar para a guerra em 1642, Peter, em 1647, saudaria o exército para a revolução. Se Marshall insistira em seus serviços espirituais não-desejados junto ao arcebispo Laud, enquanto este era levado para execução em 1645, Peter apresentaria seus textos terríveis e vingativos aos ouvidos de uma vítima ainda maior, enquanto estava sendo levada para execução em 1649. Ambos eram grandes pregadores de emergência. Em crises delicadas, quando outros homens se retraíam, eles se expunham. Mas as ocasiões eram diferentes. Marshall, como Pym, buscava sempre preservar o Parlamento, levá-lo adiante, armado e unido, pelo antigo caminho da reforma; Peter, como Cromwell, procuraria, com novos aliados, abrir um caminho mais curto e mais sangrento, que ele valorizava acima de qualquer forma política: uma nova sociedade.[32]

---

[32] Para Peter, ver em especial R. F. Stearns, *Hugh Peter, The Strenuous Puritan* (Urbana, 1954).

Somente um dos sermões de jejum de Peter foi publicado. Era o sermão de ação de graças pela vitória, pregado em 2 de abril de 1646. Como Marshall em 1641, quando o Parlamento parecia ter ganhado sua vitória não-sanguinolenta, ele anunciou o presente ano como *annus mirabilis*, o mais glorioso ano desde o ano da Armada. "Oh a abençoada mudança que vemos, que pode ir de Edimburgo ao Fim da Terra na Cornualha, que há pouco estava fechada em nossas portas! Ver as estradas ocupadas de novo; ouvir o carreteiro assobiando para sua equipe de trabalho; ver as montanhas se rejubilando, os vales rindo!" Até a Alemanha parecia estar "levantando seu ombro pesado"; até "o Palatinado de rosto delicado" parecia esperançoso; o "camponês francês apavorado" estava estudando sua liberdade, e os holandeses lembravam como tinham "comprado a liberdade com muitos, muitos milhares de bons e antigos xelins de Elizabeth". "Toda a Europa protestante parece ganhar nova cor em seu rosto"; por que então a Inglaterra não floresceria de novo?[33] E, assim como o sermão de ação de graças de Marshall fora seguido por projetos para a nova sociedade que os homens acreditavam estar ao seu alcance, o sermão de ação de graças de Peter também anunciava uma inundação de panfletos. Hartlib e Dury, os profetas originais do "partido do campo", se apressaram em publicar de novo; Dury fora convidado a pregar diante do Parlamento; e Hugh Peter, panfleto após panfleto, projetava as novas reformas sociais que podiam ser alcançadas, se não pelo Parlamento, então diretamente, fora do Parlamento, pelo Exército.

Ainda assim, esses novos pregadores de 1645-46 tinham que ser discretos. Para o Parlamento, o acordo político vinha antes da mudança social, e o ritmo não podia ser forçado. Peter manteve seus panfletos

---

[33] Hugh Peter, *God's Doing and Man's Duty* (1646).

sociais distintos de seu sermão parlamentar. John Owen vinculou seu projeto de governo da Igreja a seu sermão de jejum apenas quando impresso. William Dell foi muito longe e pagou o preço. Manteve seu sermão de jejum dentro dos limites, mas depois publicou-o com um prefácio ousado. Foi convocado perante a Câmara dos Comuns e disciplinado. Não lhe foi mais permitido pregar diante do Parlamento. Até o *Rump Parliament*, que o fez Mestre do Caius College, recusou-o: quando seu nome foi sugerido, a Câmara, pela única vez nessa matéria, dividiu-se; e ele não foi aprovado.[34]

Acordo político ou reforma social, uma conciliação política imperfeita como base para a futura reforma ou uma reforma social imediata, sem esperar nada – esta era de fato a questão de 1646-47, a questão em relação à qual o Parlamento e o exército por fim se dividiram e por cuja divisão veio a revolução. E nessa revolução, que destruiu o Parlamento, os antigos métodos da ação parlamentar também foram destroçados. Pym e seus amigos, até Vane, St. John e Holles, podiam "afinar os púlpitos" a fim de manter o Parlamento e o povo unidos ao longo de uma linha preparada, mas como podiam fazer isso quando o Parlamento estava à mercê de seus próprios partidos em disputa e da força militar? O clero de Londres, a fonte natural dos pregadores de jejum, era mais "presbiteriano" do que os "presbiterianos" no Parlamento, e o exército era mais radical, mais independente do que os independentes no Parlamento. Em tais circunstâncias, os clérigos dificilmente sabiam o que dizer. Havia afinadores demais, e nenhum

---

[34] O sermão de Dell (25 de novembro de 1646) foi publicado como *Right Reformation*; o *Commons' Journals* relata as conseqüências (v, 10 etc.). A tentativa abortada de convidar Dell para pregar para os *Rump* foi feita em 28 de janeiro de 1653 (*C. J.* vii, 252).

acordo quanto às notas musicais. Isso ficou dolorosamente claro em junho de 1647, quando o exército amotinado, tendo preso o rei, rodeava prenunciadoramente Londres, incerto quanto a onde atacar.

Um dos pregadores do jejum de junho era Nathaniel Ward, recentemente de volta da Nova Inglaterra. Estava, como a seguir escreveu, "verdadeiramente sem disposição para subir em qualquer palco público, sabendo como os tempos eram perigosos e ciosos"; e de fato ele esforçou-se por ofender todo mundo. Insistiu com o Parlamento para restaurar o rei em sua autoridade e estabelecer a Igreja em uma base segura: "até que essas duas rodas sejam consertadas, as menores terão de funcionar mal"; e assim propôs que o Parlamento afastasse o exército, reafirmasse a disciplina militar, corrigisse as formas mais extremas de heresias nas fileiras, e remediasse algumas injustiças óbvias. Tratava-se de um conselho eminentemente sensato, mas infelizmente datado: somente dois dias antes o exército tinha forçado os onze líderes "presbiterianos" a se retirarem da Câmara e apresentado uma série de exigências muito mais radicais. A comiseração de Ward em relação ao rei não agradou aos "presbiterianos"; suas propostas para lidar com o exército enfureceram o exército. Seu sermão "ofendeu" uma Câmara aterrorizada; no exército foi descrito como "pior do que Edwards sua *Gangraena*"; e nunca recebeu agradecimento nem pedido de publicação.[35]

No mês seguinte, o dia de jejum foi ainda mais inoportuno. Foi marcado para cair em 28 de julho. Mas em 26 de julho a multidão da City invadiu o Parlamento e forçou a Câmara dos Comuns a reverter

---

[35] *C. J.* v, 205, 228; Rushworth, *Historical Collections*, VI, i, 596; *Clarke Papers*, I (Camden Society, 1891), 150. O sermão foi a seguir impresso "sem o conhecimento ou o consentimento do autor", mas com uma "Carta a alguns Amigos", assinada por ele *(A Sermon preached before the House of Commons,* 1647).

sua votação recente e chamar os onze membros; depois do que ambas as Casas adiaram suas atividades até 30 de julho. Os pregadores assim pronunciaram seus sermões num momento da contra-revolução "presbiteriana". O modo pelo qual os pregadores londrinos tiraram proveito dessa contra-revolução ficou registrado no diário de Lord Lisle, membro do Parlamento: "nesse dia o Sr. Edwards e diversos outros ministros em Londres incitaram o povo em seus sermões a pegar em armas e suprimir o exército, usando mal o dia que fora reservado para as calamidades da Irlanda que sangrava e incentivando o povo a pôr esse país de novo em sangue, e assim fazer a Inglaterra também sangrar".[36] Mas, dois dias depois, a ilusão da vitória "presbiteriana" se desfez. Os oradores de ambas as Câmaras fugiram para a proteção do exército, o exército marchou sobre Londres, e em 4 de agosto o Parlamento e a City estavam em seu poder. Felizmente, os pregadores parlamentares parecem ter sido muito prudentes, pois receberam agradecimento não somente do Parlamento "presbiteriano" de 2 de agosto, mas também (como as medidas desses dias foram a seguir anuladas) do Parlamento independente de 25 de agosto. Mostraram mais ainda sua prudência ao deixarem de publicar seus sermões, embora convidados a tal.[37]

O homem que publicou foi Stephen Marshall, que mais uma vez, em um momento de crise, emergiu como o político da hora. Como outros homens que não eram nem cromwellianos nem radicais,[38] Marshall

---

[36] *Sidney Papers*, ed. R. W. Blencowe (1825), p. 26.
[37] Os pregadores em 28 de julho foram, para os Lordes, Christopher Love e Henry Langley e, para os Comuns, Benjamin Whichcote e Thomas Jaggard.
[38] Por exemplo, como o conde de Manchester, que tinha bases pessoais fortes para se opor a Cromwell e que em geral é considerado um "presbiteriano", mas que todavia aderiu ao exército nessa ocasião e, sendo Orador da Câmara dos Lordes, deu-lhe a autoridade de que ela necessitava para subjugar o Parlamento.

acreditava que, nesse momento, a unidade do Parlamento e do exército era especialmente importante e que a alternativa seria confusão levando à reação real incondicional. Assim, nesses últimos dias de julho, pôs-se em ação. Criou um partido na Assembléia de Westminster, trabalhou com os conselheiros da City, deslocou-se para cá e para lá entre Lordes, Comuns e quartéis-generais do exército, e finalmente, com dezessete partidários na Assembléia, apresentou uma petição ao Parlamento e à City oferecendo para fazer a paz com o exército. Seus esforços foram bem-sucedidos. A milícia da City não ofereceu resistência, e o exército entrou em Londres sem luta. Quando tudo estava acabado, o partido derrotado reconheceu Marshall como o principal arquiteto de sua ruína. "No momento oportuno", escreveu Baillie, quando "um mais ousado" teria estabelecido o presbiterianismo para sempre, foi o Sr. Marshall, "o principal instrumento" da Liga e Aliança Solenes, que, com "seus dezessete dedicados do Sínodo... pôs agora sob o poder do exército o Parlamento, a City e a nação"; e Denzil Holles, o líder por duas vezes expurgado dos "presbiterianos" no Parlamento, nunca deixou de denunciar o antigo zelota pelo "presbiterianismo" que, nessa ocasião, se tornou "um principal instrumento" de Cromwell "...indo e vindo entre Westminster, os quartéis-generais e as portas do Parlamento, solicitando os membros de ambas as Câmaras, persuadindo-os de todo os modos com argumentos, às vezes garantias, às vezes sustos, para concordar com as coisas que o exército queria". A Skippon, comandante da milícia da City, e "a seu capelão Marshall", escreveu Holles, "devemos atribuir todo o mal que recaiu sobre o rei e o reino". Naturalmente, quando o Parlamento expurgado obedientemente aprovou um dia de ação de graças "pela restauração da honra e da liberdade do Parlamento" — isto é, por seu resgate pelo exército da "mais horrível e abominável violação e violência" da massa da City – foi Stephen Marshall que foi convidado para pregar o principal sermão; e ele o pregou, como em grande parte se podia esperar. "Esse apóstata", comentou Holles, que se via acusado de dividir o rei e o Parlamento, o Parlamento e a City, e a City e o exército, "foi muito além de Ela, fazendo o pronunciamento maior do que a Traição da Pólvora, como fui com credibilidade informado por aqueles que o ouviram."[39]

Para Marshall parecia que a antiga unidade do Parlamento fora restaurada. Mais uma vez, graças ao exército, a antiga política de seu mestre, Pym, podia ter prosseguimento. De fato, não foi assim. A intervenção do exército mostrou o fim do Parlamento como um corpo efetivo na política. Essa ruptura é indicada, casualmente, nos sermões de jejum. Por cinco anos o sistema funcionara tranqüilamente. Todo mês pregadores eram escolhidos, pregavam, recebiam agradecimento, eram convidados para publicar seus sermões, e os publicaram. Mas a partir dessa data tudo muda. Os pregadores são mais difíceis de encontrar; as recusas são mais freqüentes; o Parlamento torna-se mais dependente de uns poucos partidários confiáveis. Até 1647 nenhum pregador pregara para ambas as Casas do Parlamento mais do que uma vez por ano, exceto Marshall e seu substituto, o culto estudioso de grego e hebraico Joseph Caryl,[40] que algumas vezes pregara duas ou três vezes. Mas em 1648, Marshall seria chamado sete vezes, Caryl, quatro

---

[39] Para a participação de Marshall nos acontecimentos de julho-agosto de 1647, ver *Lords' Journals*, IV, 368; Baillie, *Letters and Journals*, III, p. 17, 302, 306; Denzil Holles, *Memoirs* (1699), p. 88, 110, 123, 143, 160, 168. S. Marshall, *A Sermon Preached to the Two Houses of Parliament...* (1647).

[40] Caryl acompanhou Marshall como capelão de Charles I em Holdenby House. Foi um dos pouquíssimos pastores que, como Marshall, pregaram regularmente para o Parlamento durante todo o período de 1642 a 1653.

vezes e um outro clérigo, quatro vezes.[41] Por fim, mesmo esses clérigos que podiam ser persuadidos a pregar sermões de jejum mostravam relutância muito forte em publicá-los. A partir do início do sistema mensal até junho de 1647 todos os pregadores foram solicitados para publicar seus sermões, e os tinham publicado. Nathaniel Ward, em 30 de junho de 1647, foi o primeiro a não receber esse convite. Mesmo assim, publicou seu sermão. Mas a partir de então, embora o convite permanecesse como regra, a publicação era exceção. Somente cinco dos últimos quatorze sermões de jejum de 1647 foram publicados, e a seguir a proporção declinou acentuadamente.[42] A partir de julho de 1648, até Marshall se absteve de publicar. É claro que, a partir da revolução de 1647, os sermões de jejum, como o próprio Parlamento, tinham perdido o propósito.

Todavia, numa última ocasião, o sistema voltou à vida. Primeiro em abril de 1641, quando Pym decidira mudar a base do processo contra Strafford, de legal para política, a fim de destruir-lhe a vida; depois em outubro de 1644, quando Vane decidira, do mesmo modo, destruir a vida de Laud, os pregadores foram trazidos para anunciar, e para justificar, essa temível mudança; e como podiam os inflexíveis mestres do Parlamento fazer menos quando a vítima era tanto maior e, a seus olhos, mais culpada do que Strafford ou Laud? Dessa vez, por causa dessa diferença, o ritmo era mais lento, a pressão menor, mas o método era o mesmo. A mesma escolha cuidadosa, o mesmo tempo exato a mesma mensagem sedenta de

---

[41] O outro clérigo era John Bond. Caryl e Bond permaneceram, com John Owen e William Strong, os principais pregadores dos *Rump*.

[42] Somente 13 de 48 desses sermões foram publicados em 1648, e somente 10 de 56 para os anos de 1649-53.

sangue indicavam a continuidade da técnica entre o assassínio judicial dos adeptos e do mestre.

Foi em 16 de novembro de 1648 que o Conselho de Superiores, reunido em St. Albans, recebeu de Henry Ireton o *Protesto do Exército*, que ele elaborara durante a ausência de Cromwell no norte. Exigia que o rei, como o único e capital autor de todos os problemas do reino, fosse rapidamente levado a julgamento. No dia seguinte a Câmara dos Comuns tinha que indicar um pregador para o próximo jejum, pois o pregador indicado quinze dias antes havia sido subitamente afastado. Tratava-se do mesmo Samuel Fairclough que, em 1641, primeiro pedira a morte de Strafford, e que, mais uma vez, fora indicado por seu patrono. Mas diante desses novos acontecimentos, seu patrono se tornou mais conservador, e talvez Fairclough recuasse diante desse duplo triunfo. Em seu lugar um membro do Parlamento propôs um jovem clérigo, George Cokayne, pastor de St. Pancras, Soper Lane. Essa era uma famosa igreja independente cujo pastor foi indicado pela paróquia e cujos fiéis incluíam os três pilares do radicalismo na City: Rowland Wilson, que se tornaria xerife, Robert Tichborne e John Ireton, que se tornariam *lord mayors* da república. John Ireton era irmão de Henry Ireton, o espírito instigador da revolução. Três dias depois, Henry Ireton apresentou o *Protesto* para um Parlamento temeroso, que buscava enterrá-la por adiamento. Então, em 29 de novembro, veio o dia do jejum, e o recém-indicado Cokayne seguiu seu colega mais velho, Obadiah Sedgwick, no púlpito.

Sua mensagem era previsível. Em todos os aspectos ecoava o *Protesto*. Do Parlamento procrastinador, Cokayne pediu julgamento, e isso rapidamente. "Não se atrasem para agir pelo bem do povo que confiou em vocês". Não predeterminou o método – "deixamos isso inteiramente para sua sabedoria" — nem a sentença — a justiça ainda devia ser "matizada de compaixão", mas não era isso que fazia o *Protesto*. Todavia, sua linguagem, como a do *Protesto*, era ameaçadoramente firme: ele lembrava aos Comuns, como tinham sido lembrados *ad nauseam* de Saul e de Acab, que haviam "experimentado o desprazer de Deus" por pouparem seus reis cativos. "Honrados e dignos, se Deus não os leva a fazer justiça sobre aqueles que foram os grandes atores no derramamento de sangue inocente, nunca pensem ganhar seu amor poupando-os."[43] Quando o sermão terminou, os agradecimentos da Câmara intimidada foram corajosamente transmitidos por um fiel de Cokayne, Rowland Wilson.

A ordem estava dada; a partir de então, os acontecimentos se sucederam. Em 1º de dezembro de 1648 o rei foi preso. Em 6 de dezembro o Parlamento foi expurgado de seus membros resistentes. Foi o maior expurgo de todos, o Expurgo de Pride. No dia seguinte, a máquina foi posta em movimento. Declarou-se um jejum especial, de imediato. Não era o caso de esperar pelo jejum mensal comum, cujos pregadores já tinham sido indicados antes do Expurgo, para não haver contra-organização. O jejum seria no dia seguinte, 8 de dezembro; e os pregadores foram cuidadosamente escolhidos. Eram Stephen Marshall e Joseph Caryl, os dois pregadores mais aceitáveis para o exército, e "o grande artífice de aluguel do exército", o "cão de caça dos grandes do exército", Hugh Peter.

---

[43] George Cokayne, *Flesh Expiring and the Spirit Inspiring* (1648). A completa e laudatória biografia de Cokayne por John B. Marsh, *The Story of Harecourt, being the History of an Independent Church* (1871), curiosamente omite qualquer referência a essa parte de seu sermão ou a qualquer detalhe que o ligue ao julgamento do rei.

Nenhum dos três sermões foi depois publicado, mas a essência deles fica clara a partir de informações dos jornais contemporâneos. Marshall e Caryl, os antigos pregadores parlamentares, insistiam com os destroçados restos do Parlamento, agora como em 1647, para preservar a harmonia com o exército. Hugh Peter, mais asperamente, disse-lhes para obedecer a seus mestres. Em particular, aconselhou-os a "suspender a sessão até segunda ou terça-feira, de modo que possam saber como dirigir seus debates pelas resoluções do exército". Os restos do Parlamento reconheceram a voz de seu governante. Adiaram por quatro dias, até terça-feira.[44]

Durante o mês seguinte, Hugh Peter trabalhou muito a favor do exército e de seus violentos procedimentos. Foi nessa época que ganhou sua sinistra reputação como tribuno da revolução, um pregador-bufão que arrastava a religião na sarjeta e a usava para santificar toda casual indecência do poder. Sua oportunidade seguinte de pregar para o Parlamento veio em 22 de dezembro. Era um dia de jejum especial, rapidamente indicado "para remover o pesado julgamento de Deus sobre o reino". Foi celebrado por ambas as Casas em conjunto, em St. Margaret's (ambas podiam agora adaptar-se a isso sem problema). Todo o terreno em volta da igreja foi tomado por mosqueteiros e piqueiros, a fim de guardar o Parlamento, e soldados cercaram o púlpito para guardar o pregador. Nossos relatos sobre o sermão são imperfeitos e talvez exagerados: provêm de panfletos contemporâneos e lembranças posteriores, mas em substância são sem dúvida verdadeiros.[45]

---

[44] Sterns, *Hugh Peter*, p. 328; *C. J.* VI, 95.
[45] Theodorus Verax [Clement Walker], *Anarchia Anglicana* (1648), *or the History of Independency*, parte II, p. 49-50: "The Trial of Hugh Peter", in *An Exact and Most Impartial Accompt of the Indictment... of 29 Regicides...* (1660).

Mais uma vez Peter deu ao *Rump* do Parlamento suas ordens imediatas. Oferece-lhe (como se houvesse alternativa) confiar no exército, que levaria a Inglaterra para fora da escravidão egípcia. Mas como isso seria feito? – poderia ser indagado. "Isso", respondeu Peter, "ainda não me foi revelado". Então, pondo sua cabeça na almofada do púlpito, fingiu dormir até que uma voz do Céu o despertou com um sobressalto, e com a resposta. "Agora eu a tenho", exclamou, "pela Revelação! Agora direi a vocês. Esse exército deve desenraizar a monarquia, não somente aqui mas na França e em outros reinos em torno de nós. Isso é levar vocês para fora do Egito. Esse exército é a pedra angular tirada das montanhas, que deve fazer em pedaços os poderes da terra". Quanto à objeção de que tal revolução "não tinha precedentes", Peter logo a afastou. O Nascimento da Virgem também era sem precedentes, mas aconteceu. "Esta é uma época para produzir exemplos e precedentes". Então o pregador mostrou qual precedente estabeleceria. Pediu o julgamento imediato do rei. Os cidadãos de Londres, os pregadores de Londres, todos se opunham a tal julgamento. Peter logo tratou deles. "Esses cidadãos tolos", disse, eram como o povo de Jerusalém na época da crucificação de Cristo: "Por um pequeno negócio e ganho, terão Cristo (apontando para as casacas vermelhas nas escadas do púlpito) crucificado e este grande Barrabás em Windsor libertado, mas não dou muita atenção ao que a turba diz. (...) Meus Lordes e nobres cavaleiros da Casa dos Comuns, os senhores são o sinédrio e o Grande Conselho da Nação, portanto devem estar certos de fazer justiça e é dos senhores que a esperamos. (...) Não prefiram o grande Barrabás, assassino, tirano e traidor, diante desses pobres corações... o exército que é seu salvador."[46]

---

[46] Stearns (*Hugh Peter*, p. 330-32) estabelece dois sermões distintos a partir desse material, atribuindo a passagem sobre Barrabás a um sermão posterior

No dia seguinte, os cavalheiros da Câmara dos Comuns pelo menos obedeceram suas ordens. Criaram uma comissão para avaliar como proceder segundo a justiça contra o rei. Mas somente quatro dias depois, antes de essa comissão poder se manifestar, e antes de o próprio Cromwell se decidir, houvera outro dia de jejum. Dessa vez era o jejum mensal regular, cujos pregadores, ao contrário daqueles de 22 de dezembro, tinham sido escolhidos um mês antes – de fato, antes do Expurgo de Pride. Este, como se veio a ver, foi desafortunado: mostrou que, em tempos revolucionários, dias de jejum especiais, a qualquer momento, eram mais seguros do que uma rotina regular independente.

Um dos pastores escolhidos mostrou-se correto. Era Thomas Brookes, um pastor radical cujo patrono, Sir John Bourchier, sobreviveria ao expurgo e se tornaria um regicida. Brookes pregou um sermão provocador, pedindo justiça, a qualquer custo. O Parlamento, declarou ele, deveria ignorar o clamor de parentes e amigos, ignorar o "povo ignorante, bêbado, que pensava que a aplicação da justiça aniquilará um país", e reconhecer que, pelo contrário, menosprezar a justiça provocará Deus "a lançar todos os seus serviços religiosos como esterco em suas caras". Ele recomendava a eles os exemplos clássicos de assassínio

---

pregado na época em que *Rump* hesitava em aprovar o Ato de criação da Alta Corte de Justiça – ou seja, entre 3 e 6 de janeiro. Mas a fonte – um Beaver, que ouviu o sermão e testemunhou no julgamento de Peter em 1660 – é bastante clara. Ele diz que a ocasião foi "um jejum em St. Margaret's" em dezembro de 1648, "poucos dias antes de a Câmara dos Comuns fazer essa coisa chamada um Ato por seu [do Rei] Julgamento" (ou seja, o decreto aprovado pelos Comuns em 28 de dezembro). Também fica claro pelo texto que Peter estava pregando para ambas as Casas. Toda essa evidência indica conclusivamente para o sermão de jejum oficial de Peter de 22 de dezembro.

sagrado e clemência ímpia: Finéias, que não esperou julgamento; Saul e Acab, que pouparam os reis que Deus lhes havia ordenado matar.[47]

Assim falou o pregador da manhã. Era um eco dos sermões sangüinários de Fairclough pedindo o sangue de Strafford, e de Scudder, Woodcock e Staunton pedindo o sangue de Laud; e o *Rump Parliament* convenientemente aprovou esse sermão. Mas à tarde uma voz diferente, discordante, foi ouvida. Thomas Watson, pastor de St. Stephens, Walbrook, era um "presbiteriano" que tinha sido proposto pelo comerciante "presbiteriano" londrino John Rolle. Mas a revolução que ocorrera desde que ele fora indicado, e que provavelmente tinha excluído seu patrono da Casa, não o atemorizou. Para uma congregação de homens furiosos ou amedrontados, incitando ou sendo incitados cegamente, pregou um dos sermões mais violentos jamais apresentados no Parlamento Longo. Era um sermão contra a hipocrisia, e o pregador esboçou, de modo detalhadamente apropriado, o caráter do hipócrita. O hipócrita, disse ele, é "zeloso com as coisas menores e remisso com as maiores... zeloso contra uma cerimônia, uma relíquia ou vitral... mas nesse meio-termo vive em conhecido pecado, mentira, difamação, extorsão, etc.". Ele é zeloso contra o papismo, mas não tem consciência do sacrilégio, deixando morrer de fome o ministério, "roubando Deus de seu dízimo". Então se aproximou mais e atingiu mais fundo. O hipócrita, declarou ele, "faz da religião uma máscara para cobrir seu pecado". Assim, "Jezebel, que pode colorir seu assassínio, proclama um jejum". Já a congregação de santos parlamentares deve ter começado a tremer pelo que viria a seguir. E podiam mesmo, pois veio pesado, até mesmo de caráter pessoal. "Muitos", disse o pregador

---

[47] Thomas Brookes, *God's Delight in the Progress of the Upright* (1648).

(e não podia haver dúvida sobre de quem ele estava falando), "fazem da religião um disfarce para sua ambição. Venham ver meu zelo, disse Jeú, pelo Senhor. Não, Jeú, teu zelo era pelo reino. Jeú fez a religião segurar o estribo até que ele subiu à sela e possuiu a Coroa. Este é um pecado especialmente exasperador".

Previsivelmente, o *Rump* não agradeceu a Watson, nem o convidou para publicar o sermão. Mesmo os Niveladores, que logo ecoariam seus sentimentos em relação à "hipocrisia" de Cromwell, rejeitaram tal aliado. "Essa orgulhosa carne presbiteriana", disseram eles, "deve derrubar a monarquia, um sendo igual em tirania ao outro". Mas Watson ignorava o veto implícito. Ele próprio publicou seu sermão. Não teve dificuldade para encontrar um impressor. O sermão apareceu com o mesmo *imprimatur* que a *Séria e Fiel Representação*, o protesto do clero londrino contra o julgamento do rei e contra a acusação de que o clero, por sua oposição, sempre planejara a destruição da monarquia.[48]

Imediatamente depois do dia de jejum, Cromwell se decidiu, e em 28 de dezembro o obediente *Rump* aprovou o decreto sobre o julgamento do rei. Dois dias depois escolheram seus pregadores para o próximo jejum, que estava marcado para 30 de janeiro de 1649. Dessa vez, não haveria oportunidade de erro. Os dois pregadores foram propostos por dois membros seguramente radicais, Gilbert Millington e Francis Allen, sendo que ambos assinariam a sentença de morte do rei. Eram John Cardell e John Owen.

Assim, o mês mais dramático de toda a revolução teve início. Em cada estágio a coragem dos regicidas era mantida pela pungente voz

---

[48] O sermão de Watson foi publicado como *God's Anatomy upon Man's Heart*. Os comentários do Leveller são de *The Moderate* (nº 25, p. 235, e nº 26, p. 248).

do pregador, e o pregador, nesse mês, era sempre o mesmo; pois se havia vários pastores que pressionariam o Parlamento para julgar o rei, havia somente um que abertamente pediria sua execução. Entre 26 de dezembro e 30 de janeiro não houve jejum parlamentar oficial, mas houve muitas oportunidades não-oficiais, e Peter usou-as totalmente. Toda tragédia pessoal de Charles I foi pontuada por suas jubilosas exclamações. Quando o rei foi levado de Windsor para o Palácio St. James, Peter cavalgou diante de sua carruagem "como um bispo-esmoler... triunfante". Ele próprio incumbido do palácio, importunou o rei para que confessasse seus crimes, como importunara o arcebispo Laud em seu julgamento e o marquês de Winchester nas ruínas em chamas de Basing House. No jejum solene com que a Alta Corte de Justiça começou seus trabalhos, exclamou arrebatadoramente que, "com o velho Simeão", ele agora podia gritar *Nunc dimittis*; pois depois de vinte anos de oração e pregação seus olhos haviam visto a salvação. Pregou então seu famoso sermão sobre o salmo 149:

> Que os santos se alegrem na glória: que cantem alto em seus leitos.
> Que os altos louvores de Deus estejam em suas bocas, e uma espada de dois gumes em suas mãos;
> Para executar vingança contra os pagãos e punições sobre o povo.
> Para prender seus reis com cadeias e seus nobres com grilhões de ferro...

Em momentos críticos no julgamento, Peter pregou para os soldados, incentivando-os a esperar um veredicto sangrento; deu-lhes sugestões para abafar todos os murmúrios de discordância com gritos rítmicos de "Justiça, Justiça!" ou "Execução, Execução!"; e, quando a sentença foi dada, pregou um sermão final no próprio palácio de St. James, escolhendo como seu texto a famosa denúncia do rei da Babilônia por Isaías:

> Todos os reis das nações repousam com honra, cada um no seu jazigo.
> Tu, porém, foste lançado fora da tua sepultura, como um ramo abominável, rodeado de gente imolada, trespassada à espada, atirada sobre as pedras da fossa, como uma carcaça pisada aos pés.
> Tu não te reunirás àqueles na sepultura, pois que arruinaste a tua terra, fizeste perecer o teu povo; nunca mais se nomeará essa raça de malvados.

Peter esperara pronunciar esse saboroso texto diante do próprio rei, mas, como a seguir lamentou, "o pobre miserável não me ouviria". Três dias depois, o jejum mensal foi adiado por um dia a fim de que Londres pudesse testemunhar uma cerimônia mais espetacular: a execução do rei.

No dia seguinte os clérigos mais prudentes surgiram de novo. Cardell e Owen convenientemente congratularam-se com o *Rump* por seu grande ato de justiça; ostentaram, em justificação retrospectiva, os antigos textos ensangüentados sobre os reis vis de Israel; e depois trataram da reforma há muita adiada, da reforma social com que se havia sonhado em 1640, em 1641, em 1646-47, somente para ser impedida por obstáculos recorrentes: Strafford, a rebelião irlandesa, a crise revolucionária e a segunda guerra civil. Por fim, parecia que todos os obstáculos, mesmo os maiores, haviam sido destruídos: o caminho estava limpo. O *Rump*, disse Owen, era o instrumento de justiça de

Deus a que era pecado resistir; e quando publicou seu sermão anexou a ele um tratado sobre as reformas religiosas que eram exigidas a fim de justificar esse título. O reino, disse Cardell, era "uma velha casa em ruína", pronta, a menos que consertada ou reconstruída, para "cair sobre suas cabeças": havia "vigas comidas por bichos", "pilares e batentes podres... que nunca servirão de novo, que devem necessariamente ser removidos".[49]

No mesmo dia, Stephen Marshall pregou para os Lordes. Ao contrário de seus colegas, foi muito prudente para publicar seu sermão, mas dificilmente podemos duvidar de seu teor. Marshall fizera todo o percurso com a revolução até então. O aliado espiritual de Pym tornara-se aliado espiritual de Cromwell. De "presbiteriano" tornara-se independente. Como Cromwell, como todos os independentes, era indiferente às "formas de governo".[50] Ao concordar em pregar no dia seguinte ao regicídio, embora fosse para os relutantes Lordes, em certa medida desculpou o ato. Como o presbiteriano Robert Baillie a seguir escreveu, "ele estava mais satisfeito com a mudança de governo, tanto civil quanto eclesiástico, do que muitos de seus companheiros"; e o realista moderado Thomas Fuller, biógrafo amigável, observou que "ele tinha uma alma tão dócil que

---

[49] J. Owen, *A Sermon Preached to the House of Commons...* (1649); J. Cardell, *God's Wisdom Justified and Man's Folly Condemned* (1649). O sermão de Owen, em cujo prefácio, como Wood diz (*Athenae Oxonienses*, IV, 103), "ele insolentemente adota a mais infernal noção do dia anterior", estava entre os livros formalmente condenados e queimados pela Universidade de Oxford em 1685.

[50] Como disse em *A Letter to a Friend in the Country* (1643), "entre os diversos tipos de governos legítimos, a monarquia, a aristocracia e a democracia, nenhum deles é indicado por Deus de modo a excluir o outro de ser um governo legítimo".

nunca quebrou uma junta, nem torceu um tendão, na alteração dos tempos".[51]

O sermão de Marshall para a Câmara dos Lordes foi o epitáfio desta. Quando Cardell falara para os Comuns sobre os pilares e batentes podres do reino que deviam ser removidos, podia haver pouca dúvida sobre seu significado. De fato, em uma semana, a Câmara dos Lordes foi abolida, mas a Câmara dos Comuns continuou, e Marshall continuou com ela. Todavia, como a situação deve ter parecido diferente para ele desde os grandes dias quando, com Calamy e Burges, apresentara sua tática e preservara a unidade de seus 400 membros: quando os instruíra em St. Margaret's como votar e depois os guiara diligentemente a Westminster para registrar seus votos; quando os anunciara na guerra e os levara, declinantes mas ainda unidos, pelos anos de infortúnio! Agora todos os seus colegas haviam desertado. Calamy e Burges se uniram à oposição "presbiteriana"; Gauden tinha passado do "presbiterianismo" para o realismo, e tinha coligido o mais famoso, o mais efetivo dos tratados realistas. A fim de encontrar pregadores de jejum, o Parlamento agora tinha que atrair capelães radicais do exército e sectários furiosos. E, de qualquer modo, seria possível perguntar, qual era o significado dos sermões de jejum regulares? O Parlamento havia se reduzido a um mero punhado de deputados. O próprio Marshall fizera o que pudera para deter o encolhimento. Tinha protestado contra o Expurgo de Pride — embora, como sempre, tivesse se apegado ao lado vencedor.[52] Seria usado por Cromwell para reconquistar os "Membros

---

[51] Fuller, *The History of the Worthies of England* (1772), II, p. 52.
[52] Que Marshall protestara com o Expurgo de Pride fica claro a partir de uma nota marginal em *A Serious and Faithful Representation of... Ministers of the Gospel within the Province of London* (1648), p. I.

Segregados", mas em vão.⁵³ Os que agora sentavam em Westminster estavam tão firmemente unidos pelo interesse comum, até mesmo pelo crime comum, que o antigo artifício de sermões parlamentares parecia dificilmente necessário.

De fato, em tal época, os sermões políticos eram um risco acrescentado. O *Rump* teve um gosto do perigo no sermão de Watson de 26 de dezembro. Tiveram outro em 25 de fevereiro quando Thomas Cawton, um pastor londrino, rezou publicamente diante do Prefeito e de Aldermen por Charles II e toda a família real. Por essa "oração traiçoeira", o Conselho de Estado prontamente o mandou para Gatehouse. Nesse meio-tempo, *Eikon Basiliké* circulava por toda parte para incentivar a devoção mal orientada para os Stuarts. Não eram somente os inimigos realistas e presbiterianos da república cujas concepções estavam expressas em forma religiosa. Igualitários e anabatistas à esquerda do precário novo governo já estavam pregando uma "segunda revolução". Diante desse duplo perigo, o *Rump Parliament* começou a pensar que os sermões políticos tinham perdido algo de seu encanto. Como tantos partidos revolucionários, decidiu que a liberdade de expressão era um luxo a ser concedido somente nos dias de oposição; e no fim de março atuou em concordância com isso. Em 28 de março, decidiu produzir um Ato que ordenava aos pregadores em Londres para não se imiscuírem em questões de governo, mas "somente se dedicarem a seu dever na pregação de Jesus Cristo e seu Evangelho para a edificação de seus fiéis". Um precedente conveniente para tal medida fora dado pelos estados da Holanda e da Frísia Ocidental, que um mês antes estabeleceram a proibição da expressão de qualquer opinião

---

⁵³ Wood, *Athenae Oxonienses*, III, p. 964.

política pelo clero.⁵⁴ No dia seguinte, um panfleto oportuno reforçou essa decisão. Era de John Dury, um dos profetas originais da reforma social que estava agora, finalmente, para ser realizada; intitulava-se *Um Caso de Consciência Resolvido, referente a Pastores que Envolvem Questões de Estado em seus Sermões.*

Dury admitia que os "capelães da Corte" de Charles I haviam pregado sermões políticos, e que desde 1640 "os pregadores populares lhes haviam retrucado de seu próprio modo"; mas no fim, perguntava ele, que bem viera de toda essa pregação política, essa confusão do pastor com o magistrado? Em ambos os lados, havia "criado nada além de animosidades e confusão". Para aqueles que insistiam – e com que freqüência os pregadores puritanos tinham insistido! – que os homens não deviam ser indiferentemente neutros, mas zelosos da causa de Deus e do bem público, Dury respondeu que devíamos também ter cuidado para não interpretarmos mal a causa de Deus. Era a voz da religião desgostosa com a política: a voz que em última instância levaria tantos homens desiludidos, e o próprio Dury, para o novo evangelho quietista do quacrismo.⁵⁵

Em todas essas circunstâncias, dificilmente podemos ficar surpresos com as dúvidas que começaram a assaltar o *Rump*, bem como pelo desejo de continuar o jejum mensal regular. Depois da execução do rei, o antigo procedimento foi seguido e os preparativos usuais foram

---

⁵⁴ *C. J.*, VI, 175. As ordens dos estados da Holanda e Frísia ocidental foram dadas por De Witt em conseqüência de denúncias clericais sobre a execução de Charles I. Foram publicadas na Inglaterra em 26 de fevereiro de 1649 como *An Extract out of the Register of the Resolution of the States of Holland, etc.*

⁵⁵ O panfleto de Dury inevitavelmente causou controvérsia. Ele o ampliou no ano seguinte em *A Case of Conscience concerning Ministers Meddling with State Matters in or out of their Sermons, resolved more satisfactorily than before.*

feitos para um jejum em 28 de fevereiro. Stephen Marshall foi mais uma vez convidado, mas recusou. Assim fez outro clérigo. Dois pregadores foram por fim encontrados, e pregaram, mas não publicaram seus sermões. Então a Câmara decidiu mudar a data do próximo jejum para 22 de março, e criou uma comissão, incluindo Scot, Ireton e Cromwell, para expor as razões da mudança. Dez dias depois, a comissão foi reforçada e a data do jejum adiada para 5 de abril. Em 17 de março foi aprovado um Ato a respeito, mas em discussão a data foi mais uma vez adiada, dessa vez para 19 de abril. Com essa mudança, o Ato foi publicado, mas ao mesmo tempo a comissão recebeu ordem para preparar, com toda a rapidez conveniente, outro Ato mais geral. Em 23 de abril, esse Ato foi devidamente levado para a Casa. Era um Ato para anular o Ato que criara o jejum mensal.

As razões apresentadas eram sem dúvida suficientemente verdadeiras. O Parlamento da Inglaterra, como se disse, havia descoberto por triste experiência que a observação do jejum mensal tinha sido, por diversos anos, na maioria da Commonwealth, totalmente negligenciada, e em outros lugares fora muito imperfeitamente celebrada. Portanto, a partir de então, o dito jejum estava abolido, e todos os homens deviam, na última quarta-feira do mês, atender seus afazeres. No futuro, em vez do jejum regular, haveria apenas aqueles jejuns especiais que podiam de tempos em tempos ser ordenados. Em particular, haveria um jejum especial em 3 de maio na área de Londres, e em 17 de maio no campo, para pedir a Deus perdão pelos pecados da nação, sua ingratidão pelas graças recentes, sua predisposição e empenho em recair em sua antiga tirania e superstição, e "as iniqüidades dos antigos dias de jejum mensais".

Nesse ínterim, o Parlamento estava preocupado com a pregação política em geral. Nos primeiros meses de 1649, tanto realistas quanto radicais continuaram a aproveitar suas oportunidades. De início, o grande perigo fora a contra-revolução, mas em breve a ameaça de uma segunda revolução parecia mais iminente, à medida que os Niveladores levantavam seus seguidores contra o novo "grupo impostor" de Cromwell e Ireton. Para um espírito tímido, mesmo alguns dos sermões de jejum oficiais podiam parecer perigosamente radicais. Os pregadores em 19 de abril, por exemplo, ufanaram-se na perspectiva de outras convulsões e anteviam o triunfo de heresia radical e da causa dos pobres.[56] No dia do jejum especial de 3 de maio, os sermões foram ainda mais radicais. Os pregadores, como se relatou, declararam "que, depois de o opressor ser afastado, a opressão não devia continuar", e que os verdadeiros patriotas prefeririam "ser pobres em uma rica Commonwealth a ricos em uma nação perturbada, pobre e quase arruinada". Quando do último motim dos Niveladores, esses sentimentos radicais não foram apreciados, e os pregadores, embora tenham recebido agradecimentos, não foram convidados a publicar seus sermões. No dia seguinte, o Parlamento ordenou que o Ato proibindo o clero de se imiscuir em política fosse relatado. Os Niveladores acreditavam que esse Ato era dirigido contra eles;[57] mas de fato, quando foi aprovado, em 9 de julho, a ameaça desse lado estava acabada; o último motim dos Niveladores fora esmagado, e o texto era abertamente dirigido apenas contra a propaganda realista e, mais geralmente, contra aqueles que direta ou indiretamente pregavam ou rezavam contra o poder, a autoridade ou os procedimentos do Parlamento.[58]

---

[56] John Owen, Οὐρανῶν Οὐρανία, *The Shaking and Translating of Heaven and Earth* (1649); John Warren, *The Potent Potter* (1649).
[57] *The Moderate*, nº 43 (1-8 maio 1649), p. 492.
[58] *Resolves of the Commons concerning such ministers as shall preach or pray against the Present Government* (9 de julho de 1649).

Com essas duas medidas de 1649, a abolição do jejum mensal regular e a ordem contra a pregação política, podemos concluir este estudo dos sermões políticos do Parlamento Longo. Naturalmente não foi um ponto final. Se o jejum mensal cessara, dias de jejum ou dias de ação de graças especiais continuavam a ser declarados, e logo ficaria claro que os sermões políticos não estavam de modo algum extintos. Não era nem mesmo um fim oportuno. O jejum mensal havia sido originalmente destinado a continuar enquanto houvesse perturbações na Irlanda. Como teria sido muito mais satisfatório se pudesse ter sido mantido durante esses meses remanescentes! Pois, de fato, agora que as perturbações da Inglaterra, ainda que temporariamente, estavam resolvidas, as perturbações irlandesas logo terminariam. Em 1º de novembro de 1649, o Parlamento tomaria conhecimento do saque e do massacre realizados por Cromwell em Drogheda, e Marshall e Sterry seriam indicados para pregar no dia de ação de graças. Se os jejuns mensais pudessem ter sido mantidos até então, poderiam ter sido revogados com um floreado triunfante, cerimonioso. Mas talvez seu fim prematuro tenha sido realmente mais apropriado. A ligação com a Irlanda era, afinal, acidental. O propósito real do jejum mensal fora fornecer uma caixa de ressonância constante para a política parlamentar, um meio regular de contato com o povo e de propaganda para ele. Na primavera de 1649, nenhum desses propósitos podia ser realizado. Um Parlamento que havia se reduzido a uma oligarquia não precisava mais dessa caixa de ressonância, e uma oligarquia que tinha perdido contato com o povo não podia mais explorar o meio da propaganda. Embora tenhamos poucos textos dos sermões de jejum especiais ou sermões de ação de graças pregados de 1649 a 1653, as circunstâncias em que foram pregados mostram suficientemente o espírito modificado por trás deles. O preparo cuidadoso, a definição estrita, as penas apresentadas como ameaça para a não-conformidade, tudo indicava um espírito defensivo muito diferente do que animara um Parlamento nacional lutando pela liberdade; e ao cessar até mesmo de autorizar a impressão dos sermões, o Parlamento renunciou à esperança de usá-los para influenciar o campo. Nas mãos de Hesilrige e Scot, a propaganda disseminada de Pym tornara-se uma conferência particular.[59]

Nesse ínterim, outros estavam assumindo a arma descartada. Já durante o domínio do *Rump*, os novos pregadores políticos estavam emergindo. Mais uma vez, como em 1645-47, foi no exército de Cromwell — esse grupo de homens inquietos e rebeldes, nervosos, em tensão constante, exaltados por vitórias sucessivas — que descobriram seu poder. Eram os capelães anabatistas, os Homens da Quinta Monarquia. Entrando no hiato deixado pela ruína dos Niveladores, esses homens rapidamente se apossaram da antiga máquina de propaganda. Graças ao apoio de Harrison, penetraram em St. Margaret's e apresentaram suas desconcertantes doutrinas para o Parlamento. Assim como Cromwell em 1645-46 havia introduzido Hugh Peter e Peter Sterry para alarmar os seguidores de Holles e Stapleton, Harrison trazia na revolucionária Quinta Monarquia tribunos para alarmar os seguidores de Hesilrige e Scot. Foi ele quem apoiou Vavasour Powell em fevereiro de 1650, John Simpson em março de 1651 e Christopher Feake em outubro de 1652. O Parlamento afastou-se desses pregadores radicais. Aprovou uma proposta de agradecimento a Simpson, evitou oferecer uma a Feake,

---

[59] Agradecimentos e convites formais para publicar foram a regra até março de 1651, embora os pregadores raramente tirassem proveito dos convites. A partir de 1651, os agradecimentos são raros, e os convites para publicar, mais raros ainda, cessando gradualmente juntos.

e em janeiro de 1653, quando Harrison propôs o radical William Dell, dividiu-se para derrotá-lo. Mas os radicais, no início de 1653, não seriam derrotados pelos simples votos parlamentares. Tinham patronos mais poderosos do que Hesilrige e Scot, congregações mais numerosas do que o *Rump*; e estavam determinados a usar ambos. Se o Parlamento não os usasse, derrubariam o próprio Parlamento.

Em 3 de março de 1653 o Parlamento Longo realizou o que seria seu último jejum solene: um jejum para implorar a bênção de Deus para os conselhos e as forças armadas da Commonwealth. O pregador, mais uma vez, era Stephen Marshall. Esse fiel servidor, "o arquiflâmine da debandada rebelde", "a trombeta pela qual anunciavam seus jejuns solenes", começara a longa série; agora, acidentalmente, ele a terminaria, pronunciando o epitáfio da Câmara dos Comuns tal como já fizera para a Câmara dos Lordes. Não sabemos o que disse. Mas, enquanto pronunciou para a reduzida congregação seu sermão sem agradecimento e sem registro, uma nova força estava se reunindo fora. Nas igrejas e praças abertas de Londres, Vavasour Powell, Feake e Simpson logo estariam se dirigindo a grandes platéias, pedindo o fim do Parlamento e um novo sistema de governo em que os púlpitos não deveriam ser afinados por nenhum homem, mas todo o poder seria exercido diretamente pelos pregadores, os santos.

Capítulo VII

Oliver Cromwell e seus Parlamentos

Oliver Cromwell e seus parlamentos — o tema é quase uma tragicomédia. Cromwell era membro do Parlamento; era o general indicado dos exércitos do Parlamento; e os vitorianos, em seus maiores dias de governo parlamentar, puseram sua estátua fora das Câmaras reconstruídas do Parlamento. Mas quais eram as relações de Cromwell com o Parlamento? No caso do Parlamento Longo, que o indicou, ele primeiro o expurgou à força e depois violentamente lhe retirou a autoridade. Seu próprio parlamento, o Parlamento dos Santos, que em larga medida fora indicado por seu governo, foi tomado por histeria, lacerado por intriga e dissolvido, depois de seis meses, por um indigno ato de suicídio. No caso dos parlamentos do Protetorado, eleitos em um novo sistema eleitoral e dentro de novos limites determinados pelo governo, o primeiro foi expurgado à força em uma semana e dissolvido por um artifício dificilmente distinto de fraude, antes de seu fim legal; o segundo foi expurgado por fraude no início, e, quando essa fraude foi revertida, tornou-se de imediato incontrolável, tendo sido dissolvido em quinze dias. Numa visão superficial, Cromwell era tão grande inimigo do Parlamento quanto Charles I ou o arcebispo Laud haviam sido, com a única diferença de que, como inimigo, ele fora mais bem-sucedido: dispersou todos os seus parlamentos e morreu em sua cama, enquanto os parlamentos dos outros dois os privaram do poder e os levaram por fim à execução.

Todavia, entre Cromwell e os Stuarts, no tocante a essa questão, havia uma diferença mais fundamental, pois mesmo que nunca pudesse controlar seus parlamentos de fato, Cromwell pelo menos nunca os rejeitou em teoria. Isso não porque ele fosse deliberadamente coerente com seu próprio passado parlamentar. Cromwell não era deliberadamente coerente com nada. Nenhuma carreira política é tão cheia de incoerência indefensável como a dele. Mas era fundamental e instintivamente conservador, e via no Parlamento parte da ordem natural das coisas. Não o via, como o arcebispo Laud, como "essa hidra" ou "esse barulho": encarava-o como a legislatura necessária da Inglaterra; e era simplesmente, a seus olhos, um acidente infeliz e incompreensível que seus próprios parlamentos coerentemente ficassem abaixo do padrão tradicional de utilidade. Portanto, repetidas vezes convocou-os e os enfrentou; repetidas vezes lutou com a hidra, buscou calar o barulho; e repetidas vezes, no fim, como o bom homem em uma tragédia, caído na armadilha de sua própria fraqueza, recorreu à força e à fraude, a expurgos, expulsões e recriminações. Como Moisés, desceu do Sinai sobre os filhos desobedientes de Israel, esmagando por sua vez as constituições divinas que obtivera para eles; e os membros surpresos e indignados, dispersos antes de seu tempo, saíram de sua presença arrasados por oratória confusa, protestos sobre sua própria virtude e a inconstância dos demais, reminiscências românticas, apelos particulares ao Senhor e grandes pedaços partidos do Pentateuco e dos Salmos.

Hugh Trevor-Roper

Por que Oliver Cromwell foi tão uniformemente malsucedido com seus Parlamentos? Para responder a esta pergunta, devemos primeiro examinar mais detidamente os objetivos e o caráter tanto de Oliver Cromwell quanto dessa oposição à Corte de Charles I de que ele foi de início um obscuro e por fim o mais poderoso representante: uma oposição não de políticos experientes (os políticos experientes de 1640 estavam mortos, ou haviam perdido controle, em 1644), nem de negociantes da City (os grandes negociantes londrinos eram em grande parte realistas em 1640),[1] mas da pequena nobreza: a pequena nobreza do interior que, em 1640, sentava nas últimas filas do Parlamento, mas que, com o andamento da guerra e da revolução, gradualmente abriu caminho entre a liderança em desagregação que de início a contivera: os independentes.

Agora essa pequena nobreza independente, é importante enfatizar, não era, como classe, revolucionária: ou seja, não sustentava idéias revolucionárias. Havia revolucionários entre os independentes, naturalmente. Havia revolucionários no Parlamento, homens como "Henry Marten e seu grupo" – Henry Neville, Thomas Chaloner e outros: republicanos intelectuais que tinham viajado pela Itália, lido Maquiavel e Botero e cultivado a doutrina da *raison d'état*; assim como também havia revolucionários fora do Parlamento: os Niveladores e os Homens da Quinta Monarquia. Mas se esses homens eram as faíscas sucessivas que acendiam os vários estágios da revolução, não eram o material fa-

---

[1] Valerie Pearl, em sua valiosa obra *London and the Outbreak of the Puritan Revolution* (Oxford, 1961), mostrou a força do realismo no governo efetivo da City até a revolução interna de dezembro de 1641: uma revolução descrita por Clarendon, *History of the Rebellion* (1843), p. 149-50, e na anônima *Letter from Mercurius Civicus to Mercurius Rusticus* (1643), publicada em *Somers Tracts* (1811), IV, p. 580.

cilmente inflamável dela. A maioria dos Membros do Parlamento, que de início acidentalmente desencadearam o movimento revolucionário e foram a seguir levados ou consumidos por ele, não eram homens lúcidos como esses. Não eram pensadores nem mesmo sonhadores, mas cavaleiros do interior, simples, conservadores, não-viajados, cuja paixão provinha não do pensamento radical ou da doutrina sistemática, mas da indignação: indignação que a capacidade de propaganda eleitoral de alguns grandes lordes e do gênio parlamentar de John Pym tinha levado a se transformar em força política, e que nenhum dos líderes posteriores foi capaz de subordinar ou conter. Esses eram os homens que formaram a base sólida da oposição parlamentar a Charles I: homens cujas concepções sociais eram suficientemente conservadoras, mas cujas paixões políticas eram radicais, e se tornaram mais radicais à medida que descobriam a grande duplicidade real. Esses eram os homens que se tornaram, com o tempo, os independentes; e Cromwell, embora os transcendesse em personalidade e gênio militar, era o representante típico deles, quando não também o maior.

Por que esses homens em 1640 estavam tão indignados? Estavam indignados, acima de tudo, contra a Corte. Curiosamente, era antes a Corte de James I do que a de Charles I que despertava seus sentimentos morais mais fortes, mas então a maioria deles estava na meia-idade, e aqueles que haviam tido prévia experiência parlamentar a tinham necessariamente adquirido antes de 1628 – os mais novos, que se desenvolveram sob Charles I, tendiam a ser realistas.[2] Foi a

---

[2] Este aspecto – de que os membros realistas eram, na média, dez anos mais jovens do que os parlamentaristas em 1640 – está claramente exemplificado por D. Brunton e D. H. Pennington, *Members of the Long Parliament* (1954), p. 14-20.

corrupta e extravagante Corte de James I e do duque de Buckingham, cujas despesas excessivas, "tão grandes e ilimitadas pelas antigas boas regras da economia",[3] que primeiro insultaram sua necessariamente cuidadosa administração das propriedades, e cuja aberta e vulgar imoralidade ainda escandalizou seus severos espíritos puritanos.[4] Mas James I, ao combinar seus erros a uma certa astúcia política, adiara o impacto dessa indignação, e a própria extravagância de sua Corte, com suas sinecuras, monopólios e pensões, com freqüência reduzira os potenciais líderes da oposição ao silêncio. Seu filho corrigira os abusos morais,[5] mas, por seus defeitos políticos, nutrira, aumentara e armara essa indignação que aqueles abusos tinham inicialmente engendrado. De fato, por sua parcimônia, Charles I apressou o próprio fracasso: ao cortar a extravagância da Corte, cortara os ganhos mitigadores que anteriormente tinham dividido a oposição, e ao elevar a renda das tutelas tornara "todas as famílias ricas da Inglaterra... enraivecidas e mesmo desleais à Coroa".[6] Em 1640, a indignação política e a indignação moral combinavam-se contra a Casa de Stuart, e eram juntas uma poderosa força nas mãos daqueles políticos práticos que talvez a compartilhassem e que certamente podiam explorá-la e que pensavam (mas erradamente) que podiam também controlá-la.

---

[3] Clarendon, *History of the Rebellion*, ed. W. D. Macray, I, p. 12.
[4] Para a indignação que mesmo cortesãos, criados na ordeira Corte da rainha Elizabeth, sentiam diante da vulgaridade e da imodéstia da Corte de James I, ver as cartas de Lord Thomas Howard e Sir John Harington publicadas em N. E. McClure, *Letters and Epigrams of Sir John Harington* (Filadélfia, 1930), p. 32-34, 118-21.
[5] Como até a puritana Mrs. Hutchinson claramente admite. Ver dela *Memoirs of Colonel Hutchinson* (Everyman Edition), p. 67.
[6] Clarendon, *History of the Rebellion*, I, p. 199.

E quais eram os ideais autênticos dessa pequena nobreza insultada, mas em grande parte apolítica e conservadora? Naturalmente, nessas circunstâncias, não eram muito construtivos. Esses homens olhavam para trás, não para a frente: para trás, a partir da Casa de Stuart, que tanto os tinha insultado, em direção à Casa de Tudor, de que seus pais tinham falado; e no reino de Elizabeth descobriram, ou inventaram, uma época de ouro: uma época em que a Corte estivera, como parecia, em harmonia com o campo e a Coroa com seus parlamentos; uma época em que uma rainha protestante, governando parcimoniosamente em casa e pondo apenas cargas toleráveis sobre "seus fiéis Comuns", fizera, todavia, a Inglaterra gloriosa no estrangeiro — líder do "interesse protestante" em todo o mundo, vencedora da Espanha nas Índias, protetora dos Países Baixos na Europa. Desde 1603 a posição gloriosa estava perdida. O rei James afastara a pequena nobreza, abandonara o protestantismo pela política "arminiana" em casa e pelas alianças polonesas no estrangeiro, fizera a paz com a Espanha e cedera, com as "cidades penhoradas", o protetorado sobre os Países Baixos. Quando a luta religiosa eclodira de novo na Europa, não foi o rei da Inglaterra que herdara o manto da rainha Elizabeth como defensor da fé protestante: foi um novo defensor do norte, o rei da Suécia. Na década de 1630, quando Gustavo Adolfo avançou pela Alemanha, tornou-se o herói da pequena nobreza frustrada e rebelde; e quando caiu em Lützen, não foram poucos os cavaleiros ingleses que escreveram, em suas casas, um epitáfio malfeito sobre a nova estrela polar de sua lealdade, "o Leão do Norte".

Essas eram as concepções políticas básicas, ou opiniões preconcebidas, dos *back-benchers** que invadiram o Parlamento em 1640. Mas

---

* *Back-benchers:* membros do Parlamento que ocupavam as últimas fileiras. (N. T.)

eles também tinham concepções sociais, e estas também os levavam de volta para a mesma época de ouro da rainha protestante. Primeiro, havia o desejo de descentralização – a revolta das províncias e da pequena nobreza provinciana não apenas contra a crescente e parasita Corte dos Stuart, mas também contra a crescente e "hidrópica" City de Londres; contra a Igreja centralizada, seja anglicana seja "presbiteriana"; e contra o custoso monopólio da educação superior pelas duas grandes universidades. Tudo isso estava implícito no programa independente.[7] E também, o que nunca podemos esquecer, pois era um grande elemento na tradição protestante, havia a exigência de uma sociedade orgânica responsável pelo bem-estar de seus membros. Desde sempre, entre os primeiros Reformadores, "os Homens da Commonwealth" haviam protestado contra a irresponsabilidade, a desumanidade prática, a inutilidade privilegiada da Igreja pré-Reforma; os protestantes ingleses enfatizaram a natureza coletiva da sociedade e as obrigações mútuas das classes que a compunham.[8] Sob Elizabeth, e especialmente no longo do reinado de Lord Burghley, algo mais do que louvor da boca para fora fora prestado a esse ideal, mas sob os Stuarts, e particularmente no reinado de James I (era formadora do puritanismo inglês), o ideal tinha novamente se eclipsado na medida em que a Corte e a Igreja se tornavam mais uma vez abertamente parasitas da sociedade. Esses foram os anos em que o grito de justiça social tornara-se insistente e o

---

[7] Toquei nesse aspecto do programa Independente em meu ensaio *The Gentry 1540-1640* (Economic History Society, 1954), p. 43.

[8] Não quero dizer que essas concepções não eram sustentadas na Igreja católica *depois* da Reforma. A revolta era européia, e tanto a Igreja protestante quanto a católica herdaram-na, e competiram entre si para formulá-la. Doutrinas "coletivistas" semelhantes foram formuladas pelos jesuítas na Espanha, mas na Inglaterra, sendo esta protestante, era parte da tradição protestante.

Direito Consuetudinário, tão enaltecido por seu mais bem-sucedido profissional, Sir Edward Coke, tornou-se, sob outros olhos, um dos pesos sociais mais opressivos. Quando o arcebispo anglicano Laud fracassara em seus esforços desesperados, obtusos, mas em alguns aspectos heróicos, para reformar a sociedade centralmente e a partir de cima, a oposição puritana herdou muito de seu programa e buscou realizá-lo de outra forma, como uma *commonwealth* independente descentralizada. Os radicais teriam alcançado tal reforma violentamente e planejaram novas constituições escritas para garanti-la e preservá-la. Os puritanos conservadores, que eram radicais somente no ânimo, não em suas doutrinas sociais ou políticas, afastaram-se desses novos remédios. Acreditando sinceramente em uma sociedade melhor, mais descentralizada, mais responsável, procuraram sua realização não na Utopia ou na Oceana, e sim, mais uma vez, em uma época elisabetana revivida.[9]

Esse era o denominador comum da filosofia positiva compartilhada por muitos dos membros do Parlamento que sentavam nas últimas fileiras em 1640, como sobressai, sob a forma de protesto, de seus panfletos, seus diários, suas cartas a seus patronos, suas manifestações

---

[9] Autores mais recentes — e não somente marxistas e fabianos, pois a mesma inclinação pode ser encontrada no livro do católico romano W. Schenk, *The Concern for Social Justice in the Puritan Revolution* (1948) — tenderam a encontrar a evidência de tal interesse pela reforma social apenas entre as seitas radicais, que certamente fizeram mais barulho a respeito. Mas acredito que o mesmo interesse, de um modo mais prático, menos doutrinário, era mostrado pelos Independentes conservadores. Pode-se descobrir em seus projetos pela reforma judiciária e questões da Igreja, em sua obra educacional (sobre a qual ver em especial o excelente estudo de W. A. L. Vincent, *The State and School Education, 1640-1660*, 1950), nos decretos do Protetor e do Conselho entre dezembro de 1653 e setembro de 1654 e na política social desenvolvida no período de administração dos generais-de-divisão.

parlamentares, tanto antes quanto depois dessa data crucial. É espantoso como isso se reflete fielmente nas cartas e discursos, tal como a seguir na política tateante, de Oliver Cromwell. "A reforma da justiça e do clero", a justiça social para "o pobre povo de Deus" garantida não por revolução radical, mas por benevolência patriarcal, um renascimento das glórias da "rainha Elizabeth de ilustre memória" – um protetorado sobre os Países Baixos, uma guerra corsária nas Índias Ocidentais e a liderança do "interesse protestante" na Europa – tudo isso reaparece em sua política posterior. Mesmo a adoração acrítica de Gustavo Adolfo está aí. Talvez nada seja mais tragicômico na romântica política externa de Cromwell do que seu culto do império-saqueador no Báltico, a que ele teria sacrificado os interesses comerciais ingleses e, em particular, da rainha Cristina, que ele apaixonadamente cortejou com uma pomposa embaixada, ricos presentes e seu próprio retrato. Pois ela não era tanto uma heroína protestante quanto uma rainha virgem – seu pai, o grande Gustavo, e a "rainha Elizabeth de ilustre memória" misturados em um? Na verdade, ela não era isso. Mesmo quando ele a corteja, essa culta nórdica caprichosa estava secretamente sendo convertida ao papismo por missionários jesuítas, e Cromwell teve de transferir suas devoções acríticas para o sucessor dela.

Mas isso está no futuro. Em 1640, Oliver Cromwell ainda era, como os outros pequenos nobres do campo que haviam seguido seus patronos a Westminster, um mero *back-bencher*, um aliado menor de seus parentes, os Barringtons, John Hampden e Oliver St. John, um protegido do conde de Warwick. Nunca sonhou que suas concepções iriam um dia ter mais poder por trás delas do que as deles, ou que as concepções que todos eles compartilhavam seriam expressas de outro modo que não as manifestações de um Parlamento fiel, ainda que indignado com um rei caprichoso, mas, esperavam (uma vez que os "maus conselheiros" haviam sido afastados), em última instância, um rei acessível. Nenhum deles sonhava, em 1640, com revolução, nem na Igreja nem no Estado. Não eram nem separatistas nem republicanos. O que queriam era um rei que, ao contrário de Charles I, mas como a rainha Elizabeth de sua imaginação, trabalharia com as instituições existentes segundo o velho bom senso; bispos que, ao contrário dos bispos laudianos, mas como o bispo Hall ou o arcebispo Ussher, supervisionariam seus rebanhos no velho bom senso do "doce e nobre" anglicano, Richard Hooker.[10] De início esperavam que o rei Charles se ajustaria, afastaria algumas inovações Stuart, daria algumas garantias e se tornaria tal rei do Estado, tal supremo governador da Igreja. Foi somente quando o rei Charles se tinha mostrado refratário que a revolução, embora indesejada, ocorreu, gerando seu próprio impulso

---

[10] O conservadorismo da oposição em questões seculares é geralmente admitido. Em agosto de 1643, Henry Marten foi enviado para a Torre, sem um protesto, por expressar sentimentos republicanos. Nas questões da Igreja, o clero "presbiteriano" e os sectários extremados naturalmente exprimiam claros sentimentos antianglicanos, mas os leigos (como a história da Assembléia de Westminster mostrou) não tinham intenção de se submeter a tais extremistas clericais. De fato, os conselheiros espirituais dos Independentes, William Ames, Thomas Hooker, Hugh Peter, etc., eram "congregacionalistas não-separatistas", que nunca rejeitaram a Igreja anglicana (ver Perry Miller, *Orthodoxy in Massachusetts*, Cambridge, Mass., 1933, p. 177 s.; R. P. Stearns, *Hugh Peter*, Urbana, 1954, p. 12, etc.). Foi Henry Parker um grande pensador independente, cujo elogio de Hooker citei. Parker também descreveu o bispo Hall como "um dos mais assertivos, e nisso o mais nobre, do episcopado"(W. K. Jordan, *Men of Substance*, Chicago, 1942, p. 70-71). Quando no poder, Cromwell concedeu muito mais liberdade aos anglicanos do que os vingativos anglicanos da Restauração estavam dispostos a admitir (ver R. Bosher, *The Making of the Restoration Settlement*, 1951, p. 9-14), e deu para o arcebispo Ussher um funeral oficial na Abadia de Westminster, com serviço anglicano.

e levando indivíduos basicamente conservadores a atos radicais tais que nunca teriam imaginado antes e afastariam da lembrança depois, e pondo-os diante de problemas fundamentais sobre os quais nunca haviam pensado antes. Foi somente por uma extraordinária e imprevisível virada nos acontecimentos que um desses *back-benchers*, Oliver Cromwell, tendo arruinado todas as instituições existentes, se viu, em 1649, diante da responsabilidade de realizar, ou restaurar, o equilíbrio perdido da sociedade. Era uma responsabilidade enorme para alguém tão arbitrariamente posto em destaque, mas Cromwell levou-a a sério, pois era essencialmente um homem sério e modesto; a questão era como podia ser realizada.

Os radicais, naturalmente, tinham seus planos: eram os intelectuais, ou os doutrinários, os novos homens e os homens jovens da revolução. Pretendiam continuá-la, criar novos motores de força e impor assim novas e não-experimentadas constituições, mas, a seus olhos, esperançosas. Cromwell, porém, não era um radical ou um intelectual ou um jovem. Não queria continuar a revolução, que, aos seus olhos e aos olhos de seus companheiros da pequena nobreza, já saíra de controle. Queria detê-la, pô-la sob controle, obter um "acordo" depois de um desafortunado, mas, como veio a se revelar, inevitável período de "sangue e confusão". Também não acreditava em novas constituições, ou de fato em quaisquer constituições. Não acreditava, como alguns de seus colegas mais canhestros acreditavam, no direito divino das repúblicas, não mais do que no direito divino de reis. Formas de governo eram para ele "apenas uma coisa mortal", "lixo e esterco comparados com Cristo", e portanto em si bastante indiferentes. Não estava, como disse certa vez, "casado ou colado a formas de governo": os antigos hebreus, o próprio povo de Deus, não tinham passado igualmente bem, segundo as circunstâncias, sob patriarcas, juízes e reis?[11] A aceitabilidade, ou, como ele dizia, "aceitação", era para ele o único teste do governo certo. Em sua indignação contra Charles I, podia denunciar a monarquia, mas em momentos mais tranqüilos admitiria que um governo "com algo monárquico" era provavelmente o mais aceitável, e portanto o melhor. Em sua indignação contra o conde de Manchester, podia expressar sua esperança de viver "para nunca ver um nobre na Inglaterra", mas em momentos mais tranqüilos podia insistir em que "um nobre, um cavaleiro, um *yeoman** eram "as classes e ordens de homens pelos quais a Inglaterra fora conhecida por centenas de anos", e que essa "nobreza ou pequena nobreza" devia ser mantida.[12] Fundamentalmente, a seus olhos, era o defeito das pessoas, não das instituições, que fora fatal para o *ancien régime*: "a cabeça do rei não foi cortada porque ele

---

[11] *Clarke Papers*, I (Camden Society, 1891), 369. Essa indiferença a formas de governo, que implicava uma rejeição do governo de Charles I sem nenhuma alternativa constitucional, era lugar-comum entre os independentes cromwellianos. Sir Henry Vane de modo semelhante sustentava que "não é tanto na forma da administração quanto na coisa administrada em que consiste o bem ou mal do governo" (*The People's Case Stated* in *The Trial of Sir Henry Vane, Kt.*, 1662, p. 106). Cf. Stephen Marshall, *A Letter to A Friend in the Country* (1643): "Entre os diversos tipos de governos legais, monarquia, aristocracia e democracia, nenhum deles é tão indicado por Deus a ponto de excluir os outros de ser um governo legal"; e Hugh Peter, *Mr. Peter's Message with the Narration of the taking of Dartmouth* (1646), p. 2: "Pois é certo que os bons homens podem salvar uma nação quando as boas leis não podem"; e *A Dying Father's Legacy* (1660), p. 110: "Eu em lugar algum me preocupei com quem governava, menos ou mais, desde que os bons fins de governo sejam anunciados...". Cf. as concepções similares de outros independentes citadas em E. Ludlow, *Memoirs*, ed. C. H. Firth (1894), I, 184-85, e T. Burton, *Parliamentary Diary* (1828), III, p. 260, 266.
* Pequeno proprietário rural. (N. T.)
[12] B. Whitelocke, *Memorials* (1853), III, 374; *Camden Miscellany*, VIII (1883), 2; W. C. Abbott, *Writings and Speeches of Oliver Cromwell* (Harvard, 1937-47), III, 435, e IV, p. 273.

era rei, nem os lordes afastados porque lordes, nem o Parlamento foi dissolvido porque era um Parlamento, mas porque não cumpriram sua obrigação".[13] Em política Oliver Cromwell não era um teórico ou um doutrinário, mas um oportunista.

Oportunistas que não acreditam na necessidade de constituições particulares tomam o que está mais à mão, e o que estava mais próximo da mão de Cromwell quando ele foi convocado para restaurar sua sociedade elisabetana ideal eram naturalmente os *débris* sobreviventes da constituição elisabetana. O Parlamento fora atacado ferozmente – e por ninguém menos do que ele próprio –, mas seus restos estavam ali; o rei fora destruído, mas ele próprio permaneceu, ainda que um pouco incongruentemente, em seu lugar. Naturalmente ele se via como uma nova rainha Elizabeth – ou melhor, sendo um homem humilde, como um regente para uma nova rainha Elizabeth; e preparou-se, como ela, para convocar uma série de parlamentos respeitosos. Certamente, como ele era um deles, e como todos honestamente buscavam o mesmo sincero ideal, os membros concordaram com ele, assim como tinham concordado com "essa Senhora, essa grande Rainha"? Certamente ele tinha apenas de se dirigir a eles na Painted Chamber, elogiá-los com umas poucas expressões eloqüentes, deixá-los em suas harmoniosas deliberações e, depois, tendo recebido deles umas poucas "boas leis", dispensá-los, no momento adequado, em meio a aplausos, cortesmente, com um "Discurso Dourado"?*

Infelizmente, como sabemos, tal não aconteceu. Não foi com discursos dourados que Cromwell desfez seus parlamentos, mas com apelos ao Céu, com excessos de abuso – e força. Isso foi assim não

---

[13] MS. Tanner, III, 13, citado em *Clarke Papers*, III (1899), p. viii, n. I.
* *Golden Speech* – discurso de Elizabeth I a seu último Parlamento. (N. T.)

apenas porque faltava base de legitimação e consenso: a rainha Elizabeth, como Cromwell, era discutida em seu título, e Cromwell, como a rainha Elizabeth, era pessoalmente indispensável mesmo para aqueles extremistas que se agastavam com seu conservadorismo. A falha fatal estava em outra parte. Sob Oliver Cromwell, algo estava faltando na mecânica do governo parlamentar. Não era apenas essa útil gota de óleo com que a rainha Elizabeth tinha de vez em quando tão graciosamente lubrificado a máquina. Era algo muito mais essencial. Para ver o que era essa omissão, devemos passar do caráter para a composição e o trabalho dessas assembléias uniformemente infelizes.

Os métodos pelos quais a rainha Elizabeth controlava tão eficazmente seus parlamentos, compostos, na maior parte, pela pequena nobreza apolítica, são agora bem conhecidos, graças ao grande trabalho de Sir John Neale e do professor Notestein.[14] Consistiam, primeiro, em patronato eleitoral e outros patronatos, e, em segundo lugar, em certos artifícios de procedimento entre os quais os essenciais eram dois: a presença no Parlamento de um núcleo firme de conselheiros particulares experimentados e o controle real sobre o Presidente. Esses métodos de controle são da maior importância na história do Parlamento, e se formos avaliar Oliver Cromwell como um parlamentarista é necessário considerar seu uso tanto desse patronato quanto desses artifícios de procedimento. Isso, penso eu, não fora tentado antes. Meu propósito neste ensaio é tentá-lo. Acredito que pode ser mostrado que é precisamente nesse campo que se encontra o fracasso catastrófico de

---

[14] Wallace Notestein, *The Winning of the Initiative by the House of Commons* (British Academy Lecture, 1924); J. E. Neale, *The Elizabethan House of Commons* (1949); *Elizabeth I and her Parliaments* (1953).

Cromwell como parlamentarista. A fim de demonstrá-lo, será necessário tomar os parlamentos de Cromwell um a um e ver, em cada caso, até onde o patronato do governo e seus partidários foram usados, e quem formava esse núcleo essencial de negociadores parlamentares efetivos, essa "bancada da frente" que, sob os Tudors, fora ocupada pelo Conselho Privado real.

Naturalmente, Cromwell não herdou o sistema diretamente da rainha Elizabeth. No meio século de intervalo, houvera muitas mudanças – mudanças que se iniciaram mesmo antes da morte dela. Nos últimos anos de Elizabeth, ambos os métodos de controle real foram desafiados: os puritanos tinham desenvolvido uma imensa "máquina" parlamentar independente do Conselho Privado, e o conde de Essex tinha buscado usar o patronato aristocrático para envolver a Câmara dos Comuns contra os ministros da rainha. Mas no caso, graças à habilidade parlamentar dos dois Cecils, nenhum desses desafios fora bem-sucedido. Foi somente depois da morte da rainha, e em particular depois da rejeição de Robert Cecil por James I, que a indiferença dos reis Stuarts e a incompetência de seus ministros possibilitaram o desenvolvimento de uma oposição parlamentar e a organização do patronato e do procedimento contra a Coroa. Em 1640, quando o Parlamento Longo se reuniu, o jogo foi invertido. Nesse ano, magnatas de oposição – os condes de Bedford, Warwick e Pembroke – mostraram-se melhores negociadores de *boroughs** do que os ministros reais, e o fracasso de Charles I para garantir a eleição de seu pretendido Presidente para o Parlamento, por qualquer eleitorado, podia ser descrita por Clarendon como "um acidente inesperado e de fato inaudito, que freou muitas das medidas

---

* *Boroughs* – circunscrição eleitoral. (N. T.)

do rei e desordenou infinitamente seu serviço para além da capacidade de conserto".[15] Assim, em 1640, patronato e procedimento estavam firmemente nas mãos da oposição. Mas essa virada do jogo não acarretou nenhuma mudança no sistema pelo qual o Parlamento foi manipulado. Significou simplesmente que o mesmo sistema que anteriormente fora operado pela Coroa era agora operado contra ela. John Pym, o mais hábil negociador parlamentar desde os Cecils, retomou seu trabalho. Controlou o patronato, o Presidente e a bancada da frente. De 1640 até 1643, o Parlamento, em suas mãos, foi mais uma vez um corpo efetivo e disciplinado tal como nunca fora desde 1603.

---

[15] R. N. Kershaw, "The Elections for the Long Parliament", in *English Historical Review*, 1923; Clarendon, *History of Rebellion*, I, p. 220. A amplitude com que o partido de oposição em 1640 se tornou um partido aristocrático, controlado por certos grandes lordes negociadores de cadeiras dos *boroughs*, tem sido, penso eu, insuficientemente enfatizada por historiadores, embora Clarendon, como contemporâneo, a dê por certa. Pym era cliente do conde de Bedford ("totalmente dedicado ao conde de Bedford", Clarendon, op. cit., I, p. 245); aqueles que a seguir se tornaram independentes eram em grande medida (como os pregadores independentes) clientes do conde de Warwick, de quem o próprio Cromwell permaneceu aliado constante, mesmo quando seus papéis se inverteram (ibid., p. 544). Para o conde de Warwick como líder de um partido político, ver A. P. Newton, *The Colonising Activities of the Early Puritans* (New Haven, 1914), *passim*. Para algumas de suas atividades eleitorais, ver J. H. Hexter, *The Reign of King Pym* (Cambridge, Mass., 1941), p. 44-45. Para as atividades eleitorais dos condes de Pembroke, ver Violet A. Rowe, "The Influence of the Earls of Pembroke on Parliamentary Elections 1625-1641", in *English Historical Review*, 1935, p. 242. Por outro lado, a fraqueza eleitoral do governo é mostrada pela recusa do arcebispo Laud de ele próprio se valer do patrocínio do *borough* à sua disposição em Reading, ou, aparentemente, em Oxford (ver Laud, *Works*, 1847-60, VI, 587; M. B. Rex, *University Representation in England, 1604-1690*, 1954, p. 145). E ainda, se Laud escolhera indicar Sir Thomas Gardiner para Reading, teria havido um Presidente realista em vez de Lenthall, e o desastre tão enfatizado por Clarendon nunca teria ocorrido. É difícil superestimar as conseqüências que podiam ter decorrido de esforço tão pequeno.

Com a morte de Pym em 1643, seu incontestável império sobre o Parlamento se dissolveu, e homens menos capazes competiam por seus fragmentos. Primeiro, St. John, depois Vane entre os radicais e Holles entre os conservadores surgiram como líderes partidários, mas não podem ser apresentados como líderes partidários bem-sucedidos: a máquina rangia e gemia, e somente ao convocar desastradamente uma força externa – o exército – os independentes foram capazes, no fim, de garantir seu controle. Por outro lado, uma vez que o Parlamento fora expurgado e o rei executado, voltou uma certa unidade política e de opinião. O *Rump Parliament*,* que governou a Inglaterra de 1649 a 1653, pode ter sido justamente odiado como oligarquia corrupta, mas governou efetivamente, preservou a revolução, fez e financiou a guerra vitoriosa e realizou uma política coerente de imperialismo mercantil agressivo. Seu domínio foi de fato o mais sistemático governo do Interregno; e como seu domínio foi o domínio não de um ministro conhecido, mas de um número de assembléias superpostas operando como Parlamento, ora como comissões parlamentares, ora como Conselho de Estado, enquanto alguns dos departamentos administrativos eram reconhecidamente confundidos e confusos, é razoável indagar quais eram os efetivos negociadores que fizeram essa complexa e anônima junta funcionar tão vigorosa e tão suavemente. Essa é uma questão que, em minha opinião, pode ser respondida com alguma confiança.

Não temos, infelizmente, diários privados do *Rump Parliament* que possam mostrar quem operava seus negócios ou debates, mas temos diários posteriores que mostram pelo menos quem afirmava tê-los operado; e a partir desse e de outros testemunhos acredito que po-

---

* *Rump Parliament*, ou Parlamento dos Remanescentes. (N. T.)

demos dizer que, pelo menos depois de 1651, a política do *Rump* foi controlada por um pequeno grupo de homens determinados e sinceros. Até o verão de 1651, a ascendência desses homens não é tão visível, mas com a política que prevaleceu depois dessa data pode ser, penso eu, claramente vista. Em 1651, com a aprovação da Lei de Navegação e a declaração de guerra aos Países Baixos, o antigo ideal elisabetano de um protetorado sobre os Países Baixos foi afastado em favor de uma política nova e oposta, uma política de agressão mercantil contra um poder protestante vizinho. Além do mais, essa política, conforme repetidas informações, era a política não de todo o Parlamento, mas de "um número muito pequeno", com aliados na City de Londres, "alguns poucos homens" que atuavam "segundo seu próprio interesse", "algumas poucas pessoas profundamente interessadas no comércio com a Índia Oriental e as novas Colônias".[16]

A identidade desses poucos homens, ou pelo menos de seus negociadores parlamentares, dificilmente pode ser posta em dúvida, pois nunca se cansaram de se expor. Eram Sir Arthur Hesilrige e Thomas Scot. Nos últimos parlamentos do Interregno, cujas atas felizmente são conhecidas, Hesilrige e Scot aparecem como uma associação parlamentar efetiva. Juntos lideraram a lista daqueles republicanos que Cromwell por duas vezes excluiu de seus Parlamentos. Juntos são mencionados por Ludlow como os principais defensores da boa doutrina republicana. Juntos reaparecem, no *Commons' Journals*, como escrutinadores das moções estritamente republicanas. Além do mais,

---

[16] Essas afirmações referentes ao pequeno número dos criadores da política do *Rump*, feitas por Pauluzzi, o residente veneziano, Daniel O'Neil, o agente realista, e os embaixadores holandeses posteriores são citadas por S. R. Gardiner, *History of the Commonwealth and Protectorate* (1894), II, 120n.

não apenas repetidamente reivindicaram para si toda a virtude republicana do *Rump Parliament* em geral, mas, em particular, a política pela qual mais elogiavam o *Rump* era sempre precisamente essa política mercantilista agressiva que fora desencadeada em 1651 com a guerra triunfante contra os Países Baixos, mas uma guerra que, aos olhos dos protestantes sérios, era também fratricida.

Hesilrige e Scot não eram apenas republicanos. Eram também, para usar um termo posterior, Whigs.* Se a república era para eles a melhor de todas as formas de governo, isso não era apenas por causa de precedentes clássicos ou bíblicos, nem por causa da iniquidade de determinados reis: era apenas porque, a seus olhos, a república era o sistema político capaz de criar impérios comerciais. Como os Whigs posteriores, que também eram acusados de uma preferência pela "oligarquia", encontraram seu grande exemplo na república mercantil de Veneza. "Há algo que floresça sem ser uma Commonwealth"?, indagava Scot: "Veneza contra o orgulho do Império Otomano";[17] e ele nunca deixou de insistir numa reversão à política comercial agressiva de 1651-53. "Nunca começamos melhor para sermos senhores de todo o mundo." "Rivalizamos pela melhor senhora do mundo – o Comércio." "É conhecido no exterior – os holandeses sabem – que um parlamento da Inglaterra pode lutar e conquistar também." "Vocês nunca tiveram

---

* Membros de partido político constitucionalista surgido na Inglaterra no século XVII. (N. T.)

[17] O culto em voga de Veneza alcançou seu auge sob a Commonwealth. Os republicanos Harrington e Neville fizeram dela seu ideal; o tratado anônimo *A Persuasive to a Mutual Compliance* (1652) profetiza para o *Rump* um futuro comparável com o de Veneza (*Somers Tracts*, VI, 158); o laudatório *Survey of the Signorie of Venice, of her admired policy and method of government*, de James Howell, foi publicado em 1651.

uma frota como no Parlamento Longo", ecoava Hesilrige; "todas as potências do mundo dirigem-se a quem senta em sua cadeira"; "o comércio floresceu, a City de Londres ficou rica, éramos no mar os mais poderosos que já se viram na Inglaterra". Quando Cromwell expulsou o *Rump*, declarou a seguir: "Não havia sequer o latido de um cachorro ou alguma queixa geral ou visível neles"; e seus partidários da pequena nobreza concordavam com ele: "Não havia nem investigador nem investigação sobre eles." Mas alguns gritos havia, e é interessante ver de onde vinham. No momento crucial, quando uma solução consensual estava quase à vista, foi Hesilrige quem a afastou a setenta milhas de distância e com sua presença e oratória impediu os outros membros de cederem senão à força; e, quando foram expulsos pela força, foi da City de Londres que veio o único pedido de restauração: uma petição cuja paternidade é fácil de reconhecer – pois seis anos depois foi implicitamente reivindicada por Thomas Scot.[18]

Agora é interessante observar que essa política, a política "Whig" de agressão mercantil que atribuí a Hesilrige e Scot, bem como a seus aliados na City, embora fosse realizada por um Parlamento independente cuidadosamente expurgado de elementos não-solidários, era plenamente contraditória em relação às concepções declaradas e aos juízos preconcebidos dessa pequena nobreza comum independente que Cromwell representava e que, em sua atitude geral, prenunciava mais os nobres rurais Tory* do que o grupo de pressão mercantil

---

[18] Abbott, *Writings and Speeches of Oliver Cromwell*, III, 453; Burton, *Parliamentary Diary*, III, 97, III-12, etc.

* Membro do partido político conservador surgido no século XVII. (N. T.)

Whig da geração seguinte.[19] O próprio Cromwell sempre favoreceu a política elisabetana de uma aliança com um protetorado sobre os Países Baixos, e foi essa política que Oliver St. John impusera, até 1651, ao governo holandês em Haia. A defecção de St. John em 1651 permitira ao partido Whig realizar sua política de guerra, mas em 1653, quando Cromwell expulsara o *Rump*, não perdeu tempo para terminar a guerra que tinham iniciado. Além disso, Cromwell e seus colegas haviam se revoltado, em parte, contra a centralização do comércio na City de Londres, que tinha causado a decadência dos arredores e da indústria local: não tinham vontade de lutar (e pagar por) por guerras mercantis no interesse da City; e a seguir, quando denunciaram o *Rump*, "lançaram muito discurso sujo e ruim" sobre eles como "um Parlamento de comerciantes".[20] A descentralização, as províncias contra a City e o interesse protestante — esses eram seus slogans políticos, os slogans que expressaram na década de 1630 e 1640 e expressariam novamente depois de 1653, mas que continuaram despercebidos por aqueles *Rumpers* que temporariamente tinham assumido

---

[19] Essa distinção entre a política "Whig" do *Rump* e a política "Tory" dos Independentes cromwellianos é bem exemplificada na pessoa de um proeminente defensor da primeira e inimigo da segunda, Slingsby Bethel. Em seu panfleto *The World's Mistake in Oliver Cromwell* (1668), ele atacava Cromwell precisamente porque ele havia acabado com a política mercantilista do *Rump*; em seu *Interest of Princes and States* (1680), ele ataca a pequena nobreza como o principal obstáculo por toda parte à política mercantil racional; e, na época em que Whigs e Tories existiam de fato, não simplesmente em embrião, ele era xerife Whig de Londres no ano da Conspiração Papista.

[20] Burton, *Parliamentary Diary*, I, p. XXV, XXVIII. Para as queixas independentes contra o crescimento da City de Londres e seu monopólio do comércio, ver *ibid*. I, p. CX, 177, p. 343-44. Para a mesma queixa retomada por um *back-bencher* Tory uma geração depois, ver *The Memoirs of Sir John Reresby* (1875), p. 333.

o controle da revolução. Por fim, o *Rump Parliament* – e esta foi uma das maiores queixas de Cromwell contra ele – mostrou-se cada vez mais indiferente a essa "preocupação protestante com a justiça social" que assomou tão vigorosa no programa independente. A guerra aos protestantes no estrangeiro, no interesse dos comerciantes da City, era acompanhada em casa, nesses anos, por uma luta privilegiada pela propriedade pública que parecia uma zombaria de ideais puritanos. A república de Hesilrige e Scot podia se chamar uma "Commonwealth", mas de fato, disse um republicano real, "era uma oligarquia detestada por todos os homens que amam a Commonwealth";[21] ou, se fosse uma *commonwealth*, era apenas, segundo a definição amarga de Thomas More: "uma certa conspiração de homens ricos alcançando seus fins sob o nome e o título de uma Commonwealth".

Assim, a política do *Rump* nos anos 1651-53 – período em que o ressentimento do exército estava crescendo contra eles – não era apenas a política de um pequeno grupo de manipuladores que tinha obtido o controle da assembléia: era também uma política essencialmente oposta aos objetivos daqueles independentes que haviam feito a revolução. Por toda sua insistência na descentralização, na justiça social e nas alianças protestantes, esses Independentes tinham se mostrado incapazes de fazer tal política mesmo em seu próprio Parlamento, que seu próprio líder tinha expurgado em seu interesse. Incapazes, ou inadequados, para exercer o poder político, pareciam destinados a cedê-lo a qualquer grupo organizado, por menor que fosse, que tivesse a capacidade de empunhá-lo – mesmo que esse grupo o usasse apenas para desenvolver políticas bastante diferentes das suas próprias. Embora os Tories

---

[21] Burton, *Parliamentary Diary*, III, p. 134.

independentes houvessem feito a revolução e, por meio do exército, tivessem poder no Estado, os Whigs haviam conseguido obter poder no Parlamento. Para corrigir isso e criar um governo próprio, os independentes tinham de escolher entre duas políticas. Ou preservariam a constituição republicana e venceriam os Whigs em seu próprio jogo — ou, se isso fosse muito difícil para *back-benchers* naturais, removeriam seus rivais pela força e colocariam acima do Parlamento uma "única pessoa", parecida com eles, para convocar, desfazer e, acima de tudo, orientar e regular suas assembléias. Esse último rumo era inteiramente coerente com sua filosofia política geral; era também o rumo mais fácil; e conseqüentemente eles o tomaram. A questão crucial era: a nova "pessoa única" compreendia a técnica dessa tarefa? Tinha em mãos todo o poder do Estado, mas tinha em sua cabeça o conhecimento necessário da negociação parlamentar, ou seja, patronato e procedimento para evitar outra usurpação das primeiras filas vagas? Ele as ocuparia com seus conselheiros privados e assim firmaria, como a rainha Elizabeth fizera, a harmonia natural entre os Comuns fiéis, ainda que um pouco desarticulados, e o Trono?

Se era isso que Cromwell esperava fazer, sua primeira oportunidade depois da expulsão do *Rump* era talvez a melhor, pois o Parlamento dos Santos, o *Barebones Parliament** de 1653, era, afinal, em grande parte uma assembléia nomeada, não eleita. E no entanto, como se verificou, essa experiência se mostrou o fracasso mais humilhante de Cromwell. O *Barebones Parliament* é um exemplo clássico de uma assembléia não-política dominada de dentro por uma minoria bem-organizada. Foi tão dominada não apenas porque a maioria de seus membros era não-política — isso é verdade em

---

* *Barebones Parliament* (Parlamento Desossado). (N. T.)

relação à maioria das assembléias –, mas porque o próprio Cromwell, ao convocá-la, estava bastante insciente da inspiração real por trás dela, e não tentou convertê-la, por preparo ou organização, em uma assembléia útil ou mesmo aproveitável. Como adiante admitiu, era uma mentira não apenas da fraqueza dos membros mas da sua própria: "A questão não era passível de resposta com a simplicidade e a sinceridade do projeto."[22]

A evidência disso é tristemente simples. Pois o que estava nas mentes de Cromwell e seus aliados conservadores quando decidiram, ou concordaram, convocar o *Barebones Parliament*? Olhamos, e tudo o que vemos é uma obscuridade bem-intencionada, devota, desnorteada. Os Independentes não tinham teorias políticas: acreditando que formas de governo eram indiferentes, contavam simplesmente em trabalhar com as instituições existentes, e, agora que as instituições existentes – primeiro a monarquia, depois a república – haviam sido destruídas, estavam perplexos. "Era necessário derrubar esse governo", um deles declarara na véspera da expulsão, "e seria tempo suficiente então para avaliar o que deveria ser colocado em seu lugar"; e a seguir foi oficialmente afirmado que, "até o Parlamento ser de fato dissolvido, nenhuma resolução seria tomada quanto ao modelo em que encaixar o governo, mas foi depois dessa dissolução debatido e discutido como *res integra*".[23] Em outras palavras, tendo expulsado o *Rump Parliament* que havia traído a causa independente, os funcionários graduados independentes viram-se num dilema. Tinham agido, como Cromwell com tanta freqüência agia, não racionalmente nem com essa duplicidade maquiavélica que suas vítimas geralmente lhes imputavam, mas a partir de um impulso;

---

[22] Abbott, *Writings and Speeches of Oliver Cromwell*, IV, p. 489.
[23] Ludlow, *Memoirs*, I, 351; [Anon.] *A True State of the Case of the Commonwealth* (1654), citado por Firth in Ludlow, op. cit. I, p. 358, n.

e quando a atitude impulsiva fora tomada e o próximo passo mais deliberado tinha de ser dado, estavam bastante despreparados.

Em relação aos despreparados, os preparados sempre levam vantagem. Neste caso, os preparados eram o novo partido radical que havia substituído os Niveladores destruídos: os radicais totalitários extremistas, os anabatistas e seus zelotes combativos da Quinta Monarquia. Esses homens já tinham se estabelecido no exército por meio de seus tribunos disciplinados, os capelães; também já controlavam muitos dos púlpitos de Londres; e pela tomada do poder direto tinham dois outros recursos: uma organização, sob a forma da Comissão para a Propagação do Evangelho em Gales, que era então totalmente controlada por seu vigoroso líder galês, Vavasour Powell, e seus missionários itinerantes; e um patrono no mais alto nível, o general-de-divisão Harrison, o representante responsável pelos Propagadores galeses e – o que então era mais importante – o *alter ego* do insuspeito Cromwell. No *Rump Parliament*, que afinal fora o resíduo de um parlamento de pequena nobreza, advogados e comerciantes, esses zelotes radicais tiveram pouca influência. De fato, foram seus mais violentos inimigos, pois o *Rump*, ao contrário de Cromwell, estivera bem ciente de suas atividades subversivas e por algum tempo estivera se preparando, a despeito de constante obstrução, para acabar com os Propagadores galeses que formavam sua comissão essencial. Era em grande parte para prevenir, ou vingar, um golpe tão crucial que Harrison insistira com Cromwell para expurgar o Parlamento.[24] Quando o expurgara, Cromwell favo-

---

[24] A história da luta por causa dos Propagadores galeses pode ser acompanhada em T. Richards, *The Puritan Movement in Wales* (1920). Ver também Alan Griffith, *A True and Perfect Relation of the whole Transaction concerning the Petition of the Six Counties*, etc. (1654).

recera os radicais. Tinham-no usado para destruir para eles o inimigo deles; e agora procuravam usá-lo ainda mais, como meio de conquistar poder político direto.

Como com tanta freqüência na história de Oliver Cromwell, há algo ao mesmo tempo trágico e cômico na maneira como foi enganado pelos Homens da Quinta Monarquia. Para ele, eram simplesmente bons homens religiosos, e quando viu que seu próprio estado de espírito exaltado de indignação contra o *Rump* era partilhado por eles, seguiu o conselho deles, pouco suspeitando de que projetos políticos secretamente elaborados espreitavam por trás de sua linguagem mística. "Reforma da justiça e do clero": não era exatamente esse seu programa? Uma justiça mais leve, mais barata, mais rápida; um clero puritano descentralizado, devoto; não eram essas suas ambições? Como poderia saber que com a mesma expressão os anabatistas queriam dizer algo bastante diferente e muito mais radical: mudanças gerais na lei de propriedade, abolição do dízimo, extensão à Inglaterra dos tribunos religiosos muito organizados, doutrinados, que já tinham levado o Evangelho a Gales "como fogo na palha"? Oliver Cromwell não suspeitava disso. Quando Harrison insistia com ele para expulsar o *Rump* como perseguidor dos "pobres santos em Gales", inocentemente aquiesceu; e, quando viu que a recusa do *Rump* para renovar sua autoridade deixara os Propagadores galeses sem uma base legal, inocentemente lhes forneceu um substituto, escrevendo-lhes para ignorar a legalidade estrita e "prosseguir alegremente no trabalho como antes, para promover essas boas coisas". Meses depois, o maior crime do *Rump* ainda pareceria para ele ser sua tentativa de desmantelar esses Propagadores galeses, "o pobre povo de Deus ali, que tinha homens olhando por eles como tantos lobos, prontos para apanhar o cordeiro logo que fosse trazido ao mundo".²⁵ Essa visão romântica de um grupo de demagogos corruptos, que ocultavam suas práticas violentas por trás de oratória céltica lacrimosa, logo seria tristemente desfeita.

Logo que tinham garantido a expulsão dos *Rump*, os Homens da Quinta Monarquia estavam prontos para o próximo passo. O que exigiam era uma legislatura nomeada pelas igrejas supostamente "independentes", algumas das quais foram completamente invadidas por eles e estavam seguramente controladas. Somente desse modo podia um partido tão não-representativo alcançar o poder. Portanto, quando Cromwell permaneceu suspenso em dúvida, logo se viu cercado por conselheiros dispostos e unânimes. "Humildemente aconselhamos", escreveram os Santos de Gales do Norte para ele de Denbigh (a carta foi redigida pelo figurão local da Quinta Monarquia, Morgan Llwyd), "que, já que a política e a grandeza dos homens fracassaram, permitiríamos e incentivaríamos, finalmente, na próxima eleição, os santos de Deus em seu espírito para recomendar ao senhor como Deus escolherá para esse trabalho."²⁶ Outro pregador da Quinta Monarquia, John Rogers, era ainda mais preciso. Insistia em que um grupo interino de doze, "como os doze Juízes de Israel", fosse criado primeiro; que um sinédrio de setenta homens "ou então de um condado" fosse nomeado, em que "os honrados dos notáveis do antigo Parlamento" pudessem também ser incluídos; e que em todos os casos de dúvida o General "consultasse os Santos (Deuteronômio I.13) e enviasse a todos homens corajosos e perspicazes para seu propósitos".²⁷ Através de Harrison,

---

[25] Abbott, *Writings and Speeches of Oliver Cromwell*, III, p. 13, 57.
[26] *Milton State Papers*, ed. J. Nickolls (1743), p. 120; cf. J. H. Davies, *Gweithiau Morgan Llwyd* (Bangor, 1899) e 1908), II, p. 264.
[27] John Rogers, *A Few Proposals*, citado em Edward Rogers, *Life and Opinions of a Fifth Monarchy Man* (1867), p. 50.

essas propostas foram estimuladas no conselho de oficiais;[28] sob essa dupla pressão, direta e indireta, Cromwell facilmente cedeu; e o *Barebones Parliament*, quando foi convocado, consistiu, de fato, em um corpo constituído quase exatamente como exigido no programa da Quinta Monarquia. Os doze conselheiros eram indicados, e os membros do novo Parlamento deviam ser eleitos pelas igrejas locais[29] que os radicais tinham com freqüência invadido. Alguns poucos membros seriam indicados diretamente pelo conselho.

Quem as igrejas elegeriam? As próprias reivindicações de Cromwell eram moderadas e sensatas. Ele pedia "homens conhecidos de boa reputação" – ou seja, puritanos respeitáveis, ainda que apolíticos, da pequena nobreza; e assim eram os homens que ele próprio parece ter indicado: Lord Lisle, seu parente, seu próprio médico Dr. Goddard, etc.[30] Mas os radicais tinham visões mais definidas, mais positivas: estavam determinados a enviar para o Parlamento apenas membros

---

[28] Ver as cartas de Harrison sobre o assunto na correspondência de Jones (ver adiante n. 31; também Ludlow, *Memoirs*, I, 358; *Clarke Papers*, III, 4).

[29] Desde que esse ensaio foi escrito, Austin Woolrych, no interessante artigo "The Calling of Barebones Parliament", em *English Historical Review*, julho de 1965, sustentou que, quaisquer exigências ou sugestões que fossem feitas, os membros desse Parlamento não eram "eleitos" pelas Igrejas, mas indicados pelo Conselho de Oficiais, e que as várias cartas das igrejas, propondo membros determinados, não eram respostas a pedidos, mas propostas não-solicitadas. Embora convencido pela argumentação de Woolrych, não alterei meu texto. A diferença efetiva é de qualquer modo pequena, já que o Conselho naturalmente seria em muitos casos, e demonstravelmente era em outros, guiado pelos Santos locais. As conclusões de Woolrych tornam ainda mais digno de nota o papel dos Homens da Quinta Monarquia na "colonização" de uma assembléia puramente "indicada".

[30] Lord Lisle foi evidentemente indicado pelo conselho, já que representava Kent, mas não fora indicado pelas igrejas de Kent, cuja lista de indicados sobrevive (*Milton Papers*, p. 95).

confiáveis do partido radical. A sobrevivência oportuna da correspondência de um de seus simpatizantes galeses, coronel John Jones, de Merionethshire, mostra claramente suas táticas eleitorais,[31] pois em Gales pelo menos não havia agora igrejas "independentes", apenas os missionários itinerantes subjugados de Vavasour Powell. Conseqüentemente, mesmo a formalidade da eleição era desnecessária. "Suponho", escreveu Harrison para o coronel Jones, "que o irmão Powell familiarizou o senhor com nossos pensamentos tanto quanto com as pessoas mais prontas para servir em nome dos Santos de Gales do Norte: Hugh Courtney, John Browne, Richard Price." Em outras palavras, os três membros de Gales do Norte eram simplesmente indicados em Londres por Harrison e Powell e seus nomes comunicados, como cortesia, a um destacado partidário no distrito. Quase não é preciso acrescentar que todos os três eram destacados Homens da Quinta Monarquia, e todos eram devidamente "eleitos". Sem dúvida, os três membros de Gales do Sul — distrito do próprio Vavasour — eram escolhidos de modo semelhante. Dois deles também parece terem sido da Quinta Monarquia.[32] De modo semelhante, na Inglaterra,

---

[31] Algumas dessas cartas foram publicadas em *Transactions of the Lancashire and Cheshire Historical Society* (1861), p. 171 s. (Os originais são agora MS. 11440 na Biblioteca Nacional de Gales.) O coronel Jones a seguir afastou-se dos Homens da Quinta Monarquia, casou-se com a irmã de Cromwell e apoiou o Protetorado, mas nessa época, como mostram suas cartas, era um companheiro completo de Harrison e Vavasour Powell.

[32] Os três membros de Gales do Sul eram James Phillips, John Williams e Bussy Mansell. Segundo J. H. Davies, *Gweithiau Morgan Llwyd*, II, p. LXIII, dois deles eram da Quinta Monarquia. Louise Fargo Brown, *Baptists and Fifth Monarchy Men* (Washington, D. C., 1912), p. 33, apenas identifica um deles, ou seja, John Williams, como batista ou Homem da Quinta Monarquia; mas, quer inscrito formalmente no partido ou não, Bussey Mansell certa-

onde quer que pregadores radicais controlassem as igrejas, políticos radicais eram recomendados para o conselho como membros do Parlamento, e Harrison, no conselho, procurava que fossem aprovados.[33] Assim, os adeptos da Quinta Monarquia e seus inocentes úteis, uma minoria compacta, deslocavam-se *en bloc* para Westminster. Era uma máquina de política e funcionava como mágica. Complacentemente, Harrison podia escrever a um amigo que "o Senhor agora por fim instrumentalizou o General para pôr o poder nas mãos de Seu povo"; mas isso, acrescentou, "era o trabalho do Senhor, e não graças a Sua Excelência".[34] O inocente Cromwell ainda estava sem conhecimento do movimento revolucionário que estava patrocinando.

Assim, o *Barebones Parliament* foi "eleito" e quando se reuniu, em 4 de julho de 1653, Cromwell dirigiu-se a ele em seu estilo exaltado. Agora finalmente, pensava ele, tinha um Parlamento a seu modo, um Parlamento de homens devotos, composto de pequena nobreza de seu tipo, *back-benchers*, não políticos maquinadores — com alguns Santos isolados, naturalmente. Também tinha um presidente seguro, Francis Rous, um cavaleiro, um homem religioso e um cromwelliano típico: mais velho, apolítico, "elisabetano", meio-irmão de Pym e amigo de Drake. Certamente um conjunto tão puro podia ser confiável para fazer

---

mente votou com os radicais e foi um dos últimos resistentes do lado radical que em última instância foi afastado à força (ver sua carta em *Thurloe State Papers*, 1742, I, 637).

[33] Além dos assentos galeses, deduzo que outros eleitorados foram assim "colonizados" a partir das poucas listas sobreviventes enviadas pelas igrejas. Assim, embora as igrejas de Norfolk e Gloucester propusessem nomes misturados, muitos do quais não eram aceitos pelo conselho, as igrejas de Suffolk e Kent propunham listas sólidas de votantes radicais (*Milton State Papers*, p. 92-95, 124-25).

[34] S. R. Gardiner, *History of the Commonwealth*, II, p. 222.

boas leis. Tendo insistido com eles para tal, afastou-se por completo da cena e esperou que as boas leis surgissem. Não procurou controlar o Parlamento; embora eleito por suas comissões, não fez parte delas; em um tentativa sincera "para retirar da espada todo o poder na administração civil", afastou-se, como a rainha Elizabeth e seu Conselho Privado nunca tinham feito, da atividade de manejar o Parlamento, e esperou resultados.

Os resultados foram os que podiam ser esperados. Os *back-benchers* cromwellianos eram como moscas desajeitadas apanhadas na delicada rede tecida por aranhas radicais ágeis. Os radicais eram poucos – eram apenas dezoito claramente identificáveis anabatistas ou Homens da Quinta Monarquia,[35] dos quais cinco eram de Gales; mas era o bastante.

---

[35] Brown, *Baptists and Fifth Monarchy Men*, p. 33. Com freqüência se afirma que os extremistas tinham um "partido" de cerca de sessenta (por exemplo, H. A. Glass, *The Barebones Parliament*, 1899; Brown, op. cit., p. 33, e *The First Earl of Shaftesbury*, New York, 1933, p. 55; Margaret James, "The Tithes Controversy in the Puritan Revolution", in *History*, 1941); mas não penso que uma afirmação tão clara possa ser adequadamente feita. Ela se apóia nos números em divisões, tal como registrado nos *Commons' Journals* e em duas listas de votação (ligeiramente diferentes) do último debate crucial, uma das quais é citada a partir de Thomason E. 669 por Gardiner, *History of the Commonwealth*, III, p. 259 (também é in *Thurloe State Papers*, III, 132), e a outra, sem referência, por Glass. Mas as divisões nem sempre se davam a partir de uma questão exclusivamente conservadora-radical, e não é adequado rotular membros permanentemente como "cromwellianos" ou "radicais" com base em uma divisão imperfeitamente registrada (a lista de Glass apresenta Squibb como conservador, o que é ridículo, e as listas de qualquer modo não distinguem entre aqueles que não votaram no lado conservador e radicais, abstinentes e ausentes). Além disso, muitos daqueles que votaram como radicais em 1653 a seguir, quando afastados dos líderes radicais, serviram conscienciosamente o Protetorado, tendo sido sem dúvida – como o próprio Cromwell – inocentes úteis dos extremistas. De um estudo crítico dos escrutinadores em divisões, e a partir de outras fontes, é certamente possível identificar os líderes de am-

Fizeram uma arremetida por comissões cruciais;[36] Harrison, ao contrário de Cromwell, sentava-se regularmente na Casa e em suas comissões; e fora dos organizadores clericais do partido afinava os púlpitos londrinos. O oratório de Blackfriars criou para os radicais essa pressão externa que no passado havia permitido a Pym intimidar os realistas e a Vane intimidar os "presbiterianos". Em seis meses os radicais tinham tal controle sobre toda a assembléia que os conservadores cromwellianos, tomados de pânico em seus projetos revolucionários, vieram cedo e furtivamente a Whitehall e devolveram ao Lord General os poderes que, por falta de direção, se mostraram incapazes de exercer.

Quem eram os negociadores parlamentares do *Barebones Parliament* que assim preenchiam o vácuo deixado pela incapacidade de Cromwell ou sua recusa de formar um partido? Mais uma vez, penso eu, podem ser identificados. Arthur Squibb, um Homem da Quinta Monarquia, era advogado londrino com ligações galesas;[37] Samuel Moyer, batis-

---

bos os lados: Sir Anthony Ashley Cooper, Sir Charles Wolseley, Sir Gilbert Pickering, Robert Tichborne, do lado conservador; Harrison, Samuel Moyer, Arthur Squibb, coronel Blount, John Ireton e Thomas St. Nicholas, do lado radical. Sem dúvida havia outros — como o sólido bloco dos batistas e dos adeptos da Quinta Monarquia — cuja posição pode ser claramente definida. Mas é provável que os *back-benchers* comuns não pertencessem a nenhum "partido", mas votassem segundo a ocasião, e que o sucesso dos radicais consistisse em administrar votantes flutuantes, assim como em ter controle sobre votantes disciplinados.

[36] As comissões mais intensamente colonizadas pelos radicais eram, naturalmente, aquelas que tinham a ver com partes essenciais de seu programa, ou seja, dízimos e a lei. A comissão para um Novo Modelo de Justiça continha todos os radicais principais, e de seus dezoito membros não menos de treze votaram do lado radical no último debate crucial.

[37] Começara sua carreira no escritório de um advogado galês, Sir Edward Powell, e ligou-se por laços de casamento ao juiz galês John Glyn.

ta, era um financista londrino e membro da Companhia das Índias Orientais que recentemente havia sido acrescentado – sem dúvida por Harrison – ao Conselho de Estado. Ambos eram radicais sinceros em política e religião, como a seguir mostraram em seu eclipse; ambos se beneficiaram com a revolução; trabalharam juntos em importantes comissões financeiras, particularmente na Comissão Permanente de Acordos; são mencionados juntos entre os primeiros porta-vozes públicos do *Barebones Parliament*;[38] e no fim, quando Cromwell descobriu como fora iludido, foram Squibb e Moyer que, com Harrison e os pregadores, os escolhidos para essa vingança.[39] Nas comissões do *Barebones Parliament*, onde os radicais concentravam sua força, Samuel Moyer, a ligação deles com o Conselho de Estado, liderava a lista ao participar, como ninguém mais, de sete comissões permanentes; e sabemos pelo próprio Cromwell que a casa de Squibb na Fleet Street

---

[38] Depois do discurso de abertura de Cromwell, os membros suspenderam a sessão até as 8h do dia seguinte para "um dia de humilhação com bênção sobre sua reunião, não devendo nenhum pastor falar para eles (como proposto), somente eles próprios. Entre o resto estavam Squibb e Samuel Moyer"(*Clarke Papers*, III, 9).

[39] Depois da instituição do Protetorado, Squibb foi forçado a desistir de sua funções como guardião da prisão de Sandwich e escrutinador das finanças (*Cal. S. P. Dom. 1654*, p. 116, 272). Ele estava envolvido na ascensão da Quinta Monarquia de Venners de 1656 (*Thurloe State Papers*, VI, p. 185). Na Restauração, ele e seus irmãos procuraram em vão recuperar a função de escrutínio das finanças (*Cal. S. P. Dom. 1661-2*, p. 369; *1663-4*, p. 121, 582; *1666-7*, p. 182-83, 535). Foi preso na Torre em ligação com o sermão da Quinta Monarquia em 1671 (*Cal. S. P. Dom. 1671*, p. 357). Moyer desapareceu do Conselho de Estado e todas as funções oficiais ao mesmo tempo. Reapareceu para apresentar a petição republicana e da Quinta Monarquia em fevereiro de 1659 (*Commons' Journals*, 9-15 de fevereiro de 1659; Burton, *Parliamentary Diary*, III, 2888) e novamente outra petição em 12 de maio de 1659 (*Commons' Journals*, s.d.).

era o escritório central do partido, "e todas as resoluções tomadas eram produzidas nessa Casa diariamente; e isso era verdade *de facto* – sei que é verdade".[40] Contra essa máquina partidária altamente organizada – a máquina de eleição galesa de Vavasour Powell, a máquina de publicidade dos púlpitos londrinos agora controlada pelo partido; e a reunião parlamentar de Harrison, Squibb e Moyer –, Cromwell, com propósitos imediatos, nada tinha; nada, ou seja, exceto a base última de seu governo – a força.

Foi pela força, no fim, que o pequeno grupo de radicais que se recusaram a aceitar o suicídio da maioria foi expulso. Enquanto o Presidente Rous, essa "garrafa velha", como os radicais o chamavam, que era incapaz de conter o novo vinho, foi "com seus companheiros 'velhas garrafas' para Whitehall" abdicar de sua autoridade, cerca de trinta membros radicais permaneceram na Casa em Westminster. Muito poucos para contar como quórum, não podiam atuar legalmente como Parlamento; mas chamaram Samuel Moyer para falar na mesa da presidência e começaram a registrar seus protestos. Foram interrompidos por dois coronéis que lhes ordenaram que saíssem e depois, não tendo aquiescência, "saíram e buscaram dois destacamentos de mosqueteiros e fizeram com que saíssemos pela força; entre os quais", diz um abatido radical galês, "eu era um indigno".[41] "E por que não sairiam", respondia um panfletista conservador, "quando sua assembléia estava por renúncia dissolvida, já que eram apenas um grau acima de um conventículo, e esse lugar, famoso pela manutenção de tantas veneráveis assembléias, não era tão adequado para eles quanto a

---

[40] Abbott, *Writings and Speeches of Oliver Cromwell*, IV, p. 489.
[41] *Thurloe State Papers*, I, 637; cf. [? Samuel Highland] *An Exact Relation of the late Parliament*, 1654 (*Somers Tracts*, VI, p. 266-84); *Clarke Papers*, III, p. 9-10.

casa do Sr. Squibb, onde a maioria de suas maquinações foi planejada e formada".[42]

A resposta de Cromwell à derrocada do *Barebones Parliament* foi não projetar – nunca projetava nada – mas aceitar uma nova constituição. Assim como, depois do impulsivo afastamento do *Rump*, ele havia aceitado os planos prontos do general-de-divisão Harrison e seu partido de Santos para um Parlamento de seus indicados, assim agora, depois da súbita desintegração desse Parlamento, aceitou do general-de-divisão Lambert e seu partido de oficiais superiores conservadores a recém-pré-fabricada constituição do Instrumento de Governo. Com isso, o novo Protetorado estava instalado, e Cromwell, como Lord Protetor, cuidadosamente limitado por um conselho de oficiais superiores, foi convidado, depois de um intervalo de nove meses, a convocar um novo Parlamento baseado em novo sistema eleitoral. Como essa nova franquia era, basicamente, a realização do plano já proposto pelos oficiais superiores conservadores sete anos antes em tópicos de propostas de Ireton, deve ser brevemente analisado: pois se algum dia a pequena nobreza independente conseguisse o tipo de Parlamento pelo qual havia lutado, teria sido nos dois Parlamentos do Protetorado eleito segundo a franquia que tinham assim coerentemente defendido. Se a composição social era suficiente para garantir um Parlamento harmonioso e atuante, esse sucesso estaria agora garantido.

O aspecto mais óbvio da nova franquia é que, enquanto preservava as qualificações de propriedade, e assim substancialmente o mesmo nível social de representação, era notavelmente alterada a distribuição dos membros, eliminando drasticamente a representação do *borough*

---

[42] *Confusion Confounded, or a Firm Way of Settlement Settled* (1654).

e aumentando muito a representação do condado. Comparada com esses fatos, a criação de quatro novas cadeiras de *boroughs* ou três novas cadeiras de condados é ajuste insignificante de detalhe. De fato, a nova franquia, a despeito desses quatro novos *boroughs*, reduziu o número total de *boroughs* parlamentares na Inglaterra e em Gales de 212 para 106, e o número total de membros do *borough* no Parlamento de 413 para 133. Ao mesmo tempo, a representação do condado foi aumentada de 90 das 509 cadeiras para 264 das 400 cadeiras. Em outras palavras, enquanto nos parlamentos anteriores os membros dos *boroughs* ocuparam 83% e os membros dos condados 17% das cadeiras, nos parlamentos de Cromwell os membros dos *boroughs* ocuparam 34% e os membros dos condados, 66%. A representação dos condados assim estava quadruplicada, e a representação dos *boroughs* reduzida a menos da metade.

Qual é a significação dessa grande mudança? Os autores vitorianos, que viam em Cromwell um não-conformista precoce, liberal, supunham que ele tinha de algum modo "modernizado" a franquia. Ele não havia retirado a franquia de *bouroughs* podres e concedido franquia a novos *boroughs*? Mas a mudança geral, o enorme deslocamento de cadeiras dos *boroughs* para cadeiras dos condados, parece-me mais significativa do que essas modificações de detalhe. Os historiadores marxistas modernos, acreditando que o Protetorado foi um instrumento do capitalismo rico, de estufa, supõem que a nova franquia estava "destinada a levar o sistema eleitoral para algo com correspondência com a distribuição de propriedade no campo".[43] Mas onde estava a riqueza da Inglaterra? Grande parte da nova riqueza era riqueza do

---

[43] C. Hill e E. Dell, *The Good Old Cause* (1949), p. 445.

comércio, concentrada – como a pequena nobreza independente se queixava indignada – mais e mais na City de Londres. Mesmo se considerarmos a riqueza em terra apenas, dificilmente se poderia argumentar que sua distribuição estava mais bem representada pelos novos membros do que pelos antigos. A riqueza em terra era distribuída entre nobres, negociantes e pequena nobreza. Os parlamentos de Cromwell sob a nova franquia não incluíam pares ingleses e muito poucos negociantes.[44] Eram parlamentos de pequena nobreza, e não necessariamente da pequena nobreza mais rica. A principal diferença entre os novos e antigos membros era que, enquanto os velhos tinham sido predominantemente pequena nobreza dos *boroughs*, os novos eram predominantemente pequena nobreza dos condados. O que de fato significa essa diferença entre "pequena nobreza dos *boroughs*" e "pequena nobreza dos condados"?

Um exame da história parlamentar inglesa em qualquer época entre 1559 e 1832 fornece a resposta. A pequena nobreza do *borough* era pequena nobreza de clientela; a pequena nobreza do condado não era – ela era, ou podia ser, independente de patronato. Era em grande parte através dos *boroughs* que os patronos e administradores parlamentares tinham, no passado, formado suas forças no Parlamento. Era através deles que Essex havia criado um partido contra Cecil, e Cecil contra Essex; era através deles que Charles I podia ter resistido aos magnatas da oposição, e os magnatas da oposição foram, de fato, capazes de resistir a ele. Além disso, em todas as épocas, era através dos *boroughs* que os homens habilitados – advogados, funcionários, eruditos – che-

---

[44] Para a representação mercantil nos Parlamentos de Cromwell, ver M. P. Ashley, *Commercial and Financial Policy of the Protectorate* (1934), p. 6-8.

gavam ao Parlamento como clientes dos maiores homens e forneciam tanto à administração quanto à oposição alguns de seus membros mais atuantes. Os *boroughs* "podres", de fato, desempenhavam duas funções: primeiro, tornavam o Parlamento menos representativo dos eleitores do que de outra forma teria sido; em segundo lugar, tornavam-no menos ineficiente como instrumento de política.

Mas, se, como eu sugeri, a pequena nobreza independente era, de fato, a pequena nobreza rural "das últimas fileiras", tal como foi a seguir representada no partido Tory da rainha Anne e dos dois primeiros George, é claro que eles, como os Tories posteriores, se oporiam ao sistema de *borough* como sendo, por definição, um instrumento de políticos das primeiras fileiras para fugir da "representação igual" do "povo" – ou seja, da pequena nobreza do campo – e para introduzir no Parlamento "cortesãos" em vez da honesta pequena nobreza do campo. É verdade que muitos deles se haviam elegido desse modo em 1640, mas seus próprios líderes das primeiras fileiras, os magnatas "presbiterianos", tinham então se afastado deles, e em 1647 pediam a descentralização no Parlamento como no governo, na justiça, na Igreja e na educação. Pediam um Parlamento não de "cortesãos" indignos de confiança ou especialistas, mas de homens representativos íntegros, honestos como eles próprios: um "representação mais igual" dos independentes reais, não controlados por nenhuma panelinha profissional; e como, em suas próprias palavras, "estava bem entendido que *boroughs* deteriorados e de pouco valor podiam ser muito mais facilmente corrompidos do que os numerosos condados e cidades de porte considerável",[45] buscavam uma

---

[45] Ludlow, *Memoirs*, II, p. 48. O mesmo argumento era lugar-comum entre os Tories posteriores.

redução das cadeiras dos *boroughs* "corrompidas" e uma multiplicação de cadeiras de condado "independentes".[46]

Isso fora em 1647, quando os Independentes estiveram na oposição. Agora estavam no poder, mas sua filosofia não havia mudado. Não apenas porque estivessem envolvidos com seu passado: isso seria uma interpretação muito cínica. Sua filosofia era autenticamente sustentada: a experiência ainda não havia mostrado a impossibilidade inerente de um Parlamento completamente tornado de ocupantes das últimas fileiras ou a dificuldade inerente de descentralização por um governo central revolucionário; e Cromwell sem dúvida supunha que os cavaleiros honestos e independentes do campo, livremente eleitos entre o rebanho puritano, concordariam naturalmente com os objetivos e métodos de seu governo. Além do mais, do ponto de vista de Cromwell e seu conselho, havia certas compensações. Se, ao retirar a franquia dos *boroughs*, o governo tivesse se privado de um sistema de patronato, tinha igualmente negado esse sistema a opositores que poderiam, como os opositores de Charles I, ser mais hábeis para usá-lo. Além disso, para certificar-se duplamente, o novo governo prudentemente acrescentou ao Parlamento inglês um novo sistema de patronato exclusivamente do governo que não fora levado em conta, e de fato não podia ter sido,

---

[46] Ivan Roots, em seu livro *The Great Rebellion* (1966), p. 182, critica essa parte de meu ensaio com base em que o Instrumento de Governo, que mudou a franquia parlamentar, era obra não da "pequena nobreza independente do campo", mas de "um grupo de funcionários graduados". Mas isso significa ignorar a história anterior das reformas. O Instrumento de Governo simplesmente punha em ação mudanças que foram defendidas por membros independentes do Parlamento, e seus constituintes, desde 1645 (e de fato antes), e que havia sido elaborada em detalhe no *Rump Parliament* em 1650-51. O "grupo de funcionários graduados" realizou o que a "pequena nobreza independente do campo" há muito pedia.

em 1647. As sessenta novas cadeiras escocesas e irlandesas criadas pelo Instrumento de Governo não eram, naturalmente, destinadas a representantes autênticos dos recém-conquistados escoceses e irlandeses: eram *boroughs* seguros para indicados pelo governo.

Um Parlamento de pequena nobreza do campo congenial, não-organizada, independente, com opinião própria, reforçada por sessenta indicados diretos e preservada, pela franquia, dos golpes desonestos dos aliciadores rivais – certamente daria a Cromwell o tipo de Parlamento que ele desejava. Especialmente depois do susto radical de 1653, com o qual estava agora preparado para lidar, e que o fizera parecer, mesmo para muitos daqueles "presbiterianos" que estremeciam com seu passado regicida, um "salvador da sociedade". Portanto, quando os deputados se reuniram em setembro de 1654, e ouviram um sermão sobre a chegada dos israelitas, depois de seus anos no Deserto, à sua Terra de Descanso, Cromwell sentiu-se capaz de aplicar o texto a eles e de congratulá-los também por terem por fim, "depois de tantas mudanças e reviravoltas", chegado a um período de "purificação e pacificação". Além do mais, assegurou-lhes, eram agora "um Parlamento *livre*"; assim como ele não buscara controlar as eleições, também não iria de modo algum controlar ou interferir em suas deliberações. Ao contrário, instou com eles para descobrir entre eles "uma compreensão suave, delicada e santa"; e assim tendo instado com eles, mais uma vez afastou-se para Whitehall a fim de esperar, em olímpico afastamento, os resultados das deliberações deles.

Não teve que esperar muito. Homens capazes podem elaborar qualquer sistema, e mesmo sob a nova franquia os experientes republicanos idealizaram recriar o Parlamento. Passaram então com fácil rapidez para o vazio criado pela recusa proba mas mal-orientada do Protetor a formar um partido. A velocidade com que atuaram é espantosa: somos forçados a concluir que ou Hesilrige e Scot eram realmente táticos brilhantes (conclusão que o testemunho registrado dificilmente garante) ou que Cromwell não tinha vestígio de organização para resistir a eles. No início, quase impuseram sua indicação – o reconhecido regicida John Bradshaw – como Presidente. Tendo fracassado, deslocaram o Presidente rival pelo velho subterfúgio de convocar uma Comissão de toda a Casa. De imediato, Hesilrige e Scot estavam no controle dos debates; os votantes oscilantes foram levados impotentemente em sua onda; e toda a instituição do Protetorado se viu sob fogo pesado. Em uma semana Cromwell havia se arrependido de suas palavras sobre um "Parlamento livre", e todos os membros republicanos, com Hesilrige, Scot e Bradshaw à frente, foram expulsos pela força. A legislação foi então devolvida aos *back-benchers* reais para os quais o Parlamento fora concebido.

Ironicamente, o resultado não foi melhor. Repetidas vezes Cromwell, por sua própria recusa em organizar e seus expurgos daqueles que organizavam contra ele, criou no Parlamento um vazio de liderança; repetidas vezes esse vazio foi preenchido. Um Parlamento puro de *back-benchers* é uma impossibilidade: alguém sempre virá da frente; e desde que Cromwell, como os Tudors, nunca pôs ministros hábeis nas cadeiras da frente, essas fileiras eram invariavelmene ocupadas pelos de trás. Os primeiros a lutar pela frente eram sempre os republicanos: eram os verdadeiros táticos parlamentares do Interregno. Mas, quando eram afastados, um segundo grupo avançava para seu lugar. Era esse segundo grupo que agora, por sua oposição, destruía o Parlamento do primeiro Protetorado de Cromwell.

Quem eram? Se olhamos seu programa, mostrado em sua longa série de sucessivas emendas à nova constituição que havia sido imposta a eles, vemos que, basicamente, é o programa do antigo "partido do campo" de 1640. A voz que emerge dessas emendas "pedantes", como Carlyle com tanto menosprezo as chamou, é a voz dos opositores originais de Charles I, a voz até do próprio Cromwell em sua época de oposição. Ela protesta, não, naturalmente, contra a descentralização que por decretos ele realizara, que ainda era sua política, e de que a própria nova franquia era uma expressão, mas contra a máquina centralizadora pela qual essa política manifestou-se contra a nova Corte, a nova arbitrariedade, o novo exército permanente, os novos impostos desse Homem de Sangue, Oliver Cromwell. Cromwell foi pego nas necessidades e contradições do poder e se viu enfrentado por seus próprios antigos colegas em oposição. Em sua época de oposição ele também, como eles, reivindicara um parlamento de *back-benchers*. Agora o havia conseguido – quando estava no poder. Por uma nova franquia e um novo expurgo confinara o Parlamento ao antigo partido do campo na época em que ele próprio tinha herdado a função, as dificuldades e as necessidades da antiga Corte.

Mas quem eram os líderes que deram expressão e orientação a esse novo partido do campo? Um estudo dos escrutinadores, que é quase todo o testemunho que possuímos, permite-nos nomear os mais ativos deles. Havia John Bulkley, membro por Hampshire, Sir Richard Onslow, membro por Surrey, e, acima de todos, o coronel Birch, membro por Hereford; e o fato interessante a respeito desses homens é que todos eram antigos "presbiterianos" – homens que haviam sido presos ou isolados no Expurgo de Pride. Assim, quando os republicanos foram afastados, não foram os independentes que ocuparam as fileiras da frente vagas – isto de fato teria sido contrário à sua natureza: foram os "presbiterianos". Herdeiros da oposição original das fileiras da frente de 1640, primeiro expulsos pelo exército, depois revoltados pelo ato de regicídio, tinham agora decidido tolerar o usurpador como a única garantia imediata contra o mal ainda maior da revolução social, mas não iriam aceitá-lo segundo os termos dele: lutaram pelos seus próprios.

E ninguém procurou servir à causa da independência contra esses novos opositores, "presbiterianos" revividos? Sim, o novo Governo tinha seus defensores, mas é interessante observar que eles também não eram independentes. No *Barebones Paliament* foi Sir Anthony Ashley Cooper, um antigo realista, depois transformado em "presbiteriano", que agora retornara à política como cromwelliano e buscara em vão, e sem o apoio de Cromwell, organizar a resistência parlamentar contra os extremistas radicais. Ele fora de longe o mais ativo parlamentar do lado "conservador", um de seus representantes eleitos no Conselho de Estado, seu escrutinador regular em votações controvertidas; e quando seus esforços foram em vão, foi outro antigo realista, Sir Charles Wolseley, quem propôs e realizou o ato de renúncia pelo qual os radicais foram ludibriados em sua vitória. Agora, no Parlamento de 1654, os mesmos dois ex-realistas emergiram novamente como opositores do novo "partido do campo". Só que dessa vez seus papéis estavam trocados. Deixando Sir Charles Wolseley herdar sua função como defensor do governo cromwelliano, Cooper, um homem muito mais hábil, agora surgia menos como protagonista do que como mediador: não buscava preservar o Protetorado sob a nova forma autoritária que tinha, mas fazer acordos com a oposição que o tornariam uma forma tolerável de governo, uma forma de governo tal como a que os independentes originais sempre reivindicaram. De acordo com esse programa original, ele até buscou civilizar a instituição fazendo de Cromwell rei. Porém, mais uma vez, Cromwell, arredio em Whitehall, nunca apoiou esse aliado voluntário que agora prenunciava a única solução prática de seu problema e iria a seguir revelar-se como o mais impressionante tático parlamentar do próximo reinado; e antes do fim abrupto da sessão Cooper tirava as conseqüências. Sem ter mais esperança em Cromwell, passou para o lado oposto e aderiu ao coronel Birch na oposição. Duas semanas depois, o Protetor, agora inteiramente dependente dos oficiais do exército, subitamente foi a Westminster para dissolver ainda outro Parlamento. "Não sei o que os senhores fizeram", declarou, "não sei se estavam vivos ou mortos!" – é difícil imaginar a rainha Elizabeth ou Lord Burghley fazendo essa confissão –, e com a inundação usual de confusa eloqüência, excesso histérico e apelos a Deus, dissolveu prematuramente o que teria sido seu parlamento ideal.

No ano seguinte, Cromwell cedeu por completo a seus conselheiros militares. Ainda ansiava por seus antigos ideais – é um grande erro, penso, supor que ele tenha "traído" a revolução, ou pelo menos a revolução pela qual pegara a espada. Mas conformou-se com a concepção de que esses ideais podiam estar mais garantidos pela administração, não pela legislação. Afinal, "formas de governo" eram indiferentes para ele: um sistema era tão bom quanto outro, desde que garantisse bons resultados; e agora parecia-lhe que os ideais da revolução – governo sincero tal como "cabe à Commonwealth", justiça social, reforma da justiça, tolerância – seriam melhor assegurados por meio do governo sumário mas patriarcal dos generais-de-divisão do que por meio das deliberações legais mas instáveis até mesmo de um parlamento independente. E, de fato, os generais-de-divisão tentaram essas coisas: como Cromwell a seguir admitiu, mesmo quando o atacavam, "os senhores, generais-de-divisão fizeram bem sua parte".[47] Infelizmente, como o arcebispo Laud antes dele, logo descobriria que, em política, as boas intenções não são suficientes. Os generais-de-divisão, como os bispos laudianos, procurariam supervisionar os juízes de paz, reformar costumes, manipular pregadores, resistir a cercos, mas tudo isso era caro, e quando a guerra da Espanha, como a guerra da Escócia no caso de Laud, revelou-se um fracasso, os próprios generais-de-divisão pediram a Cromwell, por razões financeiras, para fazer o que até mesmo Laud tivera de fazer: enfrentar um Parlamento. Se Cromwell, como Laud, tinha apreensões, os generais-de-divisão o confortavam. Confiantes, como os militares com freqüência são, em sua própria eficiência, garantiram-lhe que eles, ao contrário dos bispos, podiam controlar as eleições e garantir um Parlamento que não daria problema. Assim, no outono de 1656, depois da mais vigorosa campanha eleitoral desde 1640, um Parlamento foi devidamente eleito.

O resultado não foi de modo algum o que os generais-de-divisão esperaram. Ironicamente, uma das razões para seu fracasso foi a própria redução das cadeiras dos *boroughs* que os Independentes haviam planejado. No interesse da descentralização, Cromwell e seus amigos haviam reduzido um sistema de patronato que agora por fim tinham aprendido a usar. No período de governo direto dos generais-de-divisão, o governo tinha "remodelado" os *boroughs* e os convertido em partidários seguros;[48] mas, infelizmente, graças à nova franquia, os *boroughs* eram agora muito poucos para opor-se à corrente, e a partir dos incontroláveis eleitorados dos condados, que a nova franquia tinha

---

[47] Burton, *Parliamentary Diary*, I, p. 384.
[48] Ver B. L. K. Henderson, "The Cromwellian Charters", in *Transactions of the Royal Historical Society*, 1912, p. 129 s.

multiplicado, os críticos do governo – críticos independentes autênticos de uma nova centralização – tinham voltado, irresistivelmente, a Westminster. Os generais-de-divisão haviam garantido sua própria eleição, mas pouco mais: graças à sua própria nova franquia, seus esforços eleitorais heróicos tinham se mostrado inúteis; e Cromwell, quando viu o que tinham feito, não os poupou. "Os senhores foram impacientes", disse-lhes, "até que um Parlamento fosse convocado. Dei meu voto contra ele, mas os senhores estavam confiantes em sua própria força e interesse em conquistar homens escolhidos segundo o desejo de seus corações. Como os senhores falharam e quanto o país foi desconsiderado, é bem conhecido."[49] Ele podia insistir, pois um dos primeiros atos do Parlamento assim convocado foi eliminar todo o sistema de generais-de-divisão.

Assim, apesar dos esforços para manipulá-lo, o segundo e último Parlamento do Protetorado consistiu em grande parte nas mesmas pessoas que seu predecessor; e em muitos aspectos suas histórias eram semelhantes. Mais uma vez os antigos republicanos haviam voltado; mais uma vez, por não serem "pessoas de conhecida integridade, tementes a Deus e de bom convívio", foram arbitrariamente afastados. Mais uma vez os antigos *back-benchers*, os civis, o novo partido do campo, preencheram o vazio. Mas havia uma diferença muito significativa. Era uma diferença de liderança e política. Pois dessa vez não eram liderados pelos antigos "presbiterianos". Uma nova liderança surgiu com uma nova política, e os independentes agora se viam mobilizados não contra mas a favor do governo de Oliver Cromwell. Em vez de atacá-lo como uma "pessoa", ofereciam-se para apoiá-lo como rei.

---

[49] Burton, *Parliamentary Diary*, i, p. 384.

A modificação parece completa, e naturalmente muitos ficaram surpresos com ela, mas, de fato, não é totalmente surpreendente. A nova política era simplesmente a antiga política de Sir Anthony Ashley Cooper, a política de civilizar o governo de Cromwell pela volta a conhecidas instituições e pela restauração, sob uma nova dinastia, não, naturalmente, do governo dos Stuarts, mas do antigo sistema de que os Stuarts tão desastrosamente se tinham desviado. Pois, afinal, os independentes não se tinham revoltado originalmente contra a monarquia: os republicanos "Whigs", que agora afirmavam ser os herdeiros da revolução, tinham de fato sido impostores atrasados em seu curso, usurpadores temporários de seus objetivos. Os autênticos independentes "Tories", que agora se impunham sobre esses usurpadores, haviam apenas desejado um rei menos irresponsável do que Charles I. Eles também não queriam novas constituições. Não tinham novas doutrinas: queriam simplesmente um monarca de velho estilo, como a rainha Elizabeth. Por que, depois de tantas alternativas confusas, não voltariam àqueles objetivos limitados originais? Por que Cromwell, que já exercia o poder monárquico, não se ajustaria mais completamente a uma função monárquica? Em muitos aspectos, a política do "partido da monarquia" no Parlamento – ainda que denunciado pelos republicanos como uma traição da revolução que tinham buscado encurralar – era, de fato, a mais próxima de que os puritanos tinham chegado para realizar seus objetivos originais. Conseqüentemente, encontrou amplo apoio. O partido do campo e a nova Corte por fim se juntaram.

Quem era o arquiteto desse *coup* parlamentar? Não pode haver dúvida sobre sua identidade. Mais uma vez, era um antigo realista. Lord Broghill, filho do primeiro conde de Cork, era um rico e influente irlandês que se tornara amigo pessoal e defensor de Cromwell. Era agora membro do Parlamento pelo condado de Cork, e seus partidários imediatos eram os outros membros pela Irlanda, que, sem dúvida, como confidente irlandês de Cromwell, ele próprio tinha ajudado a indicar. Havia o coronel Jephson, membro da cidade de Cork e Youghal, onde a família de Broghill reinava; havia o coronel Bridge, deputado por Sligo, Roscommon e Leitrim; havia Sir John Reynolds, deputado por Tipperary e Waterford; e havia Vincent Gookin, deputado por Kinsale e Bandon, superintendente-geral da Irlanda. Em outras palavras, Lord Broghill era um grande negociador parlamentar, como os condes de Warwick e Bedford em 1640. Enquanto os generais-de-divisão, como oficiais, haviam organizado os *boroughs* atenuados da Inglaterra em seu apoio, Broghill, um proprietário de terras, adepto de um programa inteiramente diferente, organizara outra área de influência, na Irlanda. Se os "presbiterianos" tinham sido, em alguns aspectos, um partido escocês, e os Homens da Quinta Monarquia um partido irlandês, os "homens da monarquia" eram, em sua primeira aparição, um partido anglo-irlandês.[50]

Mais uma vez o que é notável é a facilidade com que a nova liderança conseguiu o controle sobre o Parlamento. Assim como os onze líderes "presbiterianos", sempre que podiam estar presentes em 1647-48, tinham sempre sido capazes de tirar o controle do Parlamento Longo das mãos de Vane e St. John; assim como, depois de 1649, o pequeno grupo de republicanos dominou todos os parlamentos a que foram admitidos; assim como muitos extremistas radicais dominaram o *Barebones Parliament* de 1653, ou alguns dos antigos "presbiterianos" o

---

[50] A base irlandesa do "partido da monarquia" foi salientada por Firth, "Cromwell and the Crown", in *English Historical Review*, 1902, 1903.

Parlamento expurgado de 1654, assim o pequeno grupo de "homens da monarquia" rapidamente assumiu o controle, contra o protesto dos generais-de-divisão, do Parlamento de 1656. Seu sucesso ilustra a ausência completa de qualquer organização rival, qualquer organização do governo — e de passagem a facilidade com que Cromwell, caso tivesse se dado ao trabalho ou compreendido os meios, podia ter controlado esses parlamentos dóceis.

Pois não pode haver dúvida de que o próprio Cromwell, embora em última instância se beneficiasse, ficou de início completamente surpreso com o movimento de Broghill. Como a seguir disse, "nunca participara de nenhum conluio sobre o mesmo".[51] De fato, quando o partido de Broghill pela primeira vez se fez notar no Parlamento, foi em clara oposição à política declarada do Protetor, pois Cromwell ainda estava envolvido com o sistema de governo dos generais-de-divisão, e sua sombra fiel, o secretário Thurloe, já havia esboçado um discurso em que insistia na continuação desse sistema — um discurso que a súbita e atrasada conversão de seu senhor e dele próprio ao "partido da monarquia" deixou nos arquivos sem ser pronunciado.[52] Além disso, o defensor anterior da monarquia, Sir Anthony Ashley Cooper, tinha sido firmemente excluído do atual Parlamento por ordem do próprio Cromwell. Somos obrigados a concluir que Cromwell de início autenticamente pretendeu apoiar os generais-de-divisão, e que, ao alijá-

---

[51] Burton, *Parliamentary Diary*, I, p. 382.
[52] O esboço está em *Thurloe State Papers*, V, p. 786-88, onde é descrito como "minuta de um discurso no Parlamento pelo secretário Thurloe", mas, de fato, não encontro prova de que tenha sido pronunciado, e suponho que seja um rascunho. De qualquer modo, pronunciado ou não, mostra que Thurloe, e portanto Cromwell, tinha pretendido continuar o sistema de generais-de-divisão, que, de fato, eles alijaram.

los, não seguiu um rumo deliberado. Simplesmente se cansou deles, como tinha se cansado sucessivamente do rei, dos "presbiterianos", dos Niveladores, do *Rump*, dos santos; e, tendo se cansado, rendeu-se mais uma vez a um novo partido, assim como, no passado, havia se rendido de cada vez a Vane, Ireton, Harrison, Lambert – mentores sucessivos que haviam sucessivamente prometido tirá-lo por fim do "sangue e confusão" causado por seus predecessores até esse elixir ainda indefinível, "acordo".

Tendo conquistado uma maioria no Parlamento, o "partido da monarquia" pôs-se metodicamente a trabalhar. O governo dos generais-de-divisão foi abolido; a monarquia, e todo o aparelho político que vinha com ela – Câmara dos Lordes, Conselho Privado, Igreja do Estado e antiga franquia parlamentar –, foi proposta. Exceto quanto aos líderes do exército, que tal política teria civilizado, e os republicanos doutrinários obstinados, todos os grupos políticos foram mobilizados. Os funcionários, os advogados, a família do Protetor e clientes, os financistas do governo – todos que tinham interesse na estabilidade do governo – estavam a favor. Por fim, parecia, Cromwell tinha um partido organizado em Parlamento. Não o criara: ele se criara e se apresentara a ele pronto. Pedia apenas para ser usado. O que Cromwell fez dele?

A resposta é clara. Arruinou-o. Incapaz de vencer os líderes do exército, lutou com eles, repreendeu-os, ameaçou-os. "Era tempo", protestou, "de chegar a um acordo e pôr de lado essas medidas arbitrárias tão inaceitáveis para a nação."[53] E então, quando os viu inexoráveis, cedeu a eles e a seguir justificou sua rendição no Parlamento, descrevendo não a oposição interessada de oficiais generais unidos,

---

[53] Burton, *Parliamentary Diary*, I, p. 382.

mas os supostos escrúpulos sinceros de sargentos não-conformistas religiosos. Naturalmente, pode ter tido razão para ceder. Talvez tenha julgado o equilíbrio do poder corretamente. Talvez pudesse não ter mantido sua nova monarquia sem o apoio do exército. Havia um dilema real. No entanto, o exército podia certamente ter sido "remodelado" – expurgado de seus políticos e no entanto manter-se forte o suficiente para defender a nova dinastia. Como Monck a seguir escreveu, e demonstrou com suas próprias ações, "não há um oficial no exército, por descontente que esteja, que tenha força suficiente para atrair dois homens, se estiver fora do lugar".[54] A própria ascendência pessoal de Cromwell sobre o exército, à parte uns poucos generais politicamente ambiciosos, era indiscutível. Em vez de insistir defensivamente junto aos "próceres do exército" em um partido organizado, podia ter demitido uns poucos deles silenciosamente, como exemplos para o resto, e toda a oposição à monarquia provavelmente teria desaparecido, pois era nutrida por sua indecisão. O eclipse total primeiro de Harrison, depois de Lambert, uma vez que tinham sido demitidos – embora cada um por sua vez tenha sido o segundo homem no exército e no Estado –, mostra suficientemente a verdade do juízo de Monck.

Cromwell nunca, de fato, tentou resolver o problema da oposição do exército. Depois de infinitos adiamentos e de uma série de longos discursos, cada um mais obscuro do que o outro, finalmente cedeu e aceitou a nova constituição apenas de uma forma irremediavelmente truncada: sem monarquia, sem lordes, sem efetivo conselho privado. Mesmo assim, na visão de Lord Broghill e seu partido, podia ter funcionado. Mas, novamente, Cromwell não enfrentaria os fatos. Nem

---

[54] *Thurloe State Papers*, VII, p. 387.

em sua nova câmara alta nem em seu novo conselho ele daria aos "homens da monarquia" a possibilidade de criar um partido. Atitudes espasmódicas e erráticas às vezes levantavam, às vezes esmagavam suas esperanças e levavam em última instância a parte alguma; os líderes do partido apertavam as mãos em desespero diante da permanente indecisão, das atitudes autocontraditórias de seu pretendente a rei; e no fim, em janeiro de 1658, quando o Parlamento se reuniu novamente para sua segunda sessão, os antigos republicanos, readmitidos sob a nova constituição, e compactados por seu longo exílio, viram os "homens da monarquia" como um grupo dividido, desamparado, desanimado, profundamente à sua mercê.

De imediato aproveitaram a oportunidade. A direção foi dada por seu antigo líder, Sir Arthur Hesilrige. Por que, perguntou ele, o pregador, em sua alocução de abertura, não tinha dito nada em louvor desse "vitorioso parlamento", o *Rump Parliament*? "Não posso sentar quieto e ouvir essa indagação proposta e esperar qualquer debate." Diante do que esse outro oráculo dos republicanos, Thomas Scot, "disse que não podia ficar sentado quieto, mas secundar essa noção, ouvir alguém falar como um inglês para chamá-lo de Parlamento vitorioso". A partir desse momento, o incorrigível conluio estava em funcionamento novamente, um secundando o outro, obstruindo sem oposição com longos e desnecessários discursos sobre os horrores do *ancien régime*, reminiscências pessoais jactanciosas, o direito divino dos Parlamentos, a virtude do regicídio, as glórias do *Rump*. Hesilrige, que certa vez falou por três horas sobre a história passada, começando com a Heptarquia, profetizou um debate de dois meses e "esperava que nenhum homem fosse privado de falar com a mente livre, e como sempre agradou". Quanto a ele próprio, disse: "Eu podia falar por até quatro horas". Em dez dias, toda atividade construtiva se tornara impossível: o Parlamento, informou o embaixador francês a seu governo, "était devenu le parlement de Hesilrige", e como tal Cromwell iradamente o dissolveu, "e Deus julgue entre você e mim".[55] Antes que pudesse convocar outros, estava morto.[56]

Se os parlamentos de Oliver Cromwell foram assim coerentemente incapacitados por falta de orientação, o único Parlamento de seu filho Richard foi, quando muito, mais caótico – e isso a despeito de imensos esforços para prepará-lo. Por semanas antes de sua reunião, o secretário Thurloe e o conselho, segundo eles próprios, "fizeram pouco a não ser preparar o próximo Parlamento".[57] A antiga franquia, e com ela

---

[55] Burton, *Parliamentary Diary*, III, p. 874, 117, p. 141 e II, p. 437 (e cf. III, p. 140); Bordeaux a Mazarino, 18 de fevereiro de 1658, citado in F. Guizot, *Histoire de la république d'Angleterre* (Paris, 1864), II, p. 629.

[56] Para o fracasso do "partido da monarquia" no último ano de Cromwell, ver a análise de sua tática em R. C. H. Catterall, "The Failure of the Humble Petition and Advice", em *American Historical Review*, outubro de 1903 (IX, 36-65). Catterall conclui que Cromwell era mais sagaz do que os "homens da monarquia" e estava trabalhando, mais lentamente, mais prudentemente e mais pacientemente do que eles, para o mesmo resultado: "O tempo era o requisito essencial... O tempo, porém, não estava garantido". O que se pensa dos planos e perspectivas de sucesso de Cromwell depende do que se avalia sobre seu caráter tal como revelado por sua carreira anterior, e aqui devo discordar de Catterall. Não posso concordar que a paciência fosse "uma característica sempre à disposição de Oliver e sempre exercida por ele", nem achar, em sua carreira, prova de um lento e prudente progresso em direção a um objetivo político claramente planejado. Ao contrário, ele parece para mim ter sucessivamente tomado de empréstimo e depois impacientemente descartado uma série de sistemas políticos incoerentes de segunda mão; e não vejo razão para supor que ele estivesse mais próximo de um "acordo" final na época de sua morte do que em qualquer época anterior de sua história de fracasso político.

[57] *Thurloe State Papers*, VII, p. 562.

as antigas oportunidades de patronato dos *boroughs*, foi restaurada. O Conselho, como Ludlow asperamente observa, "empregou seus mais profundos esforços para fazer com que esses homens fossem escolhidos como foram seus instrumentos e tinham sua subordinação a eles".[58] Mas o resultado foi tão insatisfatório como sempre. O "partido da monarquia" estava morto: teria lutado para fazer de Oliver rei, mas quem lutaria para pôr a coroa na cabeça de Richard em vez de na de Charles II? Lord Broghill nem mesmo sentou no novo Parlamento. Por outro lado, os republicanos tinham muita confiança. A desmoralização dos cromwellianos deu-lhes esperanças; em termos de organização, eram superiores, e, quando o Parlamento se reuniu, logo ficou claro que Hesilrige e Scot eram mais uma vez seus senhores.

Senhores para quê? Certamente não para levá-lo a legislação construtiva. O republicanismo na Inglaterra, exceto em suas mentes fossilizadas, estava morto: talvez nunca tenha estado vivo fora desse terreno limitado. Certamente não inspirara o começo da rebelião, e certamente estava extinto no fim dela. A partir de 1653, quando a política "Whig" que tinham enxertado na revolução fora repudiada, Hesilrige e Scot e seus amigos foram simplesmente obstrucionistas. Tinham uma doutrina e uma organização parlamentar. Graças a essa doutrina, e a essa organização, e à ausência de qualquer organização rival, conquistaram poder por algum tempo, mas quando sua política foi rejeitada, e eles se mostraram incapazes de modificá-la ou de torná-la aceitável, nunca puderam recuperar o poder e puderam usar sua doutrina clara, dura e estreita e sua organização parlamentar sem rival

---

[58] Ludlow, *Memoirs*, II, 49, e referências aí citadas, cf. *Calendar of State Papers (Venetian)*, XXXI, p. 276-77, 282, 284, 285.

apenas para destruir todos os partidos rivais no Parlamento, até que o inimigo que eles mais odiavam, a monarquia dos Stuarts, voltou para esmagá-los, bem como a seus rivais. A partir de 1653, os republicanos foram simplesmente os sabotadores de todos os parlamentos a que conseguiam ser admitidos. A fraqueza do Executivo era sua oportunidade: uma oportunidade não para apresentar uma causa, mas simplesmente para destruir seus próprios rivais; e em nenhum Parlamento essa fraqueza foi tão tentadora para eles, ou essa destruição tão fácil, como no Parlamento de Richard Cromwell, que era muito fraco para adotar os métodos de seu pai e expulsá-los.

Conseqüentemente, o registro do Parlamento de Richard é deplorável — ainda mais deplorável que o dos parlamentos de Oliver, que pelo menos é enriquecido pelo sério propósito e a personalidade vulcânica do Protetor. Em vão, o Presidente de Richard, regularmente censurado por sua incapacidade de controlar o debate, protestava diante da não-pertinência dos membros: "Estamos numa floresta, numa região inóspita, num labirinto. Algumas afirmativas, algumas negativas, que não posso transformar em uma pergunta... O sol não fica parado, mas acho que os senhores não vão para a frente". Mesmo um novo e mais enérgico Presidente, que participava do debate, respondendo a todos e atacando-os, "como um hussardo entre escolares", não se mostrou muito mais eficaz.[59] Mais deplorável do que tudo foi o destino do Secretário Thurloe, o principal representante do Protetor em seu Parlamento, o homem que foi acusado de ter enchido o Parlamento com pelo menos oitenta de seus indicados. Se tivesse feito só isso, como era

---

[59] Burton, *Parliamentary Diary*, III, p. 192, 269-70, 281, 333, e IV, p. 205, 213, 234, 243.

seu dever fazer, o governo poderia ter tido melhor sorte.[60] De fato, ao tentar defender a indefensável, romântica, irracional política externa do governo, Thurloe se viu desalentadoramente para trás, na medida em que um orador após outro levava o debate para desvios irrelevantes. Em breve, Thurloe, em vez de defender sua política externa, estava defendendo a si próprio contra a acusação de ter vendido súditos ingleses para escravidão nas Índias Ocidentais; e em um debate sobre a constituição ele até se viu como minoria de um.[61]

O Secretário de Estado em uma minoria de um! O mero pensamento de tal possibilidade teria feito o Secretário Cecil ou o Secretário Walsingham — se pudessem sequer ter concebido tal pensamento — revirar em seus túmulos. E no entanto esse é o homem que os historiadores supuseram — com base apenas no número de cartas que escreveu ou recebeu ou abriu com vapor — gênio do governo cromwelliano![62] Quando tal coisa podia acontecer, ficava claro que o antigo sistema elisabetano com que os cromwellianos tinham sonhado, e na verdade qualquer sistema parlamentar, havia de fato sucumbido.

Assim, os sucessivos esforços de Oliver Cromwell para governar com e através do Parlamento fracassaram, e fracassaram abjetamente.

---

[60] Na verdade, Thurloe protestou: "Não conheço os três membros assim escolhidos para a Casa." Burton, *Parliamentary Diary*, IV, p. 301.

[61] Burton, *Parliamentary Diary*, III, 399, 287; e cf. [Slingsby Bethel] "A True and Impartial Narrative...", in *Somers Tracts*, VI, p. 481.

[62] A habilidade política de Thurloe parece-me ter sido muito superestimada pelos historiadores. Sua habilidade na contra-espionagem é atestada por seus próprios documentos oficiais, e despertou tal admiração na época que a seguir tornou-se lendária, mas, por outro lado, parece ter sido apenas um operoso secretário que fazia eco aos sentimentos (e erros) de seu superior com lamentável falta de originalidade. Um bom secretário não é necessariamente um bom Secretário de Estado.

Fracassaram por falta dessa administração parlamentar pelo Executivo que, em dose correta, é o alimento essencial de qualquer vida parlamentar saudável. Como sempre no caso de Cromwell, há um elemento de ironia trágica em seu fracasso: suas próprias virtudes levaram-no a se perder em caminhos dos quais ele só podia escapar pelos expedientes mais lamentáveis, incoerentes e indefensáveis. E a razão última desse fracasso trágico e irônico está, penso eu, no próprio caráter de Cromwell e da independência que ele tão perfeitamente representava. O próprio Cromwell, como seus seguidores, era um *back-bencher* natural. Nunca compreendeu as sutilezas da política, nunca ficou acima dos simples juízos políticos prévios de outros proprietários do interior, a que se unira em sua revolta cega contra a Corte Stuart. Seu primeiro discurso no Parlamento fora o protesto de um proprietário da província contra absurdos papistas em sua própria igreja paroquial; e no fim, como governante de três reinos, ainda se comparava apenas com um guarda paroquiano espantado buscando laboriosa e honestamente manter a paz em uma paróquia algo em desordem e incompreensível. Sua concepção de governo era a justiça rude de um magistrado benevolente, sério, rural: bem-intencionado, sem sofisticação, sumário, patriarcal, conservador. Tal era também a filosofia política de muitos outros proprietários rurais ingleses que, no século XVII, chegaram ao Parlamento e, sentando-se pacientemente nas últimas fileiras, ou nunca compreendiam ou, no máximo, suspeitavam profundamente do mecanismo secreto pelo qual as últimas fileiras eram controladas pelas primeiras. Em época normal, o destino natural desses homens era ficar nas últimas fileiras, e fazer de sua "sinceridade" e sua "independência" uma virtude, frisando seu parentesco mais com o bom povo que os tinha eleito do que com os hábeis políticos e cortesãos entre os quais se encontravam. Mas as décadas de 1640 e 1650 não eram tempos comuns. Então uma situação revolucionária empurrou esses homens para a frente, e em sua indignação atacaram, de detrás, os hábeis políticos e cortesãos, os realistas e "presbiterianos" que primeiro os tinham mobilizado. Sem ter idéias políticas claras, não destruíram – exceto no breve período em que se renderam aos usurpadores republicanos – instituições, mas apenas pessoas. Destruíram parlamentaristas e o rei, mas não o Parlamento e o trono. Essas instituições, em sua fúria, eles simplesmente as limparam e momentaneamente deixaram vagas. Mas em breve a vacância foi preenchida novamente. Por meio de cuidadosos testes e de uma nova franquia, o Parlamento foi reaberto – para os Independentes (ou seja, *back-benchers*) apenas; sob cuidadosas reservas e um novo título, o trono foi reocupado – por um governante Independente (ou seja, *back-bencher*). Por fim, assim parecia, a Coroa e os Comuns estavam em harmonia natural.

Infelizmente, em questões políticas, a harmonia natural não é suficiente. Para completar o sistema, e para fazê-lo funcionar, algo mais era necessário também: uma reunião política independente que constituiria uma bancada da frente independente como ponte entre a Coroa e o Parlamento, como aqueles conselheiros privados Tudor que deram consistência e orientação aos Parlamentos de Henrique VIII e Elizabeth. Infelizmente, essa era a única coisa que Cromwell sempre se recusou a fazer. Para bons independentes, qualquer reunião política era suspeita: tinha cheiro de políticos astutos e de Corte. Uma bancada da frente independente era uma contradição em termos. Mesmo aqueles que, por sua vez, e sem seu apoio, buscavam criar tal bancada da frente para ele – Sir Anthony Ashley Cooper, Sir Charles Wolseley, Lord Broghill – não eram verdadeiros independentes, mas, todos eles, ex-realistas. Como seus companheiros proprietários do interior (e como aqueles historiadores liberais que virtuosamente acusavam os Tudors de "manipular" seus Parlamentos), Cromwell tendia a encarar toda negociação parlamentar como uma "cabala", uma interferência ruim na liberdade do Parlamento. Portanto, não fazia nenhuma, e quando outros homens de cabeça mais política buscavam encher o vazio, ele interveio para esmagar essa organização despropositada. Desse modo, pensava que estava garantindo "Parlamentos livres" — ou seja, livres do controle dos chefes políticos. Tendo assim garantido um "Parlamento livre", esperava automaticamente, como resultado apenas de bom conselho, boas intenções e boa vontade, produzir "boas leis", como no reino de sua heroína, a rainha Elizabeth. Não percebia que os parlamentos da rainha Elizabeth deviam sua eficácia não à tal "liberdade", nem ao valor pessoal dos partidos, nem à harmonia natural entre eles, mas a essa vigilância incessante, intervenção e administração pelo Conselho Privado que *back-benchers* puritanos dignos de nota olhavam como uma limitação monstruosa de sua liberdade. Não era de espantar que os parlamentos de Cromwell fossem uniformemente estéreis. Seu ideal era um parlamento elisabetano, mas seus métodos eram tais que levariam a uma Dieta polonesa. Conseqüentemente, cada um de seus parlamentos, privado por ele de liderança, caiu sucessivamente sob outra liderança, e foram então tratados por ele de um modo que os fez se sentir longe da liberdade. Somente no último ano de Cromwell surgiu um negociador partidário cromwelliano, sem incentivo de Cromwell, na Câmara dos Comuns, e buscou salvar os reais objetivos da revolução, mas mesmo ele, tendo sido relutantemente aceito, foi por fim traído por seu inconstante senhor. Nessa traição, Cromwell perdeu o que se mostrou ser sua última oportunidade de alcançar o "acordo" que ele tanto e tão fielmente, mas tão inabilmente, buscou.

Assim, é realmente enganador falar de "Cromwell e seus parlamentos" como falamos da "rainha Elizabeth e seus parlamentos", pois nesse sentido possessivo Cromwell – para seu infortúnio – não teve parlamentos: apenas enfrentou, de um modo desamparado e desorientado, uma sucessão de parlamentos, e fracassou, seja ao manipular, controlar ou compreender. Houve o Parlamento de Hesilrige e Scot, o Parlamento de Squibb e Moyer, o Parlamento de Birch, o Parlamento de Broghill e o Parlamento de Hesilrige mais uma vez, mas nunca houve um Parlamento de Oliver Cromwell. Ironicamente, o único soberano inglês que de fato fora membro do Parlamento mostrou-se, como parlamentar, o mais incompetente de todos. E assim foi porque não estudara as regras necessárias do jogo. Esperando imitar a rainha Elizabeth, que, por compreender as regras, fora capaz de tocar "seus fiéis Comuns" assim como um instrumento bem-afinado, ele fracassou ainda mais melancolicamente do que os Stuarts. A tragédia é que, ao passo que eles não acreditavam no sistema, Cromwell acreditava.

Hugh Trevor-Roper

Capítulo VIII

A Escócia e a Revolução Puritana

Entre a união das coroas em 1603 e a união dos Parlamentos em 1707, as relações entre a Inglaterra e a Escócia foram completamente infelizes. Desiguais em força, diferentes na história, os dois países tinham suficiente semelhança para forçá-los a estar juntos e ainda suficiente diversidade para tornar seus contatos sempre explosivos. Além do mais, cada um deles temia o outro. Para alguns escoceses – para os "indigentes escoceses" que afluíam para a dourada Corte de James I e estabeleciam dinastias no norte a partir dos lucros imerecidos da Inglaterra – a união das coroas era um grande ganho, mas para a Escócia em geral era uma grande perda: o rei da Escócia tornava-se um ausente conquistado por um *establishment* estrangeiro, e capaz, se quisesse, de usar recursos externos contra as liberdades de seu país natal. Pela mesma razão, a Inglaterra também tinha suas apreensões. Os recursos da Escócia podiam ser pequenos, mas não eram desprezíveis. Nas questões internas inglesas, podiam dar uma estreita mas decisiva margem de superioridade à Coroa sobre seus oponentes – como a seguir fizeram com seus oponentes em relação à Coroa. Desde os primeiros dias da união das coroas, o mais profundos dos estadistas ingleses, Francis Bacon, previu

Roger Boyle, Lord Broghill, 1º conde de Orrery

que uma revolução na Inglaterra podia muito bem começar na Escócia.[1] Uma geração depois, começou.

A Revolução Puritana inglesa, em todos os estágios, foi afetada pelos negócios escoceses. Sem a Escócia não podia ter começado; tendo começado, sem a Escócia podia ter terminado em um ano. Mas repetidas vezes – em 1641, em 1643, em 1648, em 1651 – a Escócia reanimou as chamas em que a Inglaterra estava sendo consumida. A seguir, quando a revolução triunfara na Inglaterra, a Escócia pagou o preço: a revolução foi levada até ela. A incômoda meia-união de 1603 foi completada, mesmo que James I não a tivesse desejado completar então, pois os estadistas da rainha Anne seriam obrigados a completá-la a seguir, por uma plena união de Parlamentos. De fato, a união de 1652 era muito mais estreita do que a de 1707: pois era uma união da Igreja e da justiça também. Além do mais, sugerirei, acarretou uma revolução social na Escócia tal como não ocorreria de fato até depois de 1745. Somente não perdurou. Em poucos anos, soçobrou; no entanto, outro exército partiu da Escócia e terminou por restaurar, com a monarquia, a antiga meia-união de 1603. Com essa restauração, teve início a última época da independência da Escócia, a época mais negra de sua história.

O caráter e o efeito da intervenção escocesa na Revolução inglesa são bem conhecidos. Todo mundo sabe como os escoceses foram levados à revolta pela lei de revogação de Charles I e pela liturgia do arcebispo Laud; como os líderes da oposição puritana na Inglaterra os alistaram como aliados; como, graças a essa alian-

---

[1] *The Letters and the Life of Francis Bacon*, ed. James Spedding, III (1868), p. 73.

ça, foram capazes de forçar Charles I a convocar um parlamento e impedi-lo de o dissolver; como Charles I, no verão de 1641, por uma visita pessoal à Escócia, procurou e não conseguiu reverter essa aliança; como o Parlamento inglês em 1643 a renovou, e trouxe um exército escocês, pela segunda vez, para a Inglaterra; como Charles I, em resposta, procurou mais uma vez criar um partido rival e um exército rival na Escócia, e dessa vez quase de forma bem-sucedida; como o marquês de Montrose, em sua carreira de triunfo, se ofereceu para pôr toda a Inglaterra, bem como toda a Escócia, aos pés do rei; mas como, de fato, depois de seu desastre em Philiphaugh e da rendição do rei, não a seu súditos ingleses, mas a seus súditos escoceses, os Covenanters* escoceses, em 1646, procuraram impor seus termos tanto ao rei quanto ao Parlamento da Inglaterra; como se decepcionaram e voltaram para a Escócia, vendendo seu rei (como os realistas sustentavam) por £400 mil ao partido revolucionário inglês, que cortaria sua cabeça; como os partidos escoceses então procuraram, em vão, por meio ainda de outras invasões da Inglaterra, sustar ou reverter a revolução: arrancar Charles I do cadafalso ou impor ao trono Charles II como um "rei *covenanted*"; como Oliver Cromwell destruiu a primeira tentativa em Preston, a segunda em Dunbar e Worcester; como todos os partidos escoceses foram a seguir pulverizados pelos vitoriosos, os Hamiltons executados, Argyll empurrado para a obscuridade em Inveraray, a Comissão de Propriedades controlada, a Assembléia Geral dissolvida, e todo o país reduzido à obediência, e abençoado com a ordem e a tranqüilidade, pelo resto da vida do Protetor.

---

* *Covenanters* – adeptos da Covenant, ou Acordo. (N. T.)

Tudo isso é bem conhecido. Todo historiador inglês o admite. E, no entanto, quantos problemas ficam de fora desse sumário! Mesmo enquanto enumeramos os fatos, as questões se nos impõem. Por que os escoceses intervieram tão constantemente, e a tal preço, nas questões inglesas? Que molas de ação os levaram repetidas vezes, na década de 1640, a impor um novo padrão a uma sociedade inglesa relutante? E qual era a natureza da revolução que, na década de 1650, foi imposta à sociedade escocesa pela Inglaterra? Os historiadores ingleses, que trabalharam tão intensamente com a Revolução Puritana no último meio século, raramente se indagaram sobre essas questões. Para eles, como para os independentes ingleses da época, as forças escocesas eram um "mero exército mercenário", que o rei e o Parlamento por sua vez convocavam em seu auxílio em sua luta puramente inglesa. Não os vêem como a expressão de forças sociais na Escócia. De fato, dificilmente se parecem com as forças sociais da Escócia. A Escócia, para eles, não é uma sociedade inteligível que responde a forças sociais inteligíveis. Como os visitantes do século XVII da Escócia, tendem a rejeitá-la como um país bárbaro povoado apenas por camponeses tolos manipulados, para seus próprios fins facciosos, por nobres ambiciosos e pastores fanáticos. E, igualmente, vêem a União de 1652 como uma mera ocupação militar, imposta, em benefício da ordem, a uma terra exaurida. Mesmo os historiadores escoceses dificilmente procuraram suprir essa lacuna. Levando em conta o trabalho publicado, a sociologia da Escócia do século XVII permanece em branco.

Nesse espaço em branco é temerário um estrangeiro se introduzir, e neste ensaio apenas oferecerei, com prudente cautela, algumas sugestões gerais. Referem-se a dois problemas que esbocei anteriormente: a tentativa dos escoceses de impor o presbiterianismo na Inglaterra na década de 1640 e a tentativa dos puritanos ingleses de realizar uma revolução social na Escócia na década de 1650. Mas, fundamental para ambos esses problemas, e para o fracasso de ambas as tentativas, é a diferença preexistente entre as duas sociedades: a diferença que foi disfarçada, mesmo na época, por similaridades superficiais, mas que na realidade era profunda: tão profunda que tornou a tentativa dos escoceses de impor sua própria forma de presbiterianismo à Inglaterra inútil, até mesmo absurda, e a tentativa dos ingleses de reformar a sociedade escocesa na década de 1650 prematura e desesperançada, exceto sob força contínua.

De fato, por trás de todas as semelhanças, a Inglaterra e a Escócia eram pólos separados. Considere-se o século antes de 1640, o século (alguns diriam) cujas novas tensões gradualmente criaram as pressões que levaram à revolução. Nesse século, tanto a Inglaterra quanto a Escócia rejeitaram a supremacia romana. Nesse plano eram semelhantes. Mas depois dessa similaridade, quanta diferença! Na Inglaterra a população, o comércio e a riqueza cresceram constantemente. Novas indústrias tinham surgido e encontrado novos mercados em uma sociedade interna leiga mais rica e mais sofisticada. O crescimento econômico da Inglaterra fora extraordinário e criara, ainda que desigualmente, um novo conforto e uma nova cultura. Mas na Escócia não houvera tal crescimento. Havia pouco comércio, pouca indústria, nenhum aumento da população. Sempre pobre e atrasada, ela parecia, por oposição, mais pobre e mais atrasada ainda. Essa oposição é vividamente ilustrada pelos comentários daqueles que atravessaram o Tweed, em qualquer direção. Lemos os relatos de viajantes ingleses na Escócia. Suas hospedarias, exclama Sir William Brereton, são piores do que banheiros; e ele irrompe num longo grito de incrédula aversão diante dessa terra horrível, suja, devastada e sem árvores. Em seguida nos voltamos para os viajantes escoceses na Inglaterra. "Suas hospedarias", exclama Robert Baillie, "são como palácios"; e Alexander Brodie, de Brodie, revirando os olhos diante de todas as perversas fantasias e delícias mundanas de Londres, lembra-nos um beduíno do deserto pestanejando no bazar do Cairo ou Damasco.[2]

Nem a oposição era apenas em termos de progresso material. O progresso material traz suas tensões. Na Inglaterra houvera uma notável centralização, tanto de população quanto de riqueza, nas cidades gêmeas de Londres e Westminster. Aí a nova riqueza industrial estava centrada, aí a burocracia inchada do governo, a Corte, tão ressentida pelo "campo", estava enraizada. A população de Londres, nesse século, quadruplicara. Por trás dos erros políticos dos governantes e dos homens da Igreja na década de 1630, esses fatos sociais indiscutíveis forneceram a substância sólida do descontentamento. O "campo", definhado e exaurido (como se sentia) por uma City monopolista e uma Corte anacrônica e parasita, estava determinado a afirmar seus direitos; e se sentia capaz disso porque o mesmo século produzira e educara uma classe leiga, independente da Igreja e do governo, e organizada em uma poderosa instituição: o Parlamento.

A Escócia estava livre de todas essas novas forças. Na Escócia, como não havia inflação, não havia pressão; também não havia tal

---

[2] *Travels in Holland, the United Provinces, England, Scotland and Ireland 1634-5 by Sir William Brereton* (Chetham Society, I, 1844); p. 102-6; Robert Baillie, *Letters and Journals* (Edinburgh, 1841-42), I, p. 271.

concentração, seja de comércio ou de governo. Edimburgo era, como permaneceria por muito tempo, destituída de espírito mercantil. Não havia Corte. Enquanto os outros príncipes da Europa ocidental tinham criado burocracias em torno do trono, os reis da Escócia tinham sido joguetes de grandes e incorrigíveis feudatários, dos quais finalmente fugiram para a Inglaterra. Sem comerciantes, sem "funcionários graduados", a Escócia carecia por completo da nova classe de leigos instruídos em cima da qual a grandeza da Inglaterra Tudor fora desenvolvida. Para propósitos práticos, sua classe média instruída consistia em advogados e no clero, os dois pilares do conservadorismo que o laicato da Inglaterra procurava reformar. Conseqüentemente, carecia também de suas instituições. O Parlamento escocês era tão fraco quanto as Cortes castelhanas. Foi porque representava tão pouco que o país aquiesceu, em 1707, com sua migração final para Londres.

Por fim, havia uma terceira diferença. A Escócia já havia tido uma revolução religiosa. Por uma ironia que parece também uma lei da história, a nova religião calvinista, como hoje o marxismo, triunfara não na sociedade madura que a criara, mas em países subdesenvolvidos onde os órgãos de resistência a ela também não estavam desenvolvidos. E, porque triunfara em países atrasados, adaptara-se às circunstâncias desses países. Tornara-se ditatorial, eclesiástica, teocrática. Na Inglaterra, no reinado de Eduardo VI, o clero calvinista (e nele John Knox) procurara determinar a natureza da Reforma. Fracassara e, no reinado de Mary I, fora obrigado a fugir para o estrangeiro. Com a ascensão de Elizabeth, retornara ávido do poder que parecia esperá-lo. Mas o laicato autoconfiante da Inglaterra logo o pôs no lugar. Somente em momentos de crise

— como em 1588 — o clero calvinista organizado pareceu temporariamente representar o povo inglês. Mas na Escócia, onde não havia esse laicato, o clero calvinista estabelecera seu poder sobre a sociedade. Os clérigos se viam como a elite instruída que imporia uma nova doutrina, uma nova Igreja, uma nova moral sobre um povo indiferente, e o elevaria. E o laicato da Escócia, reconhecendo sua própria fraqueza, aceitou-os, em ampla medida, como tal. Os reis e membros da Corte podiam não gostar desses pastores insuportáveis. Escoceses cultos, isoladamente, podiam preferir o clero mais tolerante, mais civilizado da Igreja Anglicana. Mas os que desejavam mobilizar o povo na Escócia tinham de usar os tribunos do povo; e em 1640 esses tribunos eram a forma mais altamente organizada na vida escocesa. Se o Parlamento escocês, o órgão do laicato escocês, era muito fraco, a Assembléia Geral, a organização de seu clero, não era. Em tempos de crise podia ser, como o Parlamento leigo da Inglaterra, a voz da nação.

Assim, entre a Inglaterra e a Escócia, havia, em 1640, um imenso golfo social, que o século anterior havia ampliado. Sob seu protestantismo e sua língua comuns, ocultos por sua oposição comum à mesma ameaça, toda sua estrutura diferia. Porque não havia compartilhado a expansão da Inglaterra, a Escócia estava isenta das tensões do crescimento. Porque havia experimentado uma reforma religiosa mais radical, não sentia mais certas pressões antigas. E porque havia pouco ou nenhum laicato independente, instruído, o clericalismo calvinista, que na Inglaterra ou na França poderia ter sido um estágio transitório, na Escócia (como na Nova Inglaterra) tornou-se uma tirania conservadora. Esses fatos sociais diferentes acarretaram uma diferença radical de idéias. O puritanismo inglês, embora articulado por seu clero, era essencialmente um movimento leigo. Também era radical, buscando completar a meia-reforma dos Tudors por uma plena emancipação do laicato. O presbiterianismo escocês, embora apoiado por seu laicato, era essencialmente clerical. Era também conservador, buscando não ir em frente, em direção a uma sociedade leiga, mas garantir, contra o novo e arrepiante episcopalismo dos Stuarts, a reforma clerical que já tinha sido conquistada. Em 1640 isso era um problema efetivo: impôs aos escoceses a necessidade de uma política nova e avançada.

A política da Kirk* escocesa na década de 1640 era o resultado natural de seu conservadorismo e de sua fraqueza. Nisso não diferia das outras sociedades calvinistas da Europa. Por toda parte, em 1640, o calvinismo estabelecido estava na defensiva. Tendo triunfado nos países fracos e atrasados, havia automaticamente exposto a fraqueza deles. Pois o calvinismo, nessa época, tinha sido rejeitado por todas as monarquias militares da Europa. Católicos, luteranos e anglicanos igualmente olhavam-no como uma doutrina revolucionária e esperavam, aberta ou secretamente, vê-lo por fim apagado nos poucos e obscuros recantos onde ainda vingava. O rei da Espanha desejava esmagá-lo na Holanda; o duque de Savóia sonhava com a destruição de Genebra; a monarquia francesa não queria mais tolerar a "república" de La Rochelle; o rei da Inglaterra planejava solapar a Kirk da Escócia. Por toda parte os governantes calvinistas sabiam que sua sociedade estava em perigo diante de vizinhos poderosos, e para protegê-la tinham, necessariamente, que

---

* Kirk – Igreja Nacional da Escócia. (N. T.)

adotar uma de duas políticas. Ou tinham que atenuar seu calvinismo a fim de garantir o apoio de príncipes não-calvinistas, inimigos de seus inimigos, ou, se tal apoio não fosse possível, deviam recorrer a eles próprios, convocar seus pregadores mais radicais, apelar para a Internacional calvinista, e, em defesa própria, realizar a revolução no exterior. No século XVI, a primeira política foi adotada pelos holandeses, que precisavam do apoio da Inglaterra e da França; também foi adotada pelos escoceses, que se abrigavam sob a asa dessa útil vizinha, embora anglicana, a rainha Elizabeth. A segunda política foi adotada pelos calvinistas do Palatinado e da Boêmia em 1618-20; foi também, cada vez mais, adotada pelos escoceses quando os sucessores da rainha Elizabeth, que também eram seus próprios reis, se voltaram contra eles e os deixaram isolados no mundo.

De início, não era necessário adotá-la em todo seu rigor. A Kirk escocesa, em 1638, podia ser ameaçada pela Coroa da Inglaterra e da Escócia, mas os erros de Charles I lhe deram poderosos aliados em ambos os países. O rei podia pensar que tinha dividido as classes na Escócia. Podia supor que por seu "inocente Ato de Revogação" havia libertado a pequena nobreza de sua "clientela e dependência" em relação aos grandes senhores. Muitos dos proprietários escoceses de terras, afirmava ele, tinham-lhe agradecido por sua emancipação dessa "intolerável servidão".[3] Mas de fato, como com tanta freqüência, ele estava errado. O patronato nobre não foi rompido; a pequena nobreza não se tornou independente; e em 1738 os primeiros, como patronos, e os últimos, como mais velhos governantes, formaram a força do Acordo Nacional [National Covenant].

---

[3] A opinião do rei é expressa para ele em [W. Balcanquhall], *A Large Declaration concerning the Late Tumults in Scotland...* (1639).

Além do mais, olhando para o exterior, os arquitetos desse Acordo podiam ver, ou pensavam que podiam ver, uma aliança similar de classes na Inglaterra, todas igualmente determinadas, com eles, a levar a Coroa à razão. Graças a essa solidariedade interna e a esses aliados externos, os membros da aliança escocesa foram capazes de derrubar o novo episcopado que se tinha instalado entre eles e "restaurar" a Kirk em sua mais pura forma.

Sem dúvida, foi uma grande vitória. Mas por quanto tempo duraria? Quando os líderes escoceses olharam à volta tiveram de admitir que tinha sido uma coisa muito limitada, resultado de uma conjuntura notavelmente favorável que nunca podia ter sido prevista, que nunca se podia esperar que perdurasse e que podia nunca ocorrer de novo. E naturalmente, em circunstâncias modificadas, podia ser facilmente revertida. Obviamente, enquanto a conjuntura favorável perdurasse, podiam fazer o que fosse necessário para tornar sua vitória permanente. E depois da experiência da última geração sabiam o que era necessário. Deviam exportar sua revolução. Teoricamente a Kirk escocesa podia coexistir com o "episcopado moderado" na Inglaterra. Assim fizera no século anterior. Mas isso foi quando a rainha Elizabeth reinara na Inglaterra, e os dois reinos foram separados. O rei Charles e a união das Coroas tinham modificado tudo isso. E, de qualquer modo, por quanto tempo o "episcopado moderado" permaneceria moderado? O episcopado fora "moderado" na Inglaterra elisabetana e na Escócia jacobita, mas insensivelmente fora transformado, como podia ser transformado de novo. Assim, os líderes escoceses eram claros. Na Inglaterra, como na Escócia, o episcopado devia ser extirpado. Não devia haver conciliação, nenhum retorno ao sistema elisabetano.

Somente uma forma de governo ligada à Igreja na Inglaterra era compatível com a permanência do presbiterianismo na Escócia: a Inglaterra também devia tornar-se presbiteriana. O calvinismo desabrochado, sem bispos, clerical, de 1639 devia ser aceito, *in toto*, pelo reino mais forte.

Além do mais, pensavam os escoceses, isso podia ser facilmente feito. Não havia necessidade de compulsão, nem mesmo de pressão. Quando olhavam para a Inglaterra, viam apenas as semelhanças, nunca as diferenças. Sabidamente, a Inglaterra era muito mais rica e mais poderosa do que a Escócia, mas a estrutura social e política, a seus olhos, parecia exatamente a mesma. A oposição parlamentar, que havia triunfado, não estava aí também unida pelo apoio nobre, inspirado pelo clero "calviniano", tornada sólida pela pequena nobreza rural? Não havia um clamor contra os bispos? E os ingleses, nesse triunfante inverno de 1640-41, ao olharem retrospectivamente para as causas imediatas de seu triunfo, "por toda parte professavam" que, sob Deus, deviam "sua religião, liberdades, parlamentos e tudo o que tinham" a esse vitorioso exército de seus irmãos, os escoceses? Por que se surpreender se, na exaltação do momento, com a política de Charles I em ruínas, Strafford e Laud na Torre, e os cidadãos de Londres apresentando petições monstruosas pela abolição do episcopado, o clero escocês sempre complacente deixava de lado o grande hiato social que realmente separava os dois países e supunha que a "disciplina escocesa" podia ser estabelecida na Inglaterra por uma mera insinuação deles, os especialistas, os mestres e os salvadores da Inglaterra?

Assim, nesse inverno, quatro clérigos escoceses partiram de Edimburgo para guiar os agradecidos ingleses para a verdadeira doutrina e o perfeito sistema do presbitério. Tratava-se de uma operação planejada: cada um tinha sua atividade definida. Uma era derrubar "sua pequena Graça", o arcebispo de Cantuária e todo o sistema episcopal; outra era destruir as cerimônias anglicanas que o acompanhavam; a terceira era definir o sistema presbiteriano; a quarta era derrotar os sectários que pudessem ter outras idéias, ao "modo da Nova Inglaterra"; e as quatro seriam pregar sucessivamente aos comissários escoceses e a todos que viessem ouvir o evangelho da salvação do norte. O principal defensor do presbitério entre esses quatro evangelistas era Alexander Henderson, o formador do Acordo Nacional. Os alternados martelos de cerimônia eram os sectários George Gillespie e Robert Blair. O confiante coveiro do anglicanismo era o volúvel, incalculável escritor de cartas, esse incomparável pastor escocês, tão culto, tão agudo, tão factual, tão complacente, tão inabalavelmente onisciente, tão infalivelmente errado, Robert Baillie A. M. (Glasweg), regente da Universidade de Glasgow e pastor de Kilwinning, Ayrshire.

Os quatro clérigos começaram a trabalhar. Pregaram, escreveram, pressionaram; e sempre viam o fim de seus esforços logo adiante. As cartas de Baillie para casa são uma contínua manifestação de complacência. Naturalmente, admitia ele, os pobres ingleses incultos não podiam pular imediatamente para o nível dos escoceses, mas ele os considerava eminentemente capazes de aprender; e embora seus braços, como ele diz, estivessem "cheios de meu antigo amigo, sua pequena Graça", ele estava sempre pronto para abrir sua boca também, para ensinar-lhes. (De fato, Baillie admitia que abria sua boca "de certo modo para seu próprio contentamento", e que "pesava à sua mente" mantê-la fechada.) Assim, em certa ocasião, pregou por uma hora sobre as graças singulares de Deus para com os escoceses, em conseqüência do que (disse ele) "muitas lágrimas de compaixão e alegria caíram dos olhos dos ingleses". Por toda parte, observou, havia não apenas uma necessidade gritante, mas também um desejo geral do presbitério. Podia haver uns poucos separatistas, buscando "o modo da Nova Inglaterra", mas "a maior parte é pela nossa disciplina"; e, de qualquer modo, seria fácil usar os separatistas no trabalho de demolição e depois descartá-los. Uma vez que o "lixo" do anglicanismo tivesse sido varrido, seria fácil "construir uma nova casa": a casa do Senhor segundo João Calvino, John Knox e Andrew Melville. Em maio de 1641, quando o Parlamento inglês assinou o "Protesto" de solidariedade contra Strafford, ele foi, conforme Baillie confiantemente declarou, "em substância, nosso Acordo escocês".

Assim, escocês após escocês, presunçosamente tocava sua trompa tribal, mas as paredes da Jericó episcopal eram estranhamente lentas para cair. Primeiro, havia desculpas: a questão, diziam os ingleses, deve ser adiada "até que primeiro Cantuária esteja derrubada". Os escoceses aceitaram o desafio. Baillie lançou-se à sua "pequena Graça", preparado para lhe dar "o último golpe", e ansiava por seu "funeral", mas de algum modo nada aconteceu. Para apressar a situação, todos os quatro pastores escreveram panfletos, que, segundo eles, eram "muito solicitados": em particular, Alexander Henderson escreveu "um pequeno e rápido artigo" contra bispos ingleses, dando "muito boas razões por seu afastamento da Igreja". O resultado foi muito desafortunado. O rei, que tinha acabado de declarar publicamente sua fé no episcopado, estava "tão inflamado como nunca esteve antes dessa época por nenhuma outra razão".

Disse aos escoceses que, por tal interferência, eles haviam perdido seus privilégios; os reformadores ingleses mantiveram prudente silêncio; e até mesmo "vários de nossos verdadeiros amigos" (lamentou Baillie) "nos consideraram muito imprudentes". Os negócios internos ingleses, como foi dito aos escoceses, eram um assunto inglês: deviam ocupar-se de seus próprios negócios. A seguir, para consternação de Baillie, a Câmara dos Lordes instalou uma comissão de reforma do episcopado: um "truque" infame, para "tapar o casco furado do episcopado" e pô-lo de novo a flutuar. Os comissários leigos escoceses interpuseram discrição e, segundo suas instruções, apresentaram documentos solicitando uma conformidade do governo religioso como meio especial de preservar a paz entre os dois reinos, mas isso não fez diferença. Foi com dificuldade que o Parlamento inglês foi impedido de lhe dizer, também, para se ocuparem de seus próprios assuntos. No fim, foi-lhes dito simplesmente que as duas Câmaras já tinham considerado a reforma do governo religioso na Inglaterra e prosseguiriam de acordo com suas próprias linhas "no devido tempo, de modo a melhor conduzir à glória de Deus e à paz da Igreja".[4]

E assim foi. No verão de 1641, os escoceses foram finalmente despedidos, assim como tinham usado e depois despedido os inimigos católicos irlandeses de Strafford. Ambos garantiram seus objetivos imediatos: Strafford estava morto, e o rei, nesse verão, ratificou a revolução escocesa. Mas nenhum havia alcançado as garantias de longo prazo que buscavam: não haveria reconhecimento

---

[4] R. Baillie, *Letters and Journals*, I, *passim*; W. A. Shaw, *A History of the English Church...
1640-1660* (1900), p. 127-33.

do catolicismo na Irlanda, e a revolução escocesa não seria exportada para a Inglaterra. E, de fato, Pym podia responder, por que deveria? A Igreja inglesa era assunto dos ingleses. Os escoceses tinham de fato sido muito úteis, mas estavam a serviço de seu próprio interesse; foram muito bem pagos; e deveriam se satisfazer com o que haviam conseguido: tinham ajudado a restaurar na Inglaterra esse sistema elisabetano que protegera a retaguarda da jovem Kirk da Escócia, e ainda o faria. Assim, na Inglaterra, em 7 de setembro, todos os sinos das igrejas tocaram, para agradecer a Deus pela paz com a Escócia, a partida dos escoceses e a base estabelecida para uma reforma puramente inglesa da Igreja.

Infelizmente, a história não termina aí. Aqueles que pedem por ajuda externa não podem se queixar se seus inimigos também fazem o mesmo. Charles I não aceitou a reforma inglesa de 1641: e se os escoceses e os irlandeses se julgavam logrados, por que ele não exploraria o ressentimento deles? Em um ano muito tinha acontecido na Escócia; a unidade da aliança estava se dissolvendo na medida em que as ambições de Argyll se mostravam através dela. Muito também havia acontecido na Irlanda desde que o grande unificador dos descontentes, Strafford, caíra. Assim, tanto na Escócia quanto na Irlanda, o rei buscava novos aliados para continuar a luta. Na Escócia, ele fracassou: sua presença pessoal ali só servia, nas palavras de Clarendon, para "fazer um presente desse reino" ao Partido do Acordo. Mas na Irlanda, as águas conturbadas produziam melhor pesca, e em breve tivera início uma série de acontecimentos que levaram insensivelmente à guerra civil na Inglaterra, e assim mais uma vez reuniram o Parlamento inglês e a Assembléia Geral escocesa.

Logo que a guerra civil pareceu iminente, o Parlamento inglês aproximou-se da Assembléia Geral: os irmãos escoceses ficariam ao lado das Câmaras inglesas em sua luta justa? Mas dessa vez os escoceses não seriam iludidos como em 1641. Prevenidos, estavam decididos a ter garantias legais antes de darem qualquer ajuda. As condições essenciais da ajuda, responderam, era "uniformidade do governo da Kirk". A prelazia deve ser "erradicada radicalmente" na Inglaterra, e o governo presbiteriano "por assembléias, altas e inferiores, em sua forte e bela subordinação" a deve substituir. O Parlamento inglês estava preparado para renunciar ao episcopado, pelo menos no papel; estava preparado para apresentar fórmulas gerais pias, mas recusou-se absolutamente a dar qualquer garantia de presbiterianismo. Preferia enfrentar o rei sozinho. Nessa época, achava que podia ganhar rapidamente. Pouco depois, teve dúvidas, e procurou de novo os escoceses. Mas ainda nada disse sobre o presbiterianismo. Baillie foi sardônico sobre o estranho "descuido". "Era de surpreender", escreveu ele, "que desejassem qualquer ajuda, pois negaram usar meios melhores para obtê-la." Foi somente no verão de 1643, quando a causa parlamentar parecia sem esperanças – quando o rei estava se preparando para a investida final, e os radicais no Parlamento estavam em revolta –, que Pym decidiu buscar uma aliança escocesa, ainda que, se necessários, em termos escoceses. E esses termos não haviam se modificado. Nunca se modificariam. Os próprios escoceses, em 1643, estavam completamente apreensivos. Estavam quase tão ansiosos por uma aliança quanto os ingleses. Mas, mesmo assim, insistiriam no antigo preço. Como Baillie escreveu, "os ingleses preferiam uma liga civil" – assistência mútua sem referência a religião – "nós, um Acordo religioso": uma aliança obrigatória de conformidade religiosa exata.

Essa era a origem da Liga e do Acordo Solenes. Sabemos como os ingleses lutaram duro contra a condição escocesa, o Acordo. Cada expressão que aludia a ela era contestada em ambas as Câmaras. Toda a sutileza verbal de Vane era necessária para encontrar uma fórmula que podia se referir e não se referir a ela: referi-la para os escoceses, não a referir para os ingleses. Todas as reservas mentais de Cromwell eram necessárias para fugir dessa fórmula quando ela tivesse sido aceita; e como o nome foi aceito, os escoceses, esses incorrigíveis nominalistas, supunham que a coisa também fosse aceita. Em dezembro de 1643, Robert Baillie, então professor e mais autoconfiante do que nunca, partiu mais uma vez com seus colegas para Londres, acreditando, a despeito de toda a experiência passada, que dessa vez a coisa era certa. Tudo o que era necessário era garanti-la. E isso então parecia fácil. Se apenas uma "comissão bem escolhida", cheia de escoceses, fosse criada em Londres, "logo teria a orientação de todos os assuntos tanto desse Estado quanto da Igreja".

Assim, os escoceses começaram a trabalhar de novo. Seu objetivo era constante e claro: "abolir o grande ídolo da Inglaterra, o *Service Book*,* e erigir em todas as partes de culto uma plena conformidade à Escócia". Desde o começo não haveria conciliação. Recusaram-se a ouvir até mesmo o sermão fúnebre de Pym, pronunciado pelo papa do "presbiterianismo" inglês, Stephen Marshall, "pois sermões fúnebres devemos rejeitar, com o resto". Na Assembléia de Eclesiásticos como no Parlamento, "não devemos ter dúvida de fazer

---

* Livro usado nas cerimônias religiosas. (N. T.)

tudo claramente segundo nosso espírito". Por instância da Escócia, reforçada pelos calvinistas da França e da Suíça, todo desvio da verdadeira doutrina deve ser proibido; os cismáticos "e a mãe e madrasta de tudo, a independência de congregações" deviam ser suprimidos; todas as sugestões de tolerância deviam ser esmagadas. O Parlamento inglês havia iludido a Assembléia Geral escocesa uma vez. Não devia fazê-lo de novo. Nem (pensavam os escoceses) podia ser assim de novo. Estava comprometido então por uma maior necessidade e preso em temíveis sílabas de concordância.

Infelizmente, mesmo as sílabas mais pedantes, professorais, não podem alterar fatos históricos, sociais. A despeito do Acordo, a despeito de Marston Moor, a despeito de muita tinta e muitas palavras, os fatos permaneciam fatos, e não demorou muito para que as cartas de Baillie se tornassem, mais uma vez, uma série de aflitas manifestações. Não é que apenas Vane e St. John, "nossos antigos amigos", os formadores dessa aliança, que deviam tudo (disse Baillie) aos escoceses, tenham se voltado contra eles. Vane e St. John, logo transpirou, eram notórios independentes. Mesmo os declarados "presbiterianos" ingleses, mesmo Denzil Holles, seu líder leigo, mesmo Stephen Marshall, seu oráculo religioso, não eram melhores. A Inglaterra, exclamou Baillie, em um momento de verdade, mesmo a Inglaterra parlamentar, era ou "plenamente episcopal" ou "muito episcopal"; o presbitério, para os ingleses, era "um monstro"; e a esperança aberta de estabelecer "a disciplina escocesa" ao sul do Tweed era por meio não de sermões ou panfletos, comissões ou conselho, mas de "nosso exército em Newcastle". "Se por qualquer meio conseguíssemos que nossos regimentos, que são quase trinta, alcançassem 16 mil homens" então, "pela graça de Deus, em pouco tempo, poderíamos arruinar tanto o partido maligno quanto os sectários". Já antes de o rei ser derrotado, os escoceses estavam pensando em uma conquista militar da Inglaterra.

Vã esperança! Não seria o exército escocês que decidiria a guerra civil inglesa. É verdade que, quando a primeira guerra terminou, um partido inglês chamado os "presbiterianos" estava no poder. É verdade que esse partido confirmou a abolição do episcopado, pondo as terras dos bispos à venda. É verdade que o nome e a forma do presbiterianismo foram aceitos para preencher o vazio. Mas por que as terras dos bispos foram vendidas? A fim de levantar dinheiro para se livrar dos escoceses, que, mais uma vez, como em 1641, tinham cumprido seu papel e deviam ser mandados para casa. E o que era o presbiterianismo que fora posto no lugar do episcopado? Estava ele em "plena conformidade com a Kirk da Escócia"? Certamente não. Era, como o próprio Baillie lamentou, "um estropiado presbitério erastiano" em que o essencial do sistema escocês – o direito divino dos anciãos dirigentes, a independência judicial da Igreja, sua "forte e bela" estrutura interna, seu formidável poder de excomunhão – fora sacrificado não apenas aos sectários" no Parlamento e "à ébria negligência dos pastores e da pequena nobreza nos condados", mas também à obstinada recusa dos chamados "presbiterianos".

Pois de fato – qualquer que tenha sido a condescendência feita em benefício da ajuda escocesa – os "presbiterianos" ingleses não eram presbiterianos. Talvez nenhum rótulo tenha causado tanta confusão política e histórica como o rótulo "presbiteriano" ligado a um partido político inglês. Por causa desse rótulo, os clérigos escoceses do século XVII criaram esperanças impossíveis e os historiadores modernos enredaram-se desnecessariamente em dificuldades. Por que, perguntavam os primeiros, os "presbiterianos" ingleses não cumpriram os termos da Liga e Acordo Solenes? Por que, perguntam os últimos, os "presbiterianos" ingleses, cujos irmãos escoceses aderem à sua Igreja em qualquer ocasião, se tornam independentes na década de 1650 e anglicanos na de 1660? A resposta a essas indagações é simples. Exceto por uns poucos clérigos, tentados pelo poder clerical, não havia presbiterianos ingleses. Não importa como a história os chama, não importam quais acontecimentos às vezes os forçaram a aparecer, os ingleses que tentaram estabilizar a revolução em 1646 eram, como tinham sido em 1641, como seriam em 1660, "anglicanos moderados", crentes, sob qualquer nome, em um episcopado elisabetano moderado, sob controle leigo.

Se olhamos para os homens, se olhamos para sua política, sempre tolerando as circunstâncias, isso é suficientemente claro. Clarendon, examinando a lista dos "grandes maquinadores", todos os quais ele havia conhecido, admira-se de pensar sobre o dano feito por esses homens, dos quais quase todos, ao serem examinados, se revelaram ser tão "bem afeitos" à Igreja anglicana. O próprio John Pym, até o dia de sua morte, elogiava o "episcopado moderado" como o sistema de Igreja ideal, e as palavras com que ele todavia instava seus companheiros "rebeldes" para destruir a Liga e Acordo Solenes mostram que estava se dirigindo a homens que partilhavam esses ideais. Quaisquer palavras que pudessem exprimir no calor do momento, quaisquer medidas que pudessem lhes ser impostas pela necessidade das finanças de guerra ou das crescentes paixões da guerra civil, esses homens sempre ficariam de bom grado com o sistema que os dividia menos. Podiam abolir o episcopado no papel, mas durante toda a primeira guerra civil cuidaram de não aboli-la irreversivelmente de fato. Mesmo quando, por fim, sob pressão escocesa, o passo fatal foi dado e as terras dos bispos foram postas à venda, as conseqüências não foram aceitas. Os "presbiterianos" ingleses, tendo se livrado dos escoceses e de suas exigências absurdas, estavam preparados para aceitar um período probatório de três anos que, como todo mundo sabia, seria uma casa a meio caminho para a restauração do episcopado. Mesmo o Prefeito "presbiteriano" de Londres da época podia a seguir ser elogiado como um pastor "presbiteriano" da época, por sua constante fidelidade à Igreja episcopal da Inglaterra.[5] E, naturalmente, aqueles que se tornaram independentes não eram muito diferentes quanto a isso. Em 1647, quando foi sua vez de impor condições ao rei, ofereceram-se para restaurar o "episcopado moderado". O próprio Oliver Cromwell, uma vez terminados os anos violentos, buscou reunir o clero anglicano em sua Igreja puritana[6] e deu funeral de Estado, com liturgia anglicana, na Abadia de Westminster, ao grande chefe do episcopado moderado, o arcebispo Ussher. Pois "episcopado moderado" significava episcopado laicizado. Qualquer que fosse a forma da estrutura da Igreja (ou seja, da estrutura social) que os puritanos ingleses estavam preparados para aceitar, o ingrediente essencial era a laicização. Se pudessem não ter "episcopado moderado", a próxima melhor coisa podia ser chamada "presbiterianismo". Podia tomar emprestadas as

---

[5] Ver *The Royal Commonswealthsman* (1668), sendo o sermão fúnebre pregado na morte de Thomas Adams, o Prefeito "presbiteriano" de Londres em 1646, por Nathaniel Hardy, cujos próprios sermões em 1646-47 mostram ter sido ele um "presbiteriano".

[6] Ver R. S. Bosher, *The Making of the Restoration Settlement* (1951), p. 45-46.

características presbiterianas. Mas essencialmente seria Independência: uma Igreja protestante descentralizada, laicizada.

Para os pastores escoceses esse fato nunca foi claro. Homens provincianos, complacentes, acostumados a pontificar de seus púlpitos, defensores tenazes do dogma e da disciplina que lhes tinham servido em casa, habituados ao nominalismo das Escolas e acostumados com a docilidade de seus rebanhos, nunca sonharam que a similaridade de palavras podia ocultar tal divergência de significado. Assim, alternavam entre confiança absurda e indignação íntegra. Uma vez – em 1646, quando Montrose fora derrotado na Escócia e o rei na Inglaterra, e os "presbiterianos" ingleses haviam conquistado o controle do Parlamento inglês – seriam triunfantes. A vitória total, parecia, era deles. Nesse ano, a Assembléia Geral ordenou que todos os escoceses que tinham pegado em armas com Montrose, ou tinham tido contato com ele, ou bebido à sua saúde, deviam ser excluídos da comunhão até que tivessem feito confissão pública de seus pecados; e os comissários da Igreja insistiam em que, em todos os futuros tratados, deviam ser consultados quanto à legalidade dos termos. Nesse meio-tempo, em Newcastle, os escoceses estavam pedindo que o rei aceitasse o Acordo e o aplicasse em toda a Inglaterra, e Baillie estava confiantemente distribuindo o apoio da Igreja da Inglaterra entre seus amigos. Havia o Sr. Lee, por exemplo, "um homem muito hábil e digno", e muito ardoroso contra a independência. Agora era tempo, instruía Baillie ao Parlamento inglês, de recompensar seus méritos: "a decania da Igreja de Cristo é seu direito". Mas a Inglaterra, ao contrário da Escócia, recusou-se a aceitar essas ordens clericais peremptórias; o Sr. Lee não foi feito deão da Igreja de Cristo; e em breve Baillie expressaria desapontamento amargo e petulante. Os "presbiterianos" no Parlamento, viu ele, não seguiriam sua ordem: os membros "presbiterianos" eram realmente "malignos" de coração; mesmo os pastores "presbiterianos" mostraram-se ou realistas ou independentes. Quando Cromwell, com seu "exército de sectários", derrubou os "presbiterianos" ingleses, quem teria pensado que metade dos "presbiterianos" – incluindo o próprio Stephen Marshall – o teria suportado? Tudo era muito atordoante. Apenas mostrou, para Baillie, que quase todos na Inglaterra eram extremamente maus, e que "nenhum povo tinha tanta necessidade de um presbitério".[7]

Assim, a intervenção escocesa de 1643 revelou-se, afinal, tão vã quanto a de 1640. Todas as vezes os escoceses fizeram seu trabalho; todas as vezes insistiram nos mesmos termos; todas as vezes foram pagos apenas em dinheiro. Não exportaram sua revolução. Não fizeram isso porque, entre a Inglaterra e a Escócia, havia uma diferença social que tornava o presbiterianismo, em seu sentido, impossível; e por insistir no impossível, por arrastar os herdeiros de Pym mais para "o modelo dos escoceses" mais do que eles de bom grado iriam, terminaram por provocar uma revolução e colocar no poder um partido que estava determinado a não ter mais nada a ver com eles, mas a pôr a Inglaterra apenas em um modelo inglês: um modelo que, na Igreja, podia ser o episcopado laicizado – ou seja, o "anglicanismo moderado – ou podia ser não-episcopado laicizado – ou seja, independência – mas não seria presbiterianismo.

---

[7] W. L. Mathieson, *Politics and Religion. A Study in Scottish History from the Reformation to the Revolution* (Glasgow, 1902), II, p. 82-83; Baillie, *Letters and Journals*, II, p. 177, 393.

A importância do fracasso escocês na Inglaterra dificilmente pode ser superestimada. Não somente precipitou uma revolução na Inglaterra: também por suas repercussões abriu caminho para o desastre na Escócia. A partir do momento da revolução cromwelliana de 1647, a unidade das classes escocesas, forjada em 1638, se desfez. Depois de 1647, os políticos escoceses, os "*Engagers*" [Exortadores], reconheceram que o presbiterianismo da Kirk não podia ser imposto à Inglaterra. Na medida em que a religião estava envolvida, teria de bom grado tirado a Escócia da política inglesa. Teria escolhido o presbiterianismo em casa e um aliado, embora não-idêntico protestantismo na Inglaterra, como na época da rainha Elizabeth. Se de fato invadiram a Inglaterra em 1648, não era mais para impor o Acordo: era porque o rei da Escócia precisava ser salvo de seus súditos ingleses. Era também outra conseqüência fatal da união das Coroas. Por outro lado, a Kirk ainda se apegava à sua antiga política. Opunha-se à invasão de 1648 não porque tinha abandonado uma política de coerção, mas simplesmente porque essa invasão particular não era consagrada pelo antigo propósito. Como Baillie escreveu, "que a Escócia nessa época tem uma causa justa de guerra contra o exército sectário na Inglaterra e seus adeptos, nenhum de nós questiona"; os ingleses, por deixarem de impor um presbiterianismo pleno, romperam a Liga e Acordo Solenes e os escoceses tinham todo o direito de aplicar seus termos. Por essas razões, ele e seus amigos eram favoráveis à guerra. Mas essa guerra dos *Engagers* era o tipo errado de guerra. No melhor dos casos podia apenas levar a "um fraco presbitério erastiano com uma tolerância do papado e do episcopado na Corte, e diversas seitas em outras partes". Isso não era razão para a Kirk ir para a guerra.[8]

Assim, a política progressista dos calvinistas escoceses, como a dos calvinistas do Palatinado, terminou apenas em catástrofe. Não exportaram sua revolução: apenas criaram uma contra-revolução contra sua interferência, e, como resultado, trouxeram divisão e desastre para si mesmos. Um a um os partidos escoceses foram derrotados: os políticos em Preston, os zelotes em Dunbar, os nacionalistas em Worcester. No outono de 1651, a Escócia estava prostrada diante das armas da Inglaterra revolucionária. Todos os seus órgãos nacionais estavam destruídos. O rei havia fugido para o exterior; a Comissão de Propriedades fora tomada; a Assembléia Geral, "a glória e força de nossa Igreja sobre a terra", logo seria dissolvida. Em vez de a antiga revolução escocesa ser imposta à Inglaterra, a nova Revolução inglesa estava para ser imposta à Escócia, agora parte da Commonwealth unida e sem rei da Inglaterra, Escócia e Irlanda. Tinha chegado a "plena conformidade", com uma vingança. Assim, chegamos ao segundo capítulo de nossa história: a política não dos presbiterianos escoceses em uma Inglaterra que eles tinham esperado muito administrar, mas dos independentes ingleses em uma Escócia que eles tinham efetivamente conquistado e que, por nove anos, governaram à vontade.

O governo da Commonwealth e do Protetorado ingleses na Escócia é com freqüência encarado como uma mera operação militar. Certamente a Escócia foi governada, como a Inglaterra,

---

[8] Baillie, *Letters and Journals*, III, p. 25, 42, 52.

pela espada. Certamente a nação escocesa e a Igreja escocesa foram derrotadas e não se reconciliaram com sua derrota. Certamente a união parlamentar não era uma união livre ou igual: os escoceses, como os irlandeses, membros dos parlamentos de Cromwell, eram em grande parte nomeados do governo inglês. Mas seria errado parar aí, ou supor que o governo inglês nada fez de mais positivo em relação à Escócia do que conceder liberdade de comércio, que era muito desorganizado para usar, e impor uma bem-vinda paz a seus clãs das Terras Altas [Highlands] e facções das Terras Baixas [Lowlands]. Dentro da Revolução Inglesa havia um conteúdo social positivo, implicado na palavra "Commonwealth"; e esse conteúdo positivo foi mantido por ela mesmo quando foi exportada. Originalmente, é claro, os ingleses exportaram sua revolução pela mesma razão que impelira os escoceses a exportar a deles: porque estava insegura em casa. Na medida em que Charles II foi aceito como rei dos escoceses, na medida em que a Irlanda católica não reconheceu o governo revolucionário da Inglaterra, esse governo não se sentiu seguro contra a contra-revolução. Portanto, a Escócia e a Irlanda deviam aceitar a revolução também. Mas a aceitação não devia ser mera submissão. Devia acarretar mesmo conteúdo social: Escócia e Irlanda iriam se tornar "*commonwealths* livres" também. No meio do fogo e do massacre que levaram à Irlanda, os soldados de Cromwell acreditavam que estavam empenhados em um grande trabalho construtivo, "a formação e a conformação de uma *commonwealth* a partir de uma massa corrupta, rude".[9] Na Escócia havia

---

[9] A expressão é de um militar cromwelliano na Irlanda, coronel John Jones. (National Library of Wales MSS. 11440-D.)

menos necessidade de fogo e massacre; a massa era menos corrupta, menos rude, mas o objetivo era o mesmo e era buscado no mesmo espírito messiânico. "Quando a luz irromper neste reino", escreveu um soldado inglês na Escócia, "aquecerá e curará rapidamente, mas as nuvens devem ser rompidas primeiro, os fundamentos desse antigo tecido devem ser sacudidos"; quando isso tivesse sido feito, quando a Escócia tivesse sido levada ao nível da Revolução inglesa, então "os pobres e cegos mortos verão a luz, e sentirão o calor do sol (doce liberdade) redimi-los de sua atual escravidão".[10] Uma revolução social na Escócia comparável com a da Inglaterra seria a base de uma união estável entre os dois países, uma defesa natural não, dessa vez, da Kirk escocesa, mas da Commonwealth inglesa.

Qual era a natureza da revolução social que Cromwell buscava exportar para a Escócia? Na Inglaterra essa revolução não era essencialmente radical, embora precisasse de métodos radicais para sua realização. Essencialmente, era uma tomada de poder no Estado pelas classes que tinham sido acostumadas com o poder no campo, mas que, sob os Stuarts, foram, ou tinham se sentido, cada vez mais excluídas por uma Corte parasita e sua Igreja: em outras palavras, pelo laicato, pela pequena nobreza. Em oposição, esses homens tinham pedido, e agora no poder buscavam realizar, uma política geral de descentralização e laicização. Os impostos feudais, o antigo patronato que tinha mantido a Corte e seu pariato seria abolido, juntamente com a Corte e a Câmara dos Pares: o Parlamento seria reduzido a um parlamento de pequena nobreza, e mais, da pequena nobreza do campo – a redução das cadeiras de

---

[10] *Clarke Papers*, II (Camden Society, 1894), p. 46.

boroughs e a multiplicação das cadeiras de condados completariam esse propósito. A educação seria descentralizada pela criação de novas escolas e faculdades locais e laicizada pela reforma do ensino e pela adoção de novos temas "baconianos". A religião seria descentralizada pela desintegração da propriedade episcopal e capitular, a redistribuição do patronato e o uso de ambos para a "propagação do Evangelho" em áreas remotas e esquecidas. Ao mesmo tempo, seria laicizada pelo controle leigo prático e a tolerância sistemática. A justiça seria descentralizada pela ruptura do monopólio dos tribunais de Londres e pela criação de "registros de condado" e "tribunais de condado", e laicizada pela simplificação de procedimentos e linguagem. Toda a política foi resumida como "reforma da justiça e do clero".

Naturalmente, havia diferenças de interpretação. Alguns homens interpretavam a política com um espírito conservador, alguns com espírito radical, até mesmo revolucionário. O próprio Oliver Cromwell a interpretava com espírito conservador. Acreditava que a política seria e devia ser realizada pela pequena nobreza. Mas ele insistia igualmente em que seus benefícios deviam ser usufruídos pelos aliados mais humildes cujas vozes, nos condados e *boroughs* mais democráticos, haviam levado a pequena nobreza puritana ao Parlamento em 1640 e cujas armas, no exército do Novo Modelo, os tinham levado pelo radicalismo ao poder. Toda sua vida, Cromwell nunca trairia "o partido santo" – ou seja, o partido do campo em profundidade, a aliança dos dignos e simples que sozinhos podiam preservar os ganhos da revolução –, e muito de suas aparentes incoerências, desde sua rendição aos Agitadores em 1647 até sua rejeição da Coroa em 1657, deve ser explicado por essa autêntica resolução de nunca trair seus seguidores ou dividir o "partido religioso".

Mas se Cromwell estava sempre determinado a ganhar o apoio de seus seguidores radicais, igualmente nunca adotaria sua política radical. Para ele, o radicalismo a que às vezes se tinha rendido sempre havia sido uma necessidade tática. Fora uma necessidade inconveniente porque tinha dividido a frente unida de 1640, levando alguns homens ao realismo, alguns ao "presbiterianismo", alguns à independência. Por fim, Cromwelll buscou restaurar essa frente unida e, sobre a nova base de uma Inglaterra sem os reis Stuarts, continuar a antiga política de reforma de 1640. Os fanáticos do radicalismo ou republicanismo podiam protestar diante de seus realistas "reconciliadores", mas ele não se importava. Para ele, radicalismo, republicanismo, tinham sido apenas estágios; e, de qualquer modo, os objetivos originais do Parlamento inglês eram com freqüência mais bem representados pelos homens que, depois de 1640, se tinham tornado realistas, como Anthony Ashley Cooper ou Lord Broghill ou Sir Charles Wolseley, depois pelos doutrinários de um agora obsoleto radicalismo, como os Niveladores ou os homens da Quinta Monarquia, ou de um republicanismo fóssil, como John Bradshaw ou Sir Arthur Hesilrige ou Thomas Scot. Assim, de sua base no exército e no "partido santo", cuja unidade vertical era sua força, Cromwell conseguiu horizontalmente reunir a pequena nobreza que a guerra e a revolução haviam dividido, para encontrar partidários entre os antigos "presbiterianos", mesmo entre antigos realistas, e assim realizar por fim, em novas circunstâncias, a antiga política de descentralização e laicização, "reforma da justiça e do clero".

Tal era a política de Cromwell para a Inglaterra. Se quisermos ver a aplicação dela, não devemos olhar para seus parlamentos, aquelas assembléias estéreis que (queixava-se ele) sempre sofismavam diante da sabidamente questionável base de seu governo de fazer "boas leis". Devemos olhar para sua administração direta. Isso podemos fazer particularmente em dois períodos: nos nove meses entre a criação do Protetorado em dezembro de 1653 e a reunião de seu primeiro Parlamento protetoral em setembro de 1654, o grande período do governo por decreto do Protetor e Conselho; e no período entre seus dois parlamentos protetorais, desde o verão de 1655 até o fim de 1656, o período de governo dos generais-de-divisão. E o mesmo é verdade para a Escócia. Pois na Escócia também ele podia legislar por decreto; aí também havia comandantes militares. E assim, se examinarmos, podemos ver a mesma política aplicada na Escócia também: não sistematicamente é claro (mesmo na Inglaterra não podia ser aplicada sistematicamente), mas nos intervalos das perturbações financeiras e militares, e com suficiente constância para mostrar os mesmo objetivos positivos que na Inglaterra.

O paralelo entre a política de Cromwell na Escócia e na Inglaterra pode ser visto, antes de tudo, no caráter de seus conselheiros. Se quisermos ver a continuidade e coerência de sua política inglesa, podemos olhar para o grupo de civis que manteve em torno de si. Esses homens, que eram os mais hábeis defensores em seu Parlamento nomeado, o *Barebones Parliament*, e que continuaram com ele no Conselho de Estado do Protetorado, são encontrados inicialmente como grupo, de modo bastante significativo, nessa comissão para a reforma da justiça que Cromwell pessoalmente forçou o *Rump Parliament* a criar. De modo semelhante, na Escócia, o núcleo dos conselheiros mais próximos de Cromwell era formado pelos três membros escoceses da comissão conjunta para a aplicação da justiça que o *Rump*, novamente sem dúvida sob sua pressão, criara em 1652. Esses três, com um acréscimo, reaparecem como os membros escoceses nomeados do *Barebones Parliament*; e continuam como membros escoceses do Conselho Escocês de Estado. Em sua origem comum, bem como em seu passado diverso, esses homens exemplificam tanto o objetivo coerente quanto o método conciliador da política de Cromwell.

Os primeiros três desses homens, os comissários para a administração da justiça que, com quatro colegas ingleses, substituíram a antiga *Court of Session*,* eram Sir William Lockhart, de Lee, Sir James Hope, de Hopetoun, e Sir John Swinton, de Swinton. Se pudermos usar tais termos na Escócia, o primeiro era um realista, o segundo, um presbiteriano, o terceiro, um independente. Lockhart, de servidor de Charles I, aliado de Montrose, cujas concepções anticlericais compartilhava, iria se tornar um firme adepto "conservador" de Cromwell, seu melhor diplomata, e membro, por casamento, de seu círculo familiar. As terras e funções com que foi recompensado na Escócia iriam provocar acerbos comentários de compatriotas menos submissos (ou menos tentados). Hope era filho do maior funcionário da justiça de Charles I – o homem que elaborara o Ato de Revogação, mas depois tornou-se um forte partidário do Acordo. Era um administrador empreendedor e bem-sucedido de sua propriedade, que incluía lucrativas minas

---

* Tribunal de Justiça que se reunia semestralmente. (N. T.)

de chumbo em Lanarkshire, e acreditava no desenvolvimento da Escócia livre dos entraves da política inglesa. Ele e seu irmão até mesmo instavam com Charles II para aceitar a Revolução inglesa e ficar satisfeito com sua Coroa escocesa. A isso o rei respondeu que primeiro veria ambos os irmãos enforcados na extremidade de uma corda e Cromwell na outra, e mandou os dois para a prisão. Hope continuou a prestar seu conselho e serviço a Charles II, mas depois de Worcester viu que a reforma nunca seria alcançada por meio dele, e tornou-se um cromwelliano. Pressionado por Cromwell para comparecer ao *Barebones Parliament*, de início recusou; iria, dizia ele, "ter" o governo inglês e atuar sob ele na Escócia, mas "não sairia da Escócia ou se imiscuiria em questões de Estado". Todavia, foi persuadido – embora Cromwell a seguir lamentasse o fato. Assim, Hope viajou até Londres na mesma carruagem com o terceiro de "nossos triúnviros" entre os juízes, Sir John Swinton. Swinton era um proprietário de terras de Berwickshire, de concepções radicais: um partidário extremado do Acordo que se recusava a qualquer conciliação com os Stuarts. Depois de Dunbar, ele, como vários outros extremistas, vira que a antiga política era inútil e voltou-se para Cromwell. Por isso fora excomungado pela Kirk e condenado à morte pelo Parlamento escocês, mas tais sentenças perderam seu efeito. Swinton aceitou cordialmente a nova situação e tornou-se, nas palavras de Burnet, "o homem de toda a Escócia em que Cromwell mais confiava e de que mais se valia".[11]

---

[11] Para o firme anticlericalismo de Lockhart, ver *The Diary of Sir Archibald Johnston of Wariston* (Scottish History Society, 1911-40), III, 7. Para a crítica sobre ele, ver John Nicoll, *A Diary of Public Transactions... 1650-1667* (Edinburgh, 1836), p. 180; *The Diary of Mr. John Lamont of Newton 1649-71*

Esses três eram o núcleo original dos conselheiros escoceses de Cromwell. Em 1653, a eles se juntou um quarto, Alexander Jaffray. Jaffray era preboste de Aberdeen, cidade e condado que nunca apreciara muito o Acordo. Na juventude, estudara a indústria de tecidos na Inglaterra e fora educado (como muitos escoceses, incluindo Sir James Hope) entre os huguenotes da França. Em 1649, e novamente em 1650, fora um dos comissários do Parlamento escocês enviados à Holanda para impor o Acordo a Charles II. A seguir, ficou envergonhado com a hipocrisia e a compulsão envolvidas: "pecaminosamente envolvemos e comprometemos a nação e nós mesmos, e esse pobre jovem príncipe a quem fomos enviados, fazendo-o assinar e jurar uma aliança que sabíamos por claras e demonstráveis razões que ele no fundo odiava". Jaffray lutou e foi ferido em Dunbar, e depois de ver ali "a terrível aparição de Deus contra nós", e de conversar, como prisioneiro, com Cromwell e seu capelão, John Owen, decidiu, como Swinton, que o presbiterianismo "não era o único caminho de Cristo". Chegou a dizer isso ao escrever ao Rev. Andrew Cant, oráculo presbiteriano de Aberdeen, o que causou uma explosão previsível, cujo resultado lançou Jaffray nos braços de Cromwell.[12]

Outro escocês que Cromwell convocou para seu Parlamento em Londres foi Alexander Brodie, de Brodie, em Nairnshire. Brodie acompanhara Jaffray à Holanda e Jaffray agora insistia com ele para aceitar o convite de Cromwell. Mas Brodie, um espírito estreito,

---

(Edinburgh, 1830), p. 90. Para Hope, ver seu *Diary*, 1646, ed. P. Marshall (Scot. Hist. Soc., 1958) e 1646-54, ed. Sir J. B. Paul (Scot. Hist. Soc., 1919); para Swinton, Burnet, *The History of My Own Time* (Oxford, 1897), I, 229.

[12] Para Jaffray, ver seu *Diary*, ed. J. Barclay (Aberdeen, 1833).

timorato ("ele não é um homem de coragem", escreveu sobre si mesmo, "mas tímido e fraco e inconstante, oscilante, confuso e impuro"), depois de muita introspecção e de um conclave familiar, aceitou o conselho do Senhor de que o Acordo ainda era obrigatório e que ele devia "abster-se e evitar empregos sob Cromwell".[13]

    Esses eram os escoceses com cuja ajuda Cromwell buscava levar a revolução social inglesa, tal como ele a entendia, à Escócia: uma revolução, aí também, de "reforma da justiça e do clero". E o que de fato isso significava, nas circunstâncias escocesas? Primeiro de tudo, significava reduzir o poder daqueles que, nas guerras civis, na Escócia e na Inglaterra, tinham frustrado a expressão e a aplicação de tal política: ou seja, dos grandes senhores, com seu patronato opressivo, e a intolerante Kirk, com seu monopólio do púlpito. Foi a união dessas duas forças que primeiro desencadeara o Acordo Nacional e assim tornara possível a Revolução inglesa, mas agora as mesmas forças eram o principal obstáculo ao progresso dessa revolução em sua própria terra, e assim deviam ser eliminadas. A Commonwealth inglesa estava determinada a estabelecer na Escócia, como na Inglaterra, uma república da pequena nobreza, onde toda terra fosse isenta de cargas feudais, onde o patronato da nobreza fosse destruído e onde a Igreja não tivesse poder coercitivo sobre o laicato. "Liberdade para os homens do povo" era o grito de esperançosos escoceses depois da batalha de Worcester, "e que se faça tão pouco uso quanto possível tanto dos grandes homens quanto do clero."[14]

---

[13] Para Brodie, ver seu *Diary* (Aberdeen Spalding Club, 1863); também G. Bain, *Lord Brodie, his Life and Times* (Nairn, 1904). Ele recusou cargo novamente em 1657 (*Thurloe State Papers*, 1742, VI, p. 351, 364).

[14] *Mercurius Scoticus*, 14 nov. 1651, citado em C. H. Firth, *Scotland and the Commonwealth* (Scot. Hist. Soc., Edinburgh, 1895), p. 339.

O Parlamento inglês não precisou ser informado. Desde o início, desde a primeira proposta de união no inverno de 1651, essa política fora anunciada. "Visto que o Parlamento está satisfeito", dizia a declaração de abertura dessa proposta, "que muitas das pessoas da Escócia que eram vassalos ou arrendatários e dependiam de nobres e pequenos nobres (os principais atores nessas invasões e guerras contra a Inglaterra) foram por sua influência levadas aos... mesmos males", tais pessoas que agora se punham sob a proteção da Commonwealth seriam "libertadas de suas antigas dependências e servidões" e viveriam como arrendatários, proprietários e herdeiros, "libertadas (pela bondade de Deus) de suas antigas escravidões, vassalagem e opressões". Diante disso a República declarou a abolição de todas as jurisdições que não as derivadas do Parlamento. Todas as posses e todas as jurisdições hereditárias foram canceladas. "A justiça", escreveu um jornalista no verão de 1652, "não estava habituada a estar aberta e livre para ninguém anteriormente a não ser grandes homens, mas agora ela funciona igualmente para todos; o que em pouco tempo os fará cientes de que servidão foram libertados."[15]

O Parlamento Longo decidiu; foi Cromwell que executou. Em abril de 1654, nesse primeiro feliz período de liberdade do Parlamento, tão rico em legislação, o Conselho do Protetor promulgou o decreto de União abolindo, entre outras coisas, todos os domínios feudais, jurisdições hereditárias, serviços militares e tutelagens e todos os confiscos exceto para o Lord Protetor. Depois de dois

---

[15] A Declaração de 28 de outubro de 1651 está publicada em C. S. Terry, *The Cromwellian Union* (Scot. Hist. Soc., Edinburgh, 1902), p. xxiii. Para a notícia, ver ibid., p. 180-81.

anos, o decreto foi convertido em Lei pelo segundo Parlamento do Protetorado, e os cromwellianos que conheciam a Escócia previram uma nova era de paz quando "todos esses injustos poderes" – "o maior impedimento à execução de nossas leis", como James VI os havia chamado – seriam abolidos "e a justiça correrá em um canal igual". A partir de então, diziam, os grandes senhores proprietários teriam que trocar patronato por riqueza: em vez de pedir de seus arrendatários serviço pessoal escravo, podiam pedir rendimentos econômicos aumentados, e assim "nobres e plebeus", bem como seus arrendatários, "ficarão muito mais felizes do que antes".[16]

Não menor do que o despotismo dos grandes nobres era o despotismo da Igreja. Os puritanos ingleses não tinham intenção de destruir a Igreja da Escócia estabelecida. Eles a aceitariam, assim como haviam aceitado a Igreja episcopal estabelecida da Inglaterra, assim como haviam aceitado o sistema da Igreja presbiteriana que os acontecimentos da guerra civil tinham imposto à Inglaterra – mas nas mesmas condições. Assim como o episcopado inglês seria "moderado", e o "presbiterianismo" inglês "erastiano", o presbiterianismo escocês devia ser mitigado pelas reivindicações leigas. O poder dos tribunais da Igreja devia ser eliminado; o clero devia ficar sob a justiça civil; o direito de excomunhão, que o Parlamento "presbiteriano" inglês tinha absolutamente recusado aceitar de seus mentores escoceses, devia agora ser reduzido na Escócia; e devia haver uma

---

[16] C. H. Firth e R. S. Tait, *Acts and Ordinances of the Interregnum* (1911), II, p. 871-75; T. Burton, *Parliamentary Diary* (1828), I, p. 12-18; Cf. Firth, *Scotland and the Protectorate* (Scot. Hist. Soc., Edinburgh, 1899), p. 333; *The Basilikon Doron of King James VI*, ed. J. Craigie, I (Scottish Text Society, 1944), p. 88-89.

grande tolerância. O que Baillie mais tinha temido da restauração dos Stuarts em 1648 – "um presbitério erastiano fraco" com uma grande tolerância a seu lado – seria agora estabelecido pela república. Nesse ponto, a república era bastante explícita. Em sua primeira declaração, simplesmente afirmou que promoveria a pregação do Evangelho na Escócia e promoveria o poder da verdadeira religião, sem definir quais seriam os pregadores ou o que era verdade, mas quando seus comissários chegaram a Edimburgo, introduziram, nessa imprecisão, uma alarmante clareza. Os ministros, diziam eles, cuja consciência os obrigasse a esperar em Deus segundo a ordem das Igrejas escocesas seriam protegidos e incentivados em seu exercício pacífico do mesmo, mas também os outros que "não estivessem satisfeitos na consciência em usar essa forma serviriam e adorariam Deus em outro modo do Evangelho". Essa "grande Diana dos independentes", uma tolerância, seria estabelecida na Escócia.[17]

Acabar com o poder dos grandes senhores e do clero estabelecido era um ato negativo. A política positiva da Commonwealth consistia em construir, no vazio assim criado, uma reforma construtiva segundo o modelo inglês. Devemos agora passar a examinar essa política positiva: uma política de reforma, como na Inglaterra, da justiça e do clero.

A reforma da justiça escocesa ocorreria em dois estágios. Primeiro, haveria uma restauração da lei e da ordem, que tinham entrado em colapso na época de Dunbar, e que todos os condados escoceses pediam ao conquistador que restaurasse. Isso foi feito, e

---

[17] A *Declaration* do Parlamento está publicada em Terry, *The Cromwellian Union*, p. xxi; o comentário dos comissários, ibid., p. xxvi.

feito efetivamente. Mas a Commonwealth pretendia ir além disso. Pretendia assimilar a lei da Escócia à da Inglaterra e assim não apenas fazer a união completa, mas também efetuar na Escócia a mesma descentralização e simplificação da justiça, que era uma das mais constantes exigências do partido do campo inglês e uma das maiores ambições do próprio Cromwell. Nas primeiras instruções dadas aos comissários ingleses enviados à Escócia no fim de 1651, esse objetivo fica claro. A fim de que o povo escocês possa receber direito e justiça devidamente, os comissários foram incumbidos de que o direito civil da Inglaterra fosse posto em execução "tão perto quanto a constituição e o uso do povo aí e as questões atuais permitirão". Para esse propósito, os comissários podiam estabelecer tribunais e indicar como funcionários da justiça tanto ingleses quanto escoceses.[18]

Em poucos meses, o próprio Conselho de Estado inglês instalou, para substituir o antigo, a odiada *Court of Session* escocesa, uma comissão mista de quatro "comissários ingleses e três escoceses para a administração da justiça". Essa foi a comissão em que Lockhart, Hope e Swinton – "nossos três obedientes cavaleiros", como Baillie os chamou – tiveram assento. A seguir, as reformas particulares tiveram início. As custas legais, como na Inglaterra, foram regulamentadas. O uso do latim em documentos legais, como na Inglaterra, foi abolido. A língua legal e o procedimento,

---

[18] Instruções aos Comissários, 4 de dezembro de 1651 em Firth, *Scotland and the Protectorate*, p. 395. Cf. a declaração dos comissários para a regulação das universidades, 1652, em que afirmam "que pretendem, com a vontade de Deus, na época própria, alterar ou abolir tais leis... que forem consideradas incoerentes com o governo da Commonwealth da Inglaterra" (Firth, *Scotland and the Commonwealth*, Scot. Hist. Soc., 1895, p. 44).

como na Inglaterra, foram facilitados. Todas essas eram medidas de simplificação. A descentralização foi representada pela restauração, mediante decreto, de cortes feudais para julgar casos menores (mas com provisão, também aqui, contra jurisdições hereditárias), e pelo envio de juízes ingleses pelo país; também pelo estabelecimento, em 1655, de juízes de paz segundo o modelo inglês. Esses foram instituídos antes, por James VI, mas foi somente sob o Protetorado, com a abolição do "poder real de seus proprietários", que começaram a "ter alguma vida". Por fim, houve mudanças significativas na substância da justiça. A severidade da justiça contra devedores foi mitigada, como na Inglaterra. As censuras da Igreja foram inutilizadas. A queima de bruxas, o esporte favorito do clero e dos juízes escoceses, foi sustada. Os memorialistas escoceses, que registram com tão lúbrico prazer as constantes execuções públicas por sodomia, bestialidade e feitiçaria, são forçados tristemente a admitir que os ingleses não somente derrubaram os bancos em que se sentavam os acusados para ouvir a reprovação nas igrejas, mas também deram a supostas bruxas "liberdade para ir para casa sob admoestação". Eram, como Baillie se queixou, "muito comedidos" nesses assuntos; até fizeram investigações inadequadas sobre as torturas que levaram as pobres mulheres a confessar.[19]

---

[19] Para reformas específicas da justiça, ver Terry, *The Cromwellian Union*, p. 176; Firth, *Scotland and the Commonwealth*, p. 276-85, *Scotland and the Protectorate*, p. xxx; Nicoll, *Diary*, p. 93, 96; Lamont, *Diary*, p. 42; e, em geral, Aeneas Mackay, *Memoir of Sir James Dalrymple, Viscount Stair* (Edinburgh, 1873). Para juízes itinerantes, ver Nicoll, *Diary*, p. 102-5; Lamont, *Diary*, p. 47. Para juízes de paz, ver Terry, *The Cromwellian Union*, p. 180-81; Firth, *Scotland and the Protectorate*, p. xxxviii, 98, 308-16, 403-5; *Thurloe State Papers*, IV, 741. Para bancos de arrependimento, ver Lamont, *Diary*, p. 44; para bruxas, Baillie, *Letters and Journals*, III, p. 436; Lamont, *Diary*, p. 44, 47; Firth, *Scotland and the Commonwealth*, p. 368.

Foi no fim de 1655 que os objetivos da administração da justiça na Escócia cromwelliana foram mais plenamente formulados. Podemos vê-los nas instruções do Protetor a seu Conselho em Edimburgo, e nas instruções desse Conselho para os novos juízes de paz. Também podemos vê-los nos relatos que o Presidente do Conselho enviava para a Inglaterra. Entre instruções para recrutar homens para a expedição à Índias Ocidentais, e garantir o país, Cromwell insistia em que a justiça fosse restaurada e estendida a toda a Escócia, que a vadiagem fosse controlada, que a dotação de hospitais fosse investigada e suas rendas estritamente aplicadas, e que todas as paróquias mantivessem seus pobres, de modo que nenhum esmolasse. As instruções para os juízes de paz definiam essas funções em detalhe, e o Presidente do Conselho deu exemplo regulamentando o Heriot's Hospital em Edimburgo, reduzindo o custo em £600 por ano, e pondo-o "nos trilhos para o fim a que foi erigido". Essa política era da mesma espécie que a política aplicada na Inglaterra nos mesmos meses pelos generais-de-divisão: mostra que Cromwell buscava aplicar a mesma política social em ambos os países – que a Revolução Puritana era, a seus olhos, indivisível. O testemunho até mesmo de presbiterianos, advogados e patriotas, de John Nicoll a Sir Walter Scott, mostra que a política foi bem-sucedida.[20]

Restava a reforma do clero. Aqui, muito mais do que na Inglaterra, o problema era encontrar, incentivar e formar pastores liberais. Os

---

[20] *Thurloe State Papers*, iv, p. 127, 129, 525; Firth, *Scotland and the Protectorate*, p. 483; Nicoll, *Diary*, p. 104. As observações de Scott ("Cromwell certamente fez muito para civilizar a Escócia..." etc.) estão em suas notas para as estrofes heróicas de Dryden sobre Oliver Cromwell, em *The Works of John Dryden* (Edinburgh, 1809).

pastores existentes estavam divididos pela política em "Remonstrants" ou "Protesters"* de um lado – homens que se recusavam a qualquer conciliação com os Stuarts – e "General Resolutioners"** de outro lado, que (com a Assembléia Geral, enquanto ela durou) estavam preparados para acreditar que Charles II podia ser um "rei do Acordo". Mas quaisquer que fossem suas diferenças, a maioria de ambas as partes era de rígidos e intolerantes presbiterianos, e as quatro universidades da Escócia, onde eram formados, eram células incrustadas da ortodoxia. A Commonwealth inglesa estava determinada não somente a "laicizar" a Igreja estabelecida, mas também, como na Inglaterra, a "propagar o Evangelho" em áreas subdesenvolvidas. Para ambos os propósitos, precisava tomar o controle das universidades; e assim, desde o início, instruiu seus comissários não somente a promoverem a pregação e a manutenção segura para bons pastores, mas também "a visitar e reformar as várias universidades, faculdades e escolas primárias na Escócia", a alterar, abolir e substituir estatutos e expurgar e nomear professores. Esses poderes, confirmados a seguir ao Conselho de Estado na Escócia, abriram o caminho para uma luta feroz. Ela começou em Glasgow, a própria cidadela do Acordo Nacional, onde (felizmente para nós) o volúvel Robert Baillie estava virulentamente registrando as mudanças a que inutilmente resistiu.[21]

A figura chave na luta por Glasgow foi Patrick Gillespie, irmão de George Gillespie, que fora um dos quatro comissários envia-

---

* "Remonstrants", "Protesters" – que protestam. (N. T.)
** Partidários da Resolução de 1650. (N. T.)
[21] Instruções aos Comissários, 1651, Firth, *Scotland and the Protectorate*, p. 393; Declaração pelos Comissários em 4 de junho de 1652, Firth, *Scotland and the Commonwealth*, p. 44-45.

dos à Inglaterra na década de 1640. Patrick Gillespie havia sido originalmente o líder dos Remonstrants, mas agora era líder dessa minoria entre os Remonstrants cujo ódio e aversão aos Stuarts os levavam, a despeito de seu purismo doutrinário, a saudar a conquista inglesa. Sua posição era assim a mesma que a de Sir John Swinton. Em ambas as condições, tanto como Remonstrant quanto como anglófilo, Gillespie era odiado por Baillie e os outros Resolutioners em Glasgow. Já na primavera de 1651, Baillie e seu partido viam o perigo à frente. Havia lugares vagos para serem preenchidos na Universidade, e era essencial preenchê-los com bons Resolutioners. Assim, os Resolutioners pediram a Charles II e ao Parlamento escocês para enviarem visitantes que os apoiariam nas nomeações. Mas os acontecimentos se deram muito rapidamente. Em poucos meses, Charles II e o Parlamento escocês foram dispersados; as novas autoridades inglesas interviriam; e a oportunidade dos Resolutioners estava perdida. Baillie só podia torcer as mãos e se lastimar diante da bem-sucedida "impudência" de Gillespie que, graças a seu apoio e ao apoio dos Remonstrants locais, em desafio aos direitos dos eleitores, logo conseguiu ser indicado diretor da Universidade "para o envenenamento de nosso seminário".

 Uma vez no poder, Gillespie nunca deixou de ofender seus rivais. Introduziu outros professores – "jovens", protestou Baillie, sem cultura ou caráter, professores de heresias recônditas e opiniões blasfemas; interferiu em outras universidades; empregou o patronato da Universidade para pôr o clero cismático em todas as posições; manipulou votações para consolidar seu poder; e, pior de tudo, era tão favorecido pelos ingleses que nunca podia ser derrotado. Em vão a Assembléia Geral o depusera: a Assembléia Geral é que morreu. Em vão, o conselho da cidade de Glasgow o denunciou por negligenciar o dever e por apropriação de fundos: seu "bom amigo", o outro grande aliado de Cromwell na Escócia, Sir John Swinton, tendo se livrado de sua própria excomunhão ("uma estranha enormidade"), logo silenciou tais queixas. No fim, Gillespie, por meio de "suas próprias criaturas estúpidas", conseguiu com que o secretário de Estado inglês de Cromwell, John Thurloe, se tornasse chanceler da Universidade e ele próprio vice-chanceler – e depois passou sua função para alguém "para estar certo de um novo voto". E em qualquer crise, iria para Londres, com pompa externa, viver ali de "um modo alto, vão e suntuoso", muito além do que estava ao alcance de qualquer bispo na Escócia, passear ostentosamente com o general-de-divisão* Lambert, pregar publicamente diante do Protetor com uma elegante sotaina de veludo, ter conversas confidenciais com ele em Whitehall e depois retornar a Edimburgo em triunfo, numa carruagem seguida por 25 cavaleiros, com maiores poderes, um salário maior e uma imensa conta de despesas a ser paga pela Universidade de Glasgow.

A primeira das sinistras visitas de Gillespie a Londres ocorreu em 1653 e durou onze meses. Quando retornou, trouxe consigo um impressionante documento, que mais uma vez mostrava a unidade da política nos dois países. Era um decreto "para o melhor apoio das universidades da Escócia e incentivo dos pregadores públicos"; e criava, entre outras coisas, um grupo de comissários comparável aos "aprovadores" ingleses, cujo acordo era necessário antes que

---

* *Major general* era uma função dentro do sistema governamental militar de Cromwell. (N. T.)

qualquer pastor pudesse se candidatar a qualquer posto, e que tinha poder para fornecer "pelo tesouro de estipêndios vagos, ou de outro modo, como achassem melhor, um sustento suficiente para tais pastores que tinham reunido congregações na Escócia". Esses comissários, naturalmente, tinham sido indicados por, e inclusive, Gillespie e seu amigos; e o decreto, com que o clero estabelecido estava "muito insatisfeito", era conhecido como a "carta do Sr. Gillespie".[22]

Gillespie não foi sozinho para Londres. Cromwell convidou com ele cinco outros clérigos; e, embora três deles tenham recusado ir (pertenciam à maioria que não queria conversa com os "sectários"), dois foram. Um desses dois era John Menzies, professor de teologia no Marischal College, Aberdeen, cuja excomunhão pelo sínodo de Aberdeen fora impedida pela guarnição inglesa.[23] Através dele e de John Row, o intruso diretor Independente do King's College, a influência de Cromwell entrou em Aberdeen. Aí, segundo Baillie, "todos em ambas as faculdades" — com a exceção do admirável Andrew Cant — "passaram confessadamente para a independência e o separatismo"; e do "ninho de Aberdeen", "os apóstatas de Aberdeen", Gillespie buscou novos professores e novos votos para aumentar seu poder em Glasgow. Ao mesmo tempo, Edimburgo também era conquistada. Enquanto Gillespie estava sendo imposto

---

[22] O decreto está em Nicoll, *Diary*, p. 164-67, e depois em Firth e Rait, *Acts and Ordinances*, III, p. cxii-cxiv.

[23] Os três que recusaram eram os Remonstrants Robert Blair e James Guthrie e o líder dos Resolutioners, Robert Douglas. (Ver Firth, *Scotland and the Protectorate*, p. 102.) O que acompanhou Gillespie e Menzies foi o Remonstrant John Livingstone — que, todavia, a seguir, mudou de opinião.

a Glasgow, o conselho municipal de Edimburgo era instruído a "chamar", para diretor de sua universidade, um escocês completamente anglicizado que, de modo bastante suspeito, tinha acabado de voltar de uma visita a Londres, Robert Leighton. Como os professores de Glasgow, os pastores de Edimburgo tentaram discordar. Disseram que "não estavam satisfeitos com a maneira da convocação". Discordaram em vão: Leighton foi nomeado. Somente St. Andrews, a univerdade de Andrew Melville, resistiu, mas, como Baillie escreveu a um amigo ali, "olhe para suas faculdades como quiser: estão cheias de professores de Glasgow, Aberdeen, e quase de Edimburgo".[24]

É fácil, lendo as cartas de Baillie, ver a luta pelas universidades escocesas como simples tentativa de introduzir marionetes inglesas, Protesters contra Resolutioners nas violentas lutas da Kirk. Mas, quando olhamos acima da superfície, vemos uma política muito mais deliberada. Os intrusos cromwellianos não eram apenas instrumentos políticos. Não eram Protesters ortodoxos – eram muitos deles diferentes, por exemplo, dos fanáticos do Acordo James Guthrie e Sir Archibald Johnston, de Wariston. Eram homens que acreditavam que a Igreja da Escócia devia admitir os leigos, não apenas na estrutura formal da Igreja, como "anciãos dirigentes", mais clerical do que o clero,[25] mas como

---

[24] Para a conquista de Aberdeen e Edimburgo, ver J. Kerr, *Scottish Education* (1910), p. 122, 134; Sir Alexander Grant, *The Story of Edinburgh University in its first 300 years* (1884); Baillie, *Letters and Journals*, III, p. 244, 326-27.

[25] A idéia de que os anciãos dirigentes representavam os leigos era repudiada de modo indignado pela Kirk escocesa. James Guthrie, em seu *Treatise of Ruling Elders and Deacons* (publicado em 1699), refere-se com menosprezo àqueles "que por ignorância ou desdém os chamam de *anciãos dirigentes*, como se fossem apenas

uma influência independente. Para Resolutioners como Baillie, como para Protesters ortodoxos como Guthrie e Wariston, tal idéia era anátema. Para eles a estrutura da Igreja era sagrada, e para preservá-la os leigos deviam ser firmemente mantidos no lugar. Não deviam se tornar, como os leigos ingleses, "muito caprichosos e difíceis de serem mantidos por seus pastores". O próprio Baillie era um grande inquisidor. Ele teria queimado livros se pudesse – "Sou um desses", escreveu ele, "que de bom grado consentiria em queimar muitos milhares de volumes de autores inúteis"; e sabemos que tipo de livros ele teria queimado: o "insolente absurdo" de John Selden, o grande defensor do sentido leigo na religião; o "papismo tridentino" de Hugo Grotius; e o lixo desse "ateu muito ignorante", esse "herético fátuo", Descartes. Para ele, o alimento intelectual de seu rebanho devia ser tão uniforme, tão monótono e tão sem paladar quanto sua invariável dieta diária de carne defumada e mingau de aveia. Mas os novos homens da Igreja cromwellianos eram muito diferentes. Robert Leighton era um místico que detestava o formalismo religioso, acreditava na tolerância e era acusado das heresias usuais em conseqüência. Ele já se tinha revoltado contra a intolerância dos tribunais da Igreja quando aceitou a direção da Universidade de Edimburgo. Por trás das amargas expressões de

---

parte do povo"; e cf. George Gillespie, *An Assertion of the Government of the Church of Scotland...* (Edinburgh, 1641); S. Rutherford, *Lex Rex* (1644), p. 432. Anciãos dirigentes, todos insistiam, eram *jure divino* e parte da estrutura clerical. Por essa razão, toda a instituição era rejeitada pelos leigos ingleses, que zombavam dessa "besta sagrada, o ancião dirigente". Como a autoridade do século XIX escreveu: "o termo ancião *leigo* é em si um termo de desprezo... Não há essa função. A função de ancião é eclesiástica. Aquele que a ocupa deixa de ser leigo". (J. G. Lorimer, *The Eldership of the Church of Scotland*, Glasgow, 1841, p. 44.)

Baillie, podemos ver que os "jovens ignorantes" que Gillespie havia trazido para Glasgow eram de modo semelhante impacientes com a antiga intolerância e o formalismo. Assim, por exemplo, era Andrew Gray, trazido de St. Andrew e ordenado em Glasgow "em meio ao protesto da cidade". Gray desagradou a Baillie por seu "novo modo de pregar, que o Sr. Hew Binning e o Sr. Robert Leighton começaram". Em vez de "expor e dividir um texto", e "apresentar doutrinas e usos", esse jovem, disse Baillie, "acaba num discurso sobre algum assunto comum, num estilo elevado, romanceado, não-escrito, agradando os ouvidos dos presente e despertando os afetos de alguns, mas deixando... pouco ou nada para a memória e a compreensão". A impressionante lista de heresias de que Baillie acusava Richard Robertson, outro dos defensores de Gillespie em Glasgow, indica o mesmo caminho.[26]

Tendo instalado tais homens em cargos de autoridade, e lhes dado poder para "pôr e dispor" pastores e pregadores, Cromwell fortaleceu-os por meios materiais. Pela "carta de Gillespie", ele concedeu às universidades de Glasgow e Aberdeen muitas terras da Igreja dos bispados escoceses dissolvidos (concedidas, mas não entregues, por Charles I em 1641) e acrescentou 200 marcos

---

[26] Hugh Binning, como Patrick Gillespie, começou como Remonstrant. Morreu jovem, em 1653, e algumas de suas obras foram a seguir publicadas por Gillespie, que o elogiava por libertar a religião da "superfluidade de questões desconcertantes, vãs e inúteis com que épocas posteriores a tinham corrompido" (Epístola anteposta a *The Common Principles of the Christian Religion*, de Binning, 1659). Para Leighton, ver em especial W. L. Mathieson, *Politics and Religion*, II, 218 s. Para Andrew Gray (cujos sermões no "novo modo", como os de Leighton e Binning, continuaram a ser impressos) e Richard Robertson, ver Baillie, *Letters and Journals*, III, p. 223-24, 239-40, 258.

esterlinos por ano das alfândegas locais para a manutenção de estudantes de teologia e filosofia. Quando a "carta" foi publicada na Escócia, Robert Leighton lamentava que ele também não tivesse ido a Londres, com Gillespie e Menzies; assim se apressou a reparar a omissão. Cromwell concordou em conceder uma subvenção igual a Edimburgo, e ordenou que a cláusula fosse feita; mas a seguir, como Leighton lhe lembrou, "o senhor não pensou no tempo adequado para sua inserção, já que o Parlamento se reunia" – esse cansativo Parlamento inglês que sempre impedia a administração patriarcal do Protetor. Todavia, Leighton perseverou, e em 1657, por outra visita pessoal, obteve, "com base no exemplo do Sr. Gillespie, £200 para a faculdade a partir de algumas terras da Igreja; que em minha opinião", acrescenta Baillie acerbamente, "logo serão obtidas como os disparates dos dons do Sr. Gillespie".[27]

À parte as dotações, Cromwell fez presentes à Universidade de Glasgow para seu programa de construção. Em 1633, Charles I havia prometido, mas não pago, £200. Cromwell as pagou.[28] Monck e os funcionários ingleses no norte também subscreveram para os fundos de construção de Aberdeen. Com esse apoio, os novos dirigentes de ambas as universidades começaram a trabalhar. John Row em Aberdeen construiu a "Torre de Cromwell"; em Glasgow, até Baillie tinha de admirar as "notáveis construções" que o odiado

---

[27] Firth e Rait, *Acts and Ordinances*, III, p. cxii; *Thurloe State Papers*, IV, p. 566. A solicitação de Leighton está publicada em *Cal. S. P. Dom. 1657-58*, p. 77; para seu sucesso ver em Baillie, *Letters and Journals*, III, p. 366.

[28] Baillie a seguir de má-fé ocultou esse fato, em parte sem dúvida a fim de não dar crédito ao usurpador, e procurou conseguir com que o dinheiro fosse pago de novo, em dobro, e com juros, por Charles II (*Letters and Journals*, III, p. 413, etc.).

diretor erguia "com grande cuidado, indústria e destreza" – embora naturalmente ele resmungasse contra o barulho diário de pedreiros, artífices, carreteiros e ferreiros, questionasse "os estranhos modos de Gillespie de conseguir dinheiro para ela", e a seguir ele próprio tivesse ataques de cólera diante da "vaidade e prodigalidade" desses "prédios vaidosos". Em Edimburgo, Cromwell foi além: em 1656, promulgou uma carta-patente criando um Colégio de Médicos com amplos poderes: uma contribuição efetiva para os estudos leigos. Como tantas das reformas de Cromwell, tinha precedentes fracassados: James VI e Charles I haviam projetado tal colégio, mas não tinham feito nada prático; e, como todo o trabalho construtivo de Cromwell, soçobrou com sua morte, mas, como a Universidade de Durham e a Real Sociedade, a Escola Médica de Edimburgo deve algo às tentativas de Oliver Cromwell.[29]

A reforma cromwelliana das universidades foi casualmente uma reforma da educação, mas era basicamente um meio de evangelizar o campo. Uma vez estabelecida a base, o trabalho prosseguia. Muitas eram as queixas de Baillie enquanto acompanhava a realização da "carta de Gillespie". Gillespie, queixava-se ele, havia se apoderado da bolsa; nenhum pastor podia ter nenhum estipêndio, a menos que satisfizesse os novos aprovadores independentes: quando um punhado de Remonstrants ou Independentes chamava um homem, "ele tem uma Kirk e um estipêndio, mas quem o Presbitério e bem perto toda a congregação chama e admite, este deve pregar nos campos, ou em barracão, sem estipêndio. Assim um sectário é plantado em Kilbride, outro em Lenzie...".[30]

---

[29] Sir Alexander Grant, *Edinburgh University*, I, p. 221-22.
[30] Baillie, *Letters and Journals*, p. 244; cf. 248.

Mas não era apenas em Kilbride e Lenzie que o governo cromwelliano esperava estabelecer pastores. Por fim, as selvagens Terras Altas, além da organização estabelecida da Kirk, deviam ser evangelizadas. A necessidade estava ali. Todas as Terras Altas e as Ilhas, segundo se informava ao governo, "são atéias, mas sua inclinação é pelo papismo". De Orkney e Shetland vieram queixas de benefícios eclesiásticos vagos e dotações para escolas engolidas pela pequena nobreza. O poder da Kirk, tão grande e tão exclusivo nas Terras Baixas, não chegava a essas terras abandonadas. "Ainda não encontrei nenhuma figura eminente do Presbitério", escreveu um agente realista de Thurso; "eles mantêm as pastagens mais quentes e produtivas, mandando os mais jovens para áreas mais remotas e pobres." Mas a oportunidade também estava aí. "Um povo muito precioso que busca a face de Deus", foi informado de Sutherland e "diversas outras partes além de Inverness", e outro evangelizador escreveu que alguns dos habitantes das Terras Altas, embora com freqüência "tão brutais quanto pagãos", ouviam o novo evangelho "com grande atenção e gemidos, e transparecendo sentimento por ele". "Colonizar as Terras Altas com pastores", declarou um dos comissários ingleses, "era o único meio de trazê-las à civilidade." No momento, todavia, as Terras Altas eram dificilmente alcançáveis: fonte de sublevações realistas desordeiras, eram mantidas em terror apenas com as fortalezas de Cromwell; como em Gales, eram os missionários não-ortodoxos que aceitavam o desafio. Em 1657, George Fox foi para a Escócia, e viu as mesmas oportunidades que os pregadores anabatistas tinham anteriormente visto em Gales: "Logo que meu cavalo pisou em terra escocesa, as infinitas centelhas de vida brilharam sobre mim, e ... vi a semente do semeador Cristo."[31]

A destruição do poder "feudal" e a introdução da lei inglesa, reformada e simplificada como na Inglaterra; vigorosa administração local da lei dos pobres e do conforto dos pobres; destruição da tirania clerical e liberalização da Igreja estabelecida pela infusão da influência leiga nela e ao longo dela; reforma da educação, dotação de universidades, competente manutenção dos novos pastores liberais e evangelização das áreas desprezadas do campo — tal era o ideal puritano para a Escócia que fora "incorporado" na nova Commonwealth. Mas como tal programa seria aplicado? Onde, na Escócia, seria encontrado um partido que realizaria tal trabalho? Os escoceses tinham fracassado na realização de sua revolução social na Inglaterra porque, a despeito de alianças solenes e nomes idênticos, não havia, na estrutura social da Inglaterra, base para um partido "presbiteriano" no sentido da palavra. Os ingleses, tendo conquistado a Escócia, encontrariam nessa sociedade muito diferente não apenas indivíduos como Lockhart, Swinton ou Gillespie, mas um partido preparado para realizar seu ideal? Por definição, devia ser um partido antiaristocrático, anticlerical, e sua base devia ser encontrada, como na Inglaterra, no laicato independente, e particularmente entre seus líderes, a pequena nobreza instruída.

---

[31] *Thurloe State Papers*, IV, p. 401, 646; Terry, *The Cromwellian Union*, p. 124; Firth, *Scotland and the Protectorate*, p. 122; *Scotland and the Commonwealth*, p. 31, 363-64; Swarthmore MSS. II, p. 121, citado por G. B. Burnet, *The History of Quakerism in Scotland, 1650-1850* (1952), p. 35. Cf. George Fox, *Journal* (Everyman), p. 163.

De início, parecia possível. A pequena nobreza escocesa podia ter desapontado Charles I ao apoiar o Acordo, mas logo se ressentiu da tirania da Igreja. Em 1644, foi entre o laicato amotinado que Montrose, esse antigo adepto do Acordo que não se preocupava com presbíteros e atual realista que não se preocupava com bispos, havia encontrado seus seguidores. Em 1648, foi o laicato no Parlamento escocês que tinha insistido, contra a Assembléia Geral, em cumprir o "Compromisso" e resgatar um rei não-adepto do Acordo. Em ambas essas aventuras, tinham fracassado. Depois de Preston, como depois de Philiphaugh, a tirania clerical se acentuara, mas o mesmo se dera com o ressentimento do laicato; e quando os zelotes foram finalmente esmagados em Dunbar, havia alguns escoceses que estavam desiludidos e outros que suspiravam aliviados.

Em primeiro lugar, entre os que tinham suspirado de alívio estavam os antigos realistas; e de fato, uma vez que suas próprias esperanças haviam se frustrado em Worcester, foram os primeiros a aceitar, mesmo a saudar, o domínio inglês. Foram "esses cavaleiros chamados de malignos" que, em 1651, foram considerados "os mais livres para servir o interesse inglês". "Achei os antigos realistas geralmente em todo o campo apresentando seu *devoir*", escreveu um agente inglês em 1652, e acrescentou que os "belicosos kirkistas não podem suportar o pensamento da perda de seu infinito poder e prerrogativa". Já antes de a união ser estabelecida, os realistas eram considerados como tendo feito "mais serviços efetivos e visíveis do que toda a geração de presbiterianos" teria feito. Cromwell, com sua avidez para restaurar a antiga aliança de 1640, saudou esse apoio ex-realista, que encontrou entre alguns dos mais eminentes leigos escoceses. À parte Sir William Lockhart, ele trouxe para si Sir Thomas Urquhart, o tradutor de Rabelais; Sir John Scot, de Scotstarvet, o editor (com a ajuda de Cromwell) dos primeiros mapas da Escócia; e Sir Alexander Irvine, de Drum, que estava encantado por poder desafiar o presbitério local e o próprio temível Andrew Cant, ao apelar para o comandante inglês. Em vão o presbitério lançou excomunhões; em vão declarou que qualquer apelo do espiritual ao tribunal secular era "erastianismo", "contrário a nosso Acordo e à liberdade desta Kirk". "Eu declino por completo sua judicatura", declarou o impassível cavaleiro, "como não sendo estabelecido pela Commonwealth da Inglaterra" e tendo garantido o apoio do general Monck contra "a fúria de um clero supersticioso", escreveu genialmente a seus perseguidores pedindo-lhes para não o perturbarem com nenhum "desses papéis, que são apenas rapsódias indigestas de disparate confuso". Tanto Irvine quanto Urquhart explicitamente declararam – de fato, foi uma das acusações contra Irvine – o que tantos ingleses já tinham mostrado: que havia empatia mais natural entre um realista e um independente do que entre eles e um presbítero escocês.[32]

O apoio realista podia ser bem-vindo para Cromwell, na Escócia e na Inglaterra, mas dificilmente podia ser a base da política republicana. Para isso ele procurou em outra parte, e, como o laicato presbiteriano era inarticulado, teve de se voltar para os partidos na Kirk. Aí o partido majoritário, o partido dos General Resolutioners, era hostil em todos os aspectos: tanto em religião, já que era o partido da Assem-

---

[32] Para o apoio realista ao domínio inglês, ver Terry, *The Cromwellian Union*, p. 7; Firth, *Scotland and the Commonwealth*, p. xxvi, 29-30, 339, 348-50. Para a ajuda de Cromwell aos escoceses de Scotstarvet, ver *Cal. S. P. Dom. 1654*, p. 158; Firth, *Scotland and the Protectorate*, p. 45.

bléia Geral que Cromwell dissolveu, como em política, já que era o partido de Charles II, que ele derrotara. Seus rivais, os Remonstrants, podiam ser os extremistas da Kirk, mas sua pureza presbiteriana primitiva era menos contrabalançada por seu ódio a Charles II. Eram os Remonstransts, em sua prévia encarnação como o zelote *whiggamore*,* que Cromwell tinha, de fato, posto no poder depois da derrota dos Engagers em 1648, e foi em suas fileiras derrotadas, depois de Dunbar, que descobriu seus primeiros convertidos, inclusive Gillespie, Menzies e seu companheiro em Londres, John Livingstone. Infelizmente, esses Remonstrants convertidos eram uma minoria de uma minoria; a maioria de seu partido ouvia o fanatismo desesperado, anti-Stuart, antiindependente, de Johnston, de Wariston, e as proclamações de James Guthrie: homens que os governantes cromwellianos da Escócia olhavam como "Presbiterianos da Quinta Monarquia", os inimigos irreconciliáveis de todos os governos. Logo ficou claro que uma base mais ampla devia ser encontrada se a política de Cromwell na Escócia devesse se apoiar em um partido escocês.

Além do mais, também ficou claro que os aliados pessoais de Cromwell na Escócia, por mais estimáveis que pudessem ser, não eram um bloco confiável. No verão de 1653, Lockhart, Swinton, Hope e Jaffray foram para o sul a fim de participar do *Barebones Parliament*. O *Barebones Parliament* não se preocupava muito com as questões escocesas, mas os membros escoceses desempenharam papel decisivo na crise que causou sua dissolução. Na última divisão desse Parlamento, quando os radicais, para indignação de Cromwell, obtiveram a maioria de dois votos em favor da abolição

---

* *Whiggamores* — rebeldes escoceses contra Charles I. (N. T.)

dos dízimos, observou-se que "os ingleses nessa votação estavam de acordo, e os escoceses perceberam isso". Pois, embora Lockhart votasse com os "conservadores", Hope, Swinton e Jaffray votaram com os "radicais". Quais eram seus motivos, quer ingleses quer escoceses, não sabemos, mas Cromwell evidentemente distinguiu entre Swinton e Jaffray, em quem continuou confiando, e Hope, que, como os líderes radicais, ele nunca perdoou. No ano seguinte, Hope foi afastado da comissão para a administração da justiça e nunca mais foi empregado. A razão a seguir apresentada era que "ele não se conduzira tão bem em relação a Sua Alteza na dissolução do Parlamento Pequeno" e seu posto foi oferecido a Jaffray (que recusou). No futuro, Cromwell não confiou muito nos Parlamentos: confiava nos administradores. Tornou-se tarefa de seu presidente do Conselho na Escócia criar aí um partido através do qual o Protetor pudesse realizar seus ideais: um partido que devia se apoiar em uma base mais ampla que uns poucos realistas que usavam a república contra a Kirk, a minoria de uma minoria radical dentro da Kirk, e uns poucos funcionários que atuavam de modo perigosamente errado no Parlamento.[33]

Felizmente, em 1655, o presidente estava pronto para a tarefa. Nesse ano Cromwell enviou a Edimburgo seu mais hábil conselheiro

---

[33] Ver Jaffray, *Diary*, p. 51-52; Hope, *Diary 1646-54*, p. 163-67; *Thurloe State Papers*, IV, 268-69; Firth, *Scotland and the Protectorate*, p. 214, 385. Como Swinton e Jaffray a seguir se tornaram quacres, é provável que a oposição de ambos fosse em termos religiosos e respeitada por Cromwell como tal. Mas o incidente revela, mais uma vez, a inabilidade de Cromwell para criar um partido no Parlamento. (Cf. meu ensaio "Oliver Cromwell e seus Parlamentos", p. 485-544). Como os membros escoceses eram geralmente encarados como simples bonecos, é particularmente irônico que, nesse exemplo, tivessem causado uma significativa derrota do governo.

político, outro ex-realista, o homem que quase salvaria a Revolução inglesa transformando o Protetor em rei: Lord Broghill. Nesse novo posto, Broghill usou toda a sua habilidade política e encanto pessoal para fazer o acordo cromwelliano funcionar. Começando pela estreita base de Gillespie e seus amigos, buscou impor-lhes o mais razoável dos Resolutioners. Mas logo desistiu disso, como sendo "irrealizável". O espírito de partido, escreveu ele, dominava o clero, e qualquer sinal de reconciliação entre os "Resolutioners e os Remonstrants mais honestos só levava tais homens a serem repudiados por seus seguidores, que estavam determinados a manter essa divisão". Por fim, decidiu mudar sua base por completo. Como era impossível ganhar dos dois partidos como um todo, propôs cortejar os Resolutioners, que pelo menos eram o partido maior e mais unido, e então, tendo expurgado aqueles cujo laxismo podia ser "escandaloso para cristãos conscienciosos", unir a eles "o Sr. Gillespie, o Sr. Livingstone e seus amigos". Assim, se ganharia um partido dos "mais sóbrios, mais sinceros e mais religiosos dessa nação"; os Stuarts perderiam o apoio dos pastores escoceses, "cujo poder sobre o povo fora tal que dificilmente alguma vez algo fora feito sem eles, e tudo o que fora feito fora com ou por eles"; e a Escócia podia usufruir do mesmo tipo de presbiterianismo moderado que a Inglaterra podia ter aceitado em 1647 e poderia ainda aceitar em 1657. Pois quando os escoceses fracassaram na tarefa de uni-los sob uma independência religiosa, não poderia um "presbitério erastiano imperfeito", no final, provar ser a forma que os dividiria menos?[34]

---

[34] Para a política de Broghill, ver *Thurloe State Papers*, v, p. 127, 222, 268, 460, 479, 557, 597, 700.

Broghill obteve a sanção de Cromwell; insistiu com os Resolutioners; pôs fim ao monopólio de Gillespie sobre as nomeações garantindo uma emenda à sua "carta": a partir de então, foi acertado, qualquer pastor podia ser indicado, e usufruir de seu estipêndio, se procurasse viver pacificamente sob o presente governo. Broghill até mesmo persuadiu os pastores, por acordo particular com os principais Resolutioners – "por suas cortesias mais do que suas ameaças", como Baillie escreveu –, a cessar de orar publicamente por Charles II. Em breve, predisse, os Stuarts seriam esquecidos; todos os pastores na Escócia o teriam obrigado, "sob sua própria mão, livremente", a tomar o governo, "e sendo comprometidos eles próprios, eles, por interesse, se por nada mais, envolveriam o povo". Nessa base erastiana, a revolução social podia avançar. "Se administrarmos bem essas coisas", escreveu Broghill, "os dois partidos na Escócia, ou seja, Remonstrants e Public Resolutioners, nos cortejarão, tal como os cortejamos." E, de fato, foi exatamente isso que aconteceu. Alarmados com o favor de Broghill aos Resolutioners, os Remonstrants enviaram emissários a Londres para interceder junto ao Protetor, mas seus rivais tinham também um emissário, que apareceu com uma carta de recomendação pessoal de Broghill, e foi instruído, como Baillie escreveu, a "prejudicar os intentos dos Protesters e ainda os nossos". Esse emissário dos Resolutioners era amigo de Baillie – seu candidato à direção da Universidade de Glasgow se Gillespie morresse – "esse digno, pio, sábio e diligente jovem, Sr. Sharp".[35]

---

[35] *Thurloe State Papers*, v, 301, 323, 655; Baillie, *Letters and Journals*, III, p. 321, 344, 352, 356-57.

A União da Grã-Bretanha, 1641

Se alguma vez houvesse uma oportunidade de salvar a revolução, na Escócia como na Inglaterra, Broghill era o homem que podia tê-la salvo. Um "presbitério erastiano imperfeito" em ambos os países, com uma grande margem de tolerância, sob uma monarquia parlamentar reconstruída sob a dinastia de Cromwell – tal, assim parece, era seu ideal. E ele se apressava para isso. Ao ir para a Escócia, tinha estipulado que não deveria ficar aí mais de um ano. Nesse ano conseguiu resultados dignos de nota. "Se os homens do tipo e têmpera de meu Lord Broghill ficarem entre nós", escreveu Baillie, "farão o presente governo mais amado do que alguns homens desejam." Então Broghill foi para a Irlanda e ali organizou seu patronato tão bem que no Parlamento seguinte ele tinha um sólido partido anglo-irlandês pronto para apoiar seu planos para o reinado de Cromwell. E, no entanto, como sabemos, tudo fracassou. A escassez de tempo e a oposição do exército frustraram-no na Inglaterra. Na Escócia, houve também outra falha fatal. Assim como o partido escocês na Inglaterra, que parecia tão forte em 1646, se mostrou de fato sem base real, o partido inglês na Escócia, que Broghill criou em 1656, carecia de solidez real. A despeito de tudo, a única sólida organização na Escócia permanecia a da Kirk: a Kirk, que, amplamente odiada como era, todavia, na derrota universal, permaneceu o foco de união do sentimento nacional.[36]

Podemos ver isso em muitos níveis. Na Igreja, metade dos provadores escoceses recusou-se a agir. Declararam que a carta de Gillespie era uma intromissão do Estado na jurisdição dos tribu-

---

[36] Para comprovação do ódio permanente da Kirk no final da década de 1650, ver Baillie, *Letters and Journals*, III, p. 448; *Wariston's Diary*, III, p. 27, 180-81.

nais da Igreja, e os pastores tinham de ser impostos pelos soldados ingleses. Na justiça havia a mesma relutância. Os comissários escoceses resistiam às reformas legais, e o Conselho, que de início tinha desejado juízes escoceses, já que só eles compreendiam seu sistema, terminou por recomendar juízes ingleses, que eram os únicos confiáveis. Os juízes escoceses de paz também recusaram cargo como "uma manifesta intromissão nas liberdades da Kirk", contrária à Liga e Acordo Solenes, e incompatível com Malaquias II.10. Por outro lado, os partidos da Kirk se tornavam confiantes. Broghill pensava que estava usando os Resolutioners para laicizar a Escócia, mas os Resolutioners supunham que, por seu favor, reafirmariam o antigo clericalismo na Inglaterra. Como de hábito, Baillie é o barômetro perfeito. Logo que Broghill se voltou dos Remonstrants para os Resolutioners, Baillie estava de volta à sua antiga ocupação, fazendo conferências para seus irmãos ingleses e censurando-os pela timidez de suas ambições. Por que, perguntou, eles só tinham "uma aparência de um presbitério e sínodo"? "Por que vocês querem uma Assembléia Geral? Por que vocês não têm poder para executar a jurisdição eclesiástica?" Ele não iria ficar satisfeito com um "presbitério erastiano imperfeito", mesmo na Inglaterra, muito menos na Escócia. Era com alguma razão que Monck, ao contrário de Broghill, continuava a acreditar – até que ele também se decepcionasse – que, para os propósitos de Cromwell, os Remonstrantes eram " mais confiáveis do que... os homens da Resolução Geral".[37]

---

[37] Firth, *Scotland and the Protectorate*, p. 211, 345; *Thurloe State Papers*, IV, p. 324, 480; Baillie, *Letters and Journals*, III, p. 303.

Assim, a política de Broghill rapidamente se desfez diante dos fatos sociais da vida escocesa. A política cromwelliana dependia da existência de uma consciência própria, um laicato independente com liderança da pequena nobreza. Foi essa classe que destruiu a tentativa escocesa de impor o presbiterianismo na Inglaterra; era a ausência de tal classe que tornava inútil a tentativa inglesa de laicizar a Escócia. Pois onde estaria o laicato escocês, o equivalente desses francos e poderosos Estados do Reino* que na Inglaterra estavam transformando a política, a religião e a educação? Lemos os diários privados que deviam revelá-lo, e o que encontramos? Aqui está Sir Thomas Hope, de Craighall, esse grande advogado, constantemente fazendo promessas ao Senhor e registrando seus sonhos supersticiosos. Aqui está Sir Archibald Johnston, de Wariston, transpirando, página após página, grande intolerância. Aqui está Alexander Brodie, de Brodie, registrando os favores do Senhor para com ele, lamentando, ocasionalmente, seus próprios pecados tais como pensamentos impuros na igreja e "uma afeição pecaminosa" (muito rara na Escócia) por plantar árvores e, mais regularmente, os pecados de outros, "a grande invasão de idolatria, blasfêmia, superstição, heresia e todos os tipos de iniquidade", denunciando quacres e judeus, registrando as atividades escandalosas de bruxas, deplorando "o corrupto e perigoso princípio de tolerância e liberdade". Aqui está Andrew Hay, de Craignethan, regularmente registrando, juntamente com o tempo, sua liberdade (ou não) da tentação, calculando os dias para a última Trombeta,

---

* *Estates of the Realm* — os três grupos que constituem o Parlamento a Coroa, a Câmara dos Lordes e a Câmara dos Comuns. (N. T.)

farejando bruxas, espionando casos de fornicação e lendo, com untuoso prazer, os horríveis propósitos de heréticos, libertinos, apóstatas, ateus, bruxas e quacres.[38] Aqui está John Lamont, de Newton, tripudiando quanto ao destino de Montrose e uma longa lista de "bruxas, adúlteros, sodomitas, pessoas incestuosas e aqueles que se deitaram com animais", e John Nicoll, que, com igual curiosidade e zelo nessas interessantes questões, e um ódio particular por Lockhart, Swinton e Gillespie, acrescenta a devota convicção de que uma grande tempestade na região foi causada pela ira de Deus diante de um novo imposto de meio *penny* por quartilho de cerveja em Edimburgo.[39]

Todos esses eram homens instruídos. Liam grego, hebraico, latim, italiano; alguns estudaram no estrangeiro, mas não tinham atitude leiga independente, e, ao ler seus diários, vemos por que nem os anciãos dirigentes nem o Parlamento da Escócia tinham qualquer influência laicizante sobre a Igreja. E os comerciantes escoceses não eram melhores que a pequena nobreza. Monck encarava os *boroughs* [o mesmo que *burghs*] como "geralmente as pessoas mais fiéis a nós entre todos nesta nação". Eram, dizia ele, "os primeiros que nos tiveram e desde sempre viveram pacificamente sob nós, e cujo interesse é mais agradável para nós, pela razão de seu negócio e comércio". Por essa razão, insistia em que seus impostos fossem mantidos baixos e seus privilégios preservados. Mas há uma diferença entre vida pacífica e apoio efetivo, e está claro que, se os

---

[38] Ver, por exemplo, seu registro de "um dia tolerável", 22 de janeiro de 1660.
[39] Ver *The Diary of Sir Thomas Hope of Craighall* (Edinburgh, Bannatyne Club, 1843); *The Diary of Andrew Hay of Craignethan, 1659-60* (ibid. 1901). Os outros diários já foram citados.

boroughs não deram problemas aos ingleses, sendo "empobrecidos pela falta de comércio e as posteriores perturbações", igualmente não deram ajuda construtiva. De fato, a defesa dos *boroughs* por Monck foi trazida à tona pela proposta de Cromwell para interferir em suas liberdades a fim de obter algum apoio para pôr a minoria Remonstrant no poder em Glasgow – clara evidência de que os Resolutioners que de fato o representavam, e que perseguiam o diretor Gillespie, eram insatisfatórios. O comércio escocês era muito pequeno e estável para manter uma política dinâmica, e os *boroughs* reais que os controlavam eram oligarquias tímidas. Uma olhadela em oito ou nove membros que eles mandaram para os parlamentos de Cromwell mostra suficientemente sua falta de independência. A maioria desses membros é de funcionários ou oficiais ingleses: os *boroughs* aceitariam qualquer um que pagasse suas próprias despesas. Em 1656, um dos membros dos *boroughs* era um conhecido comerciante escocês, Sir Alexander Wedderburn, de Dundee; e ele fora um realista.[40]

Mas talvez a maior evidência do contraste entre as reivindicações sociais da Inglaterra e da Escócia seja fornecida pelas petições de seus condados. Durante toda a guerra civil, os condados ingleses enviaram petições ao Parlamento. Às vezes essas petições eram elaboradas pela pequena nobreza em grandes júris ou outras reuniões, às vezes por propagandistas radicais; mas, a despeito de qualquer interesse particular que as pudesse marcar, elas representavam forças locais, e suas exigências

---

[40] Para o apoio de Monck aos *boroughs*, ver Firth, *Scotland and the Protectorate*, p. 195; *Thurloe State Papers*, VI, 529. Para a lista de membros do Parlamento dos *boroughs*, ver Terry, *The Cromwellian Union*, p. lvi-lvii, lxiii-lxiv. Para as condições de sua indicação, ver *Thurloe State Papers*, VII, p. 555, 616-17, etc.

claras eram, de uma forma ou de outra, a de que a descentralização e a laicização resumissem a "reforma da justiça e do clero". Na Escócia, não havia essa iniciativa de fazer petições,[41] mas em 1652 o governo inglês convidou os *shires* e *boroughs* para concordar com a união proposta e expressar seus desejos particulares. E qual foi o resultado?[42] Reuniões dominadas por "belicosos kirkistas" protestavam contra a "grande e ilimitada tolerância" de todos os tipos de erros e heresias cuja extirpação era um dever imposto pela Liga e Acordo solenes; repudiavam a sujeição erastiana da Igreja aos magistrado; então, depois das exigências naturais de liberdade do imposto ou confisco, redução do exército de ocupação e libertação de prisioneiros de guerra, umas poucas solicitações positivas foram feitas: "aqueles que usufruem de privilégios hereditários... devem ser protegidos e estabelecidos neles"; "as casas dos cavaleiros sejam isentas de aquartelamento e que seus jardins, parques ou pomares e outras melhorias possam ser protegidos de destruição"; e, acima de tudo, "que o povo dessa terra possa ser governado por sua própria lei, embora o poder de administração seja derivado do Parlamento da Commonwealth da Inglaterra". Das margens do país, onde a Kirk ainda não estava firmemente plantada, uma débil voz parecia saudar a união pela mudança social que podia por acaso trazer;[43] das classes inferiores nas cidades uma voz ainda mais fraca poderia ter sido convocada;[44] mas dos homens de substância

---

[41] Cf. *Thurloe State Papers*, VII, p. 593.

[42] Todas as respostas dos condados e *boroughs* estão publicadas em Terry, *The Cromwellian Union*.

[43] Refiro-me ao "Assent and Desires of Orkney and Shetland", Terry, *The Cromwellian Union*, p. 122-26.

[44] Em 1659, o partido de Gillespie em Glasgow buscou usar os artesãos como meio de obter controle do conselho da cidade (Baillie, *Letters and Journals*, III,

na Escócia, histórica e estabelecida, a resposta foi firme: nenhuma reforma da justiça ou do clero.

Assim, faltava a base necessária para a política de Cromwell na Escócia. Como classe independente, o laicato simplesmente não existia. Nesse pobre e atrasado país, a Igreja calvinista organizada era a única instituição que podia sair e tirar outros da ignorância e da sujeira. Como tal, reivindicava um monopólio de salvação. Também reivindicava o direito de esmagar todos os desviacionistas que, por esforço individual ou exemplo estrangeiro, buscassem erguer os homens mais alto. E nessa sociedade, ajudada pela derrota e a destruição dos órgãos nacionais, teve êxito sua reivindicação. O próprio Monck, em um momento de desespero, reconheceu seu sucesso quando declarou, em 1657, que a única esperança de apoio escocês estava em uma drástica redução de impostos, "e depois, no caso de não ficarem tranqüilos, penso que haveria motivo para colonizá-los com ingleses" — em outras palavras, tratá-los como a Irlanda, onde também, na ruína de todos os outros órgãos, a Igreja tornara-se o mecanismo da nacionalidade. O clero não podia mais orar abertamente pelo rei, mas era inútil esperar, dizia Monck, que observasse o dia de ação de graças por o Protetor ter escapado por pouco de assassinato. "Esse povo geralmente", escreveu ele, poucos meses antes da morte de Cromwell, "continua pronto para se erguer, como sempre vi desde que vim para a Escócia".[45]

---

p. 433), e duzentas "pessoas bem-dispostas de Edimburgo e arredores" fizeram uma petição em favor da tolerância (Nicoll, *Diary*, p. 245; *Wariston's Diary*, III, p. 126, 128). Mas não conheço outra evidência ou evidências anteriores de participação das classes que, na Inglaterra, desempenharam tão destacado papel no movimento democrático.

[45] *Thurloe State Papers*, VI, p. 330, 664, 762.

A Escócia não se ergueu. Qualquer que fosse sua disposição, estava fisicamente apática, e todos sabiam disso. Sua força acabara, e ela simplesmente esperava pelos acontecimentos. Mas logo que os acontecimentos se sucederam, e Monck, saindo da Escócia, restaurou os Stuarts, todas as reformas cromwellianas nesse país foram eliminadas. Nisso pelo menos a Escócia não foi como a Irlanda. As jurisdições hereditárias voltaram. A justiça cromwelliana foi denunciada, mesmo por aqueles que mais tarde a exaltaram, como "iniqüidade e opressão sobre uma terra pobre e confusa". Os pregadores e professores independentes desapareceram da Kirk e da faculdade. Robert Baillie substituiu Gillespie em Glasgow, e, sendo indicado pelo rei, esqueceu seu antigo zelo pelos direitos dos eleitores. Mesmo que o presbitério não tenha recuperado seu monopólio, pelo menos a infame doutrina da tolerância não foi mais ouvida. E para sinalizar a vitória da religião e da justiça, a Kirk e o Parlamento foram felizmente unidos na maior das caças escocesas às bruxas. Como um historiador escocês escreve, o número de vítimas pode ser explicado apenas pela suposição de que nove anos de suavidade inglesa haviam deixado uma pesada reserva de candidatos para serem eliminados. O holocausto de 1661 foi a resposta da sociedade escocesa à tentativa inglesa de "laicização".[46]

Enquanto isso, o que ocorria com os cromwellianos escoceses? Haviam rejeitado os partidos estabelecidos da Kirk e buscavam, ao servir ao usurpador, importar uma nova forma de sociedade para a qual a própria Escócia não fornecia base. Agora estavam dispersos.

---

[46] Nicoll, *Diary*, p. 304; Mathieson, *Politics and Religion*, II, p. 171-72. É interessante notar que na Lorena, libertada ao mesmo tempo do domínio francês civilizador, houve uma irrupção atávica similar de queima de bruxas.

Alguns, de fato, embora não os melhores deles, pilotavam a mudança. John Menzies era um deles. Era "perigoso descuidar-se com a fivela", dizia esse timorato Independente, e pôs seu pescoço de novo, em tempo, no antigo arreio presbiteriano. Outros buscavam nichos, cômodos ou incômodos, à esquerda ou direita do novo *establishment*. Gillespie e Livingstone, os antigos Remonstrants, foram para a esquerda: os presbiterianos restaurados rejeitaram a primeira e foram rejeitados pela segunda. Por outro lado, os Resolutioners cromwellianos foram para a direita. Robert Leighton[47] aceitou o episcopado e se tornou arcebispo de Glasgow. E, quanto ao digno, pio, sábio e diligente amigo de Baillie, James Sharp, conseguiu provar mais uma vez a infalível aptidão do professor de Glasgow para fazer tudo exatamente errado.

Pois em 1660 Baillie estava confiante mais uma vez em que o dia glorioso do puro presbiterianismo tinha surgido, não somente para a Escócia, mas também para a Inglaterra; e pretendia desempenhar seu papel. Não tinha intenção de aceitar o conselho "freqüentemente inculcado por Londres" de que os escoceses deviam se preocupar com seus próprios assuntos. "O que resta para os escoceses", indagava, "a não ser sentar calados e nunca abrir a boca nem diante do rei nem do Parlamento, nem de nossos irmãos os pastores da Inglaterra para lhes pedir sua adesão ao Acordo e Petição contra Livros e Bispos? Temo não poder responder por nossa pobre negligência já aqui". Assim, Baillie mais uma vez agiu arbitrariamente. Alguém mencionou "episcopado moderado"? O

---

[47] Leighton não era, em termos próprios, um Resolutioner, mas, como aceitou participar da Assembléia Geral pouco antes de sua dissolução, pode ser considerado como tal.

bom escocês ficou chocado neste caso, seria preciso também falar de "papado moderado"! As forças do Acordo deviam ser mobilizadas para encerrar essa má administração em Londres. Cargos na Igreja e no Estado deviam ser redistribuídos. O Lord Chanceler Hyde devia ser afastado. O patronato da Igreja devia ser adequadamente disposto. Tudo era perfeitamente simples. "Um tratado de poucas horas" faria isso... E quem deveria ser o agente de Baillie em todas essas questões a não ser seu reverendo e amado irmão James Sharp? Sharp veria o protegido de Cromwell, "esse estúpido Lockyer", expulso da direção de Eton e um amigo instruído posto nele; Sharp iria nomear uma equipe de "presbiterianos" ingleses para publicar um manifesto "pelo esmagamento desse alto, orgulhoso, malicioso e agora muito ativo e perigoso partido", os episcopais ingleses. Mas, infelizmente, o irmão Sharp tinha coisa mais importante para tratar. Não estava perdendo tempo buscando restaurar o espatifado boneco do presbiterianismo na Inglaterra. Como agente da Kirk em Londres, estava tranqüilamente traindo seus patrões tão rápido quanto podia e garantindo para si, como recompensa, uma mitra de arcebispo – e, a seguir, uma um tanto duvidosa coroa de mártir.[48]

Esse era o clero cromwelliano. O laicato cromwelliano enfrentava a mesma escolha. Lockhart, previsivelmente, foi para a direita, e encontrou seu caminho de volta da Corte protetoral para a Corte real. O mesmo fez James Dalrymple, que Cromwell havia feito juiz da reformada *Court of Session* e que se mostraria, nos quarenta anos seguintes, o maior e mais liberal dos juízes escoceses. Os três membros "radicais" do *Barebones Parliament*, como previsível, foram para a esquerda. Sir James

---

[48] Baillie, *Letters and Journals*, iii, p. 400-401, 408, 444-45.

Hope, "posto de lado" por um Protetor incomodado, era, em 1659, conhecido como republicano.[49] A morte em 1661 salvou-o de definir sua posição no novo reino.[50] Swinton e Jaffray, como tantos outros autênticos leigos ex-cromwellianos, tornaram-se quacres. Talvez não seja acidental que o centro mais forte do quacrismo escocês inicial fosse Aberdeen, a área onde o Acordo tinha sido sempre mais fraco, onde havia uma antiga tradição de vida leiga e onde Cromwell havia encontrado grande apoio local.[51] Na Escócia como na Inglaterra, o quacrismo era o fantasma da defunta independência.

Leighton, Lockhart, Dalrymple, Swinton, Jaffray — esses estão entre os mais esclarecidos, mais atraentes espíritos de meados do século XVII na Escócia. Na Escócia, como na Inglaterra, Cromwell mostrou seu gênio para extrair esse talento latente que os Stuarts nunca deixaram de sufocar ou repelir, e, embora a tentativa terminasse em desastre, os homens que ele descobriu merecem ser lembrados como precursores distantes do Iluminismo que surgiria na Escócia um século depois. Pois embora a Inglaterra e a Escócia estivessem separadas de novo em 1660, a união das Coroas era tão incômoda

---

[49] Firth, *Scotland and the Protectorate*, p. 385.

[50] Suspeito que teria ido para a esquerda. Seu longo epitáfio em versos no cemitério de Cramond fala de seus interesses minerais e virtudes jurídicas, mas quanto a seus ideais políticos simplesmente afirma que ele buscou "a paz e a riqueza públicas". O primeiro editor de seu diário, Sir J. B. Paul, rejeita Hope como "inseguro" e "pusilânime", mas toda a evidência de suas concepções parece-me compatível com uma política coerente: o progresso material da Escócia em uma base nacional.

[51] Cromwell também deixou um legado mais utilitário para Aberdeen. Aí, segundo Boswell, "o Sr. Johnson riu ao ouvir que os soldados de Cromwell ensinavam o povo de Aberdeen a fazer sapatos e meias e produziam repolhos"(*Boswell's Journal of a Tour to the Hebrides with Samuel Johnson LL.D.*, ed. Frederick A. Pottle e Charles H. Bennett, 1936, p. 59).

depois quanto antes da Grande Rebelião. Em 1707, uma união mais cautelosa dos dois reinos foi realizada. Desta vez não houve assimilação da Igreja ou da Justiça, mas houve igual liberdade de comércio em grande parte do mundo. Graças a essas oportunidades mercantis, a Escócia, na geração seguinte – isso levou toda uma geração –, gradualmente adquiriu, em um novo laicato independente, a base social para essas mudanças que Cromwell tinha muito apressadamente buscado impor-lhe. Em 1727, a última bruxa foi queimada na Escócia. A partir de 1733, uma série de secessões aliviou a Kirk de seus fanáticos. A seguir, idéias leigas transformaram o clero escocês erastiano, cujos membros liberais, os defensores do Iluminismo leigo, seriam acusados das mesmas heresias que Patrick Gillespie e Robert Leighton. A partir de 1745, as Terras Altas foram abertas e as Kirks foram "colonizadas" para civilizá-las como os comissários cromwellianos tinham desejado. Em 1748, as jurisdições hereditárias foram finalmente abolidas, e os senhores de terra escoceses, como os cromwellianos havia profetizado, trocaram o poder antigo e bárbaro por uma nova riqueza agrícola.[52] No fim do século XVIII, quando os aristocratas ingleses enviaram seus filhos para estudar agricultura em East Lothian, ou política nas universidades de Edimburgo ou Glasgow, e usavam arquitetos escoceses para reconstruir suas casas de campo, a antiga diferença entre os dois países, que fizeram seu contato no século anterior tão explosivo, tinha de fato mudado.

---

[52] Ver H. G. Graham, *The Social Life of Scotland in the 18th century* (1901), p. 209-10, 494-97. Em 1883, algumas das maiores fortunas britânicas provenientes da terra eram da antiga aristocracia escocesa, cuja pobreza fora proverbial no século XVII (ver John Bateman, *Great Landowners*, 1883, citado em G. E. C., *Complete Peerage*, VI, App. H, p. 713).

CAPÍTULO IX

A união da Grã-Bretanha no século XVII

O século XVII foi a época da revolução na Europa ocidental. Também foi a época da unificação nacional. Os fatos não são inteiramente sem relação. Os governantes das novas monarquias centralizadas, ameaçadas pela oposição interna em seus diferentes Estados, buscavam naturalmente aprofundar seu poder, pondo sob seu controle todos esses diferentes Estados; e as classes que resistiam a esses governantes buscavam, de modo não menos natural, fortalecer sua resistência, encontrando aliados entre seus companheiros súditos de outros Estados. Na Península Ibérica, Olivares buscou unir os reinos e Estados separados da península em um reino unitário da Espanha. Na Inglaterra, tanto a Coroa quanto o Parlamento buscaram criar um reino unitário ou *commonwealth* da Grã-Bretanha. Como os espanhóis, os ingleses fracassaram no século XVII, mas foram bem-sucedidos no século XVIII, embora com uma importante diferença: na Espanha, era a monarquia que unia os reinos; na Inglaterra, o Parlamento.

A tentativa de unificação dos dois países tem certos paralelos óbvios. Tanto na Espanha quanto na Grã-Bretanha o século começou com uma união completa das coroas. Em ambos, um reino – aqui a Inglaterra, lá Castela – suportava o custo principal do governo.

Em ambos, havia graus de independência sob a coroa: Portugal e Escócia tinham uma independência negada a Aragão e Irlanda. Havia também importantes diferenças sociais entre os vários reinos de cada monarquia que tornavam impossível uma política uniforme: na Escócia, como em Aragão (com que James I a comparava), a nobreza tinha poderes tediosos e arcaicos que não podia mais exercer na Inglaterra ou em Castela. Por essa razão, a Inglaterra e Castela forneciam os modelos para reis; a Escócia e Aragão, para ricos e influentes dissidentes. Havia também diferenças raciais. Os mouros inassimiláveis no reino de Granada, estrangeiros em termos de raça, incertos em termos de religião e diferentes em termos de organização social, constituíam um problema que era semelhante ao dos celtas e "antigos irlandeses" católicos na Irlanda e que foi resolvido de modo não menos dramático. Mas esses paralelos entre os dois países (que não escapavam a observadores contemporâneos) também se acompanhavam de grandes diferenças. A predominância econômica e cultural da Inglaterra sobre a Escócia e a Irlanda era mais absoluta do que qualquer predominância que Castela pudesse reivindicar sobre Aragão ou Portugal. Castela não tinha instituição comparável em força ao Parlamento inglês. Acima de tudo, não havia na Grã-Bretanha maior complexidade de diferença religiosa. Em Portugal e na Catalunha a Coroa de Castela provocava a oposição de classes sociais e dava um novo conteúdo a antigas tradições. Mas nem em Portugal nem na Catalunha a religião estimulava essa oposição. Na Escócia e na Irlanda, por outro lado, a agressão inglesa provocava a oposição de Igrejas nacionais e terminou com a criação de novos obstáculos à união. A Igreja católica e a Kirk presbiteriana tornaram-se órgãos do nacionalismo escocês e irlandês.

Hugh Trevor-Roper

Assim, a identidade religiosa da Grã-Bretanha, de início suposta universalmente, foi por fim considerada inatingível.

Esses paralelos estrangeiros ajudam a ilustrar o problema com que os governantes da Inglaterra se defrontaram de 1603 a 1707, mas o resultado desse problema dependia, naturalmente, de condições e circunstâncias locais. Devemos então nos voltar para essas circunstâncias e condições locais. Procuraremos ver como a oportunidade dinástica e a necessidade política se combinaram para fazer uma perfeita união dos três reinos tanto necessária quanto natural, mas como as tensões sociais e as lealdades locais agravaram o problema, mostrando, mais uma vez, que não há atalhos em política. O curso que parecia necessário e natural para os políticos progressistas jacobinos levaria seus sucessores a recifes submersos e através de perigosas correntes. Mas antes de examinar esses perigos ocultos devemos examinar a suave perspectiva superficial que tentou os estadistas ingleses de 1603 quando olhavam para a Irlanda e a Escócia, agora pela primeira vez todas governadas a partir de Londres.

Primeiro a Irlanda. Originalmente, a Irlanda fora um domínio sob a Coroa inglesa. Em 1540, fora declarada reino. A seguir, os Tudors aos poucos a controlaram. Haviam recuperado sua administração das grandes famílias irlandesas (geralmente anglo-irlandesas); a última revolta dos antigos chefes gaélicos — a revolta dos O'Neills e dos O'Donnells — fora esmagada; e a sociedade aos poucos se tinha sujeitado à lei inglesa e à Igreja protestante episcopal controlada pelo Estado. O triunfo do protestantismo na Irlanda fora notavelmente fácil — de fato muito fácil. A Igreja católica romana estabelecida havia sido abolida sem resistência. Conseqüentemente, a nova Igreja protestante mal tinha sentido necessidade de atividade missionária. O perigo desse triunfo fácil ainda não era óbvio. O que era óbvio era a necessidade de estabelecer controle inglês efetivo sobre toda a ilha. Essa necessidade fora enfatizada pelo último episódio da guerra anglo-hispânica: a tentativa espanhola de explorar a rebelião tribal e estabelecer uma cabeça de ponte contra a Inglaterra em Kinsale. Em 1604, estando encerrada a guerra com a Espanha, parecia prudente apaziguar a Irlanda antes de que tal perigo pudesse ressurgir. A derrota final da rebelião de Ulster parecia também tornar tal apaziguamento possível.

Na Escócia a ordem dos acontecimentos fora diferente, mas seu caráter era semelhante. Aí também a influência estrangeira fora excluída, o poder real ampliado, uma Igreja de Estado estabelecida. Como na Irlanda, a Igreja católica fracassara quase sem luta. A influência estrangeira – a antiga aliança com a França – não durara muito mais. Pela revolução de 1567, a Igreja protestante fora garantida, e com ela uma nova dependência em relação à Inglaterra. Mas a Igreja protestante da Escócia fora diferente das da Inglaterra e Irlanda. Nessas, ela tinha sido imposta pela Coroa, naquela foi imposta à Coroa pela nobreza. Embora fossem essencialmente monárquicas, ela era em alguns aspectos desagradavelmente republicana. Todavia, fora imposta com o auxílio da Coroa inglesa, e em sua primeira geração era muito mais compatível com o sistema inglês do que autores posteriores, olhando para ela através das lutas do século seguinte, tinham suposto. Em particular, era compatível com o sistema inglês em 1604, pois então o fanatismo do clero calvinista havia malogrado por excesso, e James VI, com o auxílio da aristocracia e da pequena nobreza, havia assegurado o controle leigo sobre a Igreja escocesa, tal como a rainha Elizabeth havia feito sobre a Igreja inglesa. Como a Igreja inglesa estava então mais próxima do calvinismo do que estaria depois, as diferenças da organização eram mais fáceis de deixar de lado: e com freqüência o eram. "Não é importante", escreveu um escocês em 1605, "que as duas nações difiram nas formas de adoração pública... pois no essencial da doutrina existe um fundamento sólido de uniformidade"; e do lado inglês Bacon declarou que, "quanto à religião, a união é perfeita em pontos de doutrina", imperfeita apenas em matéria de disciplina e governo.[1] Nesse meio-tempo, em 1603, o paralelo com a Irlanda fora completado pela união de coroas e pelo fato de o rei recuperar das grandes famílias escocesas o poder político. Em Londres, James VI estava livre dos perigos físicos e das humilhações que seus predecessores (e ele próprio na juventude) sofreram nas mãos da nobreza escocesa; e com o patronato ampliado da Inglaterra ele estava em condição de estabelecer a autoridade real sobre seu turbulento reino do norte. Por fim, a pacificação da Escócia não era menos importante para a segurança da Inglaterra do que a pacificação da Irlanda. Em 1616, o famoso embaixador espanhol Gondomar asseguraria a Filipe III que a Inglaterra podia ser conquistada a partir de uma cabeça de ponte, desta vez na Escócia.[2]

Tais eram as semelhanças entre as posições na Irlanda e na Escócia: semelhanças que sugerem que o tempo estava maduro

---

[1] Sir Thomas Craig, *de Unione Regnorum Britanniae Tractatus* (1605), ed. C. S. Terry (Scottish History Society, 1909), p. 286-87; cf. 464. *The Letters and Life of Francis Bacon*, ed. James Spedding, III (1868), p. 223.
[2] Gondomar ao Secretário Ciriza, 1616, publicado em Pascual de Gayangos, *Cinco cartas político-literarias de D. Diego Sarmiento de Acuña conde de Gondomar* (Madrid, Soc. de Bibliófilos, IV, 1869), carta nº 3.

para uma união mais plena. Mas havia também diferenças. Duas diferenças eram importantes na questão da união. Uma era social, a diferença causada pela presença dos novos "colonizadores" ingleses na Irlanda. A outra era política, a diferença no caráter das ligações políticas entre os dois países e a Inglaterra.

Tanto a Escócia quanto a Irlanda continham duas sociedades, uma sociedade celta original e uma sociedade "anglo-normanda" que ocupara e colonizara parte do país na Idade Média. Na Escócia essas duas sociedades eram referidas, respectivamente, como Highlanders e Lowlanders*, na Irlanda como "antigos irlandeses" e "novos irlandeses" ou (como vieram a ser chamados no século XVII) "antigos irlandeses" e "antigos ingleses". Entre essas duas sociedades as relações eram, em geral, estabilizadas. Os Lowlanders forneciam a base do governo real na Escócia, e os "antigos ingleses", embora muitos deles tenham adotado os modos irlandeses e permanecido de religião católica, fizeram o mesmo na Irlanda. Mas na segunda metade do século XVI a relativa estabilidade das duas sociedades na Irlanda recebeu um rude golpe. Uma segunda invasão inglesa impôs-lhes uma terceira sociedade, que não podia ser tão facilmente assimilada. Tratava-se da invasão dos "colonizadores", que se estabeleceram nas terras, sobretudo, dos "antigos irlandeses", que eles desalojaram. Essa terceira força na Irlanda, que não tinha paralelo na Escócia, era da maior significação. Criou um problema de terra e, porque os colonizadores eram protestantes, exasperou uma luta social por uma diferença religiosa. Na Escócia, no início do século XVII, os Highlanders, embora nominalmente católicos,

---

* Habitantes das High Lands, Terras Altas, e das Low Lands, Terras Baixas, respectivamente, na Escócia. (N. T.)

mal foram atingidos pela Contra-Reforma. Observadores ingleses descreveram-nos imparcialmente como ateus ou papistas. Mas na Irlanda a situação era muito diferente. Aí os "antigos ingleses" – uma classe conservadora proprietária de terras – podiam ter permanecido em grande medida indiferentes: "católicos de Estado" como os leais *recusants** na Inglaterra. Mas os "antigos irlandeses", desalojados e ressentidos, agiam de outro modo. Menosprezados pela Igreja estabelecida da Irlanda, não-evangélica, foram conquistados pelos missionários da nova Roma. Parece incontestável que foi a pressão dos colonizadores ingleses que deu esses recrutas para as forças da Contra-Reforma.[3]

A ligação política entre a Irlanda e a Inglaterra também era muito diferente daquela entre a Escócia e a Inglaterra. A diferença está no nível parlamentar. Tanto o Parlamento irlandês quanto o escocês eram instituições rudimentares comparados com o da Inglaterra, mas enquanto o Parlamento escocês era pelo menos isento da influência inglesa, o Parlamento irlandês não era. Pelo chamado "Ato de Poyning", de 1495, a iniciativa em legislação para a Irlanda fora transferida, não de fato para o Parlamento inglês, mas para o Conselho inglês. Assim, seguiu-se que ninguém que não tivesse o apoio do Conselho inglês podia controlar o Parlamento irlandês. Esse era um fato que os parlamentos irlandeses às vezes achavam útil e os vice-reis irlandeses desconcertante. Viria a ser muito importante quando o rei e o Parlamento da Inglaterra lutavam pelo controle do Conselho inglês.

---

* Que se recusavam a freqüentar a igreja da Inglaterra. (N. T.)
[3] Ver H. F. Kearney, "Ecclesiastical Politics and the Counter-Reformation in Ireland, 1618-1648", *Journal of Ecclesiastical History*, 1960.

Essas diferenças entre a Escócia e a Irlanda eram significativas, mas não eram fundamentais. Afetavam os meios pelos quais os três reinos podiam estar unidos, mas não impediam uma política uniforme. Tal política era claramente necessária: a segurança dos três reinos a exigia. As lutas constitucionais no curso do século tornaram-na duplamente necessária: nem o rei nem o Parlamento se sentiam seguros se os outros reinos da Coroa podiam ser mobilizados contra eles. No curso dessas lutas de 1600 a 1660 não menos do que três versões de união foram tentadas com sucesso, e cada versão era diferente das outras. As diferenças estavam não apenas nas circunstâncias em que cada versão era apresentada, mas também na base social em que era estabelecida. Neste ensaio, tratarei dessas três versões: a versão real de James I; a versão aristocrática do Parlamento Longo; e a versão revolucionária de Oliver Cromwell.

James I da Inglaterra, o primeiro rei de todos os três países, estava ansioso para ser rei não somente da Inglaterra e da Escócia, mas da "Grã-Bretanha". Ele de fato é o autor do nome que posteriormente os escoceses obrigaram os ingleses a impor a seu país. Por razões de segurança, de governo e de poder, ele desejava, "numa perfeita união de leis e pessoas", "uma adoração de Deus, um reino inteiramente governado, uma uniformidade de justiça". Ele não queria uma união de Parlamentos. De início, pensou que queria, mas a experiência logo o dissuadiu.[4] De sua posição central a Coroa estaria

---

[4] James originalmente pensou na união de Parlamentos, mas isso foi antes de sua experiência com o Parlamento inglês. Quando os comissários da união se reuniram, a união de Parlamentos não foi discutida. Por outro lado, a opo-

obviamente em vantagem para lidar com três Parlamentos distintos, e não era o caso de trazer os dóceis Parlamentos da Escócia e da Irlanda para aprenderem maus hábitos com o Parlamento da Inglaterra, mais difícil. Mas uma justiça uniforme seria aplicada por juízes nomeados pela Coroa, e uma Igreja uniforme seria governada por bispos nomeados pela Coroa. A justiça e a Igreja inglesas já haviam sido estendidas à Irlanda. Parecia não haver razão pela qual não devessem ser igualmente estendidas, com apenas pequenas diferenças, à Escócia. Vimos que as Igrejas protestantes estabelecidas da Inglaterra e da Escócia eram julgadas como facilmente assimiláveis uma à outra. Os advogados escoceses de James também lhe garantiam que a justiça inglesa e a escocesa eram apenas superficialmente diferentes e podiam ser reconciliadas no essencial, sendo levadas de volta a seus princípios "feudais" comuns.[5] Esses eram os pressupostos que ficam por trás da união proposta de 1604-7.

A união que James I propôs pela legislação não se concretizou. Fracassou pelo ciúme do Parlamento inglês, que temia uma invasão das boas pastagens inglesas por gado magro escocês. Mas em todo seu reinado o rei perseguiu a mesma política: buscou estabelecer, em todos os três países, a base necessária à união. Para ele, essa base não era um Parlamento comum nem uma economia uniforme, mas uma única Corte, uma nobreza protestante leal, um sistema de justiça centralizado, uma Igreja episcopal estabelecida. Era uma unidade de governo real, mantido uno pelo patronato real, e que

---

sição parlamentar inglesa assumiu a proposta e, ao insistir em uma união parlamentar plena ou nada, destruiu todo o projeto.
[5] Craig, *De Unione*, p. 90. A análise de Craig sobre a justiça apóia-se em seu próprio *Jus Feudale* (1603).

deveria ser fortalecido pela criação de uma classe forte e instruída de nobres da Corte, funcionários e clero episcopal.

Na Escócia, essa política foi amplamente bem-sucedida. A nobreza escocesa foi conquistada, em parte pelo patronato inglês. Ao mesmo tempo, o maior abuso de seu poder — as jurisdições hereditárias que exerciam — foi solapado pelo estabelecimento de juízes de paz segundo o modelo inglês. O episcopado foi reimposto através do poder real, e mantido pelo patronato real. Isso foi feito de modo muito discreto, sem uma afronta direta à Igreja calvinista ou uma ameaça aos novos proprietários das terras e dízimos da Igreja. Por fim, por um hábil artifício constitucional — os "Lordes dos Artigos" —, o rei garantia que seus pastores escoceses podiam controlar o Parlamento escocês: um corpo que, tendo pouco caráter próprio, estaria de outro modo à mercê da facção nobre. No fim de seu reinado, James I podia se jactar, presunçosa mas autenticamente, de que governou com sua caneta um país que seus ancestrais nunca tinham sido capazes de governar pela espada.

Na Irlanda, a política era similar. Com a derrocada da última revolta dos chefes gaélicos, foram feitos esforços para reformar o governo local segundo o modelo inglês. Como na Escócia, a estrutura anglicana foi apresentada sem uma afronta muito direta à religião dos senhores da terra "anglo-normandos", que eram poderosos na sociedade e no Parlamento. Por fim, esperava-se, esses "antigos ingleses" se conformariam tranqüilamente. Nesse meio-tempo, para criar um equilíbrio favorável no Parlamento irlandês, foram permitidos novos *boroughs* protestantes; e o estabelecimento de uma *Court of Wards** irlandesa em 1617 forneceu não apenas um novo instrumento fiscal,

---

* *Court of Wards* — Tribunal para registro de propriedades. (N. T.)

mas também um meio de instruir a nobreza de "antigos ingleses" na religião do Estado. Muito se escreveu sobre as atividades fiscais da *Court of Wards* na Inglaterra, mas sua importância como meio de patronato foi igualmente grande. Foi um nobre escocês, anglicizado na Corte de James I, que insistiu com o rei para não abolir o tribunal por nenhuma compensação financeira; e ele o convenceu indicando a imensa significação de seu patronato. "Nenhum rei na cristandade", disse ele, "teve tal ligação com seus súditos" – sem dúvida refletindo sobre a falta dessa ligação na Escócia.[6] De qualquer modo, a *Court of Wards* escocesa ao mesmo tempo teve notável sucesso. Um de seus primeiros convertidos foi o 12º conde de Ormond, que se tornaria líder do realismo protestante irlandês nos anos da revolução.

Pode-se objetar que a união real proposta por James I não se apoiava firmemente em nenhum base econômica sólida. Dependia da classe uniforme e unificadora de "funcionários graduados". Essa classe era uma classe instruída, leiga, até mesmo tolerante em seu perfil, e unida pelos laços do patronato. A tolerância provinha de sua educação e foi imposta por necessidade prática. Mesmo os clérigos estabelecidos, sendo funcionários de uma instituição do Estado, compartilhavam, dentro de seus limites, esse perfil leigo, e não procuravam coagir nem o catolicismo da Irlanda nem o calvinismo da Escócia. Três primazes de James I, o arcebispo Abbott na

---

[6] G. Goodman, *The Court of King James I*, ed. J. S. Brewer (1839), I, p. 36-42. Nas discussões referentes à projetada união do rei James I, o Parlamento inglês temia que os escoceses pudessem explorar a máquina da *Court of Wards* inglesa (J. Bruce, *Report on... the Union of the Kingdoms of England and Scotland*, 1799, II, p. cxxxiii, cxl).

Inglaterra, o arcebispo Ussher na Irlanda, o arcebispo Spottiswood na Escócia, eram homens do mesmo tipo. Seria o patronato que resolveria todos os problemas. Pelo patronato a nobreza e o Parlamento irlandeses seriam protestantizados; pelo patronato a nobreza e o Parlamento escoceses seriam controlados; pelo patronato – os "Empreendedores" de 1614 – até mesmo o Parlamento inglês seria manipulado. E pelo patronato a Igreja episcopal protestante se estabeleceria em todas as três sociedades e seria ainda outro elemento de união, um elemento social. Tal patronato, pode-se dizer, pode fornecer um meio de governo, mas não é substituto para uma base econômica de unidade.

Para essa objeção há uma resposta adequada. A economia não precede necessariamente a política. A união real, uma vez efetivada, podia muito bem ter criado sua própria base econômica. Uma aristocracia de Corte instruída, o patrono de idéias liberais, pode dar o impulso ao desenvolvimento econômico, e tal desenvolvimento pode levar à formação de um laicato independente, que pode por sua vez se tornar o apoio do sistema político sob o qual surgiu. O mais hábil dos políticos jacobinos buscava tal desenvolvimento. Na Irlanda, Robert Cecil buscou, primeiro, restringir os novos "colonizadores", que muito facilmente exploravam as rebeliões que eles com freqüência tinham provocado; depois, manter o equilíbrio entre eles e os "antigos ingleses" católicos, e finalmente permitir uma melhoria gradual da economia através da paz interna. Francis Bacon insistiu numa qualificação de propriedade para os colonizadores: eles deveriam trazer riqueza para o país, e investi-la aí, em vez de conquistá-la pela espoliação. "Sua Majestade não se regozija", escreveu ele, "com o derramamento de sangue, nem com o deslocamento de antigas gerações"; o tempo favorecia o lado inglês, desde que pelo menos houvesse um bom exemplo inglês; e o exemplo seria fortalecido pelas instituições inglesas.[7] Na Escócia, Sir Thomas Craig viu o impulso da Corte inglesa como um incentivo à indústria escocesa: um comércio nativo de tecido, escreveu ele, devia ser criado a fim de suprir essa riqueza líquida que era necessária para financiar a assistência da nobreza escocesa a seu distante rei. A aliança da Corte inglesa com a City de Londres, que existia em todo o reino de James I, também ajudaria a estabelecer a indústria local em uma Grã-Bretanha unida. Por outro lado, tal política não podia ser apressada. Pedia tempo e paz. James I possuía as virtudes necessárias. Tinha tanto paciência quanto amor pela paz. Infelizmente, constituíam virtudes pessoais, que não eram herdadas. Quando Charles I chegou ao trono, logo ficou claro que ele não tinha nenhuma.

Às vezes se diz que Charles I só buscava manter os direitos da Coroa, não aumentá-los. Ele próprio o disse. Mas (como achavam seus súditos) não é sensato acreditar em suas palavras. Suas ações — se pudermos ver através das múltiplas formas em que ele simultaneamente buscou todos os objetivos — mostram claramente que ele buscava um ideal definido, que pretendia alcançar em seu próprio reinado. Visava a uma monarquia absoluta, financeiramente auto-sustentada, livre da necessidade de discussão política com seus súditos. Com a enganosa brandura de seu caráter, ele combinava um autoritarismo obstinado e inflexível que se mostrou no início de seu reinado. Aos 25 anos de idade, enquanto ainda se apegava ao indigno Buckingham na Inglaterra, e parecia buscar aí uma política

---

[7] *The Letters and the Life of Francis Bacon*, III, p. 46-51; IV, p. 116-26; V, p. 378-80.

externa puritana, o ausente rei da Escócia serenamente afastou o maior ministro da bem-sucedida política de seu pai, o conde de Melrose. O último conselho de Melrose ao rei James fora para não ir muito rapidamente: Charles I pretendia ir muito rápido.

A política de Charles I nos três reinos, como a de seu pai, era do mesmo tipo, mas a ênfase era muito diferente. James I buscara alinhar a Irlanda e a Escócia, lentamente, com a Inglaterra; Charles I usou as sociedades mais rudimentares da Irlanda e da Escócia como modelos de um novo rumo que ele esperava introduzir, sem demora, na Inglaterra. Por seu Ato de Revogação na Escócia, buscou aumentar o *status* e a renda da Igreja estabelecida muito anos antes de o arcebispo Laud buscar fazer o mesmo na Inglaterra, e por suas medidas eclesiásticas buscou transformar essa Igreja de Igreja presbiteriana em Igreja real e episcopal. Na Irlanda, Strafford e o bispo Bramhall fariam o mesmo, recuperando dos "antigos ingleses" e dos colonos "terras escondidas" para a Igreja estabelecida. Ao mesmo tempo, as rendas públicas de ambos os países foram aumentadas. Na Escócia, os impostos foram aumentados e se tornaram mais regulares. Na Irlanda, Strafford aumentou tanto a renda que o país começou a fornecer para o tesouro real, em vez de tirar dele. Finalmente, os impostos "feudais" fora do controle parlamentar foram aplicados na Irlanda como na Inglaterra. A nova *Court of Wards* irlandesa se tornou, como seu modelo inglês, um mecanismo fiscal, e sua jurisdição foi ampliada para novas vítimas.[8] Em 1637, estava claro que o fiscalismo e o clericalismo estavam destinados a criar, em todos os três reinos, não apenas um governo e uma sociedade unidos, mas um absolutismo unido.

---

[8] Ver Kearney, *Strafford in Ireland* (Manchester, 1959), p. 74-81.

Infelizmente para sua perspectiva de sucesso, essas políticas foram realizadas, em todos os três reinos, à custa do próprio meio pelo qual James I tinha buscado seus fins: o patronato da nobreza. James I tinha se mostrado indiferente à pequena nobreza, que tinha apoiado o peso de sua Corte, mas pelo menos, por seu ostensivo patronato, ele mantivera a nobreza de todos os três países em seu lugar. Charles I, com sua impaciência pelo manejo político, levou-os à oposição. O Ato de Revogação escocês era um golpe direto nos "Senhores da Instituição", os grandes nobres que tinham garantido as terras e dízimos da Igreja da Escócia. O implacável fiscalismo de Strafford atingiu imparcialmente a antiga nobreza católica e a nova nobreza protestante da Irlanda. E esses golpes na nobreza (a despeito do que ele próprio dizia sobre a Escócia e do que os biógrafos de Strafford escreveram sobre a Irlanda)[9] não eram acompanhados por quaisquer benefícios para a pequena nobreza. Os acontecimentos o provaram. Na Escócia, para desalento do rei, a pequena nobreza formava, por algum tempo, a força dos partidários do Acordo; na Irlanda, católicos e protestantes, igualmente, pressionavam pela morte de Strafford. Em todos os três reinos o fiscalismo nu, o clericalismo impaciente de Charles I, não romperam os vínculos de patronato: solidifi-

---

[9] Charles I sustentava que por sua "inofensiva Revogação" ele havia salvado o clero escocês da dependência em relação à nobreza, e que a pequena nobreza tinha expressado sua gratidão a ele ([W. Balcanquhall] *His Majesties Large Declaration*, 1639, p. 7-9), mas teve de admitir, como é confirmado por outras fontes, que foi a pequena nobreza que, como anciãos dirigentes, formava a força da Aliança. O Sr. Terence Ranger, em seu estudo sobre o conde de Cork (D. Phil. thesis, Oxon., 1958), mostrou que a política de Strafford pesava tanto sobre a pequena nobreza quanto sobre os magnatas da Irlanda.

caram-nos — contra a Coroa. Também convenceram a nobreza e a pequena nobreza de todos os três reinos de que uma união era necessária não apenas na pessoa do rei, mas em um nível inferior: uma união de oposição parlamentar. Tal união era o que os inimigos de Charles I buscavam alcançar, não por mudança institucional, mas por habilidade política, nos anos de 1637-41.

Alcançar isso era uma questão delicada e difícil. Os três Parlamentos eram muito desiguais em força. O Parlamento escocês tinha pouca iniciativa e era efetivamente controlado pelos Lords dos Artigos. O Parlamento irlandês ainda, em 1640, tinha uma maioria católica e, de qualquer modo, pelo Ato de Poyning, estava sujeito ao Conselho inglês. Naturalmente, portanto, os negociadores da oposição inglesa lidavam sobretudo com indivíduos, não com instituições. Mas mesmo isso era perigoso, especialmente na Escócia: pois os escoceses estavam então em rebelião aberta, e para os ingleses negociar com eles era traição. Por essa razão, a evidência de tais negociações foi cuidadosamente ocultada, e sabemos muito pouco sobre os detalhes. Todavia, o fato é suficientemente claro. Na Escócia, John Pym e seus amigos mantiveram um agente, "um cavaleiro de qualidade na Inglaterra que foi depois um grande parlamentar",[10] a fim de acordar medidas com os líderes escoceses, e a similaridade de medidas adotadas e exigências feitas conta sua própria história. Na Irlanda, agiram com seus amigos e parentes entre os colonizadores "novos ingleses", vários dos quais, pelo patronato aristocrático, ou graças a terras inglesas, voltaram ao

---

[10] Gilbert Burnet, *The Memoirs... of James and William, Dukes of Hamilton* (Oxford, 1852), Preface, p. xvi.

Parlamento inglês.[11] Mas também fomentaram um partido entre os membros católicos do Parlamento irlandês, que enviou uma comissão a Londres para trabalhar com o Parlamento inglês. Essa aliança puritano-católica de fato não sobreviveu a seu objetivo original, a ruína de Strafford, mas não foi necessariamente fadada ao fracasso. A pequena nobreza colonizadora estabelecida precisava de paz na Irlanda e a base da paz era, como Bacon tinha visto, um acordo, até mesmo fusão, com os "antigos ingleses" do Pale. Se a oposição política pudesse ter-se consolidado em 1641, isso poderia ter sido garantido. Teria sido uma solução aristocrática, assegurada pelo patronato aristocrático: o patronato dos condes de Bedford, Warwick e Pembroke na Inglaterra, do conde de Argyll na Escócia, do conde de Cork na Irlanda.

No outono de 1641, supôs-se de forma geral que a posição fora consolidada em todos os três países. Uma indicação parlamentar tinha sucedido Strafford como vice-rei da Irlanda. O sucesso do conde de Cork foi tão completo que ele se declarou relutante em trocar de situação com qualquer homem nos três reinos. Todas as exigências do Parlamento escocês foram confirmadas, e o conde de Argyll era o rei não-coroado do país. Em 7 de setembro, os sinos das igrejas soaram em toda Inglaterra para comemorar o Acordo geral e o acordo com a Escócia pelo qual ele fora garantido. Ao mesmo tempo, era publicado um tratado, *A grande felicidade da Inglaterra e da Escócia por serem reunidas em uma Grã-Bretanha*. Tratava-se de fato de

---

[11] Por exemplo, Sir John Clotworthy; Richard Lord Dungarvan; Arthur Jones (Lord Ranelagh); e William Jephson. A presença de Clotworthy no Parlamento inglês foi considerada vital pela oposição, e ele voltou por duas legislaturas, uma controlada pelo conde Pembroke, a outra, pelo conde de Warwick.

uma nova versão de dois tratados que um bispo inglês publicara em 1604-5 em favor da união proposta pelo rei James: uma união que agora fora alcançada em diferente nível, não para ampliar mas para conter a união das coroas.[12]

O sucesso durou pouco. Derrotado, como supôs, pela mobilização de seus outros reinos, que ele tinha usado como modelos para o governo da Inglaterra, Charles I revidou no mesmo campo. Primeiro tentou recuperar a Escócia. Em setembro de 1641, foi pessoalmente à Escócia na esperança de encontrar aí um partido. A esperança não foi satisfeita. Então se apresentou uma oportunidade na Irlanda. A revolução irlandesa pedia ação executiva, e, independentemente do que tivesse cedido, o rei não havia cedido o controle do Conselho inglês, o executivo legal tanto na Inglaterra quanto na Irlanda. Assim, a revolução na Irlanda transferiu a luta para esta última cidadela do poder real, e a solução aristocrática de 1641 afundou em guerra civil.

Na época em que reemergiu, no fim da primeira guerra civil em 1646, as circunstâncias tinham mudado e os ânimos endurecido. O patronato aristocrático fora reduzido, novos interesses se tinham criado, e, acima de tudo, o sentimento nacionalista fora despertado e consagrado pelas formas religiosas. Essas mudanças levaram a uma polarização de forças. Em 1641, tanto na Irlanda quanto na Escócia, o rei tinha apelado para as antigas classes realistas, a aristocracia secular tolerante "oficial" e a pequena nobreza, de cujo apoio a união de seu pai se teria valido. Na Irlanda, ele confiara no líder protestante dos proprietários rurais "antigos ingleses", o conde de

---

[12] A obra original, *The Joyful and Blessed Reuniting of the Two Mighty and Famous Kingdoms of England and Scotland*, de John Thornborough, então bispo de Bristol, fora publicada em 1605.

Ormond, que buscava unir ambas as religiões na antiga política. Na Escócia, confiara no conde de Montrose, que mostrou sua indiferença religiosa ao renunciar à aliança que ele aceitara, mas negando qualquer interesse no episcopado, pelo qual lutara. Mas como os três partidos se mostravam insuficientes, o rei recuara, em ambos os países, para a margem celta. Na Irlanda, a causa realista coubera aos "antigos irlandeses", amotinados contra os colonizadores ingleses que os haviam desalojado; e na Escócia foi confiada aos Highlanders, que foram saquear as Terras Baixas. Assim, em ambos os países, o rei, em sua necessidade, estava desfazendo o trabalho de seus predecessores, os defensores da "civilidade" saxônica contra o "barbarismo" celta. O resultado foi fatal: ele afastou seus partidários protestantes e exasperou seus inimigos. Montrose nunca foi perdoado por usar bárbaros das Terras Altas contra cidades tranqüilas, e Ormond, quando teve que render Dublin, escolheria rendê-la ao Parlamento inglês em vez de a seus aliados "antigos irlandeses". Por outro lado, o Parlamento inglês tinha sido igualmente levado à dependência de seus aliados escoceses e irlandeses. Como preço do renovado auxílio militar, submetera-se aos termos escoceses e empreendera, o que tinha se recusado a fazer em 1641, estabelecer um sistema de igreja presbiteriana na Inglaterra. Na Irlanda, afastara finalmente qualquer idéia de trabalhar com os católicos "antigos ingleses", que, desde 1641, foram excluídos do Parlamento irlandês. De fato, a fim de financiar a guerra na Irlanda, o Parlamento se comprometera com uma nova "colonização", a expensas, dessa vez, tanto dos "antigos ingleses" quando dos "antigos irlandeses". O resultado indireto dessas tensões era exasperar o sentimento nacional entre os três países que pareciam ter se unido em 1641.

Todavia, a despeito de todas as mudanças de circunstância, o objetivo do Parlamento inglês, entre 1640 e 1648, permaneceu basicamente constante. Idealmente, a fim de garantir o futuro, o Parlamento unido deveria enfrentar uma Coroa unida, mas isso seria uma exigência revolucionária, e o Parlamento não era revolucionário: seus líderes ainda buscavam consolidar a posição quase conquistada em 1641. Se o apaziguamento houvesse sido conquistado nos anos 1646-47, não há dúvida de que ainda teria sido, basicamente, uma pacificação aristocrática. A aristocracia teria recuperado seu patronato, mas o patronato da Coroa, inclusive o direito de fazer novos pares, teria sido sob controle parlamentar. Os ganhos escoceses de 1641 teriam sido confirmados, os ingleses completados pelo controle do Conselho. Por meio desse controle, o Parlamento inglês controlaria, indiretamente, por meio do Ato de Poyning, a reconquistada Irlanda. O nexo com a Irlanda, no nível parlamentar, permaneceria essencialmente de patronato: os colonizadores irlandeses sentariam no Parlamento inglês, seja pelo controle aristocrático das eleições de *borough*, seja porque eles próprios eram senhores de terra em ambos os países. O nexo com a Escócia permaneceria de diplomacia, que novamente dependeria dos contatos aristocráticos. Somente ingleses ricos e influentes podiam lidar com escoceses ricos e influentes como Hamilton ou Argyll.

A única diferença entre a paz intentada em 1641 e a intentada em 1646-47 está na religião. Em 1641, a Igreja na Inglaterra e na Irlanda teria sido episcopal; na Escócia teria sido presbiteriana. Em 1646-47, o presbiterianismo teria sido estabelecido em todos os três países. Mas mesmo essa diferença é mais aparente do que real. É inconcebível que o sistema presbiteriano da Escócia se estabelecesse na Inglaterra, e assim, se tivesse sido impedido de progredir para a independência, a Igreja da Inglaterra (e Irlanda) provavelmente teria resvalado de volta para o episcopado. Isso era o que o rei pretendia quando propôs um período probatório de três anos para o presbiterianismo, e os "presbiterianos" ingleses, que estavam preparados para aceitar tal período, ficaram evidentemente satisfeitos que devesse ser assim. Por razões práticas, portanto, o acordo geral proposto em 1646-47 não difere daquele de 1641.

Fora da revolução, essa união "aristocrática" foi o único acordo que o Parlamento inglês anteviu. Tendo fracassado em 1641 e 1647, foi revivido em 1648, e mesmo Oliver Cromwell, no último mês antes de decidir derrubar a monarquia, apegou-se à mesma miragem.[13] Mas uma vez que a revolução surgira, e a monarquia fora destruída, ele desapareceu. Pois essencialmente dependia da monarquia que, insatisfatória como era sob o governo de Charles I, constituía-se no único vínculo institucional entre os três países. Desfeito esse, um novo e mais satisfatório vínculo tinha de ser criado em um novo nível. De outro modo, os três países se separariam.

Tal desintegração não era inconcebível. Tinha defensores nos três países. Na Irlanda, antes de 1649, os constitucionalistas do partido católico tinham visado à completa independência legislativa sob a Coroa.[14] Agora, com o fim da monarquia, a Confederação

---

[13] No outono de 1648, quando Cromwell estava na Escócia, em contato com Argyll e distante do revolucionário Conselho de Oficiais, ele evidentemente visava a um acordo "presbiteriano". Isso fica demonstrado por sua carta de 6 de novembro de 1648 para Hammond (W. C. Abbott, *The Writings and Speeches of Oliver Cromwell*, Cambridge, Massachusetts, 1937, ii, 676-78) e também por sua conversa com os ministros de Edimburgo relatada em *The Life of Mr. Robert Blair*, (Edinburgh, Woodrow Society, 1848), p. 210.

[14] Ver Thomas L. Coonan... *The Irish Catholic Confederacy and the Puritan Revolution* (1954).

Católica que dirigia a resistência irlandesa voltou-se para o que o vice-rei de Henrique VIII havia chamado de "tola opinião de que o bispo de Roma é o rei da Irlanda". Na Escócia, onde Charles II fora proclamado rei, também havia defensores da completa independência. Assim era Sir James Hope de Hopetown, filho do maior advogado de Charles I. Hope aconselhou Charles II a reconhecer a república inglesa e se contentar com sua Coroa ancestral. Por isso foi acusado de mera covardia, mas sua opinião era talvez uma expressão nacional do interesse de sua classe. Ele era um hábil advogado e um ativo empresário de minas. Nem a lei escocesa nem a indústria escocesa ganharam com a união com a Inglaterra: os vínculos naturais de ambas eram com a Holanda. Os advogados escoceses por dois séculos estudaram em Utrecht; Hope vendia seus minérios em Amsterdã; e o ideal do governo escocês era fornecido pelos Países Baixos, onde um príncipe hereditário era limitado por uma república calvinista. De fato, o comércio escocês em geral tinha pouco a ganhar – até então – com a união com a Inglaterra, e isso pode ter sido uma razão para a falta de entusiasmo entre a burguesia escocesa pelo projeto do rei James.[15] Em todo caso, em 1649, ela provara as caras ambições tanto do rei quanto da Kirk, e, sendo muito fraca para resistir, buscou conter essas ambições em limites mais estreitos e concentrar na melhoria econômica.

---

[15] O próprio rei James não condescendeu em acenar com nenhuma vantagem econômica para a Escócia. Se os escoceses não gostavam da união, disse, "ele compeliria seus representantes a terem um partido mais forte aqui do que o partido oposto dos amotinados" (J. Bruce, *Report on the... Union of Kingdoms of England and Scotland*, II, xxii). cf. S. G. E. Lythe, "The Union of the Crowns in 1603 and the Debate on Economic Integration", in *Scottish Journal of Political Economy*, V, p. 219-28.

Além do mais, essas tendências centrífugas encontraram eco na Inglaterra. Os mais firmes, de mais espírito secular entre os independentes, incluindo John Selden e Henry Marten, insistiram na completa tolerância para todas as religiões, inclusive o catolicismo. Isso só podia ter levado à independência do Parlamento irlandês. Os Niveladores escreveram vigorosamente contra a conquista da Irlanda: os irlandeses, disseram eles, estavam habilitados à sua liberdade, a seus direitos naturais e às suas convicções religiosas. Os Niveladores de fato foram os primeiros "Little Englanders",* preferindo reforma social em casa a oportunidades imperiais ou responsabilidades. E houve muitos na Inglaterra que se opuseram à guerra agressiva de Cromwell contra a Escócia. De fato, o próprio comandante-geral de Cromwell, Fairfax, entregou seu comando em vez de exercê-lo.

Todos esses argumentos, no entanto, fracassavam diante da necessidade política. As revoluções devem se proteger, e a Escócia e a Irlanda, a menos que obrigadas a se adequar, podiam ser tão fatais para a república inglesa quanto haviam sido para a monarquia inglesa. Assim, a república começou a controlá-las e, tendo controlado, começou a encontrar uma instituição unitária e unificadora em lugar da Coroa e da aristocracia. Nas circunstâncias do tempo, essa instituição só podia ser uma única Câmara dos Comuns dominada pelos membros ingleses. Tal união parlamentar foi devidamente imposta pela república, mas na época em que foi implementada o Parlamento unitário foi subordinado a um novo executivo: Oliver Cromwell, conquistador e "Protetor" de todos os três reinos. A nova união, portanto, assumiu o caráter social dessa nova instituição.

---

* Opositores de uma política imperial. (N. T.)

O Protetorado de Oliver Cromwell representava uma fusão de dois grupos sociais. De um lado, havia os homens que tinham feito a revolução. Estes eram, essencialmente, a pequena nobreza e os pequenos proprietários menos importantes apoiados por alguns negociantes locais: homens que pediam descentralização e se opunham ao patronato aristocrático e à economia centralizada da City de Londres. Essas classes formavam o núcleo sólido dos independentes, e dominavam o exército. De outro lado, havia também membros da oposição "aristocrática" original de 1640 que, embora tivessem sido levados ao radicalismo político, teriam ficado felizes com os acordos de 1641 ou 1647. Esses homens tinham geralmente ficado à parte dos atos revolucionários de 1649-53, mas se juntaram a Cromwell como um "salvador da sociedade" quando ele se tornou Protetor. De início, o Protetorado foi dominado pelo primeiro desses grupos sociais, e foi sua política que era representada em todos os três países: uma política de descentralização e destruição do patronato tradicional, realizada — necessariamente — por seu instrumento, o exército.

Na Inglaterra, a constituição original do Protetorado manifestou essa política. A antiga franquia de *borough*, que fora o meio do patronato aristocrático no Parlamento, foi drasticamente eliminada, e a franquia de condado, o meio da representação direta da pequena nobreza, muito aumentada. A franquia foi também estendida às cidades produtoras de tecido do norte da Inglaterra. Na Escócia, os direitos feudais e as jurisdições hereditárias da nobreza foram eliminados e o poder disciplinar do clero — o outro elemento da revolução do Acordo — foi solapado. Contra os magnatas e a Kirk, o governo cromwelliano apoiou a pequena nobreza escocesa, até mesmo a pequena nobreza realista, e os até então desarticulados *boroughs* escoceses, "cujo interesse é mais condizente com o nosso".[16] A Irlanda para Cromwell era um "papel em branco" em que ele podia imprimir uma sociedade ideal, "um bom precedente até mesmo para a própria Inglaterra"; e seus seguidores se viam como cruzados sociais, "compondo ou formando uma *commonwealth* a partir de uma massa corrupta, rude", e ao mesmo tempo — como outros cruzados — "dividindo o país entre os servos do Senhor". Essa "*commonwealth*" irlandesa seria uma *commonwealth* de uma nova "pequena nobreza colonizadora" protestante, e protestava contra a formação de qualquer nova aristocracia: havia homens, um deles acrescentou sombriamente, "obcecados por tão altos conceitos", que os despojos da Irlanda não eram suficientes para sua recompensa, e que a república havia "cortado as cabeças de duques e condes para tê-las em seus ombros".[17] Assim, nos três países o antigo patronato aristocrático estava destruído. A pequena nobreza e os *boroughs* da Inglaterra, os *lairds* e os *boroughs* da Escócia, os colonizadores ingleses na Irlanda, essas eram as forças sociais representadas no Protetorado de Oliver Cromwell.

Infelizmente, também eram, por definição, uma classe centrífuga. Nem a descentralização nem a tolerância, como política, unem os homens, e a presença de um exército estrangeiro revolucionário era mais exasperante para aqueles que não dependiam dele do que as pretensões de sua própria aristocracia ou de sua própria Igreja. Por seus esforços para sustentar a minoria dos colonizadores "novos

---

[16] A expressão é do general Monck (*Thurloe State Papers*, 1742, VI, p. 529).
[17] Ludlow, *Memoirs*, I, 246-47; correspondência de Jones (National Library of Wales MS. 11440-D).

ingleses" na Irlanda e o reduzido "partido religioso" na Escócia, Cromwell criou o nacionalismo irlandês e escocês, e, por sua breve união factual (que nunca foi uma união verdadeira, já que os membros escoceses e irlandeses do Parlamento eram em grande parte indicados), ele finalmente destruiu a perspectiva, que tinha parecido tão próxima em 1604, de uniformidade religiosa nos três reinos.

No início de 1656, esses fatos eram claros. Nessa época, os antigos oponentes "aristocráticos" de Charles I estavam voltando para a política e, embora aceitassem o fato do domínio cromwelliano, estavam pedindo, não, como seus inimigos diziam, que a revolução fosse "traída", mas que voltasse à sua base original: em outras palavras, que a "liberdade e propriedade" fossem garantidas, com base nas reformas de 1641. Esses homens estavam preparados para aceitar a derrubada dos Stuarts e a união parlamentar dos três reinos como final; também teriam aceitado algumas das mudanças sociais da revolução, mas por outro lado desejavam voltar a uma base civil de governo e a um vínculo civil e religioso de união entre os três países. Seu líder era um dos mais hábeis servidores de Cromwell, alguém que tinha grande interesse em garantir a permanência de sua realização, pelo menos na Irlanda. Era Roger Boyle, Lord Broghill, um dos filhos do maior dos colonizadores ingleses na Irlanda, o conde de Cork.

Como Charles I, Broghill usou a Escócia e a Irlanda como meio para mudar na Inglaterra. Começou na Irlanda, que ele ajudara Cromwell a reconquistar, e onde sua família tinha logo recuperado sua influência e patronato. Quando o coronel John Jones referiu-se aos homens que buscavam substituir os antigos "duques e condes" pré-revolucionários na Irlanda, não há dúvida de que aludia a

Broghill, que ele considerava ambicioso de poder, indiferente em religião e "mais do que habitualmente desejoso de submeter-se a um interesse real ou senhorial". Tendo garantido sua posição na Irlanda, Broghill aceitou — mas por um ano apenas — o cargo de Presidente do Conselho Escocês em Edimburgo. Aí ele prontamente reverteu a política existente. Até então Cromwell, ao encarar a Assembléia Geral da Kirk como o inimigo da república inglesa, havia mantido na Escócia uma aliança de seus inimigos. Broghill persuadiu-o a transferir seu apoio para o partido da Assembléia Geral, e em muito pouco tempo conquistou a maioria do clero e persuadiu-o a deixar de orar publicamente pelos Stuarts. Seu objetivo era claro. Os escoceses haviam fracassado em impor o presbiterianismo na Inglaterra, porque tinham insistido em um clericalismo rígido que o laicato inglês não toleraria. Mas se um presbiterianismo erastiano brando pudesse ser estabelecido na Escócia, por meio do partido majoritário na Igreja nativa, um retorno à uniformidade com a Inglaterra era possível. O próximo passo seria trazer o governo da Inglaterra de volta para o mesmo estado. Para isso, Broghill empregou todo o patronato à sua disposição, tanto na Escócia como na Irlanda, e foram seus indicados no Parlamento unido de 1656-57 que realizaram o programa de fazer Cromwell rei de um reino unido, com uma Câmara de Lordes e uma Igreja estabelecida "para a pacificação da nação, e da liberdade e da propriedade" — os antigos lemas de 1640.

Na Escócia como na Irlanda, Broghill tivera oposição do partido militar. Ireton temera e desconfiara dele na Irlanda, Monck na Escócia. Em vez de apoiar sua política na Escócia, Monck até, ao mesmo tempo, propôs unir o país pelo mesmo meio que tinha sido usado na Irlanda — "colonizá-la com ingleses". Na Inglaterra, naturalmente, os líderes do exército fizeram toda pressão contra o programa de Broghill. Aí tiveram sucesso. A monarquia parlamentar da família de Cromwell, aprovada pelo Parlamento, fracassara pela pressão privada do exército — ou melhor, das classes representadas no exército. Com ela malogrou a última tentativa de salvar algo do fracasso da revolução e criar uma união efetiva entre os três países.

A revolução cromwelliana na Inglaterra não foi um fracasso completo. Evitou — a um alto preço — o absolutismo de Charles I. A memória dele desencorajou seus sucessores, pelo menos por algum tempo — embora se deva dizer que também desencorajou seus oponentes. Mas seu programa concreto terminou em desastre. Depois de 1660 a Inglaterra reverteu à sua posição antes de o exército de Cromwell ter intervindo na política, e os Stuarts restaurados foram capazes, retrospectivamente, de justificar todas as evasões e obstinações de Charles I; ele tinha obtido melhores termos para a monarquia, esperando que a revolução fracassasse, do que teria obtido por qualquer acordo depois de 1641, ou talvez mesmo então. Cromwell até desacreditou a união parlamentar transformando os membros escoceses e irlandeses em indicados do Executivo. Assim, depois de 1660, havia pouca esperança de que essa experiência, marcada por sua origem republicana, fosse preservada. Somente na Irlanda a conquista cromwelliana foi permanente, mas mesmo essa conquista fora planejada antes de Cromwell: era a continuação da política de uma geração, tornada arrebatada e certa pela revolta irlandesa de 1641.

Assim, a relação dos três países voltou à sua antiga forma, com apenas uma diferença: a efetiva exclusão dos católicos irlandeses do Parlamento irlandês. Mas o problema permaneceu; e porque permaneceu, e era um problema autêntico, toda a história se repetiu. Charles II, como James I, usou o patronato oficial para estabelecer um sistema anglicano secular relativamente tolerante na Escócia e na Irlanda, e buscou uma união com a Escócia. James II, como Charles I, buscou usar as sociedades mais rudimentares da Escócia e da Irlanda como modelos para o despotismo na Inglaterra e, fracassando, afastou-se aos poucos do laicato anglo-irlandês, tanto anglicano quanto católico, do partido de Ormond, e do laicato da Lowland escocesa, tanto episcopal quanto presbiteriano, do partido de Lauderdale, passando para a fímbria celta. Guilherme III, como Cromwell, completou sua tomada do poder na Inglaterra pela conquista da Irlanda e da Escócia, e começou o processo, que seria concluído sob seu sucessor, de sujeitar mais ainda os irlandeses e unir os escoceses ao Parlamento inglês. A união de 1707 era a versão revista da união cromwelliana de 1652.

Mas, quaisquer que fossem as semelhanças entre a primeira e última uniões, havia uma grande e permanente diferença. A identidade legal e religiosa que Cromwell tinha imposto não podia agora ser garantida. A unidade legal era de fato uma aspiração em 1707. "Aqueles grandes homens que conceberam e formaram o plano da união", escreveu Lord Hardwicke meio século depois, "... desejavam alcançá-la, mas achavam isso impraticável desde o começo."[18] Foi impraticável desde sempre. Mas a unidade religiosa foi reconhecida desde o início como inatingível. Esse sonho,

---

[18] Hardwicke a Lord Kames, 17 de outubro de 1754, citado em A. F. Tytler of Woodhouselee, *Memoirs of the Honourable Henry Home of Kames* (Edinburgh, 1807), I, p. 294 s.

que tinha parecido tão próximo da realização no início do século XVII, fora desfeito para sempre nas décadas de 1640 e 1650. Os três reinos, depois de seus violentos embates, apegaram-se mais tenazmente cada um à sua Igreja nacional. A Inglaterra, tendo sido forçada a ceder ao presbiterianismo escocês na década de 1640, abraçou seu antigo episcopado com um novo zelo na década de 1660. O rigor do código de Clarendon e a intransigência dos que não tinham jurado devem ser explicados, em parte, pela experiência desses anos em que a Inglaterra quase teve uma constituição forçada pelos escoceses presbiterianos e um rei pelos franceses católicos. A Escócia, tendo sido sujeita aos Independentes cromwellianos, se apegaria à sua Kirk nacional através dos "Tempos de Morte" e a preservaria, intacta, sob a União de 1707. Como o anglicanismo da Inglaterra e o presbiterianismo da Escócia eram mais rígidos do que nunca depois de 1660, assim era o catolicismo da Irlanda. Antes de 1640, a protestantização gradual da Irlanda tinha parecido uma possibilidade. Depois da conquista cromwelliana nunca foi. Como a União Escocesa de 1707, a União Irlandesa de 1800 não se estenderia à Igreja. Suporia — embora levasse uma geração para que a suposição se aplicasse — que a Irlanda era então um país irredimivelmente católico.

Índice Remissivo

A

Aarão, patriarca hebreu, 439
A Diary of Public Transactions... 1650-1667 (Nicoll), 578n11
A Consolation for our Grammar Schools (Brinsley), 352n2
A Discourse of Witchcraft (Fairfax), 225n105
A Few Proposals (Rogers), 511n27
A Further Discovery of the Office for Public Address for Accommodation (Hartlib), 363n7
A grande felicidade da Inglaterra e da Escócia por serem reunidas em uma Grã-Bretanha, Tratado, 633
A History of the German People at the Close of the Middle Ages (Janssen), 217n93, 282n186
A History of the Warfare of Science with Theology in Christendom (White), 155n12
A History of Witchcraft in England (Notestein), 184n47
A Pair of Compasses for Church and State (Herle), 439n16
A Persuasive to a Mutual Compliance (anônimo), 503n17
A Rod for the Lawyers (Cole), 351n1
A Sermon before the House of Commons (Gillespie), 449n22
A Sermon Preached to the House of Commons (Henderson), 449n22
A Sermon Preached to the House of Commons (Owen), 476n49
Aarão, patriarca hebreu, 439
Abano, Pedro de, 201, 204
Abbot, George, arcebispo de Canterbury, 627
Aberdeen, 579, 590, 593
Absalão, filho de Davi, 443
Acab, rei de Israel, 439, 468, 472
Acan, "perturbador de Israel", 431

Acontius (Giacomo Aconcio), reformador italiano, 321
Acordo Nacional (National Covenant), 313, 555, 558, 580, 587
Adams, Thomas, prefeito de Londres, 567n5
Administração parlamentar, 421, 541
Admonitio de Superstitionibus Magicis Vitandis (Hemmingsen), 210n79
Adonias, filho de Davi, 443
Advancement of Learning (Bacon), 387
Agag, rei dos amalecitas, 439, 452
Agobardo, Santo (bispo de Lyon), 148
Agostinho, Santo, 147, 153, 195n61, 273, 275n71, 394
Agripa, Cornelius, 200, 202, 203n68, 204, 221, 266
Alba, duque de (Fernando Alvarez de Toledo y Pimentel), 53, 222
Albigensianismo, 163, 195n61, 272, 274; a Inquisição no combate ao, 162, 262; destruído pela sociedade feudal, 273; e os papas da Renascença, 166; Languedoc, último refúgio do, 218; noções absurdas atribuídas pelos inquisidores ao, 180, 195; uso da tortura judicial contra os seguidores do, 183

Alciati, Andrea, 200, 200n66, 204, 207n71
Alemanha, 165; homens de negócios do norte da, 46; homens de negócios do sul da, 48, 49n26; luterana, estagnação da, 30; mania de bruxas na, 160, 239, 270; príncipes luteranos da, 65; reconquista católica, 219, 235
Alembert, Jean d', 310
Alexandre IV, papa, 162
Alexandre VI, papa, 171
Allen, Francis, 473
Alpes, 36, 53; alemães, 184, 279; berço original da mania de bruxas, 165; dominicanos perseguem bruxas nos, 170; espírito anticlerical ao sul dos, 82; guerra social disfarçada como caça às bruxas, 161, 163, 206; inquisidores nos, 275; italianos, 57, 79; valdenses dos, 162, 168
Alsácia, 35, 82, 151, 152n8, 166, 187n51, 236, 253
Alsted, Johann Heinrich, 87n3, 359, 366
Amadeu VIII, duque de Savóia, *ver* Félix V
Amezúa, Agustín Gonzales de, 173n33

Amsterdã, 28, 31-34, 43, 73, 131, 258, 299, 303, 333, 389, 407, 413, 638; Banco de, 43; Bolsa de, 43

Amyraut, Moïse, 307n13

An Assertion of the Government of the Church of Scotland (Gillespie), 592n25

An Historical Essay concerning Witchcraft (Hutchinson), 214n85, 215n89

Anciãos dirigentes, 591, 591n25

Ancre, Pierre de l', 174, 231, 239, 256, 267; acusa Erasmo de cético, 200n64; alegre verdugo do Pays de Labourd, 212; crença em bruxas, 175, 279; denúncia dos judeus, 175; educação jesuíta, 232; presidente e conselheiro do parlamento de Bordeaux, 174

Andaluzia, revolta na, 85

Andreae, Johann Valentin, 363, 366, 387, 399

Angélico, Doutor, *ver* Tomás de Aquino

Annales: economies, sociétés, civilisations (Fèbvre), 203n68

Anne, rainha da Inglaterra, 522, 547

Anotações ao Antigo e Novo Testamentos (Erasmo), 269n171

Anti-semitismo, 14, 158, 195, 247

"Antilia" ("Macaria"), 363, 387, 395, 404, 409, 418

Antoinette Bourignon, Quietist (MacEwen), 336n41

Antônio, Santo, 199n64

Antuérpia, 131; aristocracia mercantil da, 57; centro do capitalismo europeu, 49; emigrantes da, em Amsterdã, 43; empreendedores que emigraram da, 44; luteranos da, 46; morte do capitalismo independente, 73

Apocalipse, elucidação do, 363, 367, 418n60

Apologie pour les grands personnages... soupçonnez de magie (Naudé), 203n68

Apology for the Late Lord Treasurer (Cope), 136n32

Appiani, família, 49

Aquelarre (assembléia de bruxas), 150

Aquino, *ver* Tomás de Aquino

Aquitofel, traidor, 431-32

Aragão, 19; Cortes de, 91

Arbitristas, 121, 127, 129, 130n26, 138, 178n44

Argyll, conde de, 633, 636

Aristóteles, 188, 201

Aristotelismo, 201, 336n42, 397; fim do, 14; incompatibilidade

com a bruxaria, 15, 203n58;
purificado de Pádua, 276
Arminianismo, 310n18, 321;
como desvio do calvinismo,
59, 314, 315; como religião
do pré-Iluminismo, 314;
condenação calvinista,
255, 332; distinção entre
o holandês e o inglês,
316; escocês, 306, 313;
intercambialidade com
socinianismo, 318; na França,
311; na Inglaterra, 315
Arminianos holandeses, 305, 315,
321
Arminius, Jacobus, 255, 304, 321,
326, 327
Arnold, Gottfried, 271n178,
237n42
Arnoldo de Bréscia, 78
Arnolfini, família, 49
Arrowsmith, John, 442-43,
442n17
Ascetismo mundano, 29, 41
Ashley, Anthony, 515n27, 531,
542
Ashley, W., 51n27
Ato de Navegação, 502
Ato de Poyning, 623, 632, 636
Ato de Revogação, 547;
escocês, 555
Aubigné, Agrippa d', 306

Augsburgo, 13, 48-50, 62, 63,
101-02
Augusto, o Pio, 215
Aulicus Coquinariae (Sanderson),
136n32
Avignon, papas de, 275
Ayscough, Edward, 456

B

Bacon, Francis, 81n40, 111n14,
136, 149, 265, 633; a
época de, 295; abordagem
simples e racional da religião,
354; aceito por Voltaire em
detrimento de Descartes, 334;
Advancement of Learning, 387;
"Casa de Salomão", 391; e o
fogo da contradição no fim
da vida, 298; embaixador em
Haia, 371; época de, 328,
330; estabelece fundamentos
da reforma universal, 391;
filósofo da pequena nobreza
do campo inglês, 355-56;
idéias aceitas por Comenius,
366; Inglaterra de Cromwell
aceita programa científico
de, 289; Lord Chanceler,
294; "magia purificada",
270; *Nova Atlântida*, 384, 387;
maior defensor da razão
leiga e da religião leiga, 355;

postumamente puritanizado na Inglaterra, 328; "realista peremptório", 355; "Sedições e Perturbações", 121; silencia sobre bruxaria,146, 268; sobre a união escocesa, 545; sobre as escolas elementares, 125; sobre as invenções chinesas, 75n37; sobre o reinado de James I, 135, 298; sobre reformas, 393; solicita qualificação de propriedade para colonizadores, 628; sugestão de Hooykaas de que "era realmente" puritano, 81n40; triunfo de suas idéias, 305; Williams, executor de, 370

Baden, mania de bruxas em, 226

Baillie, Robert A. M., 449n22; acusa Richard Robertson, 593; copiosa correspondência, 306; fanático intolerante, 302; Gray desagrada a, 593; queixa-se do laicato escocês, 313; regente da Universidade de Glasgow, 558; retorno a Londres, 563; reverência dos pregadores ao Parlamento, 450; sermões de jejum, 448; sobre a conspiração dos independentes, 456; sobre a interferência inglesa nos julgamentos de bruxas escocesas, 585; sobre a substituição de Gillespie em Glasgow, 588; sobre a tentativa dos ingleses de pular para o nível dos escoceses, 558; sobre a traição dos escoceses pelos ingleses, 570; sobre as hospedarias inglesas, 551; sobre Broghill, 603; sobre Gillespie, 320, 588, 595; sobre o envolvimento escocês no lado perdedor da luta inglesa, 453; sobre o presbiterianismo inglês, 562, 564; sobre Stephen Marshall, 426, 458; substituição de Gillespie em Glasgow, 612; triunfo sobre o arcebispo Laud, 305

Bain, G., 580n13

Balasz, Étienne, 75n37

Balbani, família, 49

Balmes, J. L., 26n1

Bamberg, mania de bruxas em, 237, 281

Baptists and Fifth Monarchy Men (Brown), 513n32

Barbeyrac, Jean, 311, 355n40

Barcelona, 101

Barebones Parliament, ver Parlamento dos Santos

Barksdale, Clement, 316

Barnardiston, Nathaniel, 431

Barnett, Pamela R., 414n54

Baro, Peter, 326n32

Baroja, J. Caro, 165n25, 207n71
Barrabás, 140, 470
Barrington, Thomas, 369, 371, 377, 428
Barroco, época do, 120
Basiléia, 45, 163, 208, 282, 309
Basnage, Jacques, 335n40
Basson, Thomas, 255
Bauer, Max, 155n10, 183n46, 199n64, 219n98
Baviera, 76; contra-reforma na 118, mania de bruxas na, 166, 189, 210, 219n98; pudicícia católica na, 118
Bavoux, F., 212n82
Baxter, Richard, 252
Bayle, Pierre, 230n112, 267, 267n170, 289, 292, 296, 299, 308, 311, 334, 335n40, 413n53, 418n60
Béarn: mania de bruxas em, 166; reconquista católica em, 219
Beausobre, Isaac de, 335n40
Bedford, conde de (Francis Russel), 111n14, 139, 141, 371, 425, 633; morte de, 382; tenta salvar a vida de Strafford, 382, 383, 430, 499, 500n15
Bedford, Jacquette, duquesa de, 197
Bekker, Balthasar, 259, 260, 260n160, 261, 261n162, 268, 271, 308; *de Betoverde Weereld* (O Mundo Encantado), 258
Benedictus, Samuel, 372n16
Ben-Hadad, rei da Síria, 439
Bénoist, Élie, 35
Bento XII, papa, 163
Bérgamo, mania de bruxas em, 166
Bermudas, 418
Berna: domínio de Lausanne, 309, 310; mania de bruxas em, 251
Bernard de Saxe-Weimar, 34
Bernardino de Siena, São, 171
Bernardo de Como, 164
Bérulle, Pierre de, cardeal, 146, 332
Besta: logaritmo para calcular o número da, 87n3; número da, 258, 349, 358, 365, 367, 405, 420
Besterman, Theodore, 17
Bethel, Slingsby, 31, 31n4, 46, 505n19
Beza, Theodore, 254, 302-03
Bibliotheca Acta et Scripta Magica (Hauber), 260n160
Bidle, John, 318
Bien, David D., 284n187
Binning, Hugh, 593, 593n26
Binsfeld, Peter, 212, 220, 228-29, 234, 239
Birch, coronel John, 526
Bispos "laudianos", 316
Black, G. F., 210n81

Blair, Robert, 558, 590n23
Blount, coronel Mountjoy, conde de Newport, 516n35
Boate, Arnold, 413n52
Boate, Gerard, 413n52
Bochart, Samuel, 333
Bodin, Jean, 265; crença em bruxas, 186, 188, 191n56, 192, 204, 207n72, 272; *De a démonomanie des sorciers*, 189; denúncia de Weyer, 224
Boêmia, 362
Bogomils, 274
Boguet, Henri, 188, 189, 229-32, 256, 265; *Examen des sorciers*, 228
Boinebroke, Roger de, 51
Bolonha: perseguição na diocese de, 207
Bond, John, 466n41
Bonifácio, São, 147
Bonn, mania de bruxas em, 236
Borgonha, duques da, 101
Bosher, R. S., 567n6
Bossuet, Jacques-Bénigne, bispo de Meaux, 333
Boswell, William, 370
"Bota espanhola" (parafuso de perna), 187
Botero, Giovanni, 78n38, 80, 487
Bourbons, 19, 77, 78, 120, 132, 292
Bourchier, John, 471
Bourignon, Antoinette, 335
Boyle, Catherine, Lady Ranelagh, 397
Boyle, Richard, *ver* Cork, conde de
Boyle, Robert, 397, 408
Boyle, Roger, *ver* Broghill, Lord
Bradshaw, John, 525, 575
Bramhall, John, bispo de Derry, 630
Brandemburgo, mania de bruxas em, 226
Braudel, Fernand, 168
Brauer, Karl, 407n46
Brenan, Gerald, 120
Brereton, William, 551
Bréscia, mania de bruxas em, 166
Brev fran John Durie dren 1636-1638 (Westin), 366n19
Bridge, coronel, 532
Bridge, William, 443
Brightman, Thomas, 358
Brinsley, John, 352n2
Brodie, Alexander, 551, 579, 580n13, 607
Broghill, Lord (Roger Boyle), 397, 408-09, 531, 532, 535, 538, 542, 544, 642; realismo depois de 1640, 420; política de, 602-08
Brookes, Thomas, 471, 472n47
Brown, Louise Fargo, 513n32
Browne, John, 513
Browne, Thomas, 252

Brunneman, Jacob, 217n95
Bruno, Giordano, 81n40, 202, 205, 232
Brunswick, duque de, 174
Bruxas: Bula das, 163, 164, 198, 202, 206, 226, 242, 248, 275; "bruxa boa", 209, 216; bruxa de Endor, 209; "cadeira da bruxa", 187; teste da água fria, para, 214, 218n95, 256, 265; teste da água quente para, 214n84; *ver* Confissões; Demônio; *Elben*; *Gazarii*; Perseguição; Sabá; *Valdesia*; *Xorguinas*
Bruxas, mania de, 14-15, 147, 156, 158, 160, 161, 163, 164, 176, 236, 245; Alpes, berço da, 165; andamento como movimento social, 280; associação com terras altas, 166; base intelectual permanece firme por todo o século XVII, 242; causas do fim da, 240; cresce depois da Renascença, 146; cresceu com impulso próprio, 185; criada por situação social, 272; Descartes dá o golpe final na, 270; duração surpreendente, 197; e Bayle, 267; e Bekker, 261; e Calvino, 209, 215, 254, 277; e o retorno da guerra religiosa, 217; escritos de Hansen na Alemanha sobre, 157; explicação da gênese em dois estágios, 195; fim da, 225; fundamentos intelectuais na década de 1890, 158; história da ascensão da, 156; inimigos da, 202; luteranos levam para Brandemburgo na década de 1560, 210; mitologia da, 180; na Espanha foi menor que no resto da Europa, 157; na Polônia, 212; na Suécia, 241; não havia na Idade das Trevas, 147; origem montanhosa, 161; propagação pelos jesuítas, 211; relação com a abolição da tortura, 189; relação com as circunstâncias da época, 15; resistência dos leigos à, 257; responsabilidade do clero protestante no renascimento da, 211; subproduto de condições sociais específicas, 15
Bruxelas, 102
Bucer, Martin, 215
Buchanan, George, 302, 323
Buckingham, duque de (George Villiers), 112, 116, 119, 137, 139, 143, 489, 629
Bulkley, John, 526

Burges, Cornelius, 424, 426, 427, 459, 477
Burghley, Lord (William Cecil), 89, 108, 112, 491, 499, 500, 528
Burguesia, 56, 95n7; e o julgamento de bruxas, 208; erasmianismo entre, 55, 63; revoluções, teoria das, 93, 140
Burlamacchi, família, 49
Burnet, Gilbert, bispo de Salisbury, 578
Burr, G. L., 183n46, 261, 262
Burroughes, Jeremiah, 382, 433
Bushell, Thomas, 407
Bússola, invenção da, 75n37
Butler, James, 12º conde de Ormond, 627
Buxtorf, Johann, 333

C

"Cadeira da bruxa", 187
Caizzi, B., 74n36
Calamy, Edmund, 426, 434-35, 437, 451, 459, 477
Calandrini, família, 49
Calas, caso, 284n187
Calas, Jean, 219n98
Caldeirão fervente, mito do, 248n138
Callot, Jacques, 88
Calvinismo: "protestantismo radical", 17; aliado político do progresso intelectual, 339; atrai elite intelectual européia, 324; características em 1600, 58-59; desabrochado, 557; diferenças entre o holandês e o suíço, 303; diferente em sociedades distintas, 301; dos escoceses, 319; dos flamengos, 48; e a doutrina da Trindade, 321; e a estagnação da Alemanha luterana, 30; e a formação do novo capitalismo, 12-13, 29-30, 48n24, 55, 71n35; e a mania de bruxas, 277; e arminianismo, 314, 315, 326, 332; e Hans de Witte, 40; e a Igreja inglesa, 621; e o erasmianismo, 58, 322; e o Iluminismo, 16, 288, 292, 338, 341; no século XVII, 302, 555; e o Sínodo de Dordt, 304; e Weber, 41, 71n35; função do, 300; internacional, 66, 301
Calvino, João, 28, 277n1, 559; crença em bruxas, 209, 215, 254, 277; e a criação do capitalismo, 29, 55; e a doutrina da Trindade, 321; e as idéias do Iluminismo, 300; e os empresários suíços, 45; herdeiro de Erasmo, 56; inimigo de Servet, 310

"Cama de pregos", 187
Camden, William, 297
Cameron, John, 306, 307n13, 317
Campanella Revived (Stubbe), 419n61
Campanella, Tomaso, 81n40, 205, 366, 399, 419
Cannaert, J. B., 212n82
Canon Episcopi (*capitulum Episcopi*), 148-49, 162, 164
Cant, Andrew, 579, 590, 599
Capitalismo: aventureiro judeu, 30; centros na Europa, 49; da Idade Média, 61; e a vitória puritana de 1640-60, 94; e Calvino, 29, 55; e Weber, 59, 71n35; espírito do, 28; europeu em 1500, 50; industrial, 30, 54; judeus sefarditas e o novo, 28; medieval italiano e flamengo, 50; moderno, 51, 94; morte do independente, 73; na Inglaterra, 93, 138; novo, 12; período decisivo do, 95; Protetorado, instrumento do, 520; segundo Marx, 28; teoria do surgimento no século XVI do, 13
Capitalism in Amsterdam (Barbour), 34n7
Capitalismo de Estado, 73, 75n37
Capítulos de reformación, 127
Cappel, Louis, 333

Cardano, Girolamo, 200, 202, 205, 266
Cardell, John, 473, 475, 476, 476n49, 477
Carlos V, imperador, 81, 88-89, 99, 106, 130, 132; príncipe erasmiano, 55
Carlos de Lorena, cardeal, 231
Carlos Magno, 148
Carlyle, Thomas, 526
Carpocrates, 195n61
Carpzov, Benedict, 186, 187n51, 221, 256; *Practica Rerum Criminalium*, 239
"Carta de Gillespie", 590, 593, 595
Cartesianismo, 246, 307, 332
Cary, Lucius, *ver* Falkland, Lord
Caryl, Joseph, 465-68, 469
Casaubon, Isaac, 297, 306, 339
Caschielawis, 187
Case, Thomas, 439n16
Caspari, Fritz, 90n5
Cassini, Samuel de', 200, 204
Castela, Cortes de, 91, 126-29; Conselho Católico de, 126
Castellio, Sebastian, 57, 321
Castiglione, Balthasar: *O Cortesão*, 119
Castro, Américo, 178n44
Catalunha, mania de bruxas na, 166

Catarina de Médicis, rainha regente da França, 41, 224, 224n103, 306, 324
Câteau-Cambrésis, 89
Catterall, R. C. H., 537n56
Cautio Criminalis (Spee), 238
Cavalgada noturna, 180, 274
Cawton, Thomas, 478
Cecil, Edward, 423
Cecil, Robert, primeiro conde de Salisbury, 89, 135-37, 139, 141, 499, 500, 521, 540, 628; maior ministro do rei James I, 135; rejeitado por James I, 499
Cecil, William, *ver* Burghley, Lord
Cecils, os (William e seu filho Robert Cecil), 89, 499, 500
Cervantes, Miguel de, 98, 119, 173n33, 178n44
Chaloner, Thomas, 487
Charles I, rei da Inglaterra, 19, 70, 288, 352, 386, 392, 437, 496, 521, 593; amigo da pequena nobreza independente, 487; Ato de Revogação da Escócia, 547; carência das virtudes necessárias ao trono, 629; concepções sociais conservadoras de, 488; concorda com jejuns gerais mensais, 423; corta as extravagâncias de sua corte, 489; e a pequena nobreza escocesa, 598; e as universidades escocesas, 593; e os capelães de sua corte, 479; erros que fortalecem a Kirk, 555; execução de, 319, 479n54; extorsões fiscais de, 109; fiscalismo e clericalismo, 557, 631; impaciência pelo manejo político, 631; inimigo do Parlamento, 486, 499; inteligência comparada com a de Elizabeth, 139; irresponsabilidade de, 139, 531; não aceita a reforma inglesa de 1641, 561; política nos três reinos, 630; provoca rebelião na Escócia, 292; realismo de sua corte, 488; revolução de Cromwell evita o absolutismo de, 644; tentativas para recuperar Escócia e Irlanda, 634; tragédia pessoal pontuada por jubilosas exclamações, 474; união da oposição parlamentar sob, 632; único vínculo institucional entre os três países, 637; Warwick, o maior patrono da oposição a, 373
Charles II, rei da Inglaterra, 416, 548, 594; "rei do Acordo", 587; aceito como rei dos escoceses, 572;

dispersado juntamente com o parlamento escocês, 588; e a Universidade de Glasgow, 594; instado a reconhecer a Coroa inglesa, 638; judeus financistas da Corte de, 419; livre dos excessos das cortes renascentistas, 133, 141; reforma cromwelliana sob, 578

Charles X, rei da Suécia, 410-12

Charron, Pierre, 299

Cheapside Cross, monumento demolido em 1643, 445

Chefes gaélicos, 619, 626

Chelsea College, 391, 416, 416n56

Chillingworth, William, 296, 316, 318, 334, 354

China, 75n37

Chouet, Jean-Robert, 310

Christianopolis, an Ideal State of the Seventeenth Century (Held), 415n55

Chylinski, Samuel Boguslaw, 408

Clarendon, primeiro conde de (Edward Hyde), 138, 299, 316, 421, 426, 427n7, 446n20, 455, 455n28, 487, 489n3, 489n6, 499, 500n15, 561, 566; sobre a ordenação da autonegação, 454; sobre pastores que trombeteiam a guerra, 438; sobre pregação política, 425; sobre Revolução Puritana, 421

Clarendon, código de, 646

Clarke, Samuel, 296

Clavis Apocalyptica (Mede), 359

Clemente de Alexandria, São, 195n61

Clemente VII, papa, 176

Cleves, Corte de, 221-22

Clotworthy, John, 371, 397, 397n33, 633n11

Cobham, Eleanor, *ver* Gloucester, duquesa de

Cobos, Francisco de los, 105, 106

Cobre, dízimo sobre o, 32

Cokayne, George, 467

Coke, Edward, 355, 492

Colbert, Jean-Baptiste, 77, 132, 135, 139, 250, 256, 270

Cole, William, 351n1

"Colégio invisível", 362

Coleman, Thomas, 456-58

Coloman, rei da Hungria, 148

Colombo, Cristóvão, 103

Colônia, mania de bruxas em, 236

Comenius, John Amos, 361, 369, 412; aceitava as idéias de Bacon, 366; ceticismo sobre o iluminismo inglês, 409; chega finalmente à Inglaterra, 385; conceito sobre a nova reforma, 390; condições para o retorno à Inglaterra, 395; convocado para a Inglaterra, 378; crença na unidade do conhecimento, 366; decepção, 394, 429; deixa a Inglaterra, 394; desvalorizado na Inglaterra, 412; e as "Sociedades Comenius", 414; e Haak, 414; e Hartlib, 368, 372, 415n55; e o Chelsea College, 391; e seu tratado sobre "a reforma das coisas humanas", 399; em Leszno, pregador da Pansofia, 366, 367; filósofo do partido do campo inglês, 372; Gauden sobre, 378; idolatria por Charles X, 411; *Labirinto do Mundo*, ou *Pilgrim's Progress*, 384; *Panegyricus Carolo Gustavo, Magno Suecorum Regi*, 411n50; pastor da Fraternidade Boêmia, 366; profeta do Milênio Protestante, 420; sob proteção de De Geer na Suécia, 368; recusa ir à Irlanda, 413; trabalhos na educação, 368, 429; *Via Lucis*, 415; Williams e Pym patronos de, 383

Comércio: de açúcar, 38; de especiarias, 38; de minérios, 25

Cometa de 1618, 86

Comissão para a Propagação do Evangelho em Gales, 509

Commentarius in Exodum (Rivetus), 254n147

Commons' Journals, 428n9, 461n34, 502, 515n35, 517n39

"Commonwealth de Leicester", 112

Commonwealth inglês, 400, 480-81, 491, 506, 528, 571, 583, 587, 597, 599; ameaçado pela multiplicação do clero, 127; conteúdo social positivo da expressão, 572; e a assimilação da Escócia, 584; encarado como operação militar na Escócia, 571; e pequena nobreza escocesa, 580; falta de base política, 401; forças armadas do, 484;

Como, 48, 206

Companhia Africana Sueca, 33

Companhia Dinamarquesa das Índias Orientais, 32

Companhia Holandesa das Índias Ocidentais, 43

Companhia Sueca das Índias Ocidentais, 33

Complô da Pólvora, 248n138, 423, 465

Complô de Waller, 446, 446n20

Complô papal, 248, 248n138

Concílio de Trento, 112, 329, 331, 340

Confederação Católica, 637
Confissões: das bruxas inglesas, 184; das bruxas suíças como base para "O Formigueiro", 163; de supostas bruxas, 194; implausibilidade das, 257; inutilidade das, 239; realidade subjetiva das, 182; tortura para extrair, 154, 239, 257
Conrad von Heresbach (Wolters), 221n101
Conselho Privado, 432, 499, 515, 534, 543
Consensus Helveticus de 1674, 309, 310, 313
Conservación de monarquías (Navarrete), 121
Conspiração do Exército, 430-32
Constantino, lei de (*de Maleficis et Mathematicis*), 208n74
Constitutio Bambergensis de 1507, 208n74
Constitutio Criminalis Carolina, 208
Consultationes Saxonicae, 215
Contraprotestantes, 340
Contra-Reforma, 61, 233, 242-43; acuada em Veneza, 330; as grandes cidades em 1630 da, 74; carcomida pela heresia sociniana, 333; clericalismo opressor, 328; dominicanos, evangelizadores da, 211; e a mania de bruxas, 277; e a reconquista, 66; e Botero, 80; e o conservantismo, 276; esmaga a reforma de Lutero, 59; o exemplo de Veneza, 60; resistência ao seu primeiro ataque em 1600, 327
Conversão compulsória, 170
Cooper, Anthony Ashley, 516n35, 527, 528, 531, 533, 542, 575
Cope, Walter: *Apology for the Late Lord Treasurer*, 136n32
Copérnico, Nicolau, 81n40, 205, 394, 411
Cork, conde de (Richard Boyle), 631n9, 633
Cortez, Hernán, 103
Cosimo I, duque da Toscana, 61
Cosmologia pseudo-aristotélica, 276
Court of Wards, irlandesa, 626, 630
Courtney, Hugh, 513
Covenanters escoceses, 548, 555, 631
Coymans, Isaac, 44
Cradocke, Walter, 459
Craig, Thomas, 629
Cranfield, Lionel, primeiro conde de Middlesex, 137
Crespin, Daniel, 310
Criptopapismo, 315
Crise geral do século XVII, 14
Cristianismo primitivo, 54, 78-79

Cristiano IV, rei da Dinamarca, 31, 32
Cristina, rainha da Suécia, 33, 246, 270, 405, 493
Cristo, 140, 199, 216, 390, 402, 437, 438, 443, 448, 457, 470, 478, 495, 597
Cromwell, Oliver, Lord Protetor, 313, 500n15, 600; a Escócia sobrevive a, 19; adoção de política externa defasada, 405; ataque aos pares, 347; busca reunir o clero anglicano, 567; conselheiros escoceses de, 579; cria Colégio dos Médicos em Edimburgo, 595; dependência de assessores militares, 430; discurso sobre a necessidade de abnegação do parlamento, 453; disputa com o duque de Manchester, 453; e a faculdade de Durham, 408; e a pequena nobreza da Inglaterra, 349; e Broghill, 603; e Gillespie, 590, 593; e Hugh Peter, 459; e o Parlamento dos Santos, 507; e o desastre de Leszno, 411; e o Parlamento Longo, 581; e o problema da oposição do exército, 467; e o *Rump Parliament*, 396; e os jejuns gerais, 456, 471; e os pregadores residentes no país, 403; e os Stuarts, 486; e seus parlamentos, 18, 485-544; esforço para reunir os protestantes da Europa, 16; esmaga a rebelião na Irlanda, 412; Expurgo de Pride, 477; fracasso da meia monarquia da Casa de, 416; ideais práticos de, 404; idolatria por Charles X, 412; impaciência com o constitucionalismo do Primeiro Parlamento Protetorado, 402; incapaz de conceber um governo sem algo de monárquico, 416; indica Petty para supervisionar a Irlanda, 412; livra-se de seus parlamentos, 403; morte de, 420, 595; não traiu o "partido santo", 574; ódio contra os escoceses, 453; paralelo entre as políticas inglesa e escocesa, 576; preferência pelo interesse realista ao escocês (presbiteriano), 319; e os presentes à Universidade de Glasgow, 594; Primeiro Parlamento Protetorado, 401; problema da oposição do exército, 450; rejeitado pelos niveladores, 473; saque e massacre de Drogheda, 482; Sheppard, advogado

de campo de, 403n43; tenta levar a revolução social inglesa à Escócia, 580; tenta levar boêmios para a Irlanda, 406, 413; um homem da década de 1620, 404; volta-se para os primeiros filósofos da reforma, 404
Cromwell, Richard, 538-39
Cromwell, Thomas, 105
Crousaz, Jean-Pierre de, 311-12, 312n19, 335n40
Cudwort, Ralph, 252
Culpeper, Cheney, 371, 406, 407
Curtius, Jean, 47
Custas legais, regulamentação das, 584
Cyprianus Anglicus (Heylin), 109n12
Cyrano de Bergerac, Savinien de, 250

D

Daemonolatreia (Rémy), 228
Dalrymple, James, 614-15
Daneau, Lambert, 203n68, 211n81, 221, 230; ataque aos "delírios vãos" de Weyer, 224; denúncia do *de Praestigiis Daemonum*, 222; em Leiden, 303; enciclopedista, 265; pregador huguenote, 254
Darley, Henry, 445

Davel, major Johann, 311
Davi, rei hebreu, 411, 431, 443
Davies, J. H., 511n26, 513n32
Davila, Enrico Caterino, 295, 330, 331
de Betoverde Weereld (O Mundo Encantado) (Bekker), 258
de Gentibus Septentrionalibus (Magnus), 245n136
De la démonomanie des sorciers (Bodin), 189
de Magis, Veneficis et Lamiis (Gödelmann), 174n35
de Veneficis... Dialogus (Daneau), 203n68, 211n81, 230n122
De Veritate Christianae Religionis (Grotius), 408
Decline and Fall of the Roman Empire (Gibbon), 296n8
Deísmo, 297
Delamere, Lord, 361n6
Delcambre, Etienne, 194n60
Dell, William, 397n33, 459, 484; reforma educacional de, 397; sermão de jejum com prefácio ousado, 461; *The Right Reformation of Learning, Schools and Universities*, 352n2
Del Rio, *ver* Rio, Martin Antoinem del

Demônio (Belzebu, Diabo ou Satanás), 150-54, 180, 181, 186, 192; bruxas ouviam sugestões do, 200; confissão de Johannes Julius, 237; dualismo com Deus, 213, 272; estrutura hierárquica do reino do, 181; medieval, 271; pactos secretos com o, 150, 189, 209, 216, 274; *ver* Bestas

Demonologia, 147, 160, 166, 172, 173n32, 180, 189, 191, 195, 195n61, 209n76, 213, 224, 229, 246, 260, 265-68, 274, 276-77, 277n181

Der Moderne Kapitalismus (Sombart), 28n3

Der Stürmer, 247

Dernbach, Balthasar von, 226

Descartes, René, 149, 246, 254, 269, 270, 289, 292, 305-06, 308, 330, 332, 334, 592

Desemprego, 88

Desmarets, Samuel, 302

"Desperdício", 114, 115, 122, 136, 139, 142

Dettling, A., 208n75

Deutsche Mythologie (Grimm), 181n45

Devereux, Robert, *ver* Essex, conde de

Die deutschen Dominikaner im Kampfgegen Luther 1518-1563 (Paulus), 206n70

Die Hexenprozesse im Kanton Schweyz (Dettling), 208n75

Die protestantischen Sekten und der Geist des Kapitalismus (Weber), 28n3

Die protestantischethik und der Geist des Kapitalismus (Weber), 28n3

Die Unionstätigkeit John Duries unter dem Protektorat Cromwells (Brauer), 407n46

Dinamarca, 31-35, 52, 101, 217, 246, 365, 379

Dinastia: Ming, 75n37; Sung, 75n37

Diodati, família, 49

Divine Catastrophe of the House of Stuart (Pyton), 317n24

Dobb, Maurice: "nova" economia das Províncias Unidas, 95n7, 131n27; *Studies in the Development of Capitalism*, 94-95

Dodo, Vincente, 204

Dôle, 236, 256

Dominicanos: alemães, 169; espanhóis, 170-71

"Dom Quixote", 103, 204

Donne, John, 120

Dordt, Sínodo de, 304, 308, 309, 313, 339

Dornheim, Johann Georg II Fuchs von, 237
Douglas, Robert, 590n23
Doutrina da tolerância, 612
Doutrina da Trindade, 321, 333
Drabik, Nicolas, 411n50
Drexel, Jerome, 211
Duhr, B., 187n51
Dungarvan, Richard Lord, 633n11
Duplessis-Mornay, Philippe, 289, 306
"Duplicação", 426
Dupuy, Pierre, 332
Durham, faculdade de, 401; dissolução da, 416
Durham, universidade de, 417n57
Dury, John (Duraeus), 361, 369; apóstolo da unidade protestante, 429; associado a Hartlib, 364, 366; conceito sobre a nova reforma, 390; convocado para a Inglaterra, 378; deixa a Inglaterra, 394; Doctor Resolutus da década de 1630, 406; e Culpeper, 407; e os capelães da corte, 479; *England's Thankfulness or na Humble Remembrance presentd to the Committee for Religion in the High Court of Parliament... by a faithful well-wisher to this Church and Nation*, 390n28; filósofo do partido do campo inglês, 372; Gauden sobre, 378; infatigável, 365; *Israel's Call to March out of Babylon into Jerusalem*, 400n38; patronos na Suécia, 368; pensionista do Parlamento, 400; profeta do Milênio Protestante, 420; estabelecido na Alemanha, 418; significado de paz universal, 367; *Um Caso de Consciência Resolvido, referente a Pastores que Envolvem Questões de Estado em seus Sermões*, 479; volta à Inglaterra, 398; Williams e Pym, patronos de, 383

E

Échelle (escada), 187
Edimburgo, Escola Médica de, 595
Edito da Restituição, 235
Edito de Nantes, 82; revogação do, 35
Educação elementar depois de 1660, 417
Eduardo VI, rei da Inglaterra, 361, 552
Edward Gibbon e la cultura europea del Settecento (Giarrizzo), 312n19
Egerton, Thomas, *ver* Ellesmere, Lord
Ehrenberg, Philipp Adolf von, 235
Eikon Basiliké (Gauden), 377

Ekonomi och Religion (Samuelsson), 51n27

El protestantismo comparado con el catolicismo en sus relaciones con la civilisación europea (Balmes), 26

Elben (frutos da união de bruxas), 152

"Elevador", 187

Elias, profeta, 230

Elizabeth, princesa palatina, 419n62

Elizabeth I, rainha da Inglaterra, 88, 89, 103, 109, 110, 116, 135, 139, 324, 376, 377, 404, 405, 422-24, 433, 489-91, 493, 494, 497-99, 507, 515, 531, 542, 543, 552, 555, 556, 570; Dia da rainha, 377

Elizabeth, rainha da Boêmia, 370

Ellesmere, Lord (Thomas Egerton), 108, 136n32

Ellis, John, 443

Emmanuel College, 216

Empreendedores italianos, 53

Enciclopedistas, 265, 310, 310n18, 336

Endemann, W., 50n27

Enemies of God: the Witch-hunt in Scotland (Larner), 16

England's Balm (Sheppard), 351n1

England's Thankfulness or an Humble Remembrance presented to the Committee for Religion in the High Court of Parliament... by a faithful well-wisher to this Church and Nation (Dury), 390n28

Epifânio, Santo, 195n61

"Episcopado moderado", 442, 556

Episcopalismo, 554

Episcopius, Simon, 255, 304, 318

Erasmianismo, 54, 55, 58, 63, 79, 302, 322-23, 325; antigo, 81; e o febronianismo, 82; incluído no calvinismo, 322

Erasmo (Desiderius Erasmus Roterodamus), 54, 59, 81, 198, 205; acusado por Ancre, 200n64; *Anotações ao Antigo e Novo Testamentos*, 269n171; Calvino herdeiro de, 56; como primeiro sociniano, 321; crença no valor do laicato, 55; época de, 242, 295, 328; Montaigne herdeiro do ceticismo de, 330; pai da teologia racional, 295; prega a paz e reforma na Igreja, 297; primeiro arminiano, 321

Erastus, Daniel, 265, 372n16

Erastus, Thomas, 203n68, 269n172, 203n68, 282n186

Escalígero, Joseph Justus, 146, 306, 333

Escócia, 15, 624, 627, 636;

Aliança Nacional da, 448; arminianismo, 315; bispos laudianos da, 316-17; calvinista, 335; conquista cromwelliana do país, 19; cria uma nova filosofia, 291; duas sociedades, 622; e a Revolução Puritana, 18, 545-616; e Broghill, 642; e o "parafuso de perna", 187; fraqueza dos leigos, 305; governada pela primeira vez a partir de Londres, 619; Highlanders e Lowlanders, 522; Igreja calvinista estabelecida na, 246; Igreja Nacional da (Kirk), 306; Iluminismo, 287, 312; imigrantes flamengos, 46; James VI da, demonologista real, 216; mania de bruxas na, 16, 185, 210, 215, 241, 253; não produziu seus próprios empreendedores, 42; Parlamento inglês celebra paz com a, 381; proclama Charles II como rei, 638; realistas, 319; rebelião na, 292; resiste a Charles I e sobrevive a Cromwell, 19; semelhança de posição com a Irlanda para a Inglaterra, 621; Terras Altas, 168; 'União Escocesa de 1707, 646

Escolas dos Dissidentes, 417

Espina, Alonso de, 172n31

Essai sur l'esprit et l'influence de la réformation de Luther (Villers), 26n1

Essex, conde de (Robert Devereux), 110, 112, 449, 499, 521

Estados Gerais, 91

Estopañán, Sebastián, 173n33

Estrasburgo, 215n89, 216

Ética protestante, 28

Eugênio IV, 164

Ewen, C. L., 244

Ewich, Johann, 214n85, 218n95, 222n102, 266, 283

Examen Academiarum (Webster), 397n33

Examen des sorciers (Boguet), 228

Exército do Novo Modelo, 574

Exilados de Maria [Mary Stuart], 210, 244

Explorations in Entrepreneurial History (Riemersma), 131n27

Expurgo de Pride, 468, 471, 477, 477n52, 526

Extraordinário Livro Negro, 123

F

Faculdade pansófica, 415n55

Faculdades e universidades fundadas por príncipes do Renascimento, 105

Fairclough, Samuel, 431-32, 445, 467, 472
Fairfax, Edward, 225n105
Fairfax, Samuel, 639
Falkland, Lord (Lucius Cary), 316, 318, 377
Farnese, Alexandre, duque de Parma, 43, 53
Feake, Christopher, 483-84
Febronianismo, 82
Fèbvre, Lucien, 159, 188, 189, 203n68
Feiling, Keith, 18
Felicitas Ultimi Saeculi (Stoughton), 374n17
Félix V, antipapa (Amadeu VIII, duque de Savóia) 164
Ferrari, Antonio (Galateo), 200
Ficino, Marsilio, 81n40, 202, 205, 242
Field, John, 326
Filipe II, rei da Espanha, 81, 88-89, 99, 115-16, 119, 127, 130, 212, 296, 621
Filipe III, rei da Espanha, 130n26
Filipe IV, rei da Espanha, 19, 37, 88, 118, 121, 127, 130, 132
Filipe, o Magnânimo, 249n139
Filossemitismo, 360
Finéias, neto de Aarão, 439, 452, 472
Finlândia, 279

Firth, C. H., 413n53
Fiscalismo, 630, 631
Flade, Dietrich, 227
Flagellum Maleficorum (Mamoris), 198n62
Flamengos, 43-44, 46-48, 48n25, 52, 53, 77
Florença, 50-51, 62-63, 102, 202, 276, 328
Fontaine, Françoise, 192-93
Fontaine, Jacques, 203n68
Formicarius (Nider), 163
Forner, Friedrich, bispo de Bamberg, 235n122, 237
Fortalicium Fidei (Espina), 172n31
Fox, George, 596
Fragmenta Regalia (Nauton), 110n13
França, 24; *Aquelarre*, 150; a Fronda, 85; calvinismo, 564; centro do humanismo protestante, 307; de Richelieu, 77, 119; e a união religiosa, 83; enciclopedistas, 265; e a expulsão dos huguenotes, 60; huguenote, 301, 412; *noblesse, taille e gabelle*, 120; perseguição de bruxas na, 163, 197; pregação dos jansenistas, 81; presença de alemães do sul na, 48; protestantes industrializaram a, 27; reunião dos Estados Gerais em 1614, 91

Francesco Bacone, dalla magia alla scienza (Rossi), 269n171
Franche-Comté, 39, 166, 212, 228, 230, 236, 241, 256
Franciscanos, 59, 170, 200, 335
Francisco I, rei da França, 88, 207n72, 221, 293, 323
Francisco Xavier, São, 103
Franck, Richard, 203n68
Franck, Sebastian, 337n42
Franquia de distrito, 640
Fraternidade Boêmia, 366, 410-11
Fraticelli, 169, 195n61
Frederico, o Grande, 336
Frederico V, eleitor do Palatinado, 249n139
Fronda, 85, 91, 132, 134, 288
Fugger, família, 33, 51, 62, 64

G

Galilei, Galileu, 80n40, 81n40, 254, 294, 337
Gante, 50-51, 102
Gardie, conde Jacob de la, 363
Gardiner, S. R., 356
Gardiner, Thomas, 500n15
Gauden, John, bispo de Exeter, 378, 424, 427-28, 477; *Eikon Basiliké*, 377; *O Amor da Verdade e da Paz*, 377
Gazarii (Cátaros), 162
Gedeão, juiz de Israel, 411, 438
Geer, Lawrence de, 413
Geer, Louis de, 33-34, 39-42, 44, 368, 394, 410, 413; patrono de Comenius, 368, 410, 413; piedade calvinista, 40; proteção aos correligionários, 37; senhor da economia sueca, 33; títulos e propriedades, 41; firma De Geer & Trip, 33
Genebra, 57n31, 101; Academia de, 291, 310; iluminismo de, 291, 310; poder da Igreja calvinista, 288, 323; julgamentos de bruxas, 208-209, 251
General Resolutioners, ver Resolutioners
Gênova: centro do capitalismo europeu em 1500, 50-51; plutocracia, 73; no império espanhol, 64, 101-102
Genova marinara nel dugento: Benedetto Zaccaria, ammiraglio e mercante (Lopez), 51n28
Geschichte der Jesuiten in den Ländern deutscher Zunge (Duhr), 187n51
Geschichten der Hexenprozesse (Soldan), 155n10
Giannone, Pietro, 288, 291, 331, 334
Giarrizzo, Giuseppe, 312n19

Gibbon, Edward, 19, 152, 289, 291, 297, 312; atitude em relação ao passado, 295; genealogia de sua filosofia, 296; *Memoirs of my Life and Writings*, 335n49; progresso intelectual de, 334; retira-se para Lausanne, 309
Gillespie, George, 448, 457, 458, 558, 587, 592n25
Gillespie, Patrick, 320, 320n29, 449n22, 458, 593n26, 600, 610, 616; controle sobre a Universidade de Glasgow, 587-90, 593-95, 603-05
Giordano Bruno (Yates), 224n103
Glanvill, Joseph, 203n68, 252, 267, 267n170
Gloucester, duquesa de (Eleanor Cobham), 197
Glover, George, 393n31
Glyn, John, 516n37
God's Delight in the Progress of the Upright (Brookes), 472n47
God's doing and Man's Duty (Peter), 460n33
God's Rising, His Enemies Scattering (Case), 439n16
God's Wisdom Justified and Man's Folly Condemned (Cardell), 476n49
Goddard, Dr. Jonathan, 414, 512
Gödelmann, Johann Georg, 173, 174n35, 229, 241, 246
God's Anatomy upon Man's Heart (Watson), 473n48
Goethe, Johann Wolfgang von, 337n42
Goldast, Melchior, 215n88
Goldschmidt, L., 51n27
Gomar, Francis, 307
Gondi, Jérôme de, 41
Gondomar, Diego de Sarmiento, 117, 127, 621
Goodman, Godfrey, bispo de Gloucester, 106, 106n10, 109n12, 136n32, 317n24, 627n6
Goodwin, Thomas, 459
Gookin, Vincent, 532
Graham, James, *ver* Montrose
"Grande Contrato", 136n32, 141
Grande Rebelião, 356
Grande Representação, 392
Grandier, Urbain, 241
Granvelle, Antoine Perrenot (filho e sucessor de Nicolas), 89, 105
Granvelle, Nicolas Perrenot (ministro de Carlos V), 89, 105, 106
Gray, Andrew, 593
Greenhill, William, 444, 445, 445n19, 446
Grégoire, Pierre, 219n98

Grenus, François, 39, 39n12, 40, 45, 45n19
Gresillons (em escocês *pennywinkis*), 187
Greve, Johann (Graevius), 255, 255n149, 256, 258
Greville, Robert, Lord Brook, 371
Grice-Hutchinson, Marjorie, 265n166
Grillandi, Paolo, 191, 192n57
Grimm, Jacob: *Deutsche Mythologie*, 181n45
Groote, Nicolas de, 47
Gross, Henning, 229
Grotius, Hugo, 295, 316, 592; *De Veritate Christianae Religionis*, 408; denunciado como criptopapista, 315; época de, 296; exilado pelo clero calvinista, 255; papismo tridentino de, 306; prisão e exílio, 298; proibição de suas obras, 309; rejeita as penalidades da lei mosaica, 269n171; silencia sobre bruxaria, 146, 199n64, 268; trabalha para a reunião das igrejas em bases arminianas, 297
Gruter, Jan, 297
Guerra dos Cem Anos, 156, 197n62, 275
Guerra dos Trinta Anos, 31, 77, 246, 247, 250, 298, 330, 361, 419; perseguição às bruxas durante a, 245; perseguição aos judeus durante a, 247-248; prepara o terreno para a revolução, 88
Guerra de Esmalcalda, 40n13
Guicciardini, Francesco, 293, 295-96, 331
Guilherme III, príncipe de Orange e rei da Inglaterra, 88, 89, 133, 312, 324, 645
Guilherme V, duque, 211, 221, 221n101, 249n139
Guise, Henrique I, duque de, 111-12
Guizot, François, 26, 26n1, 285
Gustavo Adolfo, rei da Suécia, 16, 31, 364, 368, 371, 405, 410, 490, 493
Guthrie, James, 590n23, 591, 591n25, 592, 600
Guyon, Madame, 193, 336
Gweithiau Morgan Llwyd (Davies), 511n26, 513n32

H

Haak, Theodore, 414
Haan, Dr. Georg, 237
Haase, Erich, 308
Habernfeld, Andreas ab, 248n138

Habsburgos, 77, 89; de Madri, 37; de Viena, 37
Hales, John, 316, 318, 354
Hall, John, 399
Hall, Joseph, bispo de Exeter, 370
Halle, Universidade de, 260, 271n178
Haman (persa que pretendia exterminar os judeus), 432
Hamburgo, 26, 28, 32, 37, 38, 44, 46-48, 53n30, 58, 101, 255; Banco de, 38, 44
Hamilton, Thomas *ver* Melrose, conde de
Hammond, Henry, 316
Hampden, John, 369
Hanau, Academia de, 301
Hansen, Joseph, 156-57, 156n13, 160, 162n21, 172n31, 207n71, 218n95, 243, 261-62, 275
Hardwicke, Lord (Philip Yorke), 645
Hardy, Nathaniel, 567n5
Harley, Robert, 425
Harmar, Samuel, 352n2
Harrington, James, 92, 289, 397, 503n17
Harrison, major-general, 483-84, 509-11, 512n28, 513-14, 513n31, 515n35, 516, 517-19, 534-35

Hartlib, Dury and Comenius (Turnbull), 351n1
Hartlib, Samuel, 361, 369, 406, 409, 415n55; *A Further discovery of the Office for Public Address for Accommodation*, 363n7; aceita as idéias de Bacon, 366; acreditava em conhecimento útil, 362; associado a Dury, 364; conceito sobre a nova reforma, 390; crença na unidade do conhecimento, 366; dados biográficos, 361; e a Inglaterra, 364; e a "Macaria" ("Antilia"), 363; e Comenius, 372; encanta Comenius com suas propostas, 368; filósofo do partido do campo inglês, 372; *Ireland's Natural History*, 413n52; morte de, 399; pensionista do Parlamento, 400; profeta do Milênio Protestante, 420; projetos para a nova sociedade, 387; significado de paz universal, 367; *Uma Descrição do Famoso Reino de Macária*, 387; Williams e Pym, patronos de, 383
Harvellier, Jeanne, 191
Harvey, William, 80n40, 254
Hatton, Christopher, 371

Hauber, Eberhard David, 260n160, 280n184
Hauser, H., 133n28
Hay, Andrew, 607
Heidelberg, Universidade de, 282, 325
Heinsius, Daniel, 339
Held, F. E., 415n55
Heléboro, 200
Helfenstein, Sebastian von, 226n106
Helmont, John Baptiste van, 202
Hemmingsen, Niels (Hemmingius), 210n79
Henderson, Alexander, 448, 449, 449n22, 558
Henderson, G. H., 336n41
Henrietta Maria, rainha da França, 39
Henrique II, rei da França, 88-89, 207n72
Henrique III, rei da França, 41, 224n103, 207n72
Henrique IV (Henrique de Navarra), rei da França, 34, 76, 88-89, 111, 116, 174, 294
Henrique VII, rei da Inglaterra, 454
Henrique VIII, rei da Inglaterra, 82, 89, 103, 105-06, 278, 293, 440, 542, 638
Heppe, Heinrich: *Geschichte der Hexenprozesse*, 155n10, 219n98, 227nn107-108, 228n109
Herbert, Philip, *ver* Pembroke, conde de
Herborn, Academia de, 301
Heresbach, Conrad von, 221n101
Heréticos, 37, 56, 58, 61, 77-78, 169-70, 175, 180, 232, 271-72, 303, 306, 317, 332, 334, 336, 338, 608; a Inquisição no combate aos, 162, 262; erasmianos e arminianos considerados em suas igrejas como, 331; gnósticos, 195n61; triunfo em Lausanne, 311
Herford, mania de bruxas em, 217n95
Herle, Charles, 439n16
Herwarth, Barthélemy d', 34, 35, 41, 48
Herwarth, Georg, 40, 40n13
Hesilrige, Arthur, 483-84, 502-03, 504, 506, 525, 536, 538, 544, 575
Hesse-Cassel, Landgräfin de, 418
Hesse, príncipes de, 249n139
Hexenbischof ("Bispo das bruxas"), 237
Hexenwahn und Hexenprozess (Paulus), 208n157, 218n95

Heylin, P., 109n12
Hiärne, Urban, 270
Highlanders, 622
Hilberg, Raul, 178n44
Hill, Thomas, 454
Histeria sexual, 193
Histoire de Belgique (Pirenne), 44n15
Histoire de la civilisation en Europe (Guizot), 26n1
Histoire de l'Église réformée du Pays de Vaud sous le régime bernois (Vuilleumier), 312n19
History of the Popes (Macaulay), 264n165
History of the Rebellion (Clarendon), 439n16
History of the Rise and Influence of the Spirit of Rationalism in Europe (Lecky), 155n11
Hitler, Adolf, 178
Hoadly, Benjamin, bispo de Winchester, 296
Hobbes, Thomas, 289
Hobsbawm, E.J.: "The Crisis of the Seventeenth Century", 94-95; sobre a economia holandesa, 131n27
Hoeufft, Jan, 34, 42
Holanda: arminianismo, 304; calvinismo, 13, 327; e os flamengos, 44; enciclopedistas, 265; erasmianismo, 326; idéias liberais da, 303; mania de bruxas na, 255, 259; não produziu seus próprios empreendedores, 43; revolução da, 298; socianismo, 308
Hollar, Wenceslaus, 393n31
Holles, Denzil, 318, 461, 464-65, 483, 501, 564
Home, Henry, *ver* Kames, Lord
Hooker, Richard, 494
Hope, James, 457, 577-79, 578n11, 584, 600-01, 608, 615, 638
Hope, Thomas, 607
Hopkins, Matthew, 166, 184n47, 241, 244
Hotman, François, 289, 306
Howell, James, 503n17
Hugh Peter, The Strenuous Puritan (Stearns), 459n32
Humanismo, 83, 198, 276, 330
Hume, David, 289, 291, 314, 336
Hungria, 174
Hurstfield, Joel, 109n12, 111n14
Hussitas, 97, 169
Hutcheson, Francis, 291
Hutchinson, Francis, 214n85, 215n89
Hutchinson, Mrs. (Anne Marbury), 137, 489n5
Hyde, Edward, *ver* Clarendon

I

Idea of Mathematics (Pell), 364
Idéias milenaristas, 258
Igreja católica, 277n181; a do Estado, 80; contração intelectual e espiritual no século XVII, 83; e as bruxas, 175-78, 211-12, 274, 279-80; e a tradição erasmiana, 333; e o dogmatismo do Concílio de Trento, 329; na Escócia, 620; reconquista, 278; romana, 619; sociedade feudal defensora da, 74; vínculos com a nobreza e sistemas oficiais, 56, 66, 72, 79, 112-16; *ver* Contra-Reforma
Igreja: Luterana sueca, 246; Ortodoxa grega, 274; das Províncias Unidas, 304
"Igrejas do Deserto", 82
Iluminismo, 90, 155, 213, 288; calvinismo e, 16; defensores do leigo, 616; do Renascimento, 24; e a mania de bruxas, 250; fenômeno protestante, 24; na Escócia, 615; origens religiosas do, 17, 285-341; período de 1620 a 1660, 24; período de 1660 a 1800, 24; períodos que apontam para o, 295; progresso europeu termina com, 23

Império espanhol: e Gênova, 64, 73; expulsão dos huguenotes, 60; Hamburgo luterana se torna capital do, 38; perturbações no, 85
Impostos de guerra, 88
Imprensa: invenção da, 75n37
Inácio de Loyola, Santo, 213
Incubus (e *incubi*), 152-53, 193, 220n100, 234, 241, 243n132, 261, 274, 281
Independência, 396, 569
Índias Ocidentais, 343, 405, 493, 540
Indicia, 186, 188
Indústria: de tecidos, 53, 579; extrativa, 33, 47, 49, 50
Inglaterra: arminianismo, 315, 326n32; aspiração de união de James I, 19; Ato de Revogação da Escócia, 547; caça às bruxas na, 15; calvinismo, 13, 216, 288, 327; capitalismo, 93-94; celebração da paz com a Escócia, 385; Commonwealth na, 599; complô papal, 248; de Cromwell aceita o programa de Bacon, 289; desenvolvimento do capitalismo industrial em 1700, 93; e Comenius, 379; e Dury, 368; e Gillespie, 588; e Hartlib, 364; e o

Protetorado, 640; e o *Service Book*, 563; e o *Rump Parliament*, 501; enciclopedistas, 265; estrutura política mais frágil das monarquias da Renascença, 140; fim da influência escocesa, 458; fracasso da revolução burguesa, 132; fracasso escocês na, 570; guerra civil, 561; guerra protestante contra a Escócia católica de Maria Tudor, 217; importância da revolução puritana para, 19; impostos sobre a pequena nobreza, 135; independentes, herdeiros dos realistas, 320; infelicidade da união das coroas (1603) e da união dos parlamentos (1707) com a Escócia, 545; jacobina, 106; James II, primeiro rei dos três países, 624; jejuns gerais, 436, 480; luta entre presbiterianos e independentes, 304; não se envolve na Guerra dos Trinta Anos, 245; não usa a tortura judicial, 184; novo Exército Modelo, 453; parlamento desafia e derrota o rei, 91; planeja solapar a Kirk da Escócia, 554; pequena nobreza na, 349, 356; perseguição às bruxas, 163, 184n48, 188, 235, 244, 245n135, 251; peso da corte no início do século XVII, 120, 343; petições de reformas dos municípios, 520; puritanismo (protestantismo extremo), 118; puritanismo leigo não-confessional, 59; requinte da corte sob Elizabeth, 103; Revolução Puritana, 12, 85, 286; sistema anglicano, 30; suas hospedarias, 551; união com a Escócia em 1707, 313

Innes, Thomas, 336

Inocêncio IV, papa: Bula *Ad Extirpanda*, 183

Inocêncio VIII, papa, 165, 176; Bula das Bruxas, 160, 163; perseguição às bruxas, 161; perseguição aos hussitas e valdenses, 169

Inquisição espanhola, 178; para lidar com a heresia formal, 170; perseguição aos judeus, 178, 275; perseguição às bruxas, 176

Inquisição romana, 53, 172

Inquisidores dominicanos, 160-61, 194, 198n63, 249, 277, 335

Institor, *ver* Krämer

Instrumento de Governo, 519, 523n46, 524

Introduction to Economic History (Ashley), 51n27

Invitation to Moscow
 (Stypulkowski), 187n51
Ireland's Natural History
 (Hartlib), 413n52
Irenismo, 419
Ireton, Henry, 480-81, 534;
 desconfiança de Broghill, 643;
 Protesto do Exército, 467-68;
 tópicos de propostas de, 519
Ireton, John, 467, 516n35
Irlanda, 85, 397, 407, 412, 482, 532, 572, 605, 611, 612, 621, 622, 624; "antigos ingleses" católicos, 623; "Antigos irlandeses", 635; Ato Poyning, 636; catolicismo na, 561, 646; constitucionalistas, 637; controle inglês da, 619; duas sociedades na, 622; e Broghill, 643; e os niveladores, 639; nova nobreza protestante da, 631; ondas de massacres na, 393; pequena nobreza de agricultores, 381; perturbações na, 436; proposta de Cromwell para a ida de boêmios para, 413; revolta dos católicos, 391; revolução na, 634; tentativa de união de Inglaterra, Escócia e Irlanda, 547, 629-631; União Irlandesa de 1800, 646
Irvine, Alexander, 599

Isaías, profeta, 475
Isham, Justinian, 371
Islã, 168
Israel, Menasseh ben, 407
Israel's Call to March out of Babylon into Jerusalem (Dury), 400n38
Itália, 24-25; livre comércio na Idade Média, 49, 100; mania de bruxas na, 191; medieval, 13

J

Jabach, Eberhard, 49
Jabin, rei de Canaã, 437
Jablonski, Daniel Ernst, 297, 419, 420n63
Jablonski, Peter (Figuius), 420n63
Jacobina, época 297, 328
Jaffray, Alexander, 579, 600-01, 615
James I e VI, rei da Inglaterra e da Escócia, 19, 75, 110, 111n14, 116, 233, 256, 294-95, 298, 422, 488, 625-26; aliança da corte inglesa com a City de Londres, 629; corte corrupta e extravagante, 489; corte e Igreja parasitas da sociedade, 491; grande patronato da nobreza, 631; instrução, 627; inteligência comparada com a de Elizabeth, 139; irresponsável extravagância de, 109; permite jejuns gerais,

423; poderes cansativos e arcaicos da nobreza, 618; tentativa de união de Inglaterra, Escócia e Irlanda, 547, 630; uso do patronato oficial para sistema anglicano secular, 645; versão real para as lutas de 1600 a 1660, 624

James II, rei da Inglaterra, 292, 624

Jansenistas, 77, 81

Janssen, Johannes, 217n93, 277n181, 282n186

Jean Barbeyrac 1674-1744 (Meylan), 312n19

Jejuns gerais, 422

Jephson, coronel William, 532, 633n11

Jericho's Downfall (Wilson), 439n16

Jerônimo, São, 199n64

Jesuítas: controle na Boêmia, 37; e o erasmianismo, 59, 70, 334; e modernidade econômica, 70n35; expulsão no século XVIII, 82; sofistas da Contra-Reforma, 83; perseguição às bruxas, 238-39, 242-43

Jeú, rei de Israel, 675

Jewel, John, bispo de Salisbury, 210n81, 217

Jezebel, mulher do rei Acab, 452, 472

Joana d'Arc, 196, 197

João de Salisbury, 148

João III, rei de Portugal, 105, 221In101

João XXII, papa, 163, 169, 218

João, São, 333

Johnston, Archibald, Lord Wariston, 591, 592, 600, 607

Jones, Arthur (Lord Ranelagh), 633n11

Jones, John, 513, 513n31, 572, 633, 641n17, 642

Jordan, W. K., 401n42

José II, imperador, 82

Josias, rei de Judá, 434-35

Josué, sucessor de Moisés, 411, 431

Judeus, 14; aventureiros capitalistas, 29, 51; do norte da Europa, 59; elucidação do Apocalipse, 363; inassimiláveis como os mouros, 60; perseguição aos, 158, 171, 174, 176, 233; propostas de conversão dos, 389, 404-405, 407, 408; retorno à Inglaterra, 407; sefardistas, 28

Juízes de paz, 626

Julius, Heinrich, 233, 250n140

Julius, Johannes, 237

Junius, Franciscus, 229, 229n110, 254, 254n147

Jura, cadeia de montanhas, 166, 279
Jurieu, Pierre, 302, 308, 312
Jurisdições hereditárias, da Escócia, 581, 585, 612, 616, 626, 640
Justiniano, Código de, 208n74

K

Kames, Lord (Henry Home), 336, 645n18
Keith, George, décimo conde Marischal, 336
Kellenbenz, H., 48
Kepler, Johannes, 80n40
Kerensky, Alexander, 382
Kesseler, Georg, 47
Klaenck, Conrad van, 41
Klein, Johann, 241
Knox, John, 302, 552, 559
Koblenz, mania de bruxas em, 236
Komenský, Jan Ámos, *ver* Comenius, John Amos
Kotter, Christopher, 411n50
Krämer, padre Heinrich (Institor), 160, 165-66
Küffeler, J. S., 408

L

La Banque protestante en France (Lüthy), 45n19
La Conquête protestante (Renauld), 27n2
La Grande Mademoiselle, *ver* Orléans, Anne-Marie Louise d'
Le Passé présent (Lüthy), 13
La Pensée et l'action économique du cardinal de Richelieu (Hauser), 133n28
La Sorcière (Michelet), 156n16, 166n27, 176n38
Labirinto do Mundo, ou Pilgrim's Progress (Comenius), 384
L'Alsace au 17e siècle (Reuss), 187n51
Lambert, John, 519, 534-35, 589
Lamennais, Hugues de, 84
Lamont, John, 608
Lamy, Bernard, 332
Lancashire, papistas e bruxas, 279
Languedoc, albigenses do, *ver* Albigensianismo
Languet, Hubert, 289
Lapônia, bruxas da, 245n136, 246, 279
Larner, Christina: *Enemies of God; the Witch-hunt in Scotland*, 16
Las Pazes, 128
Latim, abolição em documentos legais do, 584
Laud, William, arcebispo de Canterbury, 133, 500n15, 529; acusações de arminianismo contra, 317; domínio chega ao fim, 373; guerra contra

a corrupção na corte, 137;
impedimento de, 446;
julgamento de, 450; morte
de, 452; pedantismo universal
de, 143; profeta da perfeição
da Igreja e do Estado, 119;
puritano de direita, 137;
rigorista pela honestidade
administrativa, 108; seguidores
de, 315; sobre o Parlamento,
486; teologia liberal de, 316

Lausanne, luta entre o calvinismo
e o arminianismo, 310-12,
312n19; Academia de, 312

Laveleye, Émile de, 26, 30

*Le Concept de la sorcellerie dans le duché
Lorraine au XVIe et XVIIe siècle*
(Delcambre), 194n60

Le origini dell'Enciclopedia (Venturi),
336n41

Le Péril protestant (Renauld), 27n2

Le Vrai Chrestien (Dury), 419n62

Lea, H. C., 157-58, 176, 183,
261, 263, 269; sobre Erastus
e Paracelso, 269n172; sobre
bruxas, 185;

*The History of the Inquisition in
Spain*, 157n17;

*The History of the Inquisition in
the Middle Ages*, 157n17

Leão X, papa, 176, 198n63

Lecky, W. E. H., 155, 155n11,
215, 250, 261

Leclerc, Jean, 289, 291, 296-97,
299, 304, 307-10, 312, 316,
318, 332, 335n40

Legends No Histories
(Stubbe), 419n61

Lei da Terra Prussiana, 189

Lei de Parkinson da
burocracia, 114

Lei do Patrocínio, 313

Lei romana: distinção entre
a bruxa boa e a má, 208;
tortura judicial, 183

Leibniz, Gottfried Wilhelm, 240,
240n130, 296, 297, 299, 420

Leighton, Robert, 591-94,
593n26, 594n27, 613, 613n47,
615-16

Lemgo, 256; mania de bruxas em,
217n95

Lenthall, William, 500n15

Leonardo da Vinci, 98, 103

Lerma, duque de (Francisco de
Rojas), 116-17, 119

Les Villes de Flandre et d'Italie
(Lestocquoy), 51n27

Lescynski, conde Raphael, 366

L'Espagne éclairée (Sarrailh), 130n26

Lestocquoy, J., 51n27

Letrados, 105

Levantes de Gordon, 248n138

Lex Rex (Rutherford), 317n25
Ley, John, 439n16
"Libertinos", 232
Libri Exodi Analytica Explicatio (Junius), 254n147
Liège, 368; centro do capitalismo medieval, 13, 25, 49; empreendedores, 33, 43-45, 60
Liga Hanseática, 42
Liga Solene e Aliança, 458, 464
Limborch, 296, 304, 312, 318
Lincoln's Inn, capela de, 454
L'Incrédulité et mescréance du sortilège pleinement convaincue (Ancre), 175n37
Lingelsheim, Georg Michael, 339
Lintgens, Peter, 43, 44
Lippe-Redtburg, conde Simon de, 250n140
Lippi, Filippino, 161
Lipsius, Justus, 146, 232, 297
Lisboa, 26, 28, 48, 48n25, 49, 50, 101
L'Isle, Jérôme Groslot de, 339
Lisle, Lord (Sir John Lord Lisle), 512
Livingstone, John, 590n23, 600, 602, 613
Llwyd, Morgan, 511
Locarno, 48
Locke, John, 292, 294-96, 299, 308, 312, 334

Lockhart, William, 577, 578n11, 584, 597-98, 600-01, 608, 614-15
Lockyer, Nicholas, 459
Lolardos, 79
Lombardia, 101
Londres, City de, 403, 424, 502, 504, 521, 640; aliança das cortes inglesas com, 138, 433, 629; economia centralizada da, 491, 505; participa dos jejuns, 434; queixas contra o crescimento da, 505n20
Loos, Cornelis, 234, 240, 249
Lope de Vega, Felix, 118
Lopez, R. S., 51n28
Lord Brodie, his Life and Times (Bain), 580n13
"Lordes dos Artigos", 626
Lorena, mania de bruxas em, 150, 166, 187n51, 194, 198n63, 230
Lorena, cardeal Carlos de, 231
Lorena, duque de (Carlos III), 228
Lourdes, 219n98
Lowlanders, 622
Loyola, *ver* Inácio de
Lucca, 48, 49, 53, 53n29, 57, 61
Ludlow, Edmund, 396n32, 496n11, 502, 508n23, 538
Ludwig, Eleitor luterano no Palatinado, 215

Luís Filipe, rei da França, 27, 82
Luís XIII, rei da França, 139
Luís XIV, rei da França, 35, 134; corte indulgente de, 42; e a Fronda, 287; expulsa os huguenotes, 60, 284n187, 312; guerras de, 296; pletora de cargos e benefícios sob, 134
Lutero, Martinho, 28, 55, 174, 210n79; apelo à nobreza, 278; crença em bruxaria, 208, 209, 209n76; dominicanos seus adversários, 206, 206n70; revolta de, 58, 59, 65
Lüthy, Herbert, 13, 45n19
Lyon, alemães do sul em, 49n26
Lyonnais, 162

M

"Macaria" ("Antilia"), 363, 387, 395, 399, 409
Macaria (Dury), 388
Macartismo, 197
Macaulay, Thomas Babington, 264, 264n165, 285
MacEwen, D., 336n41
Mackay, Aeneas, 585n19
Mackenzie, George, 185
Madri, 102
Magnus, Olaus, 245n136
Mainz, mania de bruxas em, 211, 230, 236; arcebispo de, 228

Maire, Isaac Le, 43
Malaquias, 606
Maldonado, Juan, 173n32, 267n169, 280
Malebranche, Nicolas, 311
Malefizmeister (mestre das bruxas), 226
Malleus Maleficarum ("Martelo das Bruxas"), 160-61, 164-65, 173, 177, 182, 197, 198, 203, 206-07, 213, 221, 224, 228-29, 240, 242, 258, 277
Mamoris, Petrus, 197n62
Manchester, conde de, 496
Mania de bruxas, *ver* Bruxas
Maniqueísmo, 195n61, 272, 273
Mansell, Bussy, 513n32
Mantegna, Andrea, 161
Maomé, profeta, 168
Maquiavel, Nicolau, 242, 487
Marcelis, Celio, 32
Marcelis, família, 32-33, 42
Marcelis, Gabriel, 32-33
Maria de Médicis, rainha regente da França, 116, 119
Marillac, Michel de, 134
Mariotte, Jean, 47
Marischal College (Aberdeen), 590
Marischal, décimo conde (George Keith), 336
Marlowe, Christopher, 103

Marranos, 48n25
Marselha, 101
Marsh, Lambeth, 407
Marshall, Stephen: aliado político e espiritual de Pym, 436; pregador aceito pelo exército, 468; protegido do conde de Warwick, 425; protesto contra o Expurgo de Pride, 477; sermão de jejum de 17 de novembro de 1641, 424; sermão no funeral de Pym, 447; sermão para os Lordes, 476; sermão solene para celebrar a paz com a Escócia, 381; sobre Baillie, 459; tribuno clerical do Parlamento, 426; último sermão solene de jejum, 436
Marteladores de Feiticeiras, 181
Marten, Henry, 446, 447, 487, 494n10, 639
Martinistas, 46
Marx, Karl, 28, 50, 52
Marxismo e marxistas, 17, 93, 94-96, 131, 286, 287, 492, 520
Mary I, rainha da Inglaterra, 552
Mary, princesa de Orange, 394
Mary Stuart, rainha dos escoceses, 335, 380; Exilados de Maria, 210, 244
Masaniello, revolta de, 85

Massacre de São Bartolomeu, 211n81, 323
Mather, Cotton, 302
Mathieson, W. L., 569n7, 593n26
Matthiesen, família, 47
Maximiliano I, duque, 211-12
Mazarino (Jules Mazarin), 35, 40, 89, 91, 134, 142, 256
McLachlan, H. J., 317n24
Mecklemburgo, mania de bruxas em, 210, 229, 241, 246, 250, 253, 278
Mede, Joseph: *Clavis Apocalyptica*, 359
Medici: duques de, 61; família, 102
Médicis, papas, 176
Meinders, H. A., 217n95
Melanchton (Philipp Scharzerd, dito), 210n79
Melville, Andrew, 559
Melrose, conde de (Thomas Hamilton), 630
Memoir of Sir James Dalrymple, Viscount Stair (Mackay), 585n19
Memoirs (Ludlow), 396n32, 496n11, 508n23
Memoirs of my Life and Writings (Gibbon), 335n40
Men of Substance (Jordan), 401n42
Menonismo, 79

Menzies, John, 590, 594, 600, 613
Mercado Comum Europeu, 84
Mercantilismo, 124, 127-29, 130n26, 132, 138-40, 140n35, 503
Meroz Amaldiçoado (Marshall), 437
Mespelbrunn, Julius Echter von, 233
Metamorfose, 148
Meyer, família, 47
Meylan, Philippe, 312n19
Michelet, Jules, 156, 166, 176
Milão, 48-50, 53, 57, 61, 73, 79, 166, 334
Millington, Gilbert, 473
Milton, John, 120, 242, 245, 318, 351, 352, 359, 364, 381-82, 397, 412, 433, 511-12, 514
Minutoli, família, 49
Misticismo, 337, 349, 405; hermético, 202; novo, 66, 70, 76, 77; pitagórico, 146
Moisés, legislador de Israel, 411, 486
Molanus, Gerard Walter, 297
Molitor, Ulricus, *ver* Müller, Ulrich
Momma, Abraham, 33
Momma, Jacob, 33
"Monarquia mista", 91
Monasticismo, 54, 126, 277
Moncada, Sancho de, 86n2, 121, 130n26
Monck, George, duque de Albermale, 535, 594, 599, 606, 608-09, 611-12, 641, 643
Montagu, Edward, Lord Mandeville, 371
Montaigne, Michel Eyquem de, 98, 119, 149, 232, 267, 299, 330, 332, 334
Montesquieu, Charles de Secondat, barão de, 188
Montrose, quinto conde e primeiro marquês de (James Graham), 440, 456-57, 548, 568, 577, 598, 608, 635
Moor, Marston, 449, 450, 564
Moray, Vicomte de, 192, 194n59
More, Henry, 203n68, 252
More, Richard, 359
More, Thomas, 506; *Utopia*, 102, 363, 387
Morel, Loys, 192
Morley, George, 316, 377, 424, 427-28
Mosteiros, 125
Motor a vapor, 51
Moucheron, Balthasar, 43
Mouros: perseguição aos, 158; perseguição na Espanha, 175-76, 618
Mousnier, Roland, 14

Movimento conciliar, 66
Movimento modernista na Igreja francesa, 27n2
Movimento Sincretista, 246
Moyer, Samuel, 516, 517, 517n38, 517n39, 518, 544
Mozzolino, Silvestre, 204, 204n69, 213n83
Müller, F., 210n80
Müller, Ulrich (Molitor), 200, 200n65
Murray, Margaret, 181n45
Mystics of the North East (Henderson), 336n41

N

Namier, Lewis, 18
Napier, John, barão de Merchiston, 87n3
Napoleão III, 27, 82
Nápoles, corte no século XVI de, 102; revolta de, 85
Naseby, batalha de, 396
Naudé, Gabriel, 203n68
Naunton, R., 110n13
Navarra, mania de bruxas em, 166, 174, 175, 218
Navarrete, Pedro Fernández: *Conservación de monarquías*, 121
Neale, John, 498
Negotiations about Church Unity, 1628-1634 (Westin), 366n10
Nelson, Benjamin N., 51n27
Neoplatonismo, 202, 276, 270n173
"Neutros", 433, 435, 437
Neuwaldt, Hermann, 214n85, 218n95, 250n140
Neville, Henry, 487, 503n17
Newcastle, duque de, 96n7
Newton, Isaac, 270n173, 288, 294-95, 299, 334, 608
Newton, P., 500n15
Nicolai, Heinrich, 265
Nicoll, John, 578n11, 585-86, 590, 608, 611-12
Nider, Jean: *Formicarius* ("O Formigueiro"), 163
Nifo, Agostino, 201
Normandia, 192
Notestein, Wallace, 184n47, 210n81, 498
Notices biographiques sur les Grenus (barão de Grenus), 39n12
Nova Atlântida (Bacon), 384
"Nova Filosofia", Oxford, capital da, 305
Nova Inglaterra, mania de bruxas na, 216
"Novos ingleses", colonizadores, 632
"Novos irlandeses" ("Antigos ingleses"), 622
Nuremberg, 198n63

O

O Cortesão (Castiglione), 119
Oceana, 92
Ochino, Bernardino, 57, 59
O'Donnells, 619
Of Reformation Touching Church Discipline (Milton), 351n1
Offenbacher, Martin, 51n27
Ogg, David, 18
Oldenbarnevelt, Johann von, 304, 315
Olivares, Gaspar de Guzmán, conde-duque de, 19, 97, 119, 121, 133, 134, 617
O'Neills, 619
Onslow, Richard, 526
Orange, acordo de, 313; Corte de, 130
Orange, príncipe de, *ver* Guilherme III
Oratorianos, 332-34
Orcibal, Jean, 178n44
Ordenação da Autonegação, 454
Ordenação de União, 581
Orléans, 211
Orléans, Gaston d', 42
Orléans, Anne-Marie Louise d' (La Grande Mademoiselle), 42
Os, Dirck van, 43
Osborne, família, 358, 360n5
Osborne, Francis, 251, 360n5
Owen, John, 318n27, 320, 320n29, 459, 461, 466n41, 473, 475, 476n49, 579
Oxenstjerna, Axel, 368
Oxford, Universidade de, 305, 400, 414, 476n49
Oyens, Baptist, 44

P

Pádua, 205, 276; Universidade de, 201
Padres do Deserto, 199n64
País Basco, mania de bruxas no, 219
Países Baixos, *ver* Holanda
Palatinado, poder da Igreja calvinista, 42, 45, 85, 215, 235, 249, 301, 324, 325, 358, 362, 414, 460, 555, 571
Palissy, Bernard, 306
Palladio, Andrea, 104
Palladius, bispo Peder, 217
Panegyricus Carolo Gustavo, Magno Suecorum Regi (Comenius), 411n50
Pânico Vermelho, 248
Pan-protestantismo, 246
Pansofia, 366, 367, 385, 411, 415n55; Sociedade Pansófica, 385
Paolo, Fra, *ver* Sarpi, Fra Paolo
Paracelsianismo, 203n68

Paracelso, 202, 203n68, 205, 269
"Parafuso de perna" (bota espanhola), 187
Paré, Ambroise, 306
Parergon Juris (Alciati), 200n66
Paris, 102
Parker, Henry, 494n10
Parlamento Curto, 425
Parlamento de Paris, 91
Parlamento dos Santos (*Barebones Parliament*): colapso do, 485; uma assembléia que não funcionou, 507
Parlamento Expurgado (Primeiro Protetorado), 464, 533
Parlamento Independente, 463
Parlamento Longo, 17, 18, 138, 343, 374-75, 414, 485, 499, 504, 532, 581, 624; sermões de jejum do, 421-84
Partido do campo: Comenius filósofo do, 372; desarticulado e intelectualmente sem lideranças, 369; descentralização de seu programa, 353; descentralização e simplificação da justiça, 584; divisão dentro do, 393; e a derrubada de Strafford, 393; e os bispos antilaudianos, 370; e os objetivos da pequena nobreza inglesa, 348; filosofia do, 354; Hartlib, Dury e Comenius como argamassa do, 369, 429; idéias, 373, 414; interesses suplantam as reformas sociais, 395; junção com a nova Corte, 531; novo, 526, 530; opositores do novo, 527; programa social do, 350
Partido do rei, 538
Pascal, Blaise, 118, 146
Pascendi Gregis (Pio X), 27n2
Past and Present, 13
Pastor, Ludwig, 160n20
Paulette (taxa anual introduzida em 1604), 111
Paulo III, papa, 81n40
Paulo, Santo, 199n64
Paulus, Nikolaus, 206n70; *Hexenwahn und Hexenprozess*, 209nn76-77-78, 218n95, 277n181
Pays de Labourd, 174, 212, 282
Pays de Vaud, 45, 218, 230, 312
Pedro Canísio, São, 211
Pedro de Berna, 163
Peiresc, Nicholas-Claude Fabri de, 297
Pelayo, Menéndez y, 26n1
Pell, John, 406-07, 414; *Idea of Mathematics*, 364
Pellizari, família, 49
Pembroke, conde de (Philip Herbert), 371, 425, 499, 500n15, 633

Peña, Francisco, 243
Penalidades mosaicas, 246, 269n171
Penington, Isaac, 434, 446
Pennywinkis, 187
Pérez, Antonio, 105
Perez, Marcus, 45
Perugino (Pietro Vannucci, dito), 161
Perkins, William, 190-91, 216, 220, 229, 246, 265, 302
Perseguição, 197, 244; a bruxas, 206, 210n81, 217n95, 219, 220, 235, 243; a huguenotes, 60, 178, 218n98, 284n187; a heréticos, 169-70; e lubricidade, 195n61; a mouros e judeus, 60, 173, 195; ver *Pogroms*
Peter, Hugh, 140n34, 459-60, 460n33, 474-75, 483, 494n10, 496n11
Petty, William, 364, 388, 412, 414, 416, 420
Peyton, Edward, 317n24
Phillips, James, 513n32
Physice Christiana (Daneau), 203n68
Pickering, Gilbert, 515n35
Pico della Mirandola, Giovanni, 81n40, 205
Pinturicchio (Bernardino di Betto, dito), 161

Pio X, papa: Bula *Pascendi Gregis*, 27n2
Pirenne, H., 44n15, 74n36
Pirronismo, 330, 332, 334
Pitcairne, Archibald, 335
Plakaten, 323
Platônicos de Cambridge, 203n68, 252, 270, 270n173
Platonismo, Renascença, 202-03, 269, 270
Pobres Homens de Lyon, 78
Pobreza de Cristo, doutrina da, 163
Pococke, Edward, 408
Pogroms, 158, 171, 173
Politics and Religion (Mathieson), 593n26
Polônia, 253, 321, 362; mania de bruxas em, 212
Pomerânia, 278
Pomponazzi, Pietro, 201, 266
Poniatova Christina, 411n50
Ponzinibio, Gianfrancesco, 200, 200n66, 204, 249
Porshnev, B. F., 88n4
Portugal, 19, 32-33, 102, 247, 329, 618; revolta de, 85, 88
Powell, Edward, 516n37
Powell, Vavasour, 483-84, 509, 513, 516, 518
Practica Rerum Criminalium (Carpzov), 187n51, 239

Praetorius, Anton, 218n95, 297
Praga, 102
Preces políticas, *ver* Sermões de jejum
Predikants, 254, 304, 326
Prestwich, Menna, 214n85
Price, Richard, 513
Pride, coronel Thomas, 347
Propriedade inalienável, 66
Protestantism and Politics in France (Schram), 27n2
"Protestantismo radical", 17
Protesto do Exército, 467-68
Províncias Unidas, *ver* Holanda
Prynne, William, 305, 446
Puffendorf, Samuel von, 311
Puritanismo anglicano, *ver* Inglaterra: puritanismo
Purveyance (direito de requisição), 110, 111n14, 120
Pym, John, 398, 500n15; afinação dos púlpitos, 421, 436; aliados irlandeses de, 380; ataque ao bispo Williams, 383, 393; defende aliança entre inimigos do papismo e da tirania, 427; e a conspiração do exército, 430; e a sociedade pansófica, 416; e Gauden, 377; e John Wilkins, 414; e o caso Strafford, 432; exalta o "episcopado moderado", 442, 566; gênio parlamentar, 488; inamistoso e não-intelectual, 372; indica Dury para a Assembléia de Westminster, 398; irlandeses se revoltam com o jogo de, 392; jogo duplo com presbiterianos escoceses e católicos irlandeses, 380; Marshall, pregador favorito de, 381; ministro das finanças, 139; morte de, 398, 447; patrono de Hartlib, Dury e Comenius, 386; política de longo prazo, 377, 424; prepara-se para uma rebelião militar, 394; puritano, 371; rainha Elizabeth, sua heroína, 376; sermão no funeral de, 447; última mensagem a Comenius, 394

Q

Quacrismo, 479, 615
Qualificação de propriedade, 628
Quarles, Francis, 393
Quellen und Unytersuchungen zur Geschichte des Hexenwahns und der Hexenverfolgung im Mittelalter (Hansen), 156n13, 218n95
Question of Witchcraft Debated (Wagstaffe), 261n161

Quevedo, Francisco Gómez de, 120
Quinta Monarquia, 510-16, 532

R

Rabelais, François, 599
Radziwill, príncipe, 363
Raïs, Gilles de, 196
Rakóci, George, 373
Raleigh, Walter, 110
Rambouillet, família, 34
Ramée, Pierre de la, 306
Ramsay, Andrew Michael, 336
Raspenau, Boêmia, 37
Rattansi, Pyarali, 203n68
Realistas, 487-88
Receptores, 127
Reforma educacional, demanda por, 397
Reforma protestante, 89, 145-46, 276, 285, 350, 361
Regnum Cecilianum, de Burghley, 112
"Religião mecânica", 54
Rémy, Nicolas, 187, 229-32, 239; *Daemonolatreia*, 228, 230-31
Remonstrants (ou Protesters), 587, 588, 590n23, 591, 592, 593n26, 595
Renauld, Ernest, 27n2
Réponse aux questions d'un provincial (Bayle), 230n112, 267n170
Resolutioners, 587, 588, 590n23, 591, 592, 599
Restauração dos Stuarts, 583
Restauración Política de España (Moncada), 86n2, 121
Reuchlin, Johann, 205
Revolução Puritana, 12, 16, 85, 96, 348, 549; e a Escócia, 545-616; efeitos sobre as questões escocesas, 18; filósofos da, 343-420; importância para a modificação da economia, 95; o arminianismo e o socianismo, 318; revolução burguesa, 94; visão marxista da, 94
Reynolds, John, 532
Rich, Robert, *ver* Warwick, conde de
Rich, Nathaniel, 359, 371
Richelieu, Armand Jean du Plessis, cardeal, e duque de, 42, 126; a França de, 77; bispos galicanos de, 256; Colbert seu herdeiro, 77; confiava nos homens de negócios huguenotes, 34; cruzada contra as extravagâncias da Renascença, 119; descontinuidade dos Estados Gerais, 91; genialidade de, 142; planeja a política mercantilista da França, 133, 133n28; tenta

reverter o veredicto de Câteau-Cambrésis, 89; *Testament politique*, 122

Riemersma, Jelle C., 131n27

Riezler, Sigmund, 207n73

Rio, Martin Antoinem del, 173n32, 212, 221, 232, 234, 239, 240, 280; considera os Alpes como berço da bruxaria, 242; enciclopédia de bruxaria, 228; erudição, 231; introduz queima de bruxas em Flandres, 212; e a retratação de Loos, 234

Rittangel, Johann Stefan, 389, 395

Rivetus, Andreas, 254, 254n147, 302

Robertson, H. M., 70n35

Robertson, Richard, 593

Robertson, William, 291, 314

Robinson, Henry, 401

Rodolfo II, imperador, 36

Roe, Thomas, 120, 364, 371

Rogers, John, 511, 511n27

Rojas, Francisco de, *ver* Lerma, duque de

Rolle, John, 472

Roma, Corte de, 57-58, 102, 323

Rosa-Cruzes, 363

Rosenhane, Gustaf, 270

Ross, Balthasar, 226

Rossi, R., 269n171

Roupnel, M., 88

Rous, Francis, 315, 398, 442-43, 448, 514, 518

Rousseau, Jean-Jacques, 336

Row, John, 590, 594

Rowse, Dr. A. L., 352

Rubens, Peter Paul, 104, 116, 119, 298

Ruddiman, William, 335

Rudyerd, Benjamin, 371

Rump Parliament, 396, 536; advogados e comerciantes com pouca inflência no, 509; aprova ordenação para o julgamento do rei, 473; comissão para reforma da justiça, 577; dilema dos Independentes, 508; e os propagadores galeses, 510; e os sermões políticos, 472, 478; expulso por Cromwell, 504; governa a Inglaterra de 1649 a 1653, 501; indiferença quanto à justiça social, 506; lei contra o sermão político, 478; pequeno número de homens determinados e sinceros controla a política até 1651, 501; política para imperialismo mercantil, 140n35, 503; política Whig do, 505n19; pregadores políticos, 483; rejeita William Dell, 461; repele lei para a observância do jejum

mensal, 479; um parlamento negociante, 505
Russel, Francis, *ver* Bedford, conde de
Russell, Bertrand, 266
Rutherford, Samuel, 302, 317, 317n25, 449n22, 448, 592

S

Sabá, 148, 150-51, 175, 181, 188-89, 191-92, 194, 199, 199n64, 202, 230, 234, 237, 240, 261, 263, 274, 281
Sábios de Sião, 181; *Protocolos dos*, 158
Salomão, rei e Israel, 232
Salzburgo, mania de bruxas em, 250
Samuel, profeta, 439
Samuelsson, Kurt, 51n27
Sanderson, William: *Aulicus Coquinariae*, 136n32
Sandys, George, 316
Sarpi, Fra Paolo, 80, 296-97, 330-31, 339-40
Sarrailh, Jean, 130n26
Satan The Leader in Chief (Baillie), 449n22
Satanás, *ver* Demônio
Saul, rei de Israel, 439, 452, 468, 472

Saumur, Academia de, 301, 307, 310-11, 317, 332
Savóia, duque de (Amadeu VIII), *ver* Félix V
Savóia, duque de (Charles Emmanuel I), 291
Savóia, duquesa de (Cristina Maria, da França), 39
Savóia, mania de bruxas em, 151, 166
Savonarola, Girolamo, 171
Saxônia, mania de bruxas na, 226
Scherer, Georg, 211
Schlettstadt, mania de bruxas em, 236
Schönborn, Johann Philipp von, 240
Schöneburg, Johann von, 227-28
Schorich, padre Georg, 211
Schram, Stuart R., 27n2
Schreiber, Adolf (Scribonius), 214n85, 218n95, 250n140, 265
Schrijver, Pieter (Scriberius), 255
Schwarzenberg u. Hohenlandsberg, Johann Freiherr zu, 208n74
Schwyz, 208
Scot, John, 599
Scot, Reginald, 191n56, 260, 267, 599; aceitação dos argumentos de Weber, 224; acusado de negar a realidade das bruxas,

225; humanitário, 283; James VI manda queimar obras de, 225; obras traduzidas para o holandês, 255; protesta contra os perseguidores da década de 1590, 234
Scot, Thomas, 502-04, 525, 536, 544, 575
Scott, William Robert, 111n14
Scott, Walter, 586
Scriberius, ver Schrijver, Pieter
Scribonius, ver Schreiber, Adolf
Scudder, Henry, 451
"Secessão original", 314
Sedgwick, Obadiah, 454, 459, 467
Séguier, chanceler, 88
Segundo Parlamento do Protetorado, 529-37, 582
Selden, John, 268, 269n171, 305-06, 316, 330, 331, 354, 371, 410, 449, 449n22, 456, 592, 639
Separação entre Igreja e Estado, 80, 331
Sepúlveda, Juan Ginés de, 195n61
Séria e Fiel Representação, 473
Sermões de jejum: diante da Câmara dos Comuns, 376; no Parlamento Longo 17, 421-84; prenunciam mudanças, 376
Servet, Michael, 303, 310, 322
Service Book, 563

Sevilha, 28, 57, 101
Shakespeare, William, 98, 104, 119
Sharp, James, 603, 613-14
Sheppard, William, 351n1, 403n43
Sidney, Philip, Lord Lisle, 463, 512
Sigismundo, arquiduque da Áustria, 200
Simeão, ancião do Templo, 474
Simon, Richard, 292
Simpson, John, 483
"Sincronismos", 359
Sísara, general de Canaã, 432, 437
Sixto IV, papa, 170, 176
Skippon, major-general Philip, 464
"Smectymnuus" (acrônimo), 302
Smith, Adam, 291, 314
Snell, George, 396
Socinianismo, 310; aplicação da razão secular a problemas religiosos, 318; associação com o arminianismo, 311; atacado como herético por católicos e protestantes, 317; como religião do pré-Iluminismo, 314; na Polônia e na Transilvânia, 325; não-radical, 315
Sociedade Pansófica, ver Pansofia

Sociedade Real de Londres, 415-16, 415n55, 419
Sociedades Comenius, 414
Socinianism in Seventeenth-century England (McLachlan), 317n24
Soldan, Wilhelm Gottlieb, 155, 173, 177, 183; *Geschichten der Hexenprozesse*, 155n10, 181n45, 259n156; edição de 1911 (Soldan-Heppe), 155n10, 173n34, 177n40, 198n63, 199n64, 212n82, 219n98, 227nn107-108, 228n109
Sombart, Werner, 28, 29, 48, 50, 52
Some Philosophical Considerations Touching the Being of Witches (Glanvill), 267n170
Sorcellerie sabbatique, 251
Sozzini, Fausto, 57, 327
Sozzini, Lelio, 57, 321
Spee, Friedrich von, 238-40, 249, 256, 260-61, 267, 283
Spener, Philipp Jacob, 271n178, 336n42, 419n62
Spiering, irmãos, 42
Spiering, Peter, 41
Spina, Bartolomeu, 164, 204
Spinola, Cristóbal Rojas de, 297
Spottiswood, arcebispo, 628
Sprenger, Jakob, 160, 166
Squibb, Arthur, 516-19, 544
St. John, Oliver, 371, 398, 407, 461, 493, 505, 532
St. Maximin, Jacques Fontaine de, 203n68
Stapleton, Thomas, 280
Staunton, Edmund, 452
Stearns, R. F., 459n32
Stein, Freiherr von, 363
Sterry, Peter, 459, 482-83
Stertzinger, Ferdinand, 190
Stillingfleet, Edward, bispo de Worcester, 317
Stoughton, John, 373, 374, 374n17; *The Christian's Prayer for the Church's Peace*, 374n17
Stoughton, Nicholas, 371
Strafford, conde de (Thomas Wentworth), 119, 379, 633; discurso para o Conselho Privado, 432; domínio de Laud e de, 373; execução, 346, 375, 379, 433; guerra contra a corrupção na corte, 137; implacável fiscalismo de, 631; julgamento, 346, 375; obscurantismo inconseqüente de, 139; puritano de direita, 137; violência de, 143
Strappado (*estrapade*), 187
Streicher, Julius, 247
Strong, William, 459, 466n41

Stuarts, 120, 138, 139, 142, 423, 541, 544; *ver* Charles I; Charles II; Cromwell
Stubbe, Henry, 419n61
Studies in the Development of Capitalism (Dobb), 94
Stypulkowski, Z., 187n51
Succubus (e *succubi*), 152-53, 193, 220n100, 234, 241, 243n132, 261, 263, 274, 281
Suécia: financiada por empreendedores calvinistas, 33-34; mania de bruxas na, 241; monarquia pessoal, 41
Suécia, Banco da, 34
Suíça: calvinismo na, 13, 82, 289, 564; cantões da, 301; centro geográfico do Iluminismo, 308; e as guildas de artesãos, 64; e os italianos, 49; indústria da seda, 53; mania de bruxas na, 166, 208; primeiro manual da crença em bruxas publicado na, 211; revolta arminiana, 310; socianismo, 321
Sully, Maximilien de Béthune, duque de, 35
Summis Desiderantes Affectibus, Bula de Inocêncio VIII, 160
Sundborg, Bertil, 247
Super illius specula, 163

Survey of the Signorie of Venice, of her admired policy and method of government (Howell), 503n17
Swinton, John, 577-79, 584, 588, 589, 597, 600-01, 608, 615
Syfret, R. H., 415n55

T

Table-Talk (Selden), 269n171
Taboritas, 97
Tácito, 195n61
Tallemant, família, 34
Talmude, 28
Tanner, Adam, 238
Tate, Zouche, 453
Tawney-Weber, tese de, 12
Templários, 197
Terceira República, 27
Teresa, Santa, 193
Tessália, 274
Testament politique (Richelieu), 121
The Ark of the Covenant Opened (Gillespie), 320n29
The Calas Affair: Persecution, Toleration and Heresy in 18th-century Toulouse (Bien), 284n187
The Christian's Prayer for the Church's Peace (Stoughton), 374n17
The Colonising Activities of the Early Puritans (Newton), 500n15
The Court of King James I (Goodman), 106n10, 109n12, 627n6

The Covenant's Avenging Sword Brandished (Arrowsmith), 442n17

The Diary of Mr. John Lamont of Newton 1649-71 (Nicoll), 578n11

The Fury of War and Folly of Sin (Ley), 439n16

The History of the Inquisition in Spain (Lea), 157n17

The History of the Inquisition in the Middle Ages (Lea), 157n17

The Idea of Usury (Nelson), 51n27

The Interest of Princes and States (Slingsby), 31n4

The Last Years of the Protectorate (Firth), 413n53

The Likeliest Means to Remove Hirelings out of the Church (Milton), 397n35

The Making of the Restoration Settlement (Bosher), 567n6

The Present Interest of England Stated, by a Lover of his King and Country (Slingsby), 31n4

The Protectorate of Oliver Cromwell (Vaughan), 407n46, 413n53

The Ready and Easy Way to Establish a Free Commonwealth (Milton), 397n35

The Right Reformation of Learning, Schools and Universities (Dell), 352n2

The Rise of Economic Individualism (Robertson), 70n35

The Trial of Spirits (Dell), 397n33

The Troublers Troubled, or Achan Condemned and Executed (Fairclough), 432n11

The World's Mistake in Oliver Cromwell (Slingsby), 505n19

Theodore Haak F. R. S. (Barnett), 414n54

Thomasius, Christian, 199, 260, 261, 270, 271, 336

Thorndike, Lynn, 156

Thornborough, John, 634n12

Thou, Jacques-Auguste de, 296-97, 330, 331, 334, 337, 339

Thurloe, John, 408, 533, 586n20; e o parlamento de Richard Cromwell, 406, 537, 539; habilidade política de, 540, 589

Thyraeus, Peter, 211, 228

Tichborne, Robert, 467, 516n35

Tillotson, John, arcebispo de Canterbury, 296, 311, 318

Tomás de Aquino, Santo, 153, 182, 265, 274, 275n71

Tonge, Ezerell, 408

Tormentum insomniae, 184n47, 187, 187n51

Tortillon, 187

Tortura judicial, 183-84, 188-89, 244, 281

Toscana, 61, 101
Touchant l'intelligence de l'apocalypse (Dury), 419n62
Toulouse, 218
Tractatus de Lamiis et Excellentia Juris Utriusque (Ponzinibio), 200n66
Tractatus de Pythonicis Mulieribus (Molitor), 200n65
Transactions of the Royal Historical Society (Hurstfield), 109n12
Transilvânia, 210
Treatise of Ruling Elders and Deacons (Guthrie), 591n23
Treschsel, F., 218n96
Tribunal do Sangue, 53
Trier, arcebispo de, 174, 177, 212, 227, 228
Trier, mania de bruxas em, 177, 227, 228, 230, 236
Troeltsch, Ernst, 28
Tudors, 119, 135, 350, 490, 499, 525, 543, 554, 619
Turkas (tenazes), 187
Turnbull, G.H., 365n9, 390nn28-29, 408n47, 415n55; *Dartlib, Dury and Comenius*, 351In1, 361n6, 370n12, 372n16, 398n36, 413n53,
Turretini, família, 49
Turrettini, Francis, 302
Turrettini, J.-A., 310

Tutelas, 110, 111In14, 120, 137-38
Twisse, William, 258n154
Twyne, Thomas, 211n81
Tytler, Alexander Fraser, Lord Woodhouselee, 645n18

U

Ulster, Rebelião de, 620
Um Caso de Consciência Resolvido, referente a Pastores que Envolvem Questões de Estado em seus Sermões (Dury), 479
Uma Descrição do Famoso Reino de Macária (Hartlib), 387
Umiliati, Ordem dos, 79
Unidade protestante, 364, 389, 404, 429
Universalgeschichte des Handelsrechts (Goldschmidt), 51n27
University College, Dublin, 417n57
Uppsala, Universidade de, 368
Urquhart, Thomas, 599
Usselincx, Willem, 33, 44
Ussher, James, arcebispo de Armagh, 370, 494, 567, 628
Usura, banimento da, 29
Utopia (More), 102, 363, 387
"Utópicos", 387, 417
Uxbridge, tratado de, 452

V

Valdenses, 78, 162-66, 168-69, 180, 195, 272-73, 412
Valdesia (*Vauderye*), 162
Valentia, Gregor von, 211
Valla, Lorenzo, 198, 205, 293
Valois, 89, 111
Vane, Henry, 452-55, 461, 466, 496n11, 501, 516, 532-34, 563-64
Vanini, Giulio Cesare, 219n98
Vanini, Lucilio, 232
Vaughan, R,, 407n46
Veken, Johan van der, 44, 47, 47n23
Velaer, Jacob de, 43
Velázquez, Diego, 119
Venda de cargos, 122, 133
Veneza, 33, 50, 57, 75, 80, 198, 503; afirmação da antiga independência republicana, 330; aristocracia mercantil de, 56; centro do humanismo católico, 330; culto a, 142, 503; Inquisição arruína o mercado de, 25; luta contra a Contra-Reforma, 60; mania de bruxas em, 201
Veneza, doge de, 101
Venturi, Franco, 336n41
Verga, E., 74n36
Vermigli, Peter Martyr, 57
Vernet, Jacob, 291
Verulam, Lord, *ver* Bacon, Francis
Via Lucis (Comenius), 415
Vicente Ferrer, São, 171
Villers, Charles de, 26
Villiers, George, *ver* Buckingham, duque de
Vinci, *ver* Leonardo da Vinci
Vindiciae Academiarum (Ward), 397n33
Vindiciae Academicae (Owen), 318n27
Vineti, Jean, 164
Virgem Maria, 232, 239, 470
Visconti, Jerome, 164
Vitoria, Francisco de, 213n83, 265
Vives, Jaime Vicens, 19, 57
Voëtius, Gisbert, 203n68, 221, 225, 254-55, 265, 302, 304, 306
Voltaire, François-Marie Arouet, dito, 285, 288; Henri IV herói de, 294; *Lettres philosophiques*, 288; refúgio em Genebra, 291; rejeição de Descartes, 334; três períodos apontando para o Iluminismo, 295
Vosges, região da França, 166, 279
Vox Populi (Harmar), 352n2
Vuilleumier, Henri, 218n96, 312n19

W

Wagstaffe, John, 252, 261
Wake, William, arcebispo de Canterbury, 297, 420
Wallenstein, Albert von, 36, 37, 40, 58
Ward, Nathaniel, 462
Ward, Seth, 397n33
Warwick, conde de (Robert Rich), 256, 359, 369, 370n12, 371, 373, 374n17, 377, 425-28, 493, 499, 500n15, 532, 633
Watson, Thomas, 472-73, 473n48, 478; *God's anatomy upon Man's Heart*, 473n48
Weber, Max, 12, 48, 286; argumento para impacto do calvinismo, 28n3, 30, 39, 71; teoria do novo capitalismo, 12, 13, 28-30, 50, 54-55, 59
Webster, John, 252, 261, 283, 397n33; *The Displaying of Supposed Witchcraft*, 203n68
Wedderburn, Alexander, 609
Weich, Johann, 203
Weigel, Valentin, 337n42
Wentworth, Peter, 446
Wentworth, Thomas, *ver* Strafford, conde de
Wesley, John, 248n138, 252
Westin, Gunnar, 366n10
Westminster, Assembléia de, 398, 440, 441, 447, 450, 456, 464, 494n10
Wewitzers, Martin, 41
Weyer, Johann, 200n64, 203n68, 207n73, 222, 224, 240, 255, 263; *de Praestigiis Daemonum*, 214n85, 221-25
Whigs, 285, 286, 503, 507, 531
White, Andrew Dickson, 155, 215n89, 261
Wilchen, Hermann (Witekind), 282n186
Wilkins, John, 414, 416, 420
Willem, Jan de, 32
Willen, David de, 32
Willen, Paul de, 32
Williams, John, bispo de Lincoln, 370n12, 382-86, 392, 410, 416, 513n32; concepções baconianas de, 370; patrono de Hartlib, Dury e Comenius, 369, 386; Pym lança ataque contra o, 393; ruína de, 393
Wilson, Rowland, 467
Wilson, Thomas, 439n16
Wirtschaftswunder, 82
Witt, John de, 479n54
Witte, Hans de, 36-37, 39-42, 44, 58, 73
Wolseley, Charles, 515n35, 527, 542, 575

Wolsey, Thomas, cardeal, 105, 106
Wolters, A., 221n101
Wood, Anthony, 319
Wood, Robert, 408
Woodcock, Francis, 451
Woodworth, Allegra, 111n14
Woolrych, Austin, 512n29
Worcester, marquês de, 96n7Wotton, Henry, 136n32
Wray, John, 456
Wren, Christopher, 288
Württemberg, mania de bruxas em, 226
Würzburg: mania de bruxas em, 281; perseguição em, 238; príncipe-arcebispo de, 233

X

Xerxes, 230
Ximenes, família, 48n25
Ximénez, Francisco de Cisneros, cardeal, 105, 171
Xorguinas, 172

Y

Yates, Frances, 224n103
Yorke, Philip, *ver* Hardwicke, Lord

Z

Zaccaria, Benedetto, 51
Zauberwahn (Hansen), 207n71
Zizka, John, 438
Zurique, 45, 208-09
Zwinglio, Huldreich, 208-09

Coleção LibertyClassics

OBRAS JÁ PUBLICADAS

POLÍTICA
Johannes Althusius

DEMOCRACIA E LIDERANÇA
Irving Babbitt

CARTAS
Jacob Burckhardt

A LÓGICA DA LIBERDADE — REFLEXÕES E RÉPLICAS
Michael Polanyi

ENSAIOS MORAIS, POLÍTICOS E LITERÁRIOS
David Hume

A PERFECTIBILIDADE DO HOMEM
John Passmore

SOBRE A HISTÓRIA E OUTROS ENSAIOS
Michael Oakeshott

OS LIMITES DA AÇÃO DO ESTADO
Wilhelm von Humboldt

O HOMEM RACIONAL — UMA INTERPRETAÇÃO MODERNA DA ÉTICA ARISTOTÉLICA
Henry B. Veatch

HISTÓRIA COMO HISTÓRIA DA LIBERDADE
Benedetto Croce

OS DEVERES DO HOMEM E DO CIDADÃO DE ACORDO COM AS LEIS DO DIREITO NATURAL
Samuel Pufendorf

PRINCÍPIOS DE POLÍTICA APLICÁVEIS A TODOS OS GOVERNOS
Benjamin Constant

Impresso nas oficinas da
SERMOGRAF - ARTES GRÁFICAS E EDITORA LTDA.
Rua São Sebastião, 199 - Petrópolis - RJ
Tel.: (24)2237-3769